本书是教育部人文社会科学研究青年项目：《喉舌与训政：国民党新闻事业研究（1927-1937）》（11YJC86007）的最终成果

光明社科文库

国民党新闻事业研究

（1927-1937）

刘继忠◎著

光明日报出版社

图书在版编目（CIP）数据

国民党新闻事业研究：1927-1937 / 刘继忠著 .--
北京：光明日报出版社，2018.10
ISBN 978-7-5194-4700-7

Ⅰ.①国… Ⅱ.①刘… Ⅲ.①中国国民党—新闻事业
史—研究—1927-1937 Ⅳ.① G219.296

中国版本图书馆 CIP 数据核字（2018）第 233296 号

国民党新闻事业研究：1927-1937
GUOMINDANG XINWEN SHIYE YANJIU ： 1927-1937

著　　者：刘继忠

责任编辑：刘兴华　　　　　特约编辑：万　胜
责任校对：赵鸣鸣　　　　　封面设计：中联学林
责任印制：曹　诤

出版发行：光明日报出版社
地　　址：北京市西城区永安路 106 号，100050
电　　话：010-67078251（咨询），63131930(邮购)
传　　真：010-67078227，67078255
网　　址：http ://book.gmw.cn
E - mail：gmcbs@gmw.cn
法律顾问：北京德恒律师事务所龚柳方律师，电话：010-67019571

印　　刷：三河市华东印刷有限公司
装　　订：三河市华东印刷有限公司
本书如有破损、缺页、装订错误，请与本社联系调换

开　　本：170mm×240mm
字　　数：506 千字　　　　　印张：31.5
版　　次：2019 年 4 月第 1 版　　印次：2019 年 4 月第 1 次印刷
书　　号：ISBN 978-7-5194-4700-7

定　　价：128.00 元

序（一）

大陆时期国民党新闻史研究的一部力作

作为中国新闻事业史的重要组成部分，长期以来，因众所周知的原因，国民党新闻事业的研究未受到应有的重视，至今其研究成果仍较为薄弱。1990年，进入中国人民大学新闻学院随我研习中国新闻史的蔡铭泽，穷三年时光专心研究中国国民党党报史，其专著《中国国民党党报历史研究（1927-1949）》于1998年正式出版。这部弥补了中国新闻史研究一大空白的力作，在较长时间内是这一研究领域的唯一一部有学术深度的专著，揭开了建国后中国大陆学者关于国民党党报史研究的序幕。进入新世纪以来，随着台海关系和缓，"民国热"兴起，国民党新闻事业的研究再次受到了学界重视，涌现了一些值得赞许的研究成果。刘继忠博士的《喉舌与训政：国民党新闻事业研究（1927-1937）》是其中的杰出代表之一。该书是作者在教育部社科基金的支持下，以他的博士论文为主体，历经5年的调整、补充、修改和加工后付梓的，其面貌已大不同于博士论文，可谓是其博士论文的"升级版"。

在中国历史上，国民党是第一个执政的现代政党，国民党南京政权是第一个党治政权，国民党新闻事业是第一个由执政党建立、管控的庞大的政党新闻事业。在上个世纪二三十年代，国民党新闻事业的发展与国民党党治体制的形成几乎同步，二者关系是中国新闻界所面临的一个十分现实的问题。在当时，新闻事业的发展，受到了国民党的"训政"思想和"训政"体制的严重影响，新闻事业必须在"训政"的框架下运作，必须受"训政"体制和"训政"思想的制约。两者之间既要协调，也有矛盾，既相契合，也相抵牾。前者主要表现在国民党党营报刊方面，后者主要表现在游离于国民党体制外的一些报刊和纯民营的报刊方面。这是现代中国新闻事业发展史上的一个特殊的阶段，也是一个十分值得研究的时期。

大陆在左倾思潮的长期影响下，对国民党新闻事业的研究，勾勒的都是国民党新闻事业的"反动史"、"罪恶史"的一面。作者另辟蹊径，将研究视角转向了国民党新闻事业为何"反动"、为何"罪恶"的层面，细致全面地研究了国民党新闻事业与其训政政治之间的错综复杂的历史关系，呈现出以往被忽略或遮蔽的国民党新闻事业的某些历史新面相。政党新闻业自然要听政党的话，然要达到政党想要的预期效果，必须遵循新闻事业发展的自身规律，服务受众，考虑传播效果。在这方面，国民党新闻事业是一个失败的历史案例。它既没有很好地听国民党的话，忠实地、不折不扣地向受众宣传、解读、灌输国民党的路线、方针政策；也没有获得受众认可，获得市场认同，成为民国社会主流舆论的引导者、塑造者。造成国民党新闻事业成为一个失败案例的因素很多，既有国民党新闻从业者、管理者层面的内部因素，也与国民党新闻统制体系、国民党组织系统、党治训政体制、民国政治文化，乃至国际环境等外部因素有关，且后者起到了决定性的作用。

为揭示这种错综复杂的历史因果关系，作者在"喉舌与训政"的政治传播框架内，沿着思想——制度——传媒——实践的路径，从寻绎国民党训政思想的本源，孙中山的训政理论和孙中山的新闻思想开始，条分缕析地描述了国民党的训政思想、党治训政体制与新闻思想的形成历史，全面研究了上个世纪二三十年代国民党建构的新闻统制体系与国民党新闻传媒体系，以典型个案的方式考察了国民党新闻业的"训政"传播的策略与新闻实践，回答了国民党新闻事业为何"反动"、为何"罪恶"的问题，深入揭示了国民党新闻事业的"喉舌"定位与其训政实践的复杂、多元的矛盾关系，及国民党创办政党新闻业的现实动机与其预期效果的历史矛盾，在一定程度上做到了"同情之理解"。研究方法上，作者将政治传播学的学理引入新闻传播史研究，在一定程度上为中国新闻传播史研究的方法创新提供了一个可供借鉴的读本。

作者这部专著征引了大量的档案材料，特别是现藏南京第二历史档案馆的大量第一手的档案资料，还借鉴了近年出版的两岸学者的学术著作。这使相关课题研究具备了较坚实的史料基础，使全书的论述和分析，得到有力的支撑。然而，由于这一时期的史料的浩瀚、分散，作者难以做到竭泽而渔，略为遗憾的是，作者未能援引现藏台湾及欧美诸国的大量档案资料，这使本书仍有一些不足，有待进一步深入；某些论断可能因新史料的出现而需要重新斟酌。这是需要新闻史学界特别是本书作者继续努力的。

继忠出生于贫苦农家，有吃苦耐劳、坚韧不拔的精神。在华中科技大学新闻与传播学院得到新闻学启蒙后，于2007年在京随我研习中国新闻史，更见其为人朴实诚恳、治学刻苦严谨。继忠注重"打深井"，注意掌握第一手材料，力求做到言必有证，有几分证据说几分话。与此同时，他还有较开阔的学术视野，善于借鉴人文社会科学其他学科的研究方法，从事新闻史的研究。这些都使得这部书，具有较高的学术价值。它的出版，深化了国民党新闻事业史的研究，有助于民国新闻史研究的深入，在某些方面弥补了中国现代新闻史研究的不足，是值得欢迎的。

2010年，继忠获得博士学位后进入南京师范大学新闻与传播学院，继续从事新闻传播学的教学和科研工作。南京是中华民国南京国民政府的首都，也是当代中国新闻事业较发达的地区之一。在那里研究民国新闻史有着得天独厚的地理优势，从事新闻教育和科研工作，是可以大有作为的。目前，他参与了国家重大招标课题的《中华民国新闻史》的科研工作，期待他钩沉探赜，神思飙举，不断有新的著述问世。延跂以待，有厚望焉。

方汉奇

2015年8月28日

序（二）

《国民党新闻事业研究（1927-1937）》序

　　1927年南京国民政府的建立，"标志着中国的政治形态在漫长的王朝帝国崩溃后，中经民初军阀政府的过渡，开始向一种新的党国体制转型"。[①] 而国民党的新闻业是中国历史上第一个由执政党建立并管控的庞大的政党新闻业，无论是指导思想、管理体制、实际运作，还是创办初衷与最终效果的反差，都是值得花大气力进行研究的。但是，众所周知的原因，中国大陆对国民党新闻事业的研究一直比较薄弱。1998年蔡铭泽出版《中国国民党党报历史研究（1927-1949）》之后，对国民党新闻事业的研究在一段时间内基本处于停滞状态，进入新世纪之来，随着台海关系的和缓、大陆政治环境的宽容，对国民党新闻事业的研究才陆续有专著问世，主要有：向芬专著《国民党新闻传播制度研究》（2012）、赵丽华专著《民国官营体制与话语空间——〈中央日报〉副刊研究（1928-1949）》（2012），贺渊专著《新生命研究》（2011），江沛、纪亚光专著《毁灭的种子：国民政府时期意识形态管理研究》、倪伟专著《"民族"想象与国家统制：1929-1949年南京政府的文艺政策及文学运动》（2003）等，另有一些博士论文如李煜博士论文《中国广播现代性的流变：国民党广播研究（1928-1949）》（2008）、张莉博士论文《南京国民政府新闻出版立法研究》（2011）、何秋红博士论文《〈通海新报〉和南通城市》（2015）、王继先博士论文《新闻人马星野研究》等。呈现在读者面前的这部《喉舌与训政：国民党新闻事业研究》是继蔡铭泽的《中国国民党党报历史研究（1927-1949）》之后，

[①] 王奇生：《党员、党权和党争：1924-1949中国国民党的组织形态》，华文出版社（修订增补版），2010，第1页。

研究国民党新闻事业史的一部力作。

这部书是作者领衔的教育部社科基金青年项目的最终结项成果。作者按照新闻传播思想——新闻传播制度——新闻传媒业——新闻传播实践的研究路径，试图解决三大问题，即（1）国民党新闻业的喉舌角色与国民党训政的基本思想、历史框架是如何形成的，经过了哪些演变，孙中山先生在其中作用是什么，内在弊病是什么？（2）在国民党训政的党治框架内，在民国新闻业的媒介生态中，国民党是如何加强其政党新闻业的建设与管制的，国民党建构了什么形态的政党新闻业的历史体系，采取了哪些措施，使其政党新闻业在新闻实践中真正扮演其舆论喉舌的角色的。（3）在国民党的严厉规制下，国民党新闻业秉持何种新闻理念，在新闻实践中又是如何履行其喉舌角色，如何配合国民党党治训政的政治活动的，其传播的社会效果如何，为什么是如此效果。研究指向明确，全书内容集中。

本书作者刘继忠本科是学汉语言文学的，2004年考进华中科技大学新闻与信息传播学院新闻学专业攻读硕士学位，2007年又考进中国人民大学新闻学院，师从中国新闻史泰斗方汉奇教授攻读博士学位。这样的求学经历使得他不仅有较强的驾驭文字的能力，而且有较为扎实的新闻史学根基和开阔的学术视野。他以《新闻与训政：国统区新闻事业研究（1927－1937）》为题撰写博士学位论文，毕业后，继续研究，进一步理清思路，思考问题，挖掘了不少有关国民党新闻事业的档案资料，尤其是现藏南京第二历史档案馆的档案资料。这部书可以看做是他博士论文主体部分的"升级版"，不仅史料详实，结构完整，而且在以下几方面有所创新：

首次，在"喉舌与训政"政治传播的框架内全面研究国民党1927－1937的新闻事业史，较为细致地呈现了以往被忽略或遮蔽的国民党新闻事业的某些历史面相，探析了国民党新闻事业的创办初衷与最终结果出现巨大反差的历史原因。

其次，将政治传播的学理引入到中国新闻传播史研究，切换一个新的新闻传播史研究视角。由于受意识形态的影响，以往对国民党新闻事业史的研究，基本都是基于阶级斗争史观，论述国民党新闻媒体，要么说它是愚弄人民的"反动史"、钳制言论的"罪恶史"，要么称其为国民党党治框架下的"正统史"。本书将国民党新闻事业史放在"喉舌与训政"的政治传播的框架内，从国民党本身面临的时代问题出发，从国民党新闻事业形成的指导思想、制度因素切入，结合国民党"训政"政治的最大现实，详细分析了国民党新闻统制体系的形成、新闻媒体体系的形成及基本性质，国民党新闻事业"训政"传播的策略与实践，较为准确地揭示出国民党新闻事业的历史本质。

其三，在阅读国民党新闻事业的大量报刊原件，特别是阅读大量报人的传记、文章、回忆录、书信及国民党中央常务委员会等大量档案资料的基础上，从政治传播的视角对史料进行了重新解读，挖掘出其中的新意。在书稿撰写上，将史料征引，事实叙述与论述分析结合起来，做到史论结合，论从史出，因而本书不仅史料详实，而且颇具思辨性和思想性。

继忠是一个有才华、很勤奋的青年新闻史学者。他说，在我任教的华中科技大学新闻与信息传播学院攻读硕士学位三年是他学习和研究新闻学的"真正启蒙"，后来无论是攻博还是工作期间，都与我有些学术上的交往，对他比较了解。他的新作即将付梓，嘱我为序，我欣然应允，因此写了以上的话，是为序。

吴廷俊

2015年9月16日

目　录
CONTENTS

第一章

绪　论

第一节　问题意识及其限定

政党新闻业与政党息息相关是20世纪中外新闻史上的重要现象。在中国新闻史上，国民党新闻事业与国民党、国民党南京政权息息相关，三者一荣俱荣、一损俱损，未完成类似欧美诸国政党与政党新闻业之间关系的历史蜕变：政党新闻业虽然衰落，政党却依然坚挺，且能有效引领主流舆论。原因何在？目前尚未见有见地、有深度的历史分析。

在新闻传播学领域，传媒与政党（政府）的关系历来是学界研究的重要课题。相关理论成果相当丰硕，但对于民国时期国民党传媒与国民党的关系研究，目前依然缺乏有说服力的解释。受主流意识形态的影响，国民党新闻史研究较为薄弱，尚未摆脱阶级史观，呈现在公众面前的要么是愚弄人民的"反动史"、钳制言论的"罪恶史"，要么是国民党党治框架下的"正统史"。同一段历史，差距却如此之大！历史研究何时、如何才能摆脱来自"政治正确"的无形束缚？

随着民国的渐去渐远，台海关系的和缓，大陆政治环境的宽松，客观、全面、公允地研究国民党新闻事业的学术环境渐趋形成。2013年，"中华民国新闻史"列入国家社科基金重大招标项目，一些反共的报人、报刊的研究成果陆续得以出版。这些事实表明，客观、全面揭示被旧意识形态迷雾遮蔽的历史真相的研究时机已经成熟。在此背景下，本书作者主持的"喉舌与训政：国民党新闻事业研究（1927–1937）"列入2011年度教育部人文社会科学研究项目。本书亦是该课题的最终结项成果。

"喉舌与训政：国民党新闻事业研究（1927–1937）"项目是在本书作者博士论文《新闻与训政：国统区新闻事业研究（1927–1937）》主体部分的基础上，

针对大陆国民党新闻史研究建构的革命史范式下的国民党新闻事业的"反动史"、"罪恶史"，未深究国民党新闻事业为何"反动"、为何"罪恶"的深层次的历史根源，未深入探讨国民党新闻业的"喉舌"角色与其"训政"实践的互动关系，未能深入揭示国民党新闻业"动机"与"效果"之间的矛盾关系，未能有效彰显国民党新闻事业在我国现代化进程中所起到的正面、积极的历史作用等研究薄弱环节而设计。研究目的是在客观、公允地总结国民党新闻事业————这部包含丰富历史意蕴的反面教材————的基础上，探究国民党败退大陆的新闻传播学根源，为执政党科学地管理新闻事业，有效把握舆论导向等问题提供历史镜鉴。

　　然而，当将国民党庞大的新闻事业、新闻统制体制放在"喉舌与训政"框架内予以历史地、客观地、辨证地审视时，所涉及的问题绝非本项目即本书所能完全胜任。基于此，也为了避免研究中不够深入、蜻蜓点水的弊病，本书将之简化为三大问题单。一是国民党新闻业的喉舌角色与国民党训政的基本思想、历史框架是如何形成的？经过了哪些演变？孙中山先生在其中作用是什么？内在弊病是什么？二是在国民党训政的党治框架内，在民国新闻业的媒介生态中，国民党是如何加强其政党新闻业的建设与管制的？国民党建构了什么形态的政党新闻业的历史体系，采取了哪些措施，使其政党新闻业在新闻实践中真正扮演舆论喉舌的角色的？三、在国民党的严厉规制下，国民党新闻业秉持何种新闻理念？在新闻实践中又是如何履行其喉舌角色、如何配合国民党党治训政的政治活动的？其传播的社会效果如何？为什么是如此效果？在解决上述三大问题单的过程中，客观、公允地评价国民党新闻事业的历史作为，探究国民党败退大陆的新闻传播学根源，总结社会转型时期传媒与政治达到良性互动的基本规律，以资今鉴。

　　国民党宣称的训政始于1928年二届五中全会，形式上结束于1948年5月的国民大会，在国民党统治区共施行18年。本书之所以选择1927年南京国民政府成立至1937年抗日战争全面爆发的国民党统治大陆时期的所谓"黄金十年"，主要在于：一是这一时期是国民党施行"训政"的最佳历史时期，也是国民党"训政"的主要历史时期，这一时期也是国民党庞大的党营新闻业的重要形成期，而1937年抗日战争全面爆发到1948年国民党宣布结束训政的8年间，国民党基本延续了前10年的"训政"思维与模式，且主要政治行为是抗日战争与国共全面内战。因而抗日战争爆发的前10年是在"喉舌与训政"框架内研究国民党新闻事业的最佳历史时期。二是由于国民党新闻事业的庞大，国民党政治行为的复杂与多变，将后者包揽进去，固然能全面审视国民党的新闻事业，也因其繁重的工作量，易使研究陷入难以深入的弊病，故只能在后续研究中予以弥补。

在中国历史上，国民党是第一个执政的现代政党，国民党南京政权是第一个党治政权。它的建立，标志着中国政治形态在漫长的王朝帝国崩溃后，中经民初军阀政权的过渡，开始向一种新的党国体制转型。[①] 国民党新闻业是中国历史上第一个由执政党建立并管控的、庞大的政党新闻业。"三个第一"在同一历史时期息息相关、共存亡的历史关系，蕴含了深邃的历史意蕴与启示。

一是中国历史上第一个现代政党、第一个党治政权建立的第一个庞大的政党新闻业和第一个庞大的新闻管理体制，其本身就是中国历史上独一无二的第一个标本，且是一个失败的标本，其蕴含的历史经验与教训值得借鉴与牢记。

二是在中国首个党国体制下，初步完成近代化转型后的新闻业与政治之间，发生了第一次大规模的互动冲突。这场大规模的互动冲突内含了近代传媒言论自由的现实追求与人治社会的巨大反差，新闻人对传媒角色、功能的自我预期设定与政治权威的现实制约之间的巨大冲突，知识分子（含新闻人）"言论报国"的志趣与未上轨道的政治现实之间的巨大落差三条相互交织的巨大矛盾。而这些矛盾及由矛盾支配的新闻业与政治的冲突又交融在以"救亡图存"为时代主题，传统帝国向现代化民族国家"被迫现代化[②]"转型的历史过程中。国民党新闻业裹挟在这场大规模的互动冲突之中，并在其中扮演了重要的历史角色。故通过国民党新闻业管窥这场大规模的互动冲突，总结其经验教训，能为理顺中国的新闻传媒业与政治的合理边界与各自权责提供宝贵、难得的历史镜鉴。

三是1927–1937年间的新闻业与国民党"训政"政治的互动冲突，可谓是

---

① 王奇生：《党员、党权与党争：1924–1949年中国国民党的组织形态》（修订增补本），华文出版社，2010，第1页。

② 陶东风认为"从某种意义上说，中国的现代化是西方列强用'坚船利炮'打出来的。这一被迫现代化的事实，可以说是中国的最大的国情"。见陶东风：《社会转型与当代知识分子》，上海三联书店，1999，第6页。

中国政治新闻传播史上最为精细、复杂、多元的时期，有着鲜明的中国特色。传统中国，邸报是政府统驭民众、传达政令的工具，根本没有对抗专制统治的资本，无所谓冲突与对抗（文字狱发生的主要领域是书籍）；晚清时期，近代新闻人初登政治舞台，获得了与皇权抗衡的社会资本，在"改良"、"革命"的社会运动中，展开了与晚清政府的第一次正面交锋，由于晚清政府主要延续传统镇压方式应对近代传媒的舆论围攻（后期虽制定了有近代意义的《大清报律》等出版法，却流于形式），使近代新闻业与政治的交锋显得残酷、野蛮。北洋时期，北洋政府统治下的社会失序，使近代新闻业与军阀政治发生第二次正面冲突：报人地位的提高，自由体制的确立，民主宪政等观念的盛行，让新闻业拥有了"监督政府、向导国民"的自我想象，但职业行为的不成熟、军阀的武功迷恋，使这一时期的新闻业与政治的冲突整体上仍处在正面对抗状态。军阀张宗昌在山东召集记者的训词"只许说我好，不许说我坏，如果哪个说我坏，我就以军法从事①"的思维和做法，是各派军阀对付新闻人的典型缩影。到了国民党南京政权统治的第一个10年期，国民党建立了庞大的新闻业与新闻统制体制，国民党党政要员熟稔新闻宣传，有着丰富的新闻宣传经验，新闻业界本身是政党、民营、外国在华等多种业态的并存，自由主义理念、新闻业的经济基础、舆论影响力、传媒业的社会地位与名望均获得社会成员的广泛认同。国民党为巩固一党统治，应对内忧外患，强化了新闻控制与言论一律，新闻业与政治的互动冲突更为精细、现代。国民党党营传媒业在其中的矛盾、作为、表现，亦是值得探究的一道历史风景。

四是在"宣传威力至上"的社会环境下，在党治框架内的新闻业与"训政"政治的互动冲突，最终以史实上的"两败俱伤"划上历史句号：旧中国新闻媒介的运行模式与观念系统终结，国民党南京政府失去了大陆政权。因此，研究这一历史结局所蕴含的历史经验教训，有助于从新闻传播学视野理解国民党为何在短短20余年内就败退大陆，有助于思考党治体制下的社会全面转型，其政党新闻业实际应该扮演的历史角色与功能，有助于思考在党治体制下的社会转型，该如何确立科学、合理的新闻业界的言说边界，也有助

---

① 原文为"今天我请你们大家来，没有别的话说，就是你们的报上登载的消息，只许说我好，不许说我坏，如果哪个说我坏，我就以军法从事"。见方汉奇：《中国新闻事业通史》（第二卷），中国人民大学出版社，1996，第208页。

于思考党治体制下的政党（政府）该如何科学、有效地管理新闻业，使新闻业有效地推动中国现代化的历史进程。

基于此，本书以"三大问题单"为导向，在喉舌与训政的框架内，在新闻业与训政政治的互动冲突的历史背景下，沿着新闻传播思想——新闻传播制度——新闻传媒业——新闻传播实践的路径，研究1927–1937年的国民党新闻事业，以期探求其中的历史智慧。

第二节　文献综述

受正统史观的影响，国民党新闻事业的研究始终未摆脱社会大环境的影响、时代思潮的左右，在史事选择、史实解释与评价上未逃脱"成王败寇"的思维惯性，且有意无意地渗透了过多的非学术成分，许多事实甚至被长期遮蔽。又因新闻业本身与社会政治、经济、文化、科技、军事等各个领域均有着千丝万缕的联系，所涉事项庞杂多蔓，加之国民党新闻事业的庞大及国民党新闻业与其政党、政权的错综复杂的关系。因此，国民党新闻事业研究文献分散在新闻史、民国史、国民党史、政治史、文学史等多个学术领域，其研究文献虽不如中国近现代民营新闻业、红色新闻业丰厚，但累积至今也是数量不少，可供后来者参考。国民党新闻事业断代史（1927–1937）的研究史亦是如此。本研究希望在能力范围内，搜尽各种可能的相关资料，吸收、借鉴前人研究的成果，增益本研究的历史厚度。然就目前本人的学术视野所及的范围，已有相当多的材料可资取用，且随着研究的深入，会进一步发现更多有价值的参考文献。因此，本研究的文献综述不可能完全穷尽，择其紧要列举，评述研究得失，勾勒整体面貌、提炼典型特征为较佳选择。

在综述前，需说明两点：一是国民党新闻事业（1927–1937）的研究是民国新闻史研究的重要组成部分。这一断代史至今虽有近百年的研究史，其研究却被历史潮流以1949年新中国成立为分界线，切割为两大截然不同的历史阶段。1949年前的研究是历史当事人、旁观者、研究者对国民党新闻业的经验认知，其成果已是历史文献。它自成体系，分布广泛，与国民党新闻事业处于同一历史时态，其文献具有第一手史料的重要价值。1949年后的研究因历史原因主要形成了中国大陆、中国台湾两大学术地理群体。由于国民党新闻事业以"反面历史教材"的身份退出大陆历史舞台，故中国大陆的研究文献虽有总体否定的"败寇"思维，却也有完全不受国民党意识形态束缚的优势。与之相反，中国台湾地区虽承继了国民党新闻事业的历史衣钵，有许多国民党新闻业的历史创建者、见证者参与，其研究文献仍带有国民党意识形态的深深烙印。至今，中国大陆与台湾的国民党新闻事业研究仍未彻底摆脱国共两党意识形态的余绪。二是"喉舌与训政"框架内的国民党新闻事业研究，是从政治传播视野内而非新闻本体视角审视国民党新闻事业的断代史，故民国政治史、国民党党史中的一些研究文献亦在本研究的参考范围内。

1949年前，国民党新闻事业研究与新闻业本身发展几乎同步，相关研究文献基本是期刊文章、报刊报道及国民党各级宣传部门的工作文件等，未有学术色彩的专著存世。研究者基本分为两类：一类是国民党人在民国新闻业范畴内对其党营新闻业、新闻管理等方面的经验总结与理论探讨，[①] 主要包括国民党内主管宣传工作或有着丰富宣传经验的国民党高层官员，如陈布雷、戴季陶、叶楚伧、邵力子等，具体负责管理民国传媒业的国民党宣传系统、国民党中央及地方各级党部的负责人或其工作人员，国民党党营传媒的社长、总编辑及一般新闻工作者，中央政治学校新闻学系的教员、学生等，他们基本是国民党新闻事业的理论辩护者、经验总结者、政策诠释者。刊发阵地主要有《江苏月报·江苏新闻事业专号》（《江苏月报》1934年1月1卷3期）、《中外月刊》"新闻界"专栏（1935年12月–1937年6月）、《前途·新闻统制专号》（1936年4卷9期）、《汗血月刊·出版事业专号》（1935年7月）等国民党党刊出版的专号和专栏，《中山教育馆季刊》、《留东学报》等国民党党刊及国民党党报出版的诸如《绍兴民国日报元旦特刊》（1930）、《宁波民国日报六周年纪念暨二十年国庆纪念合刊》（1931）等纪念专刊、特刊等，此外，黄天鹏主编的系列新闻期刊、《十年：申时电讯社创立十周年纪念特刊》（1934）等民营

---

① 作为南京国民政府的执政党，国民党具有管理民国新闻事业的合法性，国民党人亦将之作为新闻叙述的"不言自明"的基本前提，其新闻业的话语叙述对象不是单一的国民党新闻事业，而是党治体制内的所有新闻业态，即用"中国新闻事业"而非"国民党新闻事业"一词指代以国民党新闻事业为主体、南京国民政府所管辖的"合法"民营新闻业、在华外人新闻业及南京政权打压的"非法"新闻业为补充的民国新闻业。

报人、新闻学人主编的新闻期刊、特刊、专栏亦有不少国民党新闻事业的文献。代表性文献有戴季陶《关于新闻事业经营和编辑的所见》（1929）、邵力子《舆论与社会》（1929）、吴铁城《新闻事业与政治社会之关系》（1934）、邵力子《十年来的中国新闻事业》（1937）、吴保丰《十年来的中国广播事业》（1937）、陆舒展《民权主义与舆论政治》（1930）、端木恺《舆论的意义及其与民治的关系》（1930）、赵占元《国防与新闻事业统制刍议》（1936）、钱端升《党治与舆论》、程文《从言论自由说到新闻统制》（1936）、李秉彝《新闻与国家之关系及吾国应有之新闻政策》（1936）、罗璋《训政时期的宣传与宣传工作》（1930）、赵占元《国防新闻事业之统制》（1931）、项士元《浙江新闻史》（1930，第四章"浙省隶入党治后之新闻状况"）、南京中央政治学校的《审查全国报纸杂志刊物总报告》（1930）及国民党与南京政权出台的各种新闻法律、法规等。此类文献基本是在南京国民政府的政治框架内，从民国新闻事业层面论述国民党新闻事业，研究国民党新闻事业的特点、功能、作用、业务及国民党新闻统制等，探讨国民党新闻业与党治"训政"下的民国社会的互动规律，论证国民党新闻管制政策的合理性等。

另一类是国民党党营传媒体制外的民营报人、自由知识分子、民国高校学人、在华外籍人士等，他们在民国新闻业的研究中也论及了国民党新闻业，但对其多持批评立场。此类文献数量较多，1927-1937年产生了数十种新闻学术期刊[①]、147种文献，[②] 其中以燕京大学新闻系师生、黄天鹏、张静庐、赵君豪、谢六逸、胡道静、戈公振、杜超彬、袁殊、张友渔、申报新闻函授学校等贡献较大。主要代表有：黄天鹏《中国新闻事业》（1930）、杜超彬《新闻政策》（1931）、季达《宣传与新闻记者》（1931）、林语堂《中国舆论及报纸史》（英文本）（1936）、赵君豪《中国近代之报业》（1938）等。这些著作均在民

---

① 主要有：北京新闻学会出版的《新闻学刊》（1927）、上海报学社的《报学月刊》（1929.2）、上海新闻记者联合会编辑的《记者周报》（1930）、南京中央政治学校出版的《审查全国报纸杂志刊物总报告》（1930）、上海市出版业商务译所发行的《编辑者》月刊（1931）、中共中央宣传部主办的内部刊物《宣传者》（1931）、上海新闻记者公会的《记者周刊》（1932）、《世界日报》的《新闻学周刊》（1933.12）《大美晚报》的《记者座谈》专栏（1934-1936）、中国左翼记者联盟的《集纳批判》周刊（1934）、上海申时通讯社的《报学季刊》（1934.10）、《江苏月报》的《江苏新闻事业专号》（1934）及复旦大学新闻系的《新闻事业》半月刊（1930）、《明日新闻》（1931）、《新闻学期刊》（1934）。

② 数据源自对林德海主编的《中国新闻学书目大全（1903-1987）》（新华出版社，1989）的汇总。

国新闻业框架内对国民党新闻事业有所论及，涉及国民党的新闻管制、新闻检查、言论自由、新闻法制、战时宣传等主题。

从抗战全面爆发到1949年国民党败退大陆，国民党新闻事业（1927-1937）进入了"历史记忆"的初级阶段。在"战时新闻学"背景下，抗战前的国民党新闻业在一些国民党人的新闻学术、新闻"回忆"及民营报人的新闻著述中也有所论及，表现形态仍是零散的论文、报刊文章，未见专著。其立场亦以中华民国为正统。

1949年新中国成立至今，国民党新闻事业的研究可谓"花开三朵，各有特色"。中国大陆方面，受"成王败寇"阶级史观的影响，国民党新闻事业研究在很长一段时间内均是学术研究的禁区，尤其是"阶级斗争为纲"的1978年前，国民党新闻事业的研究完全是佐证国民党新闻业反动的史料整理工作。其代表是王熙华、朱一冰《1927-1949禁书[刊]史料汇编》（4卷本），另外在《中国现代出版史料（甲、乙、丙、丁，补编）》（张静庐）、《中国近代出版史料》（三卷）、《文史资料选辑》等著述中亦有一些相关史料。1978年后，中国大陆的时代主题由"阶级斗争"转变为"改革开放"，学术研究渐渐相对独立于政治。大陆虽在中国近现代新闻史研究中取得丰硕成果，1978-2014年有新闻史著作400余部出版，[①] 国民党新闻事业的研究却在很长一段时间内裹步不前，其研究成果整体上比较薄弱。其表现一是国民党新闻业的通史研究，相当薄弱，其研究成果主要体现在方汉奇主编的《中国新闻事业通史》（二卷）、赵玉明《中国广播电视通史》等中国新闻通史类著作或新闻史教材中，国民党新闻事业通史至今尚未问世。而上述通史或教材的编纂基本是在"第一次国内革命战争"框架内展开，勾勒的是一部反动的国民党新闻事业史，且重在国民党的新闻统制、国民党中央级传媒，国民党地方新闻业多被遮蔽。30余年不断重复的国民党新闻事业史的书写中，史料择取、史实评价、结论达成上未跳出阶级史观，只不过其论域有所扩大，历史评价中的意识形态色彩有所淡化而已。二是专题研究是硕果不少，却主要集中在国民党新闻

---

① 400余部专著和教材基于对方汉奇、吴廷俊、李秀云的研究结果的估算。方汉奇先生统计，"从1949到2005年。在56年的时间内，累计出版的新闻史专著和教材达253种。"见方汉奇：《1949年以来大陆的新闻史研究（1）》，《新闻写作》，2007年第1期。吴廷俊、李秀云不完全统计，2004年至2014年十年间共出版148部。见吴廷俊、李秀云：《百尺竿头——中国新闻传播史研究十年（2004-2014）述评》，《新闻春秋》，2015年第1期。

统制制度、新闻政策、国民党党营报业、《中央日报》、中央广播电台、《东南日报》、《民国日报》及陈布雷、马星野等领域，有些专题研究尚未展开，或研究不够深入，一些日记等档案资料尚未问世。其研究成果主要有蔡铭泽专著《中国国民党党报历史研究（1927-1949）》（1998）及论文《中国国民党党报发展述略》（1992）、《大陆时期国民党党报管理体制的变化》（1995）、《论中国国民党地方党报的建立和发展》（1995）、《大陆时期国民党党报管理体制的变化》（1995），李煜博士论文《中国广播现代性的流变：国民党广播研究（1928-1949）》（2008）及论文《广播的国家认同政治功能实现的历史源起：以建国前中国国民党党营广播为例》（2013），向芬专著《国民党新闻传播制度研究》（2012）及论文《大陆时期国民党新闻传播制度评析（1927-1949）》（2009），赵丽华专著《民国官营体制与话语空间——〈中央日报〉副刊研究（1928-1949）》（2012），贺渊专著《新生命研究》（2011），何扬鸣论文《论〈东南日报〉的企业化经营》、《略论〈东南日报〉的立场、言论和新闻》，江沛、纪亚光专著《毁灭的种子：国民政府时期意识形态管理研究》（2000），刘永生的专著《南京国民政府前期新闻舆论管控机制研究》（2013），张莉博士论文《南京国民政府新闻出版立法研究》（2011）、倪伟专著《"民族"想象与国家统制：1929-1949年南京政府的文艺政策及文学运动》（2003）等。其中，"弥补中国新闻史研究空白的力作"的《中国国民党报刊史》着重描述了1927-1949年国民党党报在大陆的兴盛及退出的历程，是中国大陆研究国民党报业的首部学术专著。三是个案研究较为广泛，却有研究成果与国民党庞大的新闻事业不相符，不够全面、深入，仍有许多空白需要挖掘等问题。其研究主题目前主要涉及民营报人张季鸾、吴鼎昌、胡政之与蒋介石的关系，陈布雷、马星野、萧同兹的新闻思想，《新生》事件，南京《民生报》停刊，史量才被狙杀，顾祝同枪杀刘煜生案。另外，《中央日报》、中央广播电台、中央通讯社、上海《民国日报》、《广西民国日报》、《扫荡日报》、《新生命》等传媒的某个栏目、某类报道、某些事件、某个人物等"散点"式的个案研究有所突破，却不够深入，许多党营传媒至今仍是研究空白。四是史料整理工作有较大收获，但专门、系统化的国民党新闻业的史料整理工作尚未全面展开，然在民国史、国民党史、中国近现代新闻史、地方史、地方新闻史等史料整理工作中均含有国民党新闻事业的史料。代表性的史料文献有：中国第二历史档案馆编《中华民国史档案资料汇编·第五辑（文化）》，方汉奇、王润泽主编《民国时期新闻史料汇编》（16册）、《中国人民大学新闻学院藏稀见民国新闻史料汇编》（29册）、《中国新闻事业编年史》（3卷本），张静庐辑注《中国近现代出版史料》（8册）、上海市档案馆等合编《旧中国上海广播事业》，王文彬编《中国现代报刊史资料汇辑》，等。

此外，在中国近现代新闻思想史、新闻法制史、新闻学术史及上海、浙江、广西、天津等地方新闻史的研究中，也有一些篇章涉及国民党新闻事业。此类代表性著作有：胡太春《中国近代新闻思想史》（1996），黄旦《"耳目"与"喉舌"的历史性转换：中国百年新闻思想主潮论》（1998年博士论文），黄瑚《中国近代新闻法制史论》（1999），杨雪梅《中国新闻思潮的源流》（2000年博士论文），李秀云《中国新闻学术史》（2004），马光仁《中国近代新闻法制史》（2007），马光仁《上海新闻史1850-1949》（1996），彭继良《广西新闻事业史》（1998），秦绍德《上海近代报刊史论》（1993），王文科、张扣林的《浙江新闻史》（2010），马艺《天津新闻传播史纲》（2006）等。

总之，1949年以来的大陆国民党新闻事业的研究是在中华人民共和国的框架内、阶级史观的指导下缓慢展开的，60多年的研究有个解放思想，摆脱旧意识形态束缚，从"政治史学"回归"学术史学"的过程。研究成果总体较为薄弱，专题研究、个案研究有所突破，面上研究依然是阶级斗争范式，专题史、个案史的研究方法渐趋于多元。近年来，随着台海关系的缓解，新史料的发掘，研究成果有所增多，研究领域渐趋扩大，研究方法趋于多元，研究立场却仍是当代的"中华人民共和国"而非历史的"中华民国"，这使不少研究成果"先验批判"多于"同情之理解"。

1949年后的台湾国民党新闻事业研究（1927-1949）是在中华民国框架下展开的，其研究在20世纪50-60年代兴起，70-90年代兴盛，90年代后走向没落，并延续至今。研究以（台湾）中华民国为正统，立场上敌视中共。1987年解除党禁、报禁前，研究受台湾"戒严"、"反攻大陆"的影响，表现出较强的维护国民党正统意识形态的色彩，1987年后的研究虽走向了没落，却逐渐回归了学术。台湾地区1987年前的历史书写以国民党新闻事业的史料整理为主，学术研究成果偏少。史料整理主要表现为国民党新闻人的文集、传记、日记、回忆录的陆续出版。这一工作延续至今，为国民党新闻事业研究保存了大量珍贵史料。其代表主要有：邵元冲《女圃遗书》（1954）、王新命《新闻圈里四十年》（1957）、冯志翔《萧同兹传》（1975）、萧同兹文化基金筹备处编印的《在兹集》（1974）、董显光《董显光自传》（1981）、萧光邦《新闻耆宿潘公展》（1983）、马之骕《新闻界三老兵：曾虚白、成舍我、马星野奋斗历程》（1986）、陶百川《困勉强狷八十年》（1984）、曾虚白《旧壤新焙》（1975）、《迎曦集》（1982）、《曾虚白自传》（1988）、龚德柏《龚德柏回忆录》（1989）、沈剑虹《半生犹思：沈剑虹回忆录》（1989）、王世杰《王世杰日记》（1990）、程沧波《沧波文存》（1983），及中国国民党党史委员会编《陈布雷先生文集》（1984）、《叶楚伧先生文集》（1983）、《胡汉民先生文集》，陆铿《陆铿回忆与忏悔录》（1997）等。此外，《报学》、《传记文学》等杂志亦发表了大量老报人的回忆文章。学术研究方面主要体现在台湾新闻史学者编著的中国新闻史及国民党《中央日报》、《扫荡日报》、中央广播电台、中央通讯社及国民党新闻政策、报人、新闻思想等方面。代表性文献有：刘伟森《新闻政策之研究》（1954），吕光、潘贤模《中国新闻法概论》（1961），思圣《中央社创立史征》（1963），吴道一《中广四十年》（1968），曾虚白《中国新闻史》（1984），李瞻《中国新闻史》（1979），赖光临《中国新闻传播史》（1979）、《七十年中国报业史》（1981）、《中国近代报人与报业》（1980），王洪钧《新闻法规》（1984），马起华《主义与传播》（1986），温世光《中国广播电视史》（1978）等。

1987年台湾解除党禁、报禁后，台湾学术研究虽摆脱了三民主义意识形态，却也日趋商业化。"无论教学或研究，新闻或传播历史则是备受忽略的。……新闻史变得非常冷门"。① 在此背景下，台湾国民党新闻事业研究仅

---

① 马之骕：《新闻界三老兵：曾虚白、成舍我、马星野奋斗历程》，《徐佳士序》，台湾经世书局，1986，第1页。台湾政治大学新闻学院教授潘家庆先生对此也深有认知，他说："台湾在新闻史专著方面，这些年来一直不多，考其原因，恐怕是真正的新闻史学者不多的关系。市面上的专著，比较多的是媒体人的回忆记述和评论，虽然它们是新闻史的珍贵资料，然离成熟的新闻史专著，尚有一段距离。"另外据他统计，台湾国科会认可的传播学科的唯一期刊《新闻学研究》2004-2008年20期的内容，仅发现两篇研究论文，属于新闻史类。另外有一个计划专题"报禁解除二十年"有三位学者提供论文，再就是一篇评论，有关电视史的写法，引来了三位学者的响应。见潘家庆：《新闻史研究的困境》，《国际新闻界》，2009年第4期。夏春祥《新闻与记忆：传播史研究的文化取向》一文称：新闻史研究与教学的遭遇瓶颈，在台湾已有二十年的时间。……1980年代的台湾，新闻史在公职与入学考试科目上才刚废除，整个研究在1990年代就成了"一片空白"。见夏春祥：《新闻与记忆：传播史研究的文化取向》，《国际新闻界》，2009年第4期。

有少数的专题史、个案史问世，至今也未产生国民党新闻事业通史。其代表主要有王凌霄专著《中国国民党新闻政策之研究》（1992）、高郁雅博士论文《国民党的新闻宣传与战后中国政局变动（1945-1949）》（2005）、郑士荣硕士论文《抗战前后中央文化宣传方略之研究（1928-1945）——中国国民党中央宣传部功能之分析》（1987）、吴圳义论文《抗战前十年国民政府之国内宣传（1928-1937）》（1998年）、李瞻专著《蒋中正先生的传播思想及对世界的贡献》（1991）等。

在民国史、国民党史研究领域内也有许多研究成果论及国民党新闻事业，甚至亦有研究国民党新闻事业某个方面的专著、论文。民国史是史学研究的重要课题，海内外有一批学者长期从事民国史研究，其成果相当丰硕。李新主编《中华民国史》（36册），张宪文主编《中华民国史》，张玉法《中华民国史稿》，张其昀主编《党史概要》，[美]费正清《剑桥中华民国史》，史全生主编《中华民国文化史》，朱汉国、杨群主编《中华民国史》（10卷）及王奇生专著《党员、党权与党争：1924-1949年中国国民党的组织形态》、《革命与反革命：社会文化视野下的民国政治》，[美]易劳逸（Eastman，Lloyd）《流产的革命：1927-1937年国民党统治下的中国》（汉译本，1992），[美]Lee-hsia Hsu Ting《Government Control of the Press in Modern China,1900-1949》台湾石佳音博士论文《中国国民党的意识形态与组织特质》,[澳大利亚]费约翰《唤醒中国：国民革命中的政治、文化与阶级》（2004）等著述均对国民党新闻业有所涉及，其论述虽相当深入、精辟，却也比较分散，是本书重要的参考文献。

总体而言，国民党新闻事业的研究至今较为薄弱，尚不成体系；专题研究、个案研究虽较为深入，却多集中在国民党新闻制度、国民党报业、《中央日报》、中央广播电台、中央通讯社等狭窄领域。中国大陆、台湾地区的研究虽然较为丰硕，其成果却以史料整理为主、学术研究为辅，且学术研究深受各自意识形态的制约，落入了"成王败寇"的正统史观的窠臼，在史料择取、史实评价、意义设定上双方既相互映照，也有诸多政治分歧，难以有效沟通。在民国史、国民党史的历史书写中，虽也有部分著述、章节、论文论及，然他们大多将国民党新闻传媒视为史料来源，建构的多是"报刊中的历史"，缺乏新闻史研究的本体意识。研究路径上，中国大陆、台湾地区的研究基本是正统史观统领下的阶级范式，现代化、民族-国家、政治史、文化史、媒介生态等研究路径，尽管在某个专题或个案中有所呈现，却尚未形成主流。

研究新闻史"离不开各时期的阶级斗争史、政治运动史、政党史、生产斗争史、经济发展史、文化史"。①新闻史研究的这一特殊性决定了新闻史研究具有多元透视、致思的可能空间。在中国近现代史的历史长河中，抗日战争前十年的国民党新闻事业处于多重历史框架内，它既是中国大陆革命史学视野中的"第一次国内革命战争"，也是台湾地区"中华民国"建国史学范畴内的"黄金十年"；既是民国社会现代化推进的"黄金十年"，也是中国政治形态向党国体制转型的关键十年；既是文化中国向民族中国转型的重要十年，也是次殖民地中国积蓄国力应对日本全面侵华的重要十年。在这十年间迅速成长起来的国民党新闻事业，注定拥有多重历史身份：既是执政党国民党视野中的民国新闻事业的主导力量，国民党治国理政、解决内忧外患、推动党国体制转型的舆论工具，也是在野党中共视野中的反动新闻事业，中国自由主义者视野中的政党新闻事业；既是推动民国社会现代化的舆论工具，也是凝聚中华民族，应对日本入侵的社会整合工具。

多重历史身份意味着研究视野的多元化，历史定论难以达成。以往的国民党新闻事业研究多在正统史观统摄下，建构的是阶级视角下的国民党新闻事业。不可否认，国民党新闻事业具有显著的阶级性，与民国政治关系密切。事实上，作为国民党喉舌的党国新闻事业本身就是国民党党治体制、"训政"政治的重要组成部分。因此，国民党新闻事业史本质上是国民党政治史的组成部分。然而，以往研究却将国民党新闻事业放在了披着新闻史外衣的政治史框架内，有意或无意忽略了国民党新闻事业的主体特征，忽略了新闻事业的内在规律性。

新闻史研究首先应是历史的研究，它必须在研究中体现出某种深邃的历史观，提供对于包括新闻在内的整个社会历史运动的某种洞见。这种洞见是基于研究对象而生发的，不是外在强加的。国民党新闻事业的历史特质表明，它不是单一的"人类长期以来为相互自由传播而斗争的历史"，②而是一种"政

---

① 方汉奇：《新闻史是历史的科学》，《新闻纵横》，1985年第3期。
② [美]埃德温·埃默里、迈克尔·埃默里：《美国新闻史——报业与政治、经济和社会潮流的关系》，苏金琥等译，董乐山校，新华出版社，1982，第1页。

治"信息史，[①]一种话语交锋史，[②]一种现代政党控制、运用新闻业的治国理政史。因此，研究国民党新闻事业，要将其放在它固有的历史语境中内，从其本身蕴含的历史特质出发，以问题意识为导向，才可能揭开她神秘的历史面纱，而若过度突出政治，势必陷入饱受批评的阶级范式；若刻意规避政治，势必难以穿透历史，步入历史虚无主义的泥潭。二者均不能从新闻史视野内把握国民党新闻事业独特的历史特质。因此，本书认为，政治信息史、话语交锋史、政党"新闻治国"史审视下的抗战前十年的国民党新闻事业，更能逼近历史真相。换言之，本书"喉舌与训政"的研究框架契合国民党新闻事业的历史特质，是揭示国民党新闻事业本质特征的一把钥匙。

第三节　研究思路与章节架构

党治训政，无疑是抗战前十年国民党新闻事业历史生成的政治逻辑，决定着国民党新闻事业的历史命运与历史角色。因此，本研究的基本思路是围绕着党治训政——中国近现代史上的一种特殊的、过渡性质的政治形态与实践——这一政治逻辑而展开的。政治与新闻的关系，已有许多杰出的理论成果。本书目的不是在这一领域提出新的见解，也将尽力避免为"杰出的理论成果"做历史脚注。作为一项具有交叉性质的新闻史研究，本研究的重心是考察在党治体制内的政党新闻业，与其党治体制及训政实践的历史互动关系，以及这种特殊形态的历史互动的相互影响，并基于这种历史互动与相互影响的系统梳理，就新闻与政治的关系做理论上的总结。

政党、政府与政党新闻业的互动，是一种严重不对称的互动。政党虽然始终占据互动的主导地位，掌控着政党媒体的生死，却无法控制其社会传播效果；政党新闻业虽处于互动的弱势地位，但社会信息流通的中枢身份，也使其对其掌控者——政党——有不可忽视的反作用。事实上，二者互动实质是政党上层精英以政党新闻人为中介、政党媒体为渠道，与党员、广大民众之间在特定历史时空下进行的一种动态化、常态化、非在场的"政治"信息

---

① [美]W·兰斯·班尼特：《新闻：政治的幻像》，当代中国出版社，2005，第5页。

② 曾庆香：《新闻叙事学》，新华出版社，2005，第196页。

互动与话语博弈。社会政治、经济、文化、军事等社会子系统既黏附于这一复杂、幽深、多元的信息互动与话语博弈之中，也为其信息互动与话语博弈提供动力源、渠道与规则，其中，利益分配与观念冲突是管窥这一涉及广泛，波及社会各层面的信息互动与话语博弈的关键。在政党、政府方面，是力求掌控话语权、真理裁定权，通过信息搜集、信息操控实现国家与社会治理，政党新闻业只是其确保掌控话语权，真理裁定权，进行信息搜集与操控的工具。正如马克思所说，"要使报刊完成自己的使命，首先必须不从外部为它规定任何使命，必须承认它具有连植物也具有的那种通常为人们所承认的东西，即承认它具有自己的内在规律，这些规律是它所不应该而且也不可能任意摆脱的"。① 政党新闻业虽在政党控制之下，但要完成它的使命，政党必须尊重新闻业"连植物也具有"的内在规律，否者将适得其反，相互伤害。换言之，在政党操控下的新闻业，亦有一定的相对独立性，其"上情下通"、"下情上达"的角色扮演与实际操作，关系到政党信息搜集与操控的实际效果，在政党治国理政中有着不可替代的作用。深耕细描这一极其庞杂、幽深、频繁的信息互动与话语博弈，是难以企求的学术追求的理想彼岸。基于此，本书以问题意识为导向管窥国民党、南京国民政府与其政党新闻业的历史互动。本书设定的问题是：国民党以何种指导思想，运用哪些手段建立并控制其庞大的政党新闻业？又是如何操控政党新闻业，服务于其现实政治的？最后结果如何？为什么？被国民党操控的党营及民营新闻业，呈现怎样的媒介形态，有着怎样的新闻实践，在其新闻实践中又是如何反作用于国民党党治训政实践的？即国民党党治训政体制对其新闻业的影响，国民党新闻业对其党治训政实践的影响，是本书的关注主题。从新闻史的本体层面而言，前一问题可转换为国民党新闻事业为什么是这一历史形态，而不是其他历史形态？造成这一历史形态的政治因素是什么？后一问题可转换为从新闻传播学的角度如何解释国民党为什么会在统治大陆20余年后就迅速败退出大陆。

在此问题意识的导向下，本书沿着提出问题—分析问题（史实呈现）—解答问题的致思路径，以历史渊源—党治训政—新闻思想—传播制度—媒介体系—新闻实践—历史幽思为本书章节框架。本书共设九章，一章绪论，提

---

① 《马克思恩格斯全集》（第一卷），人民出版社，2008，第397页。

出问题、总结前人研究成果，交代写作缘由、研究意义、研究思路等。二章叙述"喉舌与训政"的历史渊源，深入分析孙中山先生视野中的"喉舌与训政"观。三章在前人研究基础上，从新闻传播学角度系统总结国民党党治体制及训政实践，勾勒国民党新闻事业的政治土壤。四章从思想层面分析国民党为什么、如何建设、操控新闻业，其背后的媒介认知及根源是什么。五章从制度层面研究国民党建立起来的庞大的新闻传播制度，并谨慎审视抗战前十年的制度运行概况，评析其制度的优劣。第六章从媒介层面观察国民党建立的庞大传媒体系，并评估这一传媒体系，评估这一传媒体系在民国传媒业中的历史地位。七、八章转入国民党新闻业的新闻实践，重在研究国民党新闻业在党治训政中的传播策略及其传播效果。第九章为本书结束篇，尽力在对国民党新闻业"了解之同情"与"语境化"理解[①]基础之上，尽力遵循论从史出的原则，从学理层面解答本书提出的两大关键问题。

作为管窥研究对象的工具，研究方法始终应为研究对象服务。本着这一原则，本书将根据研究对象的历史特性，在本人有限的学术涵养与方法训练的基础上，尽量选择切合研究对象的一切研究方法。鉴于本书是一项历史研究，因此，历史学的基本方法，将是本书主要的研究方法，史料搜集、整理、考辨，文献分析、个案解读等质化方法均会采用，另外，本书还会根据研究对象的特性，采用量化研究方法。研究将尽力本着理清史料文本内在的脉络与理路，以相关社会科学理论资源为解释工具，力求达到史实、史识、史论的逻辑统一[②]的原则书写，但作者深知学术功底浅薄，笔力时有不逮，要达到完美还有很长一段路。遗憾与不足只能有待后续研究中予以弥补。

---

① [英]詹姆斯·卡伦著：《媒体与权力》，史安斌 董关鹏 译，清华大学出版社，2006，第65页。
② "史实、史识、史论"是历史研究的三大部分，"史实"即历史材料，"史识"即分析历史材料使用的视野，"史论"涉及历史评价的问题。这三者之间有辩证的关系。史料是基础，但史料不会自己开口说话。史识，即历史分析很重要，是盘活材料的路径。但历史分析需要理论基础，又不能脱离史料信口开河，因此，恰当的理论工具选择至关重要，选择正确，能够起到"烛照史料"的作用，洞察材料背后的意义和内在联系，然若"理论先行"，势必将材料塞进理论的紧箍咒。做好"史实"、"史识"功能，"史论"即历史评价就能尽力做到客观公正。见李金铨：《新闻史研究："问题"与"理论"》，《国际新闻界》，2009年第4期。

第四节 基本术语的厘定与说明

概念是认识事物的操作工具，内涵清晰、外延明确的术语有助于减少因歧义滋生的种种误解。国民党（含其新闻事业）研究长期笼罩在大陆、台湾各自主流意识形态的迷雾中。受此影响，对同一史实，大陆和台湾对国民党（含其新闻事业）研究在表述中常常各异，且相互不认可，导致了许多学术争议与分歧。另外，作为一门年轻的学科，新闻传播学尚未形成一套成熟的概念术语。一些基本术语常常需要根据语境来确定其真正所指，也易造成一些不必要的误解。对本书涉及的基本术语一一做学理上的考证，寻觅其历史渊源，不符合本书旨趣，因此本书仅在前人研究的基础上，根据本书研究需要，对本书涉及的基本术语予以必要的理清与说明。

新闻传播学层面的术语，媒体、媒介、传媒；新闻、新闻传媒、新闻传播；新闻事业、新闻业、新闻传媒业、新闻传播业等术语是本书常用的基本术语，其内涵与外延常常需要根据使用语境来确定，因此有必要略作说明。媒体、媒介、传媒三个术语在本书中可化为等号，相互通用，但在不同使用语境中，亦会根据各自的侧重点灵活使用。"媒体"一词重心在"体"，其使用语境重在存储、运输信息的物质实体，如纸张，电波等；"媒介"一词重心在"介"，其使用语境重在承载信息的载体，如文字、符号、图形等；"传媒"一词意指生产、存储、传播信息的诸如报纸、杂志、小册子、通讯社、广播电台、等物质实体，其使用语境是包含报纸、杂志、通讯社等两种以上的传媒。新闻、新闻传媒、新闻传播三个术语的内涵较为宽泛，三者有时可通用，但所指在不同语境中也有所不同。"新闻"一词涵盖面最广，有多重所指，本书在涉及新闻活动、狭义层面的新闻等语境中使用该词；"新闻传媒"与"传媒"可等同，其使用语境侧重于报纸、期刊、通讯社、广播电台等媒介机构；"新闻传播"一词的内涵最为广泛，是包含"新闻传媒"、"新闻活动"、"新闻事业"在内的社会信息活动。新闻事业、新闻业、新闻传媒业、新闻传播业四个术语在本书中可化为等号，相互通用，均指以民国时期的报馆、通讯社、电台为主体的一切新闻传播活动及其相应的组织机构。"新闻业"是"新闻事业"一词的缩写，两个术语全等同；"新闻传媒业"一词侧重于信息传的媒体形态，"新闻事业"一词，侧重于新闻传媒的事业形态，"新闻传播业"一词侧重于新闻传媒业的"传播形态"，其外延包含了"新闻事业"、"新闻传媒业"。

因意识形态的影响，国民党层面的术语使用常常含有强烈的褒贬色彩。如，南京国民政府，大陆称"蒋介石的国民政府"、台湾则称"南京当局"、"南京政府"、"国民政府"等；对国民党党政要人，大陆常常直呼其名，台湾则有所避讳，称蒋介石为"先总统蒋公"、"蒋中正"等。对于国民党的各种机构，大陆常在机构前冠以"国民党"，其表述常是"国民党中央宣传部"、"国民党中央党部"、"国民党中央常务委员会"等。台湾则省略"国民党"三字。为使学术研究的客观、公允，行文表述简洁，本书在国民党的有关称号中，尽量采用客观、中性的术语表达，但亦会考虑大陆当前的政治环境。具体而言，本书将使用"南京国民政府"、"南京中央"、"南京政府"、南京政权等术语指称蒋介石集团1927年于南京建立的南京国民政府。以"南京国民党"、"蒋介石集团"指称国民党集团内最大的利益集团，在某些语境中，为表述简洁计，也会使用"国民党"一词，它们均指掌控南京政权的蒋介石集团，不包含隶属于国民党的地方实力派系。对国民党及南京政府的各级机构，除第一次使用外冠以"国民党某某机构"外，为叙述简洁，均使用缩写形式。如"国民党中央宣传部"，缩写为"中宣部"，"国民党中央执行委员会常务委员会"缩写为"中常会"，等。

对于本书研究的历史时间段，大陆和台湾地区均有各异的表述，如大陆常表述为"第一次国内革命战争时期"、"抗战前十年"、"南京国民政府前期"、"国民党训政前期"等，台湾常表述为"革命建国时期"、"黄金十年"等，除特殊语境外，本书主要使用较为客观的"抗战前十年"、"训政前期"、"20世纪二三十年代"、"二三十年代"等术语。此外，其他有争议的术语，本书将在第一次使用中以注释形式予以理清与说明。

第二章
孙中山视野中的"喉舌与训政"

　　任何现代政党都要界定自身与新闻媒体的关系，以利于政党操控新闻媒体，使新闻媒体成为政党动员民众、夺取政权、治理国家、管理社会的有效舆论工具，继而使新闻媒体成为政党与社会、政党与群众沟通信息的主渠道，成为政党形塑意识形态的基础性工具。南京国民党确立的"喉舌与训政"的理念与实践，源于"国父"孙中山先生视野中的"喉舌与训政"，即孙中山先生的训政理念与新闻传播思想。

　　孙中山先生是中国民主革命的先行者。在"三千年未有的大变局"的时代背景下，孙中山在推翻满清、建立民国、求解中国政治现代化的"破旧立新"过程中，吸纳欧美政体之长，结合中国民众识字率低下、"半殖民半封建"的国情，创造性地提出了"军政、训政、宪政"的革命建国程序论，以期将中国建设成他理想中的"三民主义、五权宪法"的民主宪政国家。训政阶段是连接"军政"与"宪政"的过渡阶段，即从军事管制的社会无序状态转型到有序的民主宪政阶段。实现这一社会转型是一项涉及政治、经济、文化、军事等各个方面的系统工程，新闻媒体是与政治、经济、文化、军事等系统密切相关的一个非常重要的子系统。有着丰富革命宣传经验的孙中山，在设计革命建国程序论、构想训政体制的过程中，也设计了新闻媒体在训政体制及训政到宪政转型过程中的地位、角色与功能，初步勾勒了新闻媒体与训政政体的关系。

　　孙中山研究是"一个研究很久、为大家广泛关注、已经有了很多高水平的学术成果的老课题"。[①] 研究成果丰硕，分歧亦不少。这在于大陆和台湾的孙中山研究仍未完全摆脱意识形态的思想禁限。基于此，本章对孙中山训政

---

　　① 李文海：《孙中山研究领域的拓展与创新》，《广东社会科学》，2008年第3期。

理念、孙中山新闻传播思想及孙中山视野中的新闻媒体与训政的关系的研究，既基于孙中山的原始文献，也采纳"高水平的学术成果"。

第一节　孙中山的"训政"思想

"训政"是孙中山革命建国程序论的重要内容。对孙中山"训政"思想的提出背景、形成与演变、内容、特点和评价，孙中山训政约法体系的内涵、特点和评价，及孙中山训政与胡汉民、蒋介石训政思想，与南京国民政府的训政体制的比较等方面的研究，学界已有相当成果问世。[①] 研究虽取得了许多共识，在历史评价方面却有不少歧义。本节以《孙中山全集》等原始文献为主要史料来源，在借鉴已有研究成果的基础上，从新闻传播学视角对孙中山训政思想予以再审视。

一、孙中山训政思想的历史形成

孙中山是一位思想敏锐的革命先驱，也是一个有务实精神的政治家。他在对中国政治现实及西方政治弊病的思考中决定"举政治革命、社会革命毕其功于一役"，[②] 于革命建国的革命实践中形成了蕴含训政思想的革命建国程序论。其训政思想的萌生、发展及成熟均孕育在军政、训政、宪政的革命建国

---

① 代表性研究成果有：汪兆刚：《国民党训政体制研究》，中国社会科学出版社，2004；王永祥、王兆刚：《论孙中山对训政时期的政治设计》，《史学月刊》，2000年第1期；韩英军：《中国国民党训政的渊源述评》，《新东方》，2005年第8期；刘秋阳：《孙中山训政及宪政思想评析》，《兰州学刊》，2005年第3期；黄文治：《双重使命与缺陷：孙中山训政设想再探究》，《武汉科技大学学报》（社会科学版），2010年第1期；俞祖华：《孙中山训政思想的再认识》，《中州学刊》，1996年第3期；谢晓鹏：《蒋介石与孙中山训政思想之比较》，《史学月刊》，1994年第8期；谢晓鹏：《孙中山的训政思想述评》，《江西社会科学》，2000年第3期；王兆刚：《"训政时期约法"与孙中山训政思想之比较》，《石油大学学报》（社会科学版），2000年第6期；李钢、江靓：《试论孙中山的训政思想对儒家传统的继承——纪念辛亥革命一百周年》，《理论月刊》，2011年第11期；郑大华：《国民党训政制度对孙中山训政理论的继承与背离》，《史学月刊》，2004年第8期；郭溪土：《略评孙中山的训政思想》，《牡丹江师范学院学报》（哲社版），2006年第3期，等。

② 《民报》第一号孙文《发刊词》（1905年10月20日），中国社科院近代史所编：《孙中山全集》（第一卷），中华书局，1981，第289页。《民报》第一号孙文《发刊词》（1905年10月20日），中国社科院近代史所编：《孙中山全集》（第一卷），中华书局，1981，第289页。

程序及其独创的三民主义、五权宪法的政治理念中。孙中山自述其于"乙酉（1885）中法战败之年，始决倾覆清廷、创建民国之志，由是以学堂为鼓吹之地，借医术为入世之媒"。伦敦遇难脱险后，孙在欧洲考察其政治风俗，完成三民主义。[①]乙巳（1905）春间，"乃揭橥吾生平所怀抱之三民主义、五权宪法以号召之，而组织革命团体焉"。[②]革命程序的思想目前发现最早见诸文字的是1905年秋孙中山与汪精卫的一次谈话，该谈话内容收录在汪精卫刊发在《民报》第2号《民族的国民》一文中。文章引述孙中山的谈话说，"察君权、民权之转捩，其枢机所在，为革命之际先定兵权与民权之关系。……逮乎事定，解兵权以授民权，天下晏如矣。定此关系厥未约法。革命之始，必立军政府，此军政府及又兵史专权，复秉政权。……一旦根本约法，以为宪法，民权立宪政体有磐石之安，无漂摇之虑矣。"[③]首次以正式文件面目出现是1906年秋由孙中山与黄兴、章太炎等在日本共同制订的《中国同盟会革命方略》。这是一个由《军政府宣言》等系列文告组成的同盟会政治、军事与外交纲领。[④]革命方略明确提出国民革命的"四纲"、"三期"，即"驱除鞑虏、恢复中华、建立民国、平均地权"，及实现"四纲""措施之次序"的军法之治、约法之治、宪法之治。军法之治为"军政府督率国民扫除旧污之时代"，推翻"旧污"三年后，皆解军法，布约法；约法之治"为军政府授地方自治权于人民，而自总揽国事之时代"。在此时期，"地方议会议员及地方行政官皆由人民选举。凡军政府对于人民之权利义务，及人民对于军政府之权利义务，悉规定于约法，军政府与地方议会及人民各循守之，有违法者，负其责任"。约法之治时期"以天下平定后六年为限"，届时"始解约法，布宪法"。宪法时期为"军政府解除权柄、（由）宪法上国家机关分掌国事之时代"。此时期，"制定宪法，军政府解兵权、行政权、国民公举大总统及公举议员以组织国会。一国之政

---

① 原文："伦敦脱险后，则暂留欧洲，以实行考察其政治风俗，并结交其朝野贤豪。两年之中，所见所闻，殊多心得。始知徒致国家富强、民权发达如欧洲列强者，犹未能登斯民于极乐之乡也；是以欧洲志士，犹有社会革命之运动也。予欲为一劳永逸之计，乃采取民生主义，以与民族、民权问题同时解决。此三民主义之主张所由完成也。"黄彦编注：《建国方略》，广东人民出版社，2007，第91页。

② 黄彦编注：《建国方略》，广东人民出版社，2007，第97页。

③ 《与汪精卫的谈话》（1905年秋），《孙中山全集》（第一卷），中华书局，1981，第290–291页。

④ 《中国同盟会革命方略》于1906年秋冬间制订，1908年改订。

事，依于宪法以行之"。①

辛亥革命的失败和民初议会政治的混乱事实，使孙中山更加重视革命程序论，其训政思想渐趋成熟。"二次革命"后，孙中山在日本东京亲手缔造中华革命党，并于1914年7月8日在中华革命党成立大会上公布孙亲自制定的《中华革命党总章》。《中华革命党总章》共39条，其中第2、3、4条规定了革命的宗旨、程序，即中华革命党以实行民权、民生两主义为宗旨，以扫除专制政治、建设完全民国为目的，革命"帙序"为"军政"、"训政"、"宪政"三个时期。军政时期是"以积极武力、扫除一切障碍，而奠定民国基础"，训政时期是"以文明治理，督率国民建设地方自治"，宪政时期是"俟地方自治完备之后，乃由国民选举代表，组织宪法委员会，创制宪法；宪法颁布之日，即为革命成功之时"。②总章首次以"军政时期"、"训政时期"、"宪政时期"的新提法取代了过去"军法之治"、"约法之治"、"宪法之治"的表述。同年夏，针对革命同志对总章中"训政"的错误见解与非难（即革命不应分时期，即分时期，亦只有军事与宪政，不必有一个训政时期；训政是皇帝时代把戏，革命党不作皇帝，那里说得上训政），孙中山作了辩护，认为"训字有根据，且训政名词，是比同盟会约法名词，用得庄典而恰当"。革命党是行伊尹之志，以"阿衡"自任，保卫而训育四万万"皇帝"为政。至于主张由军政直接进入宪政"简直是自欺欺人"，民初临时政府和"二次革命"的失败是证明，并强调"革命成否，全于此时期（训政 --- 笔者注）卜之"。③

在经历袁世凯暴毙、府院之争、张勋复辟，尤其是第一次护法运动失败后，孙中山痛感几十年革命结果却是"革命主义未行，革命目的未达，仅有民国之名，而无民国之实"，④遂在护法运动失败后在上海开始了两年多（1918-1919年）的理论创新，"冀以学说唤醒社会"。⑤1919年6月，20余万

① 《中国同盟会革命方略》（1906年秋冬间），《孙中山全集》（第一卷），中华书局，1981，第297-298页。

② 《中华革命党总章》（1914年7月8日），《孙中山全集》（第三卷），中华书局，1984，第97-98页。

③ 《讨论中华革命党总章时的谈话》（1914年夏），陈旭麓 郝盛潮主编：《孙中山集外集》，上海人民出版社，1990，第223页。

④ 《孙中山先生十讲》，上海民智书局，1923，第52页，转引自苗建寅主编：《中国国民党史》，西安交通大学出版社，1991，第108页。

⑤ 《复廖凤书函》（1919年8月28日），《孙中山全集》（第五卷），中华书局，1985，第103页。

字的《建国方略》公开发表。《建国方略》的公开发表在某种程度上意味着孙中山训政思想的成熟。《建国方略》是基于孙中山20余年革命经验教训总结出的一整套建立民主共和国的理论，由《孙文学说》（又名《知难行易的学说》，即《建国方略》之一的"心理建设"）、《实业计划》（《建国方略》之二的"物质建设"）、《民权初步》（《建国方略》之三的"社会建设"）组成。其中在《心理建设》（1917–1919年），孙中山从"知难行易"的哲学高度详细阐述了革命方略的三个时期。军政时期重在破坏，故称作"破坏时期"。训政时期为"过渡时期"，此时期内"实行约法（不是1912年3月颁布的《中华民国临时约法》——笔者注），建设地方自治，促进民权发达。以一县为自治单位……三年期满，则由人民选举其县官。……俟全国平定之后六年，……组织国民大会，以制定五权宪法"。待宪法制定，总统选出后训政时期即告结束。宪政时期为"建设完成时期"，开始实施宪政，"此时一县之自治团体，当实行直接民权。人民对于本县之政治，当有普通选举之权、创制之权、复决之权、罢官之权，而对于一国政治除选举权之外，其余之同等权则付托于国民大会之代表以行之"。①

在理论创新的同时，孙中山着手党务工作，改组中华革命党，并将其理念上升到政党政策层面。1919年10月10日，中华革命党正式改名为中国国民党，并发布《中国国民党规约》，重申"本党以巩固共和、实行三民主义为宗旨"。②1920年11月9日《中国国民党总章》公布，19日修订的《中国国民党规约》公布。《中国国民党总章》和《中国国民党规约》均于第一、二条规定："本党以三民主义为宗旨"，"本党以创立五权宪法为目的"。但《中国国民党总章》却将训政时期合并到军政时期，将革命秩序改为军政、宪政两个时期。军政时期是"以积极武力，扫除一切障碍，奠定民国基础；同时由政府训政，以文明治理督率国民建设地方自治"，宪政时期是"地方自治完成，乃由国民选举代表，组织宪法委员会，创制五权宪法"。③这可能在于部分国民党员对

---

① 黄彦编注：《建国方略》，广东人民出版社，2007，第58页。

② 《中国国民党通告及规约》（1919年10月10日），《孙中山全集》（第五卷），中华书局，1985，第127页。

③ 《中国国民党总章》（1920年11月9日修正），《孙中山全集》（第五卷），中华书局，1985，第401–402页。

"训政"仍有误解和非议，孙中山为顾其情绪、拉拢同盟会和原国民党党员做了让步。佐证有三：一是孙中山将中华革命党改名为中国国民党，有"出于包容原国民党势力的考虑"，而原国民党势力中有许多人不认同孙中山的"训政"理念。黄兴、陈炯明认为，"训政"与慈禧专政相关联，蕴含封建专制，是坏词。[①] 此时，广东军政领袖陈炯明正是孙中山所倚重的军事力量。二是在制定中国国民党总章前（同日），孙中山专门在上海中国国民党本部会议的演说中再次诠释"训政"二字，强调训政的必要性。[②] 三是1922年6月陈炯明"叛变"后，孙中山又将革命程序恢复原貌。如1923年1月，孙中山在《中国革命史》中重新将革命程序规定为军政、训政、宪政三个时期，其内容基本等同于《孙文学说》中对军政、训政、宪政的阐述。

陈炯明"叛变"，促使孙中山再次改组国民党，加强组织，并将党务建设列为头等大事。[③] 在苏俄及新成立的中国共产党的帮助下，孙中山成功改组国民党，将三民主义发展为"联俄"、"联共"、"扶助农工"的新三民主义，但改组后的国民党党章（含修订）却将军政、训政、宪政的革命程序删掉，仅在开篇中提到为实现"三民主义、五权宪法"而制定本党章。[④] 然在1924年1月国民党一大正式通过，并在同年9月以宣言形式布告天下的《国民政府建国大纲》（孙中山手拟）中详细规定了军政、训政、宪政三个时期的革命建国程序。《国民政府建国大纲》共25条，其中的7-23条都是训政时期的各项规定。[⑤] 因此，《国民政府建国大纲》的公布，标志着孙中山的训政思想最终形成，此后鲜见孙中山再次详细阐释其训政理念。1925年3月11日孙中山逝世，在其

---

① 韩健：《孙中山训政思想溯源》，转王人博等：《中国近代宪政史上的关键词》，法律出版社，2009，第181-192页。

② 《在上海中国国民党本部会议的演说》（1920年11月9日），《孙中山全集》（第五卷），中华书局，1985，第400-401页。

③ 见崔之清：《国民党政治与社会结构之演变（1905-1049）》（上），社会科学文献出版社，2007，第328页。

④ 1923年1月2日的中国国民党党章开篇写道，"本党为谋同志之结合、党务之发展，以期三民主义之实施、五权宪法之创立，制定总章如左"，见《中国国民党章》（1923年1月2日），黄彦编注：《论改组国民党与召开"一大"》，广东人民出版社，2008年，12-15页。1924年经中国国民党第一次全国代表大会修订的新的中国国民党总章则在开篇中写道，"中国国民党第一次全国代表大会为促进三民主义之实现，五权宪法之创立，特制定中国国民党总章如左"。见《孙中山全集》（第九卷），中华书局，1986，第152-162页。

⑤ 《国民政府建国大纲》（1924年1月23日），《孙中山全集》（第九卷），中华书局，1986，第126-129页。

《遗嘱》中，孙要求"凡我同志，务须依照余所著《建国方略》、《建国大纲》、《三民主义》及《第一次全国代表大会宣言》，继续努力，以求贯彻"。[①] 可见，孙中山训政思想构思于1897-1899年在欧洲两年的游历，1906年正式提出，其间多次重申与发挥，1919年在上海的"理论创新"中成熟，1924年在国民党"一大"期间最终形成，1925年去世前留下遗嘱，督促国民党完成其未竟的革命事业。

孙中山的革命实践、欧美各国的宪政弊病、民初议会政治的失败、民初政制的讨论等因素共同促成了孙中山训政思想的历史形成。革命中的政党组织问题既需要孙中山解答，也给了孙中山总结经验的机会；欧美各国的宪政弊病使20世纪20年代"改造代议制思潮盛行一时"，加之民初议会政治的失败促使孙中山思考西方政制中的组织弊病；民初梁启超、章士钊等政制问题的大讨论等因素均利于孙中山构思其训政政制。在此时代背景下，孙中山完成了从训政到宪政的比较系统的政制设计方案。

二、孙中山训政思想的基本内涵

孙中山研究虽是成果丰硕的"老课题"，但由于意识形态和"总理崇拜"的影响，且牵涉国民党的训政体制与训政实践，故对孙中山训政思想的解读至今仍有不少过度解读或曲解的成分。在孙中山对训政为数不多的话语表述中，1919年5月发行的《孙文学说》(卷一"行易知难")的第六章《能知必能行》和1924年1月国民党一大通过的孙中山手拟的《国民政府建国大纲》最为详细。这两份史料最能代表孙中山的训政思想。其它要么是政党文件，要么是孙中山的演说、谈话。因此，本节对孙中山训政思想基本内涵的解读将以这两份史料为中心，其它史料为辅，力求做到"同情之理解"。

孙中山的训政思想是其"革命方略"的有机组成部分，革命方略是实现孙中山"三民主义、五权宪法"政治思想的基本路径。故对孙中山训政思想的解读必须在"革命方略"和"三民主义、五权宪法"的框架内展开。在此框架内，孙中山训政思想是由训政主体、训政对象、训政理由与哲学根基、训政目标、训政路径、训政时期的政治设计、训政期限、训政到宪政的过渡

---

① 《国事遗嘱》，1925年3月11日，《孙中山全集》(第十一卷)，中华书局，1986，第639页。

构成完整系统。具体而言：

　　1. 训政主体与训政对象。"训政"一词古已有之。"训"，《说文解字》释为"说教也"，即教诲、开导之意。训政的思想与做法可追溯到伊尹、周公。"在昔专制之世，犹有伊尹、周公者，于其国主太甲、成王不能为政之时，已有训政之事"。①古代中国，训政常常在皇帝年幼、昏聩时出现。这时，握有实力的皇戚、宦官及权臣在皇权正统思想束缚下，或由前朝皇帝指派辅政，或借口皇权继承者政治上不成熟强行代理朝政。汉代的皇戚、宦官交替专权，曹操挟制汉献帝"令天下"，唐、宋、明时期的宦官权臣专权及清朝慈禧垂帘听政，均是古代"训政"的不同形式，其结局鲜有伊尹、周公归政之誉，更多是"训政"口号下的专权误国或改朝换代。故古代中国的训政主体是伊尹、周公等辅助皇帝的贤臣或窥取皇权的奸臣、太后，被训者是将来握有实权的幼主。孙中山借用了"训政"一词，却转换了其内涵。②训政主体是"先知先觉"和"后知后觉"的革命政党。在孙中山心目中，这个政党是孙领导的资产阶级革命政党，即中国同盟会——中华革命党——中国国民党。训政对象是受数千年之毒害的"四万万人民"，国民党要训导他们成为中华民国的主人，能够直接行使民权。

　　2. 训政理由与哲学根基。在孙中山军政、训政、宪政的革命方略中，训政受到的质疑与非议最多，③孙中山对为何要在军政、宪政中间加入训政时期也阐述最多。最主要的阐述有：《讨论中华革命党总章时的谈话》（1914年夏）、《在上海中国国民党本部会议的演说》（1920年11月9日）、1919年5

---

① 伊尹，名挚，商朝最高官职称"尹"，当成汤之孙太甲继位时，作《伊尹》以教之，又因其暴虐无道而放逐之，三年后悔过始迎归；周朝时，周公因其侄成王年幼而摄政，并作《无逸》以训之，七年后还政。见《建国方略》，黄彦编注，广东人民出版社，2007，第66页。

② 孙说："我这个'训'字，就是从'伊训'上'训'字用得来的。"又说："所谓训政者，即训练清朝之遗民，而成为民国之主人翁，以行此直接民权也。"《孙中山全集》（第五卷），中华书局，1985，第401页，第189页。

③ 如1914年讨论中华革命党总章时，就有同志对训政提出了两点质疑："一、以为革命不应分时期，即分时期，亦只有军事与宪政，何必又要一个训政时期；二、疑问训政是皇帝时代把戏，以皇帝来训小百姓，革命党既不作皇帝，那里说得上训政"，见《讨论中华革命党总章时的谈话》（1914年夏），陈旭麓 郝盛潮主编：《孙中山集外集》，上海人民出版社，1990，第223页。对此，孙亦认识到革命同志对其革命方略的不认同。孙曾说民国建元之初"予则极力主张施行革命方略，以达革命建设之目的，实行三民主义，而吾党之士多期期以为不可"。《孙中山全集》（第六卷），中华书局，1985，第205页。

月发行的《孙文学说》(卷一"行易知难")等。据孙中山解释,革命过程必须"训政"的理由主要有:①革命是破坏与建设共举的过程,察欧美资产阶级革命的历史,在中国进行资产阶级革命必须要有"非常之建设"的革命方略,才能"成立一共和宪法治之国家",否则"破坏"后会步入君主专制的旧轨或社会混乱的状态。民初袁世凯称帝、张勋复辟及美国、法国革命后的反复与混乱,说明由军政直接过渡到宪政是不可能的。②中国国民受数千年专制的毒害,"奴性已深,牢不可破"且"知识程度之不足",不能享"民国主人之权利",故"舍训政一道,断无由速达也"。对于民众的奴性,孙中山的阐释最多,也有许多比喻和案例来说明中国人民深受专制的毒害。③欧美有"训政"他国成功的先例。孙中山举出的案例是美国从"训政着手",扶助"菲岛人民以独立",经二十年以成文明进化之民族。④训民以政是奠定共和宪政的"建设之基"。只有具备这个"心理基础",中华民国才能建筑牢固根基。⑤训政是"好词",革命党训政不是慈禧专权,而是训"四万万皇帝"亲政,且"不仅训字有根据,且训政名词,是比同盟会约法名词,用得庄典而恰当"。由此,训政时期是"必不可省略的过程"、"为专制入共和之过渡所必要也"。

虽然孙中山多次强调革命方略的必要性、重要性,但黄兴、陈炯明等革命党人不认同孙的革命方略,对革命党训政仍多非议与曲解,并使孙断定他们的思想及行为是革命党之间"组织涣散"、帝制复辟和民初混乱的思想根源。为从根本上说服革命同志,孙中山撰写了《孙文学说》(卷一"行易知难")。该著作分别举饮食、用钱、作文、建屋、造船、筑路、开河、电学、化学、进化十事为例,抨击他认为导致"人心涣散"、"国事日非"的思想根源——"知易行难"学说——后而"发明"了"知难行易"学说,并依据该学说将人类之进化分为"不知而行"的"草昧进文明"时期,"行而后知"的"文明再进文明"时期和科学发明而后的"知而后行"时期,将人群划分为先知先觉、后知后觉、不知不觉三类。随后在"能知始能行"章论证了革命方略是"本世界进化之潮流,循各国已行之先例,鉴其利弊得失,思之稔熟,筹之有素"[①]的革命真理。这样,孙中山为其训政思想从认识论层面奠定了哲学基础。

---

① 《建国方略》(1917–1919年),《孙中山全集》(第六卷),中华书局,1985,第204页。

3. 训政目标与路径。军政、训政、宪政的革命程序是孙中山政治思想的核心成分，孙中山始终未变，但在特殊时期可"因环境以求适宜"。①如为拉拢同盟会和原国民党党员，1920年的《中国国民党总章》将训政时期合并到军政时期；为争取冯玉祥，在《北上宣言》中只提"立即召开国民会议"，只字未提三个时期。另外在孙中山对革命方略的表述中，军政、训政、宪政三个阶段虽时有变动，但各阶段的实质内容基本一致，且三个阶段前后既相互独立、又相互关联，层层递进，最终实现孙中山理想中的三民主义、五权宪法的共和宪政国家。因此，孙中山训政的终极目标是在中国建立"驾乎欧美之上"的三民主义、五权宪法的共和宪政国家。训政路径、训政时期的政治设计均服从该目标。

目标明确后，即需达到目标的具体路径。孙设计了自上而下、由下而上交织并行的两条路径。自上而下的是统筹全局的以党治国，自下而上的是以"建设地方自治、促进民权发达"为核心的民主政治的基础建设。孙中山的政党思想是其政治思想的重要组成部分。孙中山虽有组建兴中会、同盟会，成立中华革命党，改组国民党等政党建设，但在孙中山革命生涯中长期存在着重"政"轻"党"的倾向，致使政党组织较为涣散，难以形成现代动员型政党，孙中山直到后期（三民主义理论创新、陈炯明叛变后），才在苏俄革命启发下，决心仿效苏俄的建党与"以党治国"模式，形成了完整的"以党治国"思想。其核心是：①效仿苏俄"将党放在国上"以便"握权更进一步"；②"党"是以三民主义理论指导的，以工人、农民等革命的阶级为依托的现代动员型政党；③党内采取防止集权于个人的集权制和委员合议制，孙中山保留了握有大权的总理一职是因人而设，非定制；④以党治国是以"主义治国"，不是党魁、党员治国，故国民党治国不排除"党外人士如有才可做官"，国民党也不排除其他政党的存在，但这些政党可加入国民党，组成革命联盟，共同为国家奋斗；⑤党、政、军关系上是党权统摄政权，控制军权，军队是一支为"主义"奋斗的"党军"。训政时期，以党治国就是要扫除"国内之障碍"、开化人心、推动地方自治、制订宪法草案、组建训政政体等自上而下的

① 孙曾说"革命主义，革命政府始终尽力以求贯彻；革命进行方法则革命政府不惮因应环境以求适宜"。见《告广东民众书》（1924年9月10日），《孙中山全集》（第十一卷），中华书局，1986，第35页。

训导政治。

　　县自治是孙中山训政的基本单位，也是孙中山设计的地方政治建设中的主要内容。地方自治，作为一项地方政治制度确立于英国工业革命时代，后扩展到欧美及日本等国。清末，地方自治成为一种"强国兴邦"的社会思潮，梁启超曾以"地方自立"为名较早提出和宣传之；清政府于1905-1911年间曾推行的地方自治，结果蜕变为官治的翻版。孙中山的县自治思想是在借鉴西方民主思想，总结革命经验和深入体察中国现实的基础上逐步形成的，更契合近代中国的实际。[①]孙中山对县自治既有表述也有实践，不过表述多于实践。孙中山详细介绍了美国克利浮莱城（今美国俄亥俄州克利夫兰市）的自治制度，并表示"今当取乎法上"；[②]在《孙文学说——心理建设》中"能知必能行"章和《国民政府建国大纲》（1924）等中有详细表述，[③]曾在1921年初在广东省各县试行了县长与县议会民选等。但最能体现孙中山县自治（含省自治）思想的是《国民政府建国大纲》中的八至十八条。详录如下：

　　八、在训政时期，政府当派曾经训练考试合格之员，到各县协助人民筹备自治。其程度以全县人口调查清楚，全县土地测量完竣，全县警卫办理妥善，四境纵横之道路修筑成功，而其人民曾受四权使用之训练，而完毕其国民之义务，誓行革命之主义者，得选举县官以执行一县之政事，得选举议员以议立一县之法律，始成为完全自治之县。

　　九、一完全自治之县，其国民有直接选举官员之权，有直接罢免官员

---

① 王永祥、王兆刚：《论孙中山对训政时期的政治设计》，《史学月刊》，2000年第1期。

② 《在沪举办茶话会上的演说》（1916年7月17日），《孙中山全集》（第三卷），中华书局，1984，第328页。

③ 在《建国方略》中，孙中山作做如下表述：拟在此时期内（训政时期 ---- 笔者注）施行约法（非现行者），建设地方自治，促进民权发达。以一县为自治单位，县之下再分为乡村区域，而统于县。每县于敌兵驱除、战事停止之日，立颁布约法，以之规定人民之权利义务与革命政府之统治权。以三年为限，三年期满，则由人民选举其县官。或于三年之内，该县自治局已能将其县之积弊扫除如上所述者，及能得过半数人民能了解三民主义而归顺民国者，能将人口清查、户籍厘定、警察、卫生、教育、道路各事照约法所定之低限程度而充分办就者，亦可立行自选其县官，而成完全之自治团体。革命政府之对于此自治团体，只能照约法所规定而行其训政之权。俟全国平定之后六年，各县之已达完全自治者，皆得选举代表一人，组织国民大会，以制定五权宪法。见黄彦编著：《建国方略》，广东人民出版社，2007，第58页。

之权，有直接创制法律之权，有直接复决法律之权。

十、每县开创自治之时，必须先规定全县私有土地之价，其法由地主自报之，地方政府则照价征税，并可随时照价收买。自此次报价之后，若土地因政治之改良、社会之进步而增价者，则其利益当为全县人民所共享，而原主不得而私之。

十一、土地之岁收，地价之增益，公地之生产，山林川泽之息，矿产水力之利，皆为地方政府之所有，而用以经营地方人民之事业，及育幼、养老、济贫、救灾、医病与夫种种公共之需。

十二、各县之天然富源与及大规模之工商事业，本县之资力不能发展与兴办，而须外资乃能经营者，当由中央政府为之协助；而所获之纯利，中央与地方政府各占其半。

十三、各县对于中央政府之负担，当以每县之岁收百分之几为中央岁费，每年由国民代表定之。其限度不得少于百分之十，不得加于百分之五十。

十四、每县地方自治政府成立后，得选国民代表一员，以组织代表会参预中央政事。

十五、凡候选及任命官员，无论中央与地方，皆须经中央考试铨定资格者乃可。

十六、凡一省全数之县皆达完全自治者，则为宪政开始时期，国民代表会得选举省长为本省自治之监督，至于该省内之国家行政，则省长受中央之指挥。

十七、在此时期，中央与省之权限采均权制度。凡事务有全国一致之性质者，划归中央；有因地制宜之性质者，划归地方。不偏于中央集权或地方分权。

十八、县为自治之单位，省立于中央与县之间，以收联络之效。

摘自《国民政府建国大纲》[①]

---

① 《国民政府建国大纲》（1924年1月23日），《孙中山全集》（第九卷），中华书局，1986，第126-129页。

可见，孙中山的县自治是包括政治、经济、文化等建设的系统工程，"训练考试合格之员"，即经过孙中山三民主义启蒙的"后知后觉者"在县自治中扮演了启蒙者、组织者、推行者的角色。县自治期间，县政府（县自治局）有扫除该县之积弊、清查户口、立机关、核定地价、增价归公、开发富源、兴办公益事业、训练民众拥有四权等县经济政治文化建设的权力；待过半数人民了解三民主义而归顺民国，县政建设略定，即可实行选举制，由人民选举县官。至于省自治，辛亥革命前，孙曾主张省自治，辛亥革命后则不赞成省自治，因为省自治或联省自治只会成为军阀割据的借口。

4.训政时期的政治设计。训政是社会变迁的过渡阶段，需要国家权力的合理切割，以形成有效治理社会及推动社会变迁的权力结构，推动训政时期的社会建设及训政到宪政的平稳过渡。孙中山对训政时期的政治设计理念是"成则为王"思想和"天赋人权"思想的杂糅，其构想的权力分配与制衡可用图2-1表示。

由图2-1可知，训政时期国民党承继清政府的所有权力，党在国上，绝对控制军队与国家权力，以党治国，并非是以党人、党魁治国，而是以主义治国。军队由党掌控，负责扫除余孽，保卫国家，不得干预政府。孙中山一生戎马倥偬，却长期未有一支可靠的军队，在经历袁世凯等武人把持政权及受苏俄革命的启发后，才认识到军队与政府的不同职责，坚决反对武人把持军队，干预政治，"用人行政，政府自有权衡"，[①]并决定仿苏俄建立由国民党控制的党军。国家权力分为政权与治权。政权是监督治权的"人民权"，分为选举权、罢免权、创制权、复决权，训政时期由拥有治权的政府训练人民拥有。"凡成年之男女，悉有选举权、创制权、复决权、罢官权。而地方自治草创之始，当先施行选举权。"[②]除拥有四权，国民还享有集会、结社、言论、出版、居住、信仰之绝对自由，政府当全力保障之。前提是"拥护民国之国民即真正反对帝国主义的个人及团体"。治权即政府权，分为行政权、立法权、司法权、监察权、考试权，这一设想是孙中山试图以古代中国的监察、考试制度弥补西方三权分立的缺陷。训政期间，中央统治权由国民党独享，并在宪政开始时期，"中央政府当完成设立五院，以试行五权之治"，宪法未颁布

---

① 《孙中山全集》（第六卷），中华书局，1985，第90页。
② 《地方自治实行法》（1920年3月1日），《孙中山全集》（第五卷），中华书局，1985，第221页。

之前，各院长皆归总统任免而督率之。孙中山说："有了这九个权，彼此保持平衡，民权问题才算是真解决，政治才算是有轨道"。①

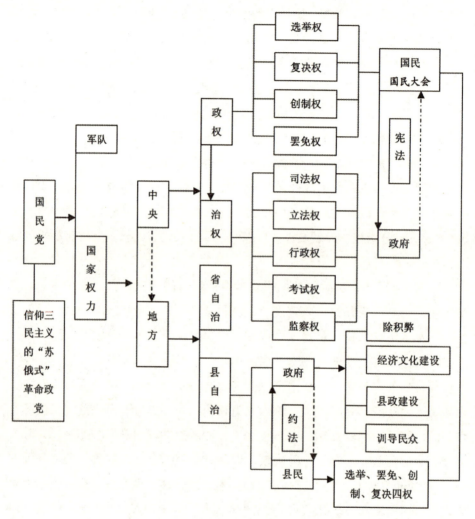

图 2-1　孙中山对训政时期的政治设计

注：箭头指向方表示权力控制方，虚线表示二者不属于权力控制关系，而是一种协商、约法关系。

行政区划上实行中央、省、县制。训政时期，"中央与省之权限采均权制度。凡事务有全国一致之性质者，划归中央；有因地制宜之性质者，划归地方。不偏于中央集权或地方分权"。省立于中央与县之间，"以收联络之效"，

---

① 黄彦编注：《三民主义》，广东人民出版社，2007，第190页。

县为自治的基本单位，拥有县政建设、实施训民以政等诸多实权。

5. 训政期限与过渡。孙中山坚持训政是必经阶段，期望早日结束训政，对何时结束训政，孙取应时而变的策略。《建国方略——心理建设》和《中国革命史》曾规定"全国平定后6年"，但《中国国民党党章》、《建国大纲》均未规定训政的具体年限。1924年孙中山逝世前的《北上宣言》更是提到"中国要立即召开国民会议"，在北上的演说中曾断言"极快只要半年便可以达到实现三民主义、五权宪法的主张，极慢也不过是要两年的功夫便可成功"。①

训政后期向宪政平稳过渡，是孙中山训政设计的最后环节。孙中山在《建国方略——心理建设》和《国民政府建国大纲》中均有详细规定，二者表述却略有不同。《建国方略》规定："俟全国平定之后六年，各县之已达完全自治者，皆得选举代表一人，组织国民大会，以制定五权宪法。……，宪法制定之后，由各县人民投票选举总统以组织行政院，选举代议士以组织立法院，其余三院之院长由总统得立法院之同意而委任之，但不对总统、〈立〉法院负责，而五院皆对国民大会负责。……宪法制定，总统、议员举出后，革命政府当归政于民选之总统，而训政时期于以告终。"②《国民政府建国大纲》则规定：当全国有过半省份达至宪政开始时期，即开国民大会决定宪法。宪法颁布后，中央统治权由国民党归于国民大会行使，国民大会对于中央政府官员有选举权、罢免权，对中央法律有创制权、复决权。宪法颁布后，国民依宪法行全国大选举，国民政府于选举完毕之后三个月解职，而授政于民选政府。③可见孙中山设计的过渡阶段的主要任务是进行中央层次机构的设置与宪法的创立。

三、对孙中山训政思想的评价

孙中山的训政思想始终处于学理阶段，虽被国民党付诸实践，却以失败告终。因此，对孙中山训政思想的历史评价，往往受国民党训政实践、总理崇拜等因素的左右，难以客观立论。目前，学界对孙中山训政思想的评价基本是在认同了孙中山训政思想的历史合理性的同时指出其历史局限性，在评

---

① 《孙中山全集》(第十一卷)，中华书局，1986，第308页。

② 《孙中山全集》(第六卷)，中华书局，1985，第205页。

③ 《国民政府建国大纲》(1924年1月23日)，《孙中山全集》(第九卷)，中华书局，1986，第126–129页

价角度、评价语言上却是见仁见智。如王永祥、王兆刚认为孙中山对训政时期的民主政治建设进行了全面规划和设计，其体现的基本精神和原则是积极、可贵的，但也存在不尽完善甚至空想之处。[①] 黄文治认为孙中山训政设想虽具有涤荡专制旧污与预防民主异化为民粹主义的双重使命，但也遗留以党训政的内在紧张性吊诡、忽视制度创制对宪政文化的涵养及设想目标与手段的悄然背离的内外双重缺陷。[②] 谢晓鹏认为孙中山训政思想与其军政、宪政思想是有机整体，具有鲜明的时代性，是中西合璧的产物，也具有低估人民群众的民主能力等历史局限性；[③] 郭溪土认为孙中山训政思想基本符合当时中国的实际，但训政的理论基础是英雄史观，把民主当作政府和政党给予人民的恩赐，是错误的。[④] 历史评价要秉持"同情之理解"的客观、公允的立场，故对孙中山的训政思想的历史评价不应因"总理崇拜"而夸大其辞，也不应因国民党训政实践而多加诟病。基于此，笔者认为，孙中山训政思想是其革命建国方略的有机组成部分，是实现其政制理念的重要一环。孙中山的政制理念是糅合了瑞士、美国与苏俄经验及中国本土的考试、监察制度而成的混合体，然这种糅合虽借鉴了历史智慧，但这是粗线条的历史学支撑，且缺乏对当时中国国情的全面、深入的理解与把握，因而有许多理想主义成分。这一混合体亦是中国"改造代议制"浪潮中在总体结构上效仿美国的一个政制版本，其核心是五权分立、直接民权、万能政府、权能分治。这一版本是"道德主义倾向的政治精英在制度建设上采取民粹主义的姿态"的思想结晶。[⑤] 因此，在

①　王永祥、王兆刚：《论孙中山对训政时期的政治设计》，《史学月刊》，2000年第1期。

②　黄文治：《双重使命与缺陷：孙中山训政设想再探究》，《武汉科技大学学报》（社会科学版），2012年第1期。

③　谢晓鹏：《孙中山的训政思想述评》，《江西社会科学》，2000年第3期。

④　郭溪土：《略评孙中山的训政思想》，《牡丹江师范学院学报》（哲社版），2006年第3期。

⑤　邓丽兰认为孙中山的政制设计受到了民初"改造代议制"思潮的影响，其中19世纪末的平民党运动与20世纪初的进步主义运动中的政制思想影响了孙中山的政制构思。因此，孙构建的政制设计"总体结构是一个美国版本"。这一版本在人性善而非西方人性恶的基础上描绘了一幅人民与政府和衷共济，权力与权力之间友好相处的美好图景，具有民粹主义的色彩。作者认为孙中山巧妙地将近代中国追求政治民主化过程中既相互对立又统一的两组取向，即精英主义倾向与民粹主义倾向，道德主义倾向与制度主义倾向"奇妙地统一在一起"，"具有道德主义倾向的政治精英在制度建设上采取民粹主义的姿态。这是孙中山作为政治家的魅力所在"。见邓丽兰：《域外观念与本土政制变迁——20世纪二三十年代知识界的政制设计与参政》，中国人民大学出版社，2003，第54-62页。

孙中山全部政制设计视野中才能看清孙中山训政构思的历史合理性及其历史局限性。

1. 要在数千年专制和臣民文化盛行，及被列强控制的半殖民的中国，建设共和宪政国家，必经"训民以政"的过渡时期，舍其路径，均为空想。孙亦说："夫以中国数千年专制，退化而被征服亡国之民族，一旦革命光复，而欲成立一共和宪治之国家，舍训政一道，断无由速达也。"①历史沉淀形成的政治文化是一种根深蒂固的刻板成见，数千年专制和臣民文化的中国缺乏内在动力推动制度革命以带动社会整体性变迁，外在动力——西方列强——虽能破坏中国传统制度文化，却旨在使中国沦为其掠夺的对象。这就需要觉醒的知识精英从内部培植动力，即唤醒国民，将臣民文化转型为公民文化。康有为、梁启超、严复、孙中山等知识分子充分认识到了这一特殊国情，提出了不同的唤醒民众的策略，如上所述，孙中山训政思想是其中最有组织性、较为契合国情的唤醒策略之一。忽略了这一点，就忽略了当时国民知识程度极度低下的最大国情，就难以理解孙中山"训民"的苦衷，由此断定孙中山"看不到人民群众的民主能力"、犯了"不学会游泳前切勿下水"的错误，②及断定孙中山训政思想的理论基础是错误的英雄史观。这些看法，均没有做到"同情之理解"。

2. 孙中山训政思想有一定学理性，无实践性。学理性在于孙中山训政理念与其军政、宪政思想是不可分割的有机整体，由于孙中山是革命活动家，故其理论体系的思辨色彩较淡。无实践性导致孙中山失去了自我修正其训政理论的历史机遇，致使其训政思想中的空想性、内在缺陷不可避免。孙中山训政思想中的空想性、内在缺陷主要有：①以道德力量预防权力独大具有空想性。孙将党置于国上，主张以党治国，以党控军，但权力本身具有独占性与排他性，而预防一党独大，党魁专权及让党主动还政于民的措施仅是党魁等先知先觉者的道德自觉，这一基于人性善的制度设计根本违反了西方制度设计基于人性恶的事实，具有很大的幻想性。②孙中山设计了既分权又集权、且偏向集权的权力结构，目的是以集权改变传统社会结构，推动社会整体转型及应对来自日本、欧美等外来威胁，使中国迈入资本主义民主宪政国家。

①　黄彦编注:《建国方略》,广东人民出版社,2007,第65—66页。

②　文柏:《孙中山革命程序论思想述评》,《社会科学辑刊》,1988年第4期。

这一设计内在缺陷非常明显：分权体现在赋予国民政权，集权表现在政府掌握治权；分权要求训民以政，使国民享受监督政府的四权，但训政的基本单位却是专制思想最浓厚、国民知识程度最低、政治经济文化最不发达的县。这意味着来自上层的训政措施常受到上层权力错综复杂关系网的左右及民众求生存、求温饱的现实需求的无形抵制与解构，[①]致使短期内无法真正提升民权以制衡政权，而赋予民权的口号却给了反对派、敌对势力、自由知识分子狙击治权的口实，不利于集中社会资源应对内外危机；集权要求政府掌控国家所有权力，但孙中山设计的五权宪法却被置于党下，致使党政不分，权力缺乏相互有效制衡，为权力内讧、权力蜕变开了后门。这可能使政党、政府陷入集权集不起来、分权不敢分的权力困境。因此，需要具有政治道德高度自觉的政治精英组成的，由具有卡里斯玛（Charisma）型的政治强人统领的威权政治将孙中山训政构想有序地付诸实践。

3. 孙中山对训政时期的政治设计是粗线条的，有内在逻辑性不强、表述话语不严谨、部分内容语焉不详等问题，故存在许多制度性漏洞。如权力过度集中于国民党及其政府，留下了治权做大，政权萎靡的制度漏洞；在中央、省、县的权力关系设计中，重"县"轻"省"的制度设计，留下了中央权力无法到达县的制度漏洞；在召开国民大会的设计中，对何时召开、如何杜绝国民代表选举中的舞弊等问题则多语焉不详；对训政时期建立什么样的政府，省自治如何展开，省自治与县自治的关系问题、训政时期的民意机构等问题，孙中山亦没有明确论述。这就为后来各自所需的阐述或歪曲提供了话语空间。总之，孙中山的训政理念中存在对当时中国现实政治的复杂性、中国所处的国际环境及中国传统政治经济文化考虑不周的缺陷。

综上所述，孙中山的训政理念是当时历史条件下"中西合璧"的历史产物，

---

① 张佛泉认为孙中山的四项民权与地方自治所悬标准过高。他说："中山先生的宪政程序有两重困难，一是必要四权全顾，一是求由穷乡僻壤做起，若必待他的理想达到后，必待'一省全数之县'，全国过半数之省，全达到'完全自治'的时候，方能颁布宪法，施行宪政，则我们敢说俟望这个日子，也许比俟望河之清，还会遥遥无期了。"见张佛泉：《民治"气质"之养成》，《国闻周报》，12卷44期，1935年11月11日。耿云志认为：孙中山的宪法思想脱离中国实际。原因有二，一是不满西方的宪政制度，希望超越西方；二是孙批评西方宪政思想的资源是中国古代传统，五权宪法的思想着眼点是消弱议会的权力而加强政府的效能，而近代宪政制度最根本的观念在于限制政府的权力，保障人民的权力。见耿云志：《孙中山宪法思想刍议》，《历史研究》，1993年第4期。

是孙中山先生在半殖民半封建中国建立宪政民主国家而精心设想的全方位政体规划，体现了一个伟大的先行者唤醒民众、建设宪政共和的智慧与胆魄。虽然这一理念的历史合理性、进步性与历史局限性并存，但其合理性、进步性远大于局限性，其精神、原则与经验教训均是中华民族探索中国民主建设道路上的宝贵精神财富，其理论缺陷亦不足以妨碍孙中山先生崇高的历史品格的彰显。

第二节　孙中山的新闻传播思想 [①]

孙中山训政思想的核心是唤醒民众、扶植民权。如上所述，孙中山对训政政体的设计并未论及新闻传播，但孙中山一生的革命活动与新闻传播活动（报刊活动、宣传活动）密不可分，并有大量的新闻传播文献留世，足见孙中山重视新闻传播活动。不同于职业新闻工作者，作为革命家的孙中山是从政治范畴运用新闻传媒、操纵新闻活动阐释新闻理念的，其旨是将新闻传播视为唤醒民众、扶植民权、建立共和的重要工具，故其新闻传播理念是其政治理念的重要组成部分。因此，对孙中山新闻传播思想的审视不能脱离孙中山的政治理念，"不能离开他的革命活动作学究式的研究"。[②] 但学界对孙中山新闻传播思想的研究成果虽较为丰硕，却存在视角单一、"描述式"叙述偏多、评价不够公允及脱离孙中山政治理念就新闻传播论新闻传播的倾向。基于此，本节即在这一框架内探究孙中山的新闻传播思想，勾连孙中山视野中的"喉舌"与训政的内在关系。

需要说明，孙中山时代使用最多的是宣传、鼓吹、新闻等术语，[③] 大众传媒主要有报纸、杂志、传单、小册子、书籍、信函、通讯社及新兴的广播，演说、周流、戏剧、学堂等亦是重要的传播平台。新闻传播是当代使用较为

---

① 本节内容在刘继忠《政治理念·自由主义·民族主义——孙中山新闻思想再评析》（《国际新闻界》，2012年第1期）一文基础上，增加了许多新近发现的史料。

② 原文是"孙中山是积极的革命活动家，很少有时间、精力和兴趣去进行专门的思辨。他的思想学说不能离开他的革命活动作学究式的研讨"。李泽厚：《论孙中山的思想》，《中国近代思想史论》，天津社会科学院出版社，2003，第287页。

③ 如仅据《孙中山文集》统计，有173处提到"宣传"，31处提到"鼓吹"，44处提到"新闻"，39处提到"报纸"。

频繁的术语，这一术语涵盖了孙中山时代所有的新闻传播行为，故本书以该词作为基本术语统领上述术语。

一、孙中山新闻传播思想研究的文献综述

孙中山新闻传播思想的研究是孙中山研究的重要组成部分，其研究现状却是取得某些突破、仍有待深入的"老课题"。[①] 对孙中山新闻传播思想的研究，可以1949年、1978年为分界线分为三个阶段。1949年前，在"总理崇拜"阴影下，孙中山关于宣传、新闻、舆论的言论被国民党奉为"权威"，国民党新闻官员、党报党刊及广播电台负责人在演讲、新闻中多引用或诠释孙中山的新闻话语，作为理论或事实方面的论据。1949-1978年，大陆尊奉孙中山为"伟大的革命先行者"，对孙的新闻思想的研究多以史料收集为主。台湾奉三民主义为新闻学的哲学根基，研究成果颇多，并出现了首部专著——汤承业的《国父革命宣传志略》（1977年，中央研究院三民主义研究所），评价却未走出"总理崇拜"的阴影。《国父革命宣传志略》从宣传的思想、方式、策略、手段、形态等方面系统归纳了孙的宣传思想，其史料细致全面，溢美之词处处可见。1978年后，台湾方面受"去大陆化"等因素的影响，研究长期停滞不前，成果零星出现，至今尚未改观。代表性成果主要有李瞻对孙中山的传播思想、新闻哲学的研究。[②] 大陆方面则随着改革开放的深入，研究则慢慢步入正轨，目前已产生30余篇相关论文。谷长岭的硕士论文《孙中山的报刊活动及其办报思想》（1978年，人民大学）是"文革"后系统研究孙中山新闻思想的最早力作。80年代，放翁（1984）、[③] 薛恒淦（1986）、[④] 铁铮（1988）、[⑤] 胡太春（1987）等对孙的报刊活动与思想做了较全面的总结。其中，胡太春在其专著《中国近代新闻思想史》中对孙的办报思想给予了高度评价。90年代的研究略显平缓，其中间小波的贡献最大，他对孙中山舆论活动和舆论意识

---

① 李文海：《孙中山研究领域的拓展与创新》，《广东社会科学》，2008年第3期。

② 见李瞻：《国父与总统蒋公之传播思想》，《新闻学研究》，1986年第37期；李瞻：《孙中山思想与新闻政策之研究》，《新闻春秋》，2012年第1期。

③ 放翁：《辛亥革命后孙中山报刊活动的新特点》，《国际政治学院学报》（哲学社会科学版），1984第4期。

④ 薛恒淦：《孙中山与报刊》，《传媒观察》，1986年第11期。

⑤ 铁铮：《试论孙中山的报刊活动》，《北京林业大学学报》（社会科学版），1988年增刊。

的开掘最深，其论文《论辛亥前孙中山的舆论活动》（1996）、①《论孙中山的舆论意识》（1997），② 在史料挖掘和历史评价方面有较高的学术价值。21世纪后，研究群体有所扩大，新闻院校的硕士博士研究生加入了研究阵营，致使专业论文数量有所增加（从2001年至今，已产生20余篇论文），但研究成果不是以史料和观点取胜，而多以研究视角取胜。如孙中山的出版思想、宣传思想、传播思想，孙中山与毛泽东新闻思想的比较，孙中山新闻思想的形成原因等问题均有专文论述。③ 其中，王杰、张金超（2005）对孙中山晚年重视舆论宣传的原因分析，④ 费成康（2001）对孙中山和《镜海丛报》的研究⑤ 等提供了不少新鲜史料，纠正了一些讹误。白文刚、郭琦（2008）对孙中山晚年宣传思想的论述较为全面，⑥ 日本学者深町英夫从国际利益的格局中深入阐述了孙中山的对外宣传思想，⑦ 倪延年从新闻民主、新闻法制视角系统地研究了孙中山的新闻传播思想，认为孙中山的新闻民主、新闻法制思想是由八个方面组成

---

① 闾小波：《论辛亥前孙中山的舆论活动》，《南京社会科学》，1996年10期。

② 闾小波：《论孙中山的舆论意识》，《新闻与传播研究》，1997年3期。

③ 主要论文有：穆纬铭 余列：《试论孙中山的出版实践和思想》（《新闻出版交流》，2002年1期）；罗建军、黄若俊：《孙中山报刊宣传思想论略》（《绵阳师范高等专科学校学报》，2002年4期）；王颖吉：《略论孙中山的新闻实践及其新闻理论》（《琼州大学学报》，2003年第1期）和《孙中山先生报刊宣传思想的形成及其传统文化特色》（《贵州文史丛刊》，2003年第3期）；陈邵桂：《孙中山政治文化传播的三条路径》（《现代传播》，2003年5期）；唐晓童：《孙中山传播思想管窥》（《成都大学学报（社科版）》，2005年3期）；赵京敏（2006）：《论孙中山的报刊宣传思想》（《湖南涉外经济学院学报》，2006年4期）；王丁 刘三平：《试论孙中山的新闻思想及来源》（《东南传播》，2008年4期）；王生智：《孙中山办报实践与宣传思想简论》（《湖南大众传媒职业技术学院学报》，2008年9期）；杜薇薇：《伟人的缺憾——孙中山七年未办报纸的原因探析》（《时代人物》，2008年4期）；陈烨：《试论孙中山如何利用近代新闻宣传方式开展革命实践》（《肇庆学院学报》，2009年7期）；周广辉：《孙中山与毛泽东新闻思想之比较研究》（兰州大学硕士学位论文，2009）；戴小巍：《论孙中山的新闻思想》（华中师范大学硕士论文，2010年）；杜瑞：《浅论孙中山的新闻宣传思想》（《新闻世界》，2010年7期）；李志跃，赵子云：《辛亥革命前孙中山创办的海外报纸》，（《炎黄春秋》，2006年5期）；倪延年：《论孙中山先生的新闻民主和法制思想》，《现代传播》，2011年第9期；高伟栋：《孙中山新闻宣传思想的系统考察》（湘潭大学硕士学位论文，2011）等。

④ 王杰 张金超：《孙中山晚年重视舆论宣传原因探析——基于苏俄、共产国际因素的考察》，《贵州社会科学》，2005年第6期。

⑤ 费成康：《孙中山和〈镜海丛报〉》，《社会科学》，2001年第1期。

⑥ 白文刚、郭琦：《论孙中山的宣传思想》，《四川理工学院学报》（社会科学版），2008年第4期。

⑦ [日]深町英夫：《中国革命与外国势力：孙中山的对外宣传》，中国社会科学院近代史研究所编：《近代中国与世界：第二届近代中国与世界学术讨论会论文集》（第三卷），社会科学文献出版社，2005，第172–185页。

的比较完整的思想体系。①方汉奇、胡太春、童兵、黄旦等学者对孙的新闻思想的评价，常被上述论文引用。

综上所述，已有研究主要有以下特点。①整体上没有孙中山的政经思想的研究那么深入、全面，研究有"去魅化"、学术性逐渐增强的过程。这主要受制于两岸的主流意识形态。②大部分史料已被挖掘，《孙中山全集》、《孙中山集外集》、《孙中山集外集补编》是引用最多的历史文献，海外档案资料开掘的较少。③研究以"描述式"为主，反思性、思辨性的研究成果较少。已有成果主要是孙中山新闻传播思想的文献梳理，旨在揭示孙中山报刊活动的来龙去脉；视角虽趋于多元，方法比较单一，历史叙述多是依托有限史料对孙中山新闻活动或思想做甲乙丙丁式的经验总结，不是基于史实的有理论、有深度的历史思辨。其主要表现是从孙中山遗存的有关新闻、报刊、宣传、舆论等方面的史料中，梳理归纳孙的宣传技巧、报刊活动、舆论思想、新闻思想、宣传理念、传播思想等。②④已有研究成果虽有些涉及到了孙中山的政治理念、革命活动，初步探讨了孙中山的政治理论与活动与其新闻传播活动的关系，但从训政视野系统探讨孙中山新闻传播思想，探讨训政与新闻传播的关系的研究尚无。⑤研究者均认同孙中山是伟大的宣传家，肯定了孙中山对资产阶级新闻宣传事业的历史贡献，评价未突破阶级分析范式，对孙中山新闻传播思想的缺陷缺乏深度反思与同情之理解等。

总之，目前学界关于孙中山新闻传播思想的研究在整体上处于"原始的历史"层面，远未上升到"反省的历史"层面。③即研究局限在传统新闻学范

---

① 倪延年：《论孙中山先生的新闻民主和法制思想》，《现代传播》，2011年第9期。

② 这一现象在20世纪90年代的许多论文中体现的最为明显。这些论文多为硕博研究生所写，多刊发在新闻传播学的期刊上，论文基本没有提供新鲜史料，多用一个新概念重新整合孙中山新闻活动和思想的，如，孙中山的新闻宣传活动、孙中山的报刊活动、孙中山的出版思想、舆论思想、新闻思想、传播思想等。这一历史叙述属于以概念统领史料，对历史研究无多大助益。

③ "原始的历史"、"反省的历史"与"哲学的历史"是黑格尔在其《历史哲学》一书的绪论中提出的观察历史的三种方法。"原始的历史"意即以考据精详的史事为追求，以史实的梳理考证为任务，从隐讳曲折的历史信息中建立历史长河的纪念碑。"反省的历史"是建立在原始的历史基础之上，强调对历史的理解与反思甚至批评，这一层面要有对历史人物意图、目的、动机的探求，要有对史事前因后果的反刍，更要有对历史发展规律的总结和推测，研究层面由知识上升到理论。"哲学的历史"，是历史研究的最高境界，即"通过具体的历史来表达并帮助人们理解历史中所包含的普遍或一般的哲理"。见陈娜：《跨越新闻史教研的三重门——谈中国新闻史教研的发展路径》，《国际新闻界》，2008年第4期。

畴内，意在通过考据、梳理孙中山报刊实践及相关新闻话语，用史事建构孙中山是具有广袤新闻传播思想的伟大宣传家的历史形象，以与"革命先行者"或"国父"历史形象的配合，达到借助史事向社会宣教的政治目的。而对于孙中山的新闻传播思想的缺陷，及其与其所领导的资产阶级革命的关系，孙中山在资产阶级革命报人中的地位，孙中山的新闻传播思想对国民党新闻执政理念的影响，孙中山训政理念与其新闻传播思想的关系等问题要么语焉不详，要么论述不深。因此，需要从孙中山的革命家、政治家的身份、政治活动的立场，而非职业报人角度系统研究孙中山的新闻传播活动。这在于：①孙中山新闻话语的"史料"是以函电、演讲、发刊词、题词、谈话等非正式文体形式出现的，其文本本身蕴含着宣传、作秀等虚假性的历史信息，如某些演讲、函电是由他人捉刀代笔，不能将之归于孙。故对这些史料的解读，要考虑史料形成的历史语境。②孙中山始终将其新闻传播活动置于其政治活动之下，故从孙中山的政治身份与政治理念视角评判其新闻传播思想，最符合史实。在这一视角下，孙中山的新闻传播思想并不是单一的关于新闻宣传如何生产、革命报刊如何运作的新闻操作理念，而是如何将其三民主义理念灌输到革命团体及民众中去的政治传播理论。

二、孙中山新闻传播思想的历史形成与致思路径

近代报刊自登上中国历史舞台，就与政治紧密结缘，成为先进知识分子启蒙民众、传播政见、参与政治的重要工具。孙中山时代，报刊的政治功能已被先进知识分子充分认知，成为他们议政、参政、主政的重要工具。立志"倾覆清廷、创建民国"的孙中山亦将近代传媒（报刊、小册子、书籍等）作为其政治工具，对其认知有一个随着革命活动逐渐"深谙"的过程。

孙中山（1866-1925），幼名帝象，取名文，号日新（后改逸仙），字德明，生于广东香山县（今中山市）翠亨村。10岁入私塾，12岁后随母到檀香山，并在檀香山、香港接受了10多年的西方教育，耳濡目染"泰西各种新学闻之最先"，了解了资本主义制度与政治学说，萌生了改造中国的念头。约16-17岁起，与同学陈少白、尤列、杨鹤龄等"朝夕谈革命"，中法战败之年（1884）"始决倾覆清廷、创建民国之志，由是以学堂为鼓吹之地，借医术为入世之媒"，并以陈少白、尤列、杨鹤龄等以香港翠乾享行为总机关，辅仁

文社、少年书报社为宣传机关结集同志，[①]鼓动"勿敬朝廷"。[②]此可谓孙利用新闻传播（报刊、学堂、传单、书籍）鼓吹反清舆论、集结革命同志的早期活动。

1894年初上书李鸿章失意后，孙中山遂于同年成立兴中会，历经伦敦蒙难，十余次武装起义，成立中国同盟会，领导、指挥与保皇派的论战，奔波于欧美、南洋之间，四处筹款及组织、领导《中国日报》、《民报》等革命报刊的宣传活动，在领导资产阶级革命派推翻满清的革命活动中，[③]他逐渐形成了"立党、宣传、起义"的革命路径，将新闻传播（宣传）的地位提高到革命建国的高度。孙中山说（1923），"余之从事革命，建主义以为标的，定方略以为历程，集毕生之精力以赴之，百折而不挠。求天下之仁人志士，同趋于一主义之下，以同致力，于是有立党；求举国之人民，共喻此主义，以身体而力行之，于是有宣传；求此主义之实现，必先破坏而后有建设，于是有起义"。[④]随之而来的民初的政治乱局、二次革命、护法运动、护国运动相继失败，军阀政治的崛起、三民主义被搁置及苏俄革命影响和苏俄和中国共产党的帮助，使孙中山对新闻传播在建筑民族心理基础的重要地位与作用有更深的认识，并将"宣传功夫"置于"以党治国的第一步"。[⑤]新闻传播成为实现孙中山建国方略的"最要"武器。

综上所述，孙中山从立志倾覆满清，到创建民国、捍卫民国至去世，始终致力于在落后中国建立共和政治，在此过程中一直运用新闻传媒，不断探索新闻传播的政治功能。其认知也历经革命宣传工具——革命重要路径——建构民族心理基础与新型意识形态的深化过程。换言之，孙中山是将新闻传播与"立党"、"起义"（训政）视为"共喻主义"有机组成的"三大端"。而主义（思想理论）、组织（立党结派）、宣传（办报刊）、行动（起义）是近

---

① 见谭永年主编，甄冠南编述：《辛亥革命回忆录》（上册），香港：荣侨书店出版，1958，第107-114页。
② 孙中山自述称："数年之间，每于学课余暇，皆致力于革命之鼓吹，常往来于香港、澳门之间，大放厥辞，无所忌讳"见《孙中山先生自传》，见谭永年主编，甄冠南编述：《辛亥革命回忆录》（上册），台湾文海出版社，1976，第30页。
③ 《孙中山先生自传》（1918年12月），见陈劲先：《中山文选》，文化供应社，1948，第1-23页。
④ 《中国革命史》（1923年1月29日），《孙中山全集》（第七卷），中华书局，1985，第63页。
⑤ 《在广州中国国民党恳亲大会的演说》（1923年10月15日），《孙中山全集》（第八卷），中华书局，1986，第285页。

代革命斗争的基本形式或曰"四大法宝"。①在这四大法宝中，新闻传播担负着启蒙民众、革命动员与舆论武器、"贯通思想"、构建三民主义意识形态的重任。从社会传播的系统论言，"立党"即立党结派，是从组织层面整合社群，凝聚精英，构建社会信源的新主体；"宣传"是将新的政治理念、主张普及到大众，达到动员民众和整合社会的功效。这是一个新思想、新观念、新知识创新扩散的社会化过程。"起义"即革命行动。革命行动不仅是搅动静态的社会传播生态，利于新观念在更大范围的传播，更在于用武力清除旧势力，打破旧制度，以建立保护新的政治理念与意识形态的军事力量（训政则是以主义构筑保护中华民国的社会心理基础）。孙中山认为，三者都应统领于"主义"之下，并在"主义"的调遣下相互配合，使"主义"通过"宣传"能战胜旧思想，并被公众广泛接受。

具体而言，在近代报刊已全面介入政治，并被知识精英赋予强大舆论威力以改变专制政治的社会背景下，孙中山明确将政党与报刊的关系定位为"体用关系"，②让报刊、书籍、小册子等传媒扮演资产阶级革命政党主持的、以"先觉知后觉"模式操作的政党喉舌的角色，肩负起将孙的思想传播开来的重任。作为革命家，孙对革命报刊的角色与功能的时代定位是比较准确的，也为之提供了哲学基础、社会心理基础、历史及政治基础，并通过努力使之成为革命党人的普遍共识。

1. 哲学基础方面。辛亥前，孙将报刊作为推翻满清、建立民国的舆论鼓吹喉舌和联络革命同志的据点，并在清政府控制范围之外的香港、广东及海外等地区以游说、演讲、集会、报刊投稿、散发小册子以及创办和支持革命报刊等形式，宣传政治主张，造就革命舆论，结识革命志士及谋划起义等。辛亥革命后，孙将普及"三民主义、五权宪法"到大众的神圣使命赋予报刊等传媒，要求新闻担负起"贯通思想"、"造成群力"、"训民以政"的时代

---

① 台湾学者蒋永敬认为这四大法宝源于孙中山。作者以主义（思想理论）、组织（立党结派）、宣传（办报刊）、行动（起义）为近代革命斗争经验求取的理论四大建构，以"军权、党权、民权"研究胡汉民、汪精卫、蒋介石分合关系的演变，并写作了《胡（汉民）汪（精卫）蒋（介石）分合关系之演变》一文。见蒋永敬：《〈函电里的人际关系语政治〉序》，陈红民：《函电里的人际关系与政治：读哈佛—燕京图书馆藏"胡汉民往来函电稿"》，生活·读书·新知三联书店，2003，第2页。

② 《与李是男黄伯耀的谈话》（1910年2月中旬），《孙中山全集》（第一卷），中华书局，1985，第439页。

重任。孙在许多场合曾说，"拿我的学说去做事，无论什么事都可以做得到
的"，①"三民主义就是救国主义"。②1919年，孙中山正式提出"知难行易"
学说，在逻辑层面确定了新闻传播的角色与功能的哲学基础。既然"知"如
此"难"又如此重要，"行"如此"易"，那么谁能获得"知"，谁又能将"知"
化为"行"就成了问题的关键，据此孙将人群划分为三类："先知先觉者、后
知后觉者、不知不觉者"。不同人群担负不同职责。"上所谓文明之进化，成
于三系之人；其一先知先觉者即发明家也，其二后知后觉者即鼓吹家也，其
三不知不觉者即实行家也。由此观之，中国不患无实行家，盖林林总总皆是
也"。③"鼓吹家"是孙对新闻传播（革命报刊、报人）的角色与功能的定位。
即孙要求"鼓吹家"将"先知先觉"的思想（三民主义）灌输到"不知不觉"
群体中去，形成像蚂蚁、蜜蜂一样的群力，以建立"民有、民享、民治"的
理想国家。

2.社会心理基础方面。孙深知"得民心者得天下"的古训。"夫国者人
之积也，人者心之器也，而国事者，一人群心理之现象也。是故政治之隆污，
系乎人心之振靡。吾心信其可行，则移山填海之难，终有成功之日；吾心信
其不可行！夫则反掌折枝之易，亦无收效之期也。心之为用大矣哉！夫心也
者，万事之本源也，满清之颠覆者，此心成之也；民国之建设者，此心败之
也"，④"革命行动而欠缺人民心力，无异无源之水，无根之木"，⑤"只要改造人
心，除去人民的旧思想，另外换成一种新思想，这便是国家的基础革新"⑥，
"吾党本身力量者，就是人民的心力"。⑦可见，孙中山是从社会心理建设的高
度，视新闻传播为整合散沙、造成群力的主要利器。为此，孙中山著述《三
民主义》、《建国方略》作为"宣传之课本"，要求改组后的国民党"变更奋斗

① 《在广州对国民党员的演说》（1923年12月30日），《孙中山全集》（第八卷），中华书局，1986，第577页。

② 《三民主义》，《孙中山全集》（第九卷），中华书局，1986，第184页。

③ 《建国方略》，《孙中山全集》（第六卷），中华书局，1985，203页。

④ 《建国方略》（1917至1919年），《孙中山全集》（第六卷），中华书局，1985，第158-159页。

⑤ 《在广州大本营对国民党员的演说》（1923年11月25日），《孙中山全集》（第八卷），中华书局，1986，431页。

⑥ 《在广州对国民党员的演说》（1923年12月30日），《孙中山全集》（第八卷），中华书局，1986，572页。

⑦ 《人民心力为革命成功的基础》（1923年11月25日），孙武霞、许俊基编：《共产国际与中国革命资料选辑（1919-1924）》，人民出版社，1985，第272页。

的方法，注重宣传，不注重军事"，① "要（国民党——引者注）对国人做普遍的宣传，最要的是演明主义"，② 还借鉴苏俄模式改组国民党，以开展有组织、有系统、有纪律的宣传工作。

3. 历史及政治层面。孙中山以历史事件、军事斗争的客观效果佐证新闻传播（宣传）的巨大威力。孙中山认为中国旧文化能与欧美并驾齐驱的原因在于孔子二千多年以前所做的宣传工夫，佛教、基督教等宗教能遍布世界在于其教徒的不懈宣传。"世界上的文明进步，多半是由于宣传"。③ 此外，孙中山以武昌起义胜利在于清兵接受了"我们的宣传"；民国建设的不成功，在于革命志士认为军事得胜，不必注重宣传；13年来（1912-1924年——引者注）革命失败的重要原因是"没有宣传的奋斗"；枪炮奋斗得来的结果需要宣传予以巩固；④ "要政治上切实的道理实行出来"有两种，中国古时政治是依靠"武力压逼群众"，汤武革命、民主政治是靠宣传，使人心悦诚服，情愿奉令去行。这些事例再三佐证"武力之不可靠，而主义、真理道德之为可靠也"，及"革命成功极快的方法，宣传要用九成，武力只可用一成"。⑤ 为此，孙中山要求党变更建国方法，将宣传置于革命建国的"第一步功夫"，临终遗嘱仍将革命建国事业寄托在新闻传播事业上。"余致力国民革命凡四十年，其目的在求中国之自由平等。积四十年之经验，深知欲达到此目的，必须唤起民众及联合世界上以平等待我之民族，共同奋斗"。⑥

总之，孙中山对新闻传播的致思路径，是鸦片战争以来以儒学为内核的主流意识形态在欧风美雨冲刷下步入"三千年未有之变局"后的一种求解方案。这一方案不同于曾国藩、李鸿章、张之洞等地方实权派"中体西用"指导下的器物层面的洋务自强的路径，也不同于康、梁等社会下层知识精英以

---

① 《在广州对国民党员的演说》（1923年12月30日），《孙中山全集》（第八卷），中华书局，1986，第565页。

② 《三民主义》（1924年1月至8月），《孙中山全集》（第九卷），中华书局，1986，第184页。

③ 《在广州对国民党员的演说》（1923年12月30日），《孙中山全集》（第八卷），中华书局，1986，第566页。

④ 《在广州国民党讲习所开学典礼的演说》（1924年6月29日），《孙中山全集》（第十卷），中华书局，1986，第359页。

⑤ 《在广州对国民党员的演说》（1923年12月30日），《孙中山全集》（第八卷），中华书局，1986，第568页。

⑥ 《国事遗嘱》（1925年3月11日），《孙中山全集》（第十一卷），中华书局，1986，第639页。

"君主立宪"为号召的制度改革、文化改良的渐进路径，而是完全推倒儒学支撑的上层建筑，代之以三民主义而解决当时国民"一盘散沙"，实现社会整合与民族自醒的激进方案。即孙中山是在政治传播的框架内思考新闻传播（革命报刊及宣传）如何与"立党"、"起义"（训政）更好地契合，达到将"一盘散沙"的文化国家改造成凝聚力强的民族国家的目的。孙中山说，"主义就是一种思想，一种信仰和一种力量。大凡人类对于一件事，研究中的道理，最先发生思想；思想贯通以后，便起信仰；有了信仰，就生出力量。所以主义是先由思想再到信仰，此由信仰生出力量，然后完成成立。"①

三、孙中山新闻传播思想的基本内涵

新闻传播思想是对社会系统中的新闻传播行为与现象的理性总结。系统的新闻传播思想需要解答言论自由，传媒角色及新闻传媒与政党、政府，新闻传媒与人民，新闻传媒效果，新闻传播行业的职业操守与业务要求等一系列问题。如上所述，孙中山是在"立党、宣传、起义（训政）"的革命路径上，及"知难行易"哲学框架内思考新闻传播问题的，并对上述问题作了全面的解答，构成了比较完整的理论体系。

1. 以言论自由为基础的新闻自由是中华民国国民基本民权（私权），政府应尊重并依法保护。孙中山理想中的中华民国是效法美国，建立三民主义、五权宪法的共和政体。"中国革命之目的，系欲建立共和政府，效法美国，除此之外，无论何项政体皆不宜于中国"。②美国资产阶级共和政体的显著特征之一是以言论自由为基础的新闻自由得到充分尊重，并受宪法保护。但是，孙中山的言论（新闻）自由观，不是西方言论（新闻）自由的翻版而是在革命实践中以"实用理性"掌控的西方言论（新闻）自由的中国变异。辛亥革命前，孙中山以言论（新闻）自由为宣传口号讨伐清政府，宣扬资产阶级革命，表现出资产阶级革命者对绝对言论（新闻）自由的渴望；中华民国成立时，就任中华民国临时大总统的孙中山立即动用国家权力将言论（新闻）自由上升到国家根本法层面，其主持制定并发布的《中华民国临时约法》第五、

---

① 《三民主义·民族主义》（1924年1月27日），《孙中山全集》（第九卷），中华书局，1986，第184页。
② 《在巴黎的谈话》（1911年11月21日至23日），《孙中山全集》（第一卷），中华书局，1981，第563页。

六、十五条规定：中华民国人民享受除"有认为增进公益、维持治安、或非常紧急必要时，得以法律限制"外的自由（含言论、新闻自由）权。[①]并以实际的言行表现出对言论（新闻）自由的充分尊重。如孙中山在临时大总统誓词中发誓遵从"国民之公意"；[②]在1912年3月的"暂行报律事件"中，以果断态度令内务部取消《暂行报律》，并称"言论自由，各国宪法所重。善从恶改，古人以为常师"；[③]及统令开放疍户惰民等许其一体享受公权私权[④]等。但孙中山不是"绝对新闻自由[⑤]"的拥护者。在政见分歧问题上，孙中山取专断态度，晚年更是主张个人自由应服从国家自由。佐证主要有：①对章太炎在革命后提出的"革命军起，革命党消"的主张，孙认为这与同盟会所持之主义"蕡之"，号召党员应戮力同心[⑥]；对于革命陈营内的言论不一及报刊宣传的混乱深感痛心，多次呼吁、嘱咐极力主张报界要"造成有组织之民意"，[⑦]"造成健全一致之言论"，[⑧]使全国人心，趋于一致。②报刊宣传不能违背三民主义、五权宪法、建国方略，否则就要受到惩罚。如，1924年8月1日，《广州民国日报》"响影录"栏刊载胡适的《少谈主义》，孙见报后当日即怒斥编辑与记者"无常识"，说，"汝下段明明大登特登我之'民权主义'，而上面乃有此'响影录'，其意何居？"，并建议将记者革出，"改良本报"。[⑨]③对于违反者，孙

---

① 《中华民国临时约法》第五条规定："中华民国人民，一律平等，无种族、阶级、宗教之区别"；第六条规定"人民得享有左（下）列之自由权：一、人民之身体，非依法律，不得逮捕、拘禁、审问、处罚；二、人民之家宅，非依法律，不得侵入或搜索；三、人民有保有财产及营业之自由；四、人民有言论、著作、刊行及集会、结社之自由；五、人民有书信秘密之自由；六、人民有居住迁徙之自由；七、人民有信教之自由；第十五条规定本章所载人民之权利，有认为增进公益、维持治安、或非常紧急必要时，得以法律限制之"。见《中华民国临时约法》，1912年3月11日。

② 《临时大总统誓词》（1912年1月1日），《孙中山全集》（第二卷），中华书局，1982，第1页。

③ 《令内务部取消暂行报律文》（1912年3月7日），《孙中山全集》（第二卷），中华书局，1982，第198-199页。

④ 《大总统通令开放疍户惰民等许其一体享有公权私权文》（1912年3月17日），《孙中山全集》（第二卷），中华书局，1982，第244页。

⑤ 民初报界精英多数追求的是"绝对新闻自由"，其典型表现是报界集体抗议《暂行报律》的颁布。见卢家银：《民初报界抵制报律的深层原因分析——以〈暂行报律〉事件为中心》，《国际新闻界》，2009年第3期。

⑥ 《中国同盟会意见书》（1911年12月30日），《孙中山全集》（第一卷），中华书局，1981，第578页。

⑦ 《与吴南如的谈话》（1923年1月14日），《孙中山全集》（第七卷），中华书局，1985，第28页。

⑧ 《在广州报界欢迎会的演说》（1912年5月4日），《孙中山全集》（第二卷），中华书局，1982，第356页。

⑨ 《对广州〈民国日报〉的批示》，《孙中山全集》（第十卷），中华书局，1986，第482页。

中山是以批评、教育乃至著文、演说予以驳斥，鲜有监禁、枪毙记者，查封报馆的行为。查《孙中山全集》、《孙中山集外集》、《孙中山集外集补编》及研究孙中山宣传思想的《国父宣传志略》等著作，尚未发现此类行为，但有少数的查禁传单的指令。如，1924年10月，孙中山曾下令查禁诋毁政府的各类传单。[1]

2.新闻传媒的社会角色是"三民主义、五权宪法"的喉舌，资产阶级政党的"用"，具有社会、政治、经济、文化等方面的多重功能与传播效力，新闻传媒机构在革命活动中亦有组织、联络的功能。如上所述，孙中山是让新闻传媒（报刊、书籍、小册子等）扮演资产阶级革命政党掌控的，"先觉知后觉"操作模式下的喉舌角色。但孙中山对此问题的话语表述比较零散，查《孙中山全集》等文献，除1895年在香港《兴中会》章程中规定"设报馆以开风气"外，其余对报刊角色、功能的论述均是在题词、谈话、演说、公文、函件、贺电等公共场域（详见表2-1）。从论述看，孙中山视新闻传媒（报刊）为"舆论之母"、"国民之导师"、"吾党喉舌"、"侨界导师"、"先知先觉"、"作民喉舌"、"代表舆论"等角色，具有"开风气"、"宣传主义，启牖文明"、"发达女权"、"建设新基"、"作我民气""监督政府"、"开导国民"、"指导民众"等鼓吹、监督、指导功能。

实践上，孙中山将新闻传媒（报刊）视为革命政党的"用"，将革命政党视为"体"。他说，"扩大少年学社、公开为中国同盟会是体，扩大《美洲少年》，改组为日报是用，有体有用，我们党的宗旨和作用才发挥出来"。[2]辛亥革命前，新闻传媒是孙中山领导资产阶级革命派推翻满清政府、散播资产阶级意识形态的"用"，为此，孙创办了十多家革命报刊，支持、引领了各地革命报刊，使革命报刊取代改良报刊，成为辛亥前后中国报业的主体，与此同时，《中国日报》、《民报》等报社机构亦在革命活动中起到组织、联络会党的作用。辛亥革命后，新闻传媒（报刊）是孙中山捍卫中华民国、推动训政实现宪政及塑造三民主义、五权宪法意识形态的"用"。为此，孙中山组建中国国民党、中华革命党，学习苏联经验改组国民党，步步强化新闻传播的

---

[1] "查广州市近日发现各种诋毁政府传单，日有数起。……应即拘拿，跟究出处，从严惩办……。"见《饬查禁传单令》（1924年10月8日），《孙中山全集》（第十一卷），中华书局，1986，第142-143页。
[2] 《与李是男黄伯耀的谈话》（1909年2月中旬），《孙中山全集》（第一卷），中华书局，1981，439页。

宣传功效。孙中山亦有"报纸、选举、矿业三事,皆为要图,诸君次第举行,即可为实现民权、民生主义之基础",[①] "五权实现,三民咸遂。文字收功,国福民利",[②] "振三民之木铎、导五权之先河"[③] 等表述。

表 2-1 孙中山关于报刊的主要论述[④]

时间	函、电、演说、题词、章程	关于报刊的核心论述与主张	出处
1895.2.21	香港兴中会章程	设报馆以开风气	1,22
1905.10.20	《民报》发刊词	此所以为舆论之母也	1,288
1906	为《云南杂志》题词	振我民气	集,600
1918.1.13	宴粤报记者时的讲话	报纸为制造舆论机关;指导民众,群策群力	4,314
1911.12.31	为上海《民立报》题词	戮力同心("Unity" is our watch word)	1,581
1912.3.17	1912.3.17	查报纸代表舆论、监督社会,厥功甚巨。	2,245
1912.4.12	致武汉报界合会函	"舆论之势力与军队之势力相辅相成"使民国成立	2,337
1912.4.16	在上海《民立报》之答词	革命事业,实赖报纸鼓吹之力	2,337
1912.4.27	对粤报记者的演说	人心一致是报界鼓吹之功;言论不一,人心惶惶	2,348
1912.4.27	在广州与记者的谈话	忠告政府属监督行政范围,自是正当之舆论,第不可轻信谣言,攻讦私德耳	2,350

---

① 《复戴人俊等函》(1920年1月1日),《孙中山全集》(第五卷),中华书局,1985,第349页。

② 《祝澳洲〈雪梨民报〉出世词》,《孙中山全集》(第十一卷),中华书局,1986,第644页。

③ 《吉礁坡中国阅书报社十周年纪念贺电》(1921年12月),《孙中山全集》(第六卷),中华书局,1985,第51页。

④ 此表根据《孙中山全集》(第1-11卷,中华书局,1981-1986)、陈旭麓、郝盛潮主编的《孙中山集外集》(上海人民出版社,1990年)和郝盛潮主编的《孙中山集外集补编》(上海人民出版社,1994)绘制。表中孙中山对于报刊的部分表述做了概述,出处:未标明者来自《孙中山全集》,"集"是指《孙中山集外集》,"补"是指《孙中山集外集补编》。

时间	函、电、演说、题词、章程	关于报刊的核心论述与主张	出处
1912.5.4	在广州报界欢迎会的演说	舆论为事实之母，报界诸君又为舆论之母	2，356
1912.6.24	《新国民杂志》序	共和政治论推原动首是数年来言论提倡之力	2，381
1912.7.10	为《天铎报》题词	天下为公	集，610
1912.9.2	在北京报界欢迎会的演说	中国革命数日成功，皆报界诸君鼓吹之力	2，431
1912.9.2	《在北京报欢迎会的演说》附：《同题异文》	报界上而监督政府，下而开导人民，为全国文明进化之导引线	2，434
1912.10.12	在上海报界公会欢迎会的演说	革命成功，全仗报界鼓吹之力；当革命时代，报界鼓吹不可少，当建设时代，报界鼓吹更不可少	2，495
1912.9	为《铁路协会杂志》发刊题词	大道之行也	集，611
1912.11	为《神州女报》题词二件	一，发达女权，二，同进文明	集，612
1912.12.20	《民意报》周年纪念祝词	《民意报》，种种效果，播诸舆论	2，558
1912	《铁路杂志》题辞	此为《铁路杂志》同人文字收功之日	2，568
1913.7	为《中华民报》创刊周年题词	作我民气	集，616
1917.9？	《工业星期报》出版祝词	崇论宏议，雍本培根，恢扬武力，导引国民	集，626
1919.8.1	《建设》杂志发刊词	发刊《建设》目的，鼓吹建设思潮	5，89-90
1919	《实业旬报》创刊祝词	先知先觉，救国救民	补，248
1920.1.29	致海外国民党同志函	近日舆论喉舌，端在报端	5，208
1920.5.1	为《新青年》杂志题词	天下为公	集，634
1920.10.10	为《少年中国晨报》题字	国民之导师	集，635

续表

时间	函、电、演说、题词、章程	关于报刊的核心论述与主张	出处
1920.11.8	与上海通讯社记者的谈话	山东问题"宜先行造成一种强固之舆论"	5，399
1921.12	益智书报社八周年纪念贺电	宣传主义 启牖文明	6，51
1921.12	吉礁坡中国阅书报社十周年纪念贺电	振三民之木铎、导五权之先河	6，51
1921	为《汕头晨报》题词	凤鸣朝阳	集，641
1922.8.24	与上海报界的谈话	中国现在武力战争已过，当专改为笔之战争。笔之为用，何殊十万毛瑟	编，298
1922.8.24	与报界的谈话	今后奋斗之器，不以枪而以笔。常言谓：一支笔胜过三千毛瑟枪。今诸君之笔或尚不止三千毛瑟	6，530
1922.9	为《求是新报》出版题词	明辨笃行	集，646
1922.10	赠《党民日报》题词二件	一，南天一帜，二，吾党喉舌	集，646
1922.10.11	复《旭报》函	贵报作民喉舌，斯真胜于三千毛瑟也	
1922.1.17	致《党民日报》函	贵报为吾党喉舌，作侨界导师。收文字之奇功，一纸风行，万流景仰	6，578
1923.1.25	在上海招待新闻界时的演说	裁兵："苟舆论一致要求，彼曹亦绝难抵抗"。	7，47
1923.11.20	为《新建设》月刊题词	建设新基	补，245
1923.11.25	为《国民党周刊》题词	革命尚未成功，同志仍须努力	集，652
1924.11.19	在上海招待新闻记者的演说	报界在野指导社会；达到全国和平统一的头一步，要靠报界诸君鼓吹，来指导民众	11，331
	祝《晦鸣旬刊》出版题词	发扬大义	集，658
	祝澳洲《雪梨民报》出世词	五权实现，三民咸遂。文字收功，国福民利	11，644

3. 在新闻传媒与政党、政府及人民的关系上，孙视新闻传媒是资产阶级政党的"用"，报刊可在行政范围内监督政府，但不可攻击"人民之政府"，报刊是"人民必需的精神食粮"，要作民喉舌，启蒙民众。具体而言，如上所述，孙将少年学社、同盟会、国民党、中华革命党及改组后的国民党视为"体"，报刊视为"用"，意将报刊作为政党喉舌，但对于报刊可否监督政党，至今未见孙片言只语的表述，这可能在于孙中山视革命政党为"先知先觉者"的集合体，无须媒体监督。但在报刊与政府的角色定位上，孙显然借鉴了西方"第四权利"的思想，认为共和时代报刊可在行政范围内监督政府，不应攻击"人民之政府"。粤报"言论益恣，不按公理，攻击政府"以致"人心惶惶，不能统一"备感痛心。[1]1912年孙在接受记者提问时又说，"忠告政府属监督行政范围，自是正当之舆论，第不可轻信谣言，攻讦私德耳。"[2]这意味着：①报界监督政府的范围是行政领域，施政理念、路线等非行政领域中的问题不可监督。②报界要以诚恳态度、"正当之舆论"监督政府，不可"轻信谣言，攻讦私德"，不可如专制时代"专以攻击为能事"，否则如粤报"言论益恣，不按公理，攻击政府"行为一样，导致"人心惶惶，不能统一"。[3]因为政府是人民之政府，官吏是人民的公仆。"报纸在专制时代，则利用攻击，以政府非人民之政府；报纸在共和时代，则不利攻击，以政府乃人民之政府也。政府官吏，乃人之公仆。譬如设一公司，举人司理，股东日言其司理人狡诈，生意安望兴盛？"[4]但当报界攻讦政府时，孙中山表现出宽广胸怀，对批评意见主要以批评、辩论、更正、事实证明、申明主义等公关策略应对。查《孙中山全集》、《孙中山集外集》、《孙中山集外集补编》及《国父宣传志略》等著作，尚未发现孙对待新闻界的残暴行为，仅偶尔有查禁传单的指令。如，1924年10月，孙曾下令查禁诋毁政府的各类传单；[5]对1912年的《暂行报律》风波，孙中山及时顺从报界舆论，下令内务部取消《暂行报律》并通电上海报界俱进会。③报界尽力协助政府、辅导人民。孙说，"基于道义与义务，

---

① 《对粤报记者的演说》（1912年4月27日），《孙中山全集》（第二卷），中华书局，1982，第348页。
② 《在广州与记者的谈话》（1912年4月27日），《孙中山全集》（第二卷），中华书局，1982，第350页。
③ 《对粤报记者的演说》（1912年4月27日），《孙中山全集》（第二卷），中华书局，1982，第348页。
④ 《对粤报记者的演说》（1912年4月27日），《孙中山全集》（第二卷），中华书局，1982，第348–349页。
⑤ 《饬查禁传单令》（1924年10月8日），《孙中山全集》（第十一卷），中华书局，1986，第142–143页。

报界应该协助政府，与辅导人民"。①

在孙中山视野中，人民始终是"后知后觉"的"实行家"，故报刊要"作民喉舌"，负有"训民以政"的重任。可贵的是，孙中山还将报刊视为人民必需的精神食粮。孙中山在《实业计划》中将新闻事业（press）规划为与"食、衣、住、行"必备的一项计划。他说，"据近世文明言，生活之物质原件共有五种，即食、衣、住、行及印刷是也"。印刷工业为"文明一大因子"，应"于一切大城乡中设立大印刷所，印刷一切自报纸以至百科全书。各国所出新书，以中文翻译，廉价售出，以应中国公众之所需。一切书市，由一公设机关管理，结果乃廉"。②

4. 在新闻传媒管理上，孙中山基本是将新闻传媒置于政党管理之下，中华民国成立后，主张依法管理新闻传媒。具体而言，辛亥革命前，孙主要以个人魅力、人际关系、同盟会总理身份及资金等方面管控、影响《中国日报》、《民报》等革命报刊及宣传活动，并未组建相应的管理机构。如，孙还经常面向报界谈话，及时阐发国民党的纲领、政策及国民党的动态、行踪，以此影响报界能有正当舆论。据笔者统计，从1896年至去世，孙中山与记者、报界的谈话、演说、函电共有216次之多，③《孙中山答记者问》一书收集了孙中山"答记者问"有128篇。④中华民国成立后，孙中山主张在宪法框架内依法管理新闻传媒。据倪延年教授研究，孙中山主张新闻立法要在宪法框架内展开，中华民国可以"先后缓急之要序"的立法程序制定"临时约法"、"出版法"、"新闻法"，而新闻立法要遵从"善从恶改"原则，且只有经法定程序才能生效，及"应该依据行为而不是依据意思"判定言论是否有罪。据此，孙中山取消内务部颁布的暂行报律。⑤在中华民国成立后，孙中山对推动中华民国新闻法制建设没有实际行动，对新闻传媒的管理却逐渐纳入了政党组织。1914年5月孙中山筹备中华革命党时首次设想成立中央宣传部，1920年11月

① 汤承业：《国父革命宣传志略》，"中央研究院"三民主义研究所，1977，第45页。
② 黄彦编著：《建国方略》，广东人民出版社，2007，第289~290页。
③ 据《孙中山全集》（第1~11卷，中华书局，1981~1986）、陈旭麓、郝盛潮主编的《孙中山集外集》（上海人民出版社，1990年）和郝盛潮主编的《孙中山集外集补编》（上海人民出版社，1994）统计。
④ 陈夏红选编：《孙中山答记者问》，杨天石审定，中国大百科全书出版社，2012。
⑤ 倪延年：《论孙中山先生的新闻民主和法制思想》，《现代传播》2011年第9期。

国民党总章修正，添设宣传部，管理出版编辑、演讲及教育事项。[①]后借鉴苏俄建党模式，逐步统一宣传机关，完善了宣传机关的管理职能。1923年1月1日中央宣传部的职能增添了"检定本党国内外一切出版物"的职权，[②]不久在鲍罗廷的建议下，统一宣传机关，将大本营党务处、大本营直辖委员会、广东宣传局裁撤。[③]1924年国民党一大修正总章，将宣传部置于中央执行委员会内，并成立与宣传部同级的民国日报编辑委员会。可见，孙中山晚年逐步强化了对新闻传媒的政党管理。

5. 在新闻传播业务与技巧上，孙中山既有大量论述也有丰富的实践。据笔者统计，孙中山一生对新闻界的谈话、演说、函电有216篇，其中《孙中山答记者问》一书收录了128篇，与报刊相关论述43篇，与新闻宣传有关的演讲十多次。[④]但是，孙中山对新闻传播业务的阐述的总旨趣是新闻宣传视野内的新闻传播业务操作的规则与技艺。这些规则与技艺既有中国传统的新闻宣传艺术，也有西方新闻传播的技术规则。台湾学者汤承业从宣传视角对此做了系统梳理，分门别类地阐述了孙中山对于不同传播者（国民党党员、新闻记者、学生、军人、女子、教士）利用不同传播媒介（集会、报纸、杂志、专书、传单、通信、文学、周游）时的宣传思想、宣传方式、宣传策略与宣传手段及宣传形态。其著作《国父革命宣传志略》共十五章，史料丰富，系统翔实地论述了孙中山新闻传播业务的各个层面，[⑤]可谓孙中山新闻传播业务与技巧研究的集大成者，本书对此不再赘言。

---

① 邹鲁编著：《中国国民党史稿》（第一册《组党》），中华书局（内部发行），1960，第299-301页。
② 国民党总章第七条规定"宣传部，办理本党出版演说及教育，并检定本党国内外一切出版物"。见邹鲁编著：《中国国民党史稿》（第一册《组党》），中华书局（内部发行），1960，第310页。
③ 邹鲁编著：《中国国民党史稿》（第一册《组党》），中华书局（内部发行），1960，第316页。
④ 主要有：《在广州大本营对国民党党员的演说》（1923.11.25），《在中国国民党交通部成立大会的演说》（1921.1.27）、《在中国国民党本不特设驻粤办事处的演说》（1921.3.6）、《在广东省第五次教育大会闭幕式的演说》（1921.6.30）、《在梧州对国民党员的演说》（1921.11.15日前）、《在广西阳朔人民欢迎会的演说》（1921.11.29）、《在上海中国国民党改进大会的演说》（1923.1.2）、《在广州滇桂军欢迎宴会的演说》（1923.2.21）、《在广州国民党务会议的讲话》（1923年10月10日）、《在广州中国国民党恳亲大会的演说》（1923年10月15日）、《在广州全国青年联合会的演说》（1923.10.21）、《在中国国民党广州市全体党员大会上的训词》（1923.11.11）、《在广州大本营对国民党员的演说》（1923.11.25）、《在广州欢宴各军将领会上的演说》（1923.12.2）《在广州大本营队国民党的演说》（1923.12.9）、《在广州对国民党员的演说》（1923年12月30日）等。
⑤ 汤承业：《国父革命宣传志略》，"中央研究院"三民主义研究所，1977。

四、 对孙中山新闻传播思想的评价

孙中山是革命活动家，不是职业新闻工作者，其新闻传播思想虽表述零散、其思想内核却有张力，主脉络清晰可辨，呈现出比较完整的理论体系。学界对孙中山新闻传播思想的评价，要么局限于新闻传播领域，要么受"总理崇拜"影响，对其不足取蜻蜓点水的批评或回避态度，有失客观公允。笔者认为，基于孙中山政治身份、政治理念、革命活动评价孙中山新闻传播思想，最能逼近历史真相。在此框架内，笔者认为孙中山新闻传播思想是英美自由主义、觉醒的民族主义及传统文化、革命宣传经验的混合矛盾体，早年孙中山新闻传播思想倾向于英美宪政框架下的新闻自由主义，晚年受苏俄影响，逐渐滑向"三民主义"绝对至上的民族自由主义，但其本质始终是将"三民主义"灌输到全社会的政治传播（宣传）思想。其思想既有许多值得肯定、赞誉之处，也不可避免地有历史局限性。

在传媒威力盛行及传统"旧思想"与输入"新思想"激烈碰撞，并由"旧思想"向"新思想"转换的大变局时代，孙中山从革命实践活动中，借鉴欧美新闻传播经验，建构了以"知难行易"为哲学基础，以资产阶级民主宪政为终极目标，以"三民主义、五权宪法"为政治目标，涵盖言论（新闻）自由、新闻传播与政党、政府及人民、新闻立法及新闻业务等各个层面的资产阶级新闻传播思想体系。这一思想体系与实践同孙中山领导的资产阶级革命活动相始终，是孙中山革命活动、政治思想的重要组成部分。这一思想体系对中国资产阶级革命事业做出巨大的历史贡献，为武昌起义及辛亥革命的胜利奠定了舆论基础，为辛亥后的中国历史的走向确定了大致方向，深刻影响了国民党的新闻执政理念。如"民主"、"共和"取代专制，成为民国后的时代精神，"三民主义"取代传统的"道统"成为各派政治人物共同遵守的"党统"，新闻民主成为强有力的社会思潮等。与梁启超新闻传播思想相比，孙中山新闻传播思想的原创性、全面性、逻辑性虽不如梁启超，但在新闻传播的政治旨趣、哲学基础方面，孙中山优于梁启超，孙中山赋予新闻传播始终如一的政治旨趣：三民主义、五权宪法，并为新闻传播思想奠定了扎实的"知难行易"的哲学基础。另外，由于孙中山的政治身份与历史地位，其新闻传播思想对中国近现代新闻传播实践的影响估计要远超过梁启超。其新闻传播思想主导了资产阶级革命派的报刊活动，成为资产阶级革命党人新闻传播思想的中枢；影响了国民党的新闻传播实践，成为国民党新闻传播思想的重要理论资源；其改造国民"一盘散沙"，构建资产阶级新型意识形态的新闻传播旨趣，成为求解中国资产阶级民主革命的重要方略、民国传媒新闻宣传活动的重要宗旨。

孙中山对新闻传播者寄于厚望，将其地位提高到"鼓吹家"高度，但从历史后视镜看，持有新闻传媒全能观的孙中山及其领导的资产阶级革命派并未解决国民"一盘散沙"的时代课题，以"三民主义"为核心构架的民国意识形态非常脆弱。这意味着，孙中山关于新闻传播的致思与致思结晶并不完全契合当时中国国情，有着超前或滞后的观念缺陷。即从新闻传播角度言，孙中山政治"失败"的根源不在其新闻传播策略、手段、技巧等技术层面的不成熟，而主要在于以下几点。

1. 孙中山提出的政治口号有严重缺陷。作为革命领袖，其根据形势变化及时提出有效的政治理念，并以简明扼要的口号向追随者、广大民众表达，这是获取政治支持、社会动员的有效法宝，也是政治宣传发挥最大社会效力的重要前提。孙中山的政治理念虽有变化，中心始终未变：推翻满清，建立中华民国，实行宪政是他始终的革命宗旨。围绕这一宗旨，他领导了辛亥革命，颁布临时约法，发动讨袁、护法、护国运动；先后成立同盟会、中华革命党等革命组织；后期向苏俄学习，改造国民党；创建了"知难行易"哲学，提出了"三民主义"革命纲领，"军政"、"训政"、"宪政"的革命阶段理论等。然在具体的政治活动中，孙中山并不是每次都提出了鲜明、响亮的政治口号。总的来说，有些政治口号提出地比较及时，也无歧义，发挥了很好的社会动员与整合功能。如"民族、民主、民生"的"三民主义"。有些口号却产生了许多负面效果。如1915年同盟会成立时提出的"驱除鞑虏、恢复中华、创立民国、平均地权"的口号，其中"恢复中华"、"创立民国"的口号表达清晰、旗帜鲜明、歧义性最小，为追随者所共同信仰，"驱除鞑虏"、"平均地权"的口号却在传播过程中产生了许多负面效果。"驱除鞑虏"的口号虽清晰表达了革命党人坚决反清的革命态度，能凝聚狭隘的汉族民族主义者，却不利于团结满族等少数民族。"平均地权"的口号能获得下层百姓的拥护，但革命者的宣传活动鲜有深入社会底层，且"平均地权"的口号与孙所依托的革命力量—中小知识分子、华侨、商人、富农、中小地主、民族小资本家等群体的利益相冲突，使后者以各种手段抵制这一口号的社会传播。再如，孙中山的"训政"理念，因"训政"一词的歧义导致了孙与黄兴、陈炯明等政见的严重分歧。孙认为"训政"是好词，黄兴、陈炯明们却认为"训政"与慈禧专政相似，蕴含封建专制的意味，是坏词。①另外，有些口号明显超前或滞后，不大符合已经变化的政治形势，孙中山却固守之。如辛亥后，孙认为民族主义已经解决，重心应是民权和民生问题；又认为民生主义等同于社会主义。这些口号均未能把握住辛亥后已变化的社会矛盾，故以它们作为社会动员的旗帜收效甚微。对上述不好的政治口号，孙也根据变化的形势适当做出修改。如把"驱除鞑虏"的口号废除，改为"推翻满清"，或更为抽象的"民族主义"、"民族革命"等，有些却始终坚持，并做了多种解释，如"训政"等。

2. 在民众尚未启蒙、专制根深蒂固、外侮内患频繁的国家现实与实现美国宪政国家的政治目标之间，孙中山无法调和其政治活动所要求的主义灌输，社会动员所需的声音一元、个人专制，与其政治目标所内含的声音多元、新闻自由之间的根本性冲突。这一冲突主要体现在孙对新闻自由的表述与其新闻宣传实践的分离，及由此产生的宣传的组织性、纪律性、系统性不足，宣传对象的严重偏差等问题。如果说政治口号是保证政治宣传效果的重要前提，那么在政治口号社会化传播过程中，新闻宣传的组织性、纪律性则决定了政治理念普及的程度，及政治理念普及过程中熵值的多少，即反对声音、质疑声音的强弱。作为资产阶级革命派宣传活动的领导者，孙中山在革命宣传活动的组织性、纪律性方面并不值得称许。辛亥前，孙组建的兴中会、同盟会并未设立专门的宣传机构，他领导、创办的革命报刊虽宣称是革命党人的机关报，却未制定统一的宣传方针与策略。宣传基本是"各自为战"。只有向苏俄学习后，孙才借鉴苏俄的宣传经验和政治工作制度，初步转向有组织、有纪律的主义宣传，将国民党初步改组为有主义、有纪律、有组织的现代动员型政党。

3. 在新闻传播实践中，资产阶级革命派新闻传播的实际接受对象与孙中山表述中的接收对象有巨大偏差，导致资产阶级革命派的许多新闻传播活动失效。接收对象是政治宣传效果的实际评判者。论者大都认为，不论辛亥前还是辛亥后，孙的新闻传播的重心始终是"唤起民众"。但考察革命派的整

---

① 见韩健：《孙中山训政思想溯源》，转王人博等：《中国近代宪政史上的关键词》，法律出版社，2009，第181–192页。

个新闻传播活动发现，民众并未被真正唤起。这在于，革命派新闻传播的实际接受对象主要集中在城市区域，且以城市中的海外华侨、民族资本家、新式的中小知识分子、学生、新式士兵等群体为主，而广大的农村及农民是新闻传播的空白区。只是到了孙中山晚年，在苏俄和中共的帮助下，革命宣传才略微触及农村与农民。出现这一偏差，主要原因在于：①民众识字率偏低，客观上阻碍了革命主张的社会传播的程度；②与孙中山"先知先觉"的英雄史观及其政治舞台主要在海外相关。但据此将孙的新闻传播思想的缺陷归于唯心史观，也不尽然。这主要在于孙对新闻传播的表述并不严谨，有口语化的现象及针对不同演说对象的劝说成分，有"制造舆论"、"舆论之母"等"唯心"话语，也有"先知先觉"、"后知后觉"等体现孙的英雄史观的话语。这为后人断定孙的新闻传播思想是唯心史观提供了佐证。其次，在革命的历史语境下，唯心、唯物的二元划分本身是非此即彼、非黑即白的思维方式。贴上"唯心"标签，在某种程度上是否定孙中山历史功绩的隐讳表述。最后，史实是"知难行易"学说中的"知"并非道义层面，也非知识、常识和成见，而是由科学方法得来的鲜为人知的真理。孙说："凡真知特识，必从科学而来。舍科学而外之所谓知识者，多非真知识也"。①在"国民知识程度不足"的国情下，普及真理是艰难的社会扩散过程。故孙让"先知先觉"者担负将三民主义"真理"普及到广大"后知后觉"群体中，具有一定的历史合理性。

第三节　小结：孙中山视野中的"喉舌与训政"

如上所述，孙中山在表述中并未直接论述新闻传播的喉舌角色与训政理念的直接关联。在孙中山训政理念中，推动训政的直接动力是有组织的政党力量和行政力量，简言之是三民主义、五权宪法武装的中国国民党及其国民政府。它们亦是孙中山新闻传播思想中最主要的传播主体。这一主体要在"自由主义、民族主义与政治理念"复杂交织的新闻传播理念中，秉持"三民主义、五权宪法"的政治喉舌原则展开新闻传播活动，其活动的终极目标是通过军政、训政、宪政的革命程序在落后中国建立资产阶级共和宪政国家。在

①《建国方略》，《孙中山全集》（第六卷），中华书局，1985，第200页。

这方面，新闻传播的主要功能是贯穿思想，奠定社会心理基础及建构资产阶级共和宪政的主流意识形态。

在训政期间，新闻传播在国民知识程度低下、帝制观念深厚、国民一盘散沙及备受列强欺凌的半殖民地中国自然肩负"训民以政"的重任，成为推动训政进程的重要发动机、组织者与鼓吹者。即革命政党及其政府可通过新闻传播的组织、动员、宣传与鼓动等活动让人民知晓三民主义理念，掌握包括选举、复决、创制、罢免在内的现代民主政治的基本常识，拥有民权，成为中华民国国民。从孙中山的表述看，孙侧重于组织传播（演讲、培训等政府或政党的组织行为）而非新闻传媒推动训政，在其县自治的表述中鲜见新闻传媒的论述。从新闻传播角度言，要拥有监督治权的民权，人民需拥有一定的传播权、知晓权。对此，孙中山在《中华民国临时约法》中确定了以言论自由为基础的新闻自由是中华民国国民的基本民权，政府应尊重并依法保护。此外，训政期间还需做好国家政体建设、扫除专制余孽、开展县自治等现代民主政治建设，这既需要政府或政党集中行政力量也需要新闻传媒的舆论监督与舆论鼓吹。对此，孙要求新闻传媒（报界）要"基于道义与义务"协助政府与辅导人民，及在行政范围内监督政府，不可攻击"人民之政府"。这样，在集权与分权的两难抉择中，孙中山将道义与义务赋予新闻传媒，将实权赋予政党及其政府。

总之，孙中山的训政设计与新闻传播的核心均是唤醒民众，[1]建立资产阶级宪政国家，可谓是先知先觉者为中国精心设置的、精致主义的、有组织的精英启蒙模式。为此，他精心勾画了革命程序，设计了训政政体，撰写了政治宣传的基础性文本（《三民主义》、《建国方略》等），勾画了新闻传播的政治立场，深入阐述了新闻传播的各个方面，并初步勾勒了新闻传播的喉舌角色与训政设计的关联。即强化了新闻传播的社会威力，将其视为实施训政的重要路径，对于训政政体对新闻传播的诉求与规制，对于新闻传播对训政的作用与功效有所论述，但对于新闻传媒如何推动训政，如何教化民众拥有四权，如何利用新闻传媒推动县自治等问题则缺乏详细的论述。

---

[1] 戴季陶说孙中山的《民权初步》"不是一个理论，乃是一个组织民众的基本方法"。见戴季陶：《孙文主义之哲学的基础》，李振霞、管培月编：《中国现代哲学史资料选辑（3）》，红旗出版社，1986，第14页。

第三章
官办教化：国民党训政体制及训政实践

国民党训政体制是在胡汉民、汪精卫、蒋介石等党魁争夺国民党最高领导权及国共分裂的背景下建构的。孙中山训政理念虽是国民党训政体制建构的指导性文件，但真正决定国民党训政体制建构及其走向的是国民党党内高层权力争斗及胡、汪、蒋等国民党高层的政治理念与政治操守。最后，蒋介石取得党、政、军最高领导权，党权制约军权、节制政权的权力格局演变为军权控制党权、统摄政权的权力格局。随着高层权力结构的转型，国民党的训政体制与训政实践完全背离了孙中山"唤起民众"的训政主旨，演变成以集权为核心的官办教化。

海内外学者对国民党训政体制及训政实践的研究，成果相当丰硕，评价难以统一，尤其是两岸学者对国民党训政体制及训政实践的评价更受两岸政治关系及各自意识形态的影响。研究视角上，多着眼于政治学、史学、法学等学科范畴，鲜有新闻传播学的学科视角。基于此，本章以《总统蒋公思想言论总辑》、《蒋介石日记》、《胡汉民先生文集》等为史料来源，在借鉴、评析已有研究成果的基础上，从新闻传播学视角研究国民党训政体制的历史形成及其原因、训政体制的制度建设与相应的权力安排及国民党在抗日战争前的训政实践，理清抗战前国民党新闻事业活动的政治结构，为后续章节奠定研究背景。新闻传播学视角的训政研究着重考察社会信息流通的制度结构与制度樊篱及社会政治制度规制下的社会信息系统的传播结构与传播模式。

第一节　权力角逐中党魁要人对三民主义 （训政）的阐发

孙中山在世时，从同盟会到中国国民党，都是一种魅力型政党，^① 党魁孙中山主要以个人魅力而非制度化力量领导革命运动。从同盟会到国民党改组前，占据党内主导地位的是"一群对领袖孙中山抱有个人信仰的人的结合体，这一点对谁也不是秘密"。^② 国民党改组虽在政党制度建设上有所成果，但党内政治分歧及孙去世后留下的权力真空致使国民党上层权力结构的动荡不可避免。在权力真空与权力结构动荡的背景下，国民党党内的权力角逐决定着改组后的中国国民党的历史走向。在党内权力争夺中，孙中山三民主义及其主要政策的最高解释权是国民党党魁们争夺的重点。最后以蒋介石为核心的国民党右派取得胜利，蒋介石独揽三民主义的解释权，他选择性承继、阐释孙中山遗嘱，与西山会议派、汪精卫的武汉国民党达成了"清党"共识。在此共识前提下，蒋介石集团以三民主义旗号建立了"以党治国"的训政体制，把孙中山"唤起民众"的训政目标转换为蒋介石集权为政治诉求的训政实践。

一、孙中山去世后国民党内的权力角逐

在魅力型政党的权力交接中，谁拥有魅力型领袖理论的最高解释权，即意味着成为下一任魅力型政党领袖。孙中山去世后，拥有孙中山三民主义的最高解释权，就意味着占据了"党统"的政治制高点，可挟"党统"而令党员，可能成为国民党新一任最高领导人。孙中山去世后，最高领导权之争即成为胡汉民、廖仲恺、汪精卫、蒋介石、许崇智等孙中山长期追随者的权力角逐的游戏。资深"元老"胡汉民、汪精卫在广州国民政府的权力分配中拉开了权力角逐的序幕。在孙中山挥师北伐前夕（1924年9月），胡汉民先后被

---

① 崔之清主编：《国民党政治与社会结构之演变（1905–1949）》（上），社会科学文献出版社，2007，第566页。

② 安徽大学苏联问题研究所编译：《苏联〈真理报〉有关中国革命的文献资料选编》（第1辑），四川省社会科学院出版社，1985，第54页。

委任为代行大元帅、广东省长、代"革命委员会委员长"等要职，胡本人政治态度温和，缺乏领导魄力，为人"度量狭隘、言语尖刻、辞色之间往往予人以难堪"。[①]汪精卫随孙中山北上，是移京国民党中央政治委员会的召集人，孙中山遗嘱的记录者，在京期间为人"能容忍持重，气度大于胡汉民"。[②]廖仲恺是著名的国民党左派领袖，支持"联俄"、"容共"、"扶助农工"政策，因政治立场与社会利益关系，党内有许多反对者；许崇智、蒋介石掌握军权，虽党内威望、政治地位与资历均无法与胡、汪、廖相比，但在权力争夺中处于举足轻重的地位。根据国民党一大通过的《组织国民政府案》及孙中山会后公布的《建国大纲》，在孙去世后，组建广东国民政府成为国民党主要议题之一。汪精卫回广州前，在上海发表言论批"左"、打"右"，转赴汕头秘密会晤东征军总司令许崇智、黄埔军校校长蒋介石及苏联顾问加伦，争取到许、蒋等支持。胡汉民与许崇智交恶，在1925年6月平定杨（希闵）、刘（震寰）叛乱中，胡汉民只赞成打杨不打刘，使胡成为"主张上的失败者"。[③]这样，在中央政治委员会的操作下，广东国民政府改组，新政府采合议制，汪、胡、廖、许、蒋等均为国民政府委员，汪精卫当选国民政府主席、国民政府军事委员会主席，胡汉民仅得外交部长等"闲职"，广东省长一职被许崇智取代，许还获得军事部长一职。可见，在这次权力角逐中，汪、许获利最多，胡汉民被排除在最高权力核心圈子之外。

然而，国民政府的改组，加深了右派对廖仲恺的仇恨，右派于1925年8月20日将廖仲恺刺死。廖案发生导致了国民党上层权力结构的再调整。廖案发生后，国民党中央执行委员会、国民政府委员会、军事委员会召开联席会议，决定由汪精卫、许崇智、蒋介石组成特别委员会，"授以政治、军事及警察全权"，[④]全权办理廖案。廖案调查结果显示，胡汉民有嫌疑，与胡汉民嫌隙日深的许崇智对胡有"不相容之心"，在汪精卫等反对下，胡汉民最终被劝"离粤出洋"。胡出洋，意味着汪、胡之争暂告一段落，许、蒋之间的"军权"矛盾上升。汪精卫是并无实力的政客，"实际上整天忙于党和国家的事务，因

① 中国第二历史档案馆：《蒋介石年谱初稿》，中国档案出版社，1992，第163页。

② 张国焘：《我的回忆》（第1册），现代史料编刊社，1980，第379页。

③ 陈公博：《现代稀见史料书系. 苦笑录》，东方出版社，2004，第17-18页。

④ 中国历史第二档案馆编：《蒋介石年谱初稿》，中国档案出版社，1992，第408页。

此，他实际上从不过问军事"。① 掌握广东财政收入和军权的许崇智因军饷、军事计划等问题与蒋介石发生冲突，且日趋尖锐。第一东征和平定杨、刘叛乱的功绩使蒋声望迅速提升，但蒋在广东国民政府改组中并未获得实权，涉嫌廖案的梁鸿楷、杨锦龙等多名粤军将领被捕，及许截留蒋介石第一军军饷，李济深、谭延闿等粤军将领对许不满，俄国顾问鲍罗廷对许无好感等，使广东国民党革命要人决定将许崇智排除在外，在蒋密谋下，许崇智的军事实力被蒋整编，9月20日，中央政治委员会议决，解除许崇智军政部长兼粤军总司令和财政监督等职，令其离粤赴沪。于是，在广州形成了汪、蒋暂时合作，汪主党、蒋主军的局面。

除了汪、胡、廖、许、蒋在广州围绕国家最高权力争夺外，孙中山去世还带来国民党上层组织围绕"容共"与"清党"问题的组织分裂的负面影响。在国民党上层组织分裂过程中，汪的党权受到来自"西山会议派"等国民党右派的大挑战，蒋在北伐中权力继续做大，并染指党权，进而演化为汪、蒋之间的权力争夺。孙中山在世，尚能以个人权威压制胡汉民、冯自由、张继、戴季陶等反对"联俄"、"容共"的国民党右派，孙病重期间，石瑛、冯自由、张继、于右任等国民党右派大肆搞"清共"活动，冯自由、张继等于1925年3月8日组织了由两千人以上参与的"中华民国国民党同志俱乐部"，并选举产生40余位理事，其《宣言》主张拥护三民主义，却斥责中共"赤化本党"及做"俄人走狗"等。② 该俱乐部的成立产生了极为不良的政治与社会影响，实际是国民党右派分裂党的一次重要行动。该俱乐部却遭到了国民党北京执行部、北京的中央执行委员及国民党中央执行委员会等连续抨击，暂未产生非常恶劣的影响。孙中山逝世后，居正、李烈钧等部分中央执行委员希望权力中心移到北京，在遭到广东抵制后不了了之。当他们料理完孙中山丧事，相继返粤后，在广州鼓吹"反共"、"反俄"舆论，加剧了广州的国民党内部矛盾与纷争。通过广东国民政府的改组和廖案善后工作，国民党左派虽打击了反共派，强化了中央权力，也致使反共派走向组织分裂的道路。中央政府委员邹鲁、林森以"外交代表团"北上宣传反帝爱国的名义完成了国

---

① A.B. 勃拉戈达托夫：《中国革命纪事（1925–1927年）》，生活·读书·新知三联书店，1982，第179页。

② 罗志田、杨天宏等：《中华民国史》（第五卷），中华书局，2011，第172页。

民党右派的大串联，为反共与"分共"的"西山会议"做了思想与人事准备。"西山会议"于1925年11月23日召开，"会期十天，正式开会二十二次"，①议决、通过各类提案与事项共计90余项。其核心是以孙中山的革命遗志、三民主义的旗帜进行有组织的分共、抨汪，并从组织上分裂国民党。以邹鲁、林森、谢持、居正、张继等为核心的"西山会议"派为主导的国民党"上海中央"的成立，标志着国民党组织上的首次正式分裂。广东国民党中央和北京执行部虽然多次反驳、抵制"西山会议"及"上海中央"，但"西山会议"及"上海中央"还是产生了实际影响。其周围逐渐凝聚了戴季陶、邓泽如、孙科、吴稚晖、伍朝枢、古应芬等国民党右派及中派的支持或参与，倡导"纯正三民主义"的戴季陶主义被视为"西山会议"派政治行动的理论基础；不少地方党部通电响应"西山会议"及"上海中央"。

"西山会议"派的政治行为严重损害了汪精卫的党权与政权，使汪的权力大为缩水。在汪的权力影响日益下降的同时，排除了许崇智的蒋介石，以黄埔军校及黄埔学生军为后盾，逐渐独揽军权，其政治资本与声望在"北伐"中腾升。于是，崇尚强权的蒋开始染指党权、政权，遂与汪精卫发生权力冲突。但此时蒋、汪的权力矛盾又与国民党左、右派、中共和苏俄军事顾问及非蒋派军事力量的冲突纠缠在一起。在反共的孙文主义学会（王柏龄、欧阳钟等）挑拨下，②蒋借王懋功事件、中山舰事件夺取了汪的党权与政权，迫使汪出国留洋。面对蒋介石专权跋扈，中共、苏俄顾问及国民党左派则联合唐生智等非蒋军事力量掀起"迎汪反蒋"运动，迫使根本上不认同"联俄"、"容共"政策的蒋与国民党右派相互勾结，最终"另立山头"。蒋介石集团于1927年发动"四一二"政变，正式"清党"分共，并在南京成立国民党中央及其国民政府。这样，西山会议派的"上海中央"、汪精卫回国后把持的国民党武汉中央及蒋介石集团的南京中央表面上形成一分为三的格局。但西山会议派与蒋介石集团早走在了一起，在"清党"、分共政策上也因蒋的转变而达成共识，武汉国民党中央以汪精卫、孙科、谭延闿、顾孟余等为权力核心，在讨蒋方面，"共产党的反蒋是政治宣传的多，实际行动的少，即武汉政府的讨伐

① 邹鲁：《邹鲁回顾录》，东方出版社，2010，第153页。
② 刘琦生：《中山舰事件亲历记》，《贵州文史天地》，1997年第2期。

会，也是徒托空言"。①国民党左派亦是如此。经历夏斗寅叛变和马日事变后，汪精卫等国民党原来的左派亦决定于1927年7月15日分共。国民党宁、汉、沪三方遂有了共同的理论基础，开始谋合。1927年9月国民党中央特别委员会成立，标志着三方勉强合在一起。至此，孙中山改组国民党过程中形成了"联俄"、"容共"、"扶助农工"的新三民主义理念及国民党第一次全国代表大会形成的决议、文件及政策完全被国民党抛弃。三方合并后的国民党即在此政治基础上，以孙中山为旗号建立以"训政"为过渡阶段的党国体制并在此体制下展开了蒋介石集团的训政实践。

在国民党上层权力争夺最高领导权的同时，汪精卫、胡汉民、蒋介石等长期追随孙中山的国民党党魁要人深知拥有总理孙中山思想的最高阐释权的极端重要性，并为此展开了三民主义最高阐释权的话语争夺。这种话语争夺不是纯理论的话语交锋，而是在话语交锋中伴随权力、军事的角逐。孙中山三民主义本身亦是中西政治思想合璧、杂糅的产物，且在不同时期其内涵有所侧重与变化。大致而言。辛亥前，民族主义是推翻满清的外族统治，民权主义是建立美国式宪政国家，民生主义是平均地权。辛亥以后到1922年，民族主义是发扬民族主义精神，摆脱帝国主义压迫，民权主义是资产阶级代议制趋向直接民权，民生主义是平均地权、节制资本、发展国家资本主义。1923年至孙中山去世，民族主义是国内各民族一律平等，对外中华民族的完全独立，民权主义是政权为全体人民所共有，民生主义是耕者有其田，节制资本，并贯彻了联俄、联共、扶助农工的精神。②这即为诠释者各取所需的阐释提供了文本空间。当权力介入文本阐释，突显与遮蔽即成为阐释者处理原文本的基本策略，以致阐释本身异化为服务于权力的理论宣传。

由于拥护"联俄"、"联共"、"扶助农工"政策的国民党左派廖仲恺被刺杀，胡汉民、戴季陶、蒋介石等国民党右派基本掌握了三民主义的阐释权。他们虽然对三民主义的理论阐释不尽相同，乃至形成三民主义阐释的不同流派，基本上屏蔽了孙中山"联俄"、"联共"、"扶助农工"政策的精神

① 包惠僧：《包惠僧回忆录》，人民出版社，1983，第329页。

② 贺渊：《三民主义与中国政治》，社会科学文献出版社，2002，第125页。

内核。[①] 在众多三民主义的阐释中，戴季陶、胡汉民、蒋介石及以汪精卫、陈公博为代表的改组派对"三民主义"的阐释影响较大，对国民党训政体制及训政实践产生了实质性影响。下面分别叙述之。

二、戴季陶的"三民主义"

戴季陶（1891—1949）原名传贤，学名良弼，字选堂，又字季陶，别号天仇。祖籍浙江，生于四川广元一个经商兼儒医的家庭。他早年留学日本，1912年9月起任孙中山机要秘书，"日必亲炙总理"，"耳提面命，聆听教诲"[②]长达14年之久，历经同盟会、中华革命党、中国国民党成立及改组。戴季陶是国民党著名的舆论宣传家、理论家，中国近现代史上"亦儒亦官亦佛"的复杂人物。辛亥革命前后，戴季陶先后在《中外日报》、《天铎报》、《光华报》、《民权报》、《民国》等报刊上抨击满清专制，攻击袁世凯复辟，传播孙中山三民主义。五四时期，遵从孙中山指示，以《星期评论》副刊、《建设》月刊为阵地，研究、传播马克思主义，提倡温和的社会改良思想，力图用马克思经济学观点解释中国社会根源。孙中山去世后不久即发表《孙文主义之哲学的基础》、《国民革命与中国国民党》等著作，重新阐释三民主义，形成戴季陶主义，成为国民党著名的反共理论家。蒋介石"清党"后，戴季陶成为蒋的畏友良师，戴季陶主义成为蒋政权的思想基础、官方哲学。戴亦一直在南京国民政府中身居要职，担任考试院院长长达二十余年。1949年2月，戴季陶对蒋介石政权极度绝望，服毒身亡。

戴的政治思想"转变太易"（汪精卫语）。[③] 他服膺过二元君主立宪制度，追捧过议会君主制度、共和政治，后在孙中山耳提面命下成为三民主义的忠实信徒。孙中山在世时，坚定拥护孙中山的政治立场，完全遵从孙的指示，

---

① 据杨天石研究，在孙中山的著作和国民党"一大"文件中，确实没有"三大政策"这一概念。但这个概念所包含的三方面的内容确实都来源于孙中山，是在特定环境下，从特定角度对孙中山晚年思想和主张的一个比较精炼的概括。"三大政策"的提出，发端于共产党和国民党左派对戴季陶主义和西山会议派的批判，历长达一年有余的熔铸、提炼过程。见杨天石：《关于孙中山"三大政策"概念的形成及提出》，《近代史研究》，2000年第1期。

② 陈天赐编：《戴季陶（传贤）先生编年传记》，文海出版有限公司印行，1967，第191页。

③ 《附：汪精卫致胡汉民函》（1925），陈红民辑注：《戴季陶1925—1926年间致胡汉民等几封信》，《民国档案》，2005年第4期。

曾参与组建共产党，认真研究并传播马克思主义，对孙中山"联俄"、"容共"、"扶助农工"政策不大认同，却遵从之。孙中山去世后，戴季陶立即抛弃了孙中山倡导的新三民主义，并将"旧三民主义"阐释为戴季陶主义，宣扬"纯正三民主义"，成为反共的理论先驱。戴的理论后成为国民党右派反共、"清党"的理论基础，对中国近现代史产生重要影响。

戴季陶对三民主义的阐释，可以孙中山去世为界分为前期和后期。前期，戴季陶是孙中山三民主义的鼓吹手，在孙耳提面命下研究、阐述并传播三民主义，"充当摇旗呐喊的角色"。[①] 故其对三民主义的阐释，完全符合孙中山三民主义的理论精髓，某些方面也表现了自己的见解。如孙主张"五族同化"，戴则要国民党"厉行种族同化"；孙提出"全民政治"，戴则提出"平民政治"；孙主张地方自治"以县为单位"，戴则认为要"以省为单位"。[②] 孙支持新文化运动，断定"此种新文化运动"，对吾党革命"实为最优价值之事"，[③] 认为"民生主义就是社会主义，又名共产主义，即是大同主义"。戴热情讴歌五四新文化运动，认真研究马克思主义政治经济学，翻译了考茨基的《马克思资本论解说》、《商品生产的性质》，威廉·李普克内西的《马克思传》等论著，为马克思在中国传播作了相当大的贡献。然而，当孙中山决定效仿苏俄改组国民党，确定"联俄"、"容共"政策时，戴季陶与孙中山发生了重大的思想分歧，他反对国民党"容共"政策，但鉴于孙中山个人权威，表面上遵从孙中山指示。孙中山去世后，戴季陶将其思想分歧公开化，使孙中山三民主义发展为戴季陶主义。

学界对戴季陶主义的研究成果较为丰硕，评价却各异。综合已有研究成果和戴季陶1925年6、7月间撰写的《孙文主义之哲学的基础》、《国民革命与中国国民党》及《孙文主义民生哲学系统表》等著述。本书认为戴季陶主义是戴季陶以孙中山三民主义为理论素材，将三民主义纳入儒家文化范畴，使之儒家化、伦理化，达到"纯正"三民主义，为国民党反共及纯洁国民党内

---

① 腾峰丽：《戴季陶的前期思想与三民主义（1909-1928）》，华中师范大学博士学位论文，2007，第156页。

② 腾峰丽：《戴季陶的前期思想与三民主义（1909-1928）》，华中师范大学博士学位论文，2007，第24-26页。

③ 孙中山：《为创设英文杂志印刷机关致海外同志书》，《国父全集》第3册，（台北）中国国民党中央党史委员会，1981，第670页。

部组织提供意识形态的理论支撑。戴的致思是：[1] 根据孙中山的"三民主义就是救国主义"的表述将三民主义的目标确定为"救国"。要救国就要组织民众，《民权初步》只是"组织民众的基本方法"，孙中山以"学不厌、教不倦、行不惑"革命精神和实践发明的知易行难学说（孙文学说）才是组织民众的哲学基础。随后，戴季陶断定孙中山的人格魅力源于传统的儒家人格，并认为孙是"主知主义者"。要做真正的"孙文主义"信徒，就须按照孙中山《军人精神教育》讲演录中所要求的"智"、"仁"、"勇"、"决心"（决心含两项：成功、成仁）力行三民主义。其中"决心"即是"择善固执"，古语中的"诚"。《军人精神教育》一书亦是"造成国民革命的教科书"、"伦理思想的最高理论"。这样，通过对孙中山人格魅力的传统道德层面的阐述，将孙文学说纳入了儒家伦理哲学的范畴。"天下之达道三，民族也，民生也，民权也，所以行者三，智也，仁也，勇也，智仁勇三者，天下之达德也，所以行之者一也；一者何？诚也，诚也者，择善而固执之者也。"进而，戴季陶沿着"中学为体，西学为用"的致思路径，在儒家范畴内将孙文学说分为"能作"的道德和"能行"的政治。能作部分是孙中山继承"古代中国正统的伦理思想"，是"本"，因为"要复兴中国民族，先要复兴中国民族文化的自信力"。文化是"以人类的生存为目的，以'共同'生活"的组织为人类生存的手段。详言之，就是人民的生活，社会的生存，国民的生计、群众的生命，便是文化的目的。"而"人民的生活——社会的生存、国民的生计、群众的生命"正是孙中山对"民生"的定义。[2] 于是，戴季陶找到了孙中山思想中传统文化方面的逻辑关联。通过梳理中国民族文化衰败史，戴季陶断定孙中山继承了"尧舜以至孔孟而中绝的仁义道德的思想"，并且是三民主义旗号下努力复兴中国民族文化的自信力的"绝好的模范"。因为，"以发达民生为目的以智、仁、勇为道德基础的社会连带责任的孔子的政治思想"是复兴中国民族文化的精神资源（即孔子提炼的民生哲学，《中庸》和《大学》是孔子民生哲学的理论精华），而"以极端放任为手段，极端专制为目的的老子个人主义的政治观"是中国民族

---

[1] 戴季陶阐释孙中山三民主义的哲学致思，主要体现在《孙文主义之哲学的基础》一文，故本书以该文文本阐释戴季陶的哲学致思路径，与之有关的引用不做特别注释，均出自《孙文主义之哲学的基础》一文。

[2] 《孙中山全集》（第九卷），中华书局，1986，第355页。

文化衰落的根源。"能作"支配"所作"。所作部分是孙中山"由现代世界的经济组织、国家组织、国家关系、种种制度上面着眼，创制出的新理论"，是"用"。基于此，戴季陶将三民主义置于儒家民生哲学的范畴内，从"民生是历史的中心，仁爱是民生的基础"角度展开了三民主义的哲学阐述：断定民族主义是"三民主义革命的第一步工作"、"实行民生主义的基础"；民权主义是要人民自身来解决民生问题，需要"全体人民男女的普遍直接民权"；民生主义是三民主义的本体，在于"离却民生，没有文化，离了民生，没有道德"的重生主义，在于"生存是人类的原始目的，同时也是人类终结的目的"。戴季陶认为孙中山的《实业计划》是"民生主义的第一部规划"，全部表现这一规划的是"国民政府建设大纲"，而集中体现孙中山中心思想的是孙中山在神户高等女学校做的"大亚细亚主义"的讲演。

在民生哲学视野内，戴季陶对比了民生主义与共产主义的异同，认为民生主义在目标、性质上与共产主义相同，在哲学基础、实行方法上不同于共产主义。民生主义的哲学基础是"中国固有之伦理哲学的和政治哲学的思想"，共产主义则是马克思的唯物史观；在实行方法上，民生主义"是以国民革命的形式，在政治的建设工作上，以国家的权力，达实行的目的，所以主张革命专政，以各阶级的革命势力，阻止阶级势力的扩大，以国家的权力建设社会的共同经济组织而渐进的消灭阶级"，而共产主义是"以无产阶级之直接的革命行动为实行方法，所以主张用阶级专政，打破阶级"。戴认为 C·P 和 C·Y 们的想法是脱离中国现实的空想主义。中国当下国民革命与反革命的对立，不是阶级对立，而是"觉悟者与不觉悟者的对立"；国民革命是联合各阶级的革命，"一方面是要治者阶级的人觉悟了为被治者阶级的利益来革命……所谓'成物智也'。一方面是要被治者阶级工人阶级农民阶级也起来为自己的利益而革命，所谓'成已仁也'"。这样，戴将革命与反革命的你死我活的阶级对立转换为"利他"、"礼己"的道德问题，从理论上否定了中共的政治主张。

至此，戴季陶完成了孙中山三民主义的儒家化、伦理化的哲学论证。最能体现戴季陶主义的致思是戴在北京、广州各学校演讲的蓝本《孙文主义民生哲学系统表》。图表将以"仁（博爱）"统摄的"勇"、"知"、"诚（决心，即择善固执，贯彻始终）"作为"民族精神之原动力"。知"仁"是"知之惟艰，行之匪艰"的过程，需要"知之能力（先知先觉，后知后觉，不知不觉）"

和"知之内容"。"知之内容"表现为格致、诚正、修齐、治平，由学问（博学、审问、慎思、明辨）和经验——笃行组成。"仁"要以"民生为历史的中心，"是民族精神的抽象的表现，伦理方面表现为忠孝、仁爱、信义、和平，政治方面表现为"天下为公"的三民主义。民族主义（民有）终极目标是"人群进化"，具体内涵是"中国民族自求解放，国内各民族一律平等，世界被压迫民族全体解放"。民权主义（民治）分为政权、治权两部分。政权是人民享有的选举、罢免、创制、复决四权，治权是政府拥有的司法、立法、行政、考试、监察五权。民生主义（民享）的目标是世界大同，方法是平均地权，资本节制及"国家资本主义的建设"和"新共产社会之建设"。"勇"分为"敢"和"不敢"，敢则"为仁"，"不敢"则"不为仁"。①

将三民主义儒家化后，戴季陶又撰写了《国民革命与中国国民党》（下简称《国》）一文。他阐释的三民主义民生哲学，以逻辑演绎的思路对孙中山社会政治思想做了系统发挥。戴的思路是：以人类"生存欲望"为逻辑起点推导出"要图中华民国的生存，先要图中国国民党的生存，要图中国国民党的生存，一定要充分发挥三民主义的中国国民党之生存欲望所必须具备的独占性排他性统一性支配性"，这为从思想、组织上纯化国民党奠定了基础。戴季陶开篇即定义了中国国民党的主义（三民主义）、组织原则（民主的集权制）、革命方法（军政、训政、宪政的三程序）、革命目标（完成中国国家独立，完成民主的国家建设，实现世界大同等）。② 在此理想目标下，戴回顾了中国民族力丧失的文化根源、欧洲民族在世界上的发展及欧洲资本主义呈现"极大的悲惨状态"，从而肯定了孙中山创制的"以中国之历史的哲学思想为基础，以适合中国民族之压迫的需要为方法，以世界的民生问题为解决对象，以世界人类的大同进化为终结目的之三民主义"，继而以国民党革命实践中误

---

① 戴季陶：《孙文主义民生哲学系统表（附表）》，《湖州月刊》，1925年2卷第4期。

② 戴季陶表述是："中国国民党是信奉中华民国创造者孙中山先生所主倡之三民主义为最高原则，在民主的集权制之严格的组织训练之下，集合全国各阶级中具有救国热诚的革命份子，造成强固的团结，以革命的方法取得政权，遵照孙先生所定的三程序，运用政治的权力和方法，完成中国之国家独立、民族平等，改造中国的政治和社会，完成民主的国家组织，图人民食衣住行育乐等生活需要之均等的满足，国民文化之世界的发展。并为达此目的，联合世界以平等待我之民族，共同奋斗，以反抗掠夺世界大多数人类利益，阻碍人群进化世界大同的帝国主义，而消灭其势力之革命的政党。"

解三民主义形成的思想分化造成的革命损失佐证三民主义的伟大及纯化国民党的迫切。国民党"第一次代表大会之精神的意义"主要是孙中山"把三民主义这一个孤儿，抚养培植以至成人的责任完全付托于同志全体"。中国国民党是"托孤"的承托者，故须以"总理之人格"、"总理之遗教"为本党"纪律之基础"，完善国民党的民主的集权制。以此党纪，戴季陶以"共信不立，互信不生；互信不生，团结不固"为理论，结合国民党改组前后的大量事实抨击了危害国民党团结的右倾和左倾病，目的是加强"中心思想的确立和党员纪律性的训练"。戴认为右倾病是"自己为自己利益而奋斗"的个人主义，需要完善民主的集权制、淘汰旧党员及提高入党门槛等；左倾是"只顾说过算数不问实际效用"的空想病，需以孙中山"解决社会问题，要用事实作基础，不能专用学理的推论做方法"予以救治。戴认为 C·P 和 C·Y 犯了左倾病，对国民党采取"寄生"政策；右派对 C·P 的寄生政策犯了糊涂病，致使国民党党内矛盾丛丛。故需要揭露 C·P 和 C·Y 的寄生政策，劝其放弃自身政治主张，转奉三民主义或退出国民党，以自身主张与政策昭示民众。戴季陶对此做了大量阐述，认为在对帝国主义、联俄、民权运动、民生等问题的立场上，C·P 和 C·Y 歪曲了孙中山本意，现在亟需正本清源，将真实的三民主义信徒团结起来，以实现中国的独立与自由。可见，戴致思的核心是：在三民主义民生哲学的框架内，以所谓的孙中山思想纯化中国国民党，使之成为主义明确、思想贯通、强有力的现代动员型革命政党，以领导国民革命，建立"三民主义民国"。对此，必须强化孙中山遗教，排除国民党内的中共组织，批评教育右派，正确阐释孙中山的"联俄"、民运及民生等政策等。《国民革命与中国国民党》亦是戴季陶精心构建的纯化国民党思想和组织的行动纲领。

　　与孙中山文本相比，戴季陶基本是以批判眼光审视孙中山文本中"规抚欧洲之学说事迹者"，将孙中山文本中"因袭吾国固有之思想者"和"吾所独见而创获者"① 的部分予以拔高、赞许，并纳入儒家政治伦理范畴，形成戴季陶主义。在此基础上，戴季陶阐述了纯正中国国民党思想与组织的路径、方法及在以真正三民主义信徒组成的政治集团领导下建设"三民主义民国"的

---

① 孙中山在《中国革命史》一文中概括说："余之谋中国革命，其所持主义，有因袭吾国固有之思想者，有规抚欧洲之学说事迹者，有吾所独见而创获者。"见《孙中山全集》（第七卷），中华书局，1985，第60页。

政治理念与行动框架。这一政治理念与行动框架虽源于孙中山，却将孙中山晚年"联俄"、"容共"、"扶助民工"的唤醒政策从根本上扭转到强化国民党一党集权的方向上。而是否坚持孙中山在国民党一大确定的"联俄"、"联共"、"扶助农工"的唤醒政策，正是中共、国民党左派和国民党右派之间最根本的路线分歧。戴季陶主义的要害在于：它从儒家伦理哲学层面强化孙中山总理的人格精神，将之扩展到孙中山三民主义，并曲解孙中山晚年的唤醒政策，达到了在理论层面借孙中山遗教整合、纯化国民党的政治目的，其实质是强化国民党一党集权。因此，戴季陶主义得到了西山会议派、孙文主义学会、胡汉民、蒋介石等国民党右派的拥护与赞誉，成为他们分共、"清党"的理论依据；受到了瞿秋白、恽代英等中国共产党和国民党左派的猛烈抨击。最后，蒋介石集团在"清党"后整合了国民党右派，组建了南京国民政府。随之而来，戴季陶主义成为南京国民党三民主义意识形态的哲学基础，南京国民党政权党治训政的官方哲学。

新闻传播既是主流意识形态的塑造者，也受主流意识形态的传播规制。因此，作为国民党政治理念的戴季陶主义亦是国民党新闻传播事业的哲学根基。从新闻传播学角度而言，戴季陶主义从哲学层面规定了国民党新闻传播的哲学立场：非戴季陶主义认可的包含马克思主义、国家主义在内的所有主义；从政治层面规定了国民党新闻传播的政治立场，不得违反国民党的根本政治方向、宗旨及治国的路线、政策、方针等。

三、胡汉民的"三民主义"及"党治"思想

胡汉民（1879-1936），原名衍鹤，后改为衍鸿，字展堂，汉民是其《民报》上的笔名。祖籍江西吉安，生于广东番禺一个没落的幕僚之家，是汉族客家人。他1901年中举人，1902年、1904年两度赴日本留学。1905年9月加入中国同盟会后，追随孙中山长达二十余年。其间曾任同盟会本部秘书，《民报》、《民国》、《建设》杂志主编，临时大总统府秘书长，广东都督，代行大元帅职权并兼广东省长，代"革命委员会委员长"等职，直接参与多项推翻满清的武装起义，协助孙中山组建南京临时政府、参与反袁、护法、南北议和、护国及成立中华革命党、改组国民党等政治活动，是孙中山主要助手，中国国民党元老和早期主要领导人、国民党理论家。五四时期，曾积极研究马克思

主义，在国民党改组方面对孙中山的"三大政策"取不反对的中间态度。孙中山去世后，成为国民党右派代表人物，主张反共清党，在与汪精卫等"争权"失败后离粤留洋。1927年，蒋介石"清党"后与蒋合作共组南京国民政府，任立法院院长、国民党中央政治会主席，主持制定了国民党党国体制的制度框架。1931年2月，因"约法之争"被蒋囚禁于汤山，并于同年10月释放。释放后至广州，标榜抗日、剿共、反蒋三大政治主张，秘密组建"新国民党"，创办《三民主义月刊》，成为西南实力派反蒋的精神领袖。1936年5月12日突发脑溢血病逝于广州，时年58岁。

与戴季陶一样，胡汉民在孙中山在世时，对三民主义的阐释与孙中山的本意相同，是孙中山三民主义的鼓吹者。孙中山去世后，两人对孙中山三民主义都做作了系统的美化与拔高，却都不认同孙中山的"容共"政策。两人都以孙中山对"生存"、"民生"的看法为逻辑起点，依托社会进化论解释孙中山三民主义的哲学基础，但胡汉民是从"古今中外所有革命的历史事实"的范畴，而非戴季陶的儒家伦理范畴，阐释孙中山三民主义的。在五百余年的世界历史范畴内，依托孙中山三民主义文本，胡汉民撰写了《三民主义之认识》、《三民主义的连环性》(1928)、《三民主义的精神》、《三民主义的心物观》等著述，建构了他的"连环三民主义"，即民族、民权、民生三个主义如"三个小环扣合起来的一个大连环"，成为"打破连环的世界反革命势力"、"以世界历史的中心为纲领"的唯一主义。

根据胡汉民的著述及相关研究，胡汉民"连环三民主义"的致思大致是：以孙中山"社会进化的定律，是人类求生存。人类求生存，才是社会进化的原因"为阐释根据，将哲学的本源推演到人类的"需要"，而非唯物、唯心。心（唯心）物（唯物）"只是人类由'需要'而产生的两个名辞，并不是最后的真实。……人类最根本的问题，只有一个，便是求生"。以此为逻辑基点，胡汉民在抨击唯物主义、唯心主义的基础上，断定孙中山是既不唯物，也不唯心，只要求中国的生存和人类的生存的"一个彻头彻尾的革命者"。三民主义"是以'生'为本，以'心''物'为用的"的革命理论，求生的起始是中华民族的生存，终点是全人类的共存，求生方略是"心物两者的建设"即"精神的培养"和"人类经济生活的建置"，故三民主义是孙中山"依于人类社会进化的定律，组织其学说，构成其方略"的"伟大的思想体系"，孙中山的历史哲学是"以心物为用的生的史观"。将孙中山三民主义"马克思化、释迦化、术士化、流氓化"及"儒家化"都是孙中山革命理论的"最大的敌人"[①]。

在此历史哲学下，胡汉民在《三民主义的连环性》（1928）、《三民主义的精神》、《三民主义之认识》（1927）等文中阐释了他的"连环三民主义"，其中《三民主义的连环性》一文阐释得最为详尽。在此文中，[②]胡汉民断定"现在革命"的目标是由"军国主义、寡头政治或虚伪的和阶级的民主政治和资本主义"三位一体构成的帝国主义。帝国主义的罪恶已经有五百多年，而其内心"完全是个人主义中支配欲之扩大"。据此，胡汉民回顾了世界历史，军国主义是"一个支配人的强有力的武力组织"，资本主义是"个人利用财产支配工业商业财政和政治的工具"，官僚主义是"唯谋操纵政柄而为各种特殊利益的工具"，"一种寄生的势力"。三者出发点均是个人主义的支配欲，它们相互勾连，其"结晶"是帝国主义。而帝国主义支配人类历史已有五百余年，除此之外，"没有第二种支配全人类的力量了"。它（帝国主义）是"十五世纪的殖民运动，十七世纪的商业主义和开明专制，十八世纪机器生产方法之利用和十九世纪的国家主义所汇合而成的"。

帝国主义在支配全人类的同时，也孕育了革命力量。胡汉民认为"三民主义是近代几百年来革命的总结晶"，孙中山以其"慎思明辨和博学笃行的努力，遂（使之）成为一个完全无缺的革命主义的大系统"。即连环的三民主义是打破连环的世界反革命势力的"世界革命唯一最高最博大最合适的原则"，[③]20世纪是"三民主义和帝国主义已经开始决斗的时期"。这在于：①东方王道文化孕育的三民主义是以"民族福利为出发点的核心"，而不是西方霸道文化孕育的以个人主义的支配欲为出发点的帝国主义。②三民主义的目的是求人类生存，"现在个人的生存不成问题，成问题的是民族的生存"，而

----

① 以上注释均引自胡汉民《三民主义的心物观》。此文中，胡汉民还说："三民主义的革命理论，以人类的求生，为其理论的基点"，"三民主义的中国革命，起始是中华民族的生存，最后是全人类的共存"，孙中山全部遗教"是以'生'为本，以'心''物'为用的。革命的基本意义，是在求生，求生的方略，则应该注重到心物两者的建设"，及"孙中山先生的历史哲学，不是唯心史观，也不是唯物史观，他只是一个以心物为用的生的史观"。见胡汉民：《三民主义的心物观》，《三民主义月刊》，1933年第4期。

② 胡汉民：《三民主义的连环性》，《中央半月刊》，1927年第1卷第7至12期。（本小节以下引用不做特别注释，均引自该文。）

③ 胡汉民：《三民主义之认识》，《中央半月刊》，1929年第1卷第1期。

"三民主义的基点是求以民族为单位的生存，而不是求以个人为单位的生存的团体或民族或国家的生存"。是以"民族为单位才讲民族主义……才讲民权主义……才讲民生主义"。

那么，何谓连环的三民主义？胡汉民认为它们犹如三棱角水晶体，具有"三面一体和三面相通的连环性"。即"（一）民族主义，必须要是民权主义的和民生主义的民族主义，才不会变为帝国主义。（二）民权主义，必须要是民族主义的民生主义的民权主义，才不会变为虚伪的资产阶级民主政治。（三）民生主义，必须要是民族主义的民权主义的民生主义，才不会变为资本主义"。[①] 胡汉民还认为，这个三棱角水晶体的顶点是"贯着世界进化的定律"，底边是"救国主义大而言之是大同主义"，"由顶点而贯彻到底的中心是生存的要求，沿着生存的要求这个中心，便是人的努力，而其努力的阶级地点是博爱，过程是救国，终点是世界大同"。因此，三民主义连环性的实现，人同人的斗争才能终熄，大同世界就可实现。在此基础上，胡汉民以其三民主义的整体性和连环性，批评国家主义、无政府主义和共产主义等其他主义。胡认为"世界主义是民族主义的理想，民族主义是世界主义的实行"，"无政府主义是民权主义的理想，民权主义是无政府主义的实行"，"共产主义是民生主义的理想，民生主义是共产主义的实行"。这样，胡汉民将孙中山三民主义彻底拔高到社会理论的制高点：孙中山三民主义成为"以博大的无所不包的世界进化定律为总枢纽"的，同时解决"世界进化的行程，自古以来就生出民族民权民生的三大问题"的"最完备的革命主义"。

胡汉民对"连环三民主义"论证的材料是世界政治思潮史中的概括性资料和极其有限的孙中山文本，所用资料缺乏世界历史的真正基础；对其他主义的批驳采用学究式的文字游戏，缺乏贯通其他主义的严密逻辑，故不可能完全驳倒其他主义，取得读者的认同。胡汉民应心知肚明，但其这样做的意图是占据孙中山三民主义阐释的最高领导权，以国民党元老身份在与蒋介石

---

① 胡汉民：《三民主义之认识》，《中央半月刊》，1929年第1卷第1期。在《三民主义的连环性》一文中，胡还说："总括地说，三民主义的连环性，其特点是：民族主义需要民权主义和民生主义来充实它的力量，成为一种对世界担负责任的民族主义；民权主义需要民族主义来牵系它的责任心，同时需要民生主义来推进它的实在性；民生主义需要民族主义来冲破它的前途的障碍，同时亦需要民权主义来保障他的政治的实施。"

集团合作中获得更多权力。《三民主义之认识》（1927）、《三民主义的连环性》（1928）等文是在胡汉民官场失意及欲与蒋介石政权合作的背景下刊发的，亦是有力佐证。

在将孙中山三民主义演绎成"连环三民主义"的同时或稍后，胡汉民向国民党中央抛出了他的政治纲领。1928年6月3日，远在巴黎的胡联合孙科致电国民党中政会，向国民党二届五中全会提交了《训政大纲草案》，8月16日又从柏林寄回《训政大纲提案说明书》，正式提出了"以党治国"的训政方案。9月回国后专心致力于宣传和实践自己的政治主张。10月胡出任南京国民政府委员兼立法院院长，在其主持下，《训政纲领》、《国民政府组织法》、《确定训政时期党政府人民行使政权治权之分际及方略案》等训政法规先后通过，胡汉民"以党治国"的训政理念上升到国民党"以党治国"、以党训政的政治实践。

根据胡汉民有关训政的文本和相关研究，[1] 与孙中山训政思想相比，胡汉民的"以党治国"的训政思想及实践既有继承、拓展孙中山训政思想的一面，也有背离孙中训政思想的一面。具体而言：

1.在训政的必要性、训政目标、地方自治等问题方面。胡继承了孙中山训政思想，并有所阐发。胡认同孙中山的训政是中国社会的必经阶段、训政目标是为宪政服务。国民党以"政治保姆"身份负有"训民以政"的重任。在《训政大纲说明书》中，胡从"世界之环境"和"适合国民之需要"两个层面论述了孙中山军政、训政、宪政三大时期之程序的合理性，及国民党担负"政治的保姆之责任"。在地方自治上，胡将孙中山的《地方自治开始实行法》作为"训政时期中华民国最高之根本法"，要求下级党部在国民党中央执行委员会"指挥并监督"下推行，中政会"决定县自治之一切原则及训政之根本政策与大计"，国民政府及其所属机关"实施县自治及执行一切训政之根本政策与方案"。地方自治内容是"培植地方自治之基础，宣传训政之方针，开导人民接受四权使用之训练，指导人民努力完成地方自治所必备之先决条件，并促进一切关于地方自治之工作"。[2]

---

① 相关研究有李黎明：《胡汉民"训政"思想的形成和特点》，《齐鲁学刊》1995年第2期；王兆刚：《国民党训政体制研究》，中国社会科学出版社，2004，32-42页；贺渊：《三民主义与中国政治》，社会科学文献出版社，1995，第197-204页。

② 《确定训政时期党、政府、人民行使政权治权之分际及方略案》（1929年3月21日），荣孟源主编：《中国国民党历次代表大会及中央全会资料》，光明日报出版社，1985，第659页。

2. 在训政主体方面。孙中山心目中的国民党是信奉"三民主义、五权宪法"的现代动员型政党。这个政党必须信奉孙中山遗嘱规定的《建国方略》、《建国大纲》、《三民主义》及《第一次全国代表大会宣言》，并"唤起民众及联合世界上以平等待我之民族"。在遵循这个原则下，可以联合其他政党、团体，如中国共产党。胡心目中的国民党亦是有主义、有行动、有"党德"的革命政党，即现代动员型政党。胡虽在《从国民党党史上所得的教训》一文中论证了政党是实现主义的工具，并强调国民党"绝对信仰他（笔者注：孙中山）和他的主张，甚至于迷信他也是应该的"，① 但这个主义是胡的"连环三民主义"而不是孙中山的三民主义。与孙中山三民主义相比，"连环三民主义"实际上排除了中国共产党，排除了孙中山遗嘱中"第一次全国代表大会宣言"的唤起民众的精神。② 胡汉民虽然多次强调"党外无政，政外无党"，强调"党德"，国民党实际上却是派系纷呈的混合体。

3. 在以党治国方面。胡主张以"党义治国"，这与孙中山强调的"主义治国"的精神相同，但胡的"党义"内涵不同于孙中山的"党义"内涵。胡的"党义"是指除了《第一次全国代表大会宣言》之外的孙中山遗教，意在使国民党绝对信奉孙中山遗教，并以孙中山遗教统一国民党意志与行动，达到共信共守的"根本大法之原则与标准"。换言之，胡的"党义"侧重于以孙中山遗教为约束党员的党纪，意在将孙中山思想教条化。1929年3月21日，国民党第三次全国代表大会通过了《根据总理教义编制一切党之法令规章以成一贯系统暨确定总理主要遗教为训政时期中华民国最高根本法案》的决议，该决议将"总理所著三民主义、五权宪法、建国方略及地方自治开始实行法为训政时期中华民国最高之根本法"。对照孙中山遗嘱，该决议屏蔽了《第一次全国代表大会宣言》，增加了《地方自治开始实行法》。而在训政体制实际建构中，胡汉民设计了党政人事的一体化的人事制度安排，致使党内要员兼职

① 胡汉民：《从国民党党史上所得的教训》，《胡汉民先生文集》（第二册），台北：中国国民党中央委员会党史委员会，1978，第1240页。

② 在1929年3月21日国民党第三次全国代表大会通过的《根据总理教义编制一切党之法令规章以成一贯系统暨确定总理主要遗教为训政时期中华民国最高根本法案》中，确定总理所著三民主义、五权宪法、建国方略、建国大纲及地方自治开始实行法为训政时期中华民国最高之根本法，没有提及《第一次全国代表大会宣言》。在胡汉民有关训政的论述中，《第一次全国代表大会宣言》也常常被忽略。

严重，给党魁治国、党员治国开了制度后门。而孙中山强调的"党义"，侧重于"本党主义"，即处于开放状态的党的政治理念、政治路线、政治主张，凡信奉"本党主义"者，非国民党党员亦可成为"以党治国"中的一分子。孙说，"所谓以党治国……是要本党的主义实行，全国人都遵守本党的主义，中国然后才可以治。简而言之，以党治国，并不是用本党的党员治国，而是用本党的主义治国。……于本党中求不出相当人才，自非借才于党外不可。"①

4. 在党、政、国民及党、军的关系方面。孙中山主张以党权统摄政权、训民以政、并节制军权，但在党政关系、党军关系的阐述上却不成系统。胡对此有深入的阐发，并将之写入国民党的法规中。具体而言，在党、政、国民关系上，胡秉承了孙中山本意，以孙中山五权宪法、权能关系划定党、政、国民的关系，并将之上升为国民党根本法层面。胡说，"本党训政之责任，为一种政治的保姆之责任……则有三方面之关系：就党与政府之关系言，党必求其有完固之重心，政府必求其有适宜之组织；就权与能之关系言，党为训政之发动者，须有发动训政之全权，政府为训政之执行者，须有执行训政之全责；就党与政府二者在训政时期中与人民之关系言，则党之目的在以政权逐步授之全国民众，政府之目的在于逐步受国民全体直接之指挥与监督。此三者，为训政时期建国制度者所必须周顾之根本原则，缺一不可。"②在此原则下，国民党第三次全国代表大会通过了《训政时期党、政府、人民行使政权、治权之分际及方略案》。该案规定中国国民党全国代表大会领导国民行使政权，全国代表大会闭会时，将政权委托给中央执行委员会，中央执行委员会政治会议（中政会）拥有指导监督国民政府重大国务之施行及中华民国国民政府组织法的修正及解释权。法案在规定国民政府应训练国民拥有四权的同时，还有"为求达训练国民使用政权，弼成宪政基础之目的，于必要时，得就于人民之集会、结社、言论、出版等自由权，在法律范围内加以限制"，及"中华民国人民须服从、拥护中国国民党，誓行三民主义，接受使用四权之训练，努力地方自治之完成，始得享受中华民国国民之权利"的规定。这一规定为国民党无限期拖延训政及剥夺人民的自由权开了制度后门。

① 《在广州中国国民党恳亲大会的演说》（1923年10月15日），《孙中山全集》（第八卷），中华书局，1986，第282页。
② 胡汉民：《训政大纲说明书》，《广东建设公报》，1928年第4期。

在党政关系上，胡汉民设计了以国民党中央政治会议为中枢的"惟一之连锁"关系。即中政会是国民党"以党治国"、"以党训政"、总揽政府根本方针政策制定的"为全国实行训政之最高指导机关"，党政之间的"惟一之连锁"是党内的中政会。胡说，"政治会议为全国训政之发动与指导机关，此其性质，已首先标明于大纲之中。因此之故，政治会议对于党，为其隶属机关，但非处理党务之机关，对于政府，为其根本大计与政策方案所发源之机关，但非政府本身机关之一。换言之，政治会议，实际上总握训政时期一切根本方针之抉择权，为党与政府间惟一之连锁，党与政府建国大计及其对内对外政策，有所发动，必须经此连锁而达于政府，始能期其必行"。① 根据这一原则，胡以"保持国家应有之尊严与政府必具之独立系统"和防止"事权上之冲突"，设计了"政府常务委员为政治会议当然委员"、"国民政府常务委员，均为立法院当然委员"及政府常务委员被指定为五院主席的相互兼职的人事制度。

在党、军关系上。胡希望以党权节制军权，认为军队应绝对信奉三民主义，"本党是三民主义的军队"，要有严格的纪律。军人"在入党前，可对党义抱怀疑态度，入党以后绝不容有一丝怀疑"等。对于党、军的关系，胡的阐释不够深入，亦未能将党、军关系在国民党的根本法中固定下来，这为军权做大开了制度后门。

5. 在五权宪法的制度设计方面。胡汉民既发展又部分篡改了孙中山的五权宪法。孙中山主张"在宪政开始时期，中央政府当完成设立五院，以试行五权之治"。即人民掌握四权后可完成五院设置，行政院、总统、立法院代议士由各县人民选举，"宪法未颁布以前，各院长皆归总统任免而督率之"，目的是让人民通过国民大会监督五院。胡主张在训政之初建立五院制，并在其主持下建立了立法、行政、司法、监察、考试的五院合议制，及五院对中政会负责，国民四权由中政会赋予的一党专政制度。具体而言：五院之间"彼此只收联络之功，而不应有对抗之势"，② 政府常务委员分任立法、行政、司法、考试、监察五院主席，由国民政府常务委员中指定一人为政府主席，其

---

① 胡汉民：《训政大纲说明书》，《广东建设公报》，1928年第4期。
② 《立法工作的三种意义及其他》，《胡汉民先生文集》（第四册），台北：中国国民党中央委员会党史委员会，第814页。

权力除对外代表国家外，与其他常务委员相同；司法、监察两院独立，但监察院只拥有弹劾政府权。

6.在训政路径方面。胡侧重于"依法治国"，期望"以法律为训政准绳"。[①] 在与蒋介石政权合作之时，胡就强调法律对于维护国民党统治的作用。胡说，"在革命的过程中，法的地位和要求，是最重要而急迫的"，并主张从速从严制定一整套法律作为国民党实行训政的依据和保障，将中国纳入"依法治国"的轨道。在此思想指导下，作为立法院院长的胡汉民在1928-1931年，以三民主义为立法基点，主持了南京国民政府全国法律体系的建构工作，成为"不应被忽视的三民主义法政人"。[②]

总之，胡汉民的三民主义及以"党治"为核心的训政思想，既是其个人革命实践与学识的理论结晶，也得到许多国民党右派的集体认同，并为国民党中央所接受，成为南京国民党及国民政府训政初期的基本指导理论，并在其指导下建构了国民党及其国民政府实施训政的国家组织框架和训政的全国法律体系，胡汉民亦是国民党"以党治国"制度的主要奠基人。但与孙中山相比，胡既有对孙中山三民主义和训政理念的继承、拔高与美化的一面，也有屏蔽、忽略的一面。总而言之：①"从理论上看，胡的思想方式基本上与孙中山相同"，[③]都站在民族的立场去理解三民主义。不同的是胡对孙中山三民主义的阐释忽略了孙中山新三民主义中"联俄"、"联共"、"扶助农工"三大政策。②在训政设计上，胡基本秉承了孙中山的训政设计，意旨在以党权统摄政权，压制军权，并对孙中山训政构想做了深入的阐释。阐释的侧重点却集中于孙中山的党以政治保姆身份训导人民这一观念上。在训政的制度设计上，胡汉民力图将西方的分权制、议会制和苏俄的一党专政融合起来，并效仿土耳其道路，[④]"企求蒋成为中国的凯末尔，实现以'党治'代替'军治'的

---

① 李黎明：《胡汉民"训政"思想的形成和特点》，《齐鲁学刊》，1995年第2期。
② 方堃：《胡汉民：不应被忽视的三民主义法政人》，《云南大学学报》（法学版），2008第4期。
③ 贺渊：《三民主义与中国政治》，社会科学文献出版社，1995，第211页。
④ 在《考察土耳其的经过和感想》一文中，胡汉民认为土耳其有四点值得赞许和模仿。一是土耳其国内的党政关系；二是土耳其的党、政、军关系；三是注重发展教育事业和对人民能力的培养；四是全国的统一，包括财政和号令的统一。转引自贺渊：《三民主义与中国政治》，社会科学文献出版社，1995，第202页。

目的"。① 但是，蒋介石不是中国的凯末尔。迨至蒋介石在军事上打败或统合冯玉祥、阎锡山、李宗仁、白崇禧及张学良等地方实力派后，胡汉民高唱的党权在蒋介石强势军权下就起不到什么作用了。1931年2月，蒋借"约法之争"将胡囚禁于南京汤山。胡主导的国民党及国民政府的训政体制建设与训政实践也就夭折了。此后至胡汉民去世，胡的三民主义及训政思想就成为抨击蒋介石政权的理论武器。从新闻传播角度言，胡汉民的"连环三民主义"及训政思想是国民党意识形态的重要哲学基础，其中蕴含的分权、抨击三民主义儒家化等思想，对蒋介石集团的集权行为和戴季陶主义形成了一定的理论制衡。1931年后，胡汉民的政治思想更是国民党在野派、西南地方实力派反蒋的理论武器，这在一定程度上分化了国民党意识形态的建构工作。

对于国民党新闻事业来说，在胡汉民被囚禁前的1928–1931年，胡汉民的三民主义及"党治"思想是南京国民党新闻传播活动的重要政治哲学基础之一，规定了南京国民党新闻传播的政治立场。胡汉民释放后至1936年去世，胡汉民三民主义及训政思想在被蒋介石集团的新闻传播活动所遗弃的同时，成为胡汉民"新国民党"新闻传播活动的重要指针，成为胡、蒋乃至国民党在野派与执政派之间新闻舆论角逐中，胡方和在野派的新闻传播活动的哲学及政治指导方针。

四、蒋介石的"三民主义"及训政思想

戴季陶开了借孙中山三民主义之名，服务自己思想的先河，为国民党右派反共"清党"提供了理论依据，胡汉民以元老身份奠定了"以党治国"的制度框架，蒋介石则约在20世纪30年代依靠军权完全垄断了孙中山三民主义的最高阐释权。在未独占孙中山三民主义最高阐释权之前，蒋选择性认同戴季陶、胡汉民的三民主义，并与之合作；蒋在国民党第三次全国代表大会上宣称，只有他对三民主义的解释才是正确的，除此之外的解释均是错误的，正式把孙中山三民主义的解释权收归他一人所用。② 之后，蒋一方面选择性

---

① 贺源：《三民主义与中国政治》，社会科学文献出版社，1995，第204页。

② 庚平：《蒋介石研究——解读蒋介石的政治理念》，团结出版社，2001，第15页。

认同并利用戴、胡及《新生命》月刊的三民主义的材料及思想，[①]一方面以讲话、决议等形式阐述自己的三民主义及训政理念，并同时取缔或镇压反对蒋介石三民主义及训政思想的诸如马克思主义、无政府主义等一切其他非三民主义思潮和个人，使蒋介石政治思想成为主导国民党政治行动的唯一指导思想。20世纪30年代后遂形成了以蒋介石三民主义及训政理念为中心，戴、胡及其追随者的三民主义为"众星拱月"状的孙中山三民主义的阐释体系。这个阐释体系主导了南京国民党在大陆时期的训政体制及训政行为的实际走向。换言之，蒋虽然对孙中山三民主义的阐释在系统性、全面性方面不如戴、胡，其演讲、书面致辞亦多由其幕僚草拟，[②]其政治行为却主导了国民党训政体制及训政实践的实际走向。因此，本书结合蒋介石对三民主义及训政的公开表述和蒋的实际政治行为，研究蒋介石三民主义及其训政思想。这主要在于：蒋在不同时间、不同场合下的演讲、谈话、书告等文本内容常常相互矛盾，而不是相互印证，且文本内容与蒋个人的政治行为相脱节的史实表明，这些文本不是蒋个人政治理念的真情流露，而是蒋"教化"追随者、训育民众的媒介，不过，这些文本的字里行间也隐藏着蒋真实的政治理念。[③]

行为是思想的真实流露。纵观蒋的政治行为，蒋一生都在效仿孙中山的英雄主义，想拥有"当然总理"的领袖魅力，力求成为国民党人乃至国民共同信仰的"领袖"。蒋介石于1887年10月生于浙江省奉化县武陵溪口镇一个盐商之家，名中正，字介石，原名瑞元。幼年入塾，诵读经史，九岁丧父。17岁时立志学军事，1905－1910年在保定"通国陆军速成学堂"、东京振武学堂接受军事训练，其间经陈其美介绍加入青帮、同盟会。1911年回国后投身

① 《新生命》月刊是蒋介石下野后指令周佛海、陈布雷、戴季陶、邵力子、陈果夫等人为其创办一种理论性的刊物。该杂志于1928年1月在上海创刊，周佛海总负责，周佛海、萨孟武、陈布雷、梅思平、蒋介石、戴季陶、潘公展、陶希圣等人为之撰稿。邵力子、陈果夫等人参与其事，此外还设立新生命书局，专门出版与三民主义书籍，成为服务于蒋介石集团的一个理论阵地。该月刊从理论上宣传三民主义，观点虽莫衷一是，但大都着眼于解决1928年国民党南京政权面临的建国问题。其结论是：三民主义的根本在于"民生"，"民生"的根本在于"技术"。目前发展技术的最佳途径是保护私人资本，发展民族资本。在政治上，"一党专制"是必须的。见贺渊：《三民主义与中国政治》，社会科学文献出版社，1995，第144－160页。

② 蒋介石的重要幕僚有：吴稚晖、戴季陶、张静江、陈布雷、张道藩、杨永泰、张群等。

③ 主要有：《为什么要有党》、《中国建设之途径》、《军人精神教育之精义》、《国父遗教概要》、《革命哲学的重要》（1932年5月23日）、《革命军人的哲学提要》、《军事教育之宗旨》、《自述研究革命哲学经过的阶段》等演讲、书搞。

于辛亥革命、二次革命等资产阶级革命军事活动。1922年6月陈炯明广州叛变时，在永丰舰上侍护孙中山40余日，取得孙的信任与器重。1923年8月起奉命率"孙逸仙博士代表团"赴苏考察苏俄政治、军事及党务3个月，此次考察结果之一是不认同苏俄制度。1924年1月当选陆军军官学校校长兼粤军总司令部参谋长，自此以黄埔军校为基地，培植个人势力，成为国民党中央的核心成员。孙中山去世后，蒋依托黄埔军校，施展连横权术，在胡汉民、汪精卫等国民党高层的权力角逐中胜出，掌握了国民党党政军大权，在中山舰事件、整理党务案、国民革命军北伐、反共清党后于南京成立国民政府。1927-1937年，蒋介石仍依托军权，以纵横捭阖之术，在文武兼攻下取得国民党"总裁"地位，真正树立党内个人最高权威。蒋以"下野"为退，联姻宋家与汪精卫密谋，在宁、汉、沪合流中瓦解了西山派和桂系主导的中央特别委员会。1928年蒋拉胡（汉民）打汪（精卫），与胡合作确立"以党治国"体制，使胡汉民成为蒋介石的支持者，与此同时，以高官厚禄拉拢西山派，将其诸多元老收编进国民政府；以"裁军编遣"为由，用武力清除了桂、冯、阎等地方实力派的军事威胁。但在蒋桂、蒋冯及中原大战中获胜后，蒋囚禁了反对约法的胡汉民，致使反蒋派重新集结，在反蒋派重压下，蒋再次以"下野"为退，密谋汪精卫，借助"九一八"事件迫使胡汉民支持的孙科内阁垮台，于1932年达成蒋汪妥协共治、"蒋主军、汪主政"的权力格局，并延续到1935年12月汪精卫遇刺辞去行政院长。其间，蒋采取"攘外必先安内"政策，对日妥协退让，隐忍积蓄国力的同时，并在多次武力围剿中共红军，打压西南反蒋势力中，继续扩张蒋的势力范围。1935年12月，汪遇刺后，蒋兼任行政院长，被授予"负进退伸缩之全权"。自此，蒋实现了个人集权，逐渐步入了个人独裁的权力巅峰。1936年借胡汉民去世，瓦解了西南地方实力派，但年底的"西安事变"打破了蒋完全剿杀红军的算盘，蒋介石被迫在民族矛盾尖锐的情况下决定联共抗日。1937-1945年，蒋介石成为领导中国人民抗日的最高统帅，国民党总裁（1938），国防最高委员会委员长（1939），国民政府主席（1943）。其间，蒋介石却坚持依靠军队、以空间换时间的"片面抗战路线"。战后，蒋的个人威望虽达到了历史最高点，但其领导的国民党及其政府、军队腐败不堪，国统区政经亦陷入深度危机，蒋却依托美国掀起了第三次内战，结果在中共军事力量的打击下于1949年败逃至台湾。败退大陆后，蒋痛定思痛，改革国民党，强权治理台湾20余年。1975年4月5日，蒋介石病逝。

蒋介石的人生轨迹及政治历程表明，蒋是一个爱国的民族主义者，一个权力欲很强的个人英雄主义者，一个重视军权的务实主义、集权主义者，一个传统权威型领袖。因此，在蒋的视野中，军权、实权绝对胜于任何一个主义、理论。换言之，主义、理论要么充当蒋个人集权的文饰工具，要么遭到蒋的取缔与封杀。故蒋以实用理性来诠释孙中山三民主义，吸纳戴季陶主义、胡汉民"连环三民主义"等其他三民主义的阐释者的观点与材料。在此路径下，蒋的三民主义及训政思想的核心主要有以下内容。

1. 将孙中山三民主义儒学化，使之成为文饰蒋介石个人集权的理论依据。将孙中山三民主义儒学化的理论先锋是戴季陶，蒋"对三民主义儒学化的主要阐释基本源自戴季陶的说辞，有些演讲甚至是戴氏捉刀代笔的，因此，蒋介石对三民主义并没有任何理论创新"。[①]但在孙中山三民主义儒学化的社会传播程度与深度上，蒋的功劳远大于戴。具体而言：①蒋在演讲、谈话等公开场合赞誉孙中山及其三民主义，甚至一字不差地大讲孙中山的三民主义，大段大段地引用孙中山原话，忠实地阐述孙中山的三民主义，但这主要是"在特定场合和环境下，用来作为防止政敌攻击自己的盾牌和自己以'信徒'身份攻击他人的利器"。[②]总体上，蒋介石在公开场合对孙中山三民主义的阐述的实质是将三民主义儒家化。如将孙中山推为中国固有道德的集大成者，"总理的遗教是渊源于中国固有的政治与伦理哲学之正统思想"；[③]将在孙中山《建国方略》中的心理建设、物质建设、社会建设细分为心理建设、伦理建设、物质建设、政治建设、社会建设、经济建设。[④]其中，伦理建设"就是国民道

---

① 崔之清：《国民党政治与社会结构之演变（1905—1949）》（中），社会科学文献出版社，2007，第652页。

② 庚平：《蒋介石研究——解读蒋介石的政治理念》，团结出版社，2001，第18页。

③ 蒋介石：《国父遗教概要》，张其昀主编：《蒋总统集》第1册，台北："国防研究院"中华大典编印会，1968，第2页。

④ 1935年9月，蒋介石在峨眉军训团演讲时说，"三民主义的内容分析起来，我们可以大概地说：民族主义为心理与政治建设的原则；民权主义为政治与社会建设的原则，民生主义则为政治与物质建设的原则。总而言之，三民主义即为统摄心理、物质、政治、社会四大建设，以完成国家建设，即整个国民革命之最高知道原则"。见《第一讲 总理遗教概要》，《先总统蒋公思想言论总集》（第三卷），台北：中国国民党中央委员会党史委员会，1984，第5页。1939年5月，蒋在中央训练团演讲时又将之分为五种建设：心理建设、伦理建设、社会建设、政治建设、经济建设。见《国父遗教概要：附录一：三民主义之体系及其实行程序》，《先总统蒋公思想言论总集》（第三卷），台北：中国国民党中央委员会党史委员会，1984，第138页。

德建设"，"是我们一切建设最紧要的基础"。由此，蒋将儒家的伦理道德与三民主义融为一体。蒋说"三民主义的基本精神，就是'忠、孝、仁、爱、信、义、和、平'八德，而实现八德的途径，就是要实践'礼、义、廉、耻'四维"；②在政策上，蒋介石在全国范围内于1927年4月19日恢复了孔孟之道，并于同年4月23日率官僚亲赴曲阜朝拜孔子；将《大学》、《中庸》、《论语》、《孟子》、《易》、《书》、《诗》、《礼》、《春秋》等编为教科书；将每年的8月27日定为"孔子诞辰纪念日"，大肆举办纪念活动等；蒋视"八德"（忠孝仁爱信义和平）为国民党的"革命精神"之基础，国民党建国的原动力，用"四维"（礼义廉耻）统摄传统的其他各种德目，对国民党党员及军人，蒋把"四维"、"八德"（忠孝仁爱信义和平）定为国民党党员守则，要求国民党党员严格遵守，将"四维"视为"军心赖以维系之道"，以"智信仁勇严"衡量军人的"武德"①；对国民，蒋于1934年2月在全国范围内发动"以党员守则为国民守则"的"新生活运动"，意在用"四维"、"八德"教化民众，达到使全体国民"整齐划一"的社会军事化的政治目标。蒋说，"社会团体的军队化，全国民众有组织、有训练，实在是今后救国、建国的不二方法"。②③不仅如此，蒋介石还从王阳明心学及孙中山"知难行易"哲学中借用了大量的现成概念和思想资源，结合政治需要提出了概念混乱的力行哲学，借以完善三民主义的哲学框架、抗衡马克思主义，以在哲学上树立蒋介石的精神权威。③蒋的力行哲学是本着"心理建设"的教化目的于20世纪30年代提出，其思维核心是：孙中山的"知难行易"是"改造一般国民已往错误的观念和颓败的人心"的真理，是"普遍的确立'知难行易'之力行的哲学观念"。④换言之，获得"知"是很艰难的工作，孙中山获得了革命建国的真"知"，国民党及全国国民都要"知'知'之难而笃信主义，知'行'之易而力行主义，从而铲除'做而言不

---

① 见庚平：《蒋介石研究——解读蒋介石的政治理念》，团结出版社，2001，第3页，第26~38页。

② 蒋介石：《中国建设之途径》（1928年7月18日在北京招待各界讲），见中共中央党校中共党史教研室：《三民主义历史文献选编》，中共中央党校科研办公室（党校系统内部发行），1987，第302页。

③ 对蒋介石力行哲学的研究甚多，评论各异。本书主要参考了黄道炫的《力行哲学的思想脉络》（《近代史研究》，2002年第1期）、白纯的《简论二十世纪三十年代蒋介石力行哲学》（《南京社会科学》，2003年第8期）等。

④ 蒋介石：《心理建设之要义》，张其昀主编：《蒋总统集》（第1册），台北："国防研究院"中华大典编印会，1968，第41~42页。

能起而行'之苟且偷惰空疏颓放的积习，养成严谨勤劳求真崇实振奋进取的个性"。① 可见，蒋的力行哲学是力行"孙中山的真'知'"，而保证人们心甘情愿"力行"的是王阳明知行合一的"致良知"哲学及儒学提倡的"诚"。"良知"是王阳明阐述的人心固有、不必外求的"心意"，其内涵却是每个人要有奉行蒋介石集团的主义、命令及各项党纪法规的良知。在"致良知"的阐释上，蒋还特别强调"致"字、"行"字，断定"不注重在'致'字，那就是一个唯心论者"，也会是"一个机械的唯物论者"，"实现良知，亦即是'知难行易'的实行者"及"唯认'行'的哲学，为唯一的人生哲学"等。② 而"致"、"行"的动力是《礼记·中庸》阐释的"诚"字。《礼记·中庸》说："诚者，物之始终，不诚无物"。蒋在《科学的中庸》、《军人的精神教育》、《抵御外侮与复兴民族》、《革命军人的哲学提要》、《革命的心法—诚》等演讲、谈话中反复强调"诚"字，并将"诚"上升到"贯彻天下之五达道和智仁勇三达德的枢纽"及国家复兴、革命成功的真正药方的高度。③ 这样，经蒋介石改造后，力行哲学成为蒋介石集团的官方哲学，国民党政治哲学的主体内涵之一。

蒋对孙中山三民主义的儒学化，一是在于利用儒家伦理思想中重"秩序"的道德教化，达到潜移默化地使国民党及国民认可蒋介石集团的政治统治秩序的政治意图。二是在于蒋本人是热衷于中国传统文化的保守主义者。蒋虽曾留学日本，访问苏俄，阅读马克思的著作，但蒋对中国古籍（经、史、子、集）兴趣非常浓厚。据王奇生粗略统计，1919–1945年间，蒋日记所记阅读（含请专家讲读）书目近200种，其中中国古籍（经、史、子、集）80多种，新书（清末民国时期所著译）100多种。蒋阅读的书籍，新书的总量看似超过古

---

① 蒋介石:《革命军人的哲学提要》，张其昀主编:《蒋总统集》（第1册），台北:"国防研究院"中华大典编印会，1968，第780页。

② 蒋介石:《自述研究革命哲学经过的阶段》，张其昀主编:《蒋总统集》（第1册），台北:"国防研究院"中华大典编印会，1968，第579–580页。

③ 参阅崔之清:《国民党政治与社会结构之演变（1905–1949）》（中），社会科学文献出版社，2007，第675–769页。

籍，其实蒋读古籍的时间居多，因很多古籍是反复阅读。[①] 不仅如此，蒋介石日记还表明，蒋早年具有三重性格特征："上海洋场的浮浪子弟，道学信徒，追随孙中山的革命志士"，并经常用宋明道学加强自身修养，克服好色、暴躁易怒、打骂他人、虚骄、热衷名利等不良品性。[②]

2. "以党治国"的实质是一党专政、党魁治国。蒋对孙中山"以党治国"的表述与行为相分裂。表述上，蒋采用了孙中山的话语，认同孙中山"以党治国"的理念，并补充阐发了"为什么有党"、"为什么要'以党治国'"及"如何'以党治国'"等问题，其理由亦未违背孙中山"以党治国"精神。[③] 但在政治行为上，蒋介石实际追求的是"一个主义、一个政党、一个领袖"的个人集权。具体而言：①在地方实力派威胁下，蒋于1928年与胡汉民合作，虽默认胡汉民"以党治国"的理念及行为，却反对"党权高于一切"，不点名批评胡汉民。[④] 在清除地方实力派的威胁后，针对胡汉民训政体制中的"合议制"及总理遗教为国民党最高纲领的"党权"限制，蒋执意召开国民会议，制定约法，囚禁了反对制定约法的胡汉民。1931年5月5日，《中华民国训政时期约法》（下简称《约法》）正式出台。这标志着《约法》取代了总理遗教，成为训政时期的最高行动纲领，故《约法》"为蒋介石走上个人独裁的道路，打开了一扇大门"。这在于：一是《约法》"三读"于两天内全部完成，根本大法于"两个小时内全部通过"，故《约法》不可能是国民代表集体意志的体现；二是《约法》将《训政纲领》中规定的国民党一党专政及国民政府行使的四

---

① 王奇生：《蒋介石的阅读史》，《中国图书评论》，2011年第4期。杨天石认为，"蒋介石最喜读、常读的是曾国藩、胡林翼、左宗棠等人的著作"，且"蒋介石读新学著书，常常食而不化，而读旧学诸书，则如鱼得水，常常用以作为立身处世、待人接物的原则，或用以作为治兵、从政的轨范"。见杨天石《从蒋介石日记看他的早年思想》，转杨天石：《蒋介石与南京国民政府》，中国人民大学出版社，2007，第5页。

② 杨天石：《宋明道学与蒋介石早年的个人修身——读蒋介石未刊日记》，（台北）《传记文学》，2001年5月号。

③ 蒋阐释的相关文献：《党员的责任和地位与组织纪律之必要》（1926年8月14日）、《为什么要有党》（1929年7月4日）、《中国建设之途径》（1928年7月18日）等。

④ 1928年7月18日，蒋在北平招待各界演讲中说，"有些党员错解了以党治国的意思，以为党权高于一切，我既是中国国民党党员，便比旁人高一级。你们都要听我的话，有这样错误的人，是不配做党员的"。见蒋介石《中国建设之途径》，1928年7月18日，转引自中共中央党校中共党史教研室：《三民主义历史文献选编》，中共中央党校科研办公室（内部发行），1987，第298页。

种政权和五种治权实际化、固定化。①②国民政府的组织制度随蒋介石个人权力而改变。如蒋介石出任国民政府主席时，《国民政府组织法》修订为"国民政府主席任期年限改为3年，可连选连任"，并拥有主持国民政府会议、签署各项法律、法令，兼任中华民国陆海空军总司令和其它官职，及提请国民政府任免各院院长及各部部长、陆海空军司令等实权。蒋不任国民政府主席时，国民政府主席就成为国家虚位元首。再如，蒋1930年出任行政院长，行政院会议提升为"国务会议"，而1932—1935年汪精卫出任行政院长，行政院只是五院之一，权力中心转移到出任军事委员会委员长蒋介石手中。此外，蒋在军事委员会下设了委员长侍从室，使军事委员会委员长侍从室成为"架空党政体制的权力机构，也是体制外权力运作的构件，完全是蒋氏个人独裁的权力工具"。②担任国民政府要职的何廉回忆说，"政府的真正实权所在，始终围绕着委员长转的，委员长不但是行政院的头，军事委员会的头，党的头，如果化为实权来说，他是万物之首。"③③蒋曾支持法西斯主义，使法西斯主义在中国喧嚣一时，试图以法西斯主义为蒋介石个人独裁提供理论依据。④

　　3. 在训政程序、训政期限、地方自治等方面，蒋的表述与做法亦常常相互背离，且大都背离了孙中山训政设计的初衷。具体而言：①在训政程序上，孙中山设计了"既有建设县自治等由下而上进行民主政治基础建设的方面，又不乏由革命政党指导训政、由政府实施训政的由上而下保证训政目标实现的内容"。⑤蒋的是"自上而下，由中央而省，最后才到县，并且由中央政府统一制定《训政时期约法》等'训政'法规，强制各地实行"。⑥②在训政期限上，孙中山期望早日结束训政，实行宪政。蒋在何时结束训政问题上，玩起了笔墨游戏。1929年6月国民党三届二中全会拟定，各省自1935年起一律结束"训政"，开始"宪政"。实际上，蒋以各种借口，将结束训政时间一拖

①　崔之清：《国民党政治与社会结构之演变（1905—1949）》（中），社会科学文献出版社，2007，第662—664页。

②　崔之清：《国民党政治与社会结构之演变（1905—1949）》（中），社会科学文献出版社，2007，第773页。

③　《何廉回忆录》，中国文史出版社，1988，第115页。

④　关于蒋介石与法西斯的关系，可见白纯：《蒋介石与法西斯主义在中国的传播（1931—1937）》，《求索》，2003年第4期。

⑤　王永祥、王兆刚：《论孙中山对训政时期的政治设计》，《史学月刊》，2000年第1期。

⑥　谢晓鹏：《蒋介石与孙中山训政思想之比较》，《史学月刊》，1994年第2期。

再拖，至1948年3月"行宪国大"召开，才宣布各省一律结束"训政"。不仅如此，蒋还以结束军政、实行训政为由发动数次剿共运动，并划定剿共区域实行军政。③在地方自治上，蒋不仅将《建国大纲》、《地方自治开始法》定为指导国民党及国民政府实施地方自治的根本大法，还深入阐述了地方自治的内涵。蒋宣称："建立地方自治，就是依照民族主义、民权主义与民生主义之需要，推行五种建设——（一）心理建设；（二）伦理建设；（三）社会建设；（四）政治建设；（五）经济建设，这五种建设就是地方自治的中心工作"。蒋认为，心理建设是"国民精神建设，为革命建国的基本"。建设内容在于"确立'行难知易'的哲学观念"及蒋的力行哲学。伦理建设是"国民道德建设"，要以"忠孝仁爱信义和平八德为精神，以昌明我国固有的人伦关系，即所谓五伦——就是五达道——为内容，以实行礼运篇的博爱互助尽已共享为原则"。社会建设是"具体而微的政治建设，条目上和政治建设大同而小异"，"当以总理的民权初步作轨范，以组织保甲及社会法定团体为基础，以推行地方自治开始实行法的各种基层工作为要务"。蒋提倡的新生活运动，"以礼仪廉耻为中心，其主要意义亦正在此"。蒋认为乡镇以下是社会建设，区以上是政治建设。社会建设是要在乡镇推行保甲制度，"建设各种社会团体，使他们各就职业身份的不同，组织团体，促进公共福利，熟练会议方式"；政治建设是"以建国大纲为政治建设的法典，以民政、财政、教育、建设、军事各种业务为政治建设的内容，以训练人民行使四权为政治建设的起点"；经济建设是以"总理实业计划为全国经济建设的纲领"，地方则以"查户口、量土地、兴水利、开荒地、造森林、辟交通、教工艺、推行合作、管理粮食与实施积谷制度"等。①可见，蒋的地方自治的重心是以力行哲学、四维、八德、五伦等儒家伦理教化民众既要认同既定的社会秩序，又要在既定社会秩序下凝固成有机的组织。蒋推广的新生活运动、保甲制度是有力证据。蒋在表述中没有忽略要训导民众拥有四权，但在民众何时拥有"四权"上，设定了"四权使的范围，以地方自治的成绩如何为条件"的限制。这在于蒋是"用兵不如用民"、"教民要如教兵"的"教民"、"用民"观。②

---

① 蒋介石：《三民主义之体系及其实行程序》（1939年9月30日），转引自蔡尚思主编：《中国现代思想史资料简编》（第4卷），浙江人民出版社，1983，第336—340页。

② 见庚平：《蒋介石研究——解读蒋介石的政治理念》，团结出版社，2001，第3页、第100页。

　　总之，蒋介石是一个爱国、温和、软弱的民族主义者，钟情传统文化的保守主义者。蒋介石日记表明，蒋还是一个自负、暴躁，且能自我反省的总理信徒。佐证是，蒋在日记中赞誉孙中山的《三民主义》、《建国方略》、《精神教育》等著述；[①] 日记中蒋对孙中山始终鲜有微词，却大骂过孙科、胡汉民、戴季陶、孔祥熙等人。然而，蒋是以实用理性的态度诠释孙中山三民主义及训政思想，一方面借孙中山思想中的有限的革命成分于政治作秀，反击国民党在野派、地方实力派的理论攻击；一方面歪曲阐释或有意规避孙中山的"联俄"、"联共"政策精神，作反共清党、剿共的理由的同时奠定统合国民党共识的基石；另一方面还深入阐述孙中山思想中的保守成分，用以整合全国民众。这使蒋介石阐释孙中山的话语有许多逻辑混乱与前后矛盾之处，许多表述更是经不起逻辑推理。在政治行为上，蒋继承了孙中山思想中的保守成分。然在整合民众方面，蒋严重倾向于个人集权，并为达到个人集权而在军事、政治、文化、教育、新闻等领域采取各种权术，"儒化三民主义"仅是蒋谋求集权的一个策略。可见，蒋的训政是沿袭以德治国、皇权治国的传统思路，力图以儒学化的三民主义教化国民党及全国民众成为类似军事化的有机整体，以披着现代法治外衣的权威人治为治国理政的行动总纲。前者务虚，后者为实，两手相互配合，意在达到类似于孙中山"当然总理"的个人威望，成为继孙中山之后的国民党的魅力型领袖。[②] 这一政治行为虽有孙中山训政理念的外壳，却背离了孙中山启蒙民众的训政宗旨。

五、对党魁要人的三民主义及训政阐释的评析

　　内地学界对戴季陶、胡汉民、蒋介石等国民党党魁要人的三民主义及训政阐释的评价基本是"否定"，大多断定戴、胡、蒋"完全歪曲"、"篡改"、"背离"了孙中山思想。这种抨击"败寇"的史学，有着较深的"胜者为王"

[①] 如1925年1月16日日记云，"打倒帝国主义，解除人民痛苦，为余一生事业。《三民主义》，博大精深，包罗万有，而其主脑则在此二语也"。1926年8月7日日记云，"看《建国方略》……全以经济为基础，而以科学方法建设一切，实为建国者必需之学。总理规划于前，中正继述于后，中华庶有豸乎？"1926年8月8日日记云，"甚矣行易知难之理大矣哉，非总理孰能阐发无遗也"。转自杨天石：《蒋介石与南京国民政府》，中国人民大学出版社，2007，第5页。

[②] 1947年，蒋拜祭南京中山陵后，曾表示死后葬在中山陵旁。后由华侨出资，孙科题碑，在蒋介石选定的墓地处建立了正气亭。正气亭位于南京紫金山紫霞湖处，目前保存完好。——作者注。

的意识形态烙印，有失历史评价的客观、公允。戴、胡、蒋等国民党党魁要人的政治理念虽然已被历史证明是"失败"或"无效"的，但历史研究应本着"同情之理解"的态度，探究"失败"的思想脉络，才能予以客观评析。

1. 总体而言，戴季陶主义奠定了国民党右派反共、清党的理论基础，戴季陶亦是国民党理论反共的先锋。胡汉民的"连环三民主义"及训政设计奠定了南京国民政府的"以党治国"的训政体制，指导了1928-1930年前的训政实践。蒋介石在理论上无多大创新，却既吸纳了戴季陶主义，又部分认可了胡汉民的政治思想。蒋曾说："国府成立以来，百分之九十悉依汉民之主义。"[①]1931年蒋介石垄断了三民主义的阐释权后，基本主导了南京政权后续的训政实践。汪精卫等改组派主要活动在1928-1931年，其标榜的"科学三民主义[②]"仅影响了这一时期汪精卫、阎锡山、冯玉祥等反蒋派的政治行为，对南京国民党的训政实践仅形成了一定时期内的舆论制衡作用，未影响到南京国民党的训政实践，而且，随着阎锡山、冯玉祥等地方实力派的失败，这一思想逐渐销声匿迹，退出历史舞台。其他党国要员对孙中山三民主义的阐释，基本是在蒋介石集团的阐释范围内。所以戴、胡、蒋三人，尤其是蒋的三民主义及其训政理念决定了国民党训政的实际走向。蒋介石亦是影响中华民国历史实际走向的关键人物。

2. 与孙中山思想相比，戴、胡、蒋等国民党党魁对孙中山思想的阐释有继承、过度阐发的一面，有自己创造性发挥的一面，也有忽略、屏蔽、曲解的一面，表现出对孙中山思想的部分认同、部分否定（详见表3-1）。

---

① 胡汉民：《三民主义的立法精义与立法方针》，《国父思想论文集》，台湾"中华民国"各界纪念国父百年诞辰筹备委员会，1965，第391页。
② 改组派的"科学三民主义"是以汪精卫为精神领袖，该派是个十分松散的组织，主要代表人物是王乐平、施存统、王法勤、潘云超等。主张恢复"十三年改组精神"，从民生史观角度诠释孙中山民生主义，用以抨击中国共产党，以孙中山民权主义为武器，抨击蒋介石政权。见贺渊：《三民主义与中国政治》，社会科学文献出版社，1995，第175-189页。

表3-1　孙中山、戴季陶、胡汉民、蒋介石政治思想核心对比

	孙中山	戴季陶	胡汉民	蒋介石
哲学基础	知难行易	民生哲学	生的哲学	力行哲学
政治性质	革命与保守并存	保守	保守	保守
三民主义	旧、新三民主义并存	重民生主义的戴季陶主义	重民族主义的"连环三民主义"	三民主义儒学化
主义实质	唤起民众；救国；民主宪政	反共；纯正国民党；救国	反共；夺取党权；救国	反共；整合国民；个人集权
思想渊源	中西合璧，且有个人创制	完全源于中国正统思想	侧重近现代五百年世界历史	侧重儒家伦理文化
其他主义	兼收包容	抨击与拒斥	抨击与拒斥	抨击与拒斥
其它政党（中共）	容纳与整合	抨击与反共	反共；党外无政，政外无党	剿共；一个政党
国民态度	被专制毒害的"阿斗"	民族自信力完全丧失	无政治经验的婴儿	将孙的观点扩大与利用
训政理念	唤起民众；赋予四权	儒家国民党	"提升"党权，制衡军权	"儒化"国民党及国民
训政目标	主权在民；民主宪政	主权在党；三民主义中华民国	主权在党；一党专制下的民主宪政	主权在党；一党专政
以党治国	主义治国	跟随蒋介石	党纪治国	党魁治国
党政军关系	以党统政，以党控军	跟随蒋介石	以党训政，以党权节制军权	军权控制党权，遥控政权
训政程序	自上而下与自下而上相结合	跟随蒋介石	自上而下的官方推动	自上而下的官方推动
训政期限	尽早结束；6年	跟随蒋介石	6年；推动宪草	20年

　　由表3-1可知：①总体而言，戴、胡、蒋等国民党党魁要人继承了孙中山的民族主义、早年孙中山的旧三民主义思想，曲解或忽略了晚年（1924年前后至去世，孙中山借鉴苏俄改组国民党时期）孙中山的新三民主义思想；承继了孙中山军政、训政、宪政的革命程序论及"训政"过渡期的思想、以党治国思想，夸大并利用了孙中山训政设计中低估民众政治能力的一面，强化

了孙中山训政思想中以主义整合民众的一面，进而扭曲了孙中山的训政理念、训政主体、训政目标及训政期限，使国民党训政行为背离了孙中山设计的训政方向。1931年12月19日，宋庆龄在《国民党已不再是一个政治力量》檄文中声讨国民党"孙中山的遗嘱连一天也没有真正实行过"。②戴、胡、蒋等国民党魁要人对孙中山三民主义及训政理念的阐释，既有彼此相互认同的共同点，也有彼此相互攻击的不同点。如，胡汉民不点名抨击戴季陶"儒化三民主义"，蒋介石不点名批评胡汉民强调的"党权高于一切"；汪精卫等改组派的"科学三民主义"更是受到蒋、胡、戴的夹攻。这表明，国民党右派党魁要人是在"反共清党"的旗帜下达成了共识，在"谁如何训政"上却产生了"是集权，还是分权"的人事安排分歧和路线分歧。1927–1937年，这一分歧在"反共清党"、"救亡图存"的最大共识下始终保持了非常紧张的内在张力，乃至数度破裂，及破裂后在民族危机、反共下又彼此妥协达成共治的格局。这严重削弱了三民主义意识形态的理论基石，成为国民党脆弱的意识形态成因的一大重要诱因。

3.戴、胡、蒋的三民主义及训政的阐释具有一定的历史合理性，是"失败"的救国方略。任何精英都以共同命运的象征作为旗号来为自己辩护和维护自己的利益，这些象征就是现行制度的"意识形态"。①自中国步入近代以后，如何整合、动员民众，建构新型意识形态，实现文化中国向民族中国的社会转型，是知识分子必答的时代课题。孙中山以其革命经验和欧美阅历，结合中国国情创制了三民主义，给出了治疗中国的药方。孙中山在世时，尚能以博大胸怀、高尚人格保证三民主义的开放性、革命性、进取性，使三民主义替代传统的"儒、释、道"，成为被中国各个阶层均认可的新型意识形态的精神内核。孙中山中途撒手人寰，窒息了三民主义理论的内在活性。这样，在魅力型领导缺位下，谁继续以孙中山"药方"领导各方政治势力"救亡图存"，成为各方政治势力的最大分歧。戴、胡、蒋、汪、西山会议派等国民党右派在"分共清党"上最终达成共识，在将中共依托工农的"救国"方略排除在外、获得"救国"最高领导权的同时，也改变了孙中山设计的国民党阶级基础。而在阶层撕裂、清除中共政治理念的前提下重新阐释孙中山三民主

---

① ［美］哈罗德·D·拉斯韦尔：《政治学》，商务印书局，1992，第19页。

义，使之成为"救国"的新方略、新的指导思想，就要文饰阶层撕裂，安抚青年，否定中共政治理念、路线的合理性。在这一前提下，戴、胡、蒋及汪等党魁要人抛出了各自的三民主义及训政主张，并力图使之成为国民党的最高指导思想。[1] 因此，他们均想以个人英雄主义行为唤醒民众，拯救中国，但是权力欲望、人生经历、性格缺陷等因素使他们无法跳出自己诠释的孙中山三民主义的信仰局限，去理解其他主义、方略的长处，也无法跳出"争权保生"胜过"舍身救国"的"明哲保身"的处世哲学。这使他们无法具备孙中山宽阔的政治胸襟，无法成为继孙中山之后的魅力型领袖。

在以人际交流为社会信息流通主渠道的"冷兵器"时代，依托"冷兵器"，以镇压手段可使异己思想处于不危及社会统治的边缘位置，可将某人思想推广为主流意识形态，达到定"思想"于一尊的个人或集团垄断。然而近代报刊输入中国，改变了传统中国以人际为主渠道的社会信息系统的基本结构，经过康、梁，孙中山的启蒙及五四新文化运动，已培育了声音多元、思想多元的社会土壤。在各种主义纷呈的语境下，以强力推广一种主义，取缔其他主义，借以整合民众，都要付出极其昂贵的社会成本。国民党将戴、胡、蒋等庞杂的三民主义及训政思想定为一尊，以强力取缔其他一切主义，实质是将"唤醒民众"转换为"教化民众"、"愚化民众"，根本不可能将中国最大多数的民众——工农阶级——唤醒或动员起来，成为它们统治社会、应对内忧外患的根基。这种逆时代潮流而行的错误，其失败是历史必然。能存续长短则主要取决于来自资产阶级、地主阶级的专权控制力（军事、经济及愚民的文化政策）和与日俱增的民意（觉醒的民众力量）的博弈，前者不可持续，且存在权力角逐、内部腐败、内部反叛等许多不可控因素，后者起初力量虽小，却持续增长，且压制成本越来越高。故时间越持久，其积蓄的力量越不可遏制，在某个历史节点上会形成"顺之则昌、逆之则亡"的强大民意。

4. 就思想本身言，戴、胡、蒋三人虽在孙中山三民主义旗帜下形成了各

---

[1] 蒋介石吸收了戴季陶主义的大部分，自己在理论上没有多大创新。胡汉民的理论奠定了国民党以党治国的体制。蒋曾说："国府成立以来，百分之九十悉依汉民之主义"。见胡汉民：《三民主义的立法精义与立法方针》，《国父思想论文集》，台湾"中华民国"各界纪念国父百年诞辰筹备委员会，1965，第391页。

自的阐释体系，但这一思想体系不是纯学理的逻辑论证，而是隐藏政治诉求、有选择、有屏蔽的阐释文本。这一文本的话语总特点是断章取义、逻辑混乱、曲解原始文本，故在思想的严密性、逻辑上无法做到自圆其说。在此文本内，戴、胡、蒋三人亦无法包容、消泯来自诸如共产主义、无政府主义等主义的攻击，也不能有效回应国民党右派、在野派及罗隆基、施存统等党外知识分子对其阐释及政治行为的抨击，更无法解释在国难当头为何要剿灭共产党等问题。尤其是蒋介石的阐释，多以演讲、谈话、书告等文体出现，随意性、漏洞等问题更是随处可见，说教意义非常明显。然而，当蒋介石垄断孙中山三民主义的阐释权后，面对来自形形色色的三民主义流派及其它他主义的批评、商榷、攻击，蒋不是虚心接受、吸纳反对声音的合理成分，而是盲信自己的主义，并对批评声音采取取缔、武力镇压的老办法。武力是解决不了信仰问题的。蒋的做法，一方面使蒋深陷自我编制的观念泥潭中不能自拔，一步步走向个人独裁的专权道路，另一方面在社会传播层面激起了反蒋派武力抗争的决心与意志。二者的博弈，是蒋介石政权大陆失败的逻辑基点。

第二节　党国体制的建构与制度变迁（1927-1937）

政治制度是政治活动的基本结构和框架，其核心是约束、规范人们的政治关系与政治行为，使权力得到有序安排，社会归于秩序化。从传播角度而言，制度具有信息与媒介的双重身份，作为信息，它向接受者发送规范性的指令，或禁止或允许人们的交往活动；作为媒介，它起到了社会信息流动的河床作用，或维系或切断一种传播关系，从而在事实上建构起社会信息流通的容器，其功能是"趋于降低社会交换的信息成本"。[①]在这个层面上，制度也是一种社会传播的媒介渠道，不同于报刊、广播等大众化媒体的是，它以制度文件为传播栅栏，控制社会信息的流向、流速与流量。制度与权力是"鸡生蛋、蛋生鸡"的问题，拥有权力，才能主导制度的制定权；有了制度，才能有效规范权力，维护既定利益，而链接制度与权力的中介是话语。鉴于此，

---

① 陈卫星：《传播的观念》，人民出版社，2004，第407页。

本节从信息流通角度分析党国体制的制度结构。

一、 党国体制的制度建构的基本历程

南京国民政府建立初期，基本沿袭广州与武汉国民政府时期的政治体制。1928年6月，国民革命军攻克北京，北洋军阀覆灭。如何确定国家建设的基本方针、权力分配及政体的调整问题提上议事日程。但蒋介石、胡汉民、李石曾等要人虽在反共、反对阶级斗争学说等问题上有共识，对政府权力运作、国家治理等方面却未达成一致。平津克复前后，已有舆论要求结束军政、开始训政，李石曾等基于孙中山的分权理论，强调地方分治；蒋介石在1928年8月7日提出了"军队党化"、"党军队化"、"行政机关军队化"、"社会军队化"的所谓"四化论"，[①] 远在巴黎的胡汉民、孙科等联名致电谭延闿、蒋介石、阎锡山、冯玉祥、李宗仁等军政实力派首领提出《训政大纲草案》，国民党内的主流舆论是要加强中央权威。李、蒋的观点与党内主流舆论不大协调或不尽一致。国民党中央决定召开二届五中全会讨论训政开始后的军事、政治诸问题。此次会议宣告"军事终结，训政开始之顷"，共收到提案76件、建议案676件、意见书390件，[②] 决议依照胡汉民的提案，依照《建国大纲》的规定改组政府，设立五院；通过了"统一革命理论案"、"训政开始应否设立五院制"、"政治问题案"等，做出"组织理论审查委员会"等决议。此次会议既显示了国民党思想分歧的现实，也体现了加强政治思想统一的愿望。8月28日，胡汉民回国不久就被国民党中常会加推为常委，负责制定《训政纲领》，筹划国民政府的组织结构。随后，胡汉民依据其所提出的《训政大纲草案》及《训政大纲提案说明书》对国民党的治国理论和体系进行了具体说明。1928年10月3日，国民党中央政治会议第157次和中央常务会议第172次先后议决了《国民政府组织法》和《训政纲领》六条，确定了训政体制的制度框架。随后，国民党中央常务会议议决了蒋介石、谭延闿、胡汉民等16人为国民政府委员，蒋介石为国民政府主席，谭延闿等为五院院长，中央政治会议通过并公布了行政、司法、考试、监察各院组织法，各部部长也先后被任命。10月10日，

---

① 《今后贯彻革命实行主义之主张》，国史馆：《蒋中正总统档案·事略稿本》（第四册），台湾国史馆，2005，第61页。

② 见王兆刚：《国民党训政体制研究》，中国社会科学出版社，2004，第48-49页。

蒋介石和国民政府各委员同时宣誓就职。26日，国民政府发表《训政时期施政宣言》，标志着国民党训政的正式开始，行政院（1928年10月成立）、司法院（1928年11月成立）、立法院（1928年12月成立）、考试院（1930年1月成立）、检察院（1931年2月成立）。由于胡汉民反对训政时期颁布一部类似于宪法的根本大法，五届二中全会的制宪诉求被抑制，[①]也埋下了胡、蒋冲突的导火索。在胡汉民等坚持下，1929年3月国民党第三次全国代表大会通过了《确定训政时期党、政府、人民行使政权治权之分际及方略案》，将"总理主要遗教"（孙中山所著三民主义、五权宪法、建国方略、建国大纲及地方自治开始实行法）确定为"训政时期中华民国最高根本法案"。1929年6月15日，国民党三届二中全会通过《训政时期之规定案》、《治权行使之规律案》等，决定"训政时期规定为六年，至民国二十四年完成"。[②]1931年5月国民会议召开，通过了八章八十九条的《中华民国训政时期约法》（6月1日实施）。这是一个具有宪法性质的文件，以法律形式确定了国民党一党专政的政体，成为国民党统治全国的法律依据，直至1948年国民大会制宪后才废止。至此，经过国民党二届五中全会、三届全会、三届二中全会及数次中央政治会议、中央常务委员会议和1931年的国民会议等各种"会议"程序，几经波折与调整，国民党最终以"全体党员"的意志的名义确定了中华民国政府的制度框架和相应的人事安排，开启了国民党主导中华民国国民政府在全国范围内实施"训政"的历史性实践。

二、党国体制的制度特色

国民党高层建构的党国体制是各方妥协的产物。根据已有研究成果和国民党通过的各项决议、法规与文件，概而言之，国民党建构的训政体系具有下述制度特色。

1. 在制度的沿袭流变上。这一制度体系源于俄共体制，奠基于国民党一大，部分吸收了广州、武汉时期的政治体制，既承继了孙中山的训政设计，也对其设计有所扭曲，有所创制。1924年1月，中国国民党一大以俄共党章

---

① 见赵金康：《国民党二届五中全会前后的制宪诉求》，《史学月刊》，2005年第9期。

② 《训政时期之规定案》，转引自荣孟源主编：《中国国民党历次代表大会及中央全会资料》（上），光明日报出版社，1986，第799页。

为蓝本制定了新的党章。该党章虽历经修改，但对党的"最高机关"为全国代表大会，全国代表大会闭会期间为中央执行委员会（中执会）的规定基本未变。孙中山接受鲍罗廷建议，仿俄共体制，改党首制为委员制，也兼顾总理制，孙为"当然总理"，以防孙逝世后党内无人能立刻承继他的职位。同年7月，因41人的中央执行委员会存在决策效率慢、不能有效应付时局从而发挥政治领导作用的弊病，孙以俄共中央政治局为蓝本，成立了7人的国民党中央政治委员会（中政会）。但在孙逝世后，中政会成为党内精英角逐和国共党际斗争的矛盾焦点，其名称三度变更，其权力"时而被擢升，时而受限制"，"中政会与中执会、中常会的关系，时而相统属，时而被逾越；机构之内，时而主席制，时而常委制"。[1]南京国民政府成立后，胡汉民主导了国民党训政体制的基础架构。他承继了孙中山"以党治国"理念，在国民党、军队、国家、国民的关系、地方行政制度的架构上承继了孙中山的训政设计，即以总理遗教为"约法"，设计了受国民党全国代表大会节制的中央执行委员会、中央政治委员会、国民政府三驾马车的制度格局。其中，中执会是全党最高指导机关，中政会是"党与政府间惟一之连锁"的训政最高指导机关，国民政府是训政执行机关，而国民权力在训政期间被国民党全国代表大会全权代理，形成了国民党有权，国民政府有责，人民既无权也无责、仅有"服从国民党"义务的权力格局，背离了孙中山"政府有能、人民有权"的训政主旨。因孙中山主张宪政时期建立五院制政府，对训政时期的政府设计语焉不详，胡则效仿孙宪政时期的五院制政府，创制了训政时期的五院"彼此只收联络之功，而不应有对抗之势"的政府体制。地方行政体制上基本采取省、县制。但随着胡、蒋、汪及地方实力派权力的彼此消长及蒋介石权力的膨胀，蒋介石逐渐主导了国民党训政体制的制度建构走向，对胡汉民、孙中山的训政设计有更多的扭曲、更多的创制。其主要表现是：①以《中华民国训政时期约法》取代"总理遗教"为训政时期根本大法，剥夺了胡汉民的政治资源；②多次修改《国民政府组织法》，从制度层面保证蒋实际掌控国民政府的实权。南京政府成立初期，仿广州国民政府的做法，实行委员制，不设主席。1927年9月至12月，延用二届三中全会修正的《国民政府组织法》，不设国民政府主

---

① 王奇生：《中政会与国民党最高权力的轮替（1924-1927）》，《历史研究》，2008年第3期。

席；1928年2月4日二届四中全会修正南京政府成立后的首个《国民政府组织法》，行直接党治、委员合议制，设国民政府主席（谭延闿），其职权为"代表国民政府接见外使，并举行或参与国际典礼"。同年10月3日二届五中全会对《国民政府组织法》做重大修正（8日公布），该法7章48条，规定了五权制度的具体方案及国民政府及五院的组织、职权。该法将"中华民国之治权"赋予国民政府，设国民政府主席（蒋介石），采取委员合议制，公布法律与命令，需由主席会同五院院长共同署名。国民政府主席的职权大体与其他五院院长相当，但"兼中华民国陆、海、空军总司令"，有法定的控制军队的权力，实际成为国民政府的首领。1930年11月，三届四中全会再次修正《国民政府组织法》，此次修正实质废除了委员合议制，提升了国民政府主席的职权，法律公布仅需主席署名、立法院院长副署，发布命令则需主席署名，主管院院长副署，修正后，国民政府的组织"已自形式上的合议制成为行政院院长总揽行政权之制"。[①]1931年5月的《中华民国训政时期约法》在"中央制度"一节又提升了国民政府主席的职权，"公布法律、发布命令，由国民政府主席依法署名行之"，6月14日三届五中全会通过修正的《国民政府组织法》再次提升国民政府主席的职权，国民政府主席可主持政府委员会议，兼任陆海空军总司令和其他官职，公布法律、发布命令仅需国民政府主席署名，国民政府的合议制也改为主席集权制，1931年宁、豫之争后，经过妥协，蒋不在担任国民政府主席,《国民政府组织法》也再次修正，国民政府主席仅为"中华民国元首，对内对外代表国家，不负实际政治责任，也不兼任其他官职，而改为行政院院长总揽行政大权。此后，《国民政府组织法》又经六次修改，前四次均无重大变革，第四次修改规定国民政府主席不能视事时，由行政院院长代理之，第六次修改则恢复主席负实际责任的制度，并规定五院院长对国民政府主席负责。可见，《国民政府组织法》数次修正的背后是蒋介石掌控国民政府实权的消长。蒋任国民政府主席时，国民政府主席的职权予以扩张，任行政院院长时，行政院院长的职权予以扩张，反之则削弱。

2. 地方制度既有对孙中山训政设计的承继，也根据实际情况多有创制。孙中山主张地方行政制度采取省、县两级制，据此，国民政府废除了特别行

---

① 王世杰、钱端升：《比较宪法》（第二册），上海商务印书馆，1937，第184页。

政区、道尹制及行政委员等名目，但因省直辖县，对地方行政控制能力提出重大挑战，1928年遂掀起了"缩省运动"，但此项运动热闹一时，徒托空言，于1933年基本结束。省政府的组织架构初期采取委员合议制，后为提高地方行政效率，解决省政府机构庞杂、多头并行的弊病，及防止地方做大，蒋介石在赣、豫、鄂、皖、闽等省份推行省政府合署办公制。省政府合署办公制，并未提高省主席权力，省民意机关却长时期未做出筹划，直到1938年国民参政会才决定设立省临时参议会。为解决省直辖县的弊端，国民政府在省、县两级制之间创制了市制和特种地方军政制度。《特别市组织法》、《市组织法》于1928年7月由国民政府公布。前者规定，特别市"直辖于国民政府，不入省县行政范围"，到1930年1月，全国共设立了南京、上海、北平、天津、青岛、汉口、广州七个特别市，后特别市有所变动。后者规定"人口在20万以上的都市可经国民政府特许设市"，"市直隶于省政府，不入县行政范围"。市的行政机构为市政府、民意机构为市参议会，实权掌握在行政首长手中。为"剿共"需要，蒋介石还在剿共区域先后设立了行政督察专员制，设立专员公署，在省、县之间增加了一级有相当行政权的督察机关。

县自治在孙中山地方自治思想中具有十分重要的地位。南京国民政府对县行政制度及自制制度多有创制。1927年6月，中政会100次会议议决全国各县一律实行县长制，县政府和县长分别替代县公署和县知事。国民政府公布的《县组织法》（1928年9月制定、1929年6月修订）确立了县制的框架。省政府按所属各县"区域大小，事务繁杂"依次分为一、二、三等。县政府设有若干局或科，局为县政府的外部行政组织，受主管厅和所在县长双重指挥与监督，科是县政府内部行政组织。县民意机关为县参议会，参议员"以县民选举之参议员组织之，任期三年，每年改选三分之一"。1928年9月的《县组织法》规定县以下设区—村（百户以上乡村）—里（百户以上街市）—闾—邻四级结构；1929年6月的《重订组织法》则改村为乡、改里为镇，每区由二十至五十乡镇组成，1930年再修正时，改每区十至五十乡镇，且规定每乡镇不得超过一千户。1934年春的《改进地方自治原则》又将以往的县—区—乡（镇）三级制改为县—乡（镇）两级制。

3.在制度体系中各项制度性文本上。制度体系是由法律、法规、决议、文件等各项制度性文本构成。国民党训政体制的各种制度性文本的出笼、修正乃至取消，无不浸淫于权力与权谋的运作中，有着浓厚的"制随权变"的特色，造成了这一制度体系具有叠床架屋、徒具空文、缺乏制度权威的外部表征。从制度建立到抗战爆发，该制度体系仅在原有基础上不断地予以修订、调整，未做任何根本性改革。且每次制度修订、调整均是出于维护掌权者的利益诉求，以使制度围绕掌权主体转。

4. 制度体系中人事安排的"一体化"。胡汉民曾提出"党外无政，政外无党"，[①]他却设计了一体化的人事制度安排，这一制度安排使国民党中央党政角色重叠的现象相当严重。党政军人事相兼，一人身居数职，始于广州国民政府时期。[②]国民党实施训政后，党政军兼职情形更为泛滥。陈立夫回忆说，国民党"三大"后，中央执行委员会常务委员中，丁惟汾和他没有兼职。[③]到20世纪30年代中期，国民政府主席、委员、五院院长、各部部长和各委员会委员长，几乎全是中央委员担任。据王奇生统计，1934年国民党中央委员和国民政府委员的兼职，被统计的179人共占有899个职位，平均每人兼职5个，其中兼职15个以上职位者有10人。1936年被统计的13名地位最显赫的党政要人，共占有165个职位，平均每人兼职近13个，其中蒋介石兼职多达24个，连"三大"时自称没有兼职的陈立夫，此时亦兼职11个。[④]国民党中央党政人士的"兼职"化，破坏了国民党"以党权制衡军权"的训政动机，并为党权实际虚化，军权实际强化提供了合法护身符，继而破坏了制度对权力的有效分割与约束，使"法无定规、权从人转"披着制度的外衣盛行，在源头上扰乱了社会信息传播的秩序。

5. 制度漂浮在权力之上，不能有效规范权力秩序。其重要表现是制度赋予"制度人"的各项权责，要么被握有强大武力的最高权力主体任意践踏、废止或修订，乃至在伪民意下制订新的制度，要么"制度人"本身就是权力主体。这使党国体制中的各项制度是随着"武力决定权力序列"的原则而变迁。即军队实力强大程度与权力享有者的程度正相关，权力享有者拥有各项制度

---

① 胡汉民：《党外无政，政外无党》，《中央日报》，1929年2月20日。

② 王奇生：《党员、党权与党争——1924–1949年中国国民党的组织形态》，上海书店，2009，第156页。

③ 陈立夫：《成败之鉴：陈立夫回忆录》，台北正中书局，1994，第150页。

④ 王奇生：《党员、党权与党争——1924–1949年中国国民党的组织形态》，上海书店，2009，第156–157页。

的制定、修正、废止权。由此，党国体制规范下的各项制度权限与权力的实际格局几乎完全背离。其表现主要有：

①权力等级序列实由军事实力决定。权力等级序列不是训政制度安排规定的党权控制军权，领导政权，而是由各派系的军事实力决定。① "北伐"完成后，中国已形成了南京（蒋介石）、开封（冯玉祥）、太原（阎锡山）、武汉（李宗仁）、广州（李济深）、沈阳（张学良）等军权中心；国民党内大致形成了西山会议派、武汉的左派及南京的中派。② 这些权力中枢和派系虽在 "总理遗嘱"的旗帜下达成基本共识，围绕权位却展开了无序的尖锐争夺。蒋介石以军事实力为后盾，对地方派系以 "编遣军队"为由，采取收买、许愿、给官等纵横捭阖的手段逐步蚕食地方实力派系，首先引起桂系的李宗仁、李济深的反对，导致两年的两广战争，继而导致阎锡山、冯玉祥的不满，引发1930年的中原大战。对国民党内各派系，蒋则施展其政治阴谋，③ 首先与胡汉民妥协，达成了《训政纲领》，以集中党权名义统领各派系，并削弱地方军权，继而借西山会议派攻击南京政府训政的缺陷为由，囚禁反对修改约法的胡汉民，制订《中华民国训政约法》。其次与汪精卫妥协，恢复改组派名誉，形成汪主政、蒋主军的权力格局。蒋集中 "剿匪"，汪执行蒋的对日妥协政策，替蒋忍受舆论诟骂。④ 在汪辞去行政院长后，蒋则亲自兼任，掌握了全国党政军大权。

---

① 根据统计，1928年改组后的国民政府委员17名，具有国民党中央执行委员身份者7人，五院院长及副院长10人中有9人为文人。凡握有军权的将领都名列其中。1929年3月国民党三全大会产生了第三届中央执行委员会，所有的国府委员同具中执委或中监委的地位，但二届36位中执委中获得连任的只有14人，新任则有22人。如与一届24位中执委相较，仅有6人当选三届中执委。另据统计，国民党三全大会代表，在336名代表中，只有87人是选举产生的，合总人数的24%弱；其余279人，都是指派圈定的，合总数的76%强。见蒋永敬：《南京国民政府初期实施训政的背景及挫折——军权、党权、民权的较量》，《近代史研究》，1993年5期。

② 蒋永敬：《南京国民政府初期实施训政的背景及挫折——军权、党权、民权的较量》，《近代史研究》，1993年5期。

③ 布赖恩·克罗泽著的《蒋介石传》称，蒋介石的真正天才是善于政治阴谋。"他的真正天才是善于搞政治阴谋。观其一生，他总是使各个派系互相敌视，对自己的追随者也是疑心重重。按照儒家的传统，他是个脱离人民的人。"见[美]布赖恩·克罗泽：《蒋介石传》，国际文化出版公司，2014，第8页。

④ 邵曾说："盖精卫年来之措施，舆论界沫不痛心疾首，介石殊不值为之负责撑腰，使邪人愈肆，拟日内以电规之"。见《邵元冲日记》，人民出版社，1990，第1141页。

②地方权力结构基本由地方实力派决定。训政初期，南京政权除了对苏、浙、皖、赣、鄂、豫等少数几省在军事、财政、人事等方面权力运行相对顺畅外，粤、桂等省基本处于半独立状态，云、贵、川、康、陕等省则几乎没有中央权力的介入。[1]担任训政重任，"对各地方最高行政长官执行本部主管事务有指示监督之责"的内政部却是"中央组织上一个形式上的点缀品"，[2]主要充当了一个公文承转机构的角色，并未拥有合理的权限。[3]何廉认为，"国民政府能毫不含糊控制的只有很有限的几个省，这可从我们办公厅看情况直接联系，半独立的诸省要通过他们驻南京的代表间接接触"。[4]另据王兆刚统计，1927-1937年间南京政府共任命100余名省府主席，其中军人出身或兼任军职的就达70余人。[5]各地"主政多属军人，尤以意为法"；[6]各地驻军更是"横被诛取"，任意祸害地方。

③权威人格化，压倒了法理、机构等权威。权威结构一般有法理、机构、人格等类型。法理权威是基于法规、制度而生成；机构权威则基于机构执行公务，人格权威是源于个人职位及其个人特性与魅力。权威的人格化主要体现在蒋氏身上，其表现有二：一是蒋氏被宣传机构美化、神化，个人威望在五届一中全会期间形成。如《南京晚报》称他为"劳苦功高之委员长"；二是

---

① 台湾学者蒋永敬称，"'二次北伐'完成时，全国军权大致形成了南京、广州、武汉、开封、太原、沈阳六大军事中心。"蒋永敬：《胡汪蒋分合关系演变》，近代史研究所编：《近代中国历史人物论文集》，台北，1993，第17-18页。对蒋介石推崇备至的官方传记作者霍灵顿·唐也不得不承认："国民政府实际上只控制了几个省……蒋介石只在长江下游的五个省里享有无可争议的权力"。[美]布赖恩·克罗泽：《蒋介石传》，国际文化出版公司，2014，第154-155页。

② 黄绍竑：《黄绍竑回忆录》，广西人民出版社，1991，第237页。

③ 刘大禹对内政部的权力运行做了较为全面的研究，见刘大禹：《蒋介石与中国集权政治研究（1931-1937）》，浙江大学出版社，2012，第131-147页。

④ 何廉著，朱佑慈等译：《何廉回忆录》，中国文史出版社，1988，第91页。

⑤ 该统计依据刘寿林、万仁元等编：《民国职官年表》，中华书局，1995；徐友春主编：《民国人物大辞典》，河北人民出版社，1991；刘国铭主编：《中国国民党九千将领》，中华工商联合出版社，1993；等。见王兆刚：《国民党训政体制研究》，中国社会科学出版社，2004，第63页。

⑥ 《地方自治之基本条件》，《国闻周报》，1933年第1期。

蒋的手谕、手令成为超越政府决议与文件的最高指示。[①] 钱端升说，"中央现行的政制，说完全的实话是蒋先生与中央政治会议分治的政治，军事及蒋先生所处理的其他事项，他有全权处理，中政会的决议仅是一种形式，此外的事项则中政会有全权处理"。[②] 何廉回忆道："政府的真正实权所在，始终是围绕委员长转的，委员长不仅是行政院的头、军事委员会的头、党的头，如果化成实权来说，他是万物之首。"[③]

总之，在南京政权的党国体制的外衣下，形成了以蒋介石个人集权为中心的相对顺畅、自我封闭的权力运行体系，蒋的"手谕"成为实际权力运行的指向标。而以蒋介石手谕为渠道的权力运行，其社会效应却是：①使国民政府院与部之间、部与地方之间，中央行政理念与地方事务之间存在严重脱节，使各项具体的法律徒具空文，难以真正抵达社会基层，致使制度权威无法树立。②形成了以蒋为核心的权力关系网及依附于这一关系网的社会核心信息的流通网，维系着蒋的个人集权政治及其运行。③由于蒋的手谕没有训政体制赋予的合法身份，这就给地方实力派、党内外反蒋派、党内异己分子抗拒手谕提供了制度借口，形成了实权与制度的内耗，破坏了国家治理的法治基础。民国新闻传播的政治根基就不得不建立在披着制度外衣、处于制度转型期的传统人治的基石上。

三、 抗战前十年的训政制度变迁与训政实践

党国体制自建立起，要求南京政权"开放党禁"、"开放政权"、结束训政、尽快实行宪政的舆论呼声就不断，到1931年后形成了声势浩大的宪政思潮，催生了"五五宪草"，推动了党国体制的制度变迁，促成了党政军集于蒋介石一身的集权制度的形成。国统区宪政舆论的兴起主要在于：①国民党鼓吹的"党治"实际是党魁治国，而非"党义治国"。国民党中央执行委员会明

---

① 何廉（曾任国民政府行政院政务处长）回忆道："他（蒋）随身总带着一支红铅笔和一叠纸，如果他认为该做出决定或给哪位来访者一笔钱，他会立即签发一项有关的手谕。这些手谕……到处流传"（见《何廉回忆录》，中国文史出版社，1988，第177—178页），张奚若说："所以名为院长部长、实际不过是大大小小的听差而已，是一个老板养了许多听差。"见《废除一党专政，取消个人独裁》，《张奚若文集》，清华大学出版社，1989，第371页。

② 钱端升：《对于六中全会的期望》，《独立评论》第162号，1935年8月4日。

③ 何廉：朱佑慈等译：《何廉回忆录》，中国文史出版社，1988，第115页。

确要求政府职员"与党无深切关系，殊非所宜"，"应由该管长官，督促研究党义，随时介绍入党"，[①] 用人先用党员，裁人先裁非党员的做法也形成公函。这在很大程度上排斥了党外知识精英的参政。②以分权为旨趣的五院制存在叠床架屋、行政效率低下、党内贪腐严重的组织弊病，使其难以应付国难危局。③党国体制并未有效规范国家权力，反而使国民党高层政见分歧暴力化。蒋桂、蒋冯、蒋冯阎的战争使知识精英深感国民党堕落。④20世纪30年代的国难危机倒逼南京政权制度变革，致使"宪政"舆论高潮形成。孙科、李烈钧、伍朝枢等在"抗日救国"、"挽救危亡"的名义下正式向国民党四届一中全会、三中全会提出议案，要求结束训政、实行宪政。[②] 知识精英成立了各类宪政促进会推动宪政建设。⑤国民党规定的训政期限为六年"至民国二十四年完成"给宪政舆论的生成提供了很好的契机。

在国统区宪政舆论潮流中，孙科、李烈钧等国民党的宪政派推动了南京政权"五五宪草"的制定；以南京中央大学教授为主体，囊括了诸多东南学人、范围较广的学术团体以《时代公论》等杂志为阵地呼唤强有力的元首制，[③] 张君劢为首的国家社会党以《再生》杂志为阵宣扬"修正的民主政治"和政治、经济、教育三位一体的社会变革方案；以《东方杂志》、《独立评论》、《国闻报》、《大公报》等报刊为阵地的较为松散的"北方派学人"则展开了"民主"与"独裁"的大讨论等。在上述四股力量的推动下，在20世纪30年代的国统区形成了声势浩大、影响深远的宪政舆论（见表3-2）。

---

① 徐矛：《中华民国政治制度史》，上海人民出版社，1992，第266页。

② 孙科等在1931年12月的国民党四届一中全会上提出《抗日救国纲领草案》，该草案于1932年12月略作修改后被纳入李烈钧、伍朝枢等27人连署的《集中国力挽救危亡案》提交国民党四届三中全会。该全会决定由立法院起草宪法草案，交由国人讨论研究。

③ 刘大禹：《"九一八"后国民政府集权政治的舆论支持（1932—1935）——以〈时代公论〉为中心》，《民国档案》2008年第2期；邓丽兰：《域外观念与本土政制变迁》第四章第二节"调和党治与民治：国民党政府派的制度设计"对《时代公论》派的宪政主张有详细论述。

表3-2　民国时期"宪政"、"宪法"等关键词检索的数（单位：条）①

	结束训政	宪政	宪法	宪草	民主	民权	自由	备注
晚清民国数据库	23	364	2491	213	3780	1060	6659	1927-1937
晚清民国数据库	48	3020	4655	818	14800	1473	12923	1927-1949
瀚堂近代报刊数据库	9	2158	4465	730	4070	540	10579	标题检索
瀚堂近代报刊数据库	17	5941	12415	876	10130	2082	103833	全文检索
大成老旧数据库	4	1850	2592	353	3959	585	3387	题名检索
《申报》全文数据库	66	2036	6477	616	15617	3487	41973	1927-1937
《申报》全文数据库	144	4880	13821	2059	39245	4729	78190	1927-1949

　　根据学界研究成果，20世纪30年代宪政舆论呈现三大特点：①在维护南京政权统治下尖锐抨击国民党的组织弊病，强烈要求政制变革。宁粤分裂期间，孙科在广州《中央导报》、《民国日报》等报章上抨击蒋介石的"党专政"，谴责蒋"是国家和平建设最大的障碍"，致使国民党失去人民"信仰"等；②《大公报》、《国闻周报》、《独立评论》、《时代公论》等报纸、杂志明确主张取消五院制度，③北方学人和东南学人的大部分均抨击国民党贪污腐化及国民党组织的制度缺陷，尤其对五院制中的考试院、监察院的抨击最为激烈。陈之迈、张佛泉、杨公达、程经远及《大公报》是猛烈抨击考试院、监察院的代表。王造时、张君劢及其《再生》派尖锐抨击汪精卫、于右任的"革命政客"谬论，并对国民党的体制与执政状况做了深刻批评；王造时的《对于训政与宪政的意见——批评汪精卫于右任二氏的言论》一文被多家报刊转载，影响一时。但上述激烈抨击不是为了推翻国民党政权，而是为了借助舆论压力倒逼国民党的政制变革。孙科认为实施宪政对国民党不是威胁，而是一个机会，④

---

① 检索说明：晚清民国数据库提供了年份检索，瀚堂近代报刊数据库、大成老旧报刊数据库未提供年份检索，故其检索的数量远超过晚清民国数据库。

② 高华：《从"再造"国民党到"以党治国"：论20年代末至30年代初孙科的政治主张》，《民国档案》，1998年第3期。

③ 邓丽兰：《域外观念与本土政制变迁》，中国人民大学出版社，2003，第162页。

④ Lloyd E. Eastman, The Abortive Revolution. P164. Harvard University Press, 1974.

实施宪政既是国民党争取抗日救亡的一个重要条件，也是加强国民党自我条件的一个重要手段，[①] 其主持的制宪活动有制衡蒋介石个人专权，发扬其父孙中山宪政理念，提升个人权威的意图，但在根本上是维护国民党的利益。张君劢及其国家社会党是"抱着比较真诚的与国民党合作的心态的"。[②] 傅斯年、蒋廷黻等"北方派学人"提出"中国现在要有政府"，且这个政府必须是国民党的政府的口号；[③] 国民党党员身份的东南学人自诩是渐进的改良主义者、折衷派，胡适更是贬之为"政府派"。[②] 在国难危亡的背景下，各方提出了不同的政制设计方案，并对其他政制方案多给予学理性的批判，构成了学理性表达为主、情绪表达为辅的宪政舆论态势。孙科的三民主义宪政主张受到汪精卫、蒋介石、于右任、钱端生等的激烈反对，[④] 舆论界对之对给予"同情的批评"，[⑤] 胡适等"北方学人"对之持"热烈欢迎"态度，[⑥] 国民党籍的东南学人的观点对于"五五宪草"的制定有相当的影响。[⑦]"北方学人"就"宪政救国论"、"专制建国论"、"民主与独裁"、"政权开放"及不同政制方案等问题展开了多次争论，并对"南方学人"是否立刻制宪、实行宪政展开争议。《时代公论》内部也围绕着建立强有力政府、国民党政策的"左转"还是"右转"争议不休。在知识精英的争议中，各方也提出了不同的政制设计方案，其中以张君劢《再生》派的制度设计最富有学理性，尤为值得关注。据邓丽兰研究，二三十年代的宪政争议基本是围绕着"改造代议制"与"重回代议制"展开，背后是三民主义、自由主义、民主社会主义、法西斯主义之间的竞争。争议各方的宪政主张都力求跟上欧美宪政潮流，虽然各方主张有相当的相近之处，但"排他"的思维惯性及利益之争、意气之争盖过了在同一政治理念之下合作的可能。[③] 国难危亡使宪政舆论的走向最终倾向于集权政治。孙科的制宪活动七易其稿后，其最后定稿的《五五宪草》赋予总统至高无上的权力，使《五五宪草》"充满浓

---

① 高华：《论孙科在制订"五五宪草"过程中的思想变化》，《江海学刊》，2000年第4期。

② 邓丽兰：《域外观念与域外观念与本土政制变迁》，中国人民大学出版社，2003，第177页。

③ 邓丽兰：《域外观念与本土政制变迁》，中国人民大学出版社，2003，第120–125页。

④ 汪精卫、于右任是公开反对孙科的宪政主张，蒋介石是隐晦反对，但赞同孙科"集中国力"的立场。

⑤ 孙科：《担任立法院院长的使命与今后的希望》(1933年1月)，《孙科文集》(第一册)，台湾商务印书馆，1970，第259页。

⑥ 胡适：《宪政问题》，《独立评论》第1号，1932年5月。

⑦ 邓丽兰：《域外观念与域外观念与本土政制变迁》，中国人民大学出版社，2003，第170页。

郁的专制主义色彩"，孙科在民主立场上也是大倒退。[1]《时代公论》反对立刻制定宪法，呼唤强有力的元首制；蒋廷黻、丁文江、钱端升等鼓吹"新式独裁"等要求集权的言论支持了蒋介石在国民党五届四中全会上的个人集权的形成。

20世纪30年代以民族资产阶级和自由派知识精英为主体的宪政思潮，是对南京政府执政以来的政治理念与训政实践的反思。他们在国难危亡的时代背景下尖锐抨击了国民党训政体制中包括官员腐败等在内的种种组织弊病，寄希望国民党自身能开放政权、开放党禁、吸纳党内外知识精英参政，实现国民党政制的有序变迁，因此，这次宪政思潮对于效率低下、叠床架屋、无法约束与有效分配权力的训政体制来说，是一次自我修正的历史机遇。在宪政舆论的倒逼下，国民党以教条化、宗教化的三民主义及法西斯主义作为理论武器予以舆论应对，表现出国民党人在意识形态领域中思想僵化，使知识精英掌握了宪政舆论的主导权。国民政府的"宪草"制订历经数年，虽然也得到了知识精英们"同情的批评"，但面目全非的"五五宪草"还是停留在纸面上的事实，进一步加深了知识精英对南京政权的反感。在宪政舆论倒逼下，蒋介石一方面以吸纳知识精英参政，组建"专家内阁"的形式回避了五院制度的根本性改革问题，另一方面利用知识精英要求政治集权以应对国难危亡的舆论，在国民党五全大会上实现了"一个纯粹的军事领袖转变为一个集党政军大权的党国领袖[2]"的转型。这种重"人事"而非"制度"的政制改革思路致使国民党失去了自我完善党国体制的历史机遇，这样，训政体制中的组织弊病继续侵蚀着国民党的肌体，进一步加剧了国民党的堕落腐化，蚕食着国民党的统治基石，当中华民族的国难危亡消除，因国难聚集起来的政治威望也就迅速被国民党自身的腐化堕落所消解。当1947年蒋介石主动结束训政、制订宪法时，宪政已无法收拾全国人心了，国民党的训政体制也走到了历史尽头。

第三节　对党国体制及国民党训政行为的评价

在"改造代议制"、集权政治等世界性思潮的时代语境下，国民党基于

---

① 高华：《论孙科在制定"五五宪草"过程中的思想变化》，《江海学刊》，2000年第4期。

② 刘大禹：《蒋介石与中国集权政治研究（1931-1937）》，浙江大学出版社，2012，第177页。

戴季陶、胡汉民、蒋介石等诠释的孙中山三民主义理念建构了过渡性质的党国体制。理念上，这一体制要求遵循孙中山遗嘱，在六年时间内完成自上而下地"训民以政"的政治任务，建立三民主义宪政国家。这需要威权人物建立强有力的政府，充分调动社会资源在全社会范围内展开大规模的公民启蒙教育运动，在提高公众议政、参政的政治素养的同时强力推进专制体制向分权体制的制度变迁，实现政治民主化。然而，国民党政制设计"其形式近似'专政'，其内容又似'执政'，却和两者都不同，它是'训政'。在训政时期，其形式固然是独裁的专政，却有它的特殊之处，第一，它是某一阶级的专政，其二，它是为实行主义的专政"。①这一政制是在排斥党外精英参政的前提下，意图实现以党权制约军权的分权体制。制度本身缺乏稳定性、权威性，根本无法约束军权，也无法实现权力争斗的制度化。国民党上层政见分歧的暴力化即是这一体制软弱无力的表现。1931年后的国难危亡彰显出党国体制的制度弊病，使之产生能否继续存在的合法性危机。在宪政舆论的倒逼下，南京政权开启了"五五宪草"的制订工作，但历经四年的宪草制订工作，却在国难危亡的时局下倒向了集权政治。蒋介石一方面吸收党外知识精英参政，既安抚了知识精英的宪政诉求，分流了宪政舆论，减轻了舆论界对党国体制的批评，以回避五院制改革，一方面利用宪政舆论中要求集权的舆论诉求，实现了个人集权政治，继续坐收制度红利。这种重"人事"轻"制度"的改革思路，使党国体制错过了纠正自身制度错误、重回孙中山训政理念的一次历史机遇。"制度归制度，生活归生活"就成为党国体制的一大特色。至此，国民党主导的、自上而下的强制性的制度变迁宣告失败，由此，分权的党国体制真正演变为维护国民党内蒋介石集团的"一党专政"的集权体制，蒋介石的手谕成为南京政权政令畅通的主要媒介，②维系着南京政权的权力运行。蒋介石是传统威权型领袖，虽然他具备政治现代化的某种意识，但"败者为寇"的现实政治使蒋有很深的恋权、握权及个人集权的烙印，民国弥漫的政治不

---

① 本社编：《中国政制概况》，民国周刊出版社，1938，第3页，第10页。

② 蒋介石颁布的手令，数量极多，据一位曾长期任职于军事委员会委员长侍从室人士的估计，自1936年1月起，至1948年4月止，侍从室积累收藏蒋的手令，即有120余箱之多。见秋宗鼎：《蒋介石的侍从室纪实》，全国政协文史资料委员会编：《中华文史资料文库》（第八卷），中国文史出版社，1996，第955页。

信任气氛又使蒋重视"人脉"胜于"制度"，对蒋的个人忠诚度优于政治才华成为蒋选才用人的唯一尺度，[①]这进而使蒋陷入庸人政治的泥潭。在僵化的集权制度与庸人政治的双重作用下，以"训民以政"为理念的党国体制在国难危亡、内忧外患的时局中演变成维系个人专权至上、狭隘的"守土有责"的爱国民族主义的保守取向。

在此制度取向下，南京政权的"训民以政"演变成塑造与维系蒋介石个人集权政治的所谓三民主义意识形态的灌输与教化活动，政治教义的灌输、传统道德的教化及为应付危局的政治动员完全取代了政治启蒙，即以集权为核心诉求的官办教化取代了以训政为核心诉求的官办启蒙。这一训政路径是国民党中央及蒋介石将孙中山"训政"对象——民众——置换为民众管理者：国民党党员、政府官员、知识精英、工商精英等社会管理阶层，使后者肩负着"训练"民众的社会责任。让掌握权力的民众管理者"训练"民众，势必滑向以民众控制为核心的传统愚民政治的逻辑，因此，国民党党治训政的实质是以干部训政制度替代孙中山训政理念，确保蒋介石集团的"人治"治国模式的日常运作。此外，反蒋的地方实力派、国统区在野的小党派、游弋于蒋介石集团外的政治派别、中国共产党及自由派的知识精英，它们虽然在利益与政见问题上存在不同程度的分歧，在反对蒋介石个人集权上却有着或多或少的相似性，乃至能打成某种行动共识。它们政治活动始终威胁着蒋介石集团的生存，其以反蒋为诉求的主义宣传、社会动员与政治启蒙等新闻传播活动消解、颠覆着蒋介石集团意识形态的灌输教化。双方的政治博弈与宣传角逐基本是在以训政为口号的政制框架内展开的，由此形成了错综复杂、以"权变"为主特色的民国新闻传播的格局。国民党新闻传播业立于蒋介石个人集权的政制体制之上，在"制度归制度、生活归生活"的"人治"轨道上艰难运行。这构成了国民党新闻传播业最大的历史底色。

---

① 据王子壮观察，蒋介石对于用人可分为两途："对于亲信人员，授予权势，予以明器，使其作一方面由组织之活动，除自己作正式的监督外，并使其他一部分亲信从旁监督之，时时报告其行动，如有自大忘本之处也，总不使一方有过度之发展，有过分之崇信。""对于非亲信之政治方面人员，只能容许其个人之势力，以此而得赞安，有政治组织之背景者，则绝难与之融洽"。王子壮：《王子壮日记》（手稿本），（第三册），1936，第169-171页。转引自：刘大禹《蒋介石与中国集权政治研究（1927-1937）》，浙江大学出版社，2012，第229页。

第四章
权力喉舌：国民党的新闻传播思想

　　作为"总理遗嘱"的承继者，执政后的国民党继承了孙中山对新闻传播的基本认知，视新闻事业为其政治理念的舆论喉舌，强化新闻事业的思想统一、舆论整合功能。当国民党将孙中山"唤起民众"的训政核心偷换为维护执政合法性的"官办教化"时，自然会理性思考党国新闻业在内忧外患的时局中如何"教化民众"的时代重任。这一时期党国新闻业的中坚力量主要由两部分组成。一是党国新闻业的决策者，中央主要是蒋介石、胡汉民（1928–1931）、汪精卫、戴季陶、陈果夫、陈立夫、叶楚伧、吴敬恒、邵元冲、曾养甫、邵力子等国民党中央常委；地方主要是当地党政一把手及地方党部负责人，陈德征、潘公展、潘公弼、赖琏、严慎予等地方党部负责人在国民党全国代表大会上的新闻提案，也影响了党国新闻政策的制订。二是党国新闻业的实际管理者、主持者，中央主要是蒋介石的秘书陈布雷、杨永泰，中宣部部长戴季陶、叶楚伧、刘芦隐，《中央日报》社长程沧波，中央通讯社的萧同兹，中央广播电台的吴保丰、吴道一，中央政治学校新闻学系的马星野等；地方主要是地方党报、准党报、半党报、军报及通讯社的主要负责人，如《东南日报》的胡健中、《晨报》的陈博生、《扫荡报》的贺衷寒等。社会地位不同，观察、思考同一社会现象的视角、方法、路径亦有所不同。前者主要从国民党执政层面思考如何掌控、管理、利用新闻业，使新闻传播活动成为其政治活动的重要组成部分。后者既从政治层面思考如何使党国新闻业的政治传播效果最优化，也从"新闻本位"层面，思考党国新闻业的运行规律。二者之间既有区别，也有联系，它们共同构成了党国新闻传播思想的历史特色。

　　学界对于国民党新闻思想的研究，远不如对中国共产党新闻思想的研究全面、深入。这些研究虽既有宏观的方面研究，也有深入的个案研究，但在国民党新闻思想的研究上，宏观的层面的研究零星呈现，[①]点上的个案研究多集中在马星野、萧同兹等少数新闻管理者。基于此，本章采取点面结合、以点为主的研究路径，面上概括国民党新闻传播思想的渊源及其新闻意识形态，点上以蒋介石为个案探讨国民党高层的新闻传播的行为逻辑与思想；以马星野及其主编的《中外月刊》为个案，探讨国民党新闻教育者、从业者对党国新闻事业的理性思考。在此基础上，对国民党新闻传播思想予以辩证的历史评析。

需要说明的是，思想的承载主体是人。国民党新闻传播思想的承载主体是具体的每一位国民党党员。因此，本章使用"国民党人的新闻传播思想"来表述国民党内那些具有新闻传播思想的党员群体，使用"国民党新闻传播思想"或"国民党新闻思想"来表述国民党政策层面或达到集体共识的新闻传播思想。

第一节　国民党新闻传播思想的渊源及其共识

一、国民党新闻传播思想的渊源

思想在时代环境中孕育，它源于实践，承继于前人，是个体对所思对象的理性致思的结晶。国民党新闻传播思想是绝大多数国民党人对新闻传播现象的共同认知及其观点的聚合，是支配国民党集体性新闻活动的意识形态。这一意识形态在孙中山新闻传播思想、国民党人的新闻实践、国统区的新闻传播观念三个方面构成的社会土壤中生成，马星野、戴季陶、叶楚伧、陈布雷、邵力子等官方学者在此文化土壤中发展了国民党的新闻传播思想。

1.孙中山新闻传播思想的影响。如本书第二章第二节所述，孙中山新闻传播思想是以其政治理念为"本"，新闻传播为"用"，以政治理念、自由主义、民族主义为核心，表述庞杂、蕴含内在张力的思想混合体。"三民主义（民族、民权、民生）"、"唤起民众"、"训政"、"宣传"、"先知先觉"、舆论等核心关键词构成了孙中山新闻话语的表述体系。孙既是国民党人心目中敬

---

① 目前笔者发现的从宏观上研究国民党新闻思想的论著主要有：蔡铭泽：《论抗日战争时期国民党人的新闻思想》，《新闻与传播研究》1998年第2期；李翩：《中国国民党党报新闻伦理思想研究（1927-1949）》，湖南师范大学硕士学位论文，2013；白庆虹：《萧同兹新闻活动与新闻思想研究》，暨南大学硕士学位论文，2013。

仰的"克里斯玛（Charisma）"型的人物，也是政治上必须效忠的精神偶像。在个人崇拜、政治效忠的社会语境中，孙的思想必然成为国民党人新闻传播思想的重要来源。这样，继承总理遗教，学习孙文著作，既是国民党下达的政治任务，也是党员迷恋"克里斯玛"型人物的精神表现。这一社会文化土壤使国民党人对孙中山思想的吸收、消化表现出多元、分裂、复杂的文化特征。其主要表现是：①孙的政治理念奠定了国民党新闻传播的政治基础，孙对新闻、舆论、宣传的"本体"认知构成了国民党人认知新闻传播现象，且唯一"政治正确"的思维框架，违背之即意味着政治风险。这使国民党人的新闻认知局限在孙的认知框架内，并在这一框架内解释党国新闻传播现象。然而在孙零散、矛盾的新闻话语表述，三民主义解释权的高度政治化及党国新闻传播实践的三方构成的巨大张力下，以崇拜的政治心态而非批评、质疑的学术态度，不可能将孙的新闻传播思想系统化、理论化。①②这一社会文化语境使国民党人对孙文学说产生认知分化。马星野等敬仰孙中山、忠诚党国新闻事业的新闻理论家，试图将孙的新闻传播思想系统化，形成三民主义的新闻思想，来指导党国新闻业；一些热衷于总理崇拜、迷恋权势的地方党报的负责人在演说、报章、著述等公开表达中，按"己"所需摘录、诠释孙的片言只语，赞誉孙的新闻传播行为，来表明其政治立场；陈布雷、叶楚伧、戴季陶、邵力子等"看透"玄机的国民党新闻精英，在公开表达中取"三缄其口"的规避态度，私下里则表现出不以为然的心态。这使国民党人对孙中山新闻思想的研究既严重滞后于党国新闻事业的发展，也未使孙中山新闻传播思想成为民国新闻学的主流学说。可见，孙对国民党新闻传播思想的影响，主要表现为政治压力下的思想灌输、思想膜拜，故孙对国民党新闻事业来说，不仅是其新闻事业的指导思想，还是其新闻思想创新的沉重包袱。③一些思想偏"左"或真正信奉三民主义的国民党人，他们在内心深处坚信孙中山思

---

① 马星野是其中的典型。他力图从孙文学说中发展出"三民主义新闻理论"。他的这一理论努力主要体现在1939年发表的《三民主义新闻事业建设》一文中，但这一努力并未成功，三民主义新闻学在国民党统治大陆时期并未被构建出来。

想中"唤起民众"、"言论自由"等进步成分，或私下发泄不满，[①] 或公开场所隐晦表达，然这一群体的思想意识始终面临着强大的政治压力，未对占据主导地位的国民党新闻思想形成思想制衡。

2. 党国新闻实践的经验总结。经验是思想生成的重要来源。国民党新闻传播思想的另一个重要来源即是党国新闻事业的传播实践。国民党是依靠"宣传"起家的现代动员型政党。经辛亥革命、民初护法、护国运动、国共合作等长达30余年"革命"与"宣传"交织的双重洗礼后幸存下来的国民党党员，在20世纪二三十年代成长为党国上层政治精英。蒋介石在演讲中说："我们党国先进亦多出身新闻界或与新闻界有密切的关系"。[②] 江苏《新江苏报》经理包明树指出，"自国民政府成立，戴季陶（天仇）、叶楚伧、邵力子诸伟人，固妇孺皆知其为新闻记者出身，其余服务中央者，十九皆曾经新闻记者生活"。[③] 这些诸如蒋介石、胡汉民、汪精卫、于右任、邵力子、戴季陶、叶楚伧、陈公博、杨永泰、陈布雷"党国先进"集政治活动与新闻活动于一身，既有娴熟的政治斗争经验，也有丰富新闻宣传的操纵艺术，形成了认知新闻传播的固定思维习惯。他们在政治与新闻活动中形成的新闻经验主义（党国喉舌、舆论威力、制造舆论等），既是国民党新闻思想的重要组织部分，也是重要的思想渊源。

南京国民政府成立后，国民党在全国范围内建立了庞大的新闻事业及新闻管理体制，故《中央日报》、中央通讯社、中央广播电台等党国传媒在二十世纪二三十年代的新闻传播实践，及新闻管理机构的新闻管理经验既构成了国民党新闻传播思想的现实基础，也是国民党新闻思想的另一个重要的经验来源。马星野、程沧波、潘公展、潘公弼、陈博生、董显光、曾虚白等新闻官员和媒体机构负责人的新闻工作经验及其新闻著述，仅仅丰富了国民党的

---

① 1931年邓演达事件发生后，陈诚出于私谊（邓是陈诚的老长官，对陈有知遇之恩），致电蒋介石请求从宽处理，蒋回电允诺却秘密暗杀了邓，致使陈诚在家书中大发愤懑："先总理孙中山先生主张言论自由，而择生兄死于言论攻击政府之黑暗。然而言论实为死由矣，岂非先总理民权史之大污点乎。"黄道炫：《君臣师友之间——"围剿"期间的蒋介石与陈诚》，见汪朝光主编：《蒋介石的人际网络》，社会科学文献出版社，2011，第47-48页。
② 蒋介石：《怎样做一个现代新闻记者》，《总统蒋公思想言论总集》（第17卷），中国国民党中央委员会党史委员会，1984，第424页。
③ 包明树：《如何方不愧为标准的新闻记者》，《江苏月报·江苏新闻事业专号》，1934年第1卷第3期。

新闻思想，却未实现思想创新。这在于：这群新闻精英不是以学术批判精神，理性思考孙中山、"党国先进"的新闻思想，而是在已定的新闻认知模式下，根据党国需要，就如何做大做强党国新闻事业、如何发挥传媒的宣传效果等问题做了许多官样文章。

3. 国统区的新闻思潮的影响。二十世纪二三十年代，国统区盛行的新闻思潮是由徐宝璜、邵飘萍、戈公振、任白涛、黄天鹏等新闻学人主导，《大公报》、《申报》、《新闻报》等民营报纸践行的自由主义新闻思潮。这一思潮深受欧美自由主义的影响，经王韬、梁启超、孙中山、陈独秀等为代表的知识精英的孕育、创造与发展，在南京国民政府时期成为主流的新闻思潮。这一思潮的核心旨趣是维护中华民族的根本利益，实现中国资本主义民主宪政下的新闻、言论自由，使中国新闻传播在"本体"而非"宣传"轨道上良性运行。它与国民党的新闻意识形态既有共同目标也有认知分歧。在维护中华民族根本利益、维护国家完整方面，二者目标一致，但在实现资本主义民主宪政下的新闻、言论自由上，前者要求尽快结束训政，实现新闻自由主义，后者却将之作为社会发展的长期目标；在新闻模式方面，前者力求营造"新闻本位"的意识形态，后者却践行"宣传本位"操作模式。国民党上层普遍接受了"欧风美雨"的精神洗礼，许多宣传官员、党报负责人接受的自由主义的新闻教育，使国统区自由主义新闻思潮对国民党的新闻思潮产生了重要影响。这种影响表现为：① 这一思潮与孙中山思想中的"自由主义"成分一起，在一定程度上制衡了国民党新闻思想中钳制言论自由，鼓吹集权的思想诉求。民国新闻界对言论自由的鼓吹，使国民党不得不在新闻检查、言论控制上有所收敛，蒋介石等党魁也不时作为保护新闻记者、"纳嘉言"的政治姿态；②影响了一批国民党中下层的新闻从业者，为他们坚守新闻职业操守、坚守为民喉舌的新闻良知提供了强大的精神支持。不满于中央通讯社的言论专制且胸怀新闻理想的国民党员陈铭德、刘正华、吴竹似，离职创办了让民众自由抒发心声的《新民报》；储安平等受自由主义新闻思想熏陶的新闻青年曾任职于《中央日报》等。③ "客观"、"公正"、"确实"、"迅速"、"趣味""不偏不倚"等"远离"政治的自由主义新闻理论指导下的新闻业务，被国民党人直接拿来作为教育新闻学子、青年新闻工作者的教学内容，作为指导党国新闻业务的行动指南。这些均增添了国民党新闻传播思想中的自由主义成分。

　　除了受自由主义新闻思潮的影响，国民党的新闻思想在20世纪30年代还受到了鼓吹集权的德、意法西斯主义新闻理论的影响。"法西斯"的拉丁语是"Fasces"，原意是古罗马出游时象征权力的"束棒"。法西斯主义新闻理论根源于一战后的法西斯的政治理论，这一理论的核心是极端民族主义和极权主义。1922年10月《东方杂志》的主编胡愈之最早将其传入中国，称为"棒喝主义"，[①] 国家主义派、对抗左翼文艺运动的知识分子继其后。1931年5月5日蒋介石在国民会议上称"意大利在法西斯蒂当政以前之纷乱情形，可以借鉴"，[②] 这一政治表态在军界和蓝衣社产生广泛影响，并波及全国。1931年后有诸如《社会主义月刊》、《文化建设》、《复兴月刊》、《汗血月刊》等200余种刊物宣传法西斯主义；拔提书店、文化书局、前途书局等数十家书店在1932—1935年出版了百余种法西斯主义的书籍，致使"1931年以后法西斯主义在中国传播，无论是从事宣传的人数，还是宣传的阵地；无论是传播影响的范围还是鼓吹的法西斯论调偏激的程度，都达到了高潮，并渐趋泛滥之势"。[③] 法西斯主义在中国兴盛一时，1933年后虽然消声遗匿迹了，这股新闻思潮却强化了那些要求党化新闻、统一言论、推行严厉新闻政策的国民党宣传官员的新闻认知。

　　综上所述，"国父"孙中山的新闻认知框架，党国要人及宣传官员、传媒负责人在"内忧外患"中的社会动员与整合的新闻实践形成的经验主义，国统区自由主义新闻思潮与昙花一现的法西斯主义的多方交织影响，铸就了国民党新闻传播思想的历史特色。即总理崇拜、"政治正确"的民国社会政治文化，内忧外患、国难危亡的现实中国需要发挥新闻传媒的社会动员、社会整合功能的迫切性及其实践，兴盛一时的法西斯主义，共同强化了国民党新闻传播思想中的民族主义、集权主义的思想倾向，强化了党国传媒的喉舌性质、舆论威力、国家自由高于个人自由的思想倾向。而孙中山"唤起民众"的思想、自由主义新闻思潮强调新闻自由、言论自由的思想倾向被严重挤压，成为少数国民党党员坚守的新闻信念。

---

① 陶鹤山：《关于二、三十年代法西斯主义在中国传播的几个问题》，《南京大学学报》（哲学·人文科学·社会科学），1996年第2期。

② 高军 李慎兆 严怀德 王桧林编：《中国现代政治思想史资料选辑》（上），四川人民出版社，1983，第572—573页。

③ 白纯：《蒋介石与法西斯主义在中国的传播（1931—1937）》，《求索》，2003年第5期。

二、国民党新闻意识形态的精神内核

国民党新闻思想的话语表述庞杂，是民族主义、威权主义、自由主义、民粹主义等生硬交织的思想混合。这一混合体内部矛盾重重、张力巨大，却因近代中国的新闻传统、党国的政治利益、总理崇拜的社会文化、国难危亡的现实而在松散的国民党内，达成了某些观念共识，成为国民党人共同遵守的新闻意识形态。这一新闻意识形态的内核由舆论强大威力观，党国喉舌观，党国、民族利益至上的言论自由观，宣传主义与自由主义交织的新闻业务观四个层面构成。

1. 舆论强大威力观

舆论具有强大威力的观念根深蒂固，近代中国的舆论强大威力观是在传统中国的民生主义的民意决定论与输入中国的民主主义的"Public Opinion"强大威力观的交织影响中形成的。传统中国有重视舆论——民意——的民生主义传统。这一传统强调"得民心者得天下"的民意争取观与"水可载舟，亦可覆舟"的民意敬畏观，前者主要产生于朝代更替期间，旨在推翻旧王朝，建立新帝国；后者主要产生在王朝统治期，旨在维护王朝的永久统治。前者，起义者在"民不聊生"的社会语境中依靠"施利于民"的口号、行为获得民意支持；后者，历代统治者虽然从"永保王朝统治"的皇族私利层面敬畏民意，却把民意的主体——民众——视为被帝王放牧的"劳力者"。这种私利上的道义敬畏与实利上的剥削行为，使高贵的民意在"君权神授"的政治文化中失去了关照对象，而沦为掩饰统治阶层政治丑行的遮羞布。这样，敬畏民意的心态就完全系于帝王及其官僚的个人道德修养，成为皇权"仁慈爱民"的施舍物，但皇权根源于民意而非"神授"的事实，使帝王们发展出精细的民意钳制、舆论操控的统制文化。

在欧美列强以欧风美雨、战舰大炮敲碎中国传统文化，将晚清纳入半殖民半封建社会的历史进程中，皇权政治、臣民文化瓦解了，但社会精英对民众仍残留着"不知不觉"、愚昧无知的社会认知，这使他们在中华民族救亡图存的历史进程中自我担负起教化、启蒙民众的时代重任，这样，传统民生主义的民意决定观就成为国人吸收西学输入的舆论威力观的文化基础。"民意"、"舆论"在近代知识精英的话语表述中混合使用及"舆论"一词使用渐渐地高于"民意"、"清议"等词，即是中、西方舆论观念彼此碰撞后生成的新混合态的近代中国的舆论观。

不同于传统中国"牧民"文化"自然"形成的舆论观，近代"Public Opinion"强大威力观是伴随"主权在民"的政治文化及近代报刊、广播的崛起，经由卢梭、霍布斯、汉密尔顿、杰斐逊等思想启蒙者的"个体智慧"聚集而成的社会共识。17、18世纪的思想启蒙者思考的中心命题是：拥有自然权利（Natural right）的民众是否有能力理性地参与政府的国家治理。对此，启蒙学者虽有"有"、"没有"的对立答案，但大多将舆论立于西方现代性理论之上，将舆论表达视为一项不可侵犯的个人权利，一种维护公共利益的理性力量，一种维系民主政治运行的"第四种力量"。而随着近代报刊、广播的崛起，代表公共利益的舆论却与新闻记者、报界、新闻界划上等号。西方"Public Opinion"强大威力观输入近代中国后，即为近代知识精英所吸纳、改造与运用，并于19世纪末20世纪初，经康有为、梁启超领导的改良报刊与孙中山领导的革命报刊的宣传实践，形成了近代中国的舆论威力观。这一舆论威力观极力强化"新闻纸"、"新闻界"拥有的强大势力，而弱化了民众表达的"舆论"或民意的力量。松本君平在《新闻学》序论中对"新闻纸"是"近世文明的一大动力"的高度讴歌，获得了近代知识精英的集体认同，并内化为其新闻传播活动的行动指南。这样，在"新闻纸"的势力成为"建立近世文明基础"的大前提下，拥有"新闻纸"即等于拥有制造、操控舆论的巨大能量，能操控舆论即拥有将落后中国建成"近世文明"的主动权，就成为知识精英思考"新闻纸"、"舆论"、"救亡图存"三则关系的固定思维模式。这一思维模式下的新闻学术话语表达就极力强化舆论威力，强化新闻记者（含主编、主笔）的道德与知识修养，突出传媒的喉舌性质，强调"新闻纸"的启蒙、教化、动员的功能。王韬、康有为、梁启超、孙中山及其同时代的知识精英的舆论思维模式及其话语表述就是这样。

国民党的舆论威力观既承袭于孙中山等"党国先进"们的舆论思维模式及其革命宣传史，也受正在碰撞中的中、西各异的舆论文化的双重熏陶。这形成了国民党复杂、矛盾的舆论威力观。这一舆论威力观的主要特点是：（1）承袭了"前辈"们"拥有新闻纸"——"操控舆论"——"建立近代文明"的思维习惯，尤其是孙中山将舆论改造系于三民主义的"先觉觉后觉"思维模式。在此思维惯习指导下建构了国民党新闻舆论的操控模式，即运用国民党自办及控制的新闻传播业（报纸、广播、通讯社、电影、传单、文艺、教育等），通过新闻传播业的舆论动向监测、舆论统制与操控（引导、制造、动员、攻击），将蒋介石诠释的三民主义灌输为国民党建国的国家心理基础，进而通过"军政、训政、宪政"程序将落后中国建成"近代文明"国家。这一模式在话语表述逻辑上的重要表现是：①以"无冕之王"、"社会师表"、"社会导师"、"舆论导师"的社会身份"定位"新闻记者、新闻界，赋予其承担指导舆论、启蒙民众、纠正错误的时代重任，进而从修养、人格、知识等方面对新闻记者提出"高于常人"的道德诉求，使之胜任。①②在新闻界（舆论界、报纸、记者）与舆论关系的解释中，强化新闻（舆论）界的社会职责；在舆论与社会、国家、文明、政治、外交、经济等关系的解释中，②强化重视舆论的极端重要性及蔑视、对抗舆论的极端危害，并以此关照民国现实：或抒发、抨击对新闻（舆论）界的种种不满；或阐发新闻纸、舆论的本质，以喻示国民党能按照新闻纸的规律操控舆论；或警告国民党切勿蔑视、践踏舆论；或要求国民党扶持新闻（舆论）界，使之做大做强；或勉励新闻（舆论）界同仁、记者的勤奋工作，勇于承担时代重任。③从古今中外的舆论实践中提炼健全舆论的标准或构成要件，抨击错误、荒谬的各种舆论，并就"党治"下为如何健全舆论建言献策，勉励新闻（舆论）界。（2）全盘接受了西方的舆论观，也未放弃中国传统的民意观，呈现西方话语主导的中西杂糅、矛盾丛生的舆论观。这一舆论观的主要表现是：①言、行分离，即国民党的官方

---

① 在国民党人的新闻文献中，对新闻记者职业素质的要求的表述相当多，"怎样做新闻记者"的题目亦是国民党人演讲、著述的重要选题之一。程沧波要记者"认识时代"（程沧波：《新时代的新闻记者》，《战时记者》，1940年第9期）、陈立夫要记者"德术兼修"（陈立夫：《我对新闻事业之感想》，《中国新闻学年刊》，1942年第1期）、叶楚伧要记者"必须每日对于自己，感觉到不满足"（叶楚伧：《怎样做新闻记者》，《战时记者》，1040年第2-4期）、陈果夫要记者有"不断求知的欲望"、"国际常识"、"健全的体格"、"军事知识"等（陈果夫：《时代的新闻记者》，《苏衡》，1936年第17-18期）等。

② 这类表述的国民党人的新闻文献主要有：戴季陶《关于新闻事业经营和编辑的所见》（1929，《报学月刊》）、吴铁城《新闻事业与政治社会之关系》（1934，《十年：申时电讯社创立十周年纪念特刊》）、黄少谷《政治改进与新闻宣传》（1934，《十年：申时电讯社创立十周年纪念特刊》）、邵力子《舆论与社会》（1929）、陆舒展《民权主义与舆论政治》（1930，《新声》）、端木恺的《舆论的意义及其与民治的关系》（1930，《国立劳动大学月刊》）、朱显庄《舆论之分析研究》（1934，《清华周刊》）、王陆一《舆论与监察》（1934，《十年：申时电讯社创立十周年纪念特刊》）等。

表述中强调保障、扶持正当舆论，力求健全舆论，强调舆论威力，党国军政要人却屡屡摧残、钳制、统制舆论，表现出蔑视舆论的牧民心态。②学理上接受基于"社会契约"的舆论观，将民主政治简化为舆论政治，却把舆论界定为少数个人能够引领的"公共意志"；①将人民智力水平、言论自由、表达工具（新闻界）视为舆论健全的要件的前提下，既赞誉孙中山的民权政治是完美的舆论政治，也以人民智力水平低下为由，肯定国民党负有健全舆论的"训导地位"，进而以训导舆论、集体自由高于个人自由为由，限定言论自由的政治空间。邵力子《舆论与社会》（下简称劭文）、陆舒展《民权主义与舆论政治》（下简称陆文）是上述思路的体现。以劭文为例。《舆论与社会》一文是邵力子11年舆论界工作经验的总结，该文刊发于1929年。1929年的邵力子是国民党中央政治委员会常务委员、中央监察委员，以邵力子的社会声望及党内元老资格，邵文可谓是国民党元老对待舆论的一个缩影。邵力子首先从经验主义层面断定舆论和社会是"互为因果"的关系，改造舆论与改造社会是"没有先后入手的次序"。继而将舆论界定为广义的"国民公意"和狭义的"新闻界"，然从邵文的话语表述看，广义的"国民公意"类似于中国传统意义上的民意，狭义的"新闻界"略类似于西方意义上的舆论。这在于，在广义舆论层面，劭举出诸多案例证明舆论有"好"、"坏"之别，好舆论使中国得到"好结果"，"坏"舆论使中国得到"害处"，继而提醒读者（革命者）要在"最注重舆论的国家，也是舆论最有势力的国家"里改造舆论，应有"选择"舆论的"功夫"，以"造成一种好的舆论和产生出一种好的社会"。由此，邵力子以"高洁的志向""终可得舆论的帮助"及"好的、真的思想，终有一天受民众崇拜的，错的、伪的思想终有一日为民众唾骂的"为由，号召青年同志以"高洁的志向"改造"黑暗的舆论"及"不要怕和舆论去奋斗"。在狭义舆论层面，邵力子直接将之等同于"新闻界"，并以其经验告诫"青年同志"不要迷信报馆，报馆既可使"罪恶和文明一样的前进"，中国舆论界因未走在社会前面，任指导及监督的责任，致使其"积了许多罪恶"，因此，报馆舆论

① 朱显庄为舆论下的定义是"舆论是个人对于社会生活某方面之问题所发表之意见，而博得许多人之同意者"，端木恺：《舆论之分析研究》，《清华周刊》，1934年第7期。端木恺认为"一个人群须先有确定的政治目的及确定的主义和方略，共同遵守，然后才能有舆论"。端木恺：《舆论的意义及其与民治的关系》，《国立劳动大学月刊》，1930年第1卷第2期。

要"以功赎罪"，就应"站在社会之前"，"放正自己的心，为社会服务"①。邵力子在表现其政治倾向上虽然使用"高洁的志向"、"放正自己的心"等含混表述，但邵的社会身份能使读者将之联想为国民党的政治主张。与邵文的隐晦表达不同，陆文表述更为直接，且学理性更强。陆文1930年刊发在《新声》第2期上，是《新声》期刊舆论思想的重要体现。《新声》由广东省宣传部主编，以阐扬孙文主义为己任。该文开篇从人民以舆论力量处理国家政治的层面，将舆论政治视为"现代民主政治的灵魂"，推导出"舆论不健全即不是民主政治"的结论，继而以"政治目标"高于"政治手段"的话语策略将国民党"党治"制度与独裁的法西斯、苏俄制度划清界限，肯定孙中山的训政理念与国民党"党治"手段健全民主舆论的合理性，接着从希腊政治的历史变迁中得出，民主政治与人民智识水平密切相关，推演出同时建立"合于民主精神的政治制度"和"把人民的民主意识形成一种健全的舆论来推进新的政治制度"的"民主意识于政治的运用"的方法，侧面肯定党国体制。然而在随后的如何"把人民的民主意识形成一种健全的舆论来推进新的政治制度"的论述上，作者却将广义舆论（此处舆论等同于民意）转换为狭义舆论（卢梭意义上的公共意见 Pubilic Opinion），探讨健全舆论的三个要件（人民识力的充实、言论自由的确立、表示意见的工具）的同时，在其中"言论自由的确立"要件上添加了"国家根本主张的同意"的前提，随之结合西方民主政治的弊病，论证了在孙中山设计的"精密"的民权制度下可实现舆论健全，综上所述，作者得出如此结论：国民党"训政的目的就在健全舆论的养成。这个时期，本党对于舆论的态度，是站在训导地位的，因此，除积极的发展地方自治以外，对于言论自由的问题……本党不准言论自由的部分是指一切反革命分子而言……同样的对于新闻界的态度，也是以扶植为职志的，国府蒋主席对全国舆论界表示的态度，所以可以说是整个民权主义所包含的主张"。此外，端木恺《舆论的意义及其与民治的关系》②、朱显庄《舆论之分析研究》、王陆一

---

① 邵力子：《舆论与社会》，黄天鹏编：《报学月刊》，1929年第1卷第2期。

② 端木恺结论有六："一、舆论是公共的意识，二、舆论的价值在能发表不同的意见，三、舆论是可训练而不可压迫，四、舆论须防有人操纵，五、舆论的教育方法是实际参加政治；六、受舆论指挥政府才是真正的人民政府"。端木恺：《舆论的意义及其与民治的关系》，《国立劳动大学月刊》，1929年第1卷第2期。

《舆论与监察》①等文亦是这一思路的体现。

　　综上所述，国民党以"先觉者"身份将自己凌驾于舆论威力之上，在贬低民众的舆论表达能力的同时，意图以其主义训导民众养成其认同的"健全舆论"，并将其他主义、舆论视为错误、荒谬而予以取缔、统制或善导的一种精英主义的社会舆论改造、操控观。

　　2. 党国传媒的喉舌观

　　喉舌是传媒"代言人"角色的形象表述。据尹韵公教授考证，"喉舌"之职最早出现在周代，《文心雕龙》的作者刘勰是古代"喉舌"观念的创始人。古代"喉舌"职能从最初帝王专职的代言人演变为"国家的信息大管家，具有政府权威的'意见领袖'、政治与社会状况的环境监测者"。近代"喉舌"与古代"喉舌"有相似之处，它最早出于梁启超的《论报馆有益于国事》（1896）。②国民党的传媒"喉舌"观在思维方式上延续了梁启超"喉舌"观，在"喉舌"主体上承续了孙中山开创的主体传统---党国，但在"喉舌"职能上却偏离了前二者。梁启超的"喉舌"职能是以"去塞求通"为内涵的"监督政府、向导国民"，孙中山的"喉舌"职能是"宣传主义、制造舆论"，以建设三民主义宪政国家。③而国民党传媒的"喉舌"职能在其新闻传播实践中主要表现为操控舆论，塑造三民主义意识形态，维护中华民族整体利益及党魁、党内派系、地方实力派的多方利益的舆论喉舌，至于"训民以政"的政治启蒙与教化、监督政府、民众诉求的"下情上达"及利益维护等"喉舌"职能则被严重抑制。在党国传媒"喉舌"的话语表述上，国民党人的理论阐述不多，其零星、散乱的话语表述表现出国民党人的传媒"喉舌"观的不同侧重点。具体而言：①将党办报纸、通讯社、电台定位为国民党的机关报，在报刊发刊词中强调要"阐明党义，宣扬国策"，"阐扬孙文主义"，宣传"本党主义、政纲政策、现行法令"等，却鲜有直接表明"党国喉舌"、"中央喉舌"、"本党喉舌"等字眼。这在于民初政党报纸的堕落，使"本党喉舌"

---

①　王陆一认为"在政治上，两者（舆论和监察）是永远的实行着密切的'政和治的分工'"，并说"有好的舆论即有良好的政治"。王陆一：《舆论与监察》，《申时电讯社创立十周年纪念特刊》，申时电讯社，1934，第50—60页。

②　尹韵公：《"喉舌"追考——〈文心雕龙〉之传播思想探讨》，《新闻与传播研究》，2003年第3期。

③　吴廷俊：《对"耳目喉舌"论的历史回顾与反思》，《新闻研究资料》，1989年第2期。

等词语易引起读者心理反感，"人民喉舌"、"为民喉舌"却易得到读者信任。1932年，《中央日报》的程沧波从"人民之利益即党之利益"角度替《中央日报》辩解称"本报为党之喉舌，即民之喉舌。"① ②"民众喉舌"、"为民喉舌"、"国民喉舌"、"民之喉舌"、"公民喉舌"、"人民喉舌"等话语为国民党人在报刊题词、演讲、著述中频繁使用，② 但在国民党的新闻政策中，人民喉舌的思想几乎没有任何体现。③ 这表明"人民喉舌"的话语表述更多地是政治作秀，或梦想期待。③ 妇女喉舌、农村喉舌、纺织喉舌、工商喉舌、侨胞喉舌、外交喉舌、吾民喉舌等某某喉舌的表述在发刊词、著述、演讲中亦较为普遍，这表明国民党人对"喉舌"主体的认知趋于多元化、利益化。喉舌是利益主体的代言人，已是国民党人的共识。

"喉舌"职能仅是传媒的一项政治功能，传媒还具有信息传递、监督社会、社会教育、文化传承、娱乐等功能。这些传媒功能，国民党人亦有所论述，但鲜有形成集体共识，成为国民党的新闻意识形态。其中有代表性的观点有：①"传达新闻"、"忠实记录"的事实传递观。以蒋介石"文胆"陈布雷为代表，陈说，"新闻纸职务云何，不待反言，亦曰传达新闻而已。换言之，则报告社会情况，与各种特发的事实而已，故新闻纸之第一应有之信条曰忠实。忠实云者，即以纯客观之态度，适如其量而得达社会情况与事实真相于读者。"④ 1929年12月5日，叶楚伧亦在招待新闻记者时，强调"社会视报纸为耳目，市面如有谣言，人民皆赖报纸"，故应慎重记载。⑤ 曾虚白亦说，"新闻纸最重要的职务，是把社会所需要的消息供给社会。"这一观念却为社会所不识。对之，陈布雷痛感"社会各界不能认识新闻纸性质与其职务或稍认识焉而不加以尊重"，以致在精神上"灰沮经营者与编辑者之意气"。⑥ 这一观

---

① 程沧波：《敬告读者》，《中央日报》，1932年5月8日。

② 这类表述也非常多。仅举一例，陈立夫将新闻记者称为"为民喉舌"。见陈立夫：《我对于新闻事业之感谢》，《中国新闻学会年刊》，1942年第1期。

③ 这在国民党中央执行委员会于1932年5月31日制定订的《宣传品审查标准》中体现得最为明显。该《标准》分"适当"、"谬误"、"反动"三类宣传，共19条，在原则上规定了宣传品审查的政治标准。此外，"党治"新闻界已是大陆、台湾学界的共识，亦是最有力的佐证。

④ 陈畏垒：《新闻纸之本质与任务》，《报学月刊》，第1卷第1期，光华书局，1929，第28页。

⑤ 叶楚伧：《报纸为社会耳目应慎重记载》，《叶楚伧文集》（第二册），台北：中国国民党中央委员会党史委员会，1983，第6–7页

⑥ 陈畏垒：《新闻纸之本质与任务》，《报学月刊》，第1卷第1期，光华书局，1929，第24页。

念始终未成为国民党新闻政策的指导思想。②社会教育、民众启蒙的文化传承观。此观念是传媒喉舌观在社会文化领域的延伸，故在国民党人中有许多共识，相关表述也较多。如蒋介石称新闻记者为"教育家、历史学家与救世主"，"社会之导师"；黄少谷称"新闻纸为教育大众之活的讲台"；①定荣称"报纸是一种最完善的人生教科书"、"报纸在'训民以政'这种工作上面，实在负有伟大的使命"；②吴铁城称新闻事业是"一种有利人群，造福社会之文化事业"；③等。在党国新闻传媒的传播实践中，这一职能也有所发挥。

3. 党国、民族利益至上的言论自由观④

言论自由是新闻传播实践的现实边界的清晰界定，是新闻传播思想中无法回避的核心命题。国民党的言论自由观，虽然在表述上各异，实践中尚未做到完全统一，却集体否定了当时盛行、绝对的言论自由观，达成了有限制的、相对的、三民主义的、革命言论自由观的共识。即言论自由应以党国、民族利益至上，话语表述是"不批评三民主义、总理遗训及建国步骤"，享有者是排除了"共产党、国家主义、第三党及一切违反三民主义"的"一切反革命分子"的所有革命民众，国民党甚至规定，"凡经省及特别市党部书面证明"，即可认定其为反革命分子。⑤

国民党利用国家机器，将这一观念上升为全党意识和国家意志，并在这一观念指导下制定了严厉的新闻统制政策。1929年3月21日国民党第三次全国代表大会通过的《确定训政时期党政府人民行使政权治权之分际及方略案》中规定，"国民党最高权力机关……于必要时，得就于人民之集会、结社、言

① 黄少谷：《政治改进与新闻宣传》，《申时电讯社创立十周年纪念特刊》，申时电讯社，1934，第63页。
② 定荣：《训政时期报纸所负的使命》，王澹如编：《新闻学集》，天津大公报西安分馆，第134-137页。
③ 吴铁城：《新闻事业与政治社会之关系》，《申时电讯社创立十周年纪念特刊》，申时电讯社，1934，第49页。
④ 使用"言论自由"而不是"新闻自由"主要在于：①二十世纪二三十年代，人们大多没有将"言论自由"与"新闻自由"的概念进行区分，见李秀云：《中国现代新闻思想史》，中国社会科学出版社，2007，第121页；②汉语"新闻自由"一词最早出现在1938年7月出版的任毕明著《战时新闻学》一书。
⑤ 此为上海市特别代表陈德征1929年3月向国民党三次全国代表大会的提案，提案称"反革命分子包含共产党、国家主义者、第三党及一切违反三民主义之分子"，对这些分子可不经法院即予以严厉处置。提案称"凡经省及特别市党部书面证明为反革命分子者，法院或其它法定之受理机关应以反革命罪处分之"等。见《严厉处置反革命分子案》，上海《民国日报》，1929年3月26日。

论、出版等自由权，在法律范围内加以限制。"[1]1931年的《中华民国训政时期约法》、1936年的《中华民国宪法草案》也做了类似的规定。[2]在国民党根本大法指导下，国民党制定了严厉的新闻统制政策，然而，这一政策并未被严格执行，在党国新闻传播实践中，国民党内的派系矛盾、中央与地方实力派系的矛盾，致使民国言论自由的边界尤其是地方上言论自由的边界，实质上由握有实权的地方大员个人确定，形成了国统区言论自由权力化的社会畸形。

在话语表述上，上至党国要人、中至中层、下至一般党员，都在公开表述中强调有限制的言论自由。1930年蒋介石说，在"不批评三民主义、总理遗训及建国步骤"的前提下新闻界拥有绝对自由，"中央必开衷延纳"。[3]胡汉民说，"我们自由的精神，要用到为国家民族争自由的上面去，更要以不妨碍国家民族之自由为范围，因为只有国家民族，才是自由的源泉，舍国家民族的自由，而别寻所谓个人的自由，我们可以断然地说是一种重大的错误。"[4]赖琏在向国民党三中全会（1929年3月）的提案中明确表示，"在可能范围内，予新闻界以言论自由权。"[5]陈舒农从健全党国舆论层面阐述了"言论自由为造成善良舆论的必要条件，对于国家根本主张的同意又是言论自由的条件"，得出"站在（舆论）训导地位"的国民党对于言论自由"绝不是绝对的给予或绝对的否认"，而是不准给"一切反革命分子"以言论自由的自由限制观。[6]马星野从民权主义角度系统阐述了只有"服膺革命的人民"才配享有言论自由。马氏以民权主义主张"全民政治"为由，提出限制"鼓吹阶级利益，少数人利益即派别利益的报纸"的存在；以民权主义主张"革命人权"为由，提出剥夺"反革命的人"的言论自由，把记载时事与批评时事的权利赋予"服膺革命的人民"；以民权主义主张"权能分开，政府要有充分的治权，人民要有充分的政权"为由，提出"当政府行使其充分的治权的时候，报纸不能作

① 见钱端升等著：《民国政制史》（上），上海人民出版社，2008，第203页。

② 1931年是"人民有发表言论集刊行著作之自由，非依法律不得停止或限制之"；1936年是"人民有言论、著作及出版之自由，非依法律，不得限制之"。见郭卫编：《中华民国宪法史料》，新北：文海出版社，1973，第45页，第48页。

③ 津庸：《言论自由》，《记者周报》，1930年11月2日第25号。

④ 胡汉民：《谈所谓"言论自由"》，《宣传周报》，1930年第8期。

⑤ 赖琏：《请确定新闻政策取缔反动宣传案》，见黄天鹏编：《报学月刊》，第1卷第2期，光华书局，1929，第78页。

⑥ 陆舒农：《民权主义与舆论政治》，《新声》，1930年第2期。

不负责之攻击；当报纸领导人民，训练人民行使其充分的政权的时候，政府也不许对报纸作不必要之束缚"的言论尺度；以民权主义主张"扩大自由之意义，注意团体尤其是国家之自由，不注意个人的自由；注重个人对他人之义务，而不注重于个人之权利"为由，提出"当报纸的记载自由及批评自由与国家利益社会利益有冲突之时候，报纸要牺牲其自由；当报纸之记载权利与批评权利，侵入其他个人或团体应有权利之时，报纸也应守着义务而牺牲其权利"。①

　　言论自由的主要检验标尺是，政党或政府给公众及传媒批评、监督自己多大的言说空间。欧美传媒、公众在成熟的民主宪政制度框架内拥有绝对的批评政府、政党的言说权利，这一权利是欧美权力制衡体系中的一支重要力量，形象地被称作"第四等级"、"第四种族"、"第四权力"。近代中国的传媒"监督政府"源于传统中国的民本主义和西方"第四等级"观念的引入与启蒙②，是缺乏制度保障下的知识精英参政议政的代名词。梁启超于1902年在《敬告我同业诸君》中首次倡导报馆"监督政府"，曰"报馆天职"是"对于政府而为其监督者"。③梁启超等资产阶级改良派用报馆的名义推动清政府的君主立宪。孙中山等资产阶级革命派以"监督政府"推翻满清政府，中华民国建立后主张报馆在"行政范围内监督政府，不可攻击"人民之政府"。在社会制度变迁的大环境中，这两种"监督政府"传播实践均付出了沉重代价。

　　国民党对传媒"监督政府"的认知逻辑源于孙中山"行政范围内监督政府"，不可攻击"人民之政府"的舆论监督思想。国民党建立南京国民政府

---

① 马星野：《三民主义的新闻事业建设》，《青年中国》，1939年9月30日。

② 民本主义传统强调对帝王的"谏诤"文化，传统中国有可歌可泣的"谏诤"史，有丰富多彩的谏诤艺术，有许多彪炳历史的著名谏臣，如春秋时的晏子、唐代的魏征，更有数不胜数的悲惨故事。"第四等级"的概念首次输入中国是松本君平的《新闻学》，梁启超于1901年12月首次在《清议报》上使用，该词在以后文章中偶尔出现，而源自日本的另一个比喻性概念"无冕之王"，却多被近代报人多次所征引。李开军：《"无冕之王"一说在中国的出现》，《青年记者》，2005年第4期。

③ 梁启超是从"第四等级"理论中推导出报刊对政府的"名誉上的监督"的。他说，"报馆者，非政府之臣属，而与政府立于平等之地位者也……故报馆之视政府，当如父兄之视子弟"。为实现"监督政府"的目标，梁仅从职业角度把记者的道德品格提升到难以企及的神圣高度，即报人应具有"五本"（常识、真诚、直道、公心、节制）和"八德"（忠告、向导、浸润、强聒、见大、主一、旁通、下逮），而没有从制度上规范记者的行为。见李秀云：《梁启超的新闻舆论监督思想》，《南开学报》（哲学社会科学版），2003年第5期。

后，是以"纳嘉言"，"健全舆论指导政治"两个层面看待公众、传媒批评、监督政府的言论行为。"纳嘉言"是传统"谏诤"文化的重要表现，是以帝王个人政治道德涵养支撑起"纳嘉言"的社会言说空间。蒋介石延续了这一传统。他在公开场合多次向报馆表示了"纳嘉言"的姿态，吸收了党内自由主义的许多诤言。1929年12月27日，蒋通电全国报馆"望于十九年一月一日起，对于党务政治军事财政外交司法诸端，以真实之见闻，作翔实之贡献，其弊病所在，能确见事实症结非攻讦私人者，亦请尽情批评。凡属嘉言，咸当拜纳云云"[①]的公开表态。1930年说在"不批评三民主义、总理遗训及建国步骤"的前提下新闻界拥有绝对自由，"中央必开衷延纳"。[②]"健全舆论指导政治"下的传媒"监督政府"源于国民党舆论威力观。如上所述，国民党将民主政治等同于舆论政治，将舆论分为健全与荒谬两类，因此，健全的舆论可监督政府。这一"先觉觉后觉"的精英模式为党务精英指导、监督国民政府提供了借口，故为潘公展、潘公弼、程沧波、马星野、王陆一等国民党中层官员所信奉，他们也常把传媒"监督政府"、"指导政治"挂在嘴边。1930年福建省委宣传部秘书郑票如在对记者演讲时说，报社的角色是"站在群众之前指导社会，监督政府"，[③] 1930年3月31日，潘公展在环球中国学生会演讲中说："晚近政治趋向，由皇帝政治、议会政治，演进为舆论政治，是以舆论之力量，可以指导政治"，[④]王陆一把新闻业与监察权并列[⑤]等。然在党国新闻传播实践中，因党内派系纷争、地方实力派与中央的矛盾，致使许多"舆论监督"沦为党内"党同伐异"的遮羞布，而党国传媒"正当"的舆论监督则非常的少，来自民营报业的舆论监督也常常受到国民党的钳制。在话语表述上，国民党人为传媒"监督政府"划定了"不得批评三民主义、总理遗训及建国步骤"较为模糊的政治框架，体现出国民党对待传媒监督政府的暧昧态度。

4. 宣传主义与自由主义交织的新闻业务观

宣传主义的新闻业务观是将新闻完全纳入政治宣传的操作模式中，这一业务观是传媒喉舌观在新闻传播业务中的具体表现。在宣传主义统领下，新

① 《国府当局开放言论之表示》，《大公报》，1929年12月29日。

② 津庸：《言论自由》，《记者周报》，1930年11月2日第25号。

③ 《记者周报》，1930年9月4日第18号。

④ 《记者周报》，1930年5月25日第2号。

⑤ 王陆一：《舆论与监察》，《申时电讯社创立十周年纪念特刊》，申时电讯社，1934，第50-60页。

闻是被操纵的宣传工具，新闻事实与言论的选择、写作、编排、传播均服从于政治宣传效果的需要，因此，政治而非新闻价值的标准是新闻业务操作的最高标准。为达到政治宣传效果，宣传主义的新闻业务观包含：①强调新闻要确实、新鲜、趣味、客观等，其目的却是借新闻的公众印象达到"润物细无声"的宣传效果；②会采取煽动、侵润的方法操控新闻事实，刊发激烈言论；③在政治利害为唯一标准的前提下，会夸大、编造、拼揍对己的有利事实，歪曲、忽略、规避、低调处理对已不利的事实。近代报刊传入中国后即催生了宣传主义的新闻业务，经梁启超、康有为、孙中山等资产阶级的"改良"、"革命"的新闻宣传实践，宣传主义的新闻业务观及实践操作已被社会广泛接受。"宣传"与"新闻"概念在近代中国的彼此交织、混合使用是这一观念深入社会的最好佐证。

作为党国喉舌的新闻传媒，自然延续了孙中山等革命党人的宣传主义新闻业务观，他们将新闻传播业务完全置于宣传主义的统领下，也不足为奇。然在国民党官僚化、程序化、繁琐化的新闻管理规制下，党国新闻业务的宣传主义色彩更为浓厚。其主要表现有：①虚假新闻泛滥，在政治新闻领域尤甚，为党国传媒的顽疾。②新闻报道的公式化、模式化，为新闻界、公众所诟骂。邵力子1937年抨击到"各地之日报，有形成'公式化'的模样，任何新闻，不论巨细，记载大致相仿，且以地位关系，有许多重要新闻，亦有遗漏"。① 这是国民党新闻传媒难以建立起其社会声誉的重要根源之一。

然在自由主义新闻思潮盛行的民国，国民党虽在"训政"名义下将之改造，但民主政治内含的自由主义新闻观，也使国民党无法将之完全改造为喉舌统领下的三民主义的新闻观。其表现是国民党人关于新闻业务的话语表述中有较浓的自由主义色彩，上至国民党党魁如蒋介石，中至陈果夫、戴季陶、叶楚伧、陈布雷等国民党官员，下至潘公展、胡健中等党国传媒的负责人，都一致强调新闻业务的"确实"、"迅速"、"真实"、"忠实"等。蒋介石强调新闻报道要"确实"、"迅速"、有"趣味"；戴季陶要求选材要"平和、慈祥、忠厚、确实、公道、优美"，报道要"确实谨慎"，党报"一切记载，必

---

① 邵力子：《新闻记者须自重方能为人所重》，《中央周报》，1937年第473期。

须严守政府之地位"；^①叶楚伧认为"新闻记者之惟一道德为忠实"，即忠实于事实；^②胡健中在演讲中强调新闻材料要以"新、真、精、善"为标准，采访员需要"六个W"，即"What"、"Who"、"When"、"Where"、"How"、"Why"等。^③这种自由主义色彩的新闻学基本常识的话语表述，既是"教育"底层新闻记者的诉求，也不可否认其对自由主义新闻实践的向往，但现实利益的诉求驱使他们更倾向于宣传主义的新闻业务操作。

在传媒经营上，国民党采取了党营、国营、民营媒体及"混营"的多元模式。在观念上，多数国民党人主张"公"、"私"兼顾。陈布雷、马星野等是代表。陈说，"新闻纸经营之目的或者谓为营利的，或者谓应为公益的，然近世之新闻学者大抵皆折中二者之说，其意以为新闻纸不能纯为营利的或纯为公益的，健全之新闻纸，必兼具二者之性质。即一方面尽瘁于营利的条件，以自植其实质的基础，俾克恢弘其公益的任务。他方面又以努力公益的任务之精神，辅助其营利目的之发展。正如车有两轮，不可偏废。"^④也有国民党人主张完全国营，将私营媒体收归国有。刘炳藜等是其代表。^⑤

第二节　国民党党魁的新闻思想
——以蒋介石为中心的探讨^⑥

任何国家制度的建构都是多重合力的结果，其中，领袖人物的思想与行为起到了关键性作用，这在制度建构初期更是如此。某种程度上可以说，处

① 戴季陶：《关于新闻事业经营和编辑的所见》，《报学月刊》，第1卷第1期，光华书局，1929，第30–33页。

② 叶楚伧：《为国民党请愿于言论界》，《国闻周报周年纪念特刊》，1925年8月2日。转引自中国国民党中央委员会党史委员会编：《叶楚伧文集》（第一册），台北：中国国民党中央委员会党史委员会，1983，221页。

③ 胡健中：《新闻的编辑与采访》，《苏衡》半月刊，1936年第17–18期。

④ 陈畏垒：《新闻纸之本质与任务》，《报学月刊》，1929年第1卷第1期。

⑤ 刘炳藜从"文化是公共的事业，任何人不得私有"的角度，认为新闻事业应完全国有，可效仿教育行业，将私营媒体由公家收回。中央日报、中央通讯社是"党的经费支持"的，不是国家经营的。见刘炳藜：《关于新闻业中的几个问题》，《前途·新闻统制专号》，1936年4卷9期。

⑥ 本节内容在刘继忠《蒋介石的新闻操控的行为与思想初探》（倪延年等主编：《民国新闻史研究·2015》，南京师范大学出版社，2015）一文基础上改写。

于国家或政党权力中枢地位的少数几个人的合力，建构了国家与社会制度。南京国民政府的制度建构亦是如此，"以党治国"的训政体制，在某种程度上是胡汉民、蒋介石、汪精卫等国民党中央常委们集体共识的产物。作为党国体制重要组成部分的新闻传播业，亦是如此。故蒋介石等国民党党魁虽然不是新闻学家，但他们深知新闻传媒对于其执政、治国、御侮的重要性，且始终视新闻传媒为其党国喉舌，他们的思想深刻地影响了南京国民政府的新闻制度及其传播实践。因此，要探究"喉舌与训政"的内在关联，国民党党魁们的新闻传播行为及思想不能回避，其中，握有实权的蒋介石对党国新闻传播业的实际影响更大。

蒋介石是影响近现代中国走向的、重要的、具有争议性的军人政治家。他虽然视军权高于一切，对新闻传播的公开表述并不多，却将"新闻传播"视为其统治中国的重要资源，善于运用新闻舆论操控艺术。受制于意识形态的影响，新闻学界对蒋新闻思想与行为的研究，明显偏少。内地学者鲜有研究，台湾学者李瞻、马星野等学者有所论述，评价却过于褒奖，有失客观。[①]近年来，随着两岸关系的和解，政治环境的宽松及蒋档的解禁，"蒋学"逐渐在史学界形成，成为民国史研究中的一支显学。然而目前国内外对蒋介石的研究，多集中于蒋的政治、军事生涯与政治、军事思想，人际交往、传记等，鲜有涉及其新闻思想与行为。[②]基于此，本节基于蒋介石关于新闻、宣传的讲话、训词、手谕、题词等史料，[③]结合蒋介石的政治行为，加以分析解读。

---

① 主要有马星野：《蒋公论新闻道德》，《国际新闻传播专辑·新闻学研究》第30集，"国立"政治大学新闻研究所，1983年5月。

② 民国史学者黄克武、杨奎松、吴淑凤、陈进金分别从海外、大陆、台湾三个层面全面梳理了"蒋介石相关主题"的学术综述。在上述综述中，尚未发现从新闻传播角度研究蒋介石新闻传播行为与思想的著述。上述学术综述收录于汪朝光主编的《蒋介石的人际网络》的第六部"回顾与展望"。见汪朝光主编：《蒋介石的人际网络》，社会科学文献出版社，2011，第263-351页。

③ 蒋介石的新闻工作较少，他早年在日本东京参加过《军声》杂志的编辑工作，对新闻、宣传的公开阐述不多，主要体现在20世纪20-30年代的题词、函电、批语、手令等，较系统的论述主要集中在1940年、1941年及其晚年相应的演讲、训词中。主要有1940年3月23日在中央政治学校专修班甲组第一期毕业典礼上的《今日新闻界之责任》的训词，1940年7月16日在中央政治学校新闻专修班一二期学生毕业典礼上的《怎样作一个现代新闻记者》的训词，1941年3月16日的《在中国新闻学会成立大会训词》，及晚年的《发挥大众传播力量》（1964年11月5日）、《新闻工作是教育事业》（1969年6月26日）及《任主义先锋、作国民喉舌》（1974年4月7日）等演说、训词。需要说明，蒋的讲话、训词早期是由陈布雷等秘书起草的，晚年是否由秘书起草尚不得而知。领导人的讲话由秘书起草，这表明两点：一是蒋基本认同起草人的观点；二是这些观点并非完全是蒋的个人创造，而是揉进了起草人的观点。

一、"主义先锋、国民导师"

"主义先锋、国民导师"源于蒋介石晚年（1974年4月7日）对中国国民党第四次新闻工作会谈中的一段训词，该训词说"新闻工作者每每比一般人要知道得早一些，也知道得多一些。应该以先知觉后知，以先觉觉后觉，引导全民，匡正舆论，以完成光复神州的伟大使命。所以，我诚恳地希望各位同志，任主义的前锋，作国民的喉舌，挺身负起文化斗士的责任。不论新闻和舆论，均须激励国民乐观奋斗、积极进取，成为心理建设的重心，社会进步的标杆，其有裨于国民革命大业者，当可预期。"

这句话既是蒋介石对党国新闻工作的殷殷期盼，也是蒋对新闻工作的政治定位，在某种意义上可谓是蒋对其"新闻治国"的经验总结。即党国新闻传播（报纸、广播、通讯社及其他宣传工具及其工作人员）要"任主义的前锋，作国民的喉舌"，[①] 肩负"普及宣传、宣扬国策、促进建设、发扬民气"的心理建设的重任。晚清民初，中国资产阶级已普遍将传媒（报刊）视为其政治理念的喉舌，蒋的传媒喉舌观，亦在此风气中养育而成。1912年11月，青年蒋介石在日本东京创办《军声杂志》，萌生了朦胧的传媒喉舌观。不同于孙中山非常重视"唤起民众"的启蒙工作，蒋在风云变幻的国际政治中深刻认识到"保国"首位是军事，报刊仅是鼓吹国人"尚武精神"的舆论喉舌。[②] 国内复杂多变的民初政局、孙中山多劫多难的革命生涯、北洋军阀的兴衰及国民党党魁的争斗等事实更是加深了蒋介石重军事、重实权的思维惯性，这一惯性支配蒋非常重视军权，重视自己的嫡系部队，轻视文宣工作，轻视新闻传播的政治功效。20世纪30年代，蒋以其嫡系军队为实力后盾，经过数年的纵横捭阖，成为国民党的最高党魁、中华民国的最高领袖。这就要求蒋需要改变其僵硬、武断、暴躁的军人气质，以政治家的领袖风范驾驭全局，获得

---

① 蒋介石：《对中国国民党第四次新闻工作会谈特颁训词》，秦孝仪主编：《总统蒋公思想言论总集》（第40卷），台北：中国国民党中央委员会党史委员会，1984，第433–434页。

② 在《军声杂志》发刊词中，蒋介石纵观欧美各国的历史演替，发现"各国抱殖民政策，而以权利为主体，以遣使为间谍，以贸易为先锋，以兵力为后盾"，清代沿袭"重文轻武"的旧弊，致使国家积弱腐败，"非革命不足以振衰起弊"而发愤为雄之道是："鼓吹尚武精神，研究兵科学术；详议征兵办法，讨论国防计划；补助军事教育，调查各国军情。"见《军声杂志发刊词》（1912年），秦孝仪主编：《先总统蒋公思想言论总集》（第35卷），台北：中国国民党中央委员会党史委员会，1984，第1–4页。

党内外精英的信任与支持。在此背景下，蒋对文宣（含新闻传播）的重视程度有所提升，组建了以黄郛、杨永泰、陈布雷、张群、张季鸾等一批知识精英的执政智囊，对于党务、文宣与新闻工作的公开表述也明显增多，如1934年5月30日在南京宴请粤港记者团，希望"新闻界以舆论权威协助进行"扫除赣省残匪①，1936年应《大公报》创刊一万号之请，撰写了《收获与耕耘》，赞扬大公报以"莫问收获、但问耕耘、立己立人"的实干精神使该报"不愧为民族复兴开始期理想之舆论"，提出新闻纸要"促成三民主义之建设，而造成吾中华民族为世界上第一流之国家，胥由此道。"②1940年两次去中央政治学校演讲，③赞誉新闻记者是"国家意志所由表现之喉舌，亦即为社会民众赖以启迪之导师"、"社会之导师、舆论之主宰"，称"完成三民主义国家之建设，实唯新闻界之积极奋起是赖"、"实行三民主义建设现代国家……宣传事业的推动尤为重要！"1941年在中国新闻学会成立大会上发表训词，称新闻记者"实为教育家、历史学家与救世主"④等。这些显示出蒋极其重视知识精英、重视新闻宣传工作的社会影响。但在蒋的治国思维中，以军权为核心的权力资源始终居于首位，其次是经济资源，最后才是新闻传播资源，即新闻传播是蒋介石个人权力的舆论喉舌，要为其个人权力与政治理念的实现提供合法的意识形态。

　　蒋是受现代文化熏陶的传统威权型政治人物，其政治理念中既有传统儒家的统御之术，也有现代政治文化的基因，属于传统皇权向现代民主政治转型的过渡性人物。他宣称继承总理遗嘱，实际是向往孙中山"当然总理"的威权，意图建立以他为权力枢纽的三民主义的宪政国家。因此，"主义先锋"表面是孙中山的三民主义，实质是蒋个人的政治理念，特定时期是蒋主导的国民党的政治路线、政策的舆论先锋。南京政权前期，党国新闻传播是打着

① 《蒋委员长宴粤港记者团》，《申报》，1934年5月30日第2张8版。
② 蒋介石：《收获与耕耘：国民政府主席蒋中正先生为为大公报一万号纪念作》，《大公报》一万号，1936年5月22日第1张3版。
③ 两次演讲分别是1940年3月21日对中央政治学校新闻专修科第一期毕业生演讲，题目为《黾勉新闻界战士》；同年7月26日中央政治学校新闻事业专修班毕业典礼演讲，题目是《怎样做一个现代新闻记者》，《先总统蒋公思想言论总集》（17卷），台北：中国国民党中央委员会党史委员会，1984，第205-206页，第419-423页。
④ 蒋介石：《中国新闻学会成立大会训词》，转李瞻：《国父与总统蒋公之传播思想》，《新闻学研究》第37集，1986，第16页。

蒋介石三民主义[1]旗帜排除地方派系、剿灭中共、巩固执政、应对日本入侵的舆论先锋；抗战时期是以蒋介石统领的"国家至上、民族至上"的"抗战建国"舆论的喉舌；解放战争时期是蒋"戡乱救国"的舆论先锋；国民党退居台湾时期是蒋"反攻复国"的舆论先锋。"国民导师"源于孙中山"先觉觉后觉"的"知难行易"论。蒋有很强的个人英雄主义的自负心态，自认为是先知先觉者，其言行永远正确；他多次标榜自己是革命者，违反自己就是背叛革命；他多次说"我的话绝没有错误"。[2]故"国民导师"实质是将维系蒋介石个人权力与政治理念的意识形态灌输到国民头脑中。蒋将孙中山三民主义教条化、宗教化，借助新生活运动向国民灌输"礼义廉耻"的传统儒家文化，及服从"革命领袖"的政治文化等，这些均是蒋理想中的"国民导师"要做的宣传教化大业。

二、言论"宜就其利害定一准则"

言论"宜就其利害定一准则"源于蒋介石在国民党二届五中全会期间（1928年8月8日–15日）发表的《对时局之意见》。《对时局之意见》作于8月2日，8月9–10日刊发于《申报》《大公报》等报刊上。在这份影响国民党二届五中全会的意见书中，蒋首先表态服从党国"驱策"，并就"团结同志"、用人、行政、言论提出了自己主张。其中的言论主张是："中正以为对于今日之言论，纵之过甚，不免庞杂，起纷纭扰乱之机；束之过甚，又不免有闭聪塞明之害，厥宜就其利害，定一准则，有摇乱主义，鼓惑人心，反背本党之主张者，皆在绝对禁制之例。其余根据事实，以批评行政之得失，摘发弊害，以补助党国之耳目者，皆当令对于个人负责之外，不更有所束缚，此中正对于言论之处置，又一也。"[3]

这是蒋言论自由的政治立场，也是胡汉民、汪精卫等国民党中上层精英

---

[1] 1939年5月8日蒋介石在中央党部演讲"三民主义之体系"，对三民主义理论，做了融会贯通之讲述，即对党义有整个的一贯解释。蒋介石自称，"三民主义之体系及实施程序之完成，足以告慰于总理在天之灵。"见张其昀：《党史概要》第三册，台湾："中央"文物供应社，1979，第1011页。

[2] 蒋介石在国民党第六次代表大会上曾说，"我的话绝没有错误。"迟了一迟又说："我的话是完全对的。"又迟了一迟说："我是总裁，我的话，你们要照着去做。"见冯玉祥：《我所认识的蒋介石》，陕西师范大学出版社，2007，第217页。

[3] 《蒋中正发表对时局意见》，《申报》，1928年8月10日2张9版。

对言论自由的基本立场。这一立场既源于孙中山要整合国民"一盘散沙"的政治愿望，也是当时国内各种主义纷呈、人心散漫的现实要求。在党内要求言论统一、思想统一的舆论诉求下，国民党二届五中全会通过了《统一革命理论案》，该方案决定由中央委员若干组成理论审查委员会"定出一个言论标准"。[①]1929年3月的国民党三中全会更是"确定总理所著《三民主义》、《五权宪法》、《建国方略》、《建国大纲》及《地方自治开始实行法》，为训政时期中华民国最高之根本法"。这样，孙中山著作被凝固化为不允许质疑、发展的绝对真理。立法院长胡汉民更是固守总理遗嘱，不肯对总理遗嘱做任何形式的包装，以致因其坚决反对蒋介石制订"约法"而被蒋囚禁于汤山。在这一言论标准下，共产主义、国家主义、无政府主义、社会主义等其他主义均是需要批判、查禁、取缔的荒谬言论与思想，它们甚至只需"中央党部之书面证明"就可以"反革命"罪予以严厉惩处。敢于公开质疑孙中山著作的任何人，即使出于维护国民党统治，也会遭到国民党人的舆论围攻。著名学者胡适是其中的典型个案。[②]而凡是发扬、阐释、传播"正确"的总理遗教，均得到国民党的褒奖与鼓励。在这一言论立场的指导下，一方面孙中山思想被国民党绝对化、教条化、凝固化，孙中山本人被神化，另一方面，国民党制定了繁琐的各项法律法规，将社会化的信息传播（含新闻传播）纳入了国民党党务系统操控的组织传播的范畴，使党国新闻传播成为一种组织化的社会传播。

　　这一言论标准在蒋介石的公共表述中是三民主义、总理遗教，实际是按照蒋介石意志诠释的总理遗教，或者说是披着总理遗教外衣的蒋的政治主张与权力意志。简言之，"蒋的话"是绝对真理，威胁其权力意志的共产党及地方实力派的言论与政治主张，尤其是中共信奉的马克思主义，均是需要取缔的不正确言论，其他诸如自由主义、国家主义、无政府主义、法西斯主义等非三民主义，只要肯效忠蒋介石，均"允许"其在一定范围内存在。如蒋将黄郛、杨永泰、张季鸾、陈布雷、张群、陶希圣等"党内自由派"纳为其智囊团；将胡适、翁文灏、蒋梦麟、吴鼎昌等自由主义知识精英纳入其领导的行政院、国防设计委员会；请胡适、张其昀、吴鼎昌、丁文江、翁文灏、杨端六、

　　① 《统一革命理论案》，荣孟源主编：《中国国民党历次代表大会及中央全会资料》（上），光明日报出版社，1985，第535页。
　　② 见杨天石：《胡适和国民党的一段纠纷》，《中国文化》，1991年01期。

王芸生等知识精英为其讲学；默许法西斯主义在30年代喧嚣一时等等。

对于不受束缚的"批评行政之得失，摘发弊害，以补助党国之耳目"的言论，蒋表现出"纳嘉言"的政治态势，如吸纳了新政学系的许多"嘉言"。但当"嘉言"的传播效果对蒋的政治主张、政治行为造成现实威胁时，蒋毫不犹豫地予以惩罚、取缔，乃至灭口。1929年蒋、桂战争期间，面对白崇禧指挥的第二陆军"经怀集、四会向广州进击"的形势，蒋于5月7日电令淞沪警备司令熊式辉"两广战争消息，不准各报登载"，[①] 不让公众了解黄绍竑、白崇禧提师东进的真相。1931年2月，在决定软禁胡汉民时"令各报不准登载中央未发表之消息"。[②] 1932年7月28日，蒋手谕汉口各报"慎重登载""热河消息"，嗣后关于"东北或伪国消息，务宜字斟句酌，切务稍涉大意，为敌人张目"。[③] 1934年7月，为防止顾孟余案酿成政潮，应汪精卫之请查封了南京《民生报》。[④] 同年，因《申报》馆主史量才不肯为蒋所用，且言论日益左倾，遂被蒋密令戴笠暗杀。1936年1月，蒋因上海《晨报》抨击"财政当局之投机操纵"，将"《晨报》及其附属之《小晨报》、《上海夜报》，概予查封"。[⑤] 1945年3月，蒋以手令致外交部长王世杰与侍从室主任陈布雷，要求对于反苏言论应一律禁止。[⑥] 而骂过蒋介石人品，维护蒋介石政策的张季鸾、胡适、罗隆基等自由主义者反而得到蒋的信任与重用。胡适，罗隆基等人抨击孙文学说、国民党"党治"，面对国民党围剿胡适，甚至极端分子要求将胡适逮捕法办的舆论压力，蒋却特予"优容"，没有采取任何措施。[⑦] 骂过蒋人品的张季鸾被

① 《蒋介石致熊式辉电》，1929年5月7日，未刊件，台北"国史馆"藏。转曾业英、黄道炫、金以林等：《中华民国史》（第七卷），中华书局，2011，第274-275页。

② 杨天石：《蒋胡"约法"之争与蒋介石软禁胡汉民事件》，转杨天石：《蒋介石与南京国民政府》，中国人民大学出版社，2007，第262页。

③ 《东北消息应慎重登载，蒋手谕汉口各报》，《大公报》（天津版）1932年7月28日第1张第3版。

④ 刘继忠：《南京民生报停刊事件再审视》，《国际新闻界》，2010年第1期。

⑤ 据邵元冲1936年1月29日记："又介石因上海《晨报》之新文论文，又一月十九日论文，对于财政当局之投机操纵颇多抨击，皆为愤怒，已令将《晨报》及其附属之《小晨报》、《上海夜报》，概予查封。言论此后更束缚矣。"《邵元冲日记》，第1360页，转刘大禹：《蒋介石与中国集权政治研究（1931-1937）》，浙江大学出版社，2012，第206页。

⑥ 张瑞德：《遥制：蒋介石手令研究》，《近代史研究》，2005年第5期。

⑦ 见杨天石：《蒋胡"约法"之争与蒋介石软禁胡汉民事件》，转杨天石：《蒋介石与南京国民政府》，中国人民大学出版社，2007，第269页。

奉为"国士"，对张季鸾推荐的翁文灏[1]、谷正纲等人士，蒋也予以重任。可见，蒋是从现实政治的利害关系，以新闻事实与言论的政治效果是否危害到蒋的军事、政治行动及蒋介石集团的政治利益为判断标准。触及到蒋的军事、政治行动，或不利于、潜在或明显威胁到蒋介石权力、利益或形象的新闻事实与言论，均是受到约束的谬论，需要批判、取缔或剿杀；反之，在维护蒋的军事、政治行动或其权力与利益的前提下，即使是抨击或痛骂国民党的新闻事实与言论，也能被蒋视为"嘉言"，抨击或痛骂者也许在略受惩罚后，被蒋"引为同调"。胡适、罗隆基[2]、张季鸾即是其中的典型。

蒋的言论立场既与国民党言论立场有许多重复，也有一些不一致的地方。这是因为蒋的言论立场在维系个人权力与利益的同时要顾及到党内左、中、右不同势力的言论立场。陈德征、力行社的成员等倾向于严厉控制言论，完全统一思想；而黄郛、杨永泰、陈布雷、张群等新政学系的知识精英倾向于有限制的言论自由。蒋的言论自由的立场与思想受到了党内这两股力量的左右，这使蒋的言论思想在某些历史时期表现出时而偏向严厉、时而偏向宽容的摇摆状态。蒋的言论立场的摇摆及其思想与国民党言论思想的不一致，导致了国民党及南京政权的新闻统制政策的指导思想，处于"纸面规定"与实际"潜规则"部分交融、部分打架的紊乱状态。这就从根本上扰乱了国民党庞大的新闻统制体制，使这一体制不能有效发挥组织传播的思想整合效果。

三、 宣传本位下新闻要"确实"、"迅速"、有"趣味"

真实、迅速、有趣味是现代新闻观念的基本共识，这一共识要求新闻记者要有高尚的职业道德、精深的修养、宽广的学识。蒋在公开表述中对此亦非常重视，他多次强调新闻记者的地位、修养、立场的重要性，强调新闻报道要"确实"、"迅速"、有"趣味"等自由主义新闻学的业务核心。蒋说，"唯其新闻记者的地位如此高尚，责任如此重大，所以我们第一件事就是要修养新闻记者的品德。我们要作一个现代的新闻记者，首先要确定立场，抱定宗

---

[1] 据翁文灏的表兄李思浩回忆，任命翁文灏为国防设计委员会秘书是缘于张季鸾的推荐。李学通：《幻灭的梦——翁文灏与中国早期工业化》，天津古籍出版社，2005，第66页。

[2] 见杨天石：《胡适与国民党的一段纠纷——读胡适日记》，转杨天石：《蒋介石与南京国民政府》，中国人民大学出版社，2007，第258页。

旨，为了贯彻立场达成宗旨，我们一定要有富贵不能淫，贫贱不能移，威武不能屈的精神……不过我们要有高尚的品德，要有精深的修养，然后才能真正有所贡献于党国，而党国所需要的也就是这样的新闻记者。"[1] 蒋说"讲到新闻事业的经营，第一就是要迅速……所以新闻的时间，真是要用分秒来计算；……第二是确实……如果新闻传播失实，或竟完全虚伪，结果必致失掉读者的信用，读者对我们的纪载既有怀疑，那你无论化多少经费，都毫无用处！……无论担任经理、编辑或是外勤记者，对于我所说的'迅速''确实'两个要件，务要切实作到，并要转告一般同业人员，大家要切记力行我这两句话，来彻底改革过去的毛病！"，[2] 他说，"吾人须知谨严非为枯燥之别名，而兴味之养成，亦自有其方法，新闻界人士悉心研究，自能得之。"[3] 等。蒋介石的这些表述是以训词、演讲等形式出现的，不代表蒋真正具有此新闻理念。作为国民党党魁，蒋需要忠实于他的新闻工作者，宣扬其政治理念，为其政治行为鼓吹。而要使蒋的主义、理念真正发生宣传效果，蒋深知必须运用新闻传播的基本规律，不得违背真实、迅速、有趣味，必须使报纸、刊物"销行之普及，而不可以营利为目的"，新闻记者"更要以服务为目的，不仅不能以营利为目的，而且要不惜成本，不惜牺牲，充实内容提高效率！"。[4] 这样，新闻事业才能普遍深入社会民众，才能真正发生宣传效果。可见，蒋是要新闻工作者以西方新闻业务的操作手法，宣传本党主义，传播蒋的政治理念及主张，教化社会民众，是一种宣传本位的新闻业务观。佐证是，当新闻事实不利于蒋的政治行动、违背蒋的政治主张时，新闻事实就被"检查"掉，或被篡改，或被删扣，或被编造，或被认为虚假，表现出蒋以政治思维，而非唯物思维认知新闻事实的本质。例如，蒋非常注重个人形象的媒介塑造，蒋的新闻照片由专任摄影师胡崇贤负责，经胡崇贤拍照、挑选后再给中央社，

---

[1]　蒋介石：《怎样做一个现代新闻记者》，《先总统蒋公思想言论总集》（第17卷），台北：中国国民党中央委员党史委员会，1984，第422～424页。

[2]　蒋介石：《怎样做一个现代新闻记者》，《先总统蒋公思想言论总集》（第17卷），台北：中国国民党中央委员会党史委员会，1984，第418～420页。

[3]　蒋介石：《黾勉新闻界战士》，《先总统蒋公思想言论总集》（第17卷），台北：中国国民党中央委员会党史委员会，1984，第206页。

[4]　蒋介石：《怎样做一个现代新闻记者》，《先总统蒋公思想言论总集》（第17卷），台北：中国国民党中央委员会党史委员会，1984，第420～421页。

由中央社发给各个新闻媒体。[①] 蒋招待记者有一套程序。1929年8月31日蒋介石招待上海记者，淞沪警备司令部接到蒋的手谕后，派该部秘书李德钊通知各报馆，指派代表参加，并将"各报记者名单携回呈报，以昭慎重"。[②] 蒋控制下的党国传媒步步将蒋神化，使之成为公众敬仰的"蒋委员长"，退台后成为台湾人崇拜的"蒋总统"。而损害蒋形象的传播行为，国民党均予以查禁、取缔或予以严惩。如，胡适在《人权与约法》中曾举例道"安徽大学的一个学长，因为语言上顶撞了蒋主席，遂被拘禁了多少天"，其家人亲友只能到处奔走求情，而不能到任何法院去控告"蒋主席"。[③] 再如，西安事变后，蒋随即策划了《西安半月记》，抹杀事实，尽量挽回其社会形象。

四、以集权政治需要调控新闻界、笼络新闻人士

蒋介石虽是军人政治家，却非常重视文宣工作，与民国新闻界亦保持着密切关系。在南京国民党训政前期，蒋形成了听从其指挥的新闻人才团队，成为帮其出谋划策、舆论鼓吹、舆论攻击、理论建构、形象塑造、危机公关的御用工具。

针对南京政权成立初期国民党理论匮乏、权力争夺激烈的现实，下野中的蒋介石回到上海，授意在上海创办一份杂志。周佛海回忆道："回沪之后，知道蒋先生要在上海办一个刊物，指定季陶、力子、果夫、布雷和我五人为委员，并指定我总负责，我们决定定名《新生命》月刊，于是，风靡一时的《新生命》月刊便于十七年一月产生了"。[④] 戴季陶、邵力子、陈果夫与蒋公谊私交极为深厚，陈布雷深得蒋赏识，周佛海是国民党理论界的后起之秀，《新生命》[⑤] 由这五人负责，可见蒋对刊物的重视程度。据研究，刊物"从诞生起就承载着蒋

---

① 汪朝光主编：《蒋介石的人际网络》，社会科学文献出版社，2011，第337页。

② 《今日蒋主席招待报界》，《申报》，1929年8月31日第4张13版。

③ 胡适：《人权与约法》，《新月》2卷第2期。

④ 周佛海：《往矣集》，上海古今出版社，1943，第61页。

⑤ 《新生命》（1928年1月—1930年12月）与新生命书局是一母二子，均为国民党政治理论宣传的阵地。《新生命》存续3年，共出版3卷36期，444篇，数百撰稿人。刊物发行人陈果夫的堂弟陈肖赐，全权负责经营权，主编只事编刊。首任主编周佛海（编1卷1—8号），次由萨孟武、陶希圣、梅思平（主笔）负责。刊物以严谨三民主义、马克思主义观念、中国社会性质现状、国际政治为重心。刊物思想前期偏重国民党右派，后期偏重国民党左派，也有共产党的一些理论，于蒋介石倡导的意识形态存在差别。1930年12月刊物无疾而终。

介石的政治期望"，发行量相当可观，但这份诠释国民党政治理论的刊物却因有"越轨"的嫌疑，"没有始终如蒋介石之愿"，于1930年12月停刊。①

面对《中央日报》宣传疲软、掌控不灵的现状，蒋委任留英归国的程沧波为《中央日报》社社长，全盘负责《中央日报》的改革。经程沧波改革后的《中央日报》，发行量在3万份以上，成为名副其实的中央党报。针对中央通讯社的滞后，经叶楚伧推荐，蒋任命萧同兹为中央通讯社社长，并支持其企业化改革，使中央通讯社成为民国第一大通讯社。针对军报滞后，剿匪不力的现状，蒋指示南昌行营政训处处长贺衷寒创办《扫荡报》，该报宣传完全遵循蒋的意志，以"攘外必先安内"、"抗日必先剿共"，"一个领袖"、"一个主义"、"一个政府"为宣传中心，成为国民党攻击中共、维护蒋介石集权的重要舆论机关。

面对声誉日盛的《大公报》，蒋抓住总编辑张季鸾的文人气质，以私谊笼络之，将其奉为"座上宾"；利用社长吴鼎昌求仕途心理，将其纳入其"人才内阁"，使舆论重镇《大公报》成为蒋的外围舆论机关。面对史量才掌控发行量最大的《申报》、《新闻报》，且不与之配合，蒋痛下决心，于1934年将史量才暗杀，并为之举办隆重葬礼；针对崛起的张竹平的"四社"，则威逼利诱，通过孔祥熙将之"劫收"，使民营报业在30年代后期成为蒋的外围宣传机关。

面对党国新闻人才严重缺乏的现实，蒋兼任校长的中央政治学校，经国民党中央常会议决于1935年创办新闻学系。目前，没有证据表明蒋指定留美归国的马星野负责，但从蒋将马星野赴美留学的专业由"教育"改为"新闻"，回国后亲自接见并鼓励其从事新闻教育，马星野负责筹备政校新闻学系等史事看，马星野创办新闻学系，与蒋的干预有关。马星野亦未辜负蒋的期望，从教14年，为党国培养了一批新闻人才。

可见在这一时期，蒋构建了他的文宣系统与智囊团。戴季陶、邵力子、陈果夫、陈立夫与蒋公谊私交甚厚，四人均为国民党中央常委，黄郛、杨永泰、陈布雷等为蒋的智囊，为蒋出谋划策。国民党理论界后起之秀周佛海、学者萨孟武、陶希圣等为蒋主编《新生命》月刊，陈果夫遥控中央广播电台，程沧波负责《中央日报》，萧同兹负责中央通讯社，马星野负责中央政治学校

---

① 贺渊：《新生命研究》，社会科学文献出版社，2011，第2—5页。

新闻学系，贺衷寒等力行社核心成员负责《扫荡报》；《大公报》、《申报》、《新闻报》等民营大报为蒋舆论宣传的外围组织。

五、政治功利主义支配下的舆论操控

日本学者长谷川说，"舆论是以支配阶级内部势力的分裂而生的意识的分裂"，舆论成立要件之一是"意见把持者的地位"。[①] 换言之，现代舆论的生成不是多数人的"公共意见"，而是社会利益集团秉持的社会意识的表现形态，其中，社会利益集团中的领袖、党魁的意见左右着社会舆论生成。这种精英左右舆论的"斗争"描述适合于近现代中国。共识缺乏、社会撕裂、利益冲突不断、民族矛盾尖锐的社会形势，使舆论表现出彼此斗争的胶着状态。在这一舆论环境下，蒋在统一中国、应对日本入侵、维护民族独立的过程中密切关注舆论动向，在各种利益格局中考虑舆论倾向的利害关系后，对舆论采取或附和、或赞、或对抗、或指导、或支持的政治态度与相应措施。如1928-1931年训政时期的"约法"舆论。1928年胡汉民为掌握"党权"抛出"总理遗嘱"替代"约法"，获得了孙科的"太子党"及部分党内当权派的舆论支持，却遭到自由主义者、汪精卫、西山会议派等群体的舆论抨击。蒋为换取胡支持其武力讨伐异己，最初在三全大会上全力支持胡的主张，并将与胡不分伯仲的汪精卫等开除党籍，但对于国民党群起攻击胡适挑战"党治"，鼓吹约法的舆论，却不予回应，并未严惩胡适；对汪精卫以阎、冯为武力后盾，联合谢持、邹鲁等西山会议派以《太原约法》为旗号掀起的主张制定"约法"的社会舆论，蒋在消除阎、冯的武力威胁后，为扫除胡汉民"总理遗嘱"的法律限制，顺应制定约法的舆论诉求，接过"召开国民会议，制定训政时期约法"的旗帜，遂与胡为代表的否定制定约法的舆论发生正面碰撞。对此，蒋不顾可能爆发的党内高层动荡及其连锁反应，将胡扣押在汤山，制造了"汤山事件"，后依据其利益集团的舆论诉求，制定了《中华民国训政时期约法》，使党内舆论的基本走向掌控在自己手中。在抗击日本入侵的舆论上，蒋打出组合拳，其舆论策略的脉络基本是以狭隘的爱国民族主义整合民众，分流、引导激进的爱国民族主义情绪，以国际舆论谴责日本侵华的罪行，争取国际

---

① 长谷川著，樊仲云译：《舆论与新闻：社会意识之表现形态》，《新生命》，1930年第3卷第4期。

社会的支持，以隐忍退让的外交方针拖延中日战争的全面爆发，以服从抗日舆论为由制定"攘外必先安"的政策，力求剿灭中共与地方实力派，消除"内外夹击"的隐忧，而当中日战争全面爆发时，则凝聚国内外舆论全力抗击暴日。济南事变发生，蒋以隐忍态度，以外交手段处理中日争端，发动国内外舆论抗击日本入侵；"九一八"事变后，蒋以国际舆论向日本施压，意图以国联调解解决中日争端；抗战爆发后，蒋对内利用民族主义舆论凝聚抗战力量，对外利用国际舆论，抨击暴日，争取美国的援助。蒋的夫人宋美龄在美国同情中国抗战、支持中国的舆论战中发挥了重要作用。

在剿灭中共的舆论上，自1927年"清共"后，蒋视中共为心腹大患，抗战爆发前，蒋始终秉持武装剿灭中共的舆论立场，并在国统区营造了妖魔化中共的舆论环境；西安事变爆发，为抗日需要蒋表面上改变了对中共的舆论态度；抗战胜利后，为发动内战争取时间，蒋主动邀请毛泽东来重庆谈判，制造国共谈判的舆论，力图将内战责任强加给中共。

可见，蒋虽然对舆论的话语表述不多、不系统，但它却有丰富的舆论操控经验，是舆论操控的高手。总体而言，蒋是以政治利害来审视、利用、操控舆论的。即舆论动向符合蒋的政治诉求时，就俯顺、听从舆论的指示；舆论动向表现出盲目、愚昧、无知时，就要求新闻界负起舆论指导的责任；处于政治或军事斗争的弱势地位时，则利用舆论争取同情，攻击敌人；处于政治或军事斗争的有利地位，则将自身视为舆论代表，为自身营造合法性。

根据舆论动向而加以或指导、或俯视、或褒扬、或贬低的政治操作，是政治家或政客的惯用伎俩。对此不应着眼于其对舆论的多变态度，而应着眼于其舆论操控的目标、标准及技术。在这方面，在党内舆论斗争中，蒋始终着眼于集团利益，力求以舆论整合国民党；在与中共的舆论斗争中，蒋始终着眼于国民党整体利益，力求武力剿灭共产党，消灭社会主义；在对日舆论斗争中，蒋始终着眼于中华民族的根本利益、长远利益，运用各种手段维护中华民族的完整与独立。在舆论与军权方面，蒋视军权高于一切，有轻视舆论的倾向。据冯玉祥回忆，因为古应芬在冯玉祥面前汇报蒋的亲信熊式辉在上海贩卖鸦片烟土的事，蒋暴躁地说出："什么舆论，舆论，舆论！我拿三百万元开十个报馆，我叫他说什么，他就说什么，什么狗屁舆论，我全不信"。[1]陈布雷不只一次地

---

[1]　冯玉祥：《我所认识的蒋介石》，陕西师范大学出版社，2007，第16–17页。

说，蒋介石是"不懂文字的人"，并深悉"为根本不懂文字的人写文章真是世界上最大的苦事。"①

六、对蒋介石新闻行为逻辑的评价

蒋介石不是新闻学者，而是军人政治家，故对蒋新闻传播思想与行为的评价，要从国民党党魁、中华民国政府的治理者的角度，即从党国领袖如何运用新闻资源治理国家的层面评价。而领袖人物的传播思想，是领袖对社会信息系统中信息流通的结构与秩序、社会信息的意识形态属性的思考与规划，而不是简单的传媒性质、角色、功能的基本定位。新闻传媒在社会信息系统中扮演着社会信息流通主渠道的角色，它在社会信息系统中的性质、角色与功能的定位应服从于社会信息系统的基本结构与秩序。

蒋以军权获得国家权柄后，必须解决的现实问题是："一盘散沙"的文化国家如何应对内忧外患的中心命题。即传统文化国家如何迎接工业民族国家带来的现代化挑战。这是近代中国，乃至当今中国必须面对的现实问题。对此，蒋在现实操作中，以其人脉、地缘、师友等人际脉络构建了以黄埔系、新政学系、CC 系等为支撑的蒋氏集团。以此集团作为后盾，蒋以个人新威权主义为推动力，以"儒化的三民主义"为精神核心，以政党及国家力量在政治紊乱、内祸不息、外患不断的国情中运用整合传播方式向社会强力灌输"儒化的三民主义"，并辅以武力予以解决。具体到新闻传播领域，蒋以政治利害为言论统一标准，赋予新闻事业以"主义喉舌、国民导师"的重任，寄希望以宣传本位的新闻业务实践来操控社会舆论，以达统制舆论的政治目标。

蒋的行动逻辑具有一定的历史合理性，解决国人的"一盘散沙"需要威权主义，需要一定程度的舆论统制，历史却否定了蒋的行动逻辑，其原因主要在于：（1）蒋儒家化的三民主义，既背离了孙中山三民主义精髓，也没有新鲜、有凝聚力的新表述，故无法在精神层面整合经受五四新文化运动冲击的国民党，也无法应对党外各种主义，尤其是中共社会主义、小资产阶级的自由主义的挑战，这致使党国新闻传播失去了整合社会、动员民众的核心灵魂。（2）蒋以人脉资源而非制度整合国民党，致使国民党无法真正成为强

---

① 王泰栋：《陈布雷传》，东方出版社，1998，第269页。

有力的现代化动员性政党，四分五裂、内斗不息、腐败不止、信仰缺乏的国民党不仅不能胜任训导民众、指导政治、形塑主流舆论的时代责任，而且大多数国民党党员的官僚、欺民、腐化的政治行为起到了解构党国主流舆论的逆反效果。（3）就蒋个人而言：①蒋性格中的缺陷使其陷入"集权则力度有限，分权则胸襟不够宽广"的尴尬境地。蒋虽然重视个人的道德修养，却基本是"中学为体，西学为用"的过渡性政治人物。传统政治的集权文化的残酷性使蒋不敢放弃国家权柄。放弃权柄，在武力决定权力分配的民国政治中意味着生命时刻面临威胁，这是中国传统集权政治的致命弱点，致使掌权者恋权心理非常浓厚。西方民主政治的分权文化及"总理遗嘱"又诱惑着蒋放权。在"集权"与"放权"之间，蒋倾向于集权，却受到了分权文化不同程度的影响。蒋的智囊团——国民党党内的自由主义者——也深受西方民主宪政的影响，可能也在一定程度上影响了蒋的放权。这使蒋的政治性格时而"优柔寡断"、时而专断独行，以致蒋错过了某些历史机遇。②蒋视"军权高于一切"，这使蒋对社会整合的重视程度远不如毛泽东。毛泽东充分认识到中国是一个人口众多的农民国家。整合农民，解决农民的"一盘散沙"才能真正解决孙中山"一盘散沙"的命题。因此，给农民以土地利益，唤醒农民的阶级意识，就可争取到农民阶级的支持；以民主为号召，就可争取到深受五四新文化运动影响的广大的"中间阶层"。工农阶级与握有文化资源的"中间阶层"的有机结合，为中国共产党奠定了厚实的民意基础。蒋的最大失误在于：蒋应对内忧外患的各项政策与行动，过多地注重"中间阶层"的利益诉求，而忽略了工农阶层的利益诉求，表现在新闻传播领域是蒋轻视工农阶层的舆论力量，将之视为被训导、可操控、可利用的舆论力量。③蒋是一个有强烈忍耐性的、爱国的民族主义者。这在其新闻传播的行动逻辑中也有所表现。民族主义对中华民族抗击日本入侵起到了关键性作用。它凝聚了全国上下的人心，是中华民族战胜日本帝国主义的重要因素。根据国民政府国防部1947年10月统计，在整个抗日战争中，国民党军队作战消耗合计3227926人，其中阵亡1328501人（包含8名上将，41名中将，71名少将，1.7万名校尉），负伤1769200人，失踪130126人。[①]这就是民族主义的社会动员策略社会效果的重

---

① 李秀勤编：《中国抗战诸军实录：纪念卢沟桥事变七十周年》，高等教育出版社，2007，第7页。

要表现。民族主义是国民党新闻传播的重要指导理念，这与蒋的民族主义新闻传播思想与行为亦有很大关系。但蒋的民族主义是片面的，或者说是城市的，而非农村的。因为其民族主义影响主要是城市社会的中上层。④蒋的新闻传播思想与行为亦有自由主义的倾向。蒋不认同苏联模式，他叫停了法西斯主义运动，允许民营报刊的存在，做出"纳嘉言"的政治姿态，将杨永泰、陈布雷、张群、张季鸾等民族自由主义者纳入其决策智囊，这些都表明蒋的新闻思想有自由主义的成分。

总之，蒋的新闻传播行为逻辑与思想是杂糅了传统儒学的信息控制、苏联的政治工作经验、孙中山的"总理"魅力，及自由主义的理念与新闻操作业务的混合体。即传统儒家文化中的信息控制与媒介崇拜是蒋新闻传播思想与行动的思想土壤，爱国民族主义、集权主义是其核心，自由主义是其表象。

第三节　国民党新闻人的新闻思想：
以马星野、《中外月刊》为中心的探讨

南京国民政府前期，国民党建构了庞大的新闻传媒业和复杂的新闻统制体系，数千上万人从事国民党新闻业。他们对民国新闻业尤其是国民党新闻业的认知与思考，即构成了国民党新闻人的新闻传播思想的历史特色。然而，这一群体在这一时期的新闻学术话语却淹没在民间报人的新闻话语内，尚未系统化。其表现是：①新闻教育长期由私立大学的新闻院校掌控，致使"笃信主义"的新闻人才缺乏；②新闻学术话语权、新闻学术阵地由戈公振、徐宝璜、黄天鹏、任白涛等游离于党国体制外的民间新闻学人掌控，党国体制内的新闻学人的新闻阵地、学术话语处于边缘化的尴尬境地。③陈布雷、杨永泰、戴季陶、叶楚伧、刘庐隐、程沧波、萧同兹、吴保丰、吴道一、贺衷寒等党国新闻精英多身兼数职，他们虽有丰富的党国新闻工作经验，却无暇专心于党国新闻学术，仅有零星的新闻文章刊发在各类期刊上。这一状况到1933年左右才略有改变。这一学术语境致使青年马星野在1934年后遂成为一

颗冉冉上升的国民党新闻学人。因此，本节以马星野及其主编的《中外月刊》为中心，考察这一时期党国新闻人新闻思想的基本特色。以马星野、《中外月刊》中的《新闻界》栏目为中心，还在于：①中宣部部长叶楚伧、《中央日报》社长程沧波、中央通讯社社长萧同兹等党国新闻中坚的新闻文章在这一时期较少；②这一时期，马星野的新闻生涯具有典型性，其主持的中央政治学校新闻学系是经国民党中央批准开设，国立大学首个高等新闻教育机构。[①] 马星野主编的《中外月刊》虽是中央政治学校新闻系的系刊，却是南京发行量最大的杂志，其"新闻界"栏目是党国传媒中在这一时期第一个长期开设的新闻栏目。故马星野及《中外月刊》"新闻界"栏目是这一时期党国新闻人思想的一个典型缩影。

一、马星野新闻传播思想的形成及特色[②]

马星野（1909-1991），一生从事新闻教育14年，参与新闻事业60年，是现代著名新闻教育家、新闻理论家，国民党新闻事业的主要领导人之一，曾荣获密苏里大学新闻学院颁发的"杰出新闻事业终生服务最高荣誉奖章"，台湾新闻界誉其为中国新闻教育的"宗师"，马星野的新闻著述颇丰，新闻传播思想较为浩瀚，台湾、大陆学术界对其均有研究，但尚不全面、深入，对青年马星野新闻传播思想的研究尤为不足。[③] 南京国民党训政前期正是马星野新闻传播思想的形成期。

徐复观在《两汉思想史》中指出，"一个人的思想的形成，常决定于四大因素。一为其本人的气质，二为其学问的传承与功夫的深浅，三为其时代的背景，四为其生平的遭遇。此四大因素对各思想家的影响力，有或多或少的不同；而四大因素之中，又互相影响，不可作孤立地单纯地断定"。[④] 马氏新闻思想的生成，亦是其心智不断地与现实（书香之家、中央政治学校、密苏里大学新闻学院及更为宏大的国民党"训政"、"建国"、"抗战"的"新时代"）互动的结晶。

1909年10月，马星野生于浙江平阳县万全镇陈岙村的一个"新旧交织"

---

① 《中央政治学校新闻学系概况》，《申报》，1936年4月1日第3张第12版。

② 本节内容在刘继忠《民族主义·党国政治·自由主义——青年马星野新闻思想的形成及其特色研究》（郑保卫编：《新闻学论集》第32辑，经济日报出版社，2015年）一文基础上改写。

③ 《中央政治学校新闻学系概况》，《申报》，1936年4月1日第3张第12版。

④ 徐复观：《两汉思想史》（卷二），华东师范大学出版社，2001，第344页。

的书香之家，原名允伟，学名马伟，笔名星野源自杜诗"星垂平野阔，月涌大江流"。《马星野先生行述》写道："平阳故温属，文风甚盛，而马氏尤著。祖维藩（莲屏），为邑通儒，以教学终身。毓麟（敏中），十四入，食廪，创求我学校；伯毓琪（筱屏），日本早稻田大学卒业，办温州中学，叔毓骧（季洪），主颍川书院。邑有贤达，多出马氏之门"。[①]堂叔马翎中是"扶风书院"创办人，大舅父吴松年毕业于陆师学堂，曾任山东省公路局局长。与众多生于殷实、书香之家的孩子一样，幼年马星野既有祖父"因暇授以经籍及唐人诗"，奠定国学根底，也在"公办"学校接受了高质量的启蒙教育，使其在同伴中脱颖而出。马的老师朱自清曾以"何事荆台十万家，独教宋玉擅才华"赞赏马的作文。马亦与朱自清保持了长久的师生联系。朱自清的思想、人格、文采对马亦有影响。[②]20世纪20年代初，报纸深入了中国各地，走进了各级学堂、学校，老师指导学生办壁报、校刊成为学校实践教学的重要一环，壁报、校刊亦成为校园文化的一道靓丽风景。马因有超出同辈人的优美文笔，被老师选中负责为省立十中初中部编壁报《春雨报》，为省立十中高中部编壁报兼办校刊《秋籁》。这一带有荣誉性质的课外"作业"使马"对新闻工作渐有偏好"。[③]除此之外，也初步形成了马的书生气质。

1926年，18岁的马考入厦门大学，刚入学两个月，因学校闹风潮而停课荒度了一年。1927年春，国民党北伐胜利抵达南京，同年5月20日中央党务学校在南京成立，负责国民党党政干部的教育训练。马奔赴投考，以第一名被录取。马的勤奋、聪慧与文采，使他成为党务学校学生中的佼佼者，虽然马在中央党务学校修业一年，该校却影响了其一生。马自述道"一生之思想，于此短时间内铸成定型"。[④]除了增厚其人文社科的学术基础外，[⑤]党务学校的

---

① 《马星野先生行述》，《浙江月刊》，1991年第4期。

② 马星野曾多次撰文赞誉朱自清。1948年8月朱自清病故，马赶写《哭朱自清先生》一文，刊于《中央日报》1948年8月13日第3版；1981年马星野撰写《春风和气朱自清——怀念我的中学老师》一文，刊发在《中央日报》，表达他对朱自清的怀念。

③ 《马星野先生行述》，《浙江月刊》，1991年第4期。

④ 马大安等主编：《星垂平野阔：一代报人马星野老师》（一），电子书，http://www.i-me-i.com/star_grand_01.html，第28页。

⑤ 在校期间，马星野聆听了王世杰（宪法）、周鲠生《国际关系》、方东美（哲学）、罗家伦（近代史）、赵兰坪《经济学》、唐启予（农业经济）、赵淑愚（农村教育）、余井塘、王世颖（合作）、赵棣华（统计）等先生的授课。

"党义"熏陶使马笃信三民主义；酆悌、罗家伦等教师的提携，使马跨入了党国仕途的门坎，成为国民党重点培养的后备干部，党国新闻青年才俊。在校期间，他多次被安排为兼任校长的蒋介石到校演讲"在台上（记）笔记"，[①]还兼任黄埔军报编辑（酆悌推荐）；修业期满（1928年6月6日[②]）后，留校任中央政校同学会总干事，[③]成为国民党党员，[④]先后获得蒋介石、胡汉民[⑤]的赏识。罗家伦1928年调任清华大学校长，携其北上，委任校长室秘书，负责编辑《清华校刊》，允其在清华大学半工半读。罗家伦，这位五四运动的健将、《新潮》杂志主编，对马的新闻思想有较大影响，他协助留学归来的马创办了政校新闻学系，为马的新闻教育提供了宽松的环境和优厚的物质条件。

1929年5月在清华大学半工半读的马应召返回南京，主编政校校刊并兼办《党军日报》两年多。1930年6月被选为浙江省执监委候选人，[⑥]9月被评为中央党义教师。[⑦]1931年上半年与陶希圣、萨孟武诸人合编《政治与民意》杂志。这些为马1930年被选拔为赴美公费留学生创造了条件。1931年春，蒋介石提议派6名学生到国外研究教育和经济，马报考了教育，获得成功。临行前，对新闻感兴趣的马提议改修"新闻"，获得政校当局批准。[⑧]政校当局的这一决定，是马成为国民党新闻理论家、新闻教育家的起点。

1931年8月18日，马星野、刘觉民等官费公派留学生乘加拿大皇后号正式赴美留学，[⑨]入密大新闻系三年级就读，成为"中国国立大学派到密大研究

---

① 马星野：《蒋校长与政治大学》，王世正、王建今、王润华等编：《国立政治大学》，台北：南京出版有限公司，1981，第83-84页。

② 《中央党校之毕业式》，《申报》，1928年6月6日第4版。

③ 1928年6月27日中央党务学校更名为中央政治学校。

④ 马星野何时加入国民党，尚未发现直接史料。但按照中央政治学校规定，新生入学第一天必须集体办理入党手续，新生入党介绍人由学校制定，故马星野迟于1928年加入国民党。

⑤ 马允元：《我所知道的马星野》，温州市政协文史资料委员会编：《温州文史资料第17辑·温州文史精选集（3）》，出版不详，2003，第399-400页。

⑥ 《浙省代表大会宣选出执监委候选人》，《申报》，1930年6月6日第3张9版。

⑦ 《中央检定党义教师揭晓》，《申报》，1930年9月6日第3张12版。

⑧ 马星野记述是"本来，我留学科目，规定是学教育的，母校临时改变决定，要我到美国学新闻学"见马星野：《蒋校长与政治大学》，王世正、王建今、王润华等编：《国立政治大学》，台北：南京出版有限公司，1981，第85页。

⑨ 《马伟等今日放洋赴美》，《申报》，1931年8月18日第3张11版。

新闻的第一个学生"。^① 成立于1908年的密大新闻学院是美国大学新闻教育的开端，全世界第一所新闻学院。在20世纪20–30年代，该学院已形成了职业技能教育与人文社科修养并重的成熟的新闻教学模式。在密两年多的学习，马接受了较为系统的美国新闻学教育，奠定了其新闻研究的学术根基和新闻职业意识，养成了自由主义新闻思想的认知框架。马曾这样评价威廉博士对他的影响："在新闻教育上，与在新闻学术上，我总是想到，威廉博士是怎样做怎样成功的，我也应该如何做。"^② 密大期间，马必修了莫洛克《新闻采访》，夏普《新闻编辑》，伊拉德《评论文写作》，米德布希《国际法》、《国际关系》和《国际组织》等课程；以国际政治为副科，选修了美国外交史、世界地理等课程；在《密苏里人报》实习，与同学辩论，撰文谴责日军暴行；采写了涵盖美国风貌、国际政治与外交等题材的42篇通讯，刊发在《东方杂志》、《申报月刊》、《时代公论》等国内刊物上，引起国内新闻界注意。^③ 密大的经验、新闻思想、教学方法，大都经马星野的三民主义政治"过滤"后，运用到政校新闻学系的教学、科研工作中去，自己亦在新闻学术上以美国为圭臬。马星野主持的政校新闻学系的教学模式，效仿了密大的教学模式；密大威廉教授制订了《记者守则》；马为中国新闻界制订了《中国新闻记者信条》；美国新闻界首倡国际新闻自由运动，马星野在中国与之唱和等。

1934年春，马获得密大新闻学学士学位，在获得哥伦比亚新闻研究所的入学许可时，接到中央政校来电，催其回国，^④ 同年5月回国，7月蒋召见，"有一小时左右的谈话"，蒋鼓励其从事新闻教育事业，^⑤ 9月回母校任教，在教务主任罗家伦的安排下一面为外交系四年级学生（后扩为政治、经济、法律三

① 马星野：《我从事新闻教育经过》，王世正、王建今、王润化等编：《国立政治大学》，台北：南京出版有限公司，1981，第266页。
② 张咏：《马星野先生与密苏里的半个世纪》，转马大安等主编：《一代报人马星野老师》（第三册——星沉平野，无尽追思：逝世二十周年纪念研讨会），电子书，http://www.i-me-i.com/flash/StarGrand6/index.html，第21页。
③ 据金寅统计，自1931年9月留美至1935年归国，马星野在《申报月刊》、《东方杂志》、《国闻周报》共发表42篇文章（笔者注：马星野1934年5月回国）。见金寅：《马星野大陆时期新闻思想研究》附录一，湘潭大学硕士学位论文，2012。
④ 马星野：《我从事新闻教育经过》，王世正、王建今、王润化等编：《国立政治大学》，台北：南京出版有限公司，1981，第266页。
⑤ 马星野：《我从事新闻教育经过》，王世正、王建今、王润化等编：《国立政治大学》，台北：南京出版有限公司，1981，第266页。

系）开设《新闻学概论》课程，一面负责筹备新闻学系。次年3月，经国民党中央执行委员会议决，新闻学系建成，教务主任程天放兼任系主任，马为讲师、实际主持人，旋任为新闻系主任、教授，时年27岁。马主持中央政校新闻学系长达14年，实践了他心目中的"密大新闻教育模式"，撰写了许多新闻学文章，奠定了他作为国民党新闻教育家、新闻理论家的历史地位。因此，1939年9月《三民主义的新闻事业建设》一文发表，是马成为体制内新闻理论家的重要标志。抗战爆发前，中央政校新闻学系毕业了两期学生，共18人，他们后来大多成为国民党的新闻精英；创办的系刊《中外月刊》发表50篇新闻学文章，其中6篇为马所撰。抗战爆发后，政校西迁湘西芷江，马随校西迁，任政校新闻学系系主任，"心无旁骛，全神照顾他的新闻系"。政校新闻学系在芷江期间筹设了新闻事业专修班。马为学生开设新闻学概论、新闻事业史、新闻写作等课，创办《芷江民报》、《南温泉》周刊、《新闻学季刊》等刊物。新闻教育家的名声随之鹊起。1942–1945年被委任为国民党中央宣传部新闻事业处处长，同时兼任政校新闻系教授。抗战胜利后历任南京《中央日报》社社长、国民党中央候补执委、"国大"代表。1948年获南京国民政府颁发的"中华民国一等景星大绶勋章"，并出席联合国首次世界新闻自由会议，归来办《报学杂志》，负责筹备《中央日报》台北分版。1949年去台湾后，历任《中央日报》社社长，台湾"中央设计委员会"副主任，国民党中央第四组主任，联合国大会"中国代表团"顾问，巴拿马"大使"、台湾中央通讯社社长、董事长等职。1984年密苏里大学新闻学院授予其为"杰出新闻事业终生服务最高荣誉奖章"。1985年离职退休。1991年3月11日病逝于台北，终年82岁。①

可见，作为党国一手培养出来的新闻青年才俊，南京国民党"十年"训政的"黄金时期"是马星野新闻传播思想形成的关键期。在马星野新闻传播思想形成过程中，书香之家的传统熏陶，初中壁报、校报的新闻"爱好"的培养，《党军日报》两年多的工作经验，中央政治学校的政治教化，密大新闻学院的新闻教育，政校新闻学系的新闻教育实践起了重要作用。朱自清、罗家伦、蒋介石、鄞悌及中央政校、密大新闻学院的教师在不同

---

① 关于马星野的生平事迹本文主要参考卢礼阳《献身报业六十年——马星野年谱简编》（《平阳文史资料》第20辑，平阳县政协文史学习委员会编，2001，第1–47页）一文。

程度上影响了马星野新闻传播思想的形成，其中，罗家伦、蒋介石在马星野新闻传播思想形成中扮演了关键性的"节点"角色。上述因素使马星野较好地将三民主义党国政治与美国自由主义新闻思想、民国现实糅杂在一起，形成了三民主义党国政治统摄下的爱国民族主义与自由主义交织的新闻传播思想。

国民党训政前期，马星野新闻传播思想主要表现在他在抗战前撰写的近40篇新闻著述上（见表4-1）。其思想的具体特色主要有以下几点。

表4-1 马星野1934-1939年的新闻文章

序号	文章名	发表期刊	时间及刊期	备注
1	远东战争与美国言论界	新社会半月刊	1934年6卷10.11.12期	译作
2	欧美报纸之销路推广术	新社会半月刊	1934年6卷8期	
3	报纸之杂志化问题	中外月刊	1935年1卷1期	
4	报业之道德问题	申报	1935年10月1日8版	署名"星"
5	报业的职业道德	大美晚报	1935年10月3日	与"4"同
6	英美报业托拉斯之现势	中山文化教育馆季刊	1935年春季号	译作
7	今日之英国新闻事业	报学季刊	1935年1卷3期	
8	近代报纸内部组织之研究	中山文化教育馆季刊	1935年冬季号	
9	机械文明中之现代新闻事业	中山文化教育馆季刊	1935年1-2期	
10	国际消息之来源问题	申报每周增刊	1936年1卷35期	
11	读报问题之商榷	申报每周增刊	1936年1卷39期	
12	美国三位新闻教育家之长逝	中外月刊	1936年1卷3期	
13	中国报业前途之障碍	申报每周增刊	1936年1卷49期	
14	统制政策下之国际新闻	中外月刊	1936年1卷4期	
15	青年学生的看报问题	中外月刊	1936年1卷5期	
16	宣传之新武器—无线电	中外月刊	1936年1卷6期	
17	战时宣传之应有准备	中外月刊	1936年1卷8期	
18	青年学生之看报问题	新闻杂志	1936年1卷2期	与"15"同

续表

序号	文章名	发表期刊	时间及刊期	备注
19	世界无线电广播事业之鸟瞰	东方杂志	1936 年 33 卷 1 号	
20	国际通讯网与国际宣传	东方杂志	1936 年 33 卷 7 号	
21	如何研究国际新闻	播音教育月刊	1936 年创刊号	
22	新闻职业与大学教育	报展纪念刊	1936 年	
23	如何研究国际新闻	民力	1937 年 1 卷 10/11 期	与"22"同
24	国际舆论机关	申报每周增刊	1937 年 2 卷 11 期	
25	英国新闻事业之最新趋势	中外月刊	1937 年 2 卷 3 期	
26	言论自由与政府的新闻政策	国闻周报	1937 年 14 卷 12 期	
27	新闻事业的大障碍	语文	1937 年 1 卷 1 期	
28	略谈望平街之报业	创导	1937 年 1 卷 7 期	摘编自"13"
29	新闻记者之训练问题	新民族	1938 年 2 卷 19 期	
30	战时民意与新闻纸	民意（汉口）	1938 年 49 期	
31	论出版自由	新政治	1938 年 1 卷 2 期	
32	三民主义的新闻事业建设	青年中国季刊	1939 年创刊号	
33	中国新闻事业前途之观察	时代精神	1939 年 1 卷 3 期	
35	自由主义新闻事业之没落	新政治	1939 年 3 卷 1 期	书评
35	林语堂著中国新闻事业及舆论史出版（1936 年初版，十三章，百七十九页）	服务（重庆）	1939 年 6 期	书评
36	发展地方报纸刍议	战时记者	1939 年 6 期	
37	论战时新闻政策	战时记者	1939 年 6 期	
38	地方报纸的症结及其对策	战时记者	1939 年 7 期	
39	出版自由论	战时记者	1939 年 9 期	

1. 政治功利色彩初显

马星野是中央政治学校培养、有坚定的三民主义信仰、仕途光明的党政干部，不是纯粹的新闻青年才俊，而且青年马星野对蒋介石有浓厚的敬仰、崇拜心理。^①故马氏将其所学用于其政治表现，合乎人之常情。这使马氏新闻思想表现出很强的政治色彩。具体表现有三：①青年马星野的新闻工作完全听从党国人事安排，并在工作中表现为一个能干、听话的党政干部。如上所述，中央党务学校毕业即留校任中央政治学校同学会总干事，经罗家伦提拔去北京半工半读仅半年，即应中央政治学校电召回校编辑校刊，官费留学美国，亦经政校同意将"教育"改为"新闻"；获得密大学士学位后本想进哥伦比亚大学新闻研究所进修却应中央政校"电召"回国，创办新闻学系。②自觉以其所学为党国新闻业建言献策。两年留美使马氏具有当时国民党新闻人少有的国际新闻视野。马氏在30年代撰写了《统制政策下之国际新闻》、《如何研究国际新闻》、《国际通讯网与国家宣传》、《战时宣传之应有准备》、《世界无线电广播事业之鸟瞰》等文，纵论英美德日等国家的新闻政策、新闻传媒，以"它山之石"为党国新闻业建言献策。如马氏在比较德、苏俄、英、美四国的广播政策后，建议党国根据国情效仿苏俄的广播政策，"美国制度不是我们需要的，德国制度也不合我国国情，我们没有英国的成功条件，我们只能效仿苏俄"。在考察英法美德意日等国家的国际宣传经验后，建议党国在国难日益严重的情况下，要加强党国新闻事业建设，重视国际宣传，做好战时宣传的应有准备。③以灵敏的政治嗅觉，适时赞誉蒋介石或诠释蒋的讲话精神。1934年7月，蒋在其官邸召见马星野，"有一小时左右的谈话"。马氏随之撰写《蒋介石先生会面记》一文，讴歌蒋介石。1937年蒋介石做了开放言论的谈话，马氏随之撰写了《言论自由与政府的新闻政策》刊发在《国闻周报》上，诠释蒋讲话中透露出的党国新闻政策的新变化。1939年5月8日，蒋在国民党中央党部作了"三民主义之体系及其实行程序"的演讲。马氏撰写《三民主义的新闻事业建设》，配合蒋的讲话精神，并与蒋的演讲稿同时刊登在1939年9月出版的《青年中国季刊》创刊号上，表现出较浓的政治投机主义。马氏这一行为，既有个人仕途的考虑，也有忠于党国的政治信仰成分，也不能排除爱国民族主义的驱使。

2. 国际、国内领域的新闻控制与宣传效果是其致思重心

马是具有国际视野、深厚爱国情怀的党国新闻精英。强烈的爱国情怀，

---

① 1934年，蒋介石接见了回国不久的马星野，马星野后撰写了《蒋介石先生会面记》一文刊登在《国闻周报》1935年第6期。另马星野撰写的《党校生活时代之杂忆》(《服务月刊》)、《蒋校长与政治大学》等文，也表达了其对蒋的敬仰与崇拜。

国难危亡的现实感受，因国弱积淀的个人耻辱等因素，使其在1933-1939年将其新闻致思放在了战争与传媒领域，集中思考新闻传媒的社会控制问题：谁在控制国际传媒，各国如何控制新闻业，其社会效果如何？作为"次殖民地"的中国，该如何控制传媒、统制新闻，才能完成共赴国难，抗战建国的时代重任；作为社会个体，该如何应对真假难辨的国际新闻等问题。

与盲目崇拜媒介威力的国内学者不同，马星野清醒地认识到作为机械文明重要组成部分的现代新闻事业，具有"生产上、制造上、物质上、数量上、形式上、规模上进步得过分之速，而在价值上、内容上、精神上、质量上、标准上进步得不能如比例的快，或者反而有退步[①]"的内在矛盾。《机械文明中之现代新闻事业》一文开篇点出这一矛盾，马指出西方机械文明造就的现代"大"、"快"、"美"的新闻业"不能合乎人类高尚理想"，严肃、"高于时代普遍要求"的《泰晤士报》、《纽约时报》发行量远低于大众化报纸，是其力证。这致使"'道途之人'、群众之感情遂为决定文物制度之重要元素"，而其成因或是"'科学'与'民主'两个东西在作怪"。但马并未据此完全否定现代新闻业，而是借用美、欧及中国近代新闻史实，从科技进步、社会发展层面翔实论述了现代新闻事业具有"快"、"大"、"美"的特色。"快"意指"速度"，它是"现代文明的特色"。马以丰富史事证实了机械文明加快了新闻信息的全球流动速度，并正在改变着世界面貌。"大"即批量化的"大量生产"，也含有报纸发行的"大众化"意义。"美"指机械文明给予报纸"机械的、形式的、数学的、物质的、实用的美"。[②]文章充分表现了马以精英主义视角、辩证地看待现代社会及现代新闻事业，较为清醒地意识到西方社会的内在弊端。

在《国际通讯网与国际宣传》一文中，马详细勾勒了英、美、德、法、日、意、苏俄等列强在一战期间及战后至当时"现状"，争夺控制"世界的神经系统"——国际电信业（海底电缆、无线电），争夺控制"世界的耳目"——国际通讯社，实行"以国家利益为前提，以损人利己为原则"的国际新闻统制政策的丑恶行为，论证了被列强控制的国际电信业、国际通讯社已成为国家主义和帝国主义支配、操纵舆论的工具。目前，国际电信网的控制争夺战、国际宣传战愈演愈烈，哈瓦斯社、路透社、塔斯社、华尔夫社、德意志通讯

---

①　马星野：《机械文明中之现代新闻事业》，《中山文化教育馆季刊》，1935年1-2期。

②　马星野：《世界无线电广播事业之鸟瞰》，《东方杂志》，1936年33卷第1号元旦特大号。

社等国际通讯社均是各自国家的对外的宣传利器。国际宣传战"其速度与性质和国际经济战、军缩战、政治战完全一致"，这造成了"猜忌怀疑、相仇相恨"的"新黑暗时代"，易"引起国内革命与国际之战争"。[①]

《世界无线电广播事业之鸟瞰》是马星野对无线电广播"这个工具的所有权谁属，这个工具怎样运用[②]"思考的结晶。文章将世界广播制度分为以德、苏俄为代表，以国家干涉为原则、公营为主的欧洲制，以美、英为代表，以自由竞争为原则、私营为主的美国制，并辩证、客观地评析两种制度、四个代表国家广播体制的优缺点。作者断定德国广播是希特勒制造舆论的工具，是"国社运动"的鼓吹手，"始终是国社党对外侵略的利器"；苏俄广播"侵略性远逊于德国"，播音"着重于国内的文化革命"，以"制造新文化为目的"；英国广播避免了"广播事业为营利商品"、"以无线电为宣传工具"的弊端，是"被大家认为最完善合文明需要的组织"；"纯粹商业化"美国广播虽最有活力，却存在"迎合大众口味"、"专供最低阶层之趣味"的弊端。这表现出马在广播体制上青睐英国，憎恶德国体制，批评美国，有选择性地借鉴苏俄的矛盾心态。"美国制度不是我们需要的，德国制度也不合我们国情，我们没有英国的成功条件，似乎我们只有模仿苏俄。"

对国际通讯业、广播业、新闻业的观察与思考，是马氏思考理想的党国新闻传播制度的前奏，这一思考结晶是1939年9月发表的《三民主义的新闻事业建设》，此文是马氏新闻思想成熟的重要标志，也是国民党新闻理论的首次系统表述。文章配合蒋的讲话刊发，系统地阐述了马的新闻事业观、新闻制度观。文章以欧美新闻制度、国内混乱的新闻业为前提预设，借用孙中山的民族、民权、民生主义，在对欧美社会弊病的抨击中，从民族主义引申出"三民主义社会的新闻事业之目标，不是为资本家赚钱，不是为统治阶级说谎，而是为全社会中每个份子（国民），同全社会的整个生命（民族）服务，记载时事，领导舆论只是手段，解放民族建设文化才是目标"。从民权主义角度解决了"报纸同政府"、"报纸同人民"的关系：根据民权主义主张全民政治、革命人权，而非阶级专政或财阀政治，天赋人权，将言论自由仅赋予"服膺革命的人民"，并限制乃至剥夺鼓吹阶级、少数人利益、派别利益及一切反革

① 马星野：《国际通讯网与国际宣传》，《东方杂志》，1936年33卷第7号。

② 马星野：《世界无线电广播事业之鸟瞰》，《东方杂志》，1936年33卷第1号元旦特大号。

命者的言论自由；根据权能分开，政府有充分的治权，人民有充分的政权的原则，确定"当政府行使其充分的治权的时候，报纸不能作不负责任之攻击，当报纸领导人民，训练人民行使其充分的政权的时候，政府也不许对报纸作不必要之束缚；根据"团体自由重于个人自由，对人义务重于个人权利"原则，当国家利益、社会利益与"报纸的记载自由及批评自由"冲突时，报纸应牺牲其权利，当"报纸的记载自由权利及批评自由权利，侵入其他个人或团体之应有权利之时，报纸也应守着义务而牺牲其权利"；从民生主义主张发展国家资本，节制、保护私人资本的原则，主张发展国营新闻业，为将来纯粹国营奠定基础；制裁不良的私营新闻业，扶持良善的私营新闻业，为国营新闻业之补充的公私并存，以公为主、以私为辅的新闻事业结构。① 可见，马氏努力将其心目中理想的英国制度，国情相似、可资借鉴的苏俄制度与国民党政治理念相糅合，形成契合党国政经体制，以国营为主，革命政党控制的党国新闻传播制度。马深知这一制度框架是不契合抗战实际的一种"理想"，却将其发表，是为了给国民党新闻人树立一个奋斗的理想目标。这个目标成为"空想"，却折射出马氏有着浓厚的精英主义"救世"心态。

此外，为应付"国难"、抗战需要，马星野提出了改善新闻控制、提高宣传效果的诸多建议，是马氏对新闻控制与效果层面致思的补充。主要有：①做好"战时宣传之应有准备"，从物质工具上扩充广播电台、电影事业、扶持报业；从组织上扩大国际通讯社网、严密播音组织；从人才培养上，提倡新闻教育，团结及组织全中国现有的新闻人才。② ②国民党中央扶持言论事业，扩大及改进中央通讯社，完成国内外通讯网，使报纸消息来源不受外国通讯社之垄断；实行报业从业人员总登记，组织全国及地方报业协会，提高记者职业标准；国立大学斟酌设立新闻学系造就专门人才，给报业从业员以训练之机会；纸张油墨及机器等，国家设法自行制造，廉价供给各报；取缔报贩

---

① 原文是："民生主义对于一切产业，是主张下列三个办法的：（一）发达国家资本，以谋生产技术之社会化。（二）节制私人资本以谋生产要素之社会化，（三）保护私人资本，以谋民族资本之发展"。这三种方法，完全可以应用于新闻事业：（一）要发展国营的新闻事业，采取最新的科学方法，为将来纯国营新闻事业奠定基础。（二）对于私营的新闻事业，凡是不合于需要及贻害国家民族及社会道德者要加以取缔及扑灭。（三）对于善良的私营新闻纸，国家要设法予以保护，使其欣欣向荣，为国营新闻事业之辅翼。"见马星野：《三民主义的新闻事业建设》，《青年中国》，1939年9月创刊号。

② 马星野：《战时宣传之应有准备》，《中外月刊》，1936年1卷第8期。

制度等。①③主张提高公众的国际新闻素养，马撰写（演讲）了《如何研究国际新闻》、《青年学生的看报问题》、《国际消息之来源问题》、《读报问题之商榷》等文，向青年学生、社会公众普及如何阅读国际新闻，期望青年学生、社会公众能了解国际通讯社的背景，明辨是非，正确阅读国际新闻，以"配得上做现代人"。②

3."美国理想"与"国难现实"夹击中的言论自由观

马星野是一个清醒的党国现实主义者，传统国学的人文关怀、党国政治的现实利害、美式新闻教育的自由主义、国际新闻统制与宣传的现实，使马氏深刻认识到言论自由，是一种有限制、有条件的自由，（当时）中国只能实现三民主义宪政制度下的言论自由。《言论自由与政府的新闻政策》、《报业之道德问题》、《国际通讯网与国际宣传》、《美国三位新闻教育家之长逝》、《世界无线电广播事业之鸟瞰》、《中国报业前途之障碍》等文表现其在"美国理想"与"国难现实"中思考言论自由的致思路径。马星野在《中国报业前途之障碍》一文中说，"中国报业不能如我们理想的进步，根本因为中国整个文化还没有进步"，"中国报馆所遇到的各种困难，是许多暂时无法解决的"，"我们至少要全国全社会再做二十、三十年的积极不断努力"，才可能有"英美日法那样大、快、美的报"。③

在国际新闻领域，如上所述，马星野对国家主义、帝国主义控制下的国际新闻业的厌恶，是他萌生国际新闻自由思想、响应美国国际新闻自由运动的思想根源。在国内，马致思于以何种条件、何种方式限制言论自由，才能使传媒成为"人民之信托事业"，真正让人民了解国家与社会的事实真相，促进次殖民地中国民主政治的早日实现。在此致思下，马主张言论自由适度集中化，主张根据国情"模仿苏俄"广播；不反对党国在法律、国家机密、社会秩序、危害国家等层面限制言论自由，但反对毫无标准的新闻检查制度。为此，他借蒋开放言论的表态，撰文阐述以蒋的讲话精神为言论自由限制条件

---

① 见马星野：《言论自由与政府的新闻政策》，《国闻周报》，1937年14卷12期。

② 马星野：《如何研究国际新闻》《民力》，1937年第10–11期。

③ 《中国报业前途之障碍》一文从政治、商业、工业及技术、民智及教育、交通、人民财力等六个层面阐述了制约中国报业前途的六大障碍。见马星野：《中国报业前途之障碍》，《申报每周增刊》1936年1卷49期。

的言论自由观；①其主持的政校新闻学系牵头，与复旦、燕京、沪江的新闻系及北平新闻专科学校、广州新闻学校联名上呈国民党中央，提出改善新闻检查制度；②在政校新闻学系以新闻自由主义理念培养专业主义的新闻人才；指出国内报业杂志化畸形现象、报业发展的重要障碍在于政治未上轨道"，③"政府控制之严格"。④1939年，马才根据孙中山的民权主义，提出了适合党国现实的革命人权下的言论自由的理论设想，主张"只有服膺革命的人民"才完全享有法律限制下的言论自由，主张"注重团体尤其是国家之自由，不注重个己的自由；注重个人对他人之义务，而不注重于争个人之权利"的言论自由观。⑤

4. 符合"职业标准"的新闻教育理念与初步实践

1934年密大留学回国不久，深感"中国需要有知识有道德有能力的新闻人才，比任何国家为急"⑥的马星野就被任命负责在中央政治学校创办新闻学系。经一年的筹备，1935年9月中央政治学校新闻学系正式成立。从1934年筹备至1937年西迁重庆，马星野在三年时间内撑起了中央政治学校新闻学系的日常运行，并将其"达到报业之职业标准"、"笃信主义"的新闻教育理念初步付诸实践，为党国培养了众多新闻专业人才。马氏认同密大新闻教育模式，在生源、课程设置、学生实践、学术研究等方面均尽量效仿密大新闻教育模式。①精选生源。政校教务处规定国文、英文达到一定水准而志愿改入新闻学系可登记。首期由"大学部第六期全部108人转入新闻系"11位学生（黄寿明中途离校），⑦第二期8位学生。据1936年4月报道，政校新闻系成立时"有三年级学生十一

---

① 即要确定以"甲：出版法上所规定的；乙：刑法上所规定的；丙：宣传赤化危害国家扰乱地方治安之言论与纪载；丁：泄露军事外交之机密；戊：有意颠倒十分捏造毫无事实根据之谣言"为言论自由限制条件下的新的新闻政策，扶持、保障正当的言论自由。见马星野：《言论自由与政府的新闻政策》，《国闻周报》，1937年14卷12期。

② 《中政校等新闻学系联呈请改善检查制度》，《申报》，1935年12月27日第3张第9版。

③ 马星野：《中国报业前途之障碍》，《申报每周增刊》，1936年1卷49期。

④ 马星野：《报纸之杂志化问题》，《中外月刊》，1935年1卷1期。

⑤ 马星野：《三民主义的新闻事业建设》，《青年中国季刊》，1939年创刊号。

⑥ 马星野：《新闻职业与大学教育》，《报展纪念刊》，1936年1月。

⑦ 曹圣芬：《作始也简——母校新闻系创办的回忆》，王世正、王建今、王润化等编：《国立政治大学》，台北：南京出版有限公司，1981，303页。另据王继先研究，这十一位学生分别是邵德润、曹圣芬（法律系），王汉中、钱震（教育系），马志铄（外交系），彭河清、吕潤祯、朱沛人（财政系），赵炳烺、黄寿鹏、储玉坤（行政系）。王继先：《论马星野专业主义新闻教育的初试及其意义——以1934-1937年中央政校新闻系早期新闻教育为例》，转倪延年主编：《民国新闻史研究·2014》，南京师范大学出版社，2014年，第113页。其中，黄寿鹏可能是"黄寿明"的笔误。

人，二年级学生八人，均系他系转入者。至二十五年秋，新闻系学生包括一二三四年级共四十余人"。[①]到1937年西迁芷江前，第一二届学生（大学部第六、七期）已毕业。[②]他们后来大都成为国民党新闻业的中坚力量。②效仿密大课程设置体制，形成了以社科约占50%、人文科学和新闻学各约占25%的课程体系。[③]据《申报》1936年报道："该系教育方针，理论与实际并重，课程编排，分社会科学、语言文字及新闻学术三部分，教课方法，除教室上课外、阅读外，更随时使学生取得练习之机会。一年级为预备教育，所习者为政治学、经济学、英语、国文、中国史、西洋史等科，二、三、四年级课程，在社会科学方面，有中国政治史、中国政治思想、中国外交史、现代政治问题、国际关系及组织、国际法、西洋外交史、比较政府、民法、刑法、财政学、现代经济问题、社会学、社会心理学及现代社会问题等，语言文字方面，除英语国文外，更有日本文、评论文、叙述文及速记术等，新闻学术方面，二年级设新闻学概论及新闻写作一课，三年级设采访与编辑、评论、报业经营、广告学等课，四年级设杂志文、新闻事业史、比较新闻、印刷、专题研究及实际问题演讲等课，均为必修课程。各科分配，以社会科学类最多，约二分之一，而语言文字类及新闻学术类，均占四分之一"。[④]马星野、彭河清、曹圣芬、吴俊才、袁尘影、葛思恩等人的回忆也佐证了这一课程体系。[⑤]这在于，马星野认为"报人所需要之知识，极其广泛，百科之中，鲜有不能应有于报业者"。[⑥]③师资力量方面，社会科学、人文与语言文字方面的课程教学充分利

---

① 《中央政治学校新闻学系概况》，《申报》，1936年4月1日第3张第12版。

② 首届毕业生10人，他们是钱震、王汉中、邵润德、马志铄、彭河清、吕渭祯、曹圣芬、储玉坤、王汉中、赵炳烺。第二届毕业生8人，他们是黎世芬、龚弘、凌遇选、周天固、朱鹤宾等人。见葛思恩：《记早期的政治大学新闻系》，《新闻研究资料》，1989年第1期；曹圣芬：《作始也简——母校新闻系创办的回忆》，转王世正、王建今、王润化等编：《国立政治大学》，台北：南京出版有与限公司，1981，第302—308页。

③ 马氏回忆道，"我当时认为，新闻学需要许多其他社会科学、人文科学和语言学科来陪衬，所以我对新闻系课程的分配比例是：社会科学占百分之五十，人文和语文学科占百分之二十五，新闻专业科目百分之二十五"。马星野：《我所从事新闻教育的经过》，王世正、王建今、王润化等编：《国立政治大学》，台北：南京出版有与限公司，1981，第266页。

④ 《中央政治学校新闻学系概况》，《申报》，1936年4月1日3张12版。

⑤ 见王继先：《论马星野专业主义新闻教育的初试及其意义——以1934—1937年中央政校新闻系早期新闻教育为例》，转倪延年主编：《民国新闻史研究·2014》，南京师范大学出版社，2014，第113页。

⑥ 《中央政治学校新闻学系概况》，《申报》，1936年4月1日第3张第12版。

用政校经济、财政、政治、法律等各科"社会科学名家"担任。马氏认为，新闻学"在经验方面之重要，较理论且有过之，故新闻学系，充分利用实际在报馆服务之专才，担任教课，使学校与报馆，融为一片"，[①] 故在新闻学专业教学上，除留学密大的马星野、刘觉民[②] 担任专业课程外，还延请俞颂华、赵敏恒、吴鼎昌、顾执中、钱沧硕、王芸生等"沪上大报之要职者"前来授课或做专题讲座。④实习锻炼学生的职业技能。《密苏里人报》的实习经历使马受益匪浅，形成了他从实践中掌握技能，知识，建构理论体系的教育认知。他主持的政校新闻学教育亦非常重视学生实习。政校新闻学系利用学校印刷所，效仿《密苏里人报》办报模式创办学生实习刊物《中外月刊》，该刊完全由学生负责，马规定"学生每人每期写一篇文章"。[③] 该刊存在2年，首届学生曹圣芬回忆"足以加深我们研究新闻学的兴趣和实际从事新闻工作的经验"。[④]政校新闻学系在重庆芷江复课后，又创办了《芷江日报》《南泉新闻》、《新闻学季刊》等作为学生实习阵地。此外，政校新闻系规定："修业期满，将派赴京沪各报，实习三月，然后毕业"。[⑤]马亲自带首届毕业生到上海《申报》、《新闻报》实习一月，期间还召开记者会，参观复旦大学新闻系、沪江大学新闻系和《中华日报》，后又安排学生到中央宣传部、新闻事业处、国际宣传处、中央通讯社等国民党新闻管理机构、国民党传媒机构实习或参观。[⑥] 这种"即教、即学、即做"的教学模式，使学生毕业即能达到马星野心目中的"报业之职业标准"，[⑦] 即"健全之体格，高尚之品格[⑧]"的"有知识有道德有能力的

---

① 《中央政治学校新闻学系概况》，《申报》，1936年4月1日第3张第12版。
② 葛思恩、曹圣芬回忆中均有教师刘觉民。据《申报》，1931年8月18日报道，刘觉民与马星野一同赴美专攻新闻学。见《马伟等今日放洋赴美》，《申报》，1931年8月18日第11版。
③ 葛思恩：《记早期的政治大学新闻系》，《新闻研究资料》，1989年第1期。
④ 曹圣芬：《作始也简——母校新闻系创办的回忆》，王世正、王建今、王润化等编：《国立政治大学》，台北：南京出版有与限公司，1981，第303页。
⑤ 《中央政治学校新闻学系概况》，《申报》，1936年4月1日第3张第12版。
⑥ 曹圣芬：《作始也简——母校新闻系创办的回忆》，王世正、王建今、王润化等编：《国立政治大学》，台北：南京出版有限公司，1981，第305页。
⑦ 马星野：《新闻职业与大学教育》，《报展纪念刊》，1936年。
⑧ 《中央政治学校新闻学系概况》，《申报》，1936年4月1日第3张第12版。

新闻人才[1]"。⑤重视新闻学术研究。马星野充分意识到新闻学处于幼稚时期，新闻理论尚不成熟，世界及中国各大学还存在"新闻人才不能由大学训练之谬误观念"，故马在政校以"新闻系师生为基本会员[2]"组成了中央政治学校新闻研究会，政校新闻学系专门设置了新闻研究室，购置国内外各种报章杂志、新闻学书籍；《中外月刊》设置"新闻界"专栏，两年多刊登了50篇新闻文章。政校新闻学系西迁后，创办了《新闻学季刊》、《新闻战线》、《报学杂志》等刊物，发起或参与中国新闻学会等新闻团体工作，撰写了许多新闻学著述，使政校新闻学系成为党国新闻研究的一个主要学术重镇。

总之，一个来自浙江平阳"家教"深厚的青年后生，在国民党培养下成为一名具有国际新闻传播视野的党国新闻青年才俊。党国"黄金时期"的耳闻目染，中央政治学校的政治教导、美国新闻教育的学术启蒙及党报党刊的新闻实践，使马星野初步形成了以党国政治为前提，爱国民族主义为本，新闻自由主义为用的新闻传播思想。党国政治、爱国民族主义、自由主义、人文情愫的彼此交错使这一思想始终处于理想与现实、统制与自由的内生张力中。这一张力源于马星野坚信国民党"建国"路线与目标能实现其向往的自由主义新闻理想，为此，他将自由主义新闻思想"献给"党国，期望依靠受传统儒学熏陶的"革命同志的亲爱精诚"力行以新闻力量推动党国宪政下的新闻自由早日实现。而"国难"、"抗战"及党国灌输的"党义"、领袖崇拜，使马氏不能理性思考党国领袖的政治行为，不愿思考乃至自动屏蔽思考——党国现实政治能否寄托其新闻理想的本源性问题——的合理托词。这样，看不透党国政治的真实面目，盲目崇拜党国领袖，使马氏错将新闻理想、个人事业、人生价值完全与党国利益捆绑在一起，完全成为国民党新闻理论家。

---

① 马星野：《新闻职业与大学教育》，《报展纪念刊》，1936年。马星野还写道："要做一个现代中国新闻记者，必须具备多方面的条件：（一）学识、技能、敏锐的新闻感和辨别是非的能力，以判断新闻的价值，和读者对国家社会的重大影响；（二）良好的语文基础，英文是必需的，能再擅长西班牙和法语等语文更好。很好的国语文，更是最基本的条件；（三）新闻事业的专门技巧，包括编辑、采访、速记、打字、撰写社论等"，"一个优秀的新闻记者，还得有健康的身体，高度的智慧，应对的能力，易与人相处合作的性格，以及求正确的习惯"。见马星野：《我所从事新闻教育的经过》，王世正、王建今、王润化等编：《国立政治大学》，台北：南京出版有限公司，1981，第274页。

② 曹圣芬：《作始也简——母校新闻系创办的回忆》，王世正、王建今、王润化等编：《国立政治大学》，台北：南京出版有限公司，1981，第305页。

二、《中外月刊》中的新闻学话语 [①]

依诺曼·费尔克拉夫之见，对新闻现象进行理论阐释这一话语实践，处于社会和文化变化的宏观环境之中，被社会结构所构成。[②]1927–1937年国民党人新闻学话语，是中国政党新闻学话语建构的重要时期，实为国民党训政实践在新闻传播领域的反映。这一时期，国民党人的新闻论述较为零散，其新闻学文章多刊发在民营报人、新闻学人主办的新闻学刊物或报纸专版上，在《中央日报》、《民国日报》、《扫荡报》等国民党党报上，至今笔者尚未看到连续性的新闻学专版或专栏，至于系统化、理论化的党国新闻学专著在这一时期并未出现。《中外月刊》是目前所见这一时期（1927–1937年）唯一一份长期开设"新闻界"专栏，且由忠于国民党新闻事业的国民党人主持的刊物。[③]这份由中央政校主管，政校新闻学系主办，马星野主编的刊物，在某种意义上属于国民党学术团体主办的民营党刊。刊物创刊于1935年12月，名义发行人刘振东，发行所中央政校新闻研究会，实际是由马星野一人全权掌控，政校新闻学系学生负责编辑的一份学生实习刊物。[④]然而，不同于一般的学生刊物，该刊面向社会公开发行，创刊1年后发行量达到5千份，[⑤]为南京"销路

---

①　此节内容据刘继忠《〈中外月刊·新闻界〉新闻学话语的纠葛与调和》（《全球传媒学刊》2015年第4期）一文改写。

②　诺曼·费尔克拉夫：《话语与社会变迁》，殷晓蓉译，华夏出版社，2003，第59–60页。

③　笔者注：国民党人主办的《前途》（新闻统制专号）、《江苏月报》（江苏新闻事业专号）、《汗血月刊》（出版事业专号）等期刊曾出版了新闻学研究的专号。

④　当事人曹圣芬回忆，中央政校新闻研究会是马星野"以新闻系师生做基本会员"组成（见曹圣芬：《作始也简——母校新闻系创办的回忆》）。目前未见有史料佐证中央政校新闻学会有何重要活动。马星野、彭河清等当事人回忆、《申报》报道等多种材料证实，《中外月刊》编辑基本上完全由学生负责。如，1936年4月1日（第3张第12版），《申报》在《中央政治学校新闻学系概况》报道中称，刊物模仿《密苏里人报》的办报模式，"自撰稿、编辑、插图、校对、发行，以至营业诸工作，完全由学生负责"。经考证，《中外月刊》初由首期学生王汉中、邵德润、曹圣芬、钱震、彭河清、马志铄、赵炳烺、储玉坤、吕渭祯、朱沛人10人负责，1936年秋首届学生毕业后，由第二期周天固、凌遇选、龚弘、朱鹤宾、黎世芬等8人接办至1937年8月左右停刊。见彭河清：《并世风华一报人》，转卢礼阳：《献身报业六十年——马星野年谱简编》，平阳县政协文史学习委员会编：《平阳文史资料》第20辑，2001，第9页。

⑤　《中央政治学校新闻学系概况》《申报》，1936年4月1日第3张第12版。一说是1500多份。见曹圣芬：《作始也简——母校新闻系创办的回忆》，王世正、王建今、王润化等编：《国立政治大学》，台北：南京出版有限公司，1981，304页。

最大的杂志"，①1937年6月有32个城市59个分销处。② 故《中外月刊》是20世纪30年代中后期有一定社会影响力的党国新闻杂志。③

《中外月刊》存续1年零8个月，共出版2卷17期，除第1卷第9期、第2卷第6期外，各期设有"新闻界"专栏，刊发新闻学文章50篇，平均每期2-3篇。这些文章绝大部分出于学生之手，少数是政校新闻学系教师马星野、刘觉民及到政校做讲座的演讲稿（如吴鼎昌）和校外约稿。如表4-2所示:《中外月刊》"新闻界"栏目（下简称"新闻界"栏目）中的新闻文章可分为三大类。一类是国外新闻业的介绍与研究。此类文章共18篇（1篇尚未查到原文，尚不知归属于哪个国家），涉及美、英、日、德、苏五个国家的著名日报、通讯社、著名新闻人物及新闻业的特点、现状。其中美国新闻业的研究最多（7篇），其主题有《纽约时报》、《芝加哥论坛报》、《基督教科学箴言报》（《基督教义劝世报》）、美国联合社、美国报业大王赫斯特（哈斯特）、三位美国新闻教育家（密苏里新闻学院主任威廉博士、西北大学新闻学院主任赫林登、威斯康辛新闻学院主任柏来叶）及美国报纸特点。其次是英国（5篇）、日本（4篇），涉及主题有《泰晤士报》、《曼彻斯脱卫报》，日本同盟社、北岩爵士、《泰晤士报》总编辑道森、日本杂志大王野田清治、日本新闻检查、英国新闻业、日本报业的发展趋势等主题；最少的是德（2篇）、苏（1篇），其主题分别为德国国社党的宣传方法、宣传怪杰戈培尔（郭培尔）及苏联出版业。第二类是国内著名大报、地方新闻业、著名新闻人物的介绍与研究。此类文章共16篇，其主题分别是《申报》、《新闻报》、《大公报》、《北平晨报》、汉口《大光报》、《胶济日报》、《字林西报》、中央通讯社及成都、湖南、青岛、广州、南京的地方新闻业，国民党著名记者陈博生。第三类是新闻学术研究。共11篇文章，涉及报纸杂志化、报业管理、如何读报、战时宣传、新闻广告技术、无线电、地方报纸改革等主题。

《新闻界》栏目有自身的栏目特色，其选题主要有三大侧重：①侧重于

---

① 葛思恩:《记早期的政治大学新闻系》,《新闻研究资料》,1989年第1期。

② 见《中外月刊》1937年6月第2卷第6期版权页。

③ 创刊时该刊仿效美国《现代史料》和《时代周刊》杂志风格（马星野:《我所从事新闻教育的经过》,王世正、王建今、王润化等编:《国立政治大学》,台北:南京出版有限公司,1981,268页），走"新闻杂志"的高端路线，创刊时号称"杂志的杂志，时代的南针，报人的园地"（《中外月刊》创刊号广告:《申报》,1935年12月2日第1版）。

时下国外著名报刊、通讯社的历史、现状与特点的描述与研究心得，尤其偏重于英美两国的著名媒体，表现出中央政校新闻学系新闻教育偏重于英美自由主义新闻思想的教学特点。②侧重于国内著名日报、党营媒体的历史、现状与特点的描述与研究心得，对党营媒体有较多的偏重，表现出政校新闻学系注重"笃信主义"教育的一面。③新闻学研究侧重于"战时新闻宣传"主题，这与1935年日本侵华步骤加紧、战争阴霾加重密切相关。国难危亡，也促使党国新闻教育将战时宣传作为教学重点，为战时宣传培养宣传人才。因此，作为国民党新闻教育最高学府的一份学生刊物，"新闻界"栏目是20世纪30年代中后期国民党新闻学术话语特色的一个典型样本。该栏目在承担培养学生新闻职业技能的同时，也肩负着渗透党国新闻意识形态的重任。从"新闻界"栏目刊登的新闻学文章看，该栏目体现了各具特色的党国新闻话语。

表4-2 《中外月刊》中新闻学文章

序号	作者	文章名（备注）	年月日（卷期）
1	马星野	报纸之杂志化问题	1935.12.1（1.1）
2	觉民	泰晤士报	1935.12.1（1.1）
3	龚弘	申报	1935.12.1（1.1）
4	刘觉民	现代报业管理之任务	1936.1.1（1.2）
5	黎世芬	美国新闻大王哈斯特	1936.1.1（1.2）
6	刘觉民	纽约时报	1936.1.1（1.2）
7	朱鹤宝	大公报	1936.1.1（1.2）
8	马星野	美国三位新闻教育家之长逝	1936.2.1（1.3）
9	王歧尧	司各脱与曼彻斯脱卫报	1936.2.1（1.3）
10	世芬	新闻报	1936.2.1（1.3）
11	纪硕夫	略谈社会新闻	1936.2.1（1.3）
12	黄寿朋	德国国社党的宣传方法（刊世界展望栏）	1936.2.1（1.3）
13	马星野	统制政策下之国际新闻	1936.3.1（1.4）
14	王歧尧	"世界最大报纸"——芝加哥论坛报	1936.3.1（1.4）
15	世芬	时事新报	1936.3.1（1.4）

序号	作者	文章名（备注）	年月日（卷期）
16	龚弘	中央通讯社巡礼	1936.3.1（1.4）
17	韦夙今	成都新闻事业之今昔观	1936.3.1（1.4）
18	黎世芬	字林西报	1936.4.1（1.5）
19	王歧尧	欧战期中之北岩爵士	1936.4.1（1.5）
20	龚弘	联合社——美国最大通讯社	1936.4.1（1.5）
21	宝	湖南新闻事业之过去与现在	1936.4.1（1.5）
22	马星野	青年学生之看报问题	1936.4.1（1.5）
23	马星野	宣传之新武器——无线电	1936.5.1（1.6）
24	黎世芬	北平晨报	1936.5.1（1.6）
25	龚弘	侵略性之日本同盟社	1936.5.1（1.6）
26	嗒喁	别树一帜的美国'基督教义劝世报'	1936.5.1（1.6）
27	黎世芬	中央日报	1936.6.1（1.7）
28	吴鼎昌	报纸的读法——在中央政治学校讲	1936.6.1（1.7）
29	马星野	战时宣传之应有准备	1936.7.1（1.8）
30	龚弘	战争和宣传	1936.7.1（1.8）
31	王歧尧	日本报业之发展及其趋势	1936.7.1（1.8）
32	纪玗	汉口大光报	1936.7.1（1.8）
33	凌遇选	青岛新闻事业概况	1936.11.1（1.10）
34	世芬	漫谈双十节南京的报纸	1936.11.1（1.10）
35	钱华	今日中国的报纸（刊今日之中国特辑）	1936.12.10（2.1）
36	阶青	胶济日报	1936.12.10（2.1）
37	龚弘	谈谈新闻纸上广告的技术	1936.12.10（2.1）
38	周天固	日本杂志大王野田清治的一生及其事业	1936.12.10（2.1）
39	龚弘	改革今日中国地方报纸的商榷	1937.1.10（2.2.）
40	寿朋	宣传界怪杰郭培尔	1937.1.10（2.2.）
41	沙雁	论无线电与新闻纸	1937.1.10（2.2.）

序号	作者	文章名（备注）	年月日（卷期）
42	马星野	英国新闻事业之最新趋势	1937.3（2.3）
43	刘兴汉	美国报纸的特点（译文）	1937.3（2.3）
44	张振华	广州新闻事业的现况	1937.4（2.4）
45	洪道铺	陈博生先生访问记	1937.5.（2.5）
46	张振华	广州新闻事业的现况（续2.4）	1937.5.（2.5）
47	凌遇选	苏联的出版业（译自1937年4月11日英文大陆报星期增刊）	1937.5.（2.5）
48	黄印文	一个女明星与一个女记者：莫希尔氏的女友（编译，刊人物栏，未见原文）	1937.5.（2.5）
49	龚士弘	日本的新闻检查（载译）	1937.7（2.7）
50	印文	伦敦太晤士的总编辑	1937.7（2.7）

1. 职业主义的新闻学话语

职业主义的新闻学话语核心是交流职业经验，提升职业技能，强化职业意识，共享职业神圣感，其话语实质是以自由主义为核心，强调社会责任的新闻专业主义。20世纪30年代，我国职业主义新闻学话语虽有初步建构，[①] 职业主义的新闻实践却步履艰难。在"患贫血症的中国舆论界"，维持报纸尊严"已是不容易"，成为我国新闻学、业界的集体共识。提升从业者的职业技能、职业意识是二十世纪二三十年代中国新闻界亟待解决的现实问题。作为政校新闻学系学生的实习刊物栏目，"新闻界"专栏特别注重职业主义的新闻叙事。具体表现为：

（1）在国内外日报的"介绍"式叙事中，侧重于报纸"现状"，尤重于报社新闻政策、评论、新闻、编排、副刊及营业等"本体"部分。日报介绍是"新闻界"栏的一大特色。该栏目共刊登12篇文章，介绍了12种国内外日报。

---

① 我国职业主义新闻学话语的初步建构，始于1918年北京大学新闻学研究会。该研究会存续不到3年，却是中国新闻教育的开端。在北京大学新闻学研究会开展新闻教育的基础上诞生的徐宝璜的《新闻学》（1919）、邵飘萍的《实际应用新闻学》（1923）与1927年出版的戈公振的《中国报学史》，标志着我国职业主义新闻学话语的初步建构。

在可考证的文章作者中，除两篇出自新闻学系教师刘觉民之手，其余均由学生黎世芬（8篇）、王岐尧（2篇）、龚弘（1篇）等撰写，12篇文章的叙述模式基本一致，大致为扼要的日报史，创办人及重要编辑的主要贡献，表现职业精神的小故事，报纸的新闻政策、编排特色、社论立场、新闻选择、副刊、星期刊的突出特色，营业发行及报纸取得成功的因素分析。这种叙事模式体现为借"报纸介绍"向读者普及新闻业务知识的写作意图。

　　（2）在对英美报纸、报人、通讯社的学术叙述中表现出以新闻职业主义为标杆的褒贬倾向，力图为读者树立理想主义的新闻职业标杆。对符合新闻职业主义的英国《泰晤士报》及北岩爵士、总编辑道森，《曼彻斯脱卫报》及司各脱，美国《纽约时报》、《基督教科学箴言报》等均是"新闻界"普通推崇的著名报纸及报人，其行文赞誉多于贬损。《泰晤士报》是"英国舆论的喉舌，世界舆论的领导者"，其编辑具有"新闻职业家的尊严地位和舆论的威力"。①《泰晤士报》拥有者北岩爵士的一生事业"有许多地方"是"从事新闻事业者所应该奉为座右铭"，②总编辑道森（Geofjerez Dawson）是"第一号'雷神'"、"写作态度极为严肃"的"无色彩的记者"。③《纽约时报》犹如"英国伦敦泰晤士报"，有同样的"高格笔调和独立精神"、"高尚庄严的编辑政策"。④《基督教义劝世报》在美国商业化新闻业中"别树一帜"，具有"不毁任何人但为全人类祝福"的新闻政策；⑤美国联合社记者具有"不避艰难，不受诱惑，始终能本着克苦坚毅的精神，纯洁无私的人格服务于新闻事业"的职业精神。⑥对深受商业主义影响的美国《芝加哥论坛报》、美国"新闻大王"哈斯特，及服务政党利益的德国宣传"怪杰"郭培尔，在肯定其取得骄人成绩、分析其成功经验时，也批评其在商业主义、国家主义驱使下的弊病。如，《美国新闻大王哈斯特》文后附威廉博士的"新闻记者六训"，形成了以威廉

① 刘觉民：《泰晤士报》，《中外月刊》，1935年12月第1卷第1期。
② 王岐尧列举值得新闻人效仿的有："日以继夜切实的致力于他的职业"，"早起早睡"的作息习惯；"大胆敢言，自由的批评、不置身于任何政治集团之中，不对任何私人或团体有代言的义务。常常保留独立批评的地位，不受任何桎梏与约束"的言论风格。见王岐尧：《欧战期中之北岩爵士》，《中外月刊》，第1卷第5期。
③ 印文：《伦敦太晤士报的总编辑》，《中外月刊》，1937年7月第2卷第7期。
④ 觉民：《纽约时报》，《中外月刊》，1936年1月1卷2期。
⑤ 嗒嗒：《别树一帜的美国〈基督教义劝世报〉》，《中外月刊》，1936年5月第1卷第6期。
⑥ 龚弘：《联合社——美国最大通讯社》，《中外月刊》，第1卷第5期。

博士职业道德抨击哈斯特"黄色新闻"的巧妙编排；对商业化严重的《芝加哥论坛报》，作者以该报对报纸的"理想定义"，批评它"迎合下流的陋习及专为政党持私见"的弊病。①

（3）在《大公报》、《申报》、《新闻报》的学术叙事中，职业主义亦是其褒贬标准，期望民营报纸能日臻完善。《大公报》素有"敢言"传统，英敛之敢于触碰袁世凯，敢于批评宋哲元等，都是"敢言"的表现，该报虽仅有34年历史，却当得起"中国最好的报纸"的荣誉，"在国内报纸中已占着领袖的地位"。②63岁的《申报》虽是我国"最老"、"最大"的报纸，"全国报界的领袖"，却缺乏动人有力的言论，无法在言论上领导全国。③《新闻报》为实现"言论公正翔实"的现代"报格"而奉行"提倡营业"的新闻政策，苦心维持"经济独立"，经济新闻，英国式编排，专栏文章等是其特色。④

（4）在新闻业务的学术叙事中，处处可见作者以理想的职业主义标准点评各报新闻业务，或肯定，或批评，或建议。如《申报》有"每日新闻撮要太简、国内外各地通信太少、广告光怪陆离等弊病"；《新闻报》医药特刊"令人恶心"；《泰晤士报》的新闻选择标准值得称道，标题却"小家器"，营业政策也是失败的；《时事新报》的"烟景"副刊"有可批评之点"，其余的相当令人满意；报纸没有索引，是我国报纸的一个共同缺点等等。类似的点评很多，不再一一列举。

此外，职业主义的新闻学话语还体现在抨击新闻现象、探讨新闻业务、介绍新技术等方面，如借助职业主义新闻话语抨击我国报纸社会新闻的煽情、刺激、"黄色新闻"化，⑤批评南京报纸"庆祝十一节，打倒xx鬼"的新闻同质化现象；⑥针对地方报纸"记载不正确"、"编制不合理"、"设备的因陋就简"的现实，从"推行义务教育"的层面提出地方报纸与地方教育机构彼此合作

---

① 此理想主义是"报纸为近代文明之产物，其任务在：报告每日新闻，发展工商事业，启导舆论，并约束政府，此种约束之效力，任何宪法所不能为者"见王岐尧：《"世界最大报纸"芝加哥论坛报》，《中外月刊》，1936年3月第1卷第4期。
② 朱鹤宝：《大公报》，《中外月刊》，1936年1月第1卷第2期。
③ 龚弘：《申报》，《中外月刊》，1935年12月第1卷第1期。
④ 世芬：《新闻报》，《中外月刊》，1936年2月第1卷第3期。
⑤ 纪硕夫：《谈谈新闻纸上广告的技术》，《中外月刊》，1936年12月第2卷第1期。
⑥ 世芬：《漫谈双十节南京的报纸》，《中外月刊》，1936年11月第1卷第10期。

的改进计划①；探讨新闻纸上的广告技术②；探讨无线电能否取代新闻纸③；介绍最新的媒介技术④等等。

2. 民族主义、党国政治交织的新闻学话语。

在"新闻界"栏目职业主义新闻学话语叙事中，掺杂着较为浓厚的民族主义、党国政治的话语叙事，表现出国民党新闻人坚定的政治立场和强烈的民族主义精神。在"新闻界"栏目视野中，《中央日报》肩负着"革命政党"国民党的"建国"使命，是负有"唤起民众"责任的"党报中最大的一个"。经程沧波改革后，该报虽确定了在首都报界的地位，形成了注重"党的色彩"、"政治色彩"、"官的态度"、"副刊专门化"的特色，距离全国性大报、党报领袖地位却有很大距离。作者甚至建议该报仿照《字林西报》和日本报纸的方法，"依托各省县地方党报及海外支部工作人员，建立全国性的新闻通讯网，希望《中央日报》能联络各地党报，结成"党报集团"。⑤中央通讯社，人才济济，员工勤恳尽职，虽已建立国内通讯网，握住全国神经系统，却不自满，仍"本着向来的精神，完成中华民国的世界通讯网"建设。⑥青岛唯一的党报《胶济日报》肩负着"宣传本党主义，复兴中华民族，启迪民智，发展路政"的使命，该报深受日寇压迫，生存困难，却始终在本党的领导下努力前进。⑦《时事新报》曾犯了政治错误，然其"改邪归正"后以其"冒险与尝试"的职业精神，在"患贫血症"的近代化报纸中总算站在中国舆论界的最前列。⑧《北平晨报》斑斓的政治色彩是"报业在不合理的政治下应有的现象"，目前在隶属于晋察冀政务委员会的《北平晨报》，前景堪忧。汉口《大光报》是东北流亡到汉口的爱国志士赵惜梦等创办，该报旨在唤醒民众"准备一个民族的战争"，目前该报已是患"贫血症"的汉口新闻界"进出的一点

---

① 龚弘：《改革今日中国地方报纸的商榷》，《中外月刊》，1937年1月第2卷第2期。
② 龚弘：《略谈社会新闻》，《中外月刊》，1936年2月第1卷第3期。
③ 沙雁：《论无线电与新闻纸》，《中外月刊》，1937年1月第2卷第2期。
④ 《中外月刊》第1卷第10期在《青岛新闻事业概况》一文后扼要介绍了阿根廷青年发明的一种"会说话的新闻纸"。见《会说话的新闻纸》，《中外月刊》，1936年11月第1卷第10期。
⑤ 黎世芬：《中央日报》，《中外月刊》，1936年6月第1卷第7期。
⑥ 龚弘：《中央通讯社巡礼》，《中外月刊》，1936年3月第1卷第4期。
⑦ 阶青：《胶济日报》，《中外月刊》，1936年12月第2卷第1期。
⑧ 世芬：《时事新报》，《中外月刊》，1936年3月第1卷第4期。

火花"，值得重视。[①]读者应充分认识上海"资格最老势力最大"的《字林西报》是英国在华的喉舌，"非正式之上海工部局机关报"；[②]日联社、电通社组成的日本同盟社，具有"侵略性"，[③]值得警惕。

在"新闻界"视野中，地方新闻业落后，幼稚，患贫血症，受帝国主义、军阀主义压迫，然在国民党新闻人努力下有所改观，这体现了国民党人对地方新闻业的贡献。作为"模范市"的青岛的新闻业，深受日寇和军阀钳制，然在国民党人努力下，目前挣扎出"小小的规模"。[④]内地及边疆新闻业深受其政治、教育、实业、交通的制约，成都新闻业是其代表。成都新闻业落后、混乱、争斗的过去是由其交通闭塞、军阀割据造成的，然中央势力深入成都后，其新闻业"秉承中央意旨"有"显著进步"。[⑤]"革命策源地"的广州新闻业在全国新闻事业中"占着很重要的地位"，在新闻检查所的指导与协助下，广州新闻业在维护国家和民族的利益上"确已有了很大的成绩"。[⑥]

3. 战时宣传的新闻学话语

1936年，日本军国主义的战争阴霾已笼罩着中华大地，华北危机再次揪住每个中国人的心。同年5月7日燕京大学新闻学系第五次"新闻讨论周"开幕，《大公报》王芸生，《益世报》刘豁轩、罗隆基，《晨报》陈博生，中央政治学校新闻学系马星野等与会，集中探讨"新闻事业与国难"的会议主题。战时宣传的新闻学话语随之兴盛。"新闻界"栏目亦深受"新闻事业与国难"的影响，刊发了一些应对战时宣传的文章。主编马星野在5月8日燕京大学新闻讨论会上的发言稿《战时宣传之应有准备》刊登在7月1日出版的《中外月刊》第1卷第8期上。该文一针见血地指出国民政府对于"意见总动员""十分缺乏，太忽略了"，提出国民政府应加强新闻电影、收音机、通讯社、短波电台、造纸等方面的物质准备，加强中央通讯社、中央广播电台的对外宣传组织力量，团结新闻界，通过各种途径加紧训练新闻宣传人才。除此之外，龚弘介绍了欧战中英、美、德三国的战时宣传组织，欧战宣传教育及各国的

---

① 纪玗：《汉口大光报》，《中外月刊》，1936年7月第1卷第8期。
② 黎世芬：《字林西报》，《中外月刊》，1936年4月第卷第5期。
③ 龚弘：《侵略性之日本同盟社》，《中外月刊》，1936年5月第1卷第6期。
④ 凌遇选：《青岛新闻事业概况》，《中外月刊》，1936年11月第1卷第10期。
⑤ 韦夙今：《成都新闻事业之今昔观》，《中外月刊》，1936年3月第1卷第4期。
⑥ 张振华：《广州新闻事业的现状》，《中外月刊》，1937年4月第2卷第4期。

准备情况，提出对内宣传要暴露敌人残酷，凝聚国人抗战力量；对外宣传针对敌人、同盟国、中立国采取不同的宣传策略。[①]龚弘介绍了日本将电通社、日联社合并为同盟社的过程，指出日本统制其通讯社，目的是建立"一个独立自主的日本国际通讯系统"，与英、美、苏俄等国际性通讯社做国际宣传战。[②]黄寿朋介绍了德国国社党的宣传方法，[③]德国宣传怪杰戈培尔，[④]王岐尧在"战神的巨影，已再次翳住每一颗悸动的心"的语境下，介绍了一战期间英国北岩爵士的战争宣传的卓越贡献，[⑤]亦有它山之石的借鉴意味。

相对于职业主义新闻学话语，战时宣传的新闻学话语在"新闻界"栏目中偏少。这可能在于政校新闻学系的学生缺乏战时国际宣传的经验，撰写此类文章存在知识不足的现实困惑，而不是"新闻界"栏目不重视战时宣传，《中外月刊》中的大量文章流露着爱国民族主义情绪，为战争准备的社会动员是《中外月刊》的一个重要编辑策略。这从另一方面表明中国战时宣传人才极度缺乏。

综上所述，"新闻界"勾勒了以职业主义、民族主义、党国政治、战时宣传为核心的新闻事业的"现实"图景：《泰晤士报》、《纽约时报》、《基督教科学箴言报》秉承新闻职业主义理念，是报业楷模；商业主义严重侵蚀美国新闻业，哈斯特是其代表；德、苏俄及日本新闻业均在帝国主义、国家主义的统制下，是人类文明威胁；法西斯德国、日本新闻业的侵略性很大，值得警惕；《大公报》是"中国最好的报纸"，《申报》、《新闻报》是民营大报，却难以胜任舆论领导责任；党报兢兢业业，正谋求壮大，成为中国新闻业的主导力量，内地及边疆新闻业患上了综合性"贫血症"，亟待改进。在战争阴霾下，中国新闻业落后于欧美诸国，尤其落后于步步入侵中国的日本，故急需加强中国新闻业，加强党报力量，做好战时宣传的各种准备工作。这一新闻业的图景是这一时期国民党人新闻致思的典型缩影。这一缩影隐藏了马星野的新闻传播思想，背后是中央政校新闻学系新闻教育理念，同时也是国民党

---

① 龚弘：《战争和宣传》，《中外月刊》，1936年7月第1卷第8期。
② 龚宏：《侵略性之日本同盟社》，《中外月刊》，1936年5月第1卷第6期。
③ 黄寿朋：《德国国社党的宣传方法》，《中外月刊》，1936年2月第1卷第3期。
④ 寿朋：《宣传怪杰郭培尔》，《中外月刊》，1937年1月第2卷第2期。
⑤ 王岐尧：《欧战期中之北岩爵士》，《中外月刊》，1936年4月第1卷第5期。

年轻新闻学子参照国外新闻学，在战争阴霾下、在党国政治熏陶下对本土新闻实践的初步思考。

第四节　国民党新闻传播思想的历史评析

作为中国政党新闻传播思想的重要组成部分，国民党新闻传播思想具有政党新闻思想的一切特征，且表现得较为淋漓尽致。1927–1937年的国民党新闻传播思想前承资产阶级革命派的新闻传播思想，后续抗战时期的国民党"战时新闻学"，具有明显的"过渡"特征，其思想内部充满着自由主义、传统文化、新闻统制、民族主义的巨大张力，其新闻学术话语与职业主义新闻学话语纠缠在一起，尚未形成严密的理论体系。

一、具有严重的分裂特征

政党新闻业始终是政党政治活动的一个政治工具，其灵魂是政党的政治主张，尤其是党魁的政治理念，实用利己主义是指导政党新闻业的真正法则。故基于政党新闻业的政党新闻传播思想实是政党政治理念与主张在新闻传播领域中的反映，而非新闻人"社会沟通与瞭望"的职业设想。二者的内在矛盾需要政党新闻理论家提供一套虚假新闻意识形态，以遮蔽政党新闻业中的实用利己主义，达到"麻醉"新闻从业者，使之心甘情愿、有效胜任政党喉舌职业角色的政治意图，进而使政党新闻业成为政党灵活运用的政治工具。这套虚假新闻意识形态即是社会流行的新闻传播思想，它由政党的新闻政策，党魁及政党或政府宣传部门的负责人的讲话、指示，及政党新闻理论家、政党传媒负责人、新闻教育家、新闻从业者的新闻著述所构成。在话语表述上，这套虚假意识形态借助于新闻传媒具有"沟通与瞭望"的基本属性，赋予新闻职业以神圣光环；以政党为人民谋福利、是人民利益的代表为由，"说服"新闻从业者甘心做政党喉舌。这就使政党新闻思想内部始终存在着分裂的严重问题。二十世纪二三十年代的国民党新闻传播思想，充分体现了这种分裂性。

（1）国民党新闻思想内部存在着许多逻辑链条的断裂、矛盾与语焉不详的表述，无法有效解释党国新闻实践。①对于党报"本党喉舌"与民众喉舌的内在矛盾，国民党人鲜有阐述，未提出任何解决办法，反而多予掩饰。《中央日报》社长程沧波就从"人民之利益即党之利益"的角度推演出"本报为党之喉舌，即为人民之喉舌。"①②国民党人虽多次提倡并保障"批评行政之得失，摘发弊害"的正当舆论监督，"正当"前提的解释却是不违背"总理遗教"、"国家民族利益"、"伤害风俗"等的笼统用语，至于如何保障新闻媒体的正当批评权，多语焉不详，缺乏可操作性。③国民党虽极力强调国家自由、民族自由高于个人自由，但对如何保障正当的个人自由，多语焉不详，且缺乏可操作性。④党国传媒如何"训民以政"，如何推动"训政"到"宪政"的转型，如何在"党之喉舌"与"民之喉舌"之间保持动态平衡等，对此，国民党人的阐述亦多笼统、抽象、缺乏可操作性。⑤国民党人建构了服务于其新闻检查的"统制新闻"的学术话语，却将"统制新闻"的概念泛化，将英、美也作为"统制新闻"的国家。

（2）国民党的新闻意识形态较为脆弱，内部有着诸多巨大张力。言论自由上有自由主义、法西斯主义、集权主义的张力；新闻统制上有严厉统制、事前检查、取缔民营媒介的取向与事后检查、允许民营媒体存在的较为宽松的新闻统制的张力；新闻职能上有强调"本党喉舌"、教化民众、动员民众的集权倾向与强调"民众喉舌"、启蒙民众的分权倾向的张力。这种思想张力不能有效整合国民党新闻人的职业行为，更不能有效整合民国新闻人的职业行为，将新闻（报纸、通讯社）作为谋生工作、个人仕途工具、小集团的机关，而非国民党"训政"、"建国"的"革命工作"，是国民党新闻人较为普遍的行为。对此，国民党新闻官员也心知肚明。1936年，茹春浦在《新闻统制专号》上指出，"在这种新旧不接起的当中，中国的新闻事业，好像是有投机事业的意味，有的借着他去作官吏的活动，有的作为联络各种职业界的手段，有的就公然不客气的认为是造成新的流氓的资格"。②

（3）国民党新闻思想与新闻实践的严重脱节。这种脱节主要表现在：①国民党人新闻话语表述中多强调媒介是"民之喉舌"，党报党刊的新闻实践更多体现为"党之喉舌"或小集团的利益喉舌。②国民党人新闻话语表述中多强调"确实"、"趣味"、"迅速"等专业主义的新闻实务，但党国新闻实践

---

① 程沧波：《敬告读者》，《中央日报》，1932年5月8日。
② 茹春浦：《关于研究统制新闻方案的商榷》，《前途·新闻统制专号》，1936年第4卷第9期。

中不正确记载，煽情刺激的黄色新闻、无聊恶心的低俗新闻、相互攻讦的时政新闻等泛滥成灾。这一现象国民党新闻人也承认，也予以不同程度的抨击。③国民党界定言论边界与其实际操作中的言论边界往往不相吻合。实际操作中的言论边界往往由实权人物的个人喜好、政治取向、言论取向，及新闻检查官的实际执行划定，这使言论边界在不同地区、不同媒体呈现参差交错的畸形状态。这一状态也为马星野等"党义"很强的国民党新闻人所反感，所抨击。

国民党新闻思想的分裂性，除了具有政党新闻思想的共性外，还在于：①组织上，国民党未将自己整合为强有力的现代动员型政党，地方实力派割据一方，党内派系林立，权力争斗不休的组织分裂，使党国新闻实践陷入内部"割喉"之竞争。②政治上，"训政"的政权过渡性质，宪政体制对言论自由的内在规定，欧美自由主义新闻思想的影响等因素，使国民党在新闻统制上处于效仿德、意、日的严厉独裁统制与遵从总理遗教的有限统制的左右摇摆之中。前者主要以要求强化集权的党内极左派为代表，后者以信奉总理遗教、倾向分权的党内右派为代表。③外交上，公共租界的客观存在，在华新闻传媒的不受管控，列强对国民政府的"新闻"要求与抗议等事实，使国民党的新闻统制陷入了"本国报受统制而外报不受"的尴尬境地。"此种苦痛，不独新闻界为然，即全国人士，莫不皆然，其关键系于国力之强弱，并非政府有所轩轾"。[①] 刊登在由中央新闻检查所与《前途》杂志社合办的《新闻统制专号》的这段文字，道出了国民党新闻人的长期隐痛。④思想来源上，国民党新闻思想受到了传统中国的牧民文化、孙中山新闻思想、资产阶级革命派的新闻实践、欧美自由主义新闻思潮、法西斯主义新闻思潮的综合影响。

二、党国新闻学建构的"孕育"关键期

虽然国民党元老有丰富的新闻实践，孙中山等资产阶级革命派、民营报人、自由主义新闻学人为国民党提供了丰富的新闻思想资源，但手握国家权柄的国民党仍然面临着"建国"必需的党国新闻学建构的现实问题，与此同时，国民党以国家力量建构的政党新闻业及庞大的新闻统制体系，也需要党

① 王健秋：《我国舆论对于新闻检查的认识》，《前途·新闻统制专号》，1936年第4卷第9期。

国新闻学的理论支撑与辩护。然而，1927-1937年国民党人并未完成党国新闻学的理论建构，其新闻学的学术话语表达显得单薄、无力，无法与"民营"的职业主义新闻学相抗衡，也没有取得新闻学术的主流话语权，遂使这一时期成为党国新闻传播理论建构的"孕育"关键期。其主要表现是：①与体制外的民营报人、新闻学者的诸多新闻学著作、大量的新闻学文章、固定的新闻学术期刊相比，国民党人的新闻学术话语却呈现零散的状态，这一时期尚未出现专门、有影响力的新闻学期刊，也未有影响力的新闻学著作问世，这使国民党人的新闻学术话语权处于边缘位置。这一时期体制内国民党人新闻传播的话语阵地主要有：《江苏月报》的1934年1月《江苏新闻事业专号》、《中外月刊》"新闻界"栏目（1935年12月-1937年7月），《汗血月刊》的《出版事业专号》（1935年7月），《前途》杂志的《新闻统制专号》（1936年9月），《中山教育馆季刊》、《留东学报》等党国刊物上的少数新闻学文章。其他则散落在体制外的自由主义新闻学人、民营报人的新闻学术刊物上。②在新闻思想的话语表达上，国民党人更多地是"借用"徐宝璜、邵飘萍、戈公振等新闻学著述建构的职业主义的新闻学话语，更多地"借用"德、意、日、苏俄的"新闻统制"的话语，及英美自由主义的新闻学话语，尚未从孙中山三民主义话语体系中演绎出其新闻学术话语，其话语表述要么是缺乏逻辑的官样文章，要么是基于个人新闻实践的经验表达。这使国民党人的新闻学话语缺乏坚实的三民主义政治基础，既不能有效支撑其信奉的三民主义政治理念，也无法有效整合自由主义新闻学、法西斯新闻学、苏俄新闻学的思想冲击。自然也就无法为国民党新闻从业者提供"合法化"的职业理念，更无法"改造"、"规劝"民营新闻从业者的自由主义新闻理念。事实上，首次从孙中山三民主义政治理论角度阐述"三民主义新闻理论"的是抗战爆发后1939年9月的《三民主义的新闻事业建设》。[①] 此文是马星野为配合蒋介石同年5月8日"三民主义之体系及其实行程序"的演讲精神而撰写的，文章以孙中山民族主义、民权主义、民生主义为制度框架，在批判、吸收英、美、苏俄的新闻制度的基础上，结合党国新闻传播现实，在理论上肯定了党国新闻传播体制。[②] 故此文的发表，才标志着党国新闻传播理论建构的初步完成。然而，到国民党败退

---

① 蔡铭泽：《中国国民党党报研究（1927-1949）》，团结出版社，1998，第255页。
② 见马星野：《三民主义的新闻事业建设》，《青年中国》，1939年9月创刊号。

到台湾，从三民主义角度阐释党国新闻业的文章、著述并未大量涌现。造成这一现象的原因可能在于，第一个党国新闻教育机构中央政治学校新闻学系于1935年秋成立，距南京国民政府成立已有7年多之久，党国新闻教育的长期缺乏一方面使国民党新闻人才缺乏，一方面使国民党新闻学术研究长期滞后，缺乏专职的新闻学术单位、专业的新闻学术研究人才。

总之，国民党新闻思想是以爱国民族主义为根基，政党集权为用，新闻业为工具，自由主义为职业粉饰的我国第一个较为系统的政党新闻思想。这一时期的国民党新闻思想前承资产阶级革命派的新闻思想，后续抗战时期的国民党"战时新闻学"，是台湾三民主义新闻学术的重要思想渊源。作为中国政党新闻传播思想的重要组成部分，这一时期的国民党新闻思想在中国政党新闻思想史上具有明显的"过渡"特征，其"过渡"特征是：虽有一些基本共识，却张力十足、相当脆弱，更未被民国新闻人视为共同的新闻意识形态；其话语多是经验主义的零散表达，而非学理性的系统表达。

第五章
制度管控：国民党新闻传播制度的形成及特点（1927-1937）

　　新闻传播制度是一个国家政治制度的重要组成部分，有什么样的政治制度就有什么样的新闻传播制度。如第三章所述，国民党依托孙中山训政理念，建构了"以集权为核心"的党国训政体制。这一体制必然要求建立以新闻统制为核心的党国新闻传播制度。南京国民政府成立后，国民党在其原有宣传机构、新闻制度基础上，调整、完整、成立相关的行政机构，出台一系列的法律、法规、条例，至抗战前夕建立了庞杂、繁琐的党国新闻统制制度，将民国新闻传播活动有限地纳入了其制度管控范围，使民国新闻传播成为服务于其"训政"、"建国"的一支重要支撑力量。

　　学界对国民党新闻传播制度的研究成果较为丰硕，[①] 基本上勾勒了党国新闻传播制度的历史面貌，却有意识形态批判色彩较浓，一些领域模糊不清、研究有待深化等问题。因此，本章主要从制度层面研究国民党新闻传播宏观制度的形成历程及其历史特色、内涵，相关职能机构及制度执行，重点考察国民党建构了怎样的新闻传播制度（宏观层面），这一制度体系的实际运转如何（运转效力，制度条文之间的衔接，攻击与辩护，制度修正），以此解答如下问题：制度框架下的党国新闻传媒，充当了"谁"的喉舌？是国民党中央的"唯一"喉舌还是党内诸多利益集团的"多元"喉舌？若是后者，它们之间的矛盾在制度层面是如何调试的？等等。

[①] 对国民党新闻传播制度的研究，大陆和台湾均有丰硕的研究成果。除了新闻传播史教材中的论述外，主要研究著作有：王凌霄：《中国国民党新闻政策之研究（1928-1945）》，中国国民党中央委员会党史委员会出版，1996；魏永生：《南京国民政府出版政策研究》，山东师范大学硕士学位论文，2006；王静：《国民党统治前期（1927—1938）新闻政策研究》，山东大学硕士学位论文，2007；向芬：《国民党新闻传播制度研究》，中国社会科学出版社，2012；等等。但在上述研究成果中，大陆学界偏重批判，台湾学界倾向理解。

第一节 国民党新闻传播制度的历史形成（1927-1937）

新闻传播制度是由法律、法规、条例、解释、手令、手谕等政策文件、行政科层机构组成的新闻规范与管理体系，其中，新闻政策是"死"的规范体系，行政科层机构是"活"的、执行新闻政策的管理机构。在南京国民政府"黄金十年"期间，国民党根据不断变化的党国现实，使其新闻传播制度由草创而渐趋巩固，由简约而繁复，由粗陋而严密，到抗战爆发前夕基本形成了一套庞杂的新闻制度体系。以新闻政策的核心旨向为标准，这一制度体系大致可分为三个承继关联的时期：约从1927年至1930年上半年为草创期，约从1930年下半年至1935年11月间为调整发展期，约从1935年11月至1938年为转向战时新闻制度期。①

一、国民党新闻传播制度体系的草创期

1927年南京国民政府建立后，未立即着手进行新闻传播制度的整顿与建设工作，宁汉合流后，国民党才着手于新闻传播制度的建设工作。1928年6月，国民党中央常会第144次会议通过并颁布了《设置党报条例》、《指导党报条例》、《补助党报条例》、《指导普通刊物条例》、《审查刊物条例》。前三个条例就党报建设（党报设置、领导体制、宣传内容、组织纪律和津贴标准）做了详细规定，要求党报的传播内容须以"本党主义及政策为最高原则"；②后两个条例则对非党刊物与宣传做了明确规定，要求非党刊物"立论取材，须绝

---

① 对国民党新闻统制政策的历史分析，借鉴了王静在其硕士学位论文《国民党统治前期（1927—1938）新闻政策研究》的历史分期。见王静：《国民党统治前期（1927—1938）新闻政策研究》，山东大学硕士学位论文，2007。

② 条例规定党报类型包括党报、半党报、准党报三种。规定无论言论、新闻、副刊、广告，都必须以"本党主义及政策为最高原则"，规定"各党报须绝对站在本党的立场上，不得有违背本党主义、政策、章程、宣传即决议之处；各党报须完全服从所属各级党部之命令，不得为一人或一派所利用"等。规定党员所办报纸津贴接受的条件是"言论及记载随时受党之指导"，"完全遵守党定言论方针及宣传策略"。见方汉奇：《中国新闻事业通史》（第二卷），中国人民大学出版社，1996，第352～353页。

对以不违反本党之主义政策为最高原则"、"必须绝对服从中央及所在地最高级党部宣传部的审查"。① 故1928年6月标志着国民党新闻政策制定、实施的起步。② 同年10月国民党中央通过《训政纲领》，开始实施训政。1929年加大了新闻政策的制定力度。1月10日国民党中央颁布《宣传品审查条例》，规定宣传品审查范围、标准、处理办法，从政治上界定了"反动宣传品"、"谬误宣传品"的性质："宣传共产主义及阶级斗争者"、"反对或违背本党主义政纲政策及决议案者"、"妄图谣言以淆乱观听者"。③3月国民党第三届全国代表大会召开。这次大会奠定了国民党实施训政的制度基石，④ 大会首次明确规定"国民党最高权力机关，为求训练国民使用政权，弼成宪政基础之目的，于必要时得就于人民之集会、结社、言论、出版等自由权，在法律范围内加以限制"。这次大会收到邵华、陈德征、梁寒操、赖琏、王则鼎、郑彦棻等百余人要求"统一本党理论"、"彻底消灭反动思想、严厉查禁反动著作"、"扩大国际宣传"、"确定新闻政策、取缔反动宣传"、"本党应确定新闻政策"等提案，这些提案要么由大会决议，要么由提案审查委员会决定，提交中央执行委员会核办。⑤ 可见，统一

---

① 见方汉奇：《中国新闻事业通史》（第二卷），中国人民大学出版社，1996，第397页。
② 学界对于南京国民党的新闻政策往往从1929年叙述起，忽视1928年的新闻政策，似乎1929年的国民党第三届全国代表大会是政策的发源地，其实不然，1928年国民党中央常会144次会议制定的6个条例已奠定了国民党新闻政策的基石。
③ 中国第二历史档案馆主编：《中华民国史档案资料汇编》第五辑第一编·文化，江苏古籍出版社，1998，第74-76页。
④ 这次大会通过了《中国国民党总章》、《确定训政时期党、政府、人民行使政权治权之分际及方略案》、《根据总理教义制定过去一切党之法律规章以成一贯系统，确定总理主要遗教为训政时期中华民国最高根本法案》、《确定训政时期物质建设之实施程序及经费案》等。
⑤ 据荣孟源主编：《中国国民党历次代表大会及中央全会资料》汇编的"第三界全国代表大会三月二十七决议移交中央执行委员会议案目录"，该目录把提案分为七大类。与新闻政策相关的提案主要有：属于"A、经大会提案审查委员会审查提出报告后，由大会决议交中央执行委员会者"有："．甲、关于统一本党理论者：1.邵华等16人提议，统一本党理论案；2.陈德征等15人提议，彻底消灭反动思想，严厉查禁反动著作案；3.梁寒操等14人提议，严重取缔党内鼓吹农工小资产阶谬论，以信仰而杜乱源案；4.邵华等17人提议，扩大国际宣传案；5.王则鼎等12人提，请扩大国际宣传案；6.赖琏等21人提议，请确定新闻政策，取缔反动宣传案。属于"D、提案审查委员会认为应交中央执行委员会核办之提案"有：11.刘盥训等十七人提议，表现统一精神案；12.郑彦棻等23人提议，扩大国际宣传方案案；13.陈德征等16人提议，本党应确定新闻政策案。属于"E、提案审查委员会认为应交中央执行委员会核办之请愿书意见书"者有：20、江苏江都县监察委员程太阿提，请指导全国新闻界整理全国新闻事业，统一全国舆论案。见荣孟源主编：《中国国民党历次代表大会及中央全会资料》（上），光明日报出版社，1986，第711-737页。

"三民主义"理论，加强"党谊党德"的宣传与训练，严厉取缔反动宣传，强化党内刊物的管理，扩大国际宣传，确定新闻政策成为国民党人的集体共识。这次要求统一的大会奠定了国民党新闻传播制度的基本走向。

1929年6月，国民政府转饬行政院通过了《取缔销售共产书籍办法》，8月23日《出版条例原则》颁布，29日《全国重要都市邮件检查办法》公布，9月《日报登记办法》出台，1930年4月《各县市邮电检查办法》公布。其间中宣部又做出多项法律解释。《出版条例原则》被视为1930年《出版法》的雏形，《日报登记办法》规定书报、通讯社须向各党部宣传部登记，由中宣部审核；至于两项"邮件检查办法"，前者授权高级党政机关，后者授权省党部检查信件、邮件、私人函件的权力，从流通渠道上查封反动刊物。

这一时期，国民党初掌政权，国民政府处在草创期，各项规章制度及人事均需安排，加之蒋冯、蒋桂军事对抗及中原大战等因素，国民党只能根据形势变化，由党出台条例、办法、原则，基本处在政党意志层面，尚未全面上升到国家意志层面，政策条文基本上是框架性、原则性、程序性的规定。政策重心主要集中三个方面：①加强党报建设，以"本党主义"统一党报及非党报宣传；②为查封"反动思想"、"共产党书刊"制定政策依据；③要求民营报纸抓紧向相关单位"登记"、"审核"。

这一时期的立法精神、政策走向已明确。国民党第三届全国代表大会宣言及其关于新闻、宣传、党务方面的提案、议决案的表现最为明显。

二、国民党新闻传播制度体系的调整发展期

1930-1931年，国民党派系斗争有激化趋势。1930年7月，汪精卫等改组派，邹鲁、谢持等西山会议派与阎、冯联合，共同反蒋。年底，中原大战结束，阎、冯等军事实力削弱，改组派、西山会议派瓦解。1931年上半年，因"约法"问题，蒋介石软禁胡汉民，扣留李济深，引起两广反蒋，至同年6月第三届五次中央全会召开，党内斗争趋于缓和，南京政府的统治力量虽然明显削弱，蒋介石个人集权却渐趋形成。故这两年间，国民党及其政府还没有精力管制新闻界，不过也在前三年宣传经验及政策基础上作了调整。

1930年8月，国民党中央执行委员会训练部将"四全大会议题讨论大纲"下发给各级党部，令其讨论，并将讨论结果于9月20日前汇呈中央执行委员

会训练部。其中"讨论大纲"的"丁项"是"改进党的宣传方略并确定新闻政策案"。该方案共三条，要求下级党部讨论"本党过去宣传工作"有无缺点、在原则和方法上有何改进意见及如何确定本党新闻政策，以提交国民党第四届全国代表大会。[1]这意味着国民党开始着手确定系统化的新闻政策。同年12月立法院通过《出版法》并由国民政府予以公布，标志着国民党新闻政策有了重大进展，即逐渐由政党意志层面上升到国家意志层面，以增强政策的合法性。

《出版法》秉承了《出版条例原则》，[2]糅和了戴季陶和陈立夫两人的意见而成，[3]共6章44条，按照"一为出版登载事项之限制，一为发行人或编辑人之限制"[4]的原则，依次说明出版品、著作人、编辑人的定义；规定新闻纸及杂志审查向"所属省政府或隶属于行政院之市政府转内政部"登记的程序及负有刊登"更正或辩驳书"的义务；规定"党义党务"记载须向中宣部申请登记，并送寄相关出版品；规定书籍及其他出版品的出版程序；规定限制登载事项及行政处罚和罚则。其中，第四章"出版品登载事项之限制"为全法的重心，体现了国民党新闻立法的一贯精神。该章共三条（第19、20、21条），明确规定出版品不得"意图破坏中国国民党或三民主义，意图颠覆国民政府或损害中华民国利益，意图破坏公共秩序，妨害善良风俗"，"不得登载禁止公开诉讼事件之辩论"，并赋予了国民政府在变乱及其他特殊时期禁止或限制军事或外交事项的登载。[5]

1931年9月后，日本加快了侵华步骤。"九一八"、"一二八"等事变相继发生，国内的民族主义情绪日益高涨。国民党却奉行"攘外必先安内"的基本政策，致使新闻界与国民党及其政府冲突日益加剧，加之1932年后法西斯

① 《一周大事汇述：党务报告：中训部颁发四全大会议题讨论大纲》，《中央周报》1931年第168期。
② 《出版法》在中央宣传部于1930年6月20日函立法院速定出版条例的催促下，由国民政府法制委员会于第66次会议议决推委员罗鼎、刘克俊、孙镜亚三人，依据《出版条例原则》，从事起草，旋起草完竣，经法制委员会提出第94次、第97次及第99次会议，继续讨论，当通过《出版法草案》44条。1930年11月29日，立法院于第119次会议，将《出版法草案》提付二读，逐条讨论通过，并省略三读，通过全案，即呈由国民政府于1930年12月26日公布施行。见谢振民编著、张知本校订：《中华民国立法史》，中国政法大学出版社，2000，第512页。
③ 王洪钧：《新闻法规》，台北：允晨出版社，1985，第48页。
④ 《解释旧出版法关于新闻纸杂志移转发行疑义》，1932年3月2日内政部咨浙江省政府，见刘哲民编：《近现代出版新闻法规汇编》，学林出版社，1992，第117页。
⑤ 《出版法》，《江苏月报·江苏新闻事业号》，1934年第1卷第3期。

主义在国内泛滥，国共军事冲突频繁和党内派系斗争趋于复杂化等因素，从
1931下半年到1935年下半年，国民党加强了新闻政策颁布和实施的力度。据
粗略统计，仅国民党中央和国民政府就出台50余种各类新闻政策（包括办
法、细则、解释、规则、通令、大纲等），致使其新闻政策"走向专制主义高
峰"。① 其主要表现是：

1. 不断完善《出版法》，规范出版品审核登记程序。1931年10月7日，内
政部和中宣部共同颁布《出版法实施细则》，该《细则》共25条，除了详细
解释出版品的登记手续外，重心是解释了"党义党务"的内涵及审查程序。
规定"一、引用或阐发中国国民党党义者；二、纪载有关中国国民党党务或
党史者；三、所载未直接涉及中国国民党党义、党务、党史，但与中国国民
党党义、党务、党史，有理论上，或实际上之关系者；四、涉及中国国民党
主义、或政纲、政策之实际推行者"，均属于"党义党务"② 范围。另外，仅据
1934年1月出版的《江苏月报·江苏新闻事业号》的统计，从1931年10月至
1933年10月，内政部、中宣会、中央就出版法实施审核登记及罚则等问题做
了18条法律解释，其中内政部15次，中央宣传委员会2次，中央1次。③1937
年7月《出版法》和《出版法施行细则》做重大修正，正式将出版品的注册登
记制改为核准登记制。④

2. 明确宣传品检查及报刊等出版品取缔的标准。主要有《宣传品审查标
准》（1932年5月）、《新闻检查标准》（1933年1月）、《取缔不良小报办法》、
《1933年10月》、《查禁普罗文艺密令》（1933年10月）、《取缔刊登军事新闻
及广告暂行办法》（1935年2月）等。上述标准、办法、密令均有中央执行委
员会常务会议、中央宣传委员会或军事委员会制定并直接公布，均未经过国
民政府的立法程序。宣传品审查标准、报刊的取缔标准，完全遵循国民党划

---

① 王静：《国民党统治前期（1927—1938）新闻政策研究》，山东大学硕士学位论文，2007。
② 《出版法施行细则》，《江苏月报·江苏新闻事业号》，1934年第1卷第3期。
③ 据《江苏月报·江苏新闻事业号》（1934年1卷第3期）统计。
④ 该法第九条规定"为新闻纸或杂志之发行者，应由发行人于首次发行前，填具登记声请书呈由
　发行所所在地之地方主管官署于十五日内转呈省政府或直隶于行政院之市政府核准后，始得发
　行。省政府或直隶于行政院之市政府，接到前项登记声请书后，除特别情形外，应于二十八日
　内核定之，并转请内政部发给登记证。内政部于发给登记证后，应将登记声请书抄送中央宣传
　部登记"。见《出版法》，1937年7月8日国民政府修正公布，见刘哲民编：《近现代出版新闻法
　规汇编》，学林出版社，1992，第135页。

定的政治标准。最能体现这一原则的是1932年5月31日第四届中央执行委员会第22次会议通过，同年11月24日第48次会议增订的《宣传品审查标准》（下简称"标准"）。该标准延续了1929年《宣传品审查条例》的基本精神，并对审查标准加以细化和分类。《标准》把宣传品分为"适当"、"谬误"、"反动"三类宣传，并对每类做了具体阐述。具体内容如下：

（一）适当的宣传：1. 阐扬总理遗教者；2. 阐扬本党主义者；3. 阐扬本党政纲政策者，4. 阐扬本党决议案者；5. 阐扬本党现行法令者；6. 阐扬一切经中央决定之党务政治策略者。

（二）谬误的宣传：1. 曲解本党主义政纲政策及决议者；2. 误解本党主义政纲政策及决议者；3. 思想怪僻或提倡迷信，足以影响社会者；4. 记载失实，足以混淆观听者；5. 对法律认可之宗教，非从事学理探讨从事诋毁者。

（三）反动的宣传：1. 为其他国家宣传、危害中华民国者；2. 宣传共产主义及鼓动阶级斗争者；3. 宣传无政府主义、国家主义、及其他主义，而有危害党国之言论者；4. 对本党主义、政纲、政策及决议，恶意诋毁者；5. 对本党及政府之设施、恶意诋毁者；6. 挑拨离间，分化本党危害统一者；7. 污蔑中央，妄造谣言，淆乱人心者；8. 挑拨离间及分化国族间各部分者。①

这一标准含有"曲解"、"反动"、"误解"、"谬误"、"适当"、"怪僻"等模糊语言，并被其他标准、条例、法令援引或具体阐释，违反该《标准》，都将受到严厉惩罚，轻者取缔，重者治罪。故在事实上，该《标准》和《出版法》第19条是国统区社会信息传播的政治准则，充分体现了国民党新闻政策的"党化"色彩。至于《新闻检查标准》、《取缔不良小报办法》、《查禁普罗文艺密令》、《取缔刊登军事新闻及广告暂行办法》、《重要都市新闻检查办法》等法规，基本上是《宣传品审查标准》的延伸或具体阐释。如，《新闻检查标准》

---

① 该标准是1933年11月24日第四届中央执行委员会第48次常务会议增订后的版本。相较于1933年5月31日第四届中央执行委员会第22次常务会议通过的版本，增订本在"谬误的宣传"项增加了第5条，在"反动的宣传"项增加了第8条。《宣传品审查标准》，《江苏月报·江苏新闻事业号》1934年1卷第3期，《法规：宣传：宣传品审查标准》，《中央党务月刊》，1932年第45、46期。

分军事、外交、地方治安、社会风化四类新闻类型，分别就扣留或删改做了规定，其中，对尚未证实或已证实不确的外交不利影响的，未经外交部正式或非正式公布的，涉及秘密外交的"外交新闻"均以被扣留或删改；摇动人心、引起暴动的，故作危言、影响金融的，对中央负责领袖的恶意新闻及损害政府信用的"地方治安新闻"均应被扣留或删改；淫盗之纪载，描写煽扬猥亵凶器之影响的，及其他妨害善良风俗的"社会风化新闻"均应被扣留或删改。此外还"附注"了三条事项，要求各新闻检查所检查新闻时，"须依照出版法及宣传品审查标准第二项第三项之规定"，"须遵照中央宣传委员会颁发应主义之要点"，要求"各报社刊布新闻，须以中央通讯社消息为标准"。①

3. 规定新闻、宣传品等检查、取缔、惩罚的执行机构的职权范围与组织结构。主要有：《重要都市新闻检查办法》（1933年1月）、《中央宣传委员会图书杂志审查委员会组织规程》（1934年4月）、《图书杂志审查办法》（1934年6月）、《检查新闻办法大纲》（1934年8月）、《中央执行委员会宣传部组织条例》（1935年12月）、《中央执行委员会文化事业计划委员会组织条例》（1936年3月）等。通过这些政策，国民党将新闻传播活动分层、分级纳入程序化的行政管理范畴。具体而言，《重要都市新闻检查办法》（1933年1月）规定"遇有检查新闻必要时"设立新闻检查所，检查"军事、外交、地方治安及与有关之各项消息"，并规定了首都新闻检查所②及其他各地新闻检查所的基本结构及隶属单位–中央宣传委员会。《中央宣传委员会图书杂志审查委员会组织规程》、《图书杂志审查办法》③规定上海地区的文艺、社科类图书杂志的审查程序、"免审"条件及审查委员会的组织机构等等。《检查新闻办法大纲》则把各地新闻检查所从中央宣传委员会中独立出来，由新设立的直属于中央执行委员会的中央新闻检查处掌理，并规定中宣会与中央检查新闻处应相互通报情况。《中央执行委员会宣传部组织条例》（1935年12月）、《中央执行委员会文化事业计划委员会组织条例》分别规定了各自的组织结构。这些规定形成了国民党新闻管理体系中权力分配的基本结构。

---

① 《新闻检查标准》，《江苏月报·江苏新闻事业号》，1934年第1卷第3期。
② 《重要都市新闻检查办法》规定首都新闻检查所由中央宣传委员会、军事委员会、内政部、首都警察厅、南京警备司令部、南京市党部及市政府派员会同组织之，新闻团体得派代表一人。
③ 《图书杂志审查办法》仅在上海地区试行。

4. 进一步明确细化了新闻传播流通环节的检查。除了在新闻传播的源头上设卡检查外，国民党还在新闻电报、报刊发行等新闻活动的每个环节设卡检查，以杜绝"反动宣传"。主要有：《剿匪区内邮电检查办法》（1933年8月）、《新闻电报章程》（1934年5月）、《邮件检查施行规则》（1935年11月）《中华邮政新闻纸章程总则》等。上述政策，除了具体规定新闻纸流通环节的各种程序外，还授权党政机关组织邮件检查所，插手邮政事务。《剿匪区内邮电检查办法》授权赣粤闽湘鄂"匪区"最高军政机关组织邮件检查所，查禁"赤匪"的所有邮件及印刷品、宣传品。《邮电检查施行规则》授权军事委员会调查统计局插手邮件检查；《新闻电报章程》规定凭电报证件收发新闻电报，并明确规定扣留"报告失实、或采及谣传有妨碍大局者"等。

5. 其他法律、法规、命令的条文补充新闻政策。除了及时修正、增订新闻政策外，国民党出台的其他法律、法规、命令等也对新闻传播活动做出硬性限制。主要有：《危害民国紧急治罪法》（1931年1月）第2条、第6条，[①]《军机防护法》（1933年4月）第13条，[②]《戒严法》（1934年11月）第12条，[③]《敦睦邦交令》（1935.6.10）等。这些法令授予军政机关查封、检查新闻的权力，并设定罪名对违反者予以严惩。值得注意的是《敦睦邦交令》重申严惩对于"友邦（日本——引者注）"的"排斥及挑拨恶感之言论行为"，[④]公开限制抗日舆论，表明国民党新闻政策的新取向：以所谓"合法"手段公开限制抗日舆论。

除此之外，国民党中央执行委员会、中央宣传委员会还制定了保障、促进、规范党报发展的相关政策，规范、促进广播事业、电影事业发展的系列

① 《危害民国紧急治罪法》第2条"以文字图书或演说为叛国之宣传者处死刑或无期徒刑"；第六条"以危害民国为目的而组织团体或集会或宣传与三民主义不相容之主义者处五年以上十五年以下有期徒刑"。
② 《军机防护法》规定"对泄露、窃取军事机密给予死刑或无期徒刑"。
③ 《戒严法》第12条规定"戒严地域内最高司令官，有执行下列事项之权：一、得停止集会、结社或取缔新闻、杂志、图书、告白、标语等之认为与军事妨害者；二、得拆阅邮信、电报，必要时并得扣留或没收之。"
④ "敦睦邦交令"原文是："我国当前自立之道，对内在修明政治，促进文化，以求国力之充实，对外在确守国际信义，共同维持国际和平，而睦邻尤为要者。中央已屡次申儆，凡我国民对于友邦，务敦睦宜，不得有排斥及挑拨恶感之言论行为，尤不得以此目的组织任何团体，以妨国交。兹特重申禁令，仰各切实遵守，如有违背，定予严惩，此令"。见《法令：(乙)命令：国民政府令（二十四年六月十日）：敦睦邦交令》，《法令周刊》，1935年第259期。

政策；各省市根据中央精神出台了系列新闻政策，以及无数党政要人的手令等。这些政策均是国民党新闻政策的组成部分，构成了国民党新闻政策的庞大体系。这一体系的核心是《出版法》、《出版法实施细则》、《宣传品检查标准》、《新闻检查标准》、《重要都市新闻检查办法》、《邮件检查施行规则》等法规、标准、办法。

三、逐步转向战时新闻传播制度期

随着日本侵华步骤的加紧，国民党认识到日本对其统治的巨大威胁，加之国内救亡运动走向高潮，新闻界不懈抗争，党内抗日呼声增多；中共亦致力于"国共合作、停止内战"及英美支持国民政府对日对抗。1935年11月国民党第五次全国代表大会后，国民党对日逐渐走向强硬，随着西安事变的和平解决，全面抗战的爆发和民族统一战线的逐渐形成，国民党新闻政策逐渐向"战时新闻政策"转变。与此同时，国民党新闻统制制度的弊端，尤其是新闻检查制度的弊端，充分暴露出来，并引起国民党人对新闻检查制度的审视与辩护。

这一转变是在"国族利益"、"民族意识"下展开的，主要是由限制抗日舆论向支持抗日宣传，由钳制共产党刊物向放松管制，由默许日本对华宣传向钳制宣传方向转变，即一切出版品、宣传品的传播内容从不违背三民主义、国民党及其政府的利益向以"不违背民族利益为其最低限度之条件"的转变。主要有：《确定文化建设原则与推进方针以复兴民族案》（1935年11月，国民党第五届全国代表大会）、《国民党中央文化事业计划纲要》（1936年4月，第五届中央常务委员会第九次会议）、《本党新闻政策》（1937年2月，五届三中全会）、《确定文化政策案》（1938年3月，临时全国代表大会）、《抗战建国纲领》（1938年4月，临时全国代表大会）、《拥护抗战建国纲领，确立战时新闻政策，促进新闻事业发展案》（1938年10月，国民参政会第二届大会）等纲领性、政策性文件。这些文件基本上是在国民党全国代表大会、临时全国代表大会、五届三中全会、中央常务会议等大会上通过，表明国民党新闻政策转向"战时新闻政策"的集体共识。

转变从1935年11月国民党第五届全国代表大会开始，这次大会表明了国民党对日政策的强硬态度，并在文化建设与推进的方针下，通过《确定文化建设原则与推进方针以复兴民族案》，要求对包括新闻事业在内的文化事业管理持"扶助"和"策进"的积极态度，以唤起"全国民众集体意识"，应对"民族国家生死关头"。[①]同年12月10日国民政府通令全国"切实保障正当舆论以崇法治而重民意"。[②]1936年4月，第五届中央常务委员会第九次会议再次讨论文化事业议题，并通过《国民党中央文化事业计划纲要》，为国民党文化事业确定新的政治方向，要求"保育扶持"文化事业，"抵御外来文化侵略，而建立精神上之国防"，并放宽新闻事业管制的标准与尺度："一切出版品以有专门内容及不违背民族利益为其最低限度之条件"。[③]1937年2月，五届三中全会通过了《本党新闻政策》。[④]这一政策共计六条，在"党治"基础上糅合了"法西斯主义"和"民族利益"的思想，在国民党大陆时期新闻政策体系中具有"承前启后"的历史地位，[⑤]也是国民党新闻政策转向的实质性的标志性文本。其政策文本内容如下：

一、全国报业以奉行总理遗教，建立三民主义之文化为其最高理想，一切纪述作品以及对社会之服务均须以三民主义为准绳；

二、全国报业应注意对于国民之教化，促向左列之目标迈进：

1. 发扬民族精神，励行对外国策，以完成民族之独立。

2. 增进国民智识，充实政治能力，以实现民权之使用。

3. 改良奢侈风俗，努力经济建设，以促进民主之发展。

三、帝国主义者凭借不平等条约，在我国内所散播之恶意宣传，全国

---

① 《确定文化建设原则与推进方针以复兴民族案》于1935年11月21日第五次全国代表大会第五次会议通过。中国第二历史档案馆：《中华民国史档案资料汇编》第五辑第一编·文化，江苏古籍出版社，1998，第25—28页。

② 《中央日报》，1935年12月12日。

③ 中国第二历史档案馆：《中华民国史档案资料汇编》第五辑第一编·文化，江苏古籍出版社，1998，第28—30页。

④ 中国第二历史档案馆：《中华民国史档案资料汇编》第五辑第一编·文化，江苏古籍出版社，1998，第92页。

⑤ 台湾学者王凌霄评价说："这个政策（笔者注：《本党新闻政策》）是国民党在统治大陆时期有关新闻管理最重要的文献，也是唯一以'新闻政策'为名的正式宣告。它总结了国民党在抗战前，新闻管制与辅导的相关经验；更为抗战时期的紧缩政策，提供理论基础：具有承先其后的重要意义。"见王凌霄：《中国国民党新闻政策之研究（1928—1945）》，中国国民党中央委员会党史委员会出版，1996，第8页。

报业应基于国家立场，联合树立新闻上之国防以制止之。

四、国族利益高于一切，全国报业言论之方针业务之进行，绝对不得妨碍国族的利益。

五、关于报业人才应积极培植之，服务报业之人员并须实行登记，予以法律上之保障。

六、对于全国报业应施行有效的统制，分别给予切实之扶助或严厉之取缔，并于必要时收归国家经营之。

1938年4月1日，《抗战建国纲领》在国民党临时全国代表大会通过，该纲领的乙项第26条规定："在抗战期间，于不违反三民主义最高原则及法令范围内，对于言论、出版、集会、结社，当予以合法之充分保障。"[1] 在这一原则指导下，由在野人士胡景伊、沈钧儒、刘百闵提出的《拥护抗战建国纲领，确立战时新闻政策，促进新闻事业发展案》在1938年10月国民党主导的国民参政会第二届大会上通过。这标志着国民党新闻政策向"战时新闻政策"转向的完成。马星野说："此项诺言（蒋介石尊重言论的承诺——引者注），实与第二届国民参政会所通过，送请政府采择施行之'拥护抗战建国纲领，确立战时新闻政策，促进新闻事业计划草案'之内容规定，原则完全相同，中央文化计划委员会所订之改进新闻事业草案，更与国民参政会所建议者，几乎完全相同。"[2]

这一提案分为新闻报道原则、调整新闻宣传机构、增进新闻记者工作效能三个层面，牵涉面极广。新闻报道原则层面分军事、政治、经济建设、外交及国际、教育及民众五个方面，核心是新闻报道为抗战服务；调整新闻机构层面要求改善新闻检查制度、扩充、扶助全国新闻事业，加强国际宣传力量；增进新闻记者工作效能层面要求提高记者技能，充实记者学术研究，政

① 荣孟源主编：《中国国民党历次代表大会及中央全会资料》（下），光明日报出版社，1985，第487页。

② 马星野：《论战时新闻政策》，《战时新闻记者》，1939年第5期。

府对记者予以特别优待，对新闻邮件予以"军事邮电递送之便利"。^①

这一政策未能贯彻国民党"战时新闻政策"的始终。皖南事变发生后，因提案人和中国青年记者学会关系密切，受各地青年记者学会遭到查封的影响，这个政策也随之被搁置。

第二节　国民党新闻管理的行政科层体系

国民党在创制庞杂的新闻法规法令的同时，亦效仿苏俄组建了从中央到地方的新闻宣传管理的各级执行机构。与政经领域的党政双轨制一样，国民党对新闻传播的管理亦是党政双轨制。"政"的系统主要有内政部、立法院、外交部、行政院、教育部、民政部、社会部、邮政部等部门中的下属单位组成，它们主要负责新闻媒体的日常的行政管理工作，处于弱势地位。"党"的系统主要有中央执行委员会、常务委员会、中央政治委员会、中央宣传部、中央检查新闻处、文化事业管理委员会、中央广播电台管理处（中央广播事业管理处）及各级党务委员会、各级党部等组成，处于强势地位，管理民国新闻事业（含国民党新闻业）的各个方面，如国民党新闻事业的结构布局，党营媒体的组织架构、人事安排、宣传方针，新闻传播的言说边界、内容、禁忌、惩罚等。依靠这两套新闻管理的科层体系，国民党逐步实现了对国统区新闻传播活动的动态管理与指导，确保了党营媒体充当其"党国喉舌"的角色。

---

① 方案主要内容如下。第一：确定新闻报道原则（以抗战建国纲领为标准，制定新闻报道具体纲目）：（一）军事方面，应该注意于加强抗战必胜的信念，和战局发展的正确认识。（二）政治方面，应注意于巩固全国团结，坚持抗战到底的既定国策。（三）经济建设方面，应注重于财政经济之调整，与生产建设之进行。（四）外交及国际方面，应注重于我国独立自主的外交政策之实施。（五）教育及民众方面，应注重战时教育之实施，民众运动之开展。第二：调整新闻宣传机构。（一）改善新闻检查制度，使之不仅实施消极的检查工作，更应推行积极的指导任务。（二）扩充全国通讯广播事业。（三）扶助全国新闻事业。（四）加强国际宣传力量。第三：增进新闻记者之工作效能。（一）提高新闻记者之技能。（二）充实新闻记者之学术研究。（三）政府对新闻记者应予特别优待。（四）对于新闻邮电，由政府通令各军事当局，对于持有证明文件之新闻记者，得予军事邮电递送之便利。见《拥护抗战建国纲领确立战时新闻政策促进新闻事业发展案》，见中国青年记者学会编：《战时新闻工作入门》，重庆，生活书店，1939，第281—287页。

一、中央层面的新闻管理的科层体系：以中宣部为重心

国民党在中央层面的新闻管理机构，在"党"的系统主要有中央宣传部（中央宣传委员会）、中央检查新闻处、文化事业计划委员会、中央广播电台管理处（中央广播事业管理处）等。这些机构大多隶属于中央执行委员会（常务委员会）或中央政治委员会。在"政"的方面主要有内政部、外交部、交通部、邮政部、社会局等单位，它们对新闻事业的管理除了行政事务外，更多地是涉及本部门利益的宣传内容、宣传方针、宣传大纲等内容层面的管理。在上述部门中，中央宣传部始终处于新闻管理工作的核心，承担了新闻管理、意识形态管理与建设的大部分工作。随着中央检查新闻处（1934年8月）、中央广播电台管理处及其后改组的中央广播事业管理处、文化事业计划委员会（1936年3月）的相继成立，在中央形成了中央执行委员会控制下的中宣部全面管理，中央广播事业管理处负责管理广播电台，中央新闻检查处负责新闻检查，文化事业计划委员会负责文化事业（包括新闻事业）的规划、研究的管理新格局。而中央执行委员会（常务委员会）、中央政治会议、国民党全国代表大会等机构始终是国民党新闻政策的重要决策机构（见图5-1）。

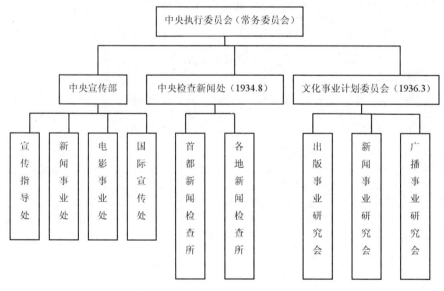

图 5-1　国民党中央层面新闻管理的职权结构[①]

---

① 说明：中央宣传部在1928-1937年频繁改组，图中的中央宣传部是1936年改组后的最后组织结构。图中仅列举了与新闻管理有关的职能机构。

1. 国民党中央宣传部的科层体系

中央宣传部是国民党管理国统区新闻事业的最高机构，拥有"负责计划并处理本党宣传方面一切事宜"的权力，其权力与组织机构也有一个逐渐扩大的过程。国民党中央宣传部萌芽于中华革命党时期。1914年5月，孙中山筹备组建中华革命党时未设宣传部，不久即添设了宣传部，[1] 首任部长叶楚伧，副部长茅祖权。[2] 这是目前史料能见到的国民党最早的宣传部。1919年10月中华革命党改名为中国国民党，这一机构在其总章和规约中并未延续，"传布主义"由党务部主管。[3] 1920年11月国民党总章修正，又添设宣传部，管理出版编辑、演讲及教育事项。[4] 同月制定的《中国国民党规约》规定在本部设立宣传部。[5] 此为国民党党务改革的一项创新，这表明国民党领导核心将党的理论宣传与教育工作提到新的高度，在国民党党务建设史上具有重要意义。[6] 宣传部虽在总章和规约中明确规定下设部长、副部长、干事长、干事，但中央宣传部在国民党中央各部中成立最晚。佐证是直到1921年9月28日在孙中山签发的委任状中才首次出现了宣传部长张继的署名，[7] 其他中央三部（总务部、党务部、财政部）部长的署名均在之前出现过。

1923年1月1日国民党总章再次修正，中央宣传部的职能增添了"检定本党国内外一切出版物"的职权，[8] 叶楚伧任部长，茅祖权副之。[9] 不久在鲍罗廷的建议下，统一宣传机关，将大本营党务处、大本营直辖委员会、广东宣传

---

① 邹鲁编著：《中国国民党史稿》（第一册《组党》），中华书局（内部发行），1960，第278-279页。另据张继《回忆录》记载，当时他对中华革命党入党要按手印的做法不满，离开日本到法国，并游历欧洲，于1915年底回国，1916年4月随孙中山回上海，并未提到宣传部长一事，由此也可佐证中华革命党成立之初并未设置宣传部，后来可能增设，但目前尚不清楚增设的具体日期。

② 李云汉：《中国国民党史述》（第五编），中国国民党中央委员会党史委员会出版，近代中国出版社，台北，1994，第388-389页。

③ 邹鲁编著：《中国国民党史稿》（第一册《组党》），中华书局（内部发行），1960，第289页。

④ 邹鲁编著：《中国国民党史稿》（第一册《组党》），中华书局（内部发行），1960，第299-301页。

⑤ 郭达鸿：《中国国民党公众关系政策与执行（民国39年－民国79年）》，台北东海大学公共行政研究所硕士学位论文，1991。

⑥ 崔之清：《国民党政治与社会结构之演变（1905-1949）》（上），社会科学文献出版社，2007，第325页。

⑦ 《给陈东平委任状》（1921年9月28日），《孙中山全集》（第五卷），中华书局，1985，第608页。

⑧ 国民党总章第七条规定"宣传部，办理本党出版演说及教育，并检定本党国内外一切出版物"。见邹鲁编著：《中国国民党史稿》（第一册《组党》），中华书局（内部发行），1960，第310页。

⑨ 邹鲁编著：《中国国民党史稿》（第一册《组党》），中华书局（内部发行），1960，第312页。

局裁撤。[1]1924年国民党一大再次修正总章，将宣传部置于中央执行委员会内，同年2月4日，经中央执行委员会第一次全体会议推选，戴季陶担任首任宣传部长，同年8月易为汪精卫，[2] 秘书为刘庐隐、郎醒石、陈杨煊等，[3] 同时在中央执行委员会下设与宣传部同级的《民国日报》编辑委员会。1925年"西山会议"派在上海另设中央，国民党组织分裂为广州中央、上海中央两个系统。在广州中央，1925年10月毛泽东代理汪精卫出任代理部长，[4] 宣传工作进入最积极的阶段。这一时期的宣传部设有部长、副部长、秘书、干事长、干事，先隶属于总理，1924年后隶属于中央执行委员会。其规模较小，工作重心是处理一切对外的文告，字面规定的权力是负责检查和纠正党内出版物，"实现宣传和意见的统一"，实际是"确保孙中山个人不受轻慢"。[5] 毛泽东上任后，对宣传部做了许多调整，规范宣传程序，邀请共产党人和国民党人共同监督宣传的运动，使国民党的各级宣传服从命令和纪律，使中央宣传部初具规模。1926年5月28日，毛泽东获准辞职，[6] 但其开创的系列措施被保留下来。毛泽东辞职后，中常会任命顾孟余为代理宣传部长。同年6月中宣部改组为中央宣传委员会，推何香凝、甘乃光、谭延闿、顾孟余等五人为委员[7]，并变更了组织，形成了中宣部的组织架构。在上海中央，西山会议派在中央执行委员会

① 邹鲁编著：《中国国民党史稿》（第一册《组党》），中华书局（内部发行），1960，第316页。

② 邹鲁编著：《中国国民党史稿》（第一册《组党》），中华书局（内部发行），1960，第351页。见崔之清主编《国民党政治与社会结构之演变1905-1049》（上），社会科学文献出版社，2007，第371页。

③ 邹鲁叙述说"宣传部部长为戴传贤，秘书为刘庐隐、郎醒石、陈杨煊等，本部设有周刊"，见邹鲁编著：《中国国民党史稿》（内部发行），中华书局，第一册《组党》，1960，第358页。另外，这一时期宣传部长名义是戴季陶、汪精卫，但因其不到位，暂时代理相当频繁。1924年6月戴季陶调任国民党上海执行部常务委员及上海执行部宣传部长，中宣部部长一职由刘庐隐暂代。8月14日，任命汪精卫为中宣部部长，其间，陈扬煊代理汪精卫宣传部长的职权达6个月。

④ 1926年1月22日至25日，国民党二届一中全会仍推举汪精卫任宣传部长，秘书为沈雁冰。2月5日，汪精卫提议毛泽东继续代理宣传部长，经第二次常委会讨论通过。

⑤ 这一时期中宣部发布的命令、对出版物的审查大部分来自孙中山个人。美国学者费约翰（John Fitzgerald）评价说，孙中山在其在世期间，"承认宣传管制的必要性，与意识形态倾向甚至党内干部宗派联系都没有什么关系。革命纪律的诉求，只是为了确保孙中山个人不受轻慢"。见费约翰：《唤醒中国：国民革命中的政治文化与阶级》，李恭忠 李雪风 李霞译，生活·读书·新知三联书店，2004，第321页。

⑥ 毛泽东于1926年5月25日提出辞职，5月28日获得中常会的批准。见《中国国民党中央执行委员会常务委员会会议记录》（第二册），广西师范大学出版社，2000，第165页。

⑦ 《中国国民党中央执行委员会常务委员会会议记录》（第二册），广西师范大学出版社，1999，第321页。

下设宣传部，宣传部下设宣传委员会。宣传部长北京方面推荐戴季陶，上海方面推荐周佛海，因周佛海不愿就任而改任桂崇基。经邹鲁、谢持、居正的协调，各部人事以上海方面已推定者为"合法"。[①]

1928年3月，国民党中央常务会议通过《中央执行委员会宣传部组织条例》，正式确定了中宣部的组织新架构，奠定了中宣部的组织结构。新的组织结构实行科股制，下设六科，附属三个中央级媒体单位，其主要职能是征集、审查各级党部宣传刊物、标语口号、宣传方法及批评刊物等，其权力尚未扩展到党外刊物与宣传的日常管理。然而这一结构并不稳定，其组织结构在1928-1938年间变动相当频繁。据笔者统计，1928-1938年间，有据可查的中宣部的组织条例修正高达12次，[②]其中重大的组织调整有三次，即从中央宣传部到中央宣传委员会再到中央宣传部的三次大调整（见表5-1）。

从表5-1可见中宣部在1928-1938年的组织调整过程。1928年11月，中宣部再作重大调整，增加了指导科，以强化党内外宣传工作的管理，同时合并、改名了部分科股，理清了指导、征集、审核党内外和海外刊物及宣传的各项职能，强化了对下级党部的联合统御能力。1929年12月，指导科下增加了登记股，负责登记国内外一切定期与不定期刊物，1930年《出版法》颁布后，登记股的工作便移交给内政部，登记股的名称也在第五次修正时删除，历时不过一年。[③]1932年5月，国民党中央全面实行委员会组织架构，中宣部改为中央宣传委员会，实行主任委员、副主任委员领导下的委员负责制，主任委员邵元冲。下属科股也做了重大变革，改设指导、新闻、国际、文艺、编审、总务六科，中宣部的指导职权得到进一步强化。

---

① 见崔之清主编《国民党政治与社会结构之演变（1905-1049）》（上），社会科学文献出版社，2007，第438-439页。
② 这12次调整分别在以下中常会通过：1928年3月22日的第二届第123次中常会，1928年11月8日的第三届第181次中常会，1929年1月31日的第三届第194次中常会，1929年12月2日的第三届53次中常会，1931年1月29日的第三届第125次中常会，1932年5月10日的第四届第19次中常会，1935年5月23日的第四届第172次中常会，1935年12月2日的第五届第1次中常会，1936年11月26日的第五届第26次中常会，1937年4月15日第五届第41次常会，1938年4月28日的第五届第75次常会，1938年12月1日的第五届第103次常会。
③ 《中国国民党中央执行委员会宣传部组织条例》，《中央党务月刊》，1931年，第31期。

表 5-1　南京国民党中央执行委员会宣传部组织结构的演变表①

1928年3月22日中宣部		1928年11月8日中宣部		1929年12月2日中宣部		1931年1月29日中宣部		1932月5月10日中宣会		1935年5月23日中宣会		1935年12月2日中宣部		1938年4月28日中宣部	
部长		部长		部长 副部长		部长 副部长		委员会；主任、副主任				正、副部长		正部长副部长（3）	
秘书（1）		秘书（1-2）		秘书（2）		秘书（2-3）		委员（9-17） 秘书（2）		委员（5-15） 秘书（3）		主任秘书（1） 秘书（2）		宣传委员；主任秘书，秘书	
科	股	科	股	科	股	科	股	科	股	科	股	处	科	处	科
普通宣传	党义	编撰	普通	编撰	撰拟	编撰	特种	指导	指导	指导	指导	普通宣传	指导	宣传指导	指导
特种宣传	政治	指导	特种	指导	编纂	指导	普通	新闻	考核	新闻	考核	特种宣传	编审	国际事业	编集
国际宣传	工商	征集	艺术	国际	艺术	征审	艺术	国际	海外	国际	海外	国际宣传	新闻	新闻事业	推广
征审	农人	国际	审查	征集	指导	国际	指导	文艺	管理	文艺	管理	电影事业	指导	电影事业	指导
出版	妇女	出版	海外	出版	审查	出版	审查	编审	审查	编审	审查	总务	编审	总务	编译
总务	青年	总务	调查	总务	海外	总务	海外	总务	设施	电影	设施	宣传指导员	文艺	电影摄影处	外事
中央图书馆	军警	中央通讯社	征理	中央通讯社	登记	中央图书馆	征理	直辖党报	编译	总务	编译	中央通讯社	海外	中广管理处	指导
中央日报社	海外	中央图书馆	编纂	中央图书馆	编纂	中央通讯社	审查	中央通讯社	文艺	设计委员会（5-15）	文艺	直辖党报	指导		征审
中央通讯社	编纂	中央印刷所	译述	中央印刷所	译述	中央印刷所	编纂	设计委员会（9-17）	电影		艺术		编译		登记
	译述	中央电台	印刷	直辖党报	调查	中央电台	译述		编撰		编撰		外事		检查
	征审	海外宣传委员会	发行	中央电台	征理		印刷		征审		征审		指导		指导
	审查		文书	设计委员会（3-5）	印刷		发行		文书		指导		摄制		编审
	艺术		事务		发行		文书		事务		制作		剧本审查委员会		剧本审查委员会
	发行				文书		事务				编审		文书		文书
	印刷				事务						指导		事务		事务
	文书										放映				
	事务										文书				
											事务				

注：1937年4月15日在宣传指导处增设中央周报编辑室，设编辑3-5人。②1938年12月

---

① 此表根据中常会通过的中央执行委员会宣传部组织条例制定。除了1935年12月的组织条例，出自蔡鸿源主编《民国法规集成》69卷，第119-120页外，其余均出自《中国国民党中央执行常务委员会会议记录》，册数和页码依次是：3册，466-471页；6册，第352-357页；10册，第200-203页；14册，第41-45页；17册，第71-77页；22册，第363-371页。

② 中国第二历史档案馆：《中国国民党中央执行委员会常务委员会会议录》（第二十一册），广西师范大学出版社，2000，第276-277页。

1日，将电影事业处改名为电影戏剧处，下设电影科和戏剧科和剧本审查委员会。[①]

1935年12月，国民党第五次全国代表大会后，为精简人事、集中事权，中央宣传委员会重新改制为中宣部，实行处科制，下设宣传指导、新闻事业、电影事业、国际宣传、总务等五处，1936年11月、1938年4月、1938年12月，这种处科架构的组织结构又做了细微调整，但新闻管理的职权并未发生实质变化。

权力结构与人事安排方面。中宣部在1928-1930年实行部长、秘书、各科科长、总干事、干事的权力结构，部长由中常会选任，秘书秉承部长意志处理日常部务。但部长的人事变动相当频繁。丁惟汾、戴季陶、叶楚伧、刘庐隐、邵元冲、陈布雷、邵力子、周佛海、叶楚伧等先后就任部长、副部长职务；戴季陶、刘庐隐被任命部长职务，却长期不到部任事。1928年，由于戴季陶长期不到部、实际部务由代部长兼秘书叶楚伧负责办理，1929年1月秘书由最初一人增设为2人。同年12月增设副部长一职，由副部长协助部长，并在部长不在部时全面负责部务，秘书也增设到2-3人。1930年左右，部长叶楚伧兼任它职，实际职务由副部长刘庐隐办理。刘庐隐于1931年就任部长时，长期也不到部，实际职务由副部长陈布雷办理。中宣部改组为中央宣传委员会，实行主任、副主任负责下的委员负责制（委员先定为9至17人，后改为5到15人）。1935年12月中央宣传委员会重新改组为中宣部后，核心领导仍是部长、副部长，不过秘书却增设主任秘书一名、秘书2名，副部长也由最初的2人增设到2-3人。另外，中宣部还设置设计委员会，设计委员根据情况请中常会设定，人员确定为3-5人或更多，以辅助其工作。1928年3月30日的第二届第124次中常会就通过叶楚伧的呈请，任命陈立夫、周佛海、曾养甫、陈布雷为设计委员会委员。[②]

可见，这一时期，中央宣传部的组织架构、人事安排、职权范围有较为频繁的变动。其组织架构日趋完善，职权逐渐扩大，员工也随之增多，高层人事变动却频繁，这使中央宣传部的工作效率相当低下。

---

① 中国第二历史档案馆：《中国国民党中央执行委员会常务委员会会议录》（第二十四册），广西师范大学出版社，2000，第279-280页。
② 中国第二历史档案馆：《中国国民党中央执行委员会常务委员会会议录》（第四册），广西师范大学出版社，2000，第10-11页。

2. 中央层面的其他新闻管理机构

中央检查新闻处于1934年8月成立，目的是整合各地的新闻检查所、室，建立全国性的新闻检查网，强化检查力度。其职权以《检查新闻办法大纲》的形式于同年8月9日由国民党第四届中央执行委员会第133次会议授予"掌理全国各大都市新闻检查事宜"（笔者注：具体包括新闻检查、电报检查及检查后的处分纠正），与各地电报检查机关、中央宣传委员会加强信息沟通及"向有关机关调用职员"等权限。[①] 中央检查处下属首都及重要省市的新闻检查所和各县市的新闻检查室，首任处长由当时的中央宣传委员会主任委员叶楚伧兼任。

国民党中央执行委员会文化事业计划委员会于1936年3月成立。这个机构在国民党新闻政策逐步转向"战时新闻政策"下，在整体上规划国民党文化事业，建立文化国防，故该委员会的新闻管理是从国防文化视角，对新闻业进行研究与整体规划。[②]

文化事业计划委员会采取主任负责下研究会的建制，根据《国民党中央文化事业计划纲要》下设11个研究会，与新闻管理关系密切的是出版研究会、新闻研究会、广播研究会。[③]

二、地方层面新闻管理科层体系：地方党部系统

地方的新闻管理相对复杂与多元。负责实际推动工作的是地方党部。地方党部的组织架构相对稳定：纵向分省、特别市、海外、市及县市、区的组织架构（见图5-2），横向是每个党部都设有代表大会及执行委员会，党报、通讯社、邮电检查所、无线电收音室、新闻检查所等宣传部门大多直属于执行委员

---

① 《检查办法大纲》共5条，参见刘哲民：《近现代出版新闻法规汇编》，学林出版社，1992，第542页。

② 《国民党中央执行委员会文化事业计划委员会组织条例》规定其职权是"负责出版事业、新闻事业和广播事业等各种文化事业的改进设计事宜、各种有关文化事业方案文件的审查以及文化事业的调查联络事宜"。见《国民党中央执行委员会文化事业计划委员会组织条例》，中国第二历史档案馆：《中华民国史档案资料汇编》第五辑第一编·文化，江苏古籍出版社，1998，第1-2页。

③ 出版研究会按照《国民党中央文化事业计划纲要》中的第十四条规定"奖励出版并提高出版之水准，一切出版品以有专门内容及不违背民族利益为其最低限度之条件"开展对出版界的奖励工作。新闻研究会则依据第十六条规定"集中新闻界之意旨，使在民族意识下从事新闻事业之改进，并由中央注意新闻人才之训练"研究新闻事业应如何改进，人才应如何训练与纸张如何制造等新闻方面的问题。见中国第二历史档案馆：《中华民国史档案资料汇编》第五辑第一编·文化，江苏古籍出版社，1998，第31-37页。

会，有管理各级下属党报、创设报刊及媒体，参与邮电新闻检查的职权。各地新闻检查所，原是各地应现实需要而成立，后成为各省市的常设机构。这个机构先隶属于中宣部，后改隶于中央新闻检查处，通常是由省党部、省政府、省会公安局、省会市政府、省会警备司令部及相关军事单位所组成。负责审查属地的一切出版品、宣传品，其中以报馆、通讯社、印刷所、书店及杂志为重点。县市党部与区党部的管理新闻职员类似，均延续省、特别市党部的职权：指导、出版、编撰、审查及检查新闻等。此外，各省市还有一些其他编组。如江西省的检查反动书籍委员会[①]、汉口市特别党部的戏剧审查委员会、上海特别市的图书杂志审查委员会等。其中，图书杂志审查委员会影响最大，这个宣称"审慎取缔出版刊物，增进审查效能及减除书局与作家损失"的委员会，成立于1934年6月，隶属于中央宣传委员会，由九名委员组成。后因受1935年"新生事件"影响，审查员全部被解职，该委员会无形中被撤销。[②]

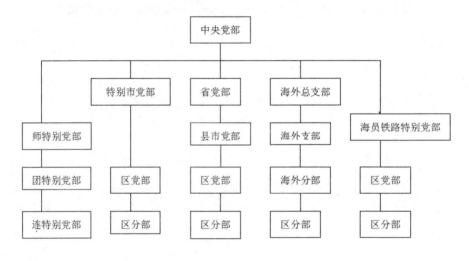

图 5-2 中国国民党组织系统

注：田湘波根据"中国第二历史档案馆编：《中国国民党中央执行委员会常务委员会会议录》第4册，第169页、第383页；第五册，第222页；第13册，第46页；谢振民编著、张知本校对：《中华民国立法史》，中国政法大学出版社2000年，第202页"等资料制作。[③]

---

① 《中央党务月刊》，1930年9月第18期。

② 王凌霄：《中国国民党新闻政策之研究（1928-1945）》，中国国民党中央委员会党史委员会出版，1996，第38-39页。

③ 田湘波：《中国国民党党政体系剖析》，湖南人民出版社，2006，第122页。

中央与地方的联络工作起初较松散。1929年6月全国宣传会议召开，该会议的目标之一是"规划中央与地方党部工作之进行：如何紧密联络地方党部工作之实情"。[①] 中宣部亦不断改组，其中一项是加强对地方党部的宣传工作的指导。1936年，中宣部制定《中央宣传部宣传工作指导员视察规则》规定，"指导员不但要考察各地党部、党营媒体的工作情形，也必须调查各地反动刊物宣传的状况"。[②] 上下级党部，宣传方面的联络工作才趋于制度化。

但地方各级新闻管理机构"并不像纸上架构那样地秩序井然"，[③] 实际的人事、职权相当混乱，且受到属地的派系、省市政府等多方干涉。对此，中宣部心知肚明，曾做过多次"检讨"。如1930年的"各级党部之组织，有徒具外形者，有散漫无纪者，有尚未成熟勉强成立者，此种情况，散见各地"。[④] 中宣部也称"各地党部所遇困难，大概是以"经费支绌，人材缺乏，环境不良（指各级政府官吏，驻军水准不齐，妨碍宣传），交通不便等四项最严重"。[⑤] 1936年7月国民党五届二次会议上，其党务工作报告称："过去本党组织情形适与此相反，一般学识丰富能力充足之同志，大都集中于上级党部，而县以下党部，则反空虚无力，以致地方工作难以推动，呈轻重倒置之象"。[⑥] 据统计，从1930年11月至1937年左右，国民党省市、军队、海外各部正式成立党部者仅有526个。[⑦] 国民党虽然充分认识这一弊端，在其统治大陆期间却始终未有彻底改革。

① 《中央宣传部工作经过》，《中央党务月刊》，1929年9月第13期。

② 《中央宣传部宣传工作指导员视察规则》，《中央党务月刊》，1936年11月第99期。

③ 王凌霄：《中国国民党新闻政策之研究（1928-1945）》，中国国民党中央委员会党史委员会，1996，第40页。

④ 《对于常务委员会及组织训练宣传三部工作报告之决议案》，见中国国民党党史委员会编，《革命文献第79辑——中国国民党历届历次中全会重要议决案汇编》，台北：党史委员会，1979，第186页。

⑤ 《报告》，《中央党务月刊》，1930年2月第18期。

⑥ 《对于常务委员会及组织、宣传、民众训练三部工作报告之决议案》，转荣孟源主编：《中国国民党历次代表大会及中央全会资料》（下），光明日报出版社，1986，第412页。

⑦ 据田湘波的"中国国民党地方各级党部分类统计表"统计。见田湘波：《中国国民党党政体系剖析》，湖南人民出版社，2006，第128-129页。

第三节　国民党新闻传播制度的基本特征

国民党新闻传播制度既是国民党党治训政体制的重要组成部分，也是党治训政体制对民国新闻传播活动的内在要求与制度化规范。因此，国民党新闻传播制度有国民党蒋介石集团一党党治训政的烙印，有着色彩较为斑驳的"过渡"特征。

一、掌权者是真理的化身

抗战前十年，国民党确立的新闻传播制度的根本宗旨，不是延续1912年南京临时政府确立的新闻自由体制的言论自由的基本精神，也不是科学规范言论自由市场，推动训政向宪政顺利转型，而是确保蒋介石及南京中央掌握的"三民主义真理"是社会学说的唯一准则，与此准则不符的一切言论均需纠正、查禁。换言之，国民党将其信奉的"主义"及在主义下制定的政纲、议案、法令明确为中华民国全体国民不得违反、只能接受的唯一真理。这意味着掌握权力者，尤其是掌握最高权力者，就是真理的化身，其言论类似古代皇帝的金口玉言，永远正确，具有不可改变的最高权威。这是国民党新闻传播制度的本质特征。其主要表现如下：

（1）国民党虽将"总理遗教"、"本党主义"、"本党政纲、政策"、"本党决议案"、"本党现行法令"明确为言论的最高标准，视为审查宣传品的唯一标准，在实际操作中却是掌权者及掌权者的代理人独享裁判言论的话语权，且谁握有实权最高，谁就是最高的言论裁判者。由于国民党权力分配是利益集团之间相互博弈，且遵循胜者独享权力的分配法则，这使蒋介石集团事实上掌握了民国言论的裁决权，蒋介石是民国言论的最高裁决者。国民党建立的新闻传播制度既服务于掌权者，也在一定程度上约束了掌权者的肆意妄为。掌权者要么修改制度条文，要么任意诠释制度条文，以制度名义钳制言论，掩饰真理，维护自己拥有的话语权。这导致了两大恶果：①国民党裁决言论的最高标准——孙中山三民主义——被置于必须仰望的神坛，解释者反而成为裁决言论的最高标准，确保解释者能正确阐释孙中山三民主义的唯一保障则是解释者的道德修养与人格魅力，而不是国民党党纪党规。在此前提下，要确定社会言论的准则，就意味着拥有实权者要么服从主义解释者，要么本身就是最权威的主义解释者。党魁蒋介石、胡汉民之间短暂合作后分手，很大程度上是实权拥有者与主义解释者的短暂合作与分道扬镳。事实上，国民党仅在取缔共产主义、国家主义、无政府主义等外部"主义"上达成了基本共识，在内部三民主义的解释上却出现了多种版本的三民主义，导致内部长期陷入言论不统一状态。言论标准的实质不统一，对于以统制言论为旨趣的新闻传播制度来说，是制度效果的最大致命伤。②国民党新闻检查体制始终未解决新闻、言说审查标准不一的顽疾。国民党新闻言说审查标准不一，检查员拥有任意删扣的权力，长期为民国新闻界所诟骂，所抨击，也为国民党新闻人所不满。然而，造成这一顽疾的根源是国民党社会言说标准的权力化。其次，叠床架屋的新闻检查体制、模糊化的检查条文，使各方势力轻而易举地渗入国民党新闻检查体制，破坏了国民党新闻检查体制的严密性，为国民党新闻检查员的"公权私用"创设了不受惩罚、肆意妄为的活动空间，这是国民党新闻检查言论标准不一的重要原因。

（2）国民党新闻传播制度将中华民国南京国民政府管辖范围的新闻传播活动全部纳入其党治框架内的监控范围，所有新闻、言论必须经过国民党中央宣传部或各级党部（后为中央检查新闻处）的审查才能公开传播。除了建立庞大的新闻检查体制，在重要都市设立新闻检查处、新闻检查所，乃至向重要媒体秘密派驻审查员外，国民党还制定订了诸如《审查刊物条例》、《指导党报条例》、《指导普通刊物条例》、《宣传品审查条例》、《日报登记办法》、《宣传品审查标准》、《新闻检查标准》、《出版法》等法律法规，要求民国媒体接受国民党的新闻检查。凡不符合国民党言说标准的一切新闻传播活动，均被删扣、查禁。违背者轻者警告、停邮、停刊，重者剥夺言论自由权，予以判刑，乃至暗杀。因此，限制言论而非保护言论自由，维护蒋介石集团利益而非推动训政向宪政转型是国民党新闻传播制度的阶级本质。

二、表象"党治"与实质"军治"

国民党新闻传播制度具有浓厚的"党治"色彩，已是学界的基本共识。

其表现是：①新闻制度是政治制度的重要组成部分，国民党新闻传播制度的"党治"色彩是国民党党治训政政体在新闻传播领域的逻辑延伸。②国民党而非南京国民政府是民国新闻传播制度的制订定者、执行者。国民党全国代表大会、中央执行委员会、中央政治会议、隶属于中央执行委员会的中央宣传部及后来的中央宣传委员会，是国民党新闻政策的主要决策机构，中央宣传部、国民党各级党部及后来成立的中央检查新闻处，是国民党新闻传播制度的主要执行机构，南京国民政府的一些职能机构也会插手新闻管理，但主要负责行政程序方面的管理，如内政部负责报纸的审查登记，交通部负责新闻电报、发行渠道的管理，司法部负责新闻纠纷、媒体官司的司法解释，外交部负责对国内外媒体的管理，教育部负责学生刊物的管制，各级警察机关负责违规新闻媒体及新闻从业者的行政执法，等等。③国民党并不避讳新闻传播制度的"党化"色彩，并明确提出了"党化新闻界"、"以党治报"的口号，并在此口号下采取了一系列的政策与措施。

然而国民党新闻传播制度基本是由掌握军权的实权人物所塑造，且在实际运行中受到了握有军权者的强有力的制约。这使国民党新闻传播制度在本质上确保了新闻传媒是军权者的舆论喉舌。其主要表现有：①掌握国民党最高军权的蒋介石集团亦是国民党新闻政策、法律、法规的制定者，管理新闻宣传的行政或党务机构亦主要是蒋介石集团内部的 CC 系。蒋介石的新闻宣传思想是国民党新闻传播制度的指导思想，只有经蒋介石认可，国民党中央执行委员会常务委员会、中央政治会议、中央宣传部等机构才能顺利通过新闻宣传的法律、法规；蒋介石有关新闻宣传的手谕、指示、函电均是不成文的法律，能被迅速执行，典型案例是汪精卫求助蒋介石彻底封杀了南京《民生报》。[①] 不仅如此，蒋介石控制的国民党中央军事委员会甚至直接插手新闻法律、法规的制定，插手新闻检查。国民党军事委员会先后制定《剿匪区内邮件检查办法》（1933 年 8 月）、《取缔刊登军事新闻及广告暂行办法》（1935 年 2 月）、《防空出版品统制办法》（1935 年 9 月）、《邮电检查施行规则》（1935 年 11 月）、《新闻记者随军规则》等新闻宣传的法律、法规。《邮电检查施行规则》授权军事委员会调查统计局负责邮件检查，《取缔刊登军事新闻及广告暂行办

---

① 刘继忠：《南京〈民生报〉停刊事件再审视》，《国际新闻界》，2010 年第 1 期。

法》明确规定军事新闻及广告由军事委员长亲自审核，其他新闻法律法规也明确规定军事机关派员参与新闻检查，如《重要都市新闻检查办法》规定军事委员会参与组织首都新闻检查所。②地方新闻政策与新闻检查虽受国民党中央遥控，实际却在地方实力派军阀首脑及其代言人的掌控下。南京中央的新闻政策、法律法规仅在其实际控制的江浙地区有效，其他在地方实力派控制的区域在执行中常常大打折扣。而地方新闻宣传归没有实权的国民党地方党部管辖，他们多方面受制于各省省政府。各省"主政多属军人，尤以意为法"。①据统计，1927-1937年南京政府共任命100余名省府主席，其中军人出身或兼任军职的就达70余人。②地方实权派人物不仅制定管辖地的新闻政策，还任意插手地方党部的新闻管理工作，甚至触逆国民党中央宣传部的旨意，不顾国民党新闻法规，任意戕害触犯其利益的报刊、报人。如粤系控制的政治会议西南执行部，先后制定了《中国国民党西南各级党部审查出版物暂行条例》（1932年9月）、《取缔各大小报纸刊登淫亵新闻办法》（1932年12月）、《新闻电讯检查标准》（1933年4月10日）、《各报社违反新闻检查办法惩罚规则》（1933年7月）、《审查取缔大小日报标准》（1935年5月）等，其他各省市也在遵循中央宣传部的名义下，颁布了本省新闻管理的条例、法规。如江苏省仅从1931年3月至1934年3月就制定了8种新闻法规、办法。③至于插手属地的新闻检查，任意戕害触犯其利益的新闻媒体、新闻人已是公开的秘密。就连美国公使詹森（Nelson T. Johnson）在向国务院汇报的文书中都说："中国的新闻检查完全操在中国军方手上，地方当局根本无法向其施压"。④③当地

---

① 《地方自治之基本条件》，《论评选辑》（第四册），台湾文海出版社，1985（影印）。

② 王兆刚：《国民党训政体制研究》，中国社会科学出版社，2004，第63页。

③ 这些法规江苏省多由第三届执行委员会颁布，也由江苏省党务整理委员会、江苏新闻学社颁布。如：《江苏省各县新闻记者公会组织通则》（1931年3月）、《江苏省各县党部设置党报办法》（1932年11月）、《江苏省各县党报社组织通则》（1933年2月）、《江苏通讯社组织大纲》（1933年3月）、《江苏省党部新闻事业委员会组织大纲》（1933年3月）、《江苏省执行委员会直辖党报社组织通则》、《江苏新闻学社社章草案》（1933年11月）、《江苏省各级党报管理规则》（1934年3月）。《江苏省各级党报管理规则》的颁布时间，原文是"二十三年三月二十日江苏省第二届执行委员会第十三次会议通过中央宣传委员会核准备案"，为何与杂志出版日期1934年1月20日相矛盾，待查。

④ The Minister in China（Johnson）to the Secretary of State, Foreign Relations of the United States Diplomatic Papers, 1935mVolumn ⅲ（United States, Government Printing Office, Washington；1953），P102. 转王凌霄：王凌霄：《中国国民党新闻政策之研究（1928-1945）》，中国国民党中央委员会党史委员会，1996，第40页。

方党部在地方新闻管理中与地方掌握军权者发生冲突时，中宣部的裁决往往倾向于地方实权者。台湾学者王凌霄援引1930年7月中宣部的指令①证明"中宣部似乎比较同情军事单位的立场"。蒋介石甚至主张将新闻检查所置于军政统制下，由国防会议主管，②但终未果，后于1937年3月致电中宣部把新闻检查事务全部划归中宣部管辖。③实际上这一电令仍是一纸空文。

三、规制内容的高度政治化、派系化

用国家权力规制新闻传播内容，维护其政党利益是任何政党的必然逻辑。国民党新闻政策规制的内容完全体现了这一点，其内在逻辑是：①扶持国民党新闻业，保障国民党人的新闻自由；②严厉钳制"政敌"中共及反对派系的言论自由；③整顿、驯化民营新闻业，使其服务于国民党的整体利益；④限制国内外籍媒体，扩大国际宣传，塑造国民党及国民政府的国际形象。事实上，国民党人也力图这样做，《出版法》第19条规定，《宣传品审查标准》、《新闻检查标准》、《外报登记办法》等法规充分体现了这一点。

问题在于，国民党并未真正实施"训政"，"三民主义"不过是统合各派的理论工具，国内外形势确实需要国民党强化集权，建立"万能政府"以建设国家应对国际危机，然而国民党却陷入"弱势独裁"的悖论状态。④这就使国民党不可能完全贯彻其理想中的规制内容，而是在现实需求及现实权力结构制约下使规制内容呈现高度政治化、派系化的特点。一是针对国民党集体

---

① 这一指令是："指令江苏省党部，查苏州现在剿匪期间，太湖剿匪司令部检查吴县民国日报，系注重军事及剿匪消息，无碍于党报应有之言论，与中央决议并无不合"。见《中央党务月刊》，第23期，1930年7月，报告页93页。转王凌霄：《中国国民党新闻政策之研究（1928-1945）》，中国国民党中央委员会党史委员会，1996，第40页。

② 时任中央宣传委员会主委的邵元冲在日记中写道："（叶楚伧）又谓介石来电，主将新闻检查所，划归国防会议主管。此等办法，从法理系统手续而言，全无是处，既然介石欲悉置之于军政统制直辖，亦非口舌所能争也。"见邵元冲：《邵元冲日记》，人民出版社，1990，第1142页。

③ 原文是"关于新闻检查事务，自下（四）月起，归中宣部办理"。同时也将原本隶属军事委员会的检查新闻处，划归中宣部管辖"。见王凌霄：《中国国民党新闻政策之研究（1928-1945）》，中国国民党中央委员会党史委员会，1996，第40页。

④ 蒋介石、汪精卫却发现"现在的局势是权也集中不起来，谁也无法成为独裁者"。这种悖反性的分权状态在钱端升那里表述为"蒋先生与中央的共治"，在陈之迈、张佛泉那里表述为"蒋介石、汪精卫与胡汉民"三人的政治。王向民《民国政治与民国政治学：以1930年代为中心》（上海世纪出版集团，2008）一书深度研究了国民党集权与分权之间的存在的悖论现象。

认同的"政敌"共产党，采取严厉钳制的政策，并剥夺国统区共产党人的一切权力及自由。二是以纵横捭阖的策略应对民营报业，采取种种政策措施让其就范，典型表现是国民党一方面推行"党化"全国新闻界的政策，一方面适时安抚民营报人的诉求，口头承诺保障新闻自由，乃至出台相应法规。三是以外交、各种公开的及非正式的手段限制对国民党不友好的外籍媒体及新闻从业者。四是由派系圈定党内"政敌"，适时、适地限制敌对派系的传播活动。如南京中央执行委员会于1932年制定的《宣传品审查标准》即把"宣传无政府主义、国家主义，及其它主义而有危害党国之言论者"定为"反动的宣传"。1931年后，法西斯主义宣传甚嚣尘上却未被查禁。

这种规制的高度政治化、派系化，使国民党的新闻传播表现出各自为政的分离状态。中央层面基本是由蒋介石集团操纵，由蒋氏根据其集团利益定义敌、我、友；地方层面基本由地方派系军阀把持，由他们确定敌、我、友，并分别根据自己所界定的敌、我、友，确定、控制新闻传播的政治栅栏。这使国民党新闻规制内容呈现以分散的个人权力意志为主的复杂形态，既让新闻政策充满冲突、重叠、歧义与种种制度漏洞，乃至使部分政策变成一纸空文，又使新闻从业者看透了国民党新闻政策的阶级本质，在其推行、实施过程中制造巨大的社会心理阻力。

四、政策文本表述精确与模糊并存

政策是由规范性的法律文本构成，法律文本语言要求"准确严谨、简明凝练、规范严整、朴实庄重"，[1] 但也不否认模糊语言在一定范围内的合理存在，以及晦涩抽象的语言隐藏的隐喻机制。"隐喻不仅仅是具有装饰功能的语言表达形式，不是词的单纯替代或意义转换，它是人类理解的表达形式，法律利用隐喻建构、陈述与传播新思想"，[2] 它具有建构新概念、阐释和推理论证的功能。借助隐喻机制，法律充分体现统治阶级的意志。国民党新闻政策的文本，其语言具有上述两个基本特点。

一是基本概念的界定，程序性、规范性的条文，追求表述的精确、严谨与规范，并预设弹性较强的隐喻机制，为国民党执行机构建构新概念、阐释

---

[1]　见孙懿华：《法律语言学》，湖南人民出版社，2006，第19-29页。

[2]　丁海燕：《法律语言中的隐喻机制》，《河海大学学报》（哲学社会科学版），2009年1期。

与推理创设较大的话语空间，以便在法律上网尽一切出版品、宣传品及相关的责任人、责任单位，从而通过注册登记、批准登记制的程序，清洗不合乎国民党政治要求的一切出版物及所有新闻从业者。如1929年9月第三届中央执行委员会第33次常务会议通过的《日报登记办法》，要求各种日报在出版法未颁布以前，均须遵照本办法办理登记，但该办法并未对"日报"概念予以清晰界定，引起各地主管单位的质疑，中宣部则从"日报"概念中推延出"通讯社"、"画报"等新概念，并做出"通讯社性质与日报相同，应一同履行登记，画报之逐日刊行者，亦同样办理，周刊等定期刊物，暂行缓办"①的新解释。1930年11月公布的《出版法》对出版品、发行人、著作人、编辑人的界定更是为准确、规范的抽象表述埋下隐喻机制。如对"出版品"的界定与分类，界定上使用了"机械或化学之方法"、"出售或散布之文书图画"高度抽象的词汇；分类上采用时间标准界定"新闻纸"、"杂志"和"书籍及其他出版品"，明确规定"凡前二款以外之一切出版品属之"的排除分类法，并明确补充"新闻纸或杂志之号外或增刊，视为新闻纸或杂志"。再就是许多办法、规定的最后一、二款大多规定"未尽事宜"得随时呈 XXX 修正或修订之"或"得随时通知增减修改之"等用语，为及时弥补制度漏洞留下法律依据。

二是新闻政策中规制传播内容的条文，其语言表述含混，使用了较多的模糊性语言，为执法单位提供了较大的解释空间。这在《出版法》第19条，《宣传品审查标准》等法规中表现得最为明显。如《出版法》第19条，使用了含混的"意图"、"妨害"等字，《宣传品审查标准》使用的含糊用语最多，如"曲解"、"误解"、"谬误"、"反动"、"污蔑""危害"等语言及高度抽象的"本党主义"、"总理遗教"、"共产主义"、"无政府主义"、"国家主义"、"其他主义"等歧义纷争的术语。政策的核心内容是明确清晰地界定人们该做什么、不该做什么的范畴及标准。国民党新闻政策在这方面却使用了大量的模糊语言和高度抽象的术语，无疑模糊了社会传播的栅栏边界，既为国民党界定"敌、我、友"留下足够的话语空间，又为执法者开了任意执法的方便之门，也为媒体从业者创设了制度漏洞，给予反击、利用、驳斥的话语空间。《宣传品审查条例》颁布后，其含混不清之处，如"宣传国家主义无政府主义

---

① 《电各省市党部宣传部通讯社与逐日刊行之画报应与日报一同履行登记周刊等定期刊物缓办由》，《中央党务月刊》，1929年12月，第16期。

及其它主义而反对本党主义政纲政策及决议案者"、"误解本党主义政纲政策及决议案者"等条文就遭到了《大公报》强烈质疑："国家主义，是何定义，具何界说则无人能言之者，何种界说之国家主义为反动，何种为不反动，此一疑问也；何以国家主义为反动，此又一疑问也。且其下更有及其它主义二语，其他主义者，为何等主义乎？岂凡以政治经济上之主义名者，皆为反动乎，此更为绝大之疑问也。"而国民党尚未统一理论，其"党国法令、往往变更，昨日之政策，今日未必遵守；上届之决议，下届或者变更"的事实使"如何为反对或违背主义，如何为不反对或违背主义，实不易判断者也"。[1] 再如，1934年5月24日，南京《民生报》利用首都新闻检查所的"缓登"二字，刊登了《某院长彭某辞职真相》消息，并针对行政院5月25日的"肆意造谣，不服检查，违反中央决议及违警罚法"的停刊三日的"密令"[2]，以"缓"字为由抨击"不服检查"。[3]

针对这种情况，国民党中宣部、行政院、司法部除了不断地出台各种解释外，就是不断地修正、增订各类新闻政策。如1930年10月7日出台的《出版法》，除了另外制定《出版法施行细则》外，仅据1934年1月出版的《江苏月报·江苏新闻事业号》的统计，从1931年10月至1933年10月就做出18条解释。[4]1937年7月更是将《出版法》做重大修正，由原来的6章44条增订到7章54条。但是这并没有遏制国民党新闻政策的"人治"化的趋势，"以意为法"几乎成为新闻界指责、批评国民党新闻检查的基本共识。

五、新闻政策在政治高压下执行

国民党限制言论、垄断真相的新闻传播制度与民国早已形成的新闻自由主义思潮背道而驰，与国民党政治改革的总目标——宪政内在要求的言论自由——也背道而驰。故其新闻政策、法律、法规的甫一出台，就几乎遭到了民国新闻界的全面抵制与舆论抨击。但在国民党政治高压下，其新闻政策、

---

① 《中央之宣传品审查条例》，《大公报》，1929年1月12日。
② 《汪兆铭迫令〈民生报停刊三日手条〉(5月25日)》，见中国第二历史档案馆；《中华民国史档案资料汇编》第五辑第一编·文化（一），江苏古籍出版社，1998，第235页。
③ 见《新闻史料述评——论南京检查所之"缓登办法无法的根基"》，《世界日报·新闻学周刊》，1934年6月28日第13版。
④ 据《江苏月报·江苏新闻事业号》（1934年第1卷第3期）统计。

法律、法规亦在蒋介石集团实际控制的区域渐渐地被有效执行与推广；地方实力派控制的区域，国民党新闻政策的执行与推广程度与蒋介石集团的势力渗透程度及地方实力派的实力有关；公共租界、日本帝国主义控制的东北地区的新闻界基本不在国民党新闻制度的有效管辖范围内。

以报刊登记制为例，报刊登记管理是国家管理媒体的法定职权，国民党却借报刊登记达到"整理舆论界之言论，而免其有碍本党之宣传"的政治目的。[①]因此，自1928年9月国民党颁布《日报登记办法》，到1933年底尚有300多家媒体未办理登记手续。[②]《日报登记办法》也经过多次修订，负责登记单位已多次变更。1929年9月，《日报登记办法》修正通过，[③]登记范围扩展到通讯社、画报，登记程序由各省党部宣传部、各特别市党部宣传部审核，中央宣传部办理。同年底，中宣部增设登记股，负责登记国内外一切定期与不定期刊物。1930年的《出版法》则规定登记程序是向"所属省政府或隶属于行政院之市政府，转内政部声请登记"。[④]同年5月，中宣部出台《关于日报及通讯社登记及立案事件请审核由》，实行登记、立案双重制：各省及特别市党部宣传部负责登记，各省及特别市主管行政机关负责立案事项，"登记证"改为"审查合格证书"，进一步明确了各级党部宣传部的"审核"职能。[⑤]然而登记、立案双重制实行不到一年，中宣部下属的登记股被撤销，其所辖事项全部转给内政部，内政部完全负责报刊的登记事项。1937年7月《出版法》再次修正时，国民党将审核登记制改为审核制，名义上废除了登记制，悄无声息地宣告了登记制的失败。该法第二章第九条规定："为新闻纸或杂志之发行者，应由发行人于首次发行前，填具登记申请书，呈由发行所在地的地方主管

---

① 《中央执行委员会宣传部工作报告》，《中央党务月刊》，中国国民党第三届中央执行委员会第三次全体会议特号《报告专栏》1930年4月。

② 中国国民党中央执行委员会党史史料编纂委员会编：《中国国民党年鉴（民国二十三年）》，编者，1934，第37页。

③ 《日报登记办法》由中宣部提议，予1929年9月5日的国民党中央第33次常会通过。该条例共13条，规定出版法未颁布之前依据该条例向各级党部申请登记并由中宣部最后审核，及中央直辖党报和津贴党报的登记，及非此类日报的登记手续等，并规定"凡登记不合格或不履行登记之日报得由当地高级党部呈准中央宣传部禁止出版。见《中国国民党执行委员会常务会议记录》（九册），广西师范大学出版社，2000，第259-260页。

④ 《出版法》第七条，"为新闻纸或杂志之发行者，应于首次发行期十五日前，以书面陈明下列各款事项，呈由发行所所在地所属省政府或隶属于行政院之市政府，转内政部声请登记"。

⑤ 《关于日报及通讯社登记及立案事件请审核由》，《中央党务月刊》1930年5月第21期。

官署，于十五日内转呈省政府或直隶于行政院之市政府核准后，始得发行。"

为迫使租界内的民营报刊登记，国民党采取一再延缓登记时限，不登记即饬停刊，登记享受"立卷挂号"的邮递优惠等手段，应对民营报刊享有租界治外法权，无需登记的借口。经国民党努力，到1933年底，国统区已有1609家新闻纸完成登记。①

为迫使在华外报向国民党及国民政府登记，国民党可谓费尽了心思，使用了许多外交资源。1928年9月《日报登记办法》颁布后，外报以中国没有出台相关规定、享有治外法权等理由不予理会。为此，中宣部提议拟定外报登记办法却被国民党中常会一拖再拖。1929年8月23日《出版条例原则》颁布后，中宣部同年11月向第三届第48次中常会提出办理外报登记问题（1929年11月14日），却得到"俟出版法颁布后再议"。②1930年1月中宣部与外交部协商，以外报"遍布通商巨埠，大抵造谣侮辱尽其煽惑之能事，亟应加以适当之限制，以减少反动宣传保持国家主权"为由拟定《外报登记办法十条》提交第三届第72次中常会，却得到"交国民政府转饬外交部办理"的决议，③此后，《外报登记办法十条》成为一纸空文。1930年12月《出版法》颁布，英、美、日等国的在华外报仍以"治外法权"为由联合抵制登记，对此，国民党也无可奈何。这种状况直到1933年2月南京国民政府内政部联合外交部、交通部、邮政总局一致行动，向外报做出实质性的妥协才算打破僵局。外交部向英国口头承诺"出版法中的惩罚条款及国民党党务组织的控制，绝不适用于英国出版品"；向美国除给予与英国相同的口头承诺外，极力强调登记只是"充作统计资料之用，且对主动登记的美国报刊，给予优惠邮费"；④交通部转饬邮政总局"对未经申请登记的外籍新闻纸杂志，一律不予立卷挂号⑤"。在

---

① 中国国民党中央执行委员会党史史料编纂委员会编：《中国国民党年鉴（民国二十三年）》，编者，1934，第37页。

② 《中国国民党中央执行委员会常务委员会会议记录》（第十册），广西师范大学出版社，2000，第77页。

③ 《中国国民党中央执行委员会常务委员会会议记录》（第十一册），广西师范大学出版社，2000，第30-31页。

④ Foreign Relations of the United States, Diplomatic Papers, 1933,Volume Ⅱ,The Far East, Washington：United Government Printing Office, 1949, 第684页。

⑤ 申报年鉴社：《第四次申报年鉴》，上海：申报馆售书科，1936，第129页。

此前提下，英美两国才不反对两国在华报刊向内政部登记，以享邮递特权。[①]至于日本，其对《出版法》始终持置之不理的态度。[②]据统计，到1935年6月，外籍新闻纸杂志经核准登记的有《泰晤士报》等46家，未经依法登记的有《上海日报》等30余家，就国别而言，英美两国各有一家未登记，其发行地点均在哈尔滨。在31家日本刊物中，却只有在北平发行的《支那之友》一家登记。[③]

报刊登记尚且如此，对于国民党新闻检查，民国新闻界的抵制更为激烈，然在国民党查封媒体、捉拿新闻人的政治高压下要维系传媒正常出版，就不得不接受国民党的新闻检查。因此，在无法抗拒国民党新闻检查的情况下，民国新闻界猛烈抨击国民党的新闻检查制度，期望国民党放弃新闻检查，或放松新闻检查的尺度。民国舆论对国民党新闻检查的抨击主要有：①钳制言论自由，此多为中共、左翼人士，激进的报刊，报人所为。如《益群报》抨击国民党检查条例"钳制人民的喉舌"，国内外舆论"大概总不外说是违背了国民党'言论完全自由'的政纲，毁灭了孙总理解放民众的精神，为国民政府一种违反民主制度的非常举动"。[④]②抨击国民党新闻检查"标准不一"、"以意为法"，此多为保守的民营报人、高校教授、学者、国民党内的自由主义者、在华外籍人士等。林语堂抨击道："中国混乱的检查制度，呈现在缺乏体系，协调以及一致性上，某个城市被禁的新闻，却可能在另一个城市通过，检查员个人难以捉摸的灵机掌握新闻的生杀大权。"[⑤]斯诺抨击道："法令赋予检查员任意删改新闻的权力……最糟糕的是中国的检查制度一团混乱，检查员根本不受法令的约束"；[⑥]中央政校新闻学系系主任马星野牵头，与复旦大

---

① 如1934年初，美国国务院同意了美国驻华公使詹森建议美国报纸期刊依法向中国当局登记的要求，但附了一个不能"强迫（compel）美国刊物进行登记的保证书，而且不管登记与否，美国刊物都不能接受《出版法》中的惩罚条款，或接受中国的行政控制"。见王凌霄，《中国国民党新闻政策之研究（1928-1945）》，中国国民党中央委员会党史委员会出版，1996，第46页。

② Foreign Relations of the United States, Diplomatic Papers, 1933,Volume Ⅱ ,The Far East, Washington : United Government Printing Office, 1949，第688页。

③ 内政部年鉴编纂委员会编：《内政年鉴》，上海：商务印书馆，1936，第1302-1304页。

④ 益群报：《新闻检查条例与言论自由》，转王澹如编：《新闻学集》，天津《大公报》西安分馆，1931，第177-179页。

⑤ Liu,Yu. Tang, A History of the Press and Public Opinion in China , The University of Chicago Press, 1936,p177.

⑥ Snow, Edgar, The Ways of the Chinese Censors, Current History, July 1935, p382.

学新闻学系、燕京大学新闻学系、沪江大学新闻学科、北平新闻专科学校、广州新闻学校联名上呈国民党中央，抨击国民党新闻检查使"正当言论遂成虐政"。[①]台湾学者王凌霄研究后认为新闻检查"没有章法，以至于纠纷时起"。[②]

在国民党政治高压下，国民党新闻传播制度虽然在国统区得到全面推广，也取得了一定成效：建立了庞大的新闻检查网，取缔了大量"反共"、"谬论"刊物，得到了国民党中央的肯定。如国民党第四届四中全会（1934年1月）对宣传工作予以"抗日剿匪之宣传，均能努力，深堪嘉许"，[③]第四届第六次中央全会（1935年11月）给予"宣传方面，颇能权衡事实之需要，对于新闻及文艺事业，于有效的统制之中，而收指导推进之效"[④]的赞许，但其新闻传播制度并没有达到国民党想要的掌握社会话语权、垄断真相、主导社会舆论走向的根本目的。然而国民党却为此浪费了高昂的行政资源，对此，国民党中央亦有清醒认识。其佐证是国民党中央常务委员会提交历届全国代表大会、中央全会关于宣传方面的工作报告中，对宣传工作的肯定表述都大大少于对其期待和建议的表述，[⑤]表现出国民党对强化新闻制度的复杂、矛盾心态。

① 《中政校等新闻学系联呈请改善检查制度》，《申报》，1935年12月27日第3张第9版。
② 王凌霄：《中国国民党新闻政策之研究（1928-1945）》，中国国民党中央委员会党史委员会出版，1996，第52页。
③ 《对于常务委员会及组织、宣传、民运指导各委员会工作报告之决议案》，荣孟源主编：《中国国民党历次代表大会及中央全会资料》（下），光明日报出版社，1985，第222页。
④ 《对于党务报告之决议案》，荣孟源主编：《中国国民党历次代表大会及中央全会资料》（下），光明日报出版社，1985，第265页。
⑤ 见荣孟源主编：《中国国民党历次代表大会及中央全会资料》（上），光明日报出版社，1985，第801-802页，第994-995页；荣孟源主编：《中国国民党历次代表大会及中央全会资料》（下），光明日报出版社，1985，第186页，第222页，等265页，第324页，第437页。

第六章
国民党传媒体系的形成及特点（1927-1937）

　　1933年，国民党中央宣传部部长叶楚伧在中央纪念周上声称"党报原可以不要的"，[①]但建立自己的传媒体系，在声音多元的民国言论市场中是操控舆论、统一言论最有效、最经济的办法，却是国民党人的集体共识。历史传统、国外经验、中外新闻业的巨大差距、巩固新生政权等也为国民党建立庞大的党国新闻业提供了充足的理由。国民党定都南京不久，即在中华革命党新闻传媒业的基础上，建立了以《中央日报》、中央通讯社、中央广播电台为骨干，从中央到地方的庞大的国民党新闻传媒体系，同时以其新闻统制政策将民营新闻传媒业纳入了中华民国南京国民政府的新闻传媒体系内，建立了以党营媒体为核心、民营媒体为辅助的党国新闻业，以求掌控社会话语权。中国现代新闻史进入了国民党管制的党营、国营、民营、外人经营等多元化媒体并存的历史新时期。

　　学界对于国民党新闻传媒业的研究，成果较为丰富，大陆却有低估、贬低，台湾则有抬高、褒扬国民党新闻传媒的意识形态倾向，以及将国统区民营传媒业视为完全独立于国民党新闻传媒业的倾向。民营传媒业是先于国民党之前的客观存在，南京国民政府允许其合法存在，并对其依法管理，视其为中华民国新闻传媒业的重要组成部分。国民党与南京国民政府"党国不分家"且"党权控制政权"的客观事实，意味着国民党将民营传媒业视为党营传媒业的补充或辅助，是其可管控、利用的媒介工具。因此，本章从党国新

[①] 叶楚伧说："党报是怎样来的？是给各报迫出来的。党报的产生，是在中华革命党时代，……。其实本党的三民主义，已得到全国的同情，报纸既是代表全国的言论，则在同情三民主义之下的报纸，当然不会有反三民主义的言论，真能如此，党报原可以不必要的"。见叶楚伧：《本党与新闻界的关系和确定以后努力的方向》，《中央党务月刊》，1933年第60期。

闻传媒业①角度，以党营媒体的建设与管理为论述重点，国民党对民营传媒业的管理与利用为辅助，呈现较为完整的党国新闻传媒业。

第一节　国民党新闻传媒体系的基础与建设

国民党党营传媒萌芽于孙中山革命报刊活动。孙中山革命宣传的媒体是演讲、书册、传单及其领导的40多种革命报刊，香港《中国日报》是其代表。国民党党营传媒的开启，是1905年近代政党组织同盟会——国民党前身——的机关报《民报》创刊。与所有政党报刊的命运由其政党决定一样，从1905年到1928年国民党形式上统一中国，国民党党营传媒的命运，完全伴随着国民党自己的命运，兴则同兴，消则同消。大致而言，1905年中国同盟会成立到1911年武昌起义是其兴起期。此间，海内外共出版革命或有革命倾向的报纸160多种，其中海外60多种，国内100多种，②《民报》、《苏报》、《神州日报》、"竖三民报"、《大江报》等报刊是其代表。民国成立至1912年"二次革命"失败为其昙花一现的繁荣期。辛亥革命的成功，民国政府的成立，同盟会改组为国民党，致使1912年左右形成了"同盟会－国民党"的政党报刊系统，但这一繁荣景象却昙花一现，1913年袁世凯以"乱党"罪名全部查封，幸存的国民党报刊转入地下。1914年中华革命党成立到1928年为其复苏走向统一的初期。中华革命党成立后，中华革命党在海外成立了许多机关报。③1919年中华革命党改组为中国国民党（此后，名称未作改动），国民党新闻传媒的重心转移到国内，上海《民国日报》、《星期评论》、《建设》杂志、《广州民国日报》是其代表。

---

① 标题定为"党国新闻传媒业"而非"国民党新闻传媒业"，主要在于：1）国民党与南京国民政府是"党国不分家"且"党权节制政权"，2）党国新闻传媒业不仅包含党营媒体，还包括南京国民政府"合法"认可的民营新闻传媒业，在华外人传媒业虽被南京国民政府"合法"认可，却不是国民党可予以有效管控、利用的媒介工具，其"合法"认可更多是"弱国无外交"的历史结果。

② 王润泽：《中国新闻媒介史（1949年前）》，北京大学出版社，2011，第115页。

③ 主要有美国《檀香山自由新报》、旧金山《大同报》、《少年中国晨报》、《民口杂志》，纽约《民国报》、《民气报》，加拿大《新民国报》、杜郎埠《醒华报》、古巴《民生报》，南洋泰国《华暹新报》、缅甸《觉民日报》、新加坡《新国民日报》、槟榔屿《光华日报》、澳大利亚《民国报》、日本《民国杂志》。王润泽：《中国新闻媒介史（1949年前）》，北京大学出版社，2011，第128页。

1924年国共合作，在中共帮助下，国民党才初步形成了自己的传媒系统，但这一系统中的许多报刊名义上是国民党，实际主持者多为共产党。因此，南京国民政府成立之前，国民党虽已有23年的党营媒介史，却是一段混乱、频繁变动、各自为战、不成体系的历史。党报党刊命运多舛，不成系统，社会影响力较低，通讯社、广播电台极为薄弱；传媒编辑权基本掌握在党员（总编辑、社长）个人手中，报社编委会成员的政治信仰不一，有党内自由主义、党内革命派、左派、右派及党外（合作）共产主义，传媒资本来源有个人赞助、团体资助、党费等多种形式，是这段历史的主要特点。

　　这一传媒体系显然不能胜任"训政"、"建国"的党国政治需要，1927年南京国民政府成立却未立即着手解决这一问题，直到1929年国民党召开第三次全国大会，[①]党营媒体的扶持与建设才大范围地展开。其扶持与建设措施：一是政治上赋予设置、建设党报的合法性，为党报言说拓展最大可能范围的政治空间，压制民营传媒、在野党传媒的言说空间。二是行政上给予采访、发行、广告等优先权。《指导党报条例》规定"中央及各级党部或政府对各级党部除充分供给各项宣传材料外，并应予以搜访消息之特别便利"。[②]国民党各党政机关均公费订阅党报，包揽发行、免费赠送。1937年《中央日报》的销路已遍布全国，三分之一的订户却是政府单位。[③]国民党各级党政机关将其所有公文、布告均送各级党部刊载。甚至规定民、刑诉案件广告交党报刊登，"方为有效"，否则"必至在法律上失所依据，处于失败之地位"。[④]三是动用经济资源创办《中央日报》等直辖党报，中央通讯社、中央广播电台，且持

① 国民党第三次全国代表大会，是强调统一的大会。大会确定了"本党新闻政策"，要求加强中央媒体建设，大会代表陈德征提出了建设党报的七条建议："（一）充实中央党报的力量，使中央党报之质与量，能超出乎全国各地之报纸。（二）充分发展直辖于中央机关之准党报，私人组织而受党津贴之报纸，并保障其安全。（三）充分扶助各地方党报之发展。（四）扶植中央通信社，裨得充分如发展，且使负有国际宣传的重任。……（六）保障中央党部准党报地方党报及党通讯社工作人员生活及工作之安全，非反动有据，不得撤换或拘捕。（七）制定优遇新闻记者之条例。……"（陈德征：《三全大会之党应确定新闻政策案》，黄天鹏编：《报学月刊》第1卷第2期，1929年4月，光华书局），故此次大会奠定了国民党扶植党报、强化其新闻事业建设的意志基础。

② 《指导党报条例》，国民党中央常务委员会1928年6月9日通过。

③ 根据民国二十六年出版的英文年鉴，此时的《中央日报》，报份只有32000份。The Council of International Affairs, ed., The Chinese Year Book, 1937 Issue Shanghai: The Commercial Press Limited, 1937, 第1098-1099页。

④ 《本报重要启事》，《华北日报》，1929年2月8日。

续不断地更新办公条件、印刷设备、广播设备等物质条件。《中央日报》由中央拨款近5万元创办，第一月拨给14366元，第二月拨给5000元，3至6月按每月9000元拨付。[①]《扫荡日报》由蒋介石从军费中划拨不下5万元资金创办。[②]中央广播电台由中央预算34040元创办，[③]1929年预算40万银元扩充为75银元，等等。四是组织上筹建党报编辑委员会，强化对党报的日常管理。五是延续了孙中山津贴传媒的做法，大范围地津贴新闻媒体。津贴传媒成为国民党扶持、控制传媒的一项"合法"行为。1928年6月，《补充党报条例》规定"凡党员所主办之日报或期刊（均可）请求本党中央或各级党部补助经费"。[④]1932年6月，《中央执行委员会津贴新闻机关办法》把"补助"的对象扩大到"各地新闻机关"。党营报业几乎全靠党部的津贴存活。[⑤]陈立夫曾说："党报赚钱，概未之前闻"。[⑥]除了按月津贴《中央日报》等中央直辖党报、中央通讯社、中央广播电台外，国民党中常会议决津贴的民营传媒，有史料可查证的达90家。[⑦]一项研究称，每年国民党仅党报一项支出即达180万元。[⑧]中央津贴程序一般是由报社或通讯社向中宣部或地方党部提出申请，经中宣部审查并上呈中常会，或中财会，由中常会决定，中财会核定数目，交中宣部办理。特殊时期如中原大战、对日宣传等，中常会或中财会核定津贴总数后，把津贴报纸的权限下放给中宣部，让其酌情办理。

地方党部、地方政府也频繁津贴地方传媒。国民党湖南省党部《宣传部部务汇刊》（1929年12月）记载，1929年该省40家正规报纸中有38家接受各级党部及政府津贴，占报纸总数的95%以上。全部接受党部和政府津贴的25家，占全部报纸的62%，占受津贴报纸的68%。据蔡铭泽教授统计，1929年，

---

① 见中国第二历史档案馆：《中国国民党中央执行委员会常务委员会会议录》（第四册），广西师范大学出版社，2000，第12页，第97~98页，第202~203页。

② 蔡铭泽：《中国国民党党报研究》，团结出版社，1998，第88页。

③ 《中央宣传部筹设广播无线电台计划书》，中国第二历史档案馆：《中国国民党中央执行委员会常务委员会会议录》（第五册），广西师范大学出版社，2000，第326~331页。

④ 《补充党报条例》，1928年6月9日国民党中央常务委员第144次会议通过。

⑤ 尹述贤：《创设中央社的一段经过》，《自由谈》，第28卷第9期，1977，第139~142页。

⑥ 陈立夫：《创造在艰苦之中》，胡有瑞主编：《六十年来的中央日报》，台北，中央日报社，1988，第28页。

⑦ 刘继忠：《新闻与训政：国统区新闻事业研究（1927-1937）》（下），花木兰文化出版社，2014，第305~308页。

⑧ 厦门民报、武汉日报等提出的以报养报案。引武伟：《十年内战时期国民党新闻思想和政策初探》，复旦大学新闻系硕士学位论文，1985，第37页。

湖南中山日报、民国日报等10家报纸每月接受津贴共15942洋元。最高津贴是湖南中山日报和湖南民国日报，均为4080元，最低津贴为陵民报143元。[1]江苏省亦是如此。1934年，《江苏省各级党报管理规则》第1条规定："各级党报社经费以各该社之营业收入充之不足时由主管党部酌给津贴"。[2]据《江苏省各县报纸概况表》统计[3]，在有资料可考的255家江苏省各报馆中，106家报馆接受党政、私人、基金、商店等津贴、补助或集资，占报馆总数的47.57%，其中31家完全依靠党政机关的津贴生存，占报刊总数的12.16%；依靠营业、股款、自筹、社员负担等形式维持报馆生存者有149家，占到总数的58.43%。上述255家报馆中有75家是党报（省、县党报或党员主办），在这75家中有60家接受党政津贴或捐助，占到党报总数的80%，仅有10家完全依靠营业生存，12家靠社长、经理的筹资维持，另有3家依靠私人筹划和股份生存。详情见表6-1. 表6-2。1934年江苏省的党报尚且如此，其它各省党报亦是如此，甚至比江苏省更为严重。

表6-1　江苏省各县市报纸经费来源[4]

经费来源	营业	津贴	营业和津贴	党政津贴和私人集资	营业和私人筹集或补助	营业及捐助	私人筹集或补助	商店捐助	津贴和社员负担	营业和基金	股款和营业	股款	营业和股东补助	营业和股员或社员	社长或经理筹集	发起负担	发行自筹	社员负担
总数/255	98	31	40	3	16	2	9	1	1	3	7	9	6	4	15	2	3	5
占比（%）	38.43%	12.16%	29.41%								20%							

---

[1] 见蔡铭泽:《中国国民党报历史研究》，团结出版社，1998，第102-103页。

[1] 见蔡铭泽:《中国国民党报历史研究》，团结出版社，1998，第102-103页。

[2] 该条例于1934年3月21日江苏省第二届执行委员会第13次会议通过。

[3] 该统计由江苏省党部新闻事业委员会1933年4月初调查同年11月复查。

[4] 此表根据1934年第1卷第3期的《江苏月报·江苏新闻事业专号》上刊载的《江苏省各县市报纸概况表》统计。该表共收录了269种各类报刊，其中有10家报纸停刊，9家报纸未有说明，故报刊总数为255家，统计过程中，对相近的经费来源做了归类。

表6-2 江苏省党报经费来源

经费来源	营业和津贴	津贴	营业	社长自筹	经理自筹	私人筹划	股份
总数 /75	23	27	10	12	1	2	1
占比（%）	30.67%	36%	13.33%	17.33%	4%		

这样，在国民党大力扶植下，到抗战前夕，国民党采取直接创办、改组、调整、取缔、合并和重建的方式，在国民党官僚资本主义经济基础之上，建立了"从上到下，从形式到内容都受国民党中央宣传部乃至最高统治者严密而直接的控制"的"一个封闭的（党营媒介）体系"。[①]

第二节 国民党新闻传媒业的形成历程

在原有党营传媒的基础上，国民党依托官僚垄断资本主义，以其政党和国家力量，十年间在全国范围内建立了以《中央日报》、中央通讯社、中央广播电台为核心的党营传媒体系，与此同时，逐步强化了对民营媒体的新闻统制，将国统区民营媒体纳入了其党国新闻传媒体制，使之成为党营传媒体系的重要补充部分。这一庞大传媒体系的形成历程与蒋介石个人集权的形成过程，与国民党党务体系的建设紧密相关，与国统区、经济、社会、文化建设的步伐基本同步，表现出党国传媒事业与南京国民政府政治、经济、文化建设的历史互动。大致而言，1927-1931年为党国传媒体系全国范围内初步建设期，1932-1937年为党国传媒体系强化期。

一、国民党新闻传媒业的崩溃与初建（1927-1932）

1926年7月，蒋介石就任国民革命军总司令并誓师北伐，国共合作的北伐战争正式打响。"党军于文字之宣传，极为致力，每下一城一邑，党报随之勃兴，以发扬主义，记载党务为唯一责任"。[②]在北伐军连克长沙、武汉、南京、上海后，蒋介石在上海制造"四一二"事件，武力"清党"，另立南京中

① 王润泽：《中国新闻媒介史（1949年前）》，北京大学出版社，2011，第131页。
② 亚梦：《上海新闻事业（天庐通讯之一）》，《新闻学刊》（增1），1928，第2-5页。

央、南京国民政府，北伐陷入停顿。这意味着国共合作时期的国民党新闻传媒体系彻底崩溃。在历时3年的"清党"运动中，蒋介石集团一面封杀左倾报刊，清除共产党报人，一面整顿党务系统，整顿党内派系报刊、报人，一面着手建立自己的党营传媒体系。这一工作直到1928年宁、汉、沪三个"中央"合流后才有所成效。同年6月7日，《设置党报条例》、《指导党报条例》、《补充党报条例》由国民党中央常会二届144次常务会议通过并颁布。三个条例详细规定了党报的设置、领导体制、宣传内容、组织纪律、津贴标准等内容。以整理党务案为切入、三个条例为标准，国民党中央开始对各地党报、党刊、电台、通讯社进行大规模的改组、整顿及建设工作。然这一工作受到了地方实力派、党内派系、地方政府的诸多掣肘，推进得并不顺利，在地方实力派控制的实际区域尤其艰难。经过蒋桂、蒋冯、中原大战后，蒋介石武力削弱了地方实力派，于1932年联合汪精卫，重新上台后，国民党才真正在全国范围内整顿、建设党营传媒。到1937年7月抗战全面爆发前，国民党初步形成了中宣部直辖的中央级传媒体系，以省级党部主办为主的省级传媒体系，及以市、县级党部所办为主的市、区、县级传媒体系，以海外华侨居住地为主的海外党营传媒体系。中央传媒体系以《中央日报》、北平《华北日报》、英文《北平导报》、天津《民国日报》、《武汉日报》等直辖地方党报及中央通讯社（含各地分社）、中央广播电台组成。省级传媒体系以省级党部所主办的"省名＋民国日报"的省级党部日报和中央广播事业管理处、交通部、省级党部、省级政府主办的广播电台、通讯社组成，其中，根据《设置党报办法四项》中"各省省党部得于其所在地设一党报归各该省省党部负责、经理、指导，惟在已有党报区域，不必另设"及省党报经费"由省党部支出"的规定，[①]各省党部都办了一份省级党报。而省级广播电台、通讯社则各省不见得均有。市、区、县级传媒体系以江浙沿海和中南地区为主，它们多如牛毛，发行量小，传媒组织变动频繁，时起时灭。国民党地方党营传媒体系的发展深受蒋介石集团、地方实力派及西方列强尤其是日本帝国主义等多方势力的交错影响，在不同的势力范围内表现出各自的特点。

---

① 中国第二历史档案馆：《中国国民党中央执行委员会常务委员会会议录》（第五册），广西师范大学出版社，2000，第430—431页。

1. 国民党中央宣传部直辖的党营传媒体系初步形成

1927年6月15日，国民党中央理论刊物《中央半月刊》在南京中央党部创刊，主编吴稚晖。该刊旨在"确定本党主义上政纲上政策上的理论，以为宣传之指导"。[①]1928年2月，《中央日报》于上海创刊，存续9个月后于1929年2月1日迁往南京复刊，成为国民党中央直辖的最高党报；1927年5月，蒋介石控制的广州中央通讯社迁往南京，[②]于6月16日正式对外发稿，成为国民党最高通讯机关。1928年2月，经蒋介石、丁惟汾、陈果夫等在二届四次全会提议，中央半月刊、中央通讯社、中央日报及筹备中的中央图书馆归中宣部直辖。同年8月，由陈果夫筹划的中央广播电台正式播音，亦归中宣部直辖。至此，国民党中央舆论宣传的主要支柱相继成立。但此时这些媒体的影响力范围，大多限于蒋介石集团实际控制的苏、浙、皖地区，直到1932年后才逐步扩展到全国。《中央半月刊》由中宣部直辖，指派各党部订阅，中央特别委员会成立后归特委会管辖，在沪发刊。特委会取消后，被中央宣传部收回，在南京出版。南京《中央日报》1929年发行量仅20000份，[③]尚未确立"首都大报"的地位。中央通讯社规模小，员工仅二三十人，无电讯设备，只利用两部老式收音机，抄收国外通讯社广播稿、照抄国内报纸，甚至靠宴请同行，扩大用稿关系。中央广播电台仅有500瓦，员工仅7人，无正规播音队伍和合格的播音人员。该台恪守"珍惜新颖之宣传利器，俭约使用"原则，起初早晚各播音1小时，后扩展到5小时，音波覆盖范围限于东南一隅，依靠各地收音员抄录广播稿后，选送各报刊等。

在地方，为将国民党中央声音渗透到地方实力派控制的区域，"使党的舆论健全发展"，根据1928年7月叶楚伧上呈的《设置党报办法四项》在"首都、上海、汉口、重庆、广州、天津或北平、广州或开封、太原、西安各地设一

---

① 《特别市党部消息汇志》，《申报》，1927年6月21日第4张13版。

② 中央通讯社创办于1924年，宁汉分裂时，国民党内出现两个"中央通讯社"，即汪派的武汉"中央通讯社"，蒋派的广州"中央通讯社"。

③ 方汉奇：《中国新闻事业通史》（第二卷），中国人民大学出版社，1996，第356页。

党报，由中央直接管理监督"的决定，① 国民党计划在地方实力派控制的中心城市、省会城市、特别市建立中央宣传部直辖的地区性党报，但这一工作开展的并不顺利（详见表6-3）。1929-1932年，国民党仅在北平、天津、武汉三地创办了直辖党报，② 太原、广州、重庆、福建等地方实力派系实际控制的中心区域，国民党中央在1933年1月前并没有如愿建立起直辖党报。北平、天津原属于奉系控制，在1928年4-6月的"二期北伐"中为阎锡山第三集团军进驻。国民政府宣告北伐胜利结束的6月20日，由中央政治会议决定，将北京改名为北平，北平和天津划为直辖市。北平、天津处在蒋介石集团势力边缘，晋系实际控制的非中心地带，冯系欲染指的多方势力彼此交叉的区域，故国民党中央极度重视该地区。在北平、天津创办直辖中央的党报，不至于引起阎锡山的强烈反对。故在蒋、阎关系表面和睦、内在紧张的1928年下半年，经1个多月的筹备，国民党中宣部仓促在北平于1929年元旦创办《华北日报》。1930年1月10日正式将英文《北平导报》改组，升级为国民党对在华外国人宣传的唯一一份中央直辖的外文报纸。原由河北省党部主持的北平《民国日报》，因蒋介石称"时有反动言论"，③ 中宣部以北平已有直辖党报的名义，将其停刊整顿，于1930年11月1日迁往天津，改为中央直辖的天津《民国日

① 中国第二历史档案馆：《中国国民党中央执行委员会常务委员会会议录》（第五册），广西师范大学出版社，2000，第430-431页。蔡铭泽的《中国国民党党报历史研究》叙述说，"1928年9月，国民党中央常务委员会第165次会议专门讨论了在各地设置中央直属党报的问题，会议决定，在北平、汉口、广东各设置一党报，由中央特别管理，会议指出，'北平地方重要，党报之设，刻不容缓'"，见58页。查1928年9月6日召开的第165次中常会，此次会议并非专门讨论在各地设置中央直属党报问题。会议对中宣部请求中常会将"北平旧财部、交部均有印机多架，留平搁置，拟请函送国府就该两部中指拨两架及应需附件，从资应用"，将"旧印铸局及旧农商部税务处房屋，现均空闲，亦拟请并函指拨，为党报社址"问题，中常会做出"交国民政府查酌办理"的答复。见《中国国民党中央执行委员会常务委员会会议录》（第六册），广西师范大学出版社，2000，第115-116页。

② 一说还有济南、上海。但这两地的党报是否中央直辖，仍有待考证。1928年6月，创刊于济南的山东《民国日报》，蔡铭泽、王凌霄认为它属于直属党报，方汉奇主编的《中国新闻事业通史》（第二卷）将其归地方党报。经查，1928年6月处在日本占领济南的时期，日军于1929年5-6月份才撤离济南。在此背景下，山东《民国日报》创刊的可能性不大。一说上海老牌的《民国日报》也属于中央直辖党报，但尚未有确切史料证实。

③ 原文是："蒋委员中正函，以北平《民国日报》时有反动言论，请收回北平市党部办理或停止其津贴等，中宣部查该报言论失当，迭经警告在案。中常会审议后，'准中宣部自本月起即行停止其津贴'。"见中国第二历史档案馆：《中国国民党中央执行委员会常务委员会会议录》（第九册），广西师范大学出版社，2000，第166页。

报》继续出版。武汉为九省通衢要道，原在桂系控制下，经1929年3-6月的
蒋桂战争后由蒋介石集团所控制。蒋桂战争结束后不久，即1929年6月10日，
国民党中央就将湖北省党部主办的湖北《民国日报》改组为中央直辖的《武
汉日报》，社长由中宣部部长兼任，成为华中地区规模最大的国民党党报。此
外，中央通讯社在北平、武汉等地创办了地方分社。这些中宣部直辖的地方
党报，是国民党中央舆论宣传力量的重要补充。但它们在地方实力笼罩下，
发展相当曲折。《华北日报》、天津《民国日报》在中原大战期间被阎锡山查
封，中央通讯社北平分社被晋系掠夺，中原大战结束后，《华北日报》、天津《民
国日报》、中央通讯社北平分社才恢复。英文《北平导报》1932年2月因刊登高
丽独立党宣言，得罪日本势力被封禁停刊，经疏解后改名《北平时事新报》，挂
洋旗复刊。只有《武汉日报》尚好，发行点远及南京、上海、北平、天津。

表6-3 国民党中央直辖党报

报名	社址	主持者	创刊时间	张（版）及专刊	备注
华北日报	北平王府井大街	安馥香 沈君默	1929年元旦	3（12）；多种	1931年3月被阎查封，同年10月1日复刊。
民国日报	天津特三区三经路76号	鲁荡平	1928年底		原《河北民国日报》（28年6月）迁津，1930年3月被阎查封。
武汉日报	汉口歆生路忠信里	胡伯玄 宋漱石	1929年6月10日	3（12），多种	汉口特别市党部改造前中央日报，1935年后始设社长王亚明。
民国日报	济南东华街9号	李江秋 黄星炎	1928年6月	3（12）	华北地区创设最早的一家直属党报
民国日报	广州	戴季陶 黄季陆	1928年5月7日	4（16）	老牌党报，创刊与1923年6月，数度易主，后成粤系喉舌
中山日报	广州		1936年7月		广州《民国日报》改名
西京日报	西安五味什字街	郭英夫 赵建新	1933年3月10日	2.5（10）；10种	西安事变期间被张、杨接受，改名《解放日报》，1937年3月恢复原名
北平导报	北平	刁作谦 张明炜	1930年1月10日		唯一直属中央的外文报纸。1932年2月被查封，6月更名为《北平时事日报》

报名	社址	主持者	创刊时间	张（版）及专刊	备注
福建民报	福州市虎节路22号	刘正华	1928年11月	2，11种	数易报名；1934年3月直属中央党部
民国日报	上海	叶楚伧 陈德征			老牌党部，创刊于1916年1月22日。1932年1月26日停刊

注：表中广东《民国日报》的创刊时间为戴季陶主持改版时间，非该报的最初创刊时间；山东《民国日报》是否直属中央有分歧，《中国新闻事业通史》（第二卷）把它归到一般地方党报。蔡铭泽、王凌霄认为它是直属党报。另外，王凌霄认为《东方日报》也是直属党报，蔡铭泽将其归于地方党报。上海《民国日报》是否直属中央尚待确认。

2. 地方党营传媒业的初步建设

国共合作后期，国民党陷入了四分五裂状态，经过数次"清党"、"整党"运动及蒋冯、蒋桂及中原大战后，到1932年初蒋介石重新上台时，蒋在形式上基本实现了各派系之间的统一。在巩固了江浙地区的实际控制权的同时，蒋将其影响力渗透到地方实力派的控制区域。受此影响，这一时期的地方党营传媒体系建设并非有计划地整体推进，而是南京中央的蒋介石集团、地方实力派、在野的改组派、西山会议派等派系各自为政，力图不断加强自身舆论力量，与蒋介石集团的党营传媒力量不断强大及其他派系的传媒力量不断受到挤压的多向互动过程，这一互动过程始终伴随着新报刊不断出现，原有报刊不断地被整顿、改组及停刊、查封的非常态，直到蒋介石集团的党营传媒力量占据党国传媒体系的主导地位，才有所缓和。

上海历来是各种政治力量争夺的舆论阵地。对此，国民党非常重视，国共合作期间就在上海创办了众多党报、党刊，但其多为个人或非蒋系所掌控。北伐军占领上海前夕，国民党就将因经济困难停刊的《民国日报》于1926年11月7日复刊。因上海尚在孙传芳控制下，该报不得已于1927年1月10日再次停刊。3月21日北伐军进抵上海，22日《民国日报》即宣布复刊，为国民党上海市党部和国民革命军东路军指挥部的机关报。此为1927年后国民党在上海建立的第一个新闻宣传机构。[①] 在国民党支持下，该报稳定出版到1932年1月，发展为上海五大报之一。南京政府成立后，为加强上海宣传力量，国

---

① 马光仁：《上海新闻史》，复旦大学出版社，1996，第608页。

民党于1928年2月1日在上海创办直辖中央的《中央日报》，该报编辑力量阵容庞大，因掌握该报宣传大权的丁惟芬、彭学沛等与汪精卫关系密切，为防止失控，遂于1928年10月31日停刊，于1929年2月1日迁到南京出版。此外，国民党还在上海创办了其他一系列报刊。如戴季陶、周佛海、陈布雷、潘公展、梅思平等人于1928年1月创办的理论性刊物《新生命》月刊；国民党上海特别市党部创办的《前进》周刊、《前驱》周刊，《民国日报》于1928年2月增出的《民国晚报》，国民党上海党部妇女部的《革命妇女》、青年部的《革命青年》、第一区分部的《党魁》周刊、第二区分部的《青年》周刊、第六区分部的《浦东评论》周刊，国民党淞沪警察厅政治部的《警钟》周刊、《三民画报》，及国民党控制的上海统一组织工会的《劳工日报》、沪西区工会联合会的《工神报》。通讯社方面，国民党先后在上海成立国民通讯社（1927年5月）、国民新闻社（1927年6月）、中央通讯社上海通讯处（1927年10月），以供给东南各报。

与此同时，国民党逐步加强了上海新闻界的"党化"，侵蚀民营报刊，迫使民营报刊部分或全部以民营身份充当国民党的党务宣传阵地。占领上海后，国民党即着手于上海新闻界的"党化"工作。1927年6月，特设"中国国民党中央执行委员会宣传部上海办事处"，专司管理新闻宣传活动，陈群任主任。8月成立上海新闻检查委员会，负责上海的新闻、邮政电报的检查任务。10月上海特别市政府制定《小报取缔条例》，强化对小报的管理。1930年后又相继制定了《广播新闻电收发规则》、《取缔报纸违禁广告规则》、《检查电报办法》等各项新闻政策，将民营报刊纳入国民党"党化"体系。在此背景下，"以超然自诩之申新，亦成为半党式之机关"，《新闻报》开设"艺海"专栏，专以宣传党义为主；《时事新报》沦为"《民国日报》第二"，《新申报》机器被没收，《神州日报》、《中国晚报》停刊，《中华日报》停而复开。[①]对于中共的报刊、通讯社，国民党一经发现，即予以取缔。对于改组派（《革命评论》、《前进》、中华通讯社、《中华晚报》、《疾风》周刊、《双十》月刊等）、再造派（《民众日报》、《再造旬刊》等）等党内各派系报刊、通讯社，在其不反蒋的前提下，国民党尚默许其存在，但如其露出反蒋倾向，亦予以查封或迫使

---

① 亚梦：《上海新闻事业（天庐通讯之一）》，《新闻学刊》（增1），1928，第2–5页。

其自动停刊。

南京虽是国民政府的首都，党营传媒基础却较为薄弱。为强化南京的首都地位以及将全国舆论中心转移到南京，除了在南京建立直辖中央的《中央日报》、中央广播电台、中央通讯社，国民政府各部委也先后创办各自的机关报，如国民政府的行政公报《国民政府公报》（1927年5月1日），教育部机关报的《大学院公报》（1928年1月），内政部的《内政公报》（1928年5月），工商部的《工商公报》（1928年6月）、铁道部的《铁道公报》（1929年1月）、教育部国语推行委员会的《国语周刊》（1928年8月）等均在1927年、1928年先后创刊。这些刊物均为各部机关报，以刊登各部宣言、公牍、法规和文件为主。发行量均依靠行政系统，不大面向公众。此外，各派系亦在南京创办报刊。如1928年4月，陈立夫创办《京报》，1929年停刊后，改办《新京日报》；1930年，国民政府主席林森、吕超等国民党元老，出资创办了号称国民政府机关报的《金陵日报》等等。然而，这些报刊的发行量不是很高，其影响局限于南京一隅。

江苏为国民党统治的核心区域，国民政府的首都省、模范省，故国民党非常重视江苏社会、经济、文化等各项事业的建设。1927年5月，江苏省政府于南京成立后，[①] 其党营传媒业并未立即表现出兴盛状态。1927年前，国民党仅在江苏的江都、无锡、吴江、崇明等县创办了少数的县级党报或党员报，并未创办省级党报。据江苏省党部新闻事业委员会1933年11月统计，1927-1931年，江苏共新办党报33家，其中1927-1929年仅新增11家党报，它们均由如皋、武进、丹阳、海门、常熟、靖江、无锡、启东、宿迁、沭阳、南通的县级党部或党员个人所创办，因江苏省级党部频繁改组、易名，[②] 省级党部的党报《苏报》直到1930年11月于镇江正式创办。在省级党报的带动下，

---

① 江苏省政府于1927年5月3日于南京正式建立，1929年，省政府迁往镇江。江苏省下辖61个县，其中江宁县为中央直辖县。

② 1924-1937年国民党江苏省级党务组织有9次改组。即临时省党部（1924.1-1925.8）、正式省党部（1925.8-1927.4）、特别委员会（1927.4-5）、改组后特别委员会（1927.5-8）、清党委员会（1927.5-9）、临时执监委员会（1927.9-1928.2）、党务维持委员会（1928.2-4）、党务指导委员会（1928.4-1929.3）、执监委员会（1929.3-11）、第一期党务整理委员会（1929.12-1930.7）、第二期党务整理委员会（1930.8-12）、第三期党务整理委员会（1931.1-1931.8）、第三届执行委员会（1931.9-1932.12）、第四届执行委员会（1933.2-1936.1）。见孙岩：《南京国民政府时期地方党政关系研究——以江苏省为例（1927-1937）》，南京大学博士学位论文，2011，第104-106页。

1930年全年有13个县级党部创办了15家党报，其中，江都县创办了三份党报，《江都日报》、《正言报》、《新江都报》，初步表现出了党报兴盛一时的面貌。1931年又新增党报6家，其中一家是江苏省党部创办的《徐报》（1931年6月，铜山），其他5家党报均是县级党部的党员或党部所办。省、县级党部所办的党报均接受省、县级党部或政府机关的津贴、补助，党员个人办的党报，除部分资金来自党员个人自筹、营业收入外，亦大多接受党部津贴、补助。其次，这些新办党报的职员普遍较少，新办的33家党报共有职员212人，平均每家党报有6名职员。省级党报《徐报》、《苏报》及常熟《新生报》、无锡《国民导报》、昆山《昆南报》、吴江《盛报》、海门《新海门报》、江阴《澄清日报》、泗阳《电波日报》的职员在10人到18人之间，其他县级党报、党员报均在10人以下。再次，这些党报多为日刊、三日刊或五日刊，四开一张或对开一张，其发行量普遍偏低，大多局限于当地，不能辐射全省。期发行量在1000份以上的党报共11家，其中《苏报》期发行量最高，仅为3400份，其他党报每期发行量均在1000份以下，泗阳《电报日报》虽有10名职员，发行量却仅有200份。[①]

浙江省是蒋介石集团实际控制的心腹地区，有一定的党营传媒基础。1927年3月，浙江攻克后，国民党浙江省党部公开活动，完善组织。战争期间由军、政、警支配的浙江传媒亦转为浙江省党部管理。1927年3月，浙江省党部机关报杭州《民国日报》（最初由中共控制）、《杭州国民新闻》创刊，随着国民党浙江省各级党组织的建立，各县级、区级党报，各种类型的党员报相继成立，然这些党营报刊的实际政治立场多元，完全站在蒋介石集团立场的传媒较少。同年4月11日，"清党"运动开始后，浙江新闻界陷入了"浙省记者恐怖之期"。[②]"共党"色彩和国民党左派的记者、编辑被清洗，中共及国家主义、研究系、联治派以及依附于北洋军阀的传媒，要么通过内部改组，改变其办报立场；要么被取缔，其资产被接收，转而成为浙江省党营传媒的物质器材。"清党"运动后，国民党党营传媒有所发展，省级党报经多次改组后趋于稳定，区、县级党报及党员报相继创办，党报的规章制度、组织

---

① 据《江苏省各县报纸概况表》（江苏省党部新闻事业委员会1933年4月初步调查11月复查），《江苏月报·江苏新闻事业专号》，1934年第1卷第3期。

② 项士元：《浙江新闻史》，之江日报社，1930，第153页。

结构、津贴来源等趋于完善，言论渐趋一致，但"党报往往随党部改组而改组，党政之间，复时闹意见；党员所办之报，亦每因其接近之互异，发生偏侧至病"。①

广播电台方面，浙江省政府1927年10月就筹备建设广播电台，1928年10月10日浙江省广播电台正式开播，为国民党地方当局开办的第一座地方台。该台呼号XGY（1931年改为XG0D），波长420米（1931年改为307米），发射功率250瓦，次年夏增至750瓦。1928年11月13日，任命李熙谋为广播电台第一任台长，李1929年10月18日辞职后，赵曾钰接任台长。②

通讯社在国民党占领浙江后亦随之蔚然兴起。1927-1930年共有31家通讯社创办，③但这些通讯社规模较小，经费紧缺，发稿少，一些通讯社有名无实，开办不久就停止对外发稿。在官办通讯社中，浙江国民通讯社实力最强，该社由国民党浙江省党部所办，1927年3月成立，1949年5月停办。该社垄断了浙江省党政消息，创办初期，虽有党费支撑，但对于宁、杭两地的市内各报的发稿也时有中断。另外，浙江省市行政机关、团体如三青团、市党部也开办通讯社，但其实力较为薄弱。浙江省政府、杭州市公安局及衢县、永嘉县政府等行政、警察部门相继创办宣传室，以发布新闻、操控舆论。

上海、南京、江苏、浙江的党营传媒业的建设尚且如此，奉、晋、冯、桂等地方实力派实际控制的地区，其党营传媒建设更为落后。这些地区的绝大多数党营传媒，表面上拥护南京中央，实际是各地方实力派的舆论喉舌。中原大战之后，蒋介石军事势力扩展到原桂系的湖南、湖北、江西、福建，及原阎、冯系的河南、山东、天津、北平等地区，这些地区的党营传媒经过多次改组后，有些地方传媒才为南京中央所真正掌控。

二、 国民党新闻传媒业的改进与强化（1932-1937）

中原大战的重大历史影响之一是，国民党地方实力派再无实力挑战蒋介石的军事领导地位，国民党暂时获得统一，这为南京国民政府经济、社会、

---

① 项士元：《浙江新闻史》，之江日报社，1930，第153页。
② 张梦新：《杭州新闻史》，中国社会科学出版社，2011，第87页。
③ 1927年有8家通讯社创办，1928年有10家创办，1929年有10家创办，1930年有3家创办。见项士元《浙江新闻史》，之江日报社，1930，第212-214页。

文化事业的建设奠定了政治基础。规模小、影响力小、经营不善的党营传媒业已在社会上"差不多完全不能发生力量"。[①]在"九一八"事变掀起的抗日救亡舆论浪潮中，党营传媒的宣传被动，致使国民党内外政策备受舆论批评，让国民党深刻体会到不改变原有的宣传方针，难以应对各种挑战。1931年11月，国民党第三届中央执行委员会召开临时全体会议，通过了《改进宣传方略案》、《改进中央党部组织案》，决议从领导管理体制、宣传策略、媒介管理体制等方面加以改革，并投资扩充规模和设备，充实宣传人才。然受1932年"一二八"事变及迁都洛阳的影响，国民党强化党营传媒业从1932年春才开始。经过5年多的建设，到抗战爆发前夕，国民党在全国范围内形成了庞大的新闻传媒业，形成民国新闻舆论界的一支重要力量。国民党新闻传媒业的强化主要体现在以下方面。

1. 中央通讯社、中央广播电台、中央日报实力增强，影响力扩大，跻身为全国性新闻传媒；中央直辖的地方性党报，在本地区亦有一定的社会影响力。

1932年3月，程沧波被委任为《中央日报》社社长。程沧波（1903—1990），江苏武进人。1925年毕业于复旦大学，1928年任《时事新报》主笔，1930年赴英伦敦政治学院留学，次年回国后任国民会议秘书。程沧波上任后，即在《改进宣传方略案》和《改进中央党部组织案》的精神指导下，以"经理部要充分营业化、编辑部要充分学术化、整个事业当然要制度化效率化"[②]为指导原则，着手对《中央日报》全面改革。①将总编辑、总经理各自负责制改为社长统领总编辑、总经理制，由社长直接向中常会负责，解决了编、经两部内耗问题。②增强《中央日报》的民间色彩。名义上《中央日报》脱离中宣部，成为企业化经营的独立法人；刊登《敬告读者》社论，宣称"本报为党之喉舌，即为人民之喉舌"。③强化报社业务。提出"人人做外勤，个个要采访"口号；刷新版面，增辟《读者之声》专栏和《中央副刊》，请沪上书法家谭泽凯题写报名；修订各地分销处简章和广告刊例，完善广告发行单据，催收各地拖欠的广告费和订报款、改革会计制度等。④加强报社基础设施建设。以2万元购置天津《庸报》印报机一台；争取中央财政近17万拨款，

---

① 萧同兹：《我怎样办中央通讯社》，《新闻战线》，1941年第11期。
② 程沧波：《七年的经验》，转引程其恒主编：《记者经验谈》，天地出版社，1944，第56页。

在新街口建筑五层的现代化大楼一座，于1934年10月2日迁入新址，使《中央日报》办公设施与条件现代化等等。

在程沧波主持下，《中央日报》真正确立起国民党中央党报的地位，成为国民党名副其实的党国喉舌。20世纪30年代中后期的《中央日报》的业务发展"蒸蒸日上"，营业"除开支外，月有盈余，提清旧债"。1934年的《中国国民党年鉴》称，该报"1933年后每月营业收入增为15000元，加上每月津贴8000元，尚有2000元盈余"；[1]1935年报纸日发行量达到了3万份，奠定了首都大报的地位。1934年1-6月《中央日报》直接订户的统计分析显示，军事机关、学校、法政机关、民教馆、党务机关、通讯社、报社及学术团体、阅报处等团体订户占全部订户的64.52%，个人订户仅占27.85%。办报风格趋于成熟，中央党校新闻系学生撰文称，《中央日报》形成了严正端庄、副刊专门化、注重国际新闻的政治性的社会观感。[2]

同年4月，中常会决议将中央通讯社改行社长制，任命38岁的萧同兹（叶楚伧推荐，蒋介石召见）为中央社社长，授以全权，支持其改组计划（中央社为相对独立、民营的法人实体）。[3]萧同兹（1895-1973），湖北常宁人，1927年调入中宣部，先后任中宣部征集科主任、秘书等职。在党政要人不过多干涉中央社业务，中央社成为相对独立的法人实体的前提下，萧氏携带《全国七大都市电讯网计划》、《十年发展计划》就任，在"工作专业化、业务社会化、经营企业化"的改组目标下，萧氏在中央社主要推行五项改革：①人事改组。采取社长制，下设编辑、采访、事务三组。②迁移社址。5月由丁家桥中央党部迁到洪武路寿康里，摆脱"中国国民党中央执行委员会宣传部"的社会观感。③建立自己的无线电台。与外交部签订专用无线电新闻通讯电台15年合约；派高仲芹等同路透社、美联社等国外通讯社谈

---

① 中国国民党中央执行委员会党史史料编纂委员会：《中国国民党年鉴（民国二十三）》，宣传（丁），编者，1934，第34页。

② 黎世芬：《中央日报》，《中外月刊》，1936年第1卷第7期。

③ 萧同兹以中常会同意其提出的三项要求为就任中央社社长的条件。这三项要求是："一、要使本社成为一个社会事业，必须机构独立，对外不用'中国国民党中央执行委员会宣传部'的帽子；二、自设无线电台，建立大都市通讯网；三、在不违背国法和党纪的原则下，能有处理新闻的自由。"见王凌霄：《中国国民党新闻政策之研究（1928-1945）》，中国国民党中央委员会党史委员会出版，1996，第83页。

判，7月接收路透社在南京、上海两地的通讯设备，建立南京总社电台和上海分社电台。④在全国各地扩展新闻电讯业务。自1932年始向全国播发的电讯稿分三种：CAP（面向都市报纸，12000-15000字／天）、CBP（面向各省报纸，5000-8000字／天）、CNG（专供上海、北平、天津、汉口、广州各分社国外新闻专稿）。①⑤1933年6月后，着手推行《十年发展计划》，以北平、汉口、浙赣铁路为中心，向外扩展电台及分社，并逐步发展到张家口、沈阳、重庆、成都，到1937年6月建立了38处国内外分支机构，②通讯员也遍布全国各地，戈公振、陈博生等人也以特派员名义派往马德里、东京、菲律宾、柏林等地采访。1934年9月增加播发以亚洲各国为对象的英文电讯稿（CSP），1935年收费订户达到159家，分布在南京（51家）、上海（20家）、北平（21家）、汉口（20家）、天津（15家）、重庆（9家）、成都（9家）、南昌（8家）、香港（6家）。③1939年国外通讯社在华发稿权被完全取回，"路透社某日伦敦电"、"哈瓦斯社某日巴黎电"统一改为"中央社某日某地路透（哈瓦斯社）电"。在萧同兹的主持下，中央社成为全国性通讯社，在相当程度上控制了国内外新闻的报道权。

中央广播电台扩充计划④于1932年11月完成，成为号称"东亚第一、世界第三"的亚洲发射功率最强的广播电台。中央广播电台于1932年11月迁往南京西郊江东门北河口的新台址，同月12日正式开播，呼号为XGOA。该

① 方汉奇：《中国新闻事业通史》（第二卷），中国人民大学出版社，1996，371页。另据周培敬的《中央社的故事》载，1935年中央社组织已趋完备，每日有四种广播：甲种广播（CAP）日发一万五、六千字，供分社和全国大报社抄收，乙种广播（CBP）日发六、七千字，供全国小报社抄收；英文广播（CSP），字数不固定，由上海、北平、天津分社抄送，供当地报纸采用。三地之外的英文报可直接抄收。专电广播（CNG），专向上海、北平、天津、武汉分社发播，内容是甲种广播以外的新闻。
② 方汉奇：《中国新闻事业通史》（第二卷），中国人民大学出版社，1996，第372页。
③ 王凌霄根据1937年英文中国年鉴整理，转王凌霄：《中国国民党新闻政策之研究（1928-1945）》，中国国民党中央委员会党史委员会，1996，第87页。
④ 为使广播信号能够达到边远各省，1929年2月18日的198次中常会通过戴季陶、陈果夫、叶楚伧提议，并由陈、叶两人负责筹办的《扩充中央广播无线电台计划》。该计划总预算40万银元，其中购买"十基罗长波机件全套"15万美金，建新台址2800银元，每月经常费预算7500元。《扩充中央广播无线电台计划》见中国第二历史档案馆，《中国国民党中央执行委员会常务委员会会议录》（第七册），广西师范大学出版社，2000，第306-319页。实际整个筹办为时三年九个月，耗费130万元，约合美金四十万，其中购置发射机276100元，建设新台址218000多元。见温世光：《中国广播电视发展史》，作者自印，1983，第12-13页。

广播电台使用德国造75千瓦发射机，[①]广播信号覆盖范围"昼间可达4千里，夜里可达1万里"，[②]最远达到伯力、缅甸、印度、澳洲、美加等地。当时日本全国有大电台5座，各为10千瓦，加上地方所有小电台，总计功率尚不及XGOA，所以尤为震惊，称XGOA为"怪放送"。收音机、收音员从各省市特别党部扩展到每个县。1931年7月，先后举办4期广播收音员培训班，共培训约440名广播收音员，[③]这使20世纪30年代中后期每个县均有至少一架收音机、一名收音员。1934年，经中央台传音科科长范本中的改革，中央台节目内容由单一的政治宣传，扩展到教育、文艺、商业、社会服务各个方面，节目增繁，每天播音增加到12小时，语种由国语扩展到英、日、蒙、藏等语，招收了3名播音员（刘俊英、吴祥祜、张洁莲），形成了以新闻、教育为重，文艺、广播剧、商情服务、体育等社会娱乐服务为辅的节目体系。1936年有27.28个广播节目，星期天可完全听到不重样的22个节目。组织上，中央台先直属于中宣部，1931年7月后，直属于中央执行委员会，由中央广播电台管理处管理（1936年1月改为中央广播事业管理处），处长吴保丰（1899-1963）、副处长吴道一（1893-2003）。

此外，国民党还加强了地方广播网的建设。相继建成了直属中央广播事业管理处的福州台、河北台、西安台、长沙台及唯一对南亚侨胞广播的南京短波台，直属交通部的北平、成都、上海三台，及遍布两广、江西、山东、山西等地由各级党部和地方政府管辖的地方台。另外，根据紧急宣传需要又增设数座临时台。为配合1932年迁都洛阳的洛阳临时台（1932年1月–1932年11月），为南昌"剿共"宣传需要设立的南昌台（1933年10月），为干扰"西安事变"中的西安台而增设的洛阳临时台（1936年12月），及为干扰日本大东电台而设立的上海正言台（1937年春）等。据统计，到1937年6月，国统区共有电台78座，总发射功率近123千瓦。其中，党、政府、军台虽仅有

---

① 陈果夫称：此台原系五十千瓦，何变成七十五千瓦？因为外国生意人，都要为经办人留出回佣，等此台之价格中，被留出了百分之二十，想给我们经手时，那知没有一人要这种钱，所以德国人认为了中国国民党的精神，他们自动的加了二十五千瓦，变成了七十五千瓦了"。见温世光：《中国广播电视发展史》，作者自印，1983，第12页。

② 邵力子：《十年来的中国新闻事业》，中国文化建设协会编《十年来的中国》（下册），商务印书馆，1937，第495页。

③ 蔡铭泽：《中国国民党党报研究（1927-1949）》，团结出版社，1998，49页。

23座，发射功率却占到了94.6%，占广播信号覆盖范围的绝对优势。在23座电台中，属于中广处5座，是福州、河北、西安、南昌、汉口、南京短波台，电力86.25千瓦；属于交通部3座，为北平、上海和成都台，电力12.3千瓦；属于各省市政府及地方党部15座，电力12.3千瓦。到1937年，全国收音机总量估计将近百万，上海收音机达到了10余万部，听众人数在60至72万人之间，在上海，广播成为了大众化传媒。中央广播电台及地方党营广播网的建设，使国民党垄断了民国广播新闻业。广播这一新兴媒体，成为国民党操控舆论，将其声音覆盖全国的"宣传利器"。①

在地方，中宣部直辖的地方党报、地方通讯社也有所起色，其组织结构、物质设备、人员安排、经营管理、新闻业务均有所发展，在各地所在地区有了一定的影响力。据统计，1933年，《华北日报》日发行量达到6000份，广州《民国日报》为15000份，《武汉日报》为7000份。到抗战前，中宣部直辖的《西京日报》发行量为12000份，《华北日报》17000份，《中山日报》30000份，《武汉日报》26000份，《西京日报》12500份，《福建民报》6000份。②

综上所述，从1932年春到1937年抗战全面爆发前，国民党在中央层面形成了以《中央日报》、中央通讯社、中央广播电台为龙头，地方直辖党报、通讯社、电台为补充的中央级新闻传媒体系。其中，《中央日报》握有国民党操控舆论的议程设置权，中央通讯社基本垄断了全国新闻采访权，中央广播电台控制了新兴的广播媒体，将《中央日报》、中央通讯社的声音扩展到全国范围，使国民党声音基本上能覆盖全国各地。地方直辖党报、通讯社、广播电台将蒋介石集团的声音有效扩展到了地方实力派控制的实际区域，它们成为监视地方实力派，传达南京中央政令、声音的重要媒体平台。

2. 地方党营传媒的数量有所增加，传播力有所提升，江浙地区的党营传媒体系初步形成，中部、西部地区的党营传媒有所发展。

1932年1月，蒋介石联手汪精卫重掌南京中央政权后，在"攘外必先安内"战略下，在逐步加强社会、经济、文化等"国防"事业建设的同时，也

① 中国第二历史档案馆：《中国国民党中央执行委员会常务委员会会议录》（第七册），广西师范大学出版社，2000，第307页。

② 统计资料是根据王凌霄的《中国国民党新闻政策之研究》，第90–93页。蔡铭泽的《中国国民党党报历史研究》，第58–62页，方汉奇主编的《中国新闻事业通史》（第二卷），第358–360页整理。

在一定程度上着手国民党地方党组织的整顿工作，国民党地方党组织有所发展，省、市、区、县及特别市党部的组织体系趋于完善。1932年11月后，中央广播电台的广播声音覆盖全国，国民党为各县配置了一台收音机和一名收音员，保证了中央广播电台的声音落地。1933年后，中央通讯社发展成为全国性通讯社，该社先后在上海、天津、西安、南昌、重庆、成都、贵阳、广州等地建立35家分社及办事处，将其新闻发布能力扩展到全国各大中等城市。[①]另外，江浙地区经济发展及道路交通建设加快，蒋介石在"剿共"战争中将其势力延伸到西南、西北地区，扩展了当地的基础设施建设及国民党地方党部的发展。这些因素共同促进了地方党营传媒在1932-1937年有所发展。地方党营传媒的数量大幅度提升，传播力有所提高，江浙地区的地方党营传媒体系在1933-1935年确立，中部、西部地区的党营传媒有所发展，但因国民党在地方实行党政双轨制，地方党营传媒的发展受到了很大制约，地方党营传媒仍未改变经营困难、人才流失，不断地改组、停刊、复刊，及社会信誉丧失的困境。

上海为民营传媒的大本营，竞争激烈，创办大型综合性日报的门槛高，1932年后，国民党在强化上海新闻传媒控制的同时，也不忘创办各类传媒，强化党营传媒的力量。1932年1月，上海《民国日报》于淞沪抗战前夕，因"触犯天皇"事件被迫停刊，同年5月，在原《民国日报》基础上，国民党中央党部秘书长叶楚伧创办《民报》，承继了《民国日报》。同年4月7日，CC系骨干成员潘公展创办对开日报《晨报》。该报依托上海社会局、教育系统的资源，注重言论和编辑，迅速成长为上海一家综合性大报。该报发行多种副刊，办有《晨报晚刊》（后改名《新夜报》）（1932年6月6日）、《图画晨报》（1932年6月19日，星期天发行）、《儿童晨报》（1933年10月10日），并另设出版社，出版"晨报丛书"、"家庭文库"、"晨报月刊"等刊物，其日发行量曾一度达到5万份。1934年，蒋介石将史量才暗杀后，上海民营大报《申报》及其控股的《新闻报》在事实上被国民党接收，成为国民党的舆论喉

---

① 民国新闻史学者赵君豪根据1937年4月内政部统计，国内经声请登记者，较之十年以前，约增70%，得出"内地报纸之增加，均为十年中事；交通事业之进展，中央社新闻网之完成，均有助于内地报纸之发展"的观点。赵君豪：《中国近代之报业》，《民国丛书（第二编·49）》，上海书店，第153-155页。

舌。1935年，张竹平经营的"四社"（《时事新报》、申时电讯社、《大陆报》、《大晚报》）在国民党威胁利诱下被孔祥熙低价、强行收买。此外，国民党还在上海创办了《社会主义月刊》、《抵抗》等期刊杂志，鼓吹法西斯主义。广播方面，上海为民营广播的大本营，1932年"一二八"事变后，上海民营广播蜂拥而起，国民党随之出台《限制民营电台暂行办法》（1932年1月）、《民营广播无线电台暂行取缔规则》（1932年11月）等广播法规，限制民营广播电台的发展，要求民营电台登记，并指派频率、限制数量，海关严禁无线电材料输入。1934年禁止民间资本新设电台，另据统计，1935–1937年，国民党取缔了上海23家民营电台。同时，交通部上海国际电信局于1935年购买外商美灵登电台设备，筹设上海广播电台。该电台于同年3月9日开播，呼号XQHC，发射功率500瓦（后扩充为2千瓦），为上海第一座官办广播电台。[1] 在从业人员方面，1933年的调查显示，上海从事新闻事业的人数达到15000至17000人。[2]

1932年后，首都南京党营传媒业得以加强。《中央日报》于1933年左右奠定了"首都大报"的地位，中央通讯社、中央广播电台成为全国性媒体。1932年1月20日，在蒋介石支持下，综合性日报《中国日报》在南京创办。该报名为商业报纸，实为"复兴社"机关报，鼓吹"一党独裁"、"领袖中心"，拥护蒋介石是其一大特色。该报日出对开两大张，重视社论与新闻，最多时有7个副刊，最高日销数达1.8万份。

1932年后至1937年，江苏省的党营传媒体系形成。据统计，1932–1933年两年间，江苏省新增党报35家（见表6-4）。

① 赵玉明：《中国广播电视通史》，中国传媒大学出版社，2006，第23页。
② 刘涛天：《新闻业概况》，《教育与职业》，1935年第165期。

表 6-4　江苏省 1927-1935 年新创刊各类党报、民报 [①]

年代	1926前	1927	1928	1929	1930	1931	1932	1933	1934	35-36	合计
党报数（家）	7	4	3	3	16	6	19	16	2	26	103
民报数（家）	11	5	14	5	14	17	35	61	1	-13	169
报刊总数（家）	28	9	17	8	30	23	64	77	3	13	272

　　1933年，南京中央允许江苏先期试点地方党报改革。江苏省新闻事业委员会于同年3月成立，主任省党部执行委员马元放，委员会享有整理、统一各级党报组织、编辑方针，指导报业营业进展，扶植地方报纸，组织通讯社，计划全省新闻事业发展等权力。[②] 在该委员会的整顿下，1934-1935年，江苏省形成了由省党报、县党报、准党报（党员主持）及民办报刊组成，以江苏通讯社、广播电台（如江苏省广播电台、武进县党部广播电台）、江苏新闻学社、各县新闻记者公会为支撑的江苏党营传媒体系。据江苏省新闻事业委员会1933年底统计，这个传媒体系分布在全市61个县（仅邳县、灌云、赣榆三县未办报纸），共有报纸269家（含已停刊的10家），通讯社23所。[③] 其中，日报155家，间日、三日或周刊101家；党报77家，省党报3家（苏报、徐报、淮报），县党报44家，准党报30家，民报182家。报业从业人员1773人（不

---

① 此表根据1934年第1卷第3期《江苏月报·江苏新闻事业专号》上刊载的《江苏省各县市报纸概况表》统计。该表共收录了269种各类报刊，其中10家报纸停刊，仅有一家未标注创刊日期，为高邮县夏德良主办的《大淮海报》（民办性质）。由于该统计截止到1934年初，故1934年的资料不可靠，1936年的资料根据蔡铭泽的统计得出。见蔡铭泽《论中国国民党地方党报的建立和发展》，《广州师院学报》（社会科学版），1995年第1期。

② 该委员会制定的工作计划是："（一）整理各级党报，1.划一各级党报组织，2.统一各级党报编辑方针，3.指导各级报社营业进展，4.指导各级党报会计方法。（二）扶植各地报纸。（三）组织中心通讯社。（四）奖励同志从事新闻事业。（五）计划全省新闻事业之发展。"见马元放：《苏省新闻事业委员会概况》，《江苏月报·江苏新闻事业专号》，1934年第1卷第3期。

③ 关于江苏省新闻事业的各项统计资料，略有出入。据《江苏省各县市报纸概况表》统计，该省从业人员1773人，期发行总量205945份，月预算75579元。据《江苏省各县报纸概况统计表》，各县有报纸154家，从业人员1711人，日报期发行总量为141671份，间日、三日或周刊每期发行总数50850份，每日共需经费75711元。另马元放提供的数据是：江苏省各县日报共有155家，间日刊、三日刊或周刊97种，通讯社20余所，从业人员1700余人。黄乐民提供的数据是："全省共有日报155家，间日或三日或周刊共101种，通讯社32家，从事新闻事业的人员计1740人，每日报纸发行总数为19万1千余份，全省新闻纸每月共需经费76011元"。见《江苏月报·江苏新闻事业专号》，1934年第1卷第3期。

含通讯社人员），期发行总量20万5千余份，平均每家报纸期发行739份，每日共需经费7600余元（详见表6-5）。

表6-5　江苏省各类报纸相关资料^①

性质	总数（种）	职员数（名）	期发行总数（份）	月预算总和（元）	均成本/份（元）	均产量/人（份）
县党报	44	315	34200	13675	0.40	108.57
党员办	30	164	12530	3630	0.30	76.40
省党报	4	59	7505	3870/5470	0.52/0.73	127.20
党报总数	78	538	54235	21175/22775	0.39/0.42	100.80
民办	181/179	1215/1228	15171/18251	54404/56184	0.36/0.31	124.86/148.62
津贴	130	992	102565	38651/41851	0.38/0.41	103.39
非津贴	125	749	102880	36928/37128	0.359/0.361	137.36

注：表中省党报为4家，因《苏报日报》标注"同上"而"上"是"省党报"，但资金来源为"私人筹划"，故暂归省党报，笔者怀疑可能是制表时，由于工作人员的疏忽所致；表中民办报纸的数据（181/179），前一数据包括已停刊的两份民报，后一数据则不包括。

江苏省新闻事业委员会将江苏党营传媒业划分为"苏报区（镇江）、吴报区（吴县）、通报区（南通）、淮报区（淮阴）、海报区（东海）、徐报区（铜山）"六大区，^②制定了《江苏省各县党部设置县报办法》、《江苏省各级党报管理规则》、《江苏省各县党报组织通则》、《江苏省直辖党报社组织通则》等法规予以扶持、管理。党营报刊虽然接受津贴，由表6-5可知，无论是每份报纸的平均成本，还是计算每人生产均量，党报的生产效率均低于民办报纸。可见，江苏省党营传媒的业务水平相当低；江苏省扶持、管理党报的诸多措施，多流于形式，未能达到预期效果。这致使江苏省党营传媒虽数量多，却无法发挥其社会影响力，达到其预想的宣传效果。

1932年后，各项统计显示，浙江省党营传媒亦有较大发展，数量虽仅次

① 该表根据1934年第1卷第3期《江苏月报·江苏新闻事业专号》上刊载的《江苏省各县市报纸概况表》统计。统计称该表由江苏省党部新闻事业委员会1933年4月初调查11月复查。表中仅有极少量数据缺失。表中数据基本为原始数据，统计有双数据的表格，前一数据为原始数据，后一数据为笔者根据同类资料估值后计算得出。

② 马元放：《江苏新闻事业鸟瞰》，见《江苏月报·江苏新闻事业专号》，1934年第1卷第3期。

于江苏。冷禅1934年统计，浙江全省有日报92家，间日刊、三日刊或周刊20种。[①] 邵力子1937年5月统计，浙江1934年有89家报纸，1935年98家，1936年111架，1937年105家。[②] 另据《浙江出版史料》统计，1927—1937年，浙江至少出版170种以上杂志。[③] 另据《杭州新闻史》统计，仅杭州1930年至1935年6年间，新创刊的综合性新闻报纸达45家，然仅1932—1933年，因经济不支而停刊的综合性新闻报纸就有18家（市区14家，县4家），1927—1937年，浙江各县创办的综合性新闻报纸29种，其中萧山就有10种。[④] 通讯社方面，据统计，1927—1937年12月，杭州经登记批准的通讯社有123家。[⑤] 广播电台方面，浙江省广播电台的发射功率，1932年增至1千瓦，1935年增至2千瓦；嘉兴县党部创办了浙江省唯一一座县级广播电台。收音机数量大增。据1930年年底调查，杭州市区仅有各类收音机357台，到1936年，宁波城内的收音机已超过1000台。[⑥] 上述统计数据彼此间虽有些冲突（目前尚无法佐证其正误），却也说明：①浙江省传媒（含党营）在1932年后确实有较大发展；②1927—1937年，浙江省传媒存在"时兴时灭"的"短命"状态，这一"短命"现象，在江苏省及其他省份均存在。

在党营传媒的体系结构上，浙江省与江苏省大体相似，均由省党报，市、县区党报，党员报组成，党营（政府及其各级行政部门）通讯社、广播电台是其重要支撑，民营传媒在其严厉管控下，成为其补充。另外，县级报刊、民营报刊兴盛，数量多，质量却很低，多为三日刊、五日刊，发行量少的可怜，且各报彼此面貌雷同，缺乏个性，多以低劣的社会新闻充塞版面，故其社会影响力非常低下。然而，浙江省党部机关报《杭州民国日报》1934年6月16日易名为《东南日报》后，迅速发展成为有影响力的区域性党报。该报效仿中央通讯社、《中央日报》的改进策略，组建东南日报股份有限公司，陈

① 见何扬明、胡佳诗：《简析1927—1937年浙江新闻事业》，倪延年主编：《民国新闻史研究·2014》，南京师范大学出版社，2014，第281页。
② 邵力子：《十年来的中国新闻事业》，中国文化建设协会编：《十年来的中国》，商务印书馆，1937年，第22页。
③ 浙江出版史编委会编：《浙江出版史料》（第15辑），1994，第143页。
④ 张梦新等：《杭州新闻史》，中国社会科学出版社，2011，第79页。
⑤ 张梦新等：《杭州新闻史》，中国社会科学出版社，2011，第85页。
⑥ 葛广俊：《解放前和解放初期的宁波广播事业》，《宁波文史资料》（第5辑），1987，第124页。

果夫任董事长，将张道藩、陈布雷、叶楚伧、陈立夫等党国要员拉为董事，开了地方党报企业化经营管理的先河。该报日出对开四张，销数上升到4万份以上，居东南（上海以外）各报之首。在印刷质量上，可与国内著名大报看齐。[①]1936年，该报在杭州更是以巨资建造了设备先进的现代化大楼，为当时全国同业之首，连南京《中央日报》的新厦也逊色不少。

安徽、湖南、江西、河南等中东部地区的党报发展略次于江浙地区，其发展轨迹大致相似。1932年后，随着蒋介石军事"围剿"红军，其势力也伸展到中部和西部地区，加之中央通讯社、中央广播电台的业务拓展，这些地区的地方党报也在20世纪30年代中后期建立起来，山西、陕西、绥远、察哈尔、四川等省份的国民党地方党报随之创办起来。到1937年抗战爆发，国民党在全国范围内建立了将近600家以国民党地方组织（省、市、区、县，特别党部）为依托的地方党报系统。这些地方党报大多是地方党部、派系的舆论喉舌，在国民党内部各方权力相互内耗时，它们往往成为首当其冲的牺牲品，面临被停邮，乃至改组、停刊、查禁的命运。在"名称"方面，地方党报的"名称"不统一，各省市级党报常常以某某"民国日报"命名本地区党报，一时"民国日报"泛滥。1930年左右，国民党为减弱党报的工具色彩，以"取其口吻似出自社会舆论，其收效当较宏大也"的理由出台"各地党部应切实整顿并避用民国日报名称案"，自此"民国日报"的称谓有所减少。湖南、湖北、安徽等省常用"中山日报"等命名，至于区、县的党报，其命名更为繁多，无规律可循。有"民国日报"、"某某党声"、"某某周报"等名称。

国民党地方党报系统与地方党营通讯社，地方官营广播电台，中央通讯社驻地办事机构，中央广播电台各地的收音员，《中央日报》驻地记者（站），中宣部直辖的地方党报构成了国民党的地方党营传媒体系。地方民营媒体在地方国民党党部、省市政府的严厉管控下，要么远离政治，以低劣的社会新闻、娱乐新闻充塞版面，要么沦为国民党舆论宣传的重要补充。

3. 军队传媒业的崛起

军报是国民党党报系统中的重要组成部分。国民党的军报可追溯到1925

---

① 巴人:《〈东南日报〉小史》,《民国春秋》, 1998年1期。

年初，先后有《中国军人》、《军人日报》等约30家军报。[1]虽然创办军报是当时各军中的党代表和政治部的一项重要工作，但国民党军队不是一支团结、统一的队伍，而是各派系的军队联合而成，故面向全军的统一军报不可能存在。"四一二"事变后，东路军前敌政治部在上海主办了《前敌日报》、《前敌之前敌》（1927年4月），不过同年8月即无踪影。中原大战后，各派系军队暂时统一，蒋介石又取得相对最高控制权，展开了长达10年的反共军事围剿，为反共宣传需要，统一的军报《扫荡报》诞生，并在国民党党报系统中扮演重要角色。

《扫荡报》的前身是《扫荡三日刊》（1931年5月）。《扫荡三日刊》由南昌行营政训处处长贺衷寒秉承蒋介石旨意于南昌创办。该刊为32开小册子，于军内政工系统发行，旨在鼓舞士气，扫荡"共匪"，1932年6月23日于南昌磨子巷改组为《扫荡日报》，社长由"湘鄂赣三省剿匪总司令部"政训处负责人刘咏尧兼任，刘任秋、彭可健任编辑。该报日出对开一大张，其发行不再限于军内，期发行数为1000份。还曾附出《扫荡画报》（25期）、《扫荡旬刊》（54期），编印《扫荡丛书》13种。其宗旨遵循蒋介石意志，公开标榜"攘外必先安内"、"抗日必先剿共"，并鼓吹"一个领袖"、"一个主义"、"一个政府"，有很强的法西斯主义色彩。1933年1月13日曾有短期的"奉令停刊，整顿业务"。[2]1935年5月1日，《扫荡日报》随"剿匪"行营迁移到汉口民生路江河街下段102号重新安置，并改名《扫荡报》。社务重新由贺衷寒指挥，袁守谦任社长，后继者刘翔、丁文安，总编辑陈友生。武汉报馆集中、竞争激烈，1935年左右的政治气候为抗日舆论所主导。《扫荡报》为适应这一环境，也做了相应调整。①言论主要倾向由"反共"转向"反日"；②报道由政治、军事领域扩展到政治、经济、文化、教育、体育等领域，军事新闻常有独家报道。1936年春，该报曾在日本"二二六"政变发生后的3个小时印发号外，引起读者重视。报纸也由对开4版先后扩为对开两大张8版，3大张12版，并附出《战斗画刊》。③设备技术有较大更新，广告经营有所改善。调整取得一定效果，其发行量由复刊之初的5000份涨到抗战前夕的2万份，[3]广告收入亦

---

① 丁淦林编：《中国新闻事业史》，武汉大学出版社，1990，第221-222页。
② 戴丰：《扫荡报小史》，载李瞻主编《中国新闻史》，台湾学生书局，1979，第422页。
③ 据许晚成编《中国报馆刊社调查录》记载，另据《扫荡二十年》称达7万份。

非常可观，合印刷营业所得，尽可自给自足。[①]

《扫荡报》尽管有数度变迁，其宗旨也略有变化，但其本质始终未变，即该报始终是蒋介石的忠实喉舌，完全听从蒋的旨意，按照蒋确定的"敌人"，一边整合军队乃至社会意志，一边大肆攻击之。自蒋把中共贴上"共匪"、"匪寇"的政治标签，到"攘外必先安内"政策的出台及实施，及1935年后对日态度的转变，该报均充当了反共宣传的急先锋。

综上所述，在国民党中央行政命令的指导下，依托国民党内部组织系统和南京国民政府及各级行政机构的政策倾斜，财力、物力及人力的支持，国民党在其社会经济发展的"黄金十年"建立了数量庞大、体系庞杂、参差不齐的党营传媒业，彻底改变了民国新闻界的传媒生态。其中，中央党营传媒的发展壮大基本是在蒋介石权力意志主导下形成的，地方党营传媒发展既受到了南京中央、地方实力派、汪精卫、胡汉民及 CC 系、孙科系、黄埔系、三青团等各种政治力量的权力角逐的影响（地方党营传媒频繁的人事变动、停刊、续刊、创办新刊现象，是这一影响的外在表现），也与地方的交通建设、邮政、电信、教育及社会经济的发展程度密切相关，与蒋介石集团中心控制、边缘控制、辐射控制的程度相关。江浙地区的党营传媒业领先于全国，与这一地区的社会经济发展有关，也与江浙地区是国民党实际控制的中心区域有关。军队传媒依托蒋系的中央军，其发展较为顺利；海外华侨传媒遍布亚、欧、美、非、大洋洲各地，数量多，其发展得到了国民党的津贴支持，是国民党海外宣传的舆论工具。

第三节　国民党党营传媒业的基本特征（1927—1937）

国民党依托其党权、政权、军权、财权在其统治中国的"黄金十年"建立了数量庞大、体系庞杂、种类繁多、管控严厉、分布广泛的党营传媒业，彻底改变了民国新闻传媒业的生态。如上节所述，这一党营传媒业既是在国民党权力意志下，主要依靠行政指令、政党津贴的支撑形成的，充斥着国民

---

① 《扫荡二十年》，（台湾）中华文化基金会，1978，第79页。

党党内各方力量的博弈，也与国民党的党政组织发展程度，民国交通建设、电信、邮政及教育等各项社会经济文化建设密切相关，与南京国民党及南京国民政府的权力变迁、20世纪30年代社会思潮的走向密切相关。反之，上述政治、社会、文化、军事等诸多因素也作用于国民党党营传媒业，使其打上了特有的时代烙印。

一、复杂、多元的媒介结构

国民党建构的党营传媒，其传媒结构整体上表现为三种媒介类型（报业、广播电台、通讯社）和四大体系（中央、地方、军队、海外）纵横交织、各成体系的基本特点。党营报业是以《中央日报》为中心，中宣部直辖的地方党报，省、市、区、县及特别党部所主办的各级党报为主体，党员、团体经营的准党报、半党报，及接受国民党各级党政军机关津贴的民营报业为补充的多元立体的党营报业系统。广播电台、通讯社是"一家独大"型的结构，中央广播电台发射功率高达75千瓦；中央广播事业处、交通部及各省市地方政府和地方党部所属的地方台的发射功率最高为10千瓦，难以与中央广播电台相匹敌。中央通讯社垄断了国内外新闻采访权，其通讯网遍布全国各大中城市，地方党营通讯社数量虽多，但规模小，其业务大多限于当地，其发稿也常时断时续。在党营报业、广播电台、通讯社之间，党营报业基本处于龙头地位，拥有操控党国议题的设置权，其新闻、社论常常为通讯社、广播电台转发；中央通讯社基本垄断了国内外新闻的发稿权，中央广播电台的新闻节目虽约在其节目总量的1/3，但其自采新闻少，1933年后更是全部采用中央社稿，且要经中宣部秘书或部长核阅，[①]故其更多地扮演了党营报业、中央通讯社的传声筒、扩音器的"新闻扩散"的传播角色。中央社稿、中央广播电台的收音员的收音小报促进了边远地区的省市级党报及绝大多数的县级党报的发展。30年代中后期，许多地方报纸上的"中央社电"甚至占一半以上；据记载，30年代中期，在江苏泗阳，河南孟县、西平等地都出版发行过"收

---

① 原因是该台引用《申报》电讯"目击国军某旅行经某地"数字未曾删除，引起军事委员会南昌行营的指正。自此之后，新闻全采用中央社稿，并且再经中央秘书处或中宣部部长核阅签名。除了军事动态之外，有关抗日反共的新闻，也颇多讳言。吴道一：《中广四十年》，台北：中国广播公司，1968，第36页。

音日报"、"电报日报"之类的报纸。①另据1934年底统计，各地刊载中央广播电台消息的报纸有140多家。②

在中央、地方、军队、海外四大体系方面，国民党党营传媒发展并不均衡，中央一级党营传媒实力最为雄厚，《中央日报》、中央广播电台、中央通讯社聚集首都南京，辐射全国，是名副其实的党营传媒的龙头，全国性的新闻传媒，中宣部直辖的地方党报，中央津贴的地方民营报业、地方通讯社大多是地方性、有一定影响力的传媒，它既保证了南京中央声音的有效落地，也是地方党营传媒的重要组成部分。地方传媒数量庞大，结构多依托国民党各级党部组织，成分复杂，发展相当不均衡；军队传媒虽以服务军队为职责，却能有效地向社会领域扩散；海外华侨传媒分布广泛，它们接受国民党津贴，影响力多局限于海外华侨。

1.中央党营传媒各成体系，彼此独立，界限分明。南京《中央日报》、中央广播电台、中央通讯社为国民党中央一级的党营传媒，经1931-1932年改进后，它们均成为独立机构，直属于国民党中央常务委员会，受蒋介石的遥控。它们实力增厚，是国民党新闻传媒业的骨干、全国性的新闻媒体。《中央日报》确立了"完善的组织制度③"，新设现代化办公大楼，日发行达到3万多份，办有多种副刊，实现了盈余。中央广播电台发射功率达到75千瓦，成为"东亚第一，世界第三"的广播电台，其收音员分布到全国各个县；中央通讯社成功收回了路透社、哈瓦斯社、合众社、海斯社等国外在华通讯社的发稿权，先后在上海、天津、西安、南昌、重庆、成都、贵阳、广州等地建立了35家分社及办事处，同时在东京、日内瓦、新德里和香港建立了四处海外办事机构，成为当时中国唯一一家全国性的通讯社。《中央日报》、中央广播电台、中央通讯社虽然在业务上有密切配合，但在组织系统、管理体系上各自独立，彼此之间界限分明。

2.党营报业体系层级较为明显，党营报业系统由《中央日报》，中宣部直

---

① 许晚成编：《全国报馆刊社调查录》，上海龙文书店，1936。

② 赵玉明：《中国广播电视通史》，中国传媒大学出版社，2006，第20页。

③ 台湾学者徐咏平评价道："中央日报改采社长制，并与中央通讯社同时成为独立经营的党的新闻事业单位，为中央党报奠定一完善之制度。嗣后各地中央党报能有自力更生的精神而且趋发展者，实由于此一制度之确立也。"见徐咏平《中国国民党中央直属党报发展史略》，载李瞻《中国新闻史》，台北：台湾学生书局，1979，第324页。

辖党报，省、市、区、县及特别党部的党报，党员、机关团体报，及接受津贴的民营报刊构成。但地方党营报业"数量非常庞大、种类繁多、结构极为复杂、分布极不合理"。[①] 具体而言特点如下（详见图6-1，图6-2，图6-3）。

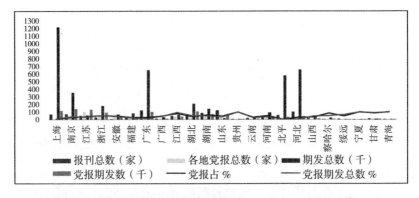

图 6-1　中国国民党全国党报统计（1936 年 6 月止[②]）

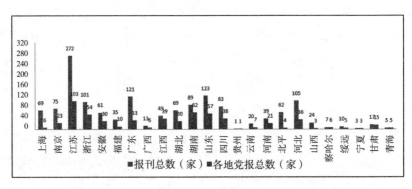

图 6-2　全国报刊和国民党地方党报的地区分布数量

（1）种数上虽将近占到全国报刊总量1468家的40.8%，期发行量却仅占全国551万份的21.1%，为116.3万份，考虑到国民党给地方党部大量津贴及党政部门公费订阅等因素，地方党报的期发行量并不乐观，可见国民党党报不能"领导全国舆论"。另据统计，1937年的国民党党报约有23万的销数，

---

① 蔡铭泽：《中国国民党党报研究（1927—1949）》，团结出版社，1998，第82页。
② 图6-1，图6-2，图6-3根据蔡铭泽依据许晚成编《全国报馆刊社调查录》及各省有关档案整理的资料制成。该统计资料不包括东三省和新疆，天津的数据包含在河北省内，广东的资料含有香港和澳门两地的报刊。见蔡铭泽《论中国国民党地方党报的建立和发展》，《广州师院学报》（社会科学版），1995年第1期。

约占全国报纸销量的6.6%，[1]此时《中央日报》的发行量3.2万份，虽已遍及全国，但1/3的订户是政府单位。[2]

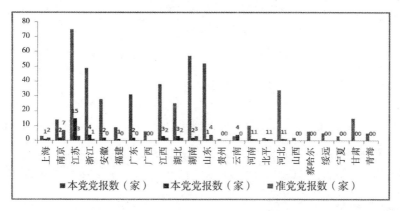

图6-3 国民党"党报"、"本党报"、"准党报"的地区数量分布

（2）地区经济发达程度基本决定各地区党报分布数量，有明显的"东重西轻"现象。江苏最多为103家，江苏、湖南、山东、浙江、江西、广东、湖北、福建、安徽及南京、上海两市的党报总数达475家，几乎占国民党全国党报的80%。西部的云南、广西、察哈尔、绥远、青海、山西、宁夏、贵州的党报都在10家以下，新疆最少，国民党尚未创建党报。但也有例外，西部的甘肃党报有15家（其情况有待核实），东部的上海有6家、北平有4家。上海为全国报业中心，创办新报成本高，竞争压力大；1936年的北平已处在日伪的威胁下，党报少是因现实的政治压力所迫。

（3）层级结构相对清晰，性质却相当复杂。按照国民党中宣部的规定，国民党的党报体系应是层级式的结构，即中央、省、市、区各级党部管辖的党报结构，真正实行的却只有苏、浙、粤三省，其他省份要么只有省党报和县党报，要么只有省党报，均无区党报之设置。性质上，国民党中宣部把党报分为"党报"、"本党报"、"准党报"三种。实际情况是"本党报"、"准党报"

---

① 伍尔岗·穆尔（Wolfgang Mohr）：《现代中国报业史》（影印本），韦正光译，中央图书馆藏，51-52页。转王凌霄《中国国民党新闻政策之研究（1928-1945）》，中国国民党中央委员会党史委员会出版，1996，第94页。

② 根据民国26年出版的英文年鉴，The Council of International Affairs，ed. The Chinese Year Book,1937 Issue（Shanghai：The Commercial Press Limited, 1937）第1098-1099页.转王凌霄《中国国民党新闻政策之研究（1928-1945）》，中国国民党中央委员会党史委员会出版，1996，第94页。

及民营报纸的界限相当模糊，一些"准党报"如陈铭德的南京《新民报》脱离党报系统，成为民营报纸。但从图6-3看，"党报"数量远远高于"本党报"和"准党报"，这再次表明国民党各级党部是创建、主持党报的主力。

　3.国民党地方广播电台、通讯社系统等层级侧重于省、市级，区、县级不甚明显。如表6-6所示，国民党地方广播电台大多数于20世纪30年代中后期在国民党统治的中心城市或地方省政府所在地城市、特别市等，如镇江、杭州、广州、北平、济南、太原、昆明、长沙、开封、西安、汉口、迪化（乌鲁木齐）、上海等创办。其发射功率一般均较高，少数台初建时功率略低，后多扩增到500瓦或1千瓦以上，因此成为该地区的中心台。至于县、区级以下的广播电台，因广播设备问题，开设的比较少。地方通讯社方面亦是如此，一些省级党部如江苏省党部、浙江省党部大多筹建该省的通讯社，一些党员、国民党的社会团体也曾办有通讯社，但发稿能力有限。

表6-6　国民党地方广播电台（1928-1937年）[①]

台名	地址	创办时间（年.月.日）	呼号/功率（瓦）	主管部门	备注
浙江台	杭州	1928.10	XGY(XGOD)/2000	浙省政府	地方当局的首座广播台
广州台	广州	1929.5.6	CMB(XGOK)/1000	广州市政府	
山西台	太原	1931	XGOT/50	山西省政府	
北平台	北平	1932.1	XGOP/300	交通部	1928年创办，多次易主
四川台	重庆	1932.12	XGOS/1000	四川省政府	四川善后督办公署创办，1936年12月归四川省政府，1937年撤销
云南台	昆明	1932	XGOY/250	云南省政府	
山东台	济南	1933.5	XOST/500	山东省政府	
南昌台	南昌	1933.10	XGOC	中广处	后移交江西省政府
福建台	福州	1933.10		十九路军	1934年7月被中广处接受
广西台	南宁	1933	XGOZ	广西省政府	

①　据赵玉明《中国广播电视通史》（中国传媒大学出版社，2006）第22-24页编制。

台名	地址	创办时间 （年.月.日）	呼号 / 功率 （瓦）	主管部门	备注
湖南台	长沙	1934.5	XGOH/100	湖南省政府	
福州台	福州	1934.7.1	XGOL	中广处	设备是原19路军的广播台
河南台	开封	1934.10	XGOX/200	河南省政府	
河北台	北平	1934.12.1	XGOT/500	中广处	1935年夏拆迁至西安
汉口台	汉口	1935.2	XGOW/5000	中广处	汉口市政府主持修建
上海台	上海	1935.3.9	XQHC/2000	交通部	收购美灵登台，上海首座官方台
江苏台	镇江	1935.7.1	XGOZ/1000	江苏省政府	
新疆台	迪化	1935		新疆边防督 办公署	为有线广播电台，播音至1949年 5月
南京台	南京	1936.1.23	XGOX/500	中广处	当时国内唯一短波台
上海台	上海	1936.3.8	XGOI/500	上海市政府	
西安台	西安	1936.8.1	XGOB/500	中广处	原河北台，西北地区首座台
成都台	成都	1936.9.16	XGOG/10000	交通部	
武进台	武进				江苏武进县党部所办
嘉兴台	嘉兴				浙江嘉兴党部所办
三路 军台	济南		XOAD/50	第三路军 军部	为地方军队的广播电台

4. 地方党营传媒的产权主体多元，政治倾向较为复杂。地方党报、通讯社大多由地方党部创办，津贴由党部或当地政府机关供给，有影响的党政要人、地方实力人物亦常出资赞助地方党报或通讯社，地方广播电台大多由中央广播事业管理处、交通部及省级、特别市政府或党部创办。由于国民党允许民间办媒体，因此国民党党员、国民党的社会团体创办了大量的民营性质的准党报、半党报，这些报刊大多接受特定势力的津贴。有影响力的党营传媒、民间大报，国民党各方势力均想方设法予以渗透，或津贴，或入股，或派代表驻进媒体，等等，意图利用媒介平台维护各自的话语权。这使地方党营传媒表面上均拥护三民主义、拥护南京中央，实际政治倾向较为复杂，很

多地方党营传媒充当了国民党内部利益团体的舆论喉舌。如国民党CC系就掌控中央广播电台及地方众多报刊、通讯社、广播电台。这使地方传媒之间始终充斥着国民党内部各方势力的话语、人事博弈，导致地方传媒呈现曲折多变的命运。

二、繁琐、科层化的媒介管控体制

国民党在建构庞杂的党营传媒业的同时，也建立了以国民党中央宣传部、中央广播事业管理处等行政部门为首，党营传媒以国民党中宣部为管控中心，广播电台以中央广播事业管理处为管控中心，通讯社单独管控的，繁琐、科层化的管控体制。其中，党营报业的管控是重心，国民党制定了最为繁琐的各项规章、制度，力求有效约束党营报刊；广播电台、通讯社的管理略微简单。故本节将广播电台、通讯社的管控合在一起，予以论述。

1.党营报业科层化的管控体制

国民党在全国范围内建立党化新闻的一整套新闻统制制度的同时，也随着党营报业的建设，建立了繁琐、科层化的管控体制。这一体制在1928-1938年可分为三个时期。1928年至1930年3月24日期间，以《设置党报条例》（1928年6月21日）、《指导党报条例》（1928.6.21）、《补助党报条例》（1928年6月）[①]、《设置党报条例四项》（1928年7月23日）四个文件为核心。1930年3月至1932年9月期间，以《修正指导党报条例》为核心。这在于1930年3月24日国民党第三届第81次中常会修正通过了中宣部上呈的《修正指导党报条

---

① 1928年6月7日的第2届144次常会决议，交中央组织部、宣传部、训练部、民众训练委员会经享颐、白云梯两委员审查中宣部函送的审查刊物条例等五项草案：1.审查刊物条例草案，2.设置党报条例草案，3.指导党报条例草案，4.补助党报条例草案，5.指导普通刊物条例草案。同年6月21日的第2届第148次常会上有两项议题与审查刊物条例有关。一是中央组织部转呈、审查宣传部提出的"设置党报、指导党报、补助党报普通刊物等条例草案"。二是中宣部呈报了审查会审查审查刊物条例等五种草案经过，并将所通过之设置党报条例修正案，及指导党报条例修正案送呈察核，并获准通过照办。至于《补助党报条例》，《中国国民党党报历史》第53页叙述到："1928年6月和9月，国民党中央常务委员会议专门讨论了设置党报和指导党报的问题，并通过了由中宣部起草的《设置党报条例草案》、《指导党报条例》、《设置党报办法》等三个重要文件"，其注释则说"上述三个档藏于南京中国第二历史档案馆，全宗号722，卷号400"。但笔者查阅了1928年9月份的历次中常会会议记录，对《补助党报条例》未见任何记录。另外，6月21日的148次常会也不是专门讨论设置党报和指导党报问题。见中国第二历史档案馆：《中国国民党中央执行委员会常务委员会会议录》，第四册，第432页；第五册，第49-50页。

例》，并即日废止了《设置党报条例》，①1932年9月29日的第四届第40次中常会决议通过中央宣传委员会上呈的《各级党报所辖报社管理规则》，并即日废止了《指导党报条例》。②1932年6月至1938年则以《中央宣传委员会直辖报社组织通则》（1932年6月7日）、《中央宣传委员会直辖报社管理规则》（1932年6月17日）、《中央宣传委员会指导与党有关各报办法》（1932年6月23日）、《中央执行委员会津贴新闻机关办法》（1932年6月23日）、《各级党部直辖报社管理规则》（1932年9月29日）、《中央宣传部党报社论委员会组织规程》（1938年8月25日）等规章制度为核心，进一步强化了对党报的制度控制。这三个时期管理党报的中央文件虽在名称、表述上略有不同，控制党报的基本精神、原则并没有变，变的是根据不同时期党报的不同状况，及时修正、完善党报管理的各项法规条文及表述方式，以步步强化对党报的有力操控。根据上述文件，国民党管控党营报业的特点主要有以下几点。

（1）体制结构上是以中政会、中常会及握有实权的常务委员为决策中心，中宣部为中央执行、决策中枢，各省、特别市、县区的党部及海员、铁路特别党部及海外总支部下属的宣传部（科、股）为地方执行管理机构，国民政府、各地地方政府及驻军政治部等机构为辅助，垂直、纵横交叉、多元的党报管理体制。《设置党报条例》、《指导党报条例》（含《修正指导党报条例》）及《中央宣传委员会直辖报社组织通则》（下简称《直辖报社组织通则》）③等均明确规定，凡直辖报社均归中央执行委员会宣传委员会管理监督，其他各级党部之各党报得由各级党部秉承中央意志指导之。《各级党部所辖报社管理规则》第一条规定："各省市党部所辖报社除受各该省市党部管理监督外，中央宣传委员会得直接指导之，各县市党部所辖报社除受各该县市党部管理监

① 中国第二历史档案馆：《中国国民党中央执行委员会常务委员会会议录》（第十一册），广西师范大学出版社，2000，第177页。

② 中国第二历史档案馆：《中国国民党中央执行委员会常务委员会会议录》（第十八册），广西师范大学出版社，2000，第294页。

③ 《设置党报条例》规定："直属于中央之各党报由中央宣传部直接指导之，其属于各级党部之各党报得由各级党部秉承中央意志指导之，得须按月向中央报告。"《指导党报条例》规定："直属于中央之各党报由中央宣传部直接指导之，其属于各级党部之各党报得由各级党部秉承中央意志指导之，得须按月向中央报告。"《修正指导党报条例》规定："直辖于中央之各党报由中央宣传部直接指导之，其它各级党部宣传部之各党报得由该宣传部秉承中央意志指导之。"《中央宣传委员会直辖报社组织通则》规定："凡直辖报社均归中央执行委员会宣传委员会管理监督。"

督外，其主管省党部得直接指导之。"另外，各省、特别市、市县区及海外、铁路、海员等特别党部的组织条例，都明确规定均在其组织系统中下设宣传部（科、股），并明确宣传部（科、股）要秉承上级党部旨意，对各级党报负有指导、监督、扶植之责，及负责地方宣传、管理地方媒体的职权。另外，国民政府的分支机构如行政院、立法院等及地方政府的社会局、教育机关及驻军政治部等单位的负责人，也经常插手党报的日常管理。其表现是：①这些负责人本身或是中常会或中政会委员，或被中宣部聘为设计委员会委员、宣传委员会委员等职务。②新闻检查机构的组成人员、重大的宣传活动均由中宣部或各地党部邀请各单位派员参加。③直辖党报的经费，除了中央津贴外，常由中央函令地方政府财政厅予以拨付。④各级党报要及时函送所辖各级党政军机关。

（2）《华北日报》、《武汉日报》、《西京日报》等直辖党报，由中宣部派员筹备创建，其组织大纲、经费预算、报刊宗旨等均由中常会核定。《华北日报》由中宣部派沈君匋负责筹备，其组织大纲、开办费、经常费预算等经李石曾协商，最终由胡汉民、戴季陶、叶楚伧审定，于第二届192次中常会通过（1929年1月24日）。[①]《武汉日报》由中央直辖党报专员曾集熙负责筹备，经费预算由第二届第四次中央财务委员会（下简称"中财会"）通过（1929年6月21日）。[②]至于直辖党报的日常管理，1928年至1932年6月，遵循《设置党报条例》、《指导党报条例》等规定，直辖党报要把其组织大纲、工作计划、职员名册、工作报告、预决算上呈中宣部备案，按期寄送全部刊物于中央及所属党部宣传部审查等。1932年6月后，中央宣传委员会制定了《直辖报社组织通则》、《直辖报社管理规则》，对各直辖报社实行统一管理。《通则》共11条，规定了直辖报社的归属管辖机关、经费来源、组织结构、人事安排、财务等。[③]明确指出直辖报社由中宣会管理监督；其经费以该社营业收入充之，不足时由中执会或中央决定令当地政府给予津贴；组织采用社长负责下的经

---

① 中国第二历史档案馆：《中国国民党中央执行委员会常务委员会会议录》（第六册），广西师范大学出版社，2000，第115-116页，164-165页，409页；第七册，第113-114页。

② 中国第二历史档案馆：《中国国民党中央执行委员会常务委员会会议录》（第八册），广西师范大学出版社，2000，第472-473页。

③ 中国第二历史档案馆：《中国国民党中央执行委员会常务委员会会议录》（第十七册），广西师范大学出版社，2000，第202-203页。

理、编辑两部制；中宣会任命社长，并报中常会备案，社长除了兼任一部主任外，其余报社各职员或部门主任均由社长任用，须呈报中宣会备案；财务则采用会计独立制，但会计员由中宣会委派，受社长指导。《规则》共10条，对直辖报社的人事、营业、报纸内容等做了详细规定。[①] 要求直辖报社职员不得兼任社外职务（通讯员除外），职员增减调动须随时呈报；每年须造具职员名册、工友名册、营业状况报告总表（甲乙两种）、资产负债表、营业损益总表、财产目录表呈报中宣会备查；每月须造具营业状况报告表（甲乙两种）、资产负债表、营业损益表及编辑报告表于次月15日前呈报中宣会备核；按日须将报纸或通讯稿以最迅速方法寄送中宣会备核；中宣会有随时考核报社言论记载、分别予以奖惩的权力。

（3）地方党报的创建、日常管理工作由各地党部党务指导委员会（党务执行委员会、党务整理委员会）负责，但须秉承中宣部旨意。其创办由地方党部提出申请，经中宣部上呈中常会，议决其组织大纲、经费预算和报刊宗旨，才允许中财会或地方政府拨款创办或予以津贴。至于日常管理，1928年至1932年9月，地方党报的管理无明确的法规，基本是援引《设置党报条例》、《指导党报条例》。1932年9月29日，《各级党部所辖报社管理规则》（下简称《规则》）在第四届第40次中常会上通过，成为管理地方报纸的最高法规。各地方党部依据此《规则》及《直辖报社组织通则》、《直辖报社管理规则》的精神，制定本地党报管理的条例、办法。如，江苏省党部制定的《江苏省各县党部设置党报办法》（1932年11月11日）、《江苏省各县市党报社组织通则》（1933年3月21日）、《江苏省执行委员会直辖党报社组织通则》（1933年3月21日）、《江苏省各级党报管理规则》（1934年3月21日）等。《规则》共11条，沿袭了《直辖报社的管理规则》的基本内容与精神，均须上报职员名册、营业状况等表格到所辖党部和中宣会。略有不同的是：①规定了地方党报的双重管理结构，即"各省市党部所辖报社除受各该省市党部管理监督外，中央宣传委员会得直接指导之，各县市党部所辖报社除受各该县市党部管理监督外，其主管省党部得直接指导之"。②地方党报的经费营业不足时由主管党部酌给津贴，省市党报社长"以专任为职"，县市党报社长"以专任为

---

① 中国第二历史档案馆：《中国国民党中央执行委员会常务委员会会议录》（第十七册），广西师范大学出版社，2000，第229–230页。

原则"，但任命由所属党部遴选，须上报上级党部和中宣会。

（4）接受津贴的民营报纸、党员报纸及通讯社，国民党从组织、人事、宗旨等方面层层控制，使津贴报纸、通讯社成为其党报的有机组成部分。1928年至1932年6月，国民党基本遵循《补助党报条例》的粗线条规定。凡符合国民党的"政治"标准，宣传上略有成就，具有一定社会影响力的报馆或通讯社负责人，提出津贴申请后，经过中宣部审查组织大纲、人员及其宣传与营业状况后，常常给予津贴。而有资格的老报人、与国民党党政要人关系密切的报人，常常会优先得到津贴。接到津贴的报纸或通讯社一旦有违反国民党新闻宣传的稿子，即被停止津贴。1932年6月23日，《中央执行委员会津贴新闻机关办法》（下简称《津贴办法》）、《中央宣传委员会指导与党有关各报办法》（下简称《指导办法》）在第四届第25次中常会通过，这两个办法遂成为国民党津贴、管理受津贴报纸的最高法规。《津贴办法》共9条，规定了津贴职权归属，津贴资格、程序、数目、年限及停止津贴的条件等。[①] 条例规定整个津贴计划由常务委员会与宣传委员会正副主任核定；具有五项条件方有津贴资格。即：①平日言论正确纪载翔实曾努力阐扬本党主义政纲政策；②出版一年以上在社会有相当信誉；③有相当设备及营业收入或相当基金；④组织确实健全；⑤主办人以新闻为职业者。请求津贴者须造就营业计划书、每月收支预算书连同最近一年内营业状况报告总表、资产负债表、营业损益总表、财产目录及一切组织章程、职员名册送中宣会审核；中宣会核定后拟具意见、津贴数目送中财会核议；特种关系或特种情形者，则由中宣会呈请中常会议定是否给予，或给予多少津贴。但津贴数目至多不得超过各该新闻机关月支的30%，津贴以两年为限，之后是否津贴酌情形再定。受津贴机关须受中宣会的监督指导，当中宣会发觉受津者不具备五项条件中的一项即停止津贴。《指导办法》共11条，[②] 详细规定了接受津贴的报社（与党有关各报）的言论标准、报道内容及其他义务，以及取消津贴的条件。若对照《津贴办法》，两个文件除了在程序上略有不同外，基本精神、原则完全相同，

---

① 中国第二历史档案馆:《中国国民党中央执行委员会常务委员会会议录》（第十七册），广西师范大学出版社，2000，第290-292页。

② 中国第二历史档案馆:《中国国民党中央执行委员会常务委员会会议录》（第十七册），广西师范大学出版社，2000，第293-94页。

均须完全遵循中宣会的指令：除了遵守出版法外，要以本党主义政纲政策及中央决议案为立论取材标准，不得违反本党主义政纲政策或有不利于本党之纪载，对于违反本党主义之谬误言论应予以纠正与驳斥，本党秘密事件绝对不得发表，要各报完全接受中宣会的指示并力行之，各报对于本党及政府发表之文件，须尽先登载；各报要向中宣会及时呈报营业、收支、财产、宣传等各项表格及其报纸备查等等。

（5）不论是直辖党报，还是地方党报或受津贴的报纸，其宗旨须完全服从本党主义及政纲政策及中央决议案，日常新闻生产须完全忠实、遵从中宣部意志、指令，按照中宣部的部署宣传。不论是设置、指导、补助党报的三个条例，还是1932年出台的《直辖报社组织通则》、《直辖报社管理规则》或《津贴办法》、《指导办法》，对此均有明确规定。直辖党报，其报社宗旨、宣传纲要、宣传要领均由中宣部拟定，报中常会通过；地方直辖党报的宣传工作、宣传宗旨均由地方党报拟定，报中宣部备案，受津贴报馆须完全按照中宣部框定的宣传纲领，否则即失去津贴。对于各级党报，凡违反者，视情节程度如何，分别给予警告、撤换负责人员或改组、取消津贴、停刊、查禁、惩办负责人员等惩罚。地方党报若被视为"反动"，地方党部还有可能遭到改组、整顿的命运。即使蒋介石集团内的中央委员，一旦违反也会受到一定的惩罚。1931年10月22日，中央社误发国际消息，引起社会误会，时任中宣部副部长的陈布雷、程天放被给予警告处分，中央社主任余惟一被给予严重后果申诫，刊发此稿的刘正华（中央社总干事）予以记大过处分。①

（6）在党报的日常管理上，中宣部除了在定期活动或重大新闻事件上，拟定宣传纲领、宣传要点及时指示各党报宣传外，还经常派员前往各地督察、指导各地党报宣传工作，或者把其职员调往直辖党报担任社长、总编辑等要职，亲自负责党报宣传。1929年10月，针对海外反动宣传猖獗，中宣部联合中组部、训练部向海外党部派遣海外党务宣传视察员，并制定了派遣办法。②1937年9月，为动员全国民众抗战，中宣部成立了以方治为团长，拟定

① 中国第二历史档案馆：《中国国民党中央执行委员会常务委员会会议录》（第十六册），广西师范大学出版社，2000，第450-451页，第467页。

② 中国第二历史档案馆：《中国国民党中央执行委员会常务委员会会议录》（第十册），广西师范大学出版社，2000，第36页。

25人的"中央宣传工作视察团"，分赴各地视察宣传工作，并制定了《中央宣传工作视察团组织纲要》。[①]另外，中央组织部从组织层面，中央训练部从"训练"党员层面，均拟定了约束、规范党员的种种规章制度，这些制度均适用于党报人员。违反者，轻者给予警告处分，重者予以永远开除党籍的处分。

（7）党报控制的结构失衡。国民党虽在制度层面对党报的组织结构、人事安排、经营管理模式及日常新闻生产做了严密规定，使党报在事实上成为隶属于其党政机构的一个宣传机构，但由于党权、军权、政权的权力失衡及党政军三权高度集中于蒋介石，致使党报的控制体系陷入了结构失衡状态，"法无定规、权从人转"现象在党报操控中也相当凸显。其主要表现是：①决策（包括新闻）严重缺乏论证，被蒋介石等党政要人所垄断。以对党务（宣传是党务的一部分）、政务有最终议决权的中常会为例。1927-1937年的中常会仅对党务、政务行使最终议决权，即使如此，其权力也逐步被虚化。其表现是：握有实权的中常委常常无故缺席，1930年后，核心决策基本由中央常务委员会谈话会议定。中政会成立后，中常会职权进一步被剥夺，几乎成了各项议案的备案机关，1928-1938年的历年中常会会议记录对此有明显的体现。在这种背景下，新闻政策的决策重心移到中宣部。而1928-1938年间中宣部的组织条例有记录的修正就达12次之多，至于部长更是频繁调换，被任命为宣传部部长的戴季陶、刘庐隐、叶楚伧等都采取各种办法辞职，致使中宣部事务绝大部分时间由秘书等中层官僚处理。②如上所述，国民党建构的党报控制体制也是偏重于党部的党政双轨制，中宣部及各地党部宣传部负责宣传、人事、组织管理及经费划拨，国民政府负责日常行政、经费拨付的双重控制体制。这一体制在管理权限上倾向于政党，经济上却倾向政府，因而埋下党政冲突的祸根。中央层面，党、政、军高度集中，这一冲突尚不明显。地方层面，党、政、军不如中央那么高度集中，其冲突非常激烈。地方党报的控制是地方党部宣传部秉承中宣部意志指导监督，而地方党部经费（包括地方党报的经费），是中央党部核定其预算，拨付部分预算经费，但主要活动经费是由中央党部函令国民政府令地方政府部门拨付。这种由中宣部遥控、地方派系领袖背后操纵的地方党部、地方政府对地方党报的多重控制及制衡机制，

---

① 中国第二历史档案馆：《中国国民党中央执行委员会常务委员会会议录》（第二十二册），广西师范大学出版社，2000，第165页，第169-172页。

因南京中央与地方派系的争斗及南京中央蒋、汪、胡的权力争斗而使地方党部与地方政府间的冲突频繁，使地方党报的实际控制陷入权力争斗的复杂漩涡。中常会（中财会）函令地方政府拨付地方党报的经费，常被延期拨付或不按额拨付或挪为他用，乃至不予以拨付，即是双方争斗的主要表征。可见，国民党对党报的制度控制虽相当严密却也存在制度结构失衡的问题。

　2. 党营通讯社、广播电台的管控特点

　　与严厉管理与控制党报一样，对于中央通讯社、中央广播电台，国民党亦从组织、资金、人事、宣传方针等方面施行严厉控制，使之绝对成为"党国喉舌"。中央通讯社自成立初就处在国民党中央的严格控制之下。1932年萧氏改革中央社获得成功，与此同时，对中央社的管理与控制也更为周密。改革之前，国民党各党政要员均插手中央社，使其发展备受束缚；改革后，中央社表面上不戴"中国国民党中央执行委员会宣传部"的帽子，在萧同兹的主持下中央社的用人、发稿有了一定的自主权，但中央社的组织大纲、发展计划、经费来源、宣传方针、宣传口径、人事制度等社务，不再由中宣部决定，而几乎全部由中常会、中政会及蒋介石本人决定，其控制并不次于萧氏改革之前。据笔者统计，1928-1938年的历届中央执行委员会常务会议记录中，记载有关中央社的各项议案、提议有30多项，涉及到中央社的组织大纲、设立分社、增添设备、宣传经费及违规的惩罚等内容，其中最多的则是津贴、补助中央社的宣传经费等内容。[1] 中央执行委员会通过的《中央通讯社组织规程》更赋予资助中央社的法理基础。规程第四条规定："本社经费以电讯稿收入充之，不足时由中央执行委员会给予津贴"。[2]

　　中央社在萧氏改革后采用社长制，下设编辑、采访、事务三组，对稿件的自我审查相当严格。当局的重要文件和决策（如李顿调查团的报告），及蒋介石的重要文告，全部交由中央社发布；重要社评由国民党党政要员把关，减少了违反宣传纪律的几率，但即使如此，中央社也会有违规行为，对此亦予以严厉惩戒。如，1931年10月中央社误载国际消息，"引起社会种种误会"，时任中宣部副部长的陈布雷、程天放于22日的第三届第166次中常会上，"自

---

① 见本书附录。

② 王凌霄:《中国国民党新闻政策之研究（1928-1945）》，中国国民党中央委员会党史委员会出版，1996，第87-88页。

行检举、请加以严重处分"。结果，陈布雷、程天放被给予警告处分，中央社主任余惟一"失于督察予以严重申诫"，中央社总干事刘正华因是"负责人员"，依照中央工作人员服务规程予以记大过之处分。[①]

国民党非常重视广播电台，对其管理也非常周密。中央台起初隶属于中宣部。1932年夏，成立直属于国民党中央执行委员会的中央广播无线电台管理处，直接管理中央广播电台。1936年1月，中央广播无线电台管理处更名为中央广播事业管理处，除管辖中央台外，还管理各省市的政府台。民营商业台则由交通部管辖。为统合相关单位的管理权限，由中央广播事业管理处、中央宣传部、中央文化事业计划委员会、军事委员会、交通部、内政部、外交部、教育部各推代表组成中央广播事业指导委员会，陈果夫任主任委员。该委员会于1936年制定并公布《指导全国广播电台播送节目办法》。该办法是以往联播与取缔法规的大成，它辅以《节目内容审查标准》及处分办法，形成了国民党统治大陆时期的广播法规体系。办法分三部分，一是各电台须转播中央台晚间的简明新闻、时事述评、名人演讲等六项节目，没有转播权的电台，一律停播。特别通知的节目须转播。二是节目内容分配比例方面，教育演讲及新闻报告，公营台应占多数，民营台不得少于20%，并以转播中央广播事业管理处各电台之节目为限，娱乐广告类不能多于80%。三是有关禁例或偏激之言论、诲淫诲盗迷信荒诞之故事集歌曲唱词等违禁的处罚。[②]

中央台的新闻节目主要是选录南京各大报、上海《申报》、《新闻报》、《时报》及中央通讯社的稿子，自采新闻很少。1933年，中央台引用《申报》电讯《目击国军某旅行径某地》中的数字未经删除，引起军事委员会南昌行营的指正。自此以后，新闻全采用中央社稿，并且再经中央秘书长或中宣部部长核阅签名。[③]对新闻播报的管理更为严厉。

可见，对中央通讯社、中央广播电台的严格管理，尤其是中央社收回了外国通讯社在华的发稿权，使中央社、中央台在一定程度上垄断了国内外消

① 中国第二历史档案馆：《中国国民党中央执行委员会常务委员会会议录》，（第十六册），广西师范大学出版社，2000，第450-451页，第467页。

② 见王凌霄：《中国国民党新闻政策之研究（1928-1945）》，中国国民党中央委员会党史委员会出版，1996，第103-104页。

③ 吴道一：《中广四十年》，台北：中国广播公司，1968，第36页。

息来源，利于国民党统一国内言论，操控舆论。

三、严密、精细的媒介业务操控

国民党在以繁琐、科层化的制度控制党营传媒的同时，也将操控之手深入到党营传媒的日常业务领域，以其严密、精细的操控手法，操控党营媒体（含民营媒体）的日常业务活动，力图以多种方式，多个手段，有效传播国民党的声音，实现对民国社会的舆论操控、信息操控，达到利用传媒统治中国的政治意图。这是党营传媒在日常业务领域中的最为突出的特点。具体而言如下。

1. 信源层面垄断控制

控制消息来源，即可以最低成本控制社会，中国历代统治者均明晓此理，国民党当然知晓。其控制新闻信源的手段有：①以法规形式独占"三民主义"话语解释权，并高度集中于国民党南京中央。[①]同时把非三民主义的思想及理论均贴上"反动"或"荒谬"的标签，予以严厉钳制，对相关刊物予以"合法"取缔。[②]据国民党中宣部印发的秘密文件记载，1929-1934年，被查封的书刊约887种，而据其《中央宣传工作概况》统计，仅1929年全年查禁的刊物就有272种，比1928年猛增90%。其中，共产党刊物148种，占54%，其余为国民党改组派、国家主义派、无政府主义派、第三党等的"反动"刊物。[③]②消息来源逐步由中央社统一垄断，各报社须转载之；蒋介石、胡汉民、汪精卫、张学良等党政要人还以谈话会、招待会等形式发布消息，介绍动态；中常会、中政会、国民政府及中宣部在重大问题、重大事件、重要节日发布告民众书、告党员书等通告、告示，集中阐述国民党在这方面的立场与态度。③政令发布由中宣部、中央秘书处通过直辖党报、中央通讯社统一发布，违者即受严厉惩罚。④地方各级政府成立宣传室、宣传机构，对外统一发布新闻，操控

---

①　如《出版法》第七条规定"新闻纸或杂志有关于党义或党务事项之登载者，并应经由省党部或等于省党部之党部向中央党部宣传部声请登记"。第十三条"新闻纸或杂志有关于党义、党务事项之登载者，并应以一份寄送省党部或等于省党部之党部，一份寄中央党部宣传部"。第十五条"为书籍或其它出版品之发行者应于发行时以二份寄内政部，改订增删原有之出版品而为发行者亦同。前项出版品，其内容涉及党义或党务者，并应以一份寄送中央党部宣传部"。

②　最能体现这一控制思想的宣传条例是1932年5月制定的《宣传品审查标准》，该标准把宣传品审查标准分为三类：适当的宣传、谬误的宣传、反动的宣传。

③　转引自杨师群：《中国新闻传播史》，北京大学出版社，2007，第166页。

舆论，或者直接创办传媒，代为发言。

2. 新闻生产层面的指导、监督与事前检查

中宣部对直辖党报的指导，各级党部秉承中宣部或上级党部意志对所直辖党报的指导监督的职权，均在《指导党报条例》、《各级党部所辖报社管理规则》等法规中予以明确规定。《出版法》、《指导党报条例》、《中央宣传委员会指导与党有关各报办法》等文件均规定，党报宣传要以本党主义及政纲政策为最高原则。《指导党报条例》第十七条规定各党报要遵守下列纪律：（一）以本党主义及政策为最高原则；（二）须完全服从所属各级党部之命令，不得为一人或一派所利用；（三）对于各级党部及政府送往发表之文，须尽先发表不得延迟或拒绝；（四）对于本党应守秘密事件绝对不得发表。[①]另外要求各级党报尽量用理论的、事实的、艺术的方法阐扬、宣传本党主义及政策和政府所有政治设施、法律制度、建设计划等，并辟除、纠正一切反动误谬的主义及其政策。《指导与党有关各报办法》规定凡接受津贴的报纸言论纪载"除遵守出版法外须遵守下列条款：（一）以本党主义政纲政策及中央决议案法令等为立论取材之标准；（二）对于违反本党主义之谬误言论应予以纠正与驳斥；（三）不得有违反本党主义政纲政策或不利于本党之纪载；（四）本党秘密事件绝对不得发表"。此外，"各报对于本会应时事之指示须完全接受并力行之；各报对于本党及政府发表之文件须尽先登载"。

除了各项管理党报的法规等硬性规定党报新闻生产的内容与范畴外，对于各种纪念日、各种重要问题、临时突发事件，中宣部均分别及时制定宣传大纲与宣传标语，指示各级党部的日常宣传，[②]据统计仅1928年国民党中宣部

[①] 《修正指导党报条例》第十五条基本沿用了《指导党报条例》第十七条，其第二、三款的文字表述略有不同。第二款表述为："绝对服从上级党部之命令并不得为私人所利用"；第三款表述为："各级党部及政府送往发表之文件须尽先发表，不得延迟或拒绝"。

[②] 据王润泽推测，宣传大纲应该是毛泽东当上国民党中宣部代理部长后开始普遍运用的。目前能看到最早的宣传大纲是1925年11月27日，周恩来领导总政治部为第二次东征，由时任宣传部代理部长的毛泽东设计的。该大纲的主题是华北的反奉战争，并提出了9个口号。见王润泽：《北洋军阀时期的新闻业及其现代化（1916-1928）》，中国人民大学博士学位论文，2008，第86页。

先后发出各种宣传大纲40种,[①] 将党报刊的新闻生产纳入直接控制之下。1928年5月17日,中宣部还以"统一宣传增进效力"为由,就如何颁发宣传大纲和宣传标语做了统一规定。《中央宣传部颁发宣传大纲及标语办法》共六条,[②]规定对于国民党认为有宣传必要的"各种纪念日及各种重要问题"的宣传大纲及标语的制定权完全归属中宣部,各级党部、各级党报、民众团体只有贯彻执行的权限,各级党部为适应地方需要对宣传大纲、宣传要点做的局部调整须随时报中宣部核定。临时突发事件的应急宣传,也须按照中宣部电令的宣传要点层层进行。宣传大纲、宣传要点除了标语外"概不得将文在报纸上公开披露"。总理诞辰纪念日、陈英士逝世纪念、国庆纪念等纪念活动,中宣部均制定了详细的宣传大纲及宣传要点;"济南惨案"、"九一八事变"等重大突发事件,中宣部也制定了详细的宣传大纲、宣传要点,并要求各党报严格执行。此外,代表报社立场与态度的社论写作,除了规定须以本党主义及政策为取材立论的标准外,重要社论均由中常会指定特定委员或由中宣部聘请特约委员撰写,并命各级党报刊登;后成立中央宣传部党报社论委员会,全权负责、指导各级党报的社论写作,以提供党报言论的"领导技能"。其《组织规程》（1938年8月25日）共8条,规定党报社论委员会下设主任、副主任委员各一人,委员五至七人,秘书一人;必要时增聘特约委员。主任委员由中央执行委员会推定常务委员一人兼任,副主任委员由中宣部部长兼任,委员由中宣部聘任。各级党报收到社论后"应即照登不得更易文字亦不得署名,至其余未获发评论之四天,应由各报自行登地方性质之社论或刊登专论须署作者姓名"。社论的刊登以"中央直辖党报为限,其无直辖党报之地方由中央宣传部制定省属党报一家刊载之,其余各地党报由中央宣传部斟酌时势或由各报呈请中央宣传部核准陆续办理之"。[③] 此外,无论党报还是民营报纸均须

---

① 40种宣传大纲主要包括各类定期的纪念日宣传大纲,如《三八妇女节宣传大纲》、《总理逝世三周年纪念宣传大纲》、《黄花岗七十二烈士殉难纪念宣传大纲》21项及临时的宣传大纲,如《中央第四次全体会议宣言并决议案宣传大纲》、《农民运动宣传大纲》、《提倡国货宣传大纲》等19项,此外还有每周宣传点30项。见《中国国民党中央执行委员会宣传部十七年度部务一览》,国民党中央宣传部编制,1928,第129-131页。

② 中国第二历史档案馆:《中国国民党中央执行委员会常务委员会会议录》（第四册）,广西师范大学出版社,2000,第285-286页。

③ 中国第二历史档案馆:《中国国民党中央执行委员会常务委员会会议录》（第二十三册）,广西师范大学出版社,2000,第406-408页。

在出版前送往新闻检查所，由新闻检查所鉴定后才允许出版发行。为此，国民党建立了从中央到地方的各地新闻检查机构。对于新闻检查，新闻界虽极力反对，中常会也曾议决停止，但纵观国民党在大陆统治时期，新闻检查始终未被完全废除。对于图书杂志、文艺作品、电影绘画等文化产品，国民党也施行原稿审查制度，以杜绝不良信息的传播。

3. 出版发行层面的层层监控

尽管有事前的指导、监督及出版前的检查，在报纸的发行环节，国民党仍担心"反动"、"谬论"、"秘密"信息的公共传播，故在出版发行领域严厉查禁"反动"、"谬论"的非法刊物，成立各地邮电检查所，专门检查新闻出版刊物，并查扣违禁出版品。对于国民党无法直接控制的外国报纸、租界报纸，国民党采用"封杀"策略，通过党政部门控制报纸的发行。国民党1929年封杀上海《字林西报》是其中的典型案例。1929年4月18日的第三届第3次中常会，将中宣部的提案"交国民政府照办"。"查上海字林西报言论记载诋毁本党，造谣惑众，虽经外交部向该国领事交涉，饬令更正，迄无效果，兹拟请转行国民政府予以下列之处分：（一）令全国海关及邮局扣留该报不予递寄；（二）令外交部向美国驻华公使交涉，将该报记者索克司基驱逐出境，是否有当，请鉴核施行案"。[1]同月29日的第6次中常会，孙科临时提议，采取更为严厉的制裁《字林西报》的两项办法。一、由政府通令：1）邮局停止传递；2）海关制止运送；3）铁路制止运送；4）政府机关、海关、邮局、铁路、省市政府、法院、地方行政机关及人民团体等停止送刊广告；5）政府机关及职员停止购阅。以上五项由5月10日起，严厉执行，违者以反革命论。二、由中央党部通令全国各级党部通告党员停止购阅。[2]最终迫使《字林西报》改变对于国民党的政治立场。

国民党对媒介生产、传播流程的每个环节的操纵与控制，目的是企求在全党、全国达到"一个声音"的传播效果，并排除杂音对"一个声音"的干扰，

---

① 中国第二历史档案馆：《中国国民党中央执行委员会常务委员会会议录》（第八册），广西师范大学出版社，2000，第29-30页。《字林西报》是英国人创办，为何要向美国领事馆交涉，其原因待查，可能跟驱逐记者索克司基有关。

② 中国第二历史档案馆：《中国国民党中央执行委员会常务委员会会议录》（第八册），广西师范大学出版社，2000，第66-67页。

以信息操控的形式实现整合民众、控制社会的政治目的。这一做法既是"国体尊民听一"的传统愚民政策的延续，又与20世纪30年代法西斯新闻控制的基本理念高度契合，同时也高度契合传播学的"传递观"对传播效果的执着追求。从传播的权力观看，国民党以政治高压规划、操控传播秩序，是使传播秩序与权力秩序高度契合，使传播成为权力认可的仪式，并以规定谁可以讲话，可以讲什么，可以讲多少及在什么场合讲等隐晦的程序设计，使传播秩序与媒介话语规则能够嵌入既定的权力格局，从心灵控制上让民众臣服于国民党的集权统治。

四、曲折、多舛的媒介命运

国民党虽以其党政的人力、物力、财力建立了庞大的党营传媒业，建构了繁琐、科层化的管控体制，但除了中央级媒体、地方少数党营媒体外，其他众多党营媒体基本上是有数量没质量，媒介竞争力、传播力偏弱，媒介信誉度普遍偏低，媒介本身也陷入"短命"现象，即频繁地改组，人事变动，停刊、续刊，在旧刊上创办新刊，即不停地变换实际控制者的非常态现象。这尤其是在地方党营报业、通讯社中表现最为明显。造成这一现象的主要原因在于：（1）国民党本身是个松散的政党组织，内部各派系、各团体之间内耗严重，国民党地方党部不得不频繁改组，引发党营传媒的人事变动。（2）国民党在国家治理中实行党政双轨制，地方党政矛盾突出；国民党虽制定了繁琐的法律法规，实际却是军权控制下的披着党治外衣的人治，党内人际矛盾、派系路线、权力争斗亦是党营传媒"短命"的重要原因；（3）国民党繁琐、科层化的规章制度，虽渗透到党营传媒业务流程的每个环节，却也不时受到党、政、军各机关的党国要人的"手谕"、"电话"、"指令"的频繁干预。这使军权笼罩下的人脉关系、党政军要人的旨意成为支配党营传媒业务活动的实际规则，严重干扰了党营传媒正常的新闻业务活动。（4）国民党经费紧张，津贴有限，1932年党营传媒企业化经营后，市场压力，媒介竞争，经营不善，津贴不到位，亦是许多地方性党营传媒不断"停刊"的经济原因。

1. 直属党报的曲折命运

《中央日报》于1928年2月创刊于上海，后因言论方针游离于中央与各派系之间，于同年11月1日迁移到南京，社长由宣传部长兼任，以便指挥。[①]为改变南京《中央日报》宣传毫无起色的状态，1932年3月国民党中央委任程沧波为社长，改组《中央日报》，实行中常会直属下的社长负责制，绕过了中宣部，待《中央日报》发展"蒸蒸日上"时，社长程沧波却受到党政要人的批评，离职而去。

1929年后，为"使党的舆论健全发展"，将南京中央声音传布到地方实力派控制的区域，国民党中央先后在北平、武汉、广州、天津、济南等中心城市建立直属中央的党报。在地方实力派与南京中央和睦相处时，中央直辖党报可安全无忧，但当地方实力系与南京中央发生冲突时，这些党报便成为首当其冲的牺牲品。蒋与冯、阎冲突时，北平《华北日报》、天津《民国日报》首当其冲。1929年冬中宣部下令全力"声讨冯系军阀祸国殃民之罪"时，北平《华北日报》噤若寒蝉。中原大战前夕，《华北日报》因宣传南京方面的意旨被阎系军警严加检扣，报纸出现15处"天窗"；中原大战爆发，《华北日报》被阎派占领。[②]天津《民国日报》先于1930年初被天津市府停拨经费，中宣部虽电汇3000元予以接济，[③]同年3月即被阎锡山封闭；同月，山西《民国日报》亦被阎锡山查封。[④]蒋、桂冲突，广州《民国日报》深受其害。1929年3月至4月，"蒋桂"战争期间，广州《民国日报》充分表现出乖戾本色，[⑤]毫无政治定见。1936年"两广事变"结束，广州《民国日报》改名为广州《中山日报》才得以彻底改变。西安事变期间，《西京日报》被张、杨接收改名为《解放日报》，继续出版。

1931年"九一八"事变后，日本军阀的外交压力、地方派系的钳制、党政要人的权力欲等各方力量，交织作用于中央直属党报，使其烙上了浓厚的权变色彩。国民党唯一直属的外文报纸：《北平导报》（The Peking Leader）1932年因刊登《高丽独立党宣言》及其社论，同情朝鲜人民的抗日斗争，日

---

① 中国第二历史档案馆：《中国国民党中央执行委员会常务委员会会议录》（第六册），广西师范大学出版社，2000，第280-281页。

② 蔡铭泽：《中国国民党党报历史研究》，团结出版社，1998，第60页。

③ 中国第二历史档案馆：《中国国民党中央执行委员会常务委员会会议录》（第十一册），广西师范大学出版社，2000，第115页。

④ 中国第二历史档案馆：《中国国民党中央执行委员会常务委员会会议录》（第十一册），广西师范大学出版社，2000，第381-382页。

⑤ 详情可见蔡铭泽：《中国国民党党报历史研究》，团结出版社，1998，第76-77页。

本大使馆以报纸煽动革命侮辱天皇，向国民党北平绥靖公署主任提出抗议，要求"报纸永久废刊"，[①] 张学良迫于日方压力将其查封。在日本势力威胁平津的背景下，中宣部采取变通办法，将《北平导报》于同年6月更名为《北平时事日报》，1935年底以英国报人李治（W.Sheldon Ridge）的名义继续出版，力图保持宣传阵地。北平沦陷，该报坚持出3个月后被日军强行接收。

最能体现这一现象的是上海《民国日报》停刊事件。上海《民国日报》创刊于1916年1月22日，是国民党的老牌党报，南京中央的直辖党报。面对日本侵略，该报始终以激进的民族主义策略动员民众抗日，为日本军方嫉恨，"笔锋时见于排日"是日方对《民国日报》的定性。在"济南惨案"、"九·一八"事变、"一·二八"事变中，该报强烈谴责日本侵略罪行，其报道常常脱离"攘外必先安内"基调，出现"求人不如求己"、"不抵抗乃自杀"[②]、"再不抵抗，国亡无日"、"镇静"论调是"见死不救的C博士"[③]、"全国立即总动员、驱逐日兵出境、恢复失地"[④]，"国人！尔忘日人杀我同胞，夺我土地之仇乎！（不敢忘，请努力！）"、"今天不是元旦，今天是沈阳被倭奴占领后第106天[⑤]"等强烈、激进的救国话语。1932年，日本策划发动"一·二八"事变、转移其侵略东北的视线时，《民国日报》不可避免地成了牺牲品，国民党上海当局并未积极抗争，致使《民国日报》在日本压力下停刊。[⑥]1932年1月9日《民国日报》国际版"韩人刺日皇未中"的消息，日方以副题中有"不幸仅炸副车"字句为由，迫使公共租界工部局封闭《民国日报》，1月21日详细报道"日本浪人焚毁翔港三友实业社工厂"事件，22日下午即派土山广端中尉，持通牒式信件到馆，提出苛刻的"四项要求"[⑦]，23日该报在二版左下

---

① 张明炜：《近卅年来北平报业》，台湾《中央日报》1957年3月20日，转蔡铭泽，《中国国民党党报历史研究》，团结出版社，1998，第62页。

② 上海《民国日报》，1931年9月20日社论。

③ 上海《民国日报》，1931年9月24日、29日社论及《觉悟》副刊。

④ 上海《民国日报》，1931年10月31日。

⑤ 上海《民国日报》《觉悟》副刊、《闲话》副刊，1932年元旦。

⑥ 在日本蓄意发动淞沪战争的背景下，奉行"攘外必先安内"的国民党政府若强硬对待此事，正中日本圈套，故在《民国日报》停刊中，国民党上海当局并未积极介入，显示其力量，体现出国民政府对日侵略的妥协、幻象的复杂心态。

⑦ 一、主笔来队提出公文陈谢；二、揭载半张大的谢罪文；三、保证将来不再发生此种事情；四、罢免直接责任记者。明二十三日前为限要求答复，若不承认，莫怪也。见上海《民国日报》，1932年1月23日。

角以"启事"方式刊登之；同日，差点遭到上海日本居留民的捣毁。26日下午3时，该报接受工部局通告，自行暂时停刊。

2. 党内派系报刊滋生与取缔

国民党内部始终存在着诸多派系的权力争夺，上层有蒋、汪、胡，乃至孙科太子党的党魁之争，地方有南京中央与地方实力派及地方实力派之间的军权之争，蒋系内部有 CC 系、黄埔系、三青团等派系纷争，主义方面，有蒋介石、胡汉民、汪精卫及不同版本的三民主义的话语争夺。党内派系纷争，党营传媒既是舆论工具，也是各方纷争的牺牲品。

南京中央以正统身份在法理上确定了独享"三民主义"解释权，并以"意图破坏"为由，将"无政府主义、国家主义，及其它主义"贴上"反动"标签，明令禁止其活动。《宣传品审查条例》（1929年1月）、《宣传品审查标准》（1932年5月）均明令规定，"宣传国家主义、无政府主义及其它主义、攻击本党政纲政策及决议案者"为反动宣传，其刊物予以查禁。[①]《指导党报条例》（1928年6月21日）、《修正指导党报条例》（1930年3月24日）均明文规定各级党报不能被一人或一派利用。[②] 可见南京中央对党内异己派系媒体的高压政策。

改组派全称是"中国国民党改组同志会"，它由陈公博、顾孟余等于1928年冬成立于上海，以汪精卫为精神教父，打出"改组"国民党的旗号，吸引了部分小资产阶级、青年知识分子，"在沿海沿江各地发展着颇大的改良主义运动"[③]，其实质是要同蒋介石集团分享中央权力。传媒是改组派扩大政治影响的主要舆论工具，他们先后在上海、南京、成都创办了许多报刊和通讯社。上海主要有：《革命评论》周刊（1928年5月，陈公博主持），《前进》月刊（1928年6月，顾孟余主持），《民意》周刊（秘密发行），《中华晚报》（后改《革命晚报》）及中华通讯社；南京主要有《夹攻》周刊（秘密发行），《中央导报》（一度掌控）；成都有《社会日报》，《新创造》，《民主》等。南京中央始终未在政治上承认改组派的合法存在，对改组派成员予以"永远开除党籍"的处

---

① 《条例》表述是"宣传国家主义、无政府主义及其它主义，攻击本党政纲政策及决议案者"为"反动宣传品"；《标准》的表述是"宣传无政府主义、国家主义及其它主义，而有危害党国之言论者"，为"反动的宣传"。

② 《指导党报条例》表述为："须完全服从所属各级党部之命令不得为一人或一派所利用"，《修正指导党报条例》的表述为："绝对服从上级党部之命令并不得为私人所利用"。

③ 毛泽东：《中国的红色政权为什么能够存在》，《毛泽东选集》（第一卷），人民出版社，1991，第48页。

分，对其报刊采取了改组、停版的处罚，海外改组派报刊则采取揭露其荒谬，联合海外党员集体抵制、禁邮等措施。1931年1月，改组派在国民党的高压下被迫宣传解散，1932年后蒋、汪达成政治交易，汪、陈、顾等人入阁中央，改组派报刊也随之销声匿迹。国家主义派、西山会议派、再造派、第三党的报刊命运与改组派报刊类似，不再一一叙述。

地方实力派在其势力范围内创办各类传媒，充当地方实力派的舆论喉舌。北平《新晨报》，太原《晋阳日报》、《山西日报》、《太原日报》、《中报》、《新中报》及太原通讯社、新中通讯社、建设救国社、民信新闻社等媒体，受阎锡山的政治庇护，接受其津贴，为其鼓吹。新桂系控制的广西，刘湘、刘文辉控制的四川，冯玉祥短期控制的西安，均创办了为己鼓吹的报刊或通讯社。南京中宣部时刻监视此类报刊，一有机会就予以彻底整顿。报刊被查禁，当地党部被改组，直接负责人被清除出党。地方派系则设法加以庇护。山西《中报》载文批评蒋介石摧残学生抗日救亡运动，被南京中央下令查禁，指令阎锡山执行。阎遂令该报停刊1月应付南京中央，1月后改名《新中报》继续出版。[1]

除此之外，为粉饰派系政绩，攻击"政敌"，争夺更高权力，地方实力派在其势力范围外，采取了更为复杂、精细的新闻斗争。（1）津贴首都南京的新闻界，将其代理人渗透到传媒内。如，四川军阀刘湘除津贴南京《新民报》2000元开办费外，按月津贴700元。（2）在南京中央难以控制的香港、海外等地区，创办媒体，或借助当地媒体攻击"政敌"。（3）对中央媒体或党国要人控制的媒体攻击自己，则积极申诉，直接向蒋介石"告状"，迫使传媒趋于保守或停刊。陈立夫创办的《京报》（1928年4月，南京）1929年跃居南京第一大报，发行量达13500多份。1930年该报专栏作家汤博公在报上提到了民初的中国海军腐败，当时在武汉的海军副司令陈绍宽获悉后，立即命令海军舰队士兵接管《京报》社，后虽经陈立夫斡旋，事态得以平息，但《京报》发展大受影响，不敢轻易出言评论时事，而一旦若有所指，或被他人怀疑有所指，《京报》就会被告到蒋氏那里，迫使陈不得不将《京报》移交他人，报纸也改名《新京日报》。[2]再如，黄埔学生郑锡麟、唐纵等于1929年在南京创办的《文化日报》，被蒋介石用"手令"形式于1931年3月2日以"文化日报记载不

①　方汉奇：《中国新闻事业通史》（第二卷），中国人民大学出版社，1996，第393页。
②　张珊珍：《陈立夫生平与思想评传》，中共中央党校出版社，2006，第54页。

确，造谣惑众，即行停刊为要"为由令其停刊。对此，陈立夫建议以改名"建业日报"的形式予以规避，并亲自题写了"建业日报"，郑锡麟、唐纵等决定，"即晚出报，不送中央、国府、总部几处地方，仍承继《文化日报》。"①

除了运用法律手段查禁外，国民党还在"反动气焰"嚣张的地区创办直属党报或开设中央通讯社当地分社，替南京中央鼓吹。这些党报虽有南京中央的支持，其活动却深受地方派系的种种掣肘，乃至被封杀。

3. 地方党报的曲折厄运

地方党报（不包括地方实力派报刊），虽在国民党政策与财力支持下呈现繁荣的表象，其发展却受到了种种力量的掣肘，命运可谓多舛。除了派系力量渗透、派系斗争对地方党报的摧残外，国民党实行的党政双轨制是限制地方党报发展的重要制度因素。相对于传统的单轨制的政治控制，国民党的党政双轨制在中国尚属创举，并无先例可循。②即除了省、县、区、乡等行政系统控制外，国民党仿照俄共体制，自上而下建立了一套与行政层级相并行的党务组织系统（省、县、区及区分部党部）。这两个系统在1924－1928年尚有连锁关系，地方党部具有指导监督地方政府之责。1928年施行"训政"后，遵循中央政治会议（简称"中政会"）是"党与政府间惟一之连锁"的政治原则，地方上实行党政分开，成为地位不分轩轾、平行并存、相互制衡、各自独立的两个系统。1928年6月出台的《各级党部与同级政府关系临时办法案》（二届五中全会）规定：各级党部对于同级政府之举措，有认为不合时，得报告上级党部，由上级党部请政府依法查办；各级政府对于同级党部之举措有认为不满意时，亦得报告上级政府，转饬其上级党部办理，③以后的省、市、县的组织大纲的调整，也没有改变这一制度原则。在地方党政双轨制中，地方党报隶属于地方党部宣传部，并受其指导与监督，资金来源却是省党部上报中央党部，由其核定函地方政府拨发，由此形成了地方党部宣传部控制人事、经营及编辑权，而地方政府控制资金来源的双重控制的格局。

观念上，地方党部却执着于"党权高于一切"，力图将地方行政纳入地方

① 唐纵：《在蒋介石身边八年——侍从室高级幕僚唐纵日记》，群众出版社，1991，第27页。
② 王奇生：《党员、党权与党争—1924－1949年中国国民党的组织形态》，上海书店，2009，第181页。
③ 荣孟源主编：《中国国民党历次代表大会及中央全会资料》上册，光明出版社，1985，第786页；鲁学瀛：《论党政关系》，《行政研究》第2卷6期，1937年6月。

党部的直接指导和控制之下。① 这构成了地方党部在观念支撑下的扩权与地方政府护权的持续冲突，这一冲突与派系斗争搅浑在一起，成为困扰国民党党治的两大顽疾。孙科、胡汉民、蒋介石等党政要人对此均有深刻认识。② 在地方党政权力冲突中，国民党中央的态度倾向于地方政府，严加制止和指责地方党部的越权行为。③ 这样，地方党报就成了地方党部力求扩权及与地方政府争权的急先锋，注定了地方党报曲折多变的悲剧命运。

训政初期，地方党部甚为嚣张，地方党报也随之崛起，数量大增，版面内容均有革新气象。但随着地方党部放弃以党控政的奢望，地方党部和地方政府的地位很快发生逆转，"地方党部之权力日削、地方政府之气焰日高"，④地方党部渐次沦为地方政府的附庸⑤，成为仅会说空话的宣传机关。省党部的职责仅被限定在组织训练党员、宣传党的主义、推行党义教育、宣传引导民众和管理社会团体等方面，其经费逐步减少；部分县党部也只是一块空招牌。由地方党部宣传部管辖的地方党报也就随之陷入尴尬地位。一方面地方党报要贯彻中央党部的宣传指令，在"训政"名义下有灌输政纲、政策，监督地

---

① 在党部看来，政权是国民党"诸先烈流热血，掷头颅所换来的"，党权应该高于一切；党权既然高于一切，地方党部理所当然高于地方政府，应该指导和监督地方政府，他们声称："训政之时，以党权代民权，则政权属于党，治权属于政府，即党行其权，政府尽其能，是谓党治"，为此，各地党部在训政初期提出了一系列如何在省县实施"以党治政"的建议和提案。见王奇生《党员、党权与党争——1924-1949年中国国民党的组织形态》，上海书店，2009，第186页。

② 孙科指出："各省省党部，各县县党部，没有一个党部不是和同级政府发生冲突，不过多少而已。"（孙科：《办党的错误和纠正》，《中央党务月刊》第29期。）；蒋介石也承认："无论哪一省，党部与政府都常有意见和冲突，因此党务不能发达，政治亦受障碍。"（蒋介石：《党政须团结一致方能成功》，《中央周报》第38期。）胡汉民则形象地描述为："在党部一方面的人，以为政治机关的人都是腐化分子，同时政治机关的人都以为党部已经恶化"、"办党的人以为非把行政当局攻击一下，甚至对于行政障碍一下，不足以表示党权之高、党员之努力，而行政者，又以若不极端反对办党者的言行，即将受制于党人，不能办一件事，而且有渐趋于恶化的危险，便不能负地方治安的责任"。于是，"一方面腐化，一方面恶化，互相醍醐轧轹，永远冰炭水火"。《胡汉民自传》，台北传纪文学出版社，1981，第18页。

③ 蒋介石一再批评地方党部的行为是越权，"各县党部及党员，有许多事不应该去管而去管，不应包揽偏要去包揽，不应干涉偏要去干涉"，汪精卫更痛责这种现象不是"党治"，而是"党乱"。对地方党部要求干预行政的各种建议和提案，国民党中央始终抱持稳健慎重的态度，倾向于不将这类权力交给地方党部行使，一再训示省县党部不要直接干预地方行政。见王奇生《党员、党权与党争——1924-1949年中国国民党的组织形态》，上海书店，2009，第187页。

④ 《市党部监督市政府颁发》，上海《民国日报》，1930年3月5日。

⑤ 据施养成的观察："1931年以前，省党部对省政府尚有相当的监督权，1931年以后，省党部反寄身于省政府。"见施养成《中国省行政制度》，商务印书馆，1947，第492页。

方政府之责；另一方面又要促进和协助地方自治，宣扬地方政府的"政绩"。但弱势的地方党部使地方党报无法履行前项责任，因为他们稍有言辞指责地方政府机关或驻军，即面临停发、缓发津贴、停邮，乃至封馆、捉人的命运。然在地方党报与地方政府冲突中，中常会常常偏向地方政府。如1929年浙江省政府不经过浙省党部，越权津贴国民新闻社，并从浙省党部经费预算中扣除。为此，浙江省党部多次请求中常会，要求其令浙江省政府不得越权津贴、补发擅扣经费，并将津贴国民新闻社的经费列入预算，以后由省党部拨给等。中常会以浙省党部不再追发擅扣经费，以后津贴由浙江党部斟酌办理的折中办法才予以解决。[①] 为地方政府粉饰"政绩"，高调灌输中央党义、政纲与政策又严重背离了地方的新闻事实，逐渐地方党报的信誉堕落。不少党报记者职业道德丧失，以报纸为工具做起敲诈、勒索，乃至贩卖鸦片的勾当。江苏省地方党报最为发达，但该省地方党报的品格普遍庸俗、低下，内容空虚，几乎完全沦为私人的工具。老报人、江苏通讯社的主任黄乐民，以"空虚"、"报纸私用"概括苏省报业的质量，他指出江苏报业普遍存在着新闻雷同、报人投机、报社毫无计划的弊病。他说，"比较有历史的报纸，除极少数例外，大多数总无非以报纸为私用的工具"，"江苏省好多县份的报纸，实在不仅'新闻雷同'，甚至有几家报馆合订一个印刷合同。各换一个报头，各印二三十份，标题、排版，甚至短评、广告以及纸面上一切的格局，几乎无一不雷同"。[②] 报纸实际情况也是如此。以号称"言论公正、消息灵通、记载翔实、印刷精良"的《苏报》（社长马元放）为例，该报新闻分国际、国内、省市、各县四栏，其消息来源基本是中央社、申时社、江苏通讯社等各通讯社稿件，自采新闻限于本市各机关团体，各县新闻由各县通讯员提供。[③] 党报及

---

① 中国第二历史档案馆：《中国国民党中央执行委员会常务委员会会议录》（第九册），广西师范大学出版社，2000，第194页、第431页。

② 黄乐民：《江苏新闻事业的现在与将来》，见《江苏月报·江苏新闻事业专号》，1934年第1卷第3期。

③ 详细情况是："国际新闻采用上海世界新闻社稿，国内新闻除由上海申时电讯社每日供给外，其余大部分采用南京中央通讯社、日日通讯社、复旦新闻社、民族新闻社、全球通讯社等社稿，并设有北平、汉口、厦门等处特约通讯员，供给关于各该地党政军及社会方面重要材料。省市新闻，除采用江苏通讯社、新闻通讯社，及其它通讯社等社稿外，其余多由本社外勤记者，每日赴各机关团体直接采访，并有本埠通讯员，每日作多量之供给，至于各县新闻，由各县通讯员采集当地新闻，逐日交邮寄社。"见王振先：《苏报之过去与现在》，《江苏月报·江苏新闻事业专号》，1934年第1卷第3期。

民报被改组、停刊、查禁事件在江苏也屡屡发生。江苏省政府主席顾祝同不经审讯，即于1933年1月21日以"宣传共产"名义枪毙揭露顾"鸦片公卖之黑幕"的镇江《江声日报》经理兼主笔刘煜生，更是轰动全国的报案，即使严格控制的省党报也不免有多次被改组、合并的命运。《苏报》（1930年11月1日）先后被改组三次（截至1934年），前两次因经费困难缩编，后一次遵照省党部意见。《徐报》（1931年5月5日）于1933年6月被省执行委员会接受改组，同时被改组的还有海报、苏报。黄乐民亦说"自从刘煜生被枪毙，戴捷三被拘禁，苏报社被全付武装如临大敌的包围着扣留报纸一天以后，不要说'代表民众'、'领导舆论'了，就连'九一八'三个字也不能排做大标题！有些投机的朋友也凑火打劫，克尽迎逢的能事，专做掩护鸦片运销与卖官鬻爵等等的新闻买卖。"[①]马元放著文呼吁保障言论自由、保障记者人格，提出"非依法律，不得检查报纸。非依法律，不得逮捕记者。非依法律，不得擅封报馆。非依法律，不得查扣报纸。凡指谪官吏施政错误者，尤不能认为反动"的要求。[②] 但这些呼吁均没有阻止地方机关对报业的横加干涉。

---

① 黄乐民：《江苏新闻事业的现在与将来》，见《江苏月报·江苏新闻事业专号》，1934年第1卷第3期。
② 马元放：《如何确立本党的新闻政策》，见《江苏月报·江苏新闻事业专号》，1934年第1卷第3期。

第七章
国民党"训政"传播策略与实践(上)

自1927年国民党成立南京国民政府,到1937年抗战全面爆发,在党治"训政"体制下,国民党主要任务不是"训民以政",加强基层民众的政治参与意识,而是着力于三民主义意识形态的塑造,巩固执政合法性;对党内外地方政治势力进行剿灭与整合,巩固蒋介石的个人集权;应对日本步步侵华挑战,挽救民族危亡。为完成这三大任务,国民党也从各个方面加强了中华民国的国民经济、社会文化事业的现代化建设工作,取得了台湾史学者所谓的"黄金十年"的成就。党营传媒的新闻传播活动自然要服从、服务于国民党这个中心任务,为之鼓吹,为之动员,为之营造舆论环境。由于民国历史事件的繁多,国民党"训政"事项的繁琐,传媒生产的海量信息及其内在业务惯性,对之做全面、系统的梳理,再现媒介层面的历史镜像,在目前技术条件下是不可能实现的,基于此,本书采取以个案研究为主,以点带面的编纂方法,以第七、八两章叙述党营传媒在党治"训政"下的宣传策略与实践操作的基本特点、历史功效等。

第一节 意识形态塑造:纪念仪式传播策略与实践

主流意识形态塑造是一项庞大、复杂的塑造文化霸权的信息传播工程,是涉及上层建筑各个层面的系统工程。现代传媒在主流意识形态塑造中起到了基础性作用。自西学东渐后,儒释道相结合的中国传统意识形态受到了西方工业文化的强有力冲击,孙中山三民主义经历"革命建国"的洗礼后,到1924年成为各个政党组织共同遵守的政治主张。1924年国民党改组,开了中国政治新局面,自此"党统"替代了"道统",成为政治文化的主轴，①"联俄、联共、扶助农工"的新三民主义遂成为国共两党共同的政治基础。然而，南京国民政府是国民党右派在"清党"共识下，以武力建立起来的形式上统一的中央政府。这使南京国民政府成立甫始，就面临着如何将孙中山三民主义塑造为全党乃至全社会共同"驯服"的主流意识形态的严峻课题，以回应来自共产主义、马克思主义、社会主义、国家主义、无政府主义等主义的挑战。对此，国民党动用政党机器、国家机器，将报刊、广播电台、通讯社、小册子、宣传画、标语、书籍、演讲、文学艺术、课堂教育、雕塑等能利用的渠道都利用上，将孙中山神化、符号化，意图完成三民主义意识形态社会化的塑造工作，其中，新闻传媒，尤其是党营传媒是国民党塑造三民主义的重要媒介平台。党营传媒亦主动配合国民党三民主义意识形态的塑造工作，承担起"守土有责"的舆论重任，对孙中山三民主义日复一日地做了大量的报道。其报道在整体上属于纪念仪式性传播策略，即国民党以法为社会设定"纪念日"的议程，将纪念日活动常规化，党营传媒在"纪念日"活动期间，予以大肆报道，并在报道中加入三民主义意识形态和国民党的方针、政策。

一、国民党（国民政府）纪念日的类型与仪式

国民党颁布的《革命纪念简明表》把各类纪念仪式分为"国定纪念日"和"本党纪念日"两类，《革命纪念日史略及宣传要点》（或《革命纪念日纪念式》）则分条详细规定了各纪念日的史略、仪式、宣传要点等。对不同纪念日采取不同的纪念规格，②这一做法符合现代民族国家纪念仪式的惯例，无可厚非。③但若

---

① 李剑农：国民党的改组"可说是中国政治新局面的开始，因为此后政治上所争的，将由'法'的问题变为'党'的问题了；从前是'约法'至上，此后将为'党权'至上；从前谈'总理'，此后将谈'党纪'；从前谈'护法'，此后将谈'护党'；从前争'法统'，此后将争'党统'了。李剑农：《最近三十年中国政治史》，太平洋书局，1931，第531页。

② 最高规格基本是总理诞辰、总理逝世、中华民国成立等纪念日，喜庆纪念日需悬挂党国旗志庆，休假一日，全国举行庆祝大会；悲伤纪念日则需要下半旗志哀，休假一日，全国举行纪念大会；最低规格基本是由党部或行业召集开小范围的集会，不放假。

③ 我国由政府规定纪念日并开展纪念活动始于民国。1912年9月24日，北京政府参议院通过了由袁世凯转咨的国务院所拟《国庆日和纪念日案》，该案提议以每年的10月10日为中华民国国庆日，1月1日为中华民国临时政府成立纪念日，2月12日为宣布共和、南北统一纪念日。这是我国最早由政府确定的纪念日，是民国时期利用纪念日炫耀政绩、巩固统治的开端。见阮荣：《民国时期纪念日的确定与变更》，《民国春秋》，2000年第1期。

以纪念主题为分类标准，即可见国民党利用纪念仪式强化"本党主义"意识形态灌输，制造孙中山崇拜、宣传民族主义、维护国民党一党专制的政治意图。以纪念主题为分类标准，国民党的纪念日可分为五类。

1. 以孙中山为纪念主题

孙中山是国内各派系、各党派及各团体共同认可的精神领袖，是国民党塑造其意识形态、加强民族凝聚力、整合民众的最有号召力的象征符号。对此，国民党几乎竭尽全力挖掘"孙中山"、"总理遗教"、"三民主义"等象征符号的巨大号召力与整合力，建立了以"孙中山"为名义的各种社会传播网络，并以这一制度化的平台操控社会传播秩序，塑造"党化"意识形态。这一平台主要有总理纪念周，总理扩大纪念周，[①] 以"总理"命名的诞辰、逝世等纪念日。[②]

纪念日仪式基本沿袭"纪念周"的仪式，但在程序、参加人员上略有不同，且每年的纪念办法均先由中宣部拟定后呈报中常会议决，故每年的纪念程序、纪念仪式也会略有变化。总体来说，总理逝世、总理诞辰两纪念日的规格最高。总理广州蒙难、总理第一次起义、总理就任非常总统的纪念规格略低，与"革命先烈"纪念日的规格相同。《总理逝世四周年纪念日举行办法》（1929年2月21日）对此做了8项规定，[③] 核心内容是全国各党政军学机关各团体及各工厂商店一律休假一日，下半旗一日，全体党员及全国公务员一律臂缠黑纱一日，全国一律停止娱乐宴会及其他喜庆典礼一日，各高级党部及行政机关领导、党员、公务员、民众要择地举行植树典礼，宣传一律依照中宣部颁发的宣传大纲、宣传要点及造林运动宣传大纲。仪式依次为："开会、唱党歌、奏哀乐、向总理遗像行三鞠躬礼、恭读总理遗嘱、俯首默念三分钟、

---

① 据陈蕴茜研究，在30年代，扩大纪念周极为普遍，成为广泛的社会动员时间场域。1932年国民政府迁至洛阳，规定每月第一个星期一举行扩大纪念周，最典型的扩大纪念周是蒋介石驻南昌行营时，为发动新生活运动，在不到两个月的时间内举办5次10万人参加的扩大纪念周。各地的联合或扩大纪念周也逐渐制度化。陈蕴茜：《时间、仪式维度中的"总理纪念周"》，《开放时代》，2005年第4期。

② 即总理逝世（3月12日）、总理就任非常总统（5月5日）、总理广州蒙难（6月16日）、总理第一次起义（9月9日）、总理诞辰（11月12日）五项纪念日。此外，国民党于1929年以"党葬"方式举办隆重的"总理奉安大典"，此后根据需要临时举办联合或扩大总理扩大纪念周。另外，李恭忠的《党葬孙中山—现代中国的仪式与政治》（《清华大学学报》（哲学社会科学版），2006年3期）一文对此有深入分析。

③ 中国第二历史档案馆：《中国国民党中央执行委员会常务委员会会议录》（第七册），广西师范大学出版社，2000，第348-349页。

献花圈、恭读祭文、奏哀乐、散会"。

2. 以"革命先烈"为纪念主题

此类纪念日主要有陈英士殉国纪念日（5月18日）、廖仲恺殉国纪念日（8月20日）、朱执信殉国纪念日（9月21日）、黄克强逝世纪念日（10月31日）、邓仲元殉国纪念日（3月23日），七十二烈士殉国纪念日（3月29日，后改为革命先烈纪念日）。其中以革命先烈纪念日、陈英士殉国纪念日的纪念活动较为隆重。纪念仪式基本是由各地高级党部召集各机关、各学校及民众团体代表举行公祭大会，经过唱党歌、奏哀乐、三鞠躬、恭读总理遗嘱、默念三分钟及献花圈、恭读祭文等繁琐仪式后，主席（高级党部最高负责人，中央一般为中央常务委员，地方为省市党部主任）报告"革命先烈"事迹、殉国经过和情形、革命精神后，就是纪念主题演讲，一般阐发"先烈"的革命精神、纪念意义、如何继承等。《五月十八日陈英士先生殉国纪念办法》（1929年4月15日）规定了12项仪式。① "七十二烈士殉国纪念日"还要"全国休假一日，一律下半旗志哀，正午全国静默五分钟"。②

3. 以重大事件为纪念主题

这类纪念日分为两类，一类是重大"革命"事件的纪念日。③ 此类纪念日仍由高级党部召集各机关、各学校、各团体代表参加，仪式基本与"革命先烈"的纪念日类似。另一类是重大喜庆"开端"纪念日。此类纪念日常被定为法定纪念日，是现代民族国家维系"想象共同体"的基本惯例，国民党对此类节日的设定略显重复，④ 纪念活动日相对隆重，除了由高级党部召集各机关、各学校、各民众团体代表举行庆祝大会外，通常要悬挂党国旗志庆，并

---

① 仪式程序和宣传是：1. 开会，2. 唱党歌，3. 奏哀乐，4. 向国旗党旗及总理遗像及陈先生遗像行三鞠躬礼，5. 主席恭读总理遗嘱，6向总理及陈先生遗像俯首默念三分钟，7. 献花圈，8. 恭读祭文，9. 主席报告陈先生事略及殉国经过，10. 演说，11. 奏哀乐，12. 散会。宣传则"一律依照中央颁发之宣传要点及陈先生传略"。特别重要的"革命"纪念日，见中国第二历史档案馆：《中国国民党中央执行委员会常务委员会会议录》（第八册），广西师范大学出版社，2000，第20~21页。

② 中国第二历史档案馆：《中国国民党中央执行委员会常务委员会会议录》（第八册），广西师范大学出版社，2000，第428页。

③ 有北平民众革命纪念日（3.18）、清党纪念日（4.12）、国民革命军誓师纪念日（7.9）、肇和兵舰举义纪念日（12.5）、云南起义纪念日（12.25）。

④ 主要有：中华民国成立纪念日（1.1）、国民政府建都南京纪念日（4.18）、国民政府成立纪念日（7.1）、国庆纪念日（10.10）等。

休假一天。中华民国成立和国庆的纪念日均为国民党所重视，每年均安排特定经费由中央党部负责筹备，有时还会让中宣部起草，中常会或中政会核定发表"告全国党员书"、"告全国民众书"此类的文告。《建都南京二周年纪念办法》（1929年4月15日）规定全国各党政军机关、各团体、学校、工厂、商店一律悬旗志庆一日，首都、各省市均要举办庆祝大会。[①]

4. 以"国耻"、"国难"为纪念主题

为激发民族主义情绪，强化民族凝聚力，建设现代化国家及应对来自日、俄等国家的现实侵略威胁，国民党设定了许多国耻纪念日。由于国民党不敢正面应对日本的侵略威胁，一些国耻、国难的纪念日也多被删减、合并。1929年7月的《革命纪念简明表》设定了6种国耻纪念日，[②]其仪式、宣传也不像"革命先烈"、"重大事件"纪念日那样隆重、公开，基本采用了内部组织的方式，且不许放假结队游行、不得举行任何性质的游艺。《国耻纪念办法》（1929年4月29日）对此作了明确规定．《办法》由蒋介石"俭电"中常会修正通过。[③]

1931年"九一八"事变后，六种国耻纪念日被合并为一项，虽先后增设了九一八国难纪念日（1932年8月25日）、一二八国难纪念日（1933年1月12日）、抗战建国纪念日（1938年6月30日）。但在1937年以前，不论国难纪念日，还是国耻纪念日，国民党均按照上述规定在内部举行。如1932年的"九一八国难

---

① 其仪式为：1.开会，2.奏乐，3.唱党歌，4.向国旗党旗及总理遗像行三鞠躬礼，5.主席恭读总理遗教，6.主席致开会词，7.演讲，8.奏乐，9.散会。至于宣传仍须一律依照中宣部颁发的宣传大纲及宣传要点、标语，见中国第二历史档案馆：《中国国民党中央执行委员会常务委员会会议录》（第八册），广西师范大学出版社，2000，第16~17页。

② 它们是：济南惨案国耻纪念日（5月3日）、二十一条约国耻纪念日（5月9日）、上海惨案国耻纪念日（5月30日）、沙基惨案国耻纪念日（6月23日）、南京合约国耻纪念日（8月29日）、辛丑条约国耻纪念日（9月7日）。

③ 其内容是：（一）凡国耻纪念日各党部各学校各机关各军队各工厂及各团体除照常工作不许放假外并应照下列五款举行纪念。甲、于是日原定工作时间外特定一小时为纪念国耻志讲演时间；乙、讲演前后不得结队游行及举行任何游艺；丙、凡讲演均由各党部各学校各机关各军队各工厂及各团体分别就地在内部举行；丁、讲演之前应一律静默五分钟，戊、应有标语除在会场张贴外不许在外张贴。（二）国耻讲演由各学校各机关各军队主管人须指定专员担任，但各工厂及各团体应由就地党部负责办理。（三）讲演内容按照中央党部所规定之宣传大纲或宣传要点行之。（四）各级党部应于各国耻纪念日上午六时召集党员公务员及民众团体各学校代表举行纪念七时以后分赴各学校各团体讲演。（五）各团体纪念讲演时间定为上午七时至八时，纪念讲演之秩序如下：1.开会，2.唱党歌，3.向国旗及总理遗像行三鞠躬礼，4.主席恭读总理遗嘱，5.静默五分钟，6.讲演，7.散会。见中国第二历史档案馆：《中国国民党中央执行委员会常务委员会会议录》（第八册），广西师范大学出版社，2000，第66页；第74~75页。

纪念日"，同年8月25日，四届35次中常会通过了中宣部拟定《九·一八国难周年纪念办法》，并以"秘件"①形式下发各级党部要各级党部严密遵办。②

5. 行业性纪念日

此类纪念日主要有国际妇女节（3月8日）、国际劳动节（5月1日）、学生运动纪念日（5月4日）、孔子诞辰纪念日（8月27日）等。行业性纪念日是现代民族国家纪念日的常选项。但国民党对此类纪念日重视程度最低，也并非一视同仁。1935年修正的《革命纪念简明表》就全部删除了上述行业性纪念日。相对而言，孔子诞辰纪念日较为重视，而对近代中国产生重大影响的"五四学生运动纪念日"，却遭到有意无意的淡化，表明国民党利用仪式驯服民众的政治控制目的。行业性纪念日的仪式一般是由高级党部领导行业团体代表举行纪念大会，仍要遵循唱党歌、行鞠躬礼、演讲等仪规。《五一劳动节纪念办法》（1929年4月15日）规定全国工厂一律休假一日以志纪念，各地高级党部领导工人团体或代表举行纪念礼，其仪式仍是开会、唱党歌、向国旗党旗及总理遗像行三鞠躬礼、演说等程序。宣传一律依照中宣部颁布的五一劳动节宣传大纲及宣传要点标语口号。③

综上所述，除了法定的"总理纪念周"，上述纪念日和临时举办的庆祝、纪念活动，中宣部均在纪念日举办前拟定纪念办法，详细规定纪念活动在何时、何地，如何组织仪式，有谁参加，依照何种程序，以何事为主题，如何惩罚违规者等；规定纪念日的宣传一律要依照中宣部提前制定的宣传大纲、宣传要点进行，否则即受惩罚。其程序是在纪念日举办前夕，中宣部拟定纪念办法（包括纪念仪式、纪念规定、宣传大纲、宣传要点乃至经费算）报呈中常会核定，中常会核定后，再分发各级党部，由党部层层分发下级党部，若需国民政府执行者，则由中常会函国民政府转饬各级政府机关执行。

按照中宣部制定宣传要求大肆宣传报道纪念周、纪念日，既是国民党新

---

① 《九·一八国难周年纪念办法》原件标明"密件"。
② 《办法》核心是中央于"九·一八"以前发布宣言，该宣言推定叶楚伧起草；是日全国停止娱乐，全体党员公务员及军警各机关各学校工厂各住户应于上午11点钟时，停止工作五分钟，起立默念国耻，并对东北及淞沪殉难同胞致沉痛之哀悼。见中国第二历史档案馆：《中国国民党中央执行委员会常务委员会会议录》（第十八册），广西师范大学出版社，2000，第96页。
③ 中国第二历史档案馆：《中国国民党中央执行委员会常务委员会会议录》（第八册），广西师范大学出版社，2000，第18-19页。

闻宣传机构的责任，也是其须完成的政治任务。各报大多辟专门的版面或栏目予以报道，并刊载纪念周（日）的主题讲演。1928年8月，中央广播电台一成立即在"特别节目"中设置每星期一《中央纪念周》栏目，现场转播中央纪念周，以后又扩展至各省市政府所设广播电台及交通部所管辖的民营广播电台。由此，国民党通过系列纪念活动，在事实上为民国媒体设定了系列报道议程。当纪念日成为一项常规新闻议题时，不管媒体是否喜欢，它都必须予以报道，否则有漏掉"新闻"的嫌疑及被国民党追究的可能。另外，图书出版业也不例外，以"总理"、"革命先烈"、"党义"、"三民主义"和各纪念日为主题的图书出版，是民国图书出版的一大风景线。这样，通过各类媒体的联动与呼应，国民党将纪念日活动从有组织的、小范围的仪式传播以媒体议题形式扩散到全社会，成为民国社会必须谈论的社会话题，继而使个人崇拜、三民主义等"党化"性的象征符号弥漫到全社会，成为民国民众日常生活的重要部分。

二、模式化报道：《中央日报》"总理纪念周"报道特点 [①]

总理纪念周和各类国民党"法定"的纪念日，既是党营媒体必须报道的"新闻事实"，也是必须报道的"政治任务"。在这个层面上，总理纪念周和各类纪念日是国民党为新闻媒体预设且每年固定必须报道的"伪事件"。媒体对各类纪念仪式长期的大肆宣传报道，使组织化的纪念仪式传播向社会公共领域扩散、渗透，并使纪念仪式传播成为民国一道奇特的媒介景象。

作为国民党的最高党报，《中央日报》对总理纪念周的报道具有代表性。1928-1938年，该报对总理纪念周的报道相当频繁，根据《中央日报》标题索引数据库统计，累积达3500多条，平均不到两天即有1条相关报道，[②] 而以"纪念"为关键词检索累积达7782条，故以《中央日报》总理纪念周的报道为例，可管窥国民党媒体报道纪念仪式的基本特点。

---

① 本节内容据刘继忠《总理崇拜与主义灌输——〈中央日报〉总理纪念周报道研究》（倪延年等编：《民国新闻史研究·2016》，南京师范大学出版社，2016年）一文基础上改写。

② 通过《中央日报》标题索引数据库检索，以关键词"总理纪念周"、"中央纪念周"、"纪念周"检索分别得到数据146、413、3030条。因"纪念周"关键词包含"总理纪念周"、"中央纪念周"，考虑到标题中没有"纪念周"一词，而内容涉及的报道为统计，故将三个数据相加得到数据3589条，1938年的数据相当少，故估计1927-1938年的报道有3500多条。

国民党明确规定，从中央到地方，各级党部、党政军机关每周均要举行总理纪念周，有时还举行扩大总理纪念周、联合纪念周等。但统计显示，《中央日报》在10年间对总理纪念周的报道并不均衡（如图7-1所示），而是呈现"倒W"型的特征。

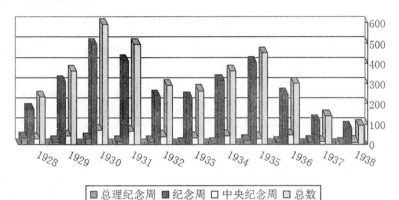

图 7-1　1928-1938年《中央日报》的纪念周报道趋势

注：此图是据《中央日报》标题索引（1928-1949）数据库，以"总理纪念周"、"中央纪念周"、"纪念周"为关键词检索制作而成，其中"纪念周"关键词包括"总理纪念周"、"中央纪念周"两个关键词，但后两个关键词的数据之和远远小于以"纪念周"为关键词检索到的数据。相关数据如下表（单位：条）：

年份	1928	1929	1930	1931	1932	1933	1934	1935	1936	1937	1938	汇总
总理纪念周	33	11	29	15	11	2	6	17	9	11	2	146
中央纪念周	27	40	70	65	39	32	41	30	45	13	11	413
纪念周	175	311	493	414	240	231	315	405	246	118	82	3030
汇总	235	362	592	494	290	265	362	452	300	142	95	3589
纪念	577	943	1049	738	465	532	812	988	753	648	277	7782

由图7-1，图7-2可知，1928-1930年，《中央日报》的纪念周报道呈逐渐上升趋势，并在1930年达到高峰，1930年全年的报道量估计600条左右。之后，纪念周的报道呈逐年下滑趋势，报道总量仍相当多。1933年，纪念周的报道量达到峰底，全年估计不超过300条，几乎为1930年全年报道量的一

半。这一年的检索结果是："总理纪念周"2条，"中央纪念周"32条，"纪念周"231条。

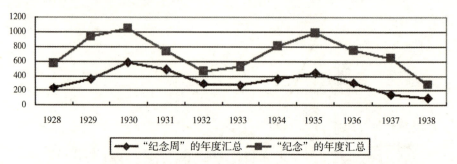

图 7-2　《中央日报》1928–1938 年"纪念周"与"纪念"关键词[①]

1933–1935年，纪念周报道平缓回升，在1935年再次达到一个小高潮。估计全年报道量约在450–500条，之后，其报道量趋于下降，在1937年后急遽下降。估计1937年全年的报道量不超过200条，1938年则约在100条左右。《中央日报》"倒W"型的报道走势，至少表明两点：①自1926年初，国民党全面推行纪念周制度后，其实施情况并不理想，并使纪念周日趋形式化，致使《中央日报》"无法"报道。②仅从数据推测，《中央日报》对纪念周的报道，基本符合新闻报道的走势规律，但也有明显的行政干预的烙印。控制新闻刊发的因素相当复杂，有新闻本身的因素，有记者、媒体的因素，也有政治宣传需要、经济压力及文化、人情关系网等因素，但当某项事件成为一种普遍现象时，其固有的报道价值，也因其报道量的递增、民众阅读疲劳而在达到某个制高点时呈逐步下降趋势，形成一种相对稳定的报道常态。纪念周报道在1930年、1931年达到制高点，固然受当时社会环境的影响，但也说明，随着纪念周在各地区的普遍展开，其报道量也相应达到高潮，然而其趋势并非完全是平稳下滑到某种相对稳定状态。1933年的低谷，1935年的突起及1937年、1938年的急遽下降表明，纪念周报道受到了国民党强有力的调控。其有力佐证是：在纪念周报道的最低潮的1933年，《中央日报》于同年4月7日三版即报道一条消息，其标题是："中央纪念周及重要新闻，各省市电台均须转播"。这条规定虽然是针对各省市电台而言，但也意味着国民党对纪念周报道

①　数据来源见图7-1"注"。

下滑严重不满，并采取了相应的政策补救行为。1935年的小高峰也可能与这一年召开的第五次全国代表大会上国民党决议转变对日政策有关。这再次表明《中央日报》在纪念周报道中完全扮演了国民党"党国喉舌"角色。

在报道形式上，《中央日报》的纪念周报道文本并非丰富多彩，常常是全文刊登各党政要人的纪念周演讲词、报告书，或摘编"演讲"、"报告"内容的长篇消息或通讯。仅以"中央纪念周"为关键词检索，经整理发现，1928—1938年，《中央日报》至少刊登了199篇国民党党政要人的报告、演讲。不少报告或演讲常常连载，如胡汉民1929年4月份的一次纪念周演讲"意志统一与行动统一"，《中央日报》分别从4月11—13日在第五版连载刊登。在版面安排上，纪念周的报道主要集中在2、3版，1、4、5、6、7、8等版也有零星报道。其他文体形式还有简短的消息，综合各地纪念周举办情况的综述消息，及对重要纪念周的"详记"等。

在写作上，除了全文刊登纪念周的演讲词、报告外，简短消息、综合性消息的写作，基本是千篇一律的模式化。基本是何时、何地、有哪个部门举办纪念周，参加者是谁，谁做主席，谁演讲，演讲的主要内容列举一二三条，比较重要的内容有时摘录为标题或分标题、提要题。"详记"则罗列纪念周的各类仪式、程序，其他各纪念日的报道也类似。标题基本常用"谈话演讲之标题"，此类标题根据演讲者之姓名与讲词撮要而制作。[①]如《中央纪念周陈委员立夫报告："全国土地调查经过及其结果"》《中央纪念周由叶委员楚伧报告》《古代圣人之修养与民族改造 于右任在中央纪念周报告》等。这样一种"事实"陈列式的叙述方式，遵循的是"事件"发生的时间顺序，而未根据"新闻价值"予以重新安排，以有意突出党政要人的纪念周报告或演说中透露出的重要政策信息。这表明，《中央日报》的纪念周报道，其意重心不在向民众解读、宣传政策、政纲，而是向民众展示中央党政要人之间的权力秩序，及告知权力者所决定的政策、政纲等。这种报道模式深刻地影响了民国政治新闻的叙述结构、叙述方式，虽备受学者、报人的攻击、诟骂，却未有根本性改观。

---

① 柯武韶：《中国新闻标题之研究》，1935年5月，燕京大学新闻系学生毕业论文。作者列举了制作此类标题的三种办法：（甲）如演讲者为国内闻人或国外名人则应先将其姓名标出，以吸引阅者之注意。（乙）先将演词之题目或其精华标出，然后将其姓名排入分题中。（丙）引用法，引用演讲者所提出之重点作标题。这三类方法在《中央日报》的纪念周报道的标题中均有大量体现。

由此，国民党主导的纪念仪式传播，在向社会公共领域推广时存在一种隐蔽、庞大、从上至下的新闻传播的"灌输"模式。

三、纪念仪式传播的历史效果——以"总理纪念周"为例

仪式是人类社会组织的一种重要文化方式，是由一系列模式和序列化的言语和行为建构起来的象征交流的系统，具有礼仪性（习俗），立体的特性（刚性），凝聚的（熔合）的和累赘（重复）的特征。① 美国学者詹姆斯·凯瑞（James Carey,1934-2006）认为，现代传媒的仪式传播是创造"一种人为的、但却真实的象征性秩序，这种秩序不向人提供信息，而是肯定现状；不改变人的观点或心灵，而是展现事物潜在的秩序；不是发挥，而是再现一种持续但脆弱的社会秩序"。② 中国传统文化非常重视礼仪对个体的教化功能、对既定社会秩序的固化作用。《周礼》、《礼仪》、《礼记》等儒家"三礼"可谓中国礼仪传播的思想精髓，它与孔子的"仁"一道构成传统意识形态的内核：仁—礼—仪。"礼"上承"仁"的社会思想理念，下统"仪"的行为模式；"仪"是"礼"的社会实现，是"礼"的演习形式，而社会、国家、政府与民众的交流直接聚焦点不是"仁"，也不是"礼"，而是"仪"。③ 中国历代统治者均非常重视"仪式"，举办加冕礼、祭天祀祖等各种仪式。可见，仪式传播对构建民族"想象的共同体"、构建主流意识形态有着巨大作用。国民党对纪念日的仪式操练相当频繁，据统计，除了每周一的"总理纪念周"、临时的"总理扩大纪念周"外，国民党中央先后确定的革命纪念日有34种之多。④ 另据统计，民国时期（1912-1949年），历届政府和国民党先后定过40个纪念日，可见南京国民党在抗战前夕制定纪念日的频繁。⑤ 全年举办的各类纪念活动，最多时累积有54天之多；若从举办次数来说，一年内平均每隔4-6天即举办一次纪

① [英]菲奥纳·鲍伊，金泽、何其敏译：《宗教人类学导论》，中国人民大学出版社，2004，第178页。
② [荷]LVAN ZOONEN：《女性主义媒介研究》，广西师范大学出版社，2007，第51页。
③ 森茂芳的《美学传播学》第六章《"仪式"传播的美学结构》对古代中国的仪式传播思想有较深入的论述。见森茂芳：《美学传播学》云南民族出版社，2001，第101-124页。
④ 笔者根据1929年7月1日的《革命纪念日简明表》及历次修正的《革命纪念简明表》和1928-1938年的中常会会议记录统计，实际数目应多于34种。
⑤ 阮荣：《民国时期纪念日的确定与变更》，《民国春秋》，2000年第1期。

念活动①，五月份的纪念活动最为频繁，共有6次纪念日，国民党就把每年五月1日、3日、4日、5日、9日的纪念日合并为五月纪念周。这些纪念日大多要求"各地党政军各机关各团体学校"参加集会，媒体予以报道。

如此大规模安排社会必要时间，举办全民性的纪念活动，表明国民党利用"仪式时间"强化既定社会秩序的迫切需要。②设置"仪式时间"，并在仪式时间内熟练操演象征性的仪式符号，就把仪式参与者卷入了象征符号弥漫的、类似宗教氛围的、时空交叉的传播"场域"。仪式为新闻媒体设置了报道议程，使仪式时间从仪式场所延展到社会公共领域，成为民国新闻舆论的重要组成部分。两者交相呼应，使象征符号潜移默化地植入参与者的灵魂，如此，"仪式政治"成为民国政治文化史上一道独特的风景。③目前健在的民国老人对"总理纪念周"等仪式仍有相当清晰的记忆。④那么，由国民党法定的纪念式的仪式传播活动，⑤其传播效果如何？是否达到其预期，又产生了什么样的历史影响？下面以"总理纪念周"（下简称"纪念周"）为例分析。

1.制度层面的"总理纪念周"可能达到的效果

"总理纪念周"是国民党建构的最主要的社会传播制度平台。总理纪念周

---

① 总理纪念周一年要举办52次，1929年制定的《革命纪念日简明表》有28种纪念日，是国民党革命纪念日最多的简明表。此后的纪念日虽有增减，但总数目趋于减少，故一年中至少纪念活动要举办80次，这还不包括临时举办的各类纪念活动，如把此类纪念活动也计算在内，估计平均约3天或4天即举办一次纪念活动，召开一次纪念大会。

② 所谓"仪式时间"是人类学的一个重要概念。英国人类学家 M·Bloch 研究发现，每种文化内至少存在两套时间观，一套是"仪式时间"（ritual time），另一套是"日常时间"（practical time）。高度阶序化的社会，仪式较多，人们会将较多的时间用在仪式沟通（ritual communication），这与日常时间观是不同的，所以，仪式塑造了社会文化时间。转陈蕴茜：《时间、仪式维度中的"总理纪念周"》，《开放时代》，2005年第4期。

③ 李恭忠：《"总理纪念周"与民国政治文化》，《福建论坛》（人文社会科学版），2006年第1期。

④ 陈蕴茜：《时间、仪式维度中的"总理纪念周"》，《开放时代》，2005年第4期。

⑤ 国民党纪念日的取舍由中常会决定，纪念日的仪式、规程由中宣部草拟。如1929年7月1日，中常会第三届第20次会议通过了《革命纪念日及其仪式和宣传要点案》。1930年7月10日，中常会第三届第100次会议通过了由国民党中宣部修正，经蒋介石、胡汉民等12人审查的《请修正革命纪念日简明表及革命纪念日纪念仪式案》。以后的历次修正也都经过了中常会的最终议决。

法定每周一举行纪念讲演活动，经过学校自发组织纪念周，①国民党规定"恭读总理遗嘱"仪式，从建国粤军总部、广东国民政府等机构的局部性行为，再上升到国民党全党行为，并由国民党依其政权力量在全国普及到各级党政军机构、各学校、各团体，使其成为一种全民行为，总理纪念周取得了国教仪式般的地位。

1925年3月31日，国民党中执会全体会议议决"总理遗嘱"议案，训令各级党部："每逢开会时，应先由主席恭诵总理遗嘱，恭诵时应全场起立肃听"。②1925年4月建国粤军总部以"灌输大元帅主义精神于各官兵头脑中"名义制定《总理纪念周条例》七条，③命令各军队每周一举行纪念周，开军队举行纪念周之先河。《条例》规定了举行纪念周的目的、仪式、主持者、举行时间及对"阳奉阴违"者的惩罚，该条例成为国民党中常会制定的《总理纪念周条例》的蓝本。同年8月17日广州国民政府监察院全体职员在监察委员林祖涵主持下举行了第一次"总理纪念周"，为政府机关举办纪念周之始。同年10月19日，国民党中央执行委员会举行首次"总理纪念周"。与此同时，国民政府也举办了多次"总理纪念周"。1926年1月16日，国民党"二大"正式通过决议，"海内外各级党部及国民政府所属各机关、各军队均应于每星期举行纪念周一次，写入了《中国国民党总章》"。2月12日，中常会议决并公布《总理纪念周条例》，同年5月30日《总理纪念周条例》第一次修正，参加

---

① 孙中山于1925年3月12日逝世后，江苏、上海等学校曾自发举办纪念周以志纪念。1925年3月23日，江苏徐州第十中学召开孙中山追悼会，校长宣传"本周特为中山先生之纪念周，课间多以先生之主义及学说为讲义，俾我（们）能继先生之志"。上海尚文路省立第二师范附属小学也决定举办"孙公纪念周"，只是内容更为丰富，"搜集孙公纪念物，并研究其学说及生平行事等等，籍此以示追悼孙公之意"。

② 广州《民国日报》，1925年5月4日。

③ 条例主要内容：第一条，本军为灌输大元帅主义精神于各官兵头脑中，永久勿俾忘起见，特决定以每星期一为纪念周，永久行之。第二条，纪念周举行之事如左：一、向大元帅像行三鞠躬礼，如在战地无帅像时，向青天白日旗行三鞠躬礼；二、向大元帅默念三分钟；三、各官兵同时宣读大元帅遗嘱，并由官兵长解释其义；四、演说大元帅主义及革命历史。第三条，关于第二条规定，以纪念周（即星期一）上午十时举行之。平时在军营举行，战时在露天举行，其时间以不逾一小时为度。关于上午十时之时间，得因特别情形提前或展缓行之。第四条，由本部仿党证式样颁发手折，上印大元帅遗像、遗嘱、格言以及本条例，俾资遵守。第五条，前项手折各官兵应慎重保存，不得无故遗失，否则以遗失军械例治罪。第六条，对于本条例如有阳奉阴遣（笔者注：违）等行为，一经查觉或举发，除将其应负责之官长撤差外，并另予分别议处。见广州《民国日报》，1925年4月27日。

人员扩展至机关所有党员。自此，纪念周成为国民党上自中央下至各区县统
一执行的"制度时间"，[①]也成为"各种党部把党的主义政策去训练党员的一
个方法"。[②]之后，据笔者不完全统计，《总理纪念周条例》又经过7次修正。[③]
但纪念周的程序、纪念仪式基本未变。[④]首份《总理纪念周条例》规定仪式共
5项，依次是：全体肃立；向总理遗像行三鞠躬礼；主席恭读总理遗嘱，全体
同时循声宣读；向总理遗像俯首默念三分钟；演讲或政治报告；礼毕。1929
年1月修正《总理纪念周条例》，在"全体肃立"后加入"唱党歌"一项，使
仪式成为7项。1930年11月17日把第五项"演讲或政治报告"改订为"讲读
总理遗教或工作报告"。使纪念周的演讲范围从总理遗教、党义阐释扩展到日
常工作报告，增加了纪念周的世俗性和现实政治性。1937年2月，纪念周仪
式再次做了较大调整，由原来的7项增加为10项，依次是：纪念周开始；主
席就位；全体肃立；唱党歌；向党国旗及总理遗像行三鞠躬礼；主席恭读总
理遗嘱，全体同时循声宣读；向总理遗像俯首默念三分钟；讲演总理遗教或
工作报告；宣读党员守则（由主席先宣读前文然后领导全体循声宣读守则）；

---

① 所谓"制度时间"（institutional time）是指根据组织或机构的作息而制定出的不同的时间表
　　及对时间表的不同分割，是组织或机构成员共同遵守的时间。见 Lewis, J·Daivd and Andrew
　　J·Weigert,1981,The structures and Meanings of Social Time, Social Forces 60（2）p434。陈蕴茜借用这
　　个概念，以总理纪念周为例，深入分析了国民党利用纪念周制造孙中山崇拜，灌输意识形态的
　　系列行为及这种行为对国人集体记忆孙中山符号的影响。陈蕴茜：《时间、仪式维度中的"总理
　　纪念周"》，《开放时代》，2005年第4期。
② 《胡汉民先生演说集》，编者、出版者不详，1926，第51页。
③ 有据可查的修正有7次，其时间分别为1926年8月、1930年1月5日、1930年11月17日、1933年
　　5月、1937年2月4日、1939年2月23日、1939年7月20日。
④ 这从1933年5月的《总理纪念周条例》中也可窥全貌。该条例共8条，分别是：第一条 本会为永
　　久纪念总理且使同志皆受总理为全民奋斗而牺牲与智仁勇志人格所感召，以继续努力贯彻主义，
　　特决定凡中国国民党各级党部及因国民政府所属各机关各军队一律于每周内举行纪念周一次。
　　第二条 纪念周以每周首曜（星期一）日上午九时至十二时行之，其每次时间以不逾一小时为度，
　　关于上项之时刻得因特别情形变更之。第三条 举行纪念周时，中国国民党各级党部以常务委员
　　国民政府所属各机关各军队以其所在地之最高长官为主席。第四条 纪念周之秩序：一、全体肃
　　立，二、唱党歌，三、向总理遗像行三鞠躬礼，四、主席恭读总理遗嘱全体同时循声宣读，五、
　　向总理遗像俯首默念三分钟，六、讲读总理遗教或工作报告，七、礼毕。第五条 中央执行委员
　　会仿照党证式样颁发手折上印总理遗像遗嘱格言及本条例，俾资遵守。第六条 对于纪念周执行
　　不力者或有阳奉阴违等情事者，一经查觉或举发，除将应负责之常务委员或长官撤差外，仍另
　　予分别议处。第七条 凡中国国民党党员依据其职业或其它之关系有应出席于某党部或机关或某
　　军部志纪念周者，须于纪念周举行以前齐集，并不得无故连续缺席至三次以上，违者分别议处。
　　第八条 本条例自中央执行委员会议决后公布之日施行。

礼成。[①]仪式由最初的5项增加为10项，既反应了国民党以仪式强化孙中山崇拜的政治目的，也折射出国民党借仪式向全体党员灌输党义，驯服党员，力图弥合党内离心的隐性诉求。

仪式为硬性规范人们行为的枯燥程序，为让仪式参与者自觉遵守仪式，需给出仪式合理的权威解释。传统仪式是历史形成的，无须深度阐发。纪念周仪式是国民党"发明"的，需国民党予以权威且合乎逻辑的阐释。《总理纪念周详解》（国民党浙江省党务指导委员会训练部编印）一书对此做了详细阐发。[②]该书以堆砌华丽的词汇如"救中国的惟一主义"、"引导全人类的惟一的主义"、"空前绝后的救人类救世界的主义"等修饰"三民主义"，极度吹捧"三民主义"的"伟大功效"，据此要以"极恳切的心"崇奉"孙先生遗教"、"诚诚恳恳地举行总理纪念周、参加总理纪念周"。对于举行时间、主席及每项礼仪等问题，除了给予具体修饰性解释外，还予以过度阐释，其中对"默念三分钟"意义的阐释最为典型。

向总理遗像默念三分钟，其重要意义，除表示悲哀情绪和肃穆态度以外，还在默念的"念"字上。……第一分钟是"默默地想着总理底遗教，默默地思维着总理给我们的关于国民革命的目的、方法、工具和手段"……第三分钟是"严密地计划一下，究竟未来一周的工作，要如何才能不违背总理的遗教，要如何才算是一个党忠实信徒的工作……要如何才能发扬总理的主义……向总理遗像默念三分钟，要每分钟都有沉默的思考，才不算落了宗教样式的窠臼，才算是有意义的"。[③]

三分钟内要求参与者做学习、忏悔与计划等如此大跨度的内省式反思。这种"说教式"阐发，完全是根据需要编造的美丽谎言，既不具有学理基础，也无任何现实可行性。其他"全体肃立"、"行三鞠躬礼"、"诵读总理遗教"、"唱党歌"也被赋予了强化记忆、崇敬总理、督促自己反省奋进等多重意义。如仪式结束用"礼成"而不是采用"散会"，因为"礼成是努力的起点，是奋斗的开始！"可见，国民党承继了中国传统文化中文字崇拜的思维方式，在其思维深处仍向原始人那样，相信文字具有神奇的魔力，操纵文字即能达到

---

① 内政部总务司第二科：《内政法规汇·编礼俗类》，商务日报馆，1940，第167页。
② 《总理纪念周详解》，中国国民党浙江省党务指导委员会训练部编印，1929，第7页。
③ 《总理纪念周详解》，中国国民党浙江省党务指导委员会训练部编印，1929，第196—198页。

控制目的。

除此仪式外，参加纪念周还要遵循"仪规"。《总理纪念周仪规》（1936年4月2日）对参加者的着装、礼仪、排列座位等做了详细规定。《仪规》共10条，核心内容是2至9条。[①]上述仪式、仪规的细致要求，远比一般的宗教仪式讲究，表现了国民党仪式传播具有既隐蔽又精细、刻板的特征。

若仅从制度层面考察，国民党对仪式传播运用相当得娴熟。细致、繁琐、重复的仪式营造出来的类似宗教式的传播氛围，实际是把人内、人际、小群体、组织、大众传播等各个层次的传播形态及口语、文字、传单、标语、新闻等各种传播介质杂糅在一起，构造成浓厚的传播"场域"。传播效果研究表明，这样的传播"场域"有"洗脑"般的强大效果。

2. 史实层面的"总理纪念周"传播效果及原因分析

国民党设定种种纪念日及总理纪念周，目的显然是以这些纪念仪式或制度时间整合"一盘散沙"的国民党，增强国民党的组织性、纪律性，使之成为一个有战斗力的"革命"政党，同时借助媒体的宣传，使社会、民众整合成以国民党为中心的有机整体。然而，历史结果是国民党塑造的三民主义的意识形态始终是"脆弱的"，[②]国民党始终未能把握住主流舆论的主导权，但也不能否认国民党的仪式传播没有丝毫效果。已有研究表明[③]：孙中山的伟大形象确实影响了民国一代人，至今健在的老人仍能背诵"总理遗嘱"，也加深了

---

① 其内容是：一、各级当不，各级政府机关，各军队各学校，团体举行纪念周，定依照本仪规行之。二、参加纪念周人员之服装除已有规定之制服者外应依照下列规定。甲、男姓：（一）礼服（素蓝袍、黑褂）（二）中山装。乙、女性：（一）长褂（二）衬裙。三、服装材料一律采用国货，其颜色以适应时令整齐划一为主旨。四、参加纪念周人员排列次序依照礼堂之大小按男左女右酌量规定。五、参加纪念周人员进入礼堂后应各就规定地位整齐肃立不得交谈。六、纪念周礼堂内司仪员、纠仪员由主席指定之。七、纪念仪式如旧，但于开始之前司仪应先司报"纪念周开始"、"嗣主席就位"，然后"全体肃立"。八、礼成后（1）主席先退（2）参加人员鱼贯退。九、纠仪员应核签到簿并在会场查察，如发现有无故不到或在纪念周礼堂中失仪者，应报告主席分别纠正。蔡鸿源主编：《民国法规集成》（69卷），黄山书社，1999，第160页。

② 国民党意识形态的脆弱性是公认的历史史实，已为国内外学界所公认。高华从"三民主义"本身逐条分析了国民党意识形态的"脆弱性的结构"，此观点很有见地。见许纪霖、陈达凯主编：《中国现代化史（1800-1949）》（第一卷），学林出版社，2006，第361-367页。

③ 陈蕴茜从"制度时间"角度，李恭忠从政治文化角度，深入分析了"总理纪念周"仪式对国人集体记忆孙中山形象的强大功效。见李恭忠：《"总理纪念周"与民国政治文化》，《福建论坛》（人文社会科学版）2006年第1期。陈蕴茜：《时间、仪式维度中的"总理纪念周"》，《开放时代》2005年第4期。

国人对孙中山形象的集体记忆；对于强化中国的民族主义，仪式传播也有莫大功劳。但国民党借助纪念仪式传播灌输其一党专制的意识形态的政治意图却完全落了空。造成这种历史悖论的因素是错综复杂的。仅从国民党的仪式传播而言，纪念仪式传播的形式与传播内容之间，纪念日的传播主旨与社会现实之间的巨大张力，是国民党塑造其意识形态失败的根源。也正是这两种难以弥合张力的长期性存在使民国社会的中间力量——知识分子群体——看透了国民党利用纪念日制造英雄崇拜、灌输党义、维护专制统治的政治企图。由于知识分子群体是塑造意识形态的主体力量，当知识分子背离国民党的仪式传播时，就意味着知识分子不仅不能帮助国民党向民众传播国民党的意识形态，反而对国民党意识形态起到了抵制的效果。另外，由于国民党无法切实改善农民群体的生活，各类纪念仪式也就无法得到农民群体的真心拥护。

（1）国民党仪式传播形式与传播内容之间的巨大张力。"媒介即讯息"是加拿大传播学者麦克卢汉的名言，意指媒介本身是比媒介内容更为重要的讯息。从这个角度而言，仪式、仪规本身即是更为重要的讯息。从国民党设定的各种纪念日的仪式、仪规中能解读的讯息主要有：①缅怀、崇敬孙中山，继承孙中山的"遗嘱"。其主要体现是各类仪式均规定向总理遗像行三鞠躬礼、向总理遗像默念三分钟、总理逝世纪念日要下半旗志哀等。②向党员、民众传递等级森严、有序的权力层级意识。这主要体现在开会、唱党歌、行三鞠躬礼、默念三分钟、讲演、散会（礼毕）等固化的仪式程序及对违反者的惩罚措施上。仪式本身是限制自由，训育参与者的等级意识、纪律意识、规则意识的一种传播方式，这种传播方式既契合社会对秩序的要求，又满足了集权统治者对权力分割的等级、森严的期望，故仪式传播的最佳效果是"维系一个有秩序的、有意义的、能够用来支配和容纳人类行为的文化世界"，即维护既定的社会政治文化秩序。这正符合国民党通过塑造意识形态达到整合党员，建构有力量的政党，进而整合民众，满足集权需要的目的。③向社会潜移默化地重复宣示国民党是"总理遗嘱"的合法继承者，具有执政的合法性。这主要体现在仪式的主持者、演讲者及主持者对违反仪式者的惩罚上。仪式既是参与者集合的固化程序，当参与者在仪式中集合时，就意味着他们将扮演不同的仪式角色。国民党纪念日仪式的角色基本分为主席、司仪员、纠仪员、讲演者及参与者，主席、讲演者在中央为中央常务委员担任，在地方由各地高级党部最高负责人担任，在军队由军队最高长官担任。讲演者基本是国民党的精英，每周的总理纪念周讲演者在1929年后均由中常会推定中央常务委员担任。司仪员、纠仪员由主席指定，参与者基本是普通党员和民众，他们在仪式角色中永远属于被动卷入的多数人群，只有主席、讲演者、司仪员、纠仪员才在仪式传播中享有话语权。他们统领、掌控仪式，通过仪式教化、传播他们的思想、观点与态度，参与者在仪式氛围中自觉或不自觉地卷入早已设定的类似宗教氛围的传播氛围，并在情绪上深受传播氛围的影响。仪式程序提前预设了国民党是继承孙中山的遗志、改为合法执政的意识假象。

这三种讯息同时存在却有显、隐之别。第一种是显性的、集体公认的纪念主题，第二种披着"常识"的外衣，第三种戴着"经验"的外衣。第二、三种是隐性的，仅在仪式传播中构成仪式内容传播的媒介平台，仅仅是"呈现"，而不像第一种讯息那样，能在仪式内容中直接表达。这在于，固化的仪式程序常常被人们视为诸如"人"、"政治"、"传播"、"太阳"等"理所当然"的常识，不需解释也能知晓一点儿，要解释清楚却相当费力。故人们常常回避学理化的解释而接受常识；国民党是"中华民国"的统治者。这是民国的基本现实，多费力解释反而被人们眼见的"经验"所嘲笑。故第二、三种讯息均需一番思索才可能获得。

国民党纪念日的仪式内容并不是其设定的纪念主题，偏离主题做另外阐发是经常的事，且这种阐发与纪念主题常常无直接联系。以"总理纪念周"为例，从纪念仪式看，纪念周的主题是纪念并宣传孙中山的思想，纪念周的演讲主题却以宣讲时事政策、工作报告为主，"讲读总理遗教"反在次要位置，成为一种装饰。研究发现，"中央一级的'总理纪念周'，有时候会选国民党内有理论素养的要人（比如戴季陶、胡汉民、汪精卫）作讲演，阐发孙中山的思想和国民党当局的主流意识形态；大多数情况下，各部门、各地的'纪念周'，都是由地方或者部门长官针对实际问题作报告，很多报告的内容，只与现实政情乃至部门具体工作有关，而与纪念孙中山没有任何直接关系，而且越到后来，'纪念周'的世俗性越明显"。[①] 结果是党政部门的"纪念周"往往成为长官一人"作泛泛的报告，余人作洗耳恭听状，纪念周沦为领导对群

---

①　李恭忠：《总理纪念周与民国政治文化》，《福建论坛》（人文社会科学版），2006年第1期。

众的单方面宣传"，其传播完全背离了仪式传播的核心精神。由于政治报告的枯燥无味，纪念周仪式的演讲内容也由"演讲或政治报告"改订为"讲读总理遗教或工作报告"。中央纪念周是"国民党权力中心变动的晴雨表。当国民党权力中心转移时，中央纪念周地位随之下降"，其影响力、规模基本随蒋介石而转移，① 蒋介石借纪念周发动"新生活"运动即为最佳例证。在大学，纪念周有另一番景象，1933年前后，罗家伦执掌中央大学，将全校性的"纪念周"办成了事实上的学术报告会。据《国立中央大学日刊》报道，罗家伦、黄慕松、陈公博、张治中、吴稚晖、戴季陶等政、学两界知名人物均在中央大学纪念周做"学术性"演讲。② 不仅如此，国民党中宣部每年制定的纪念总理诞辰、逝世等纪念办法常常结合时局做些调整，并要求全党各机关贯彻之。如1929年6月3月中宣部拟定，第三届第15次中常会通过的《总理广州蒙难七周年纪念办法》明确要求"于举行纪念时，须切实兼作讨冯之宣传"。③ 类似做法还有很多，由此，国民党利用"孙中山"、"总理遗嘱"等象征符号维护集权统治，成为国民党党员人人皆知而不能公开道破的秘密。虽然《总理纪念条例》明令严惩对纪念周"阳奉阴违"者，中小学的严惩措施甚至更严格，④ 事实却是从中央到地方的各地纪念周，"阳奉阴违"已是潜规则，只不过介于政治高压而不能道破而已。国民党人因在党国体制内不能直接道破，但党国体制外的自由知识分子，敌对政党、派系却可以公开揭破，予以抵制，这就使国民党无法掩盖操控纪念仪式为己所用的意图，遂使纪念仪式传播的社会效果大大消减，尤其是纪念仪式的第二、三种仪式讯息被不同程度地解构乃至抵消。1928年11月12日《大公报》社论以犀利文笔批评"偶像化纪念中山"的错误方法，指出偶像化孙中山有"不止之势"。文章说"所有全国机

---

① 陈蕴茜：《时间、仪式维度中的"总理纪念周"》，《开放时代》，2005年第4期。

② 李恭忠：《总理纪念周与民国政治文化》，《福建论坛》（人文社会科学版），2006年第1期。

③ 中国第二历史档案馆：《中国国民党中央执行委员会常务委员会会议录》（第八册），广西师范大学出版社，2000，第244—245页。

④ 江苏省南通中学1928年学则"惩罚则例"第一条规定："凡干犯总理纪念周规则者施行下列之惩罚。1.未经请假无故不到警告，警告二次以上无效者记过。2.未准病假不着军服或制服者应施行训诫，训诫二次以上无效者记过。3.无故先行退席不服劝告者记过。4.不依坐次紊乱秩序者记过或禁闭。5.仪容不整发声喧器者记过或禁闭。6.故意叫嚣者记大过或重禁闭。7.扰乱会场不服制止者退学。"见南通中学学则，http://www.ntzx.net.cn/xsg/qth/p8-2xuezeright.htm。转引自陈蕴茜：《时间、仪式维度中的"总理纪念周"》，《开放时代》，2005年第4期。

关每星期必开纪念周，必诵遗嘱，必静默。又官吏就职，必对遗像宣誓。而所有求官谋差者，本非党员，而口必称先总理或迳称总理。下至民家集会，亦往往读遗嘱，江南人家有结婚而读遗嘱者矣。夫使纪念中山，而仅在形式与口头禅，则一年来之情形，已可谓普遍全国念兹在兹矣，而何以国事尚无大进步如故也。是以偶像化的纪念中山，为绝对不可"。① 自由主义旗手胡适1929年9月的抨击更尖锐。他说，"上帝可以否认，而孙中山不许批评。礼拜可以不做，而总理遗嘱不可不读，纪念周不可不做……不能不说国民党是反动的"。② 共产党人则在群众运动纲领中提出"反对愚民政策的党化教育"、"废止宗教式的总理纪念周"③ 的主张，1933年11月"福建政变"后，蔡廷锴"电饬各军官兵取下青天白日帽徽及孙中山遗像，停止每周的总理纪念周"。④

（2）国民党纪念日传播主旨与社会现实之间的巨大张力。无论是总理纪念周或"革命先烈"纪念日，还是国定纪念日，其主题均从各个层面或明确标榜或隐晦暗示国民党是"总理遗嘱"的合法继承者，也只有国民党才能带领民众实现孙中山的"三民主义"。由于国民党宣称的"三民主义"理论上存在着巨大矛盾，政策层面不仅不能解答现实的质疑，也滞后于时代的需要，结果使"三民主义"成为各种随意性口号的堆砌。孙中山三民主义是其长期革命实践的产物，具有自身结构的完整性。其理论来源，孙中山自称是"有因袭吾国固有之思想者，有归抚欧洲之学说事迹者，有吾所独见而创获者。"⑤ 也就是说，孙中山把英美民主主义、中国传统文化、苏联革命专政思想三个不同的思想资源，在政治实践中加以融合，最终形成了以"联俄、联共、扶助农工的三大政策"为具体体现，服从于国民革命需要，完整的"动员型意

① 《所以纪念孙中山先生之道》，《大公报》，1928年11月12日社论。
② 胡适：《新文化运动与国民党》，《新月》第2卷第6-7号，1929年9月。
③ 《学生运动的现势与我们目前的任务——中央通告第六十二号》，《列宁青年》2卷1期，1929年10月。
④ 蔡廷锴：《回忆十九路军在闽反蒋失败经过》，全国政协文史资料研究委员会编：《文史资料选辑》第59辑，中华书局，第96页。
⑤ 《中国之革命——为上海〈申报〉五十周年纪念而作》（1923年1月29日），见黄彦编注：《自传及叙述革命经历》，广东人民出版社，2007，第173页。

识形态结构"。① 这一结构在"总理遗嘱（一）②"中有着明确的表达：

余致力国民革命，凡四十年，其目的在求中国之自由平等。积四十年之经验，深知欲达到此目的，必须唤起民众及联合世界上以平等待我之民族，共同奋斗。

现在革命尚未成功，凡我同志，务须依照余所著《建国方略》、《建国大纲》、《三民主义》及《第一次全国代表大会宣言》，继续努力，以求贯彻。最近主张开国民会议及废除不平等条约，尤须于最短期间，促其实现。是所至嘱！

"总理遗嘱（一）"共171字，明确表示要达到"中国之自由平等"，"必须唤起民众及联合世界上以平等待我之民族"。国民党夺取政权后，对"唤起民众"始终采取回避的政策与态度。③ 这与纪念日是一种动员性传播方式发生内在冲突，国民党解决办法是在历次的纪念日办法中明确规定一律不准组织民众团体上街游行，各类纪念日、纪念活动绝大多数由各级党部召集、组织并在封闭的礼堂内举行。最能激发民族主义情绪，唤起民众应对日本侵略的国耻、国难等纪念日，国民党的纪念办法更是详加规定，"讲演前后不得结队游行及举行任何游艺"几乎是国民党国耻、国难类纪念日的惯例，即使是总理诞辰、逝世，中华民国成立等重大纪念活动，国民党也是禁止"结队游行"。这就形成"总理遗嘱"核心精神与国民党纪念仪式行为的直接对抗，奉"总理遗嘱"为宪法的国民党，除了修改纪念日规定外，是无法做出合理解释的。对此，国民党以政治高压垄断"三民主义"解释权，回避三民主义的基本精神与其政策行为的内在冲突，由此就在国民党纪念仪式传播中造成了"沉

---

① 见许纪霖、陈达凯主编：《中国现代化史（1800-1949）》（第一卷），学林出版社，第361-362页。
② 总理遗嘱共二，其一是国事的嘱咐，其二关于家事的。全文如下："余因尽瘁国事，不治家产。其所遗之书籍、衣物、住宅等，一切均付吾妻宋庆龄，以为纪念。余之儿女已长成，能自立，望各自爱，以继余志。此嘱。"
③ 也正是在是否要唤起民众、如何唤起民众的问题上，国民党与共产党有严重分歧，国民党党内左、中、右三派的态度也不一致，左派倾向动员民众，以民众为革命力量的源泉，右派则反对唤起民众，抵制各地的农工运动。因此，是否要唤起民众这一问题，不仅是国共分裂的一大因素，也是国民党左、中、右三派分裂的根源之一。

默的螺旋"式的表面认同。

民族主义被孙中山放置在"三民主义"之首，孙中山晚年更强调"民权"、"民生"两主义，蒋介石等国民党党政要人却执意突出民族主义，并把民族主义与传统伦理文化相结合，着重宣传"爱智勇"，突出强调"忠勇"、"孝顺"、"仁爱"、"信义"等传统道德修养。然而，面对来自日本侵略形成的民族危机，国民党却固执地执行"攘外必先安内"的对外政策，对日隐忍妥协。也无法解释民族主义发出的强烈质疑：为何在国难关头，仍要反共，仍要"自己人打自己人"。蒋介石只能不顾共产党、红军是有主义、有思想的政治和武装力量的根本事实，把共产党与红军称为"土匪"，只能用"服从命令"的训斥，回答蔡廷锴、张学良等的疑问，来摆脱在解释问题上无法回避的窘境。蒋介石尚且如此，对于纪念周的演讲也就更无法直面这一问题。

孙中山民权主义的核心是赋予民众以"人权"，在"总理遗嘱"中的体现是"自由平等"二字，国民党"训政"是训育人民拥有监督政府的四权。然在纪念周及各类纪念日的纪念演讲主题中，民权问题基本处于搁置状态，将此作为演讲主题，在国民党的纪念周或各类纪念日活动中也是凤毛麟角。蒋介石更以反对不平等条约、收回权利为由，利用民众反对西方列强的情绪攻击英、美民主主义和自由主义，从侧面迂回狙击"民权"。20世纪20-30年代法西斯主义宣传更是喧嚣一时，更与"民权"背道而驰。

民生主义方面，1928-1937年被台湾学者称为"黄金十年"，国民经济有所发展，但在改善民生尤其是底层民众的民生方面，国民党的成就阙如。"新生活"运动虽喧嚣一时，本质却是传统文化的重复说教；在农村，蒋介石以"剿匪"名义推行"保甲"制度，拒绝在农村实行"土改"，分给农民田地。这就使市民、农民群体无法得到"看得见"的实惠，相反，各种杂税却让他们感到切实"压迫"。这一事实显然违背孙中山的精神。

面对来自理论的、现实的、常识的种种质疑，国民党除了垄断"三民主义"的话语解释权外，在理论建构方面基本毫无建树。国民党没有专门的三民主义理论研究部门，除个别之外，没有高级专家对三民主义做学理性或政策性的深入研究，[①]这既使已脆弱的官方理论更显粗糙，又让三民主义口号缺

---

① 《所以纪念孙中山先生之道》，《大公报》，1928年11月12日社论。

乏政治实践的支撑。

综上所述，国民党虽在纪念日的规章制度上设定了精细的仪式，企图借助仪式达到训育教化的目的，但是纪念仪式蕴含的仪式讯息与纪念主题的内在张力，纪念主题与国民党现实政策的内在冲突，及自由知识分子、敌对政党、派系对纪念仪式的揭露、抵制，使国民党无法合理解答人们对举办纪念日仪式的意义、价值的强烈质疑，这种质疑、不满的情绪虽在国民党的宣传攻势下被稀释、粉饰或掩盖，但不满情绪却以"沉默的螺旋"的方式扩散，随着时间推移，国民党利用纪念仪式制造个人崇拜、施行专制独裁的阴险目的就曝光于天下了。

当仪式参与者知晓仪式是愚弄人的游戏时，在政治高压下，他们要么"顺应"仪式，以玩世不恭心态参与仪式；要么"反叛"仪式，批判并拒绝参与仪式；要么与仪式"共谋"，借仪式谋取威望、财富等个人私利，此类人虽极恭敬、严肃的态度参与仪式，私下却以嘲讽、挖苦的方式解构仪式的尊严、肃穆。依据丰富的档案资料、各类文献，陈蕴茜对此做了细致、详细的勾勒，描述了民国政、学两界抵制、嘲讽总理纪念周的种种面向，[1]故不再一一叙述。

各类主题的纪念日也并非按照中宣部制定的纪念办法严格执行。流于形式、应付、敷衍了事的现象经常出现。对此，国民党不得不一再删减、合并纪念日，以取得宣传效果。《革命纪念日简明表》自颁布在"集中宣传力量增加纪念意义"的原则下，先后经过了四次修正。[2]如1930年5月22日（3届93次中常会），中宣部根据革命纪念日推行的反馈情况，提出了修正《简明表》的原则：（一）减少纪念日数；（二）合并性质相类似之纪念日，增入革命殉难烈士纪念日；（三）删除影响较小之纪念日。[3]

---

[1] 陈蕴茜：《时间、仪式维度中的"总理纪念周"》，《开放时代》，2005年第4期。
[2] 《革命纪念日简明表》最初由李文范委员奉中常会旨意整理，中宣部再次整理后于1929年7月1日第三届第20次中常会修正通过。1930年7月10日的第三届第100次中常会修正。1934年11月15日第四届147次中常会修正，1935年3月28日第四届164次中常会再次修正，1835年9月12日再次修正。
[3] 中常会把中宣部的提案交给蒋中正、吴敬恒、王宠惠、胡汉民、谭延闿、邓泽如、古应芬、戴传贤、邵元冲、叶楚伧、林森、张继12名委员审查，并由胡汉民召集，经上述委员议决后，于1930年7月10日在第三届第100次中常会上修正通过。见中国第二历史档案馆：《中国国民党中央执行委员会常务委员会会议录》（第十一册），广西师范大学出版社，2000，第486-487页。

第二节　党国政策的灌输与辩护："攘外安内"的报道分析 [①]

政策是政党活动的基础，治国理政的重要工具。政策是否契合形势，符合实际，是否为公众知晓，决定了政策的实际效果。现代传媒在政策运行系统中扮演着让公众知晓政策、拥护政策，下情上达，修正、制定政策的重要角色。抗战前十年，国民党党治框架下"训政"，既是国民党一系列谋略、法令、措施、办法、方法、条例等规则体系的形成、运行过程，也是这一过程的自然结果。党营传媒在"训政"政策运行链条中自然要服从于"训政"政策，为政策的制订、修订提供信息，将政策精神灌输给公众，为政策辩护，乃至监督政策的执行，将政策偏差、政治执行情况上达决策层。本节无意考察国民党"训政"政策的历史得失，而着重研究党营传媒在政策运行过程中的作用、表现。即便如此，二十世纪三十年代，国民党的政策相当繁杂，一一考察党营传媒在其出笼、运行中的表现，本书力所能及。在此前提下，本书选择《中央日报》与"攘外必先安内"政策作为观察点，以量化、定性研究细查党营传媒在国民党政策运行中的历史表现。选择理由是：①《中央日报》是国民党行政级别上最高党报，蒋介石集团直接控制的全国性的大型报纸，其对"攘外必先安内"政策的报道具有代表性，在理论上该报应是"攘外必先安内"政策的忠实拥护者、宣传者；②"攘外必先安内"政策是国民党蒋介石集团在20世纪30年代处理内政外交的基本政策，这一政策历史跨度长，影响面、波及面广，且备受批评与争议，对国民党影响深远。③多年来，学界对"攘外必先安内"政策做了较为详尽的研究，[②] 但对于这一政策与国民党《中央日报》关系的论述，常语焉不详，有不少模糊之处。研究者的思路基本是从"党国喉舌"的媒介定位，依据有限史料断定《中央日报》充当了"攘外安内"政策的宣传喉舌，并未呈现《中央日报》视野中"攘外安内"政策的历史形象，也未深究《中央日报》的报道是否完全贯彻了政策精神，以及

---

① 本节内容据刘继忠《政策与喉舌：〈中央日报〉"攘外必先安内"报道的量化初探》（倪延年等编：《民国新闻史研究·2014》，南京师范大学出版社，2014）一文改写。

② 段妍：《近20年来蒋介石"攘外必先安内"政策研究热点述评》，《北京党史》，2005年第5期。

《中央日报》的"攘外安内"的政策宣传与蒋介石"攘外安内"政策实质精神的偏差问题，因而无法探究国民党的基本政策与其政治宣传的历史关系。形成这一研究空白的根源在于依靠传统史学研究方法处理海量的历史报道资料是一项浩大的工程。④《中央日报》1928-1949年标题检索版数据库的出现，为量化研究这一难题提供了现实可能。该数据库由易文网与台湾宗青图书出版有限公司合作推出，收录了上海《中央日报》和南京《中央日报》1928-1949年的标题（未做删节处理，但有"录入数据错误和简／繁的转换错误"），①而《中央日报》的标题基本属于"实标"，标题能够揭示该文章的主旨、倾向等核心信息。因此，对1928-1938年《中央日报》有关"攘外安内"的相关标题做量化分析，是能呈现《中央日报》视野中"攘外安内"政策的媒介形象的。

一、"攘外安内"与"逻辑假设"

"攘外必先安内"政策是民国史研究的热点，相关成果相当丰富，但对该政策研究的文献综述表明，②研究基本集中在政策本身，集中于政策提出和确立的时间，政策提出的原因，南京国民政府改变和放弃政策的原因，政策实施的后果，"攘外"与"安内"的关系，"安内"的具体内容，政策在不同历史时期的演变、政策对国共关系的影响，等等，至于该政策与国民党新闻传媒的关系，还没有深入展开研究。学界基本认为，该政策是蒋介石集团应对当时时局的一种无奈抉择。1929年由蒋介石提出的该政策的实际意义和影响均较有限。"攘外"主要是指苏俄和日本，口号宣传意义大于实际行为；"安内"主要针对蒋的地方实力派，渐次转向中共。"安内"以武力为基本诉求。"九·一八"事变后，蒋介石正式提出"安内攘外"政策，并将其上升到"总体战略的高度，成了处理内外关系的基本准则"。③此时，"安内"优于"攘外"，成为蒋介石集团处理内政外交的重心。安内"首先是以武力镇压中共武装，消弭中共威胁，确立国民党的一党专政；其次是驯服党内、国内的反对派，消弱地方实力派，扩展中央统一力量，必要时不惜动用武力；再次为安

---

① 《中央日报》（1928-1949）标题检索版（GBK 网络版）数据库的网址是 http://www.ewen.cc/zyrb/。

② 相关文献综述主要有：段妍：《近20年来蒋介石"攘外必先安内"政策研究热点述评》，《北京党史》2005年05期；薛钰：《蒋介石"攘外必先安内"政策研究综述》，《民国档案》，1995年第2期；高会彬：《南京国民政府"攘外必先安内"政策研究述评》，东北师范大学硕士学位论文，2004。

③ 李云峰、叶扬兵：《蒋介石"安内攘外"理论的两个层次及其关系》，《史学月刊》，1996年3期。

定社会、充实国力、增强抵御外侮的能力"。[①] 对日妥协是主基调，妥协以日本不危及中华民族及国民政府统治的生存权为"最后关头"。1934年蒋介石围剿红军得手，在党内也确定了最高权威，在日本侵略步步紧逼和民众要求抗日及中共发出建立抗日民族主张等背景下，"安内攘外"政策有所改变，"攘外"成为政策中心。"七·七"事变爆发，该政策在张、杨的"兵谏"下宣告结束。

蒋或蒋亲信掌控的南京《中央日报》，在全程贯彻"攘外必先安内"的政策的同时，理论上以"攘外安内"政策为其报道总方针，全面解读、系统宣传该政策，并尽力驳斥政策批评者，为政策推行营造良好的舆论氛围，达到政策动员的目的。研究者大多持这一观点。蔡铭泽教授认为《中央日报》将"攘外必先安内"的政策作为自己一切宣传活动的根本指导并广泛而努力地宣传贯彻执行，且"做得相当卖力"。程沧波还根据"攘外必先安内"政策，拟定了"为政府辩护"的宣传方针。这个宣传方针和"攘外必先安内"的政策根本目标是一致的。[②] 由此可推定《中央日报》"攘外安内"政策报道应紧跟该项政策，其报道量与政策重心的演变、政策重视程度紧密相关；可以推定该报会为"攘外必先安内"政策做各种理论辩护，论证该政策实行的必要性，实行的现实意义与社会价值，反驳该政策的反对者。也可假定1931年、1934年、1938年是《中央日报》"攘外必先安内"报道量年度走势转折的关键点；1929–1934年，《中央日报》的"中共"报道量走势应高于"日本"报道量走势，1934–1937年日本报道量走势应高于"中共"报道量走势。

二、《中央日报》媒介镜像中的"攘外必先安内"

对1928–1938年《中央日报》"攘外必先安内"相关报道分析发现，《中央日报》镜像中的"攘外必先安内"政策与蒋介石"攘外必先安内"政策精神并非如上逻辑推演，二者之间存在许多差异。总之，《中央日报》塑造的是个复杂、多元、悖论并存的"攘外必先安内"的媒介镜像。

1.《中央日报》对"攘外必先安内"政策的理论辩护

作为政党或国家的一项基本政策，其提法不能是民众集体记忆中的贬义

---

① 黄道炫：《蒋介石"攘外必先安内"方针研究》，《抗日战争研究》，2000年第2期。

② 蔡铭泽：《中国国民党党报历史研究（1927–1949）》，团结出版社，1998，第134–135页。

词，否则该项政策极易遭到反对派、不同政见者的质疑，也不利于政策在民众间的推广。孙中山的"训政"理念，因其发明的"训政"一词含有"乾隆训嘉庆"、"慈禧训政"的负面典故，虽经孙极力将该词与"伊尹训太甲"、"周公训庄公"等褒义典故相联系，但其"训政"理念仍招致黄兴、陈炯明等许多革命党人的误解、敌视乃至反对，认为训政与封建专制有关。后来，陈炯明炮轰总统府，原因之一是对孙中山"训政"理念的误解。[①]"攘外必先安内"是古代中国的统治者"外敌"难破却不构成致命威胁、"内困"不息且统治者力量大于敌对力量的情况下，以"外敌"威胁为由整肃内部、清除异己，凝聚力量迎战"外敌"的御侮策略。如南宋朱熹为应对农民起义与金兵入侵向当局提出先"安内"后"攘外"的方案；清末制定了"灭发捻为先，治俄次之，治英又次之"的解困方针。但这些政策多以失败告终，遂使"攘外必先安内"在国人集体记忆中成为"妥协投降"的贬义词，与之形成鲜明对照的"欲安其内，先固其外"（西汉，桑弘羊）的提法是"保家卫国"的褒义词。

蒋介石以此政策处置中国的内忧外患，须"漂白"该词。面对来自孙科、李烈钧（《集中国力挽救危亡案》，1932年12月27日的提案）、李宗仁（《焦土抗战论》，1933年）、丁文江（《假如我是蒋介石》，1933年1月）、新记《大公报》（《全国同胞只有一条路》，1932年2月2日）、鲁迅（《安内与攘外》，1933年5月5日）、邹韬奋（《消弭内战的唯一途径》，1936年6月13日）等各界人士的质疑与抗议，蒋给出四点辩护理由：①中共是"腹心之患"，"中国亡于帝国王义，我们虽然当亡国奴，尚可苟延残喘，若亡于共产党则纵肯为奴隶亦不可得"（1931年8月22日）；②"统一方能御侮"，中日国力、军力悬殊，若对日强硬可使中国在战略上"处于腹背受敌内外夹攻的境地"；③"征诸历代兴亡，安内始能攘外"，越王勾践、岳飞、史可法等历史诸贤能隐忍才值得后世尊敬，故"抗日必先剿匪"；④忍无可忍的"最后关头"是政策改变的心理底线，蒋在日记中写道"非至最后关头，乃确有把握可以得到相当价值，且必可保存党国之时，则不作无益之牺牲"（1932年底）；又说"如至国际条约信义一律无效，和平绝望，到忍耐无可忍耐，且不应忍耐之最后地步，则中央已有最后之决心与最后之准备"（1931年9月）。

---

① 韩健：《孙中山训政思想溯源》，转王人博等：《中国近代宪政史上的关键词》，法律出版社，2009，第170页。

　　作为"本党主义之辩护人"的《中央日报》，需要"为政府辩护"、"根据党义替政府罪已认错"。[①] 这意味着《中央日报》须回应各方批评、质疑，全面诠释蒋介石的辩护词，将贬义的"攘外必先安内"漂白为现实国民记忆中的褒义或中性词。但检索1928年2月1日至1938年12月31日的《中央日报》标题数据库发现，该报对"攘外必先安内"政策本身的辩护并不充分。笔者分别以"攘外"、"安内"为主题词检索，然后剔除重复者与不相关者，10年间共发现39次报道，除3篇文章外，其余均为消息、电报或纪念周演讲的内容摘要或全文。3篇文章并非直接阐述"攘外必先安内"政策，1篇论述安内攘外与推行民兵制度的关系，1篇论证清查户口是安内攘外的基本工作，1篇试图从历史中论证攘外安内政策的合理性，刊发时间却是1937年3月23日。[②] 其他报道基本是表态支持，呼吁号召，或以政策督促反对派系等。另外，39次报道的刊发时间上与政策正式确立（1931年）、政策转变（1934年）及政策结束（1937年）等关键点时间点并非完全相一致。由表（7-1）可知，政策确立的1931年报道量并不多，报道量最多的是1932年（除5次连载外，全年共有9篇报道），1934-1935年政策转变时仍有6篇，1937年政策行将结束却出现7篇报道，从报道标题看，这些报道与西安事变有关。可见，《中央日报》对"攘外必先安内"政策本身的解读、辩护并不充分，也非"做得相当卖力"。

表7-1　《中央日报》标题提及"攘外"、"安内"的频率

年份	1930	1931	1932	1933	1934	1935	1936	1937	1938
报道次数	1	5	14	6	4	2	1	7	0

　　为何如此？这可能在于以下两点：①面对抗日舆论的环攻，《中央日报》对"攘外必先安内"提法的过度辩护，势必招致民众对《中央日报》的反感从而进一步降低《中央日报》在民众中的信誉。②在蒋介石集团严格控制《中央日报》的情况下，对"攘外必先安内"政策的阐发，稍有不慎可能碰到蒋的"心理雷区"，招致蒋的批评；若阐发非常契合蒋的心理，可能招致国民党

[①] 程沧波：《我在本报的一个阶段—时代环境及宣传政策》，台湾《中央日报》,1957年3月20日。

[②] 这三篇文章分别是《安内攘外与推行民兵制度》（相每，1932年1月27日、28日、29日，2月1日，2月9日，分五次连载，然最后一篇仍标注"续"）、《清查户口是安内攘外的基本工作》（袁野秋，1936年7月3日第12版）、《谈明王司冠玄珠的攘外必先安内疏》（栽虹，1937年2月23日第12版）。

内要求抗日的爱国将领、胡汉民等反蒋派的私下指责。对此，社长程沧波有意避开民意锋芒，以国民党革命史、民族主义、训政约法、传统纪纲等为宣传侧重点，以"为政府辩护"为宣传策略。①

2.《中央日报》"安内"与"攘外"报道的量化分析

二十世纪二三十年代，南京国民政府的"攘外"对象主要是日本，其次是苏俄。济南惨案后，蒋介石认识到日本是中国最主要的外部威胁，其外交政策即转向与英、美、德结为盟。中东路事件爆发后，中、苏之间基本处于"冷战"状态，"安内"对象主要是中共，阎锡山、冯玉祥等地方实力派及胡汉民等党内异见者，是蒋介石"安内"的次要关注对象，蒋以威胁其掌握国家权柄的危险程度不时地将之确定为"敌"或"友"。鉴于"攘外必先安内"政策的正式提出是在中原大战之后，故"攘外必先安内"政策的实质是先"安抚"中共，后攘除日本。据此，根据《中央日报》报道文本，提炼出与主要安抚对象"中共"相关的15个关键词（分别是"共匪"、"匪共"、"赤匪"、"共祸"、"赤祸"、"朱毛"、"毛匪"、"朱匪"、"彭匪"、"中国共产党"、"共产党"、"围剿"、"剿匪"、"剿赤"、"剿共"）及与"攘外"主要对象"日本"相关的14个关键词（分别是"日军"、"日本"、"日人"、"日侨"、"中日"、"日使"、"驻日"、"暴日"、"倭寇"、"日寇"、"仇日"、"抗日"、"抗战"、"反日"），及辅助性的攘外报道——《中央日报》民族主义宣传策略相关的16个关键词（分别是"国货"、"国难"、"救国"、"救亡"、"东北"、"沦陷"、"九一八"、"五卅惨案"、"民众"、"义勇"、"绝交"、"请愿"、"日货"、"仇货"、"满洲"、"伪满"），通过关键词检索《中央日报》1928-1949年标题检索版数据库，形成基础性数据，然后在此基础上进行量化对比分析，形成图7-3。由图7-3可知，《中央日报》"攘外安内"的报道框架是由各种主客观因素综合形成多重

---

① 1957年程沧波曾做如下坦诚，"在四面环攻中的本党，其宣传中心，可以归纳为下列几个要点：第一，根据本党革命之历史，使全国绳然以党国利害休戚相关，使民意与党意，接近距离而成混合体。第二，根据本党民族主义之理论与事实，诱示人民，本党领导之政府，在最后关头，必然起而全面抗日。但在最后关头来临之前，必须忍辱负重，安内而后攘外。第三，在训政时期，拥护训政时期约法为国家根本大法，使本党的党治，在法律上得着依据而不容随意受人攻击。第四，用中国传统的纪纲阐发本党的领导权，对于国内的叛乱加以严正的宣扬。第五，根据事实、真理为政府辩护，对政府批评。根据党义替政府罪已认错……"。程沧波：《我在本报的一个阶段——时代环境及宣传政策》，台湾《中央日报》,1957年3月20日。

历史面相,这一历史面相并未完全地贯彻、真正体现蒋介石集团"攘外必先安内"的政策精神。

(1)报道数量上,《中央日报》客观上形成的"攘外必先安内"的报道框架是"攘外"始终优于"安内"。从图7–3可知,1929–1937年间的中共报道总量(4838条)、年度报道量、日均报道量(1.47条)均明显低于日本的报道总量(12015条)、年度报道量、日均报道量(3.66条)。在政策正式出台的前两年(1931年、1932年),政策重心强调"安内"优于"攘外",《中央日报》"攘外"年报道量却远远高于"安内",1931年的"攘外"年度报道量比"安内"年报道量约高1.7倍(多1666条),1932年仍约高2.67倍(多1816条)。若考虑到外围的"攘外"报道——民族主义的宣传策略,《中央日报》"攘外"报道量的各项指标更是远远高于"安内"。这至少表明蒋介石集团严厉管制下的《中央日报》是以消极、应付的心态报道该政策的。其具体表现:一是《中央日报》未直接刊发社论阐述"攘外必先安内"政策的合理性、必要性;二是当政策重心在1934年调整为"攘外"优于"安内"后,《中央日报》更乐于"攘外"报道,遂使"安内"报道逐年下降与"攘外"报道逐年上升形成鲜明对比,政策结束的1937年,"攘外"年报道量比"安内"年报道量竟高9倍多(多821条)。

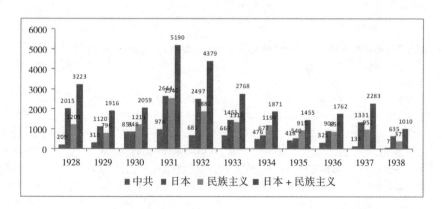

图7–3 《中央日报》1928–1938年"中共"、"日本"、"民族主义"报道量走势

(2)报道基调上,民族主义是《中央日报》"攘外安内"报道框架的主基调。这主要体现在民族主义的年报道量、报道总量均高于中共,略高于"日本"报道总量,且与"日本"的年报道量的走势基本一致。近代意义上的民

族主义是一种民族存在信念和民族国家理念相结合的"民族国家"的主义，它建立在"天赋人权"、"主权在民"的基础上，具有很强的国家意识、疆域意识、主权意识。中国传统的民族主义是建立在"华夷之辨"、"朕即国家"基础上的一种文化民族主义，其国家意识、主权意识、疆域意识比较淡薄，掌握国家政权的意识则非常强烈。[1]经过辛亥革命洗礼的国民党，其民族主义是一种正在形成和发展的民族主义，其表现是"操之在我"的政权意识与日益觉醒的国家意识、疆域意识、主权意识仍在内心搏斗着。"攘外必先安内"政策的出台、演变及破产，既是国民党民族主义的生动体现。图7-3表明，《中央日报》切实贯彻了蒋介石集团的民族主义思想，其明显体现是《中央日报》"民族主义"的年报道量与"日本"年报道量的走势基本正相关。二者基本上随时间的推移而起伏，只有在1930年、1934年、1935年间前者略高于后者。蒋介石是一个爱国、保守的民族主义者，在中日国力悬殊巨大的条件下，蒋不敢真正动员蕴藏在人民群众中的抗日力量，面对日本步步入侵，他采取了隐忍、保守、有限的民族主义动员策略，[2]由此形成了《中央日报》"隐忍、保守、狭隘"的民族主义宣传策略。以这一策略教化民众，既能规避来自蒋介石集团的政治风险，也能为"攘外"做国民的精神动员，为"安内"提供合理性。

（3）报道走势上，《中央日报》"攘外"与"安内"报道与"攘外安内"政策的出台、调整、消亡有一定关联性。其体现是《中央日报》"日本"、"中

---

[1]　关于中国近代的民族主义问题是学界讨论的热点话题，各方观点各异，杨奎松对此有清晰的论述，本文采取杨奎松的观点。见杨奎松：《从历史的眼光看待中国的民族主义问题》，《国际政治研究》，2006年第1期。

[2]　《中国国民党中央执行委员会常务委员会会议录》显示，国民党几乎在每次重大事变中都会制定相应的宣传方针。如1928年5月的济南惨案，中常会召开6次专题会议，通过了反对日本出兵宣传大纲、五三惨案宣传方略、宣传大纲、宣传标语等10多个文件。1931年7月的万宝山事件，中常会通过了反日运动方案；"九一八"事变，中常会通过了对日经济绝交、拨付10万国际宣传费、展开学生自强救国运动、举办哀悼国难大会、抵制日货等文件。因中常会常务委员会的会议记录有所遗失，"一二八"事变、华北危机等事件未发现相关记录，但有"九一八"、"一二八"等国难纪念的宣传大纲的记录，如1932年9月的"九一八"国难是"下半旗一天，各机关照常办公，自行集会纪念"，同年双十节纪念是"注意收复东北失地，努力抗日御侮，国军剿匪胜利之宣传"等。这些宣传文件的核心是隐忍、保守、狭隘的民族主义宣传观，其核心是：一、舆论抨击日本侵略的残酷行为与事实，开展外交舆论战，争取国际同情；二、防止宣传"过激"构成日本挑衅的新借口或"落入日本圈套"；三、防止"共党"、"敌对派系"借机"煽动"，并力图把日本侵略激发的民族仇恨转嫁到中共及敌对派系身上；四、安抚民众抗日情绪，有限动员民众，使民众力量做政府与日交涉的民意后盾。

共"年报道量在1928-1938年的基本走势上。1928-1930年是"攘外安内"政策的酝酿期，济南惨案使蒋介石意识到日本是中国的最大外患，对日侵略却取隐忍态度，国民政府未正式对外公布"攘外安内"政策。这期间"中共"、"日本"的年度报道量成反相关。由于济南惨案的带动，[①]"日本"年报道量以高企开场，因1929年"中东路事件"的舆论分流影响，在1929年、1930年呈下降趋势。1928年"日本"年报道量高达2015条，1930年却仅有848条。与之相反，"中共"年报道量在这三年间呈逐年上升态势，这与中共力量在农村根据地逐年壮大及对国统区广泛渗透有关。故1928-1930年"日本"、"中共"年报道量的走势，新闻来源多寡的影响应优于"攘外安内"政策的影响。1931-1934年为"攘外安内"政策正式确立、实施期。这五年间，《中央日报》的"日本"、"中共"的年报道量均呈现高企开场、逐年下降的发展态势。1931年，日本先后在东北制造了万宝山事件（1931年4月–7月）、中村事件（1931年5月–8月）、柳条沟事件（1931年9月18日）等系列事件，尤其是九一八事件，再次激起了国内抗日舆论的高涨，受此影响，1931年"日本"年报道量高达2644条，日均7.24条，为1928-1938年间《中央日报》日本年度报道量的历史最高。随后的四年"日本"报道量虽在前两年保持高企状态，却呈逐年下降态势，到"攘外安内"政策微调后的1935年"日本"报道量降到了十年间的历史最低，仅为540条。这种发展态势很大程度上是国民党调控的结果。"九一八"事变后，"攘外安内"政策正式公布，其政策重心是"安内"优于"攘外"，对日益高涨的抗日舆论，蒋介石采取的却是默认、支持转向公开限制下的党内组织动员的控制策略。"九一八"事变后，蒋介石力图以国联解决日本侵略东北问题，需要国内外抗日舆论作为政治解决的民意后盾，《中央日报》亦对高涨的抗日舆论取支持态度，这导致1931年日本报道量的高企。由于蒋不敢果断下定决心与日开战，面对日本战争威胁和国内高涨的抗日舆情的对决形势，蒋汪政权以"安内"回避抗日问题，以妥协、限制抗日

---

① 济南惨案爆发后，蒋介石采取隐忍态度，主张以外交解决，为对日本施以舆论压力，对国内舆论采取了放开攻击日本的宣传策略。国民党中常会于1928年4月21.23.24日、5月5.6.10日召开了第二届128.129.130、133.134.136次中常会会议，集中讨论日本入侵，拟定了《反对日本出兵宣传大纲》、"五三惨案宣传方略"、"五三惨案宣传大纲"等详实的宣传策略。见中国第二历史档案馆：《中国国民党中央执行委员会常务委员会会议录》（第四册），广西师范大学出版社，2000，第108–112页，第113–114页，第123–126页、第185–186页。

舆论方式避免刺激日本挑衅事端，将与日本发生正面冲突的时间尽量往后拖延，故1932-1935年日本侵华步伐加快，虽然制造了一系列事件，《中央日报》"日本"报道量在此期间却呈现逐年下降趋势。中共方面，蒋在"安内"名义下对中共发起了五次军事围剿，在国统区对中共采取了妖魔化、信息封锁的宣传策略，《中央日报》"中共"年报道量在1931年达到历史最高，为978条。这既有《中央日报》分流抗日舆论的因素，也与蒋介石大张旗鼓地"剿共"有关，但随着红军力量的削弱，及蒋第五次"围剿"得手，"中共"年报道量在1932-1935年呈逐年下降态势。与"日本"年报道量的下降态势相比，"中共"年报道量下降态势呈平滑状态，"日本"年报道量却呈急剧下降态势，这表明《中央日报》的"日本"报道受到了强有力的外部调控。1935年国民党第五次全国代表大会确定抗日政策，标志着"攘外安内"政策重心由"安内"转向"攘外"，经西安变"逼蒋抗日"，国共再次合作，1937年底左右，"攘外安内"政策才算告终。这一时期的《中央日报》基本秉承了"攘外安内"政策的精神实质，1935-1937年的《中央日报》"日本"、"中共"的年报道量走势亦呈反相关。"日本"年报道量呈快速增长态势，却始终未达到1931年的历史最高，"中共"年报道量亦呈快速下降趋势，下降的幅度较为平缓。这表明《中央日报》"攘外安内"报道基本延续了以往的报道惯例，仍采取保守的民族主义的宣传策略报道"攘外安内"政策，未做大规模的社会动员。

　　可见，《中央日报》对"攘外安内"的政策解读与报道，未完全遵循蒋介石集团"攘外安内"政策精神，该报对"攘外安内"政策的报道与解读基本是应付心态，这一心态使《中央日报》未能很好地履行"党国喉舌"的媒体职责，故其不可能为公众设置国民政府想要的"攘外必先安内"议事日程，其舆论分化、安抚公众抗日情绪的传播效果必定微乎其微。《中央日报》报道宗旨与报道框架效果相背离原因非常复杂，既受新闻发生规律的制约，也有《中央日报》业务流程的规制，更有外部来自国民党高层的各类宣传禁令、指示的控制。其主要原因大致有：①《中央日报》深受中国日益觉醒，且不断高涨的爱国民族主义情绪的影响，因此高度关注"日本"，这种关注压倒了对"中共"的关注度，形成高度聚集"日本"的报道态势。这种报道框架能迎合爱国民族主义情绪，也能安抚、分流爱国民族主义情绪中的非理性成分，起到一定程度上的舆论引导作用。这在《中央日报》对"国难"、"国货"等体现"民族主义"的标题制作和新闻选择上也有充分的体现。②新闻来源的客观制约。消息来源的多少与报纸刊登量存在一定程度的正相关。中共在农村根据地、国统区的地下活动，国民党的"剿共"活动等，远少于日本在中国制造的众多事件，及由该事件引发的国民党、国民政府、军队、社会各团体、民众的链锁反应，这在客观上促使《中央日报》"日本"报道量要远高于"中共"报道量。如，1928年（2015条）、1931年（2644条）、1932（2497条）年的"日本"报道量均在2000条以上，同时期的"中共"报道量却是208条、978条、681条，济南"王三"惨案、"九一八"事变、"一二八"事变及1931年国民党围剿红军等事件的带动起到了很大作用。③国民党人为调控对《中央日报》"攘外安内"新闻框架的形成起到了关键性作用。国民党从资金、制度、人事、内容等层面严厉控制其党报，《中央日报》更是其严密操控的对象。如1931年7月的万宝路事件中，《中央日报》以超然态度置事件之外，地方报纸高调报道此事。据统计，在《民国日报》从7月6日起至9月18日的大量通电中，共有118个团体宣言"反日援侨"，其中74个为国民党各级党部所为。①也正是由于国民党的幕后操控，同是有重大事件发生的1928年、1931年、1932年、1935年、1937年的"日本"报道量却远高于1935年、1937年。1935年有华北危机，秦土协定，何梅协定签订等重大事件的发生，因蒋汪政权对日采取"一边交涉、一边妥协"的外交方针，且严禁排日宣传。1935年2月27日，汪、蒋联名向全国各机关、团体发布严禁排日运动的命令，同日国民党中政会通告各报纸、通讯社禁止刊登排日和抵制日货消息。这使1935年的"日本"年报道量仅有540条。

由上细查可知，在潜在威胁国民党执政的中共与现实威胁国家存亡的日本入侵的两难局势中，蒋介石集团根据自身对当时中国国力及国内外局势演变的研判，在20世纪30年代采取了"攘外必先安内"的基本政策。作为"党国喉舌"的《中央日报》应尽全责全面报道、解读该项政策，将抗日舆论引导到"攘外必先安内"政策上，但数据分析显示，《中央日报》"攘外必先安内"报道在客观上却形成了以"攘外"优于"安内"为重心的多面相的报道框架，未能替国民党设置其想要的公众"攘外必先安内"的议事日程。而造成这一

---

① 田明：《媒体舆论中的"民族主义"——以20世纪30年代前后的朝鲜排华事件为中心》，《民国档案》，2009年第4期。

悖论的原因更多地在于《中央日报》执行了"隐忍、保守、有限、狭隘"的民族主义宣传策略，其报道受到了国民党及其政府更多地严厉的管控，致使《中央日报》以消极态度解读、报道该政策。

需要说明地是，因涉及海量数据，研究仍有一些待改进之处，如对"攘外"的另一个对象苏俄的相关数据未做统计；对"安内"的次要对象阎锡山、冯玉祥等地方实力派及汪精卫、胡汉民等党内与蒋介石集团争权者的相关数据未做统计。在关键词的选择方面可能会有所遗漏，及部分关键词检索可能产生少量的干扰数据。这些都有可能影响某些论断的准确性。以上不足，将在后续研究中加以弥补。但本书选取的"安内"对象——中共和"攘外"对象——日本均具有典型代表性，故基于此数据的分析，能保证基本结论的正确性。

三. 国民党传媒对党国政策宣传的历史评析

作为党国喉舌的新闻业，理论上应以党国政策精神制定其宣传宗旨，不折不扣地将党国政策精神以各种新闻事实、宣传材料向社会全力灌输，让民众知晓，才是其肩负的政治使命。事实上，国民党传媒对其党国政策的宣传没有完全体现其"喉舌"角色。如上分析，国民党《中央日报》对"攘外必先安内"的政策的解读与报道持应付心态，并未秉持"攘外安内"政策精神展开大规模、有针对性的解读与宣传。国内其它政策的解读与宣传亦基本如此，党营传媒亦基本表现出应付的心态。国民党中央宣传部及各级地方党部先后下发了诸如新生活运动、造林运动、造路运动、提倡国货运动、识字运动、保甲运动、春耕运动、裁军、关税自主、地方自治、组织人民团体、营业税、统一全国度量衡等国内建设方面的政策宣传纲要、宣传要点。但这些宣传纲要、宣传要点大多停留在纸面上，未被认真执行。1931年1月，《大公报》社论批评国民党不重视政策宣传为其行政上的"重大缺陷"："政府对于训政时期应有之宣传，太不尽力是也。"裁厘、特种统税、消费税、营业税的宣传，商民抱有"官厅变花样、弄狡狯耳"的心理，"中国商民之地位，始终惟'奉令出钱'四字"；民众训练的宣传是"专使人民背诵书本上之三民主义"，"四权"毫无踪影。[①] 历时10年，声势浩大的新生活运动却被国民党及其政府发展成为"渗透到社会改造、文化教育、军事动员及经济建设等各个

---

① 《训政与宣传》，《大公报》，1931年1月13日社论。

方面"的"政治文化运动和战时动员运动"，失去了"国民基础素养教育"的本义。[①]至于能有助于塑造三民主义意识形态的提倡国货运动、抵制日货运动及各种纪念日的宣传活动，均被国民党及其党营媒体大规模地解读与宣传。形成这一现象的主要原因可能在于国民党传媒在解读与报道党国政策方面有许多顾忌，尤其是在涉及民生问题的政策方面，国民党传媒的顾忌更多，涉及国民党党魁支持、鼓励的民族主义宣传、三民主义意识形态塑造、政敌攻击等方面政策的解读与报道的规模、频率、力度就相对比较大。此外，国内自由主义思潮、地方实力派的压力、日本外交压力也会在一定程度上影响国民党传媒的报道力度，在日本外交压力与蒋介石"攘外必先安内"政策的限制下，国民党传媒采取了狭隘、保守的民族主义的宣传策略，亦是有力佐证。一些党国政策，其本身是控制民众、剥夺民众利益的"反人民"的政策，此类政策，国民党自然不宜大规模宣传，不宜详细讲解政策出台的背景、原因、意义等。

国民党传媒对党国政策解读与报道有选择性的到位、不到位及缺位，体现了国民党传媒时政宣传的三民主义意识形态取向、社会整合与控制的取向及狭隘、保守的民族主义取向，而不是"训民以政"的唤醒民众的取向。这种政策宣传的取向表明，党营传媒是国民党内某些利益集团，而非"党章层面的国民党"的代言人，它在事实上构成了国民党"训政"政治的重大缺陷，是造成国民党许多政策停留在纸面上、不能下达基层的重要因素。许多政策停留在纸面上，意味着"人治"在事实上替代了纸面政策，使国民党在社会基层的管理与控制上表现出以"人治"为特点的"自治状态"。一方面，党国政策传播的不到位、缺位是国民党政令长期传播不畅的重要因素，是南京政权"上情不能下达、下情难以上达"的重要因素，在一定程度上，这使国民党高层的决策严重依赖各自的情报系统，而对社情民意有所忽视，使属地的实权人物的政策替代了南京政府的全国政策，成为社会管理的实际政策。这亦是南京政府形式上统一全国的重要表现。另一方面，国民党传媒对三民主义意识形态方面的政策的重视，一定程度上有助于国民党的社会整合，有助于推延国民党败退大陆的时间。另外对体现民族主义方面的政策的重视，有助于增强中华民族的凝聚力，是中国能够持久抗日的重要因素之一。

---

① 向芬：《政治文化运动与意识形态传播——以新生活运动为例》，转倪延年主编：《民国新闻史研究·2014》，南京师范大学出版社，2014，第419–429页。

第八章
国民党"训政"传播策略与实践（下）

南京国民政府成立后，"清党"运动暂时使中共退出政治舞台，将其挤压到农村。然国民党内部的派系争斗、党魁之争随之而起。蒋介石以武力削弱阎锡山、冯玉祥、李宗仁等地方实力派的军事实力，以政治手腕战胜胡汉民后，在"九一八"事变的影响下，联合汪精卫，排挤掉孙科内阁，推行"攘外必先安内"政策，连续对中共发动数次"剿匪"战争，一面对日妥协，巩固国防，一面继续强化个人集权。与此同时，反蒋声音及蒋系内部的派系争斗也随之鹊起。它们犹如阴魂般此起彼伏，相互勾连，是这一时期国民党最大的政治特色。本章承继第七章，着重研究国民党党营传媒应对派系斗争与"剿匪"战争，及在"国难"危机下应对日本步步入侵的传播策略与新闻实践，探索党治"训政"框架下国民党党营传媒的政治动员、政治攻击及民族利益捍卫等方面的历史作为。

第一节　派系争斗："拥蒋"与"反蒋"间的宣传战

派系争斗是国民党肌体中的毒瘤，内耗着国民党政治动员的效果，是国民党溃败退出大陆的一个重要因素。抗战前夕，"先有汪、蒋之斗，中原大战；后有'汤山事件'，再有宁粤分裂"等重大历史事件发生。台湾学者蒋永敬甚至认为，"胡、汪、蒋三人之分合，亦关系国民党之分合"。① 国民党内的派系斗争是军事、政治、经济、文宣等各个领域搅合在一起的非规则式、零和

---

① 蒋永敬：《函电里的人际关系与政治·序》，转陈红民：《函电里的人际关系与政治：读哈佛—燕京图书馆藏"胡汉民往来函电稿"》，生活·读书·新知三联书店，2003，第3页。

式的权力博弈，其中，武力是实力，经济是后盾，政治手腕、政治谋略决定博弈结局，传媒仅是各方均重视、予以利用的舆论工具。20世纪30年代，国民党虽然上演了无数次的派系争斗，党营传媒也无数次地卷入，成为各方宣传战的重要武器，然就其宣传战的策略、技巧而言，它们有着极大的相似性，因此选择这一时期派系争斗的一个典型案例，可以管窥国民党在派系争斗中的宣传策略。由于蒋介石追求个人集权，"拥蒋"与"反蒋"成为这一时期国民党内持续最长、波及面最广的派系争斗。因此，本节以"拥蒋"和"反蒋"为中心，研究双方之间的"宣传战"的策略、表现，及在此基础上，党营传媒对党内"派系争斗"的历史作用。

一、派系战争中的宣传战：以"中原大战"为例

南京国民政府成立后，地方实力派严重威胁着南京中央的实际统一。"二期北伐"后，蒋介石召开编遣会议，意图以"裁军"形式削弱地方实力派的军事实力，遂引起了地方实力派的武力对抗。蒋冯、蒋桂战争及中原大战相继爆发，中原大战之后，晋系、冯系、桂系等地方实力派再无实力对抗南京中央，之后，因蒋介石集权，南京中央与地方实力派又发动了数次小规模的战争。战争期间，传媒既是战争的受害者，也是战时舆论动员的重要工具。中原大战是这一时期规模最大的一次派系混战，也是"拥蒋"派与"反蒋"派最激烈的一次武力决斗。故本节以中原大战为例，研究"拥蒋"、"反蒋"之间的宣传战。

1. 中原大战爆发前的"电报战"

蒋冯、蒋桂战争后，蒋介石军事独大、把持南京中央的事实，促使阎、冯、桂及改组派、西山会议派等反蒋势力，以晋阎为中心构成松散的反蒋集团。1930年2月10日，阎锡山致蒋介石"蒸电"，约蒋氏共同下野，以弭党争始，至4月5日南京国民政府下令通缉阎锡山为止，蒋、阎之间展开了历时近两个月，往来反复十余封的"电报战"。据台湾学者陈进金研究，这场电报战是"中原大战的序曲"，同时也是双方以新闻舆论方式集结力量、动员兵力、争取战争主动权的舆论交锋时期。双方在三民主义、和平统一、训政建设等政治口号下，彼此环绕党国问题辩论，其争论的主要问题是军事和党务。军事方面，阎氏认为蒋以个人武力为中心，使革命力量互相残杀，提出戡乱不如止乱，武力讨伐不能完成统一。蒋氏则指出中央始终以和平统一为职志，

但对凭借武力谋危党国者，仍需以武力制裁，并质疑阎氏何以不指责启衅变乱者，反而非议戡乱的中央。党务方面，阎氏认为因蒋个人凌驾党务，致使革命党破裂，并进一步否定国民党三全大会指派圈定代表，认为指派圈定代表使三全大会沦为蒋一人的三全大会。蒋氏则反驳革命党破裂，系因失意者和野心家勾结所致，至于三全大会采指派圈定代表方式，系国民党一全、二全旧例，且经二届中执会通过，完全合乎法定程序。双方电报均经报刊公开发表，从电报行文看，双方似乎都以相互尊重的、理性的政治对话态度解决问题，实际上却是借"电报战"各有所图。"阎锡山冀透过'电报战'来达到其'宣示反蒋决心'、'凝聚反蒋势力并取得领袖地位'和'质疑宁蒋的正统性与合法性'等目标，而宁蒋方面，除希望透过'电报战'和平解决与晋阎的争端外，亦有谋略运用的考量，包括：寻求南京各要员支持，达成一致共识；从事军事部署，取得作战先机；以及表现和平解决的诚意，以拉拢其他地方实力派，甚至将开启战衅的责任归诸于晋阎等"。①

2. 中原大战期间的舆论攻击战

中原大战爆发后，阎氏查封、接收了南京中央在其势力范围内的所有新闻宣传机构，并集中其所有宣传力量攻击南京中央，攻击蒋氏搞个人武力独裁，破坏党国等。另外，在北平与汪精卫的改组派及邹鲁等西山会议派筹备北平扩大会议及国民政府，利用汪精卫的"正统孙中山"对抗蒋介石的"正统孙中山"，与南京国府"争党统"、"争正统"、"争千秋"。②南京中央则剥夺阎、冯的革命身份，宣布永久开除阎、冯、桂等反蒋派的党籍，下令通缉，并调集各种新闻宣传力量全力攻击之，惩罚帮助阎氏宣传的山西等省、市的党务、宣传人员。早在阎、蒋"电报战"期间，南京中央宣传部于1930年2月向中央财务委员会（下简称中财会）提请拨发针对阎锡山宣传的特别宣传费5万元，由该部随时应用。③4月下旬，中财会核定中宣部呈请"制印奖惩讨逆军人袖珍

---

① 陈进金：《"电报战"：1930年中原大战的序曲》，载《史学的传承》，台湾：近代中国出版社1991，第134页。

② 陈进金：《另一个中央：1930年的扩大会议》，载中华民国史专题第五届讨论会秘书处：《中华民国史专题论文集·第五届讨论会》（下），台北：国史馆，2000，第1443-1470页。

③ 中国第二历史档案馆：《中国国民党中央执行委员会常务委员会会议录》（第十一册），广西师范大学出版社，2000，第149页。

日记十万本"经费1万元。①5月30日,中财会又核定中宣部函请拨给平汉铁路特别党部讨逆宣传队经费案,核发中宣部函请转陈河南省党部讨逆宣传经费2000元。②6月,将山西省执行委员会委员郭树栋、武肇煦等七人因散发反动文字永久开除党籍,同月又加拨经费7243元、临时费5150元给《中央日报》,让其扩充篇幅,增强《中央日报》讨逆宣传力量。③7月,中宣部再次临时提议拨发讨逆宣传费。④12月,阎、冯出国,中原大战结束。中宣部又以"反动分子纷纷逃往海外,难免不捏造种种谣言蛊惑侨胞"为由,请求指定专门经费,拟托海外报馆代为刊播中央电讯,"将党国正确翔实消息传播海外"。⑤至于冯玉祥等反蒋派,早在中原大战前就被视为叛逆、开除党籍。冯玉祥于1929年6月3日第三届15次中常会上,被永远开除党籍。同年6月3日的总理广州蒙难七周年纪念日还特别规定,"于举行纪念时须切实兼作讨冯之宣传"。⑥

双方使用的宣传策略几乎完全相同。主要有:①以告党员、告民众书等形式公布对方的"罪恶",宣布对方为叛逆、民国罪人等,以争取党员、民众的支持;②制造谣言、流言等各类虚假信息,在"叛逆"的政治标签下攻击、暴露对方的"罪恶"行为;③刊发电报、声明等形式,制造各地支持自己、孤立对方的舆论假象;④散播谣诼离间对手,并极力争取东北军张学良的支持等。

3. 中原大战后的舆论粉饰

中原大战结束后,双方宣传斗争转入地下,又重新披上"三民主义"外衣。宁蒋恢复了阎、冯等反蒋派的党籍,为其贴上"革命"标签。对此,《大公报》从"清议"角度予以强烈抨击,揭示了这一策略是对人民"清议"的严重戕害:"然譬如有人焉,其本身实质,明明封建军阀也,而党国则以革命

---

① 中国第二历史档案馆:《中国国民党中央执行委员会常务委员会会议录》(第十一册),广西师范大学出版社,2000,第392页。
② 中国第二历史档案馆:《中国国民党中央执行委员会常务委员会会议录》(第十二册),广西师范大学出版社,2000,第46-48页。
③ 中国第二历史档案馆:《中国国民党中央执行委员会常务委员会会议录》(第十二册),广西师范大学出版社,2000,第72页、80页。
④ 中国第二历史档案馆:《中国国民党中央执行委员会常务委员会会议录》(第十二册),广西师范大学出版社,2000,第246页。
⑤ 中国第二历史档案馆:《中国国民党中央执行委员会常务委员会会议录》(第十三册),广西师范大学出版社,2000,第227-228页。
⑥ 中国第二历史档案馆:《中国国民党中央执行委员会常务委员会会议录》(第八册),广西师范大学出版社,2000,第288-289页,244-245页。

元勋目之。……政府曰元勋则元勋之，曰叛逆则叛逆之，人民对于革命之实质的认识，平时不得发为舆论，惟被颠倒于元勋叛逆之间，以坐受无穷之战祸。其遇可哀，其责则不负也，且犹有一点使人民惶惑者。……对于政府一旦称为叛逆之人，且即在其下野失权之后，亦复不敢坦率攻击其为军阀为封建为反革命。何则，此辈随时难保不再起用，难保不更有政府再称为元勋与同志之时，故人民不能不致疑而怀惧耳。"①

二、派系权力争夺的宣传战：以蒋、胡之争为例

派系战争后，蒋、胡、汪党魁及各派系之间非战争状态下虽然彼此之间保持表面上友好亲善，但背后的权力争夺相当激烈、复杂，先友后敌，化敌为友，非敌非友，亦友亦敌，敌中有友，友中有敌，敌友之间的界限随时空的转换而迅速变更的现象相当普遍。②这一权力争夺在新闻传播领域的表现是：参与各方的拉拢、攻击、伪装、试探等形式的宣传战。即斗争双方既要利用媒体表明政治态度、政治观点，又要防止在态度、观点的表达中泄露自身真正的弱点，因为哪怕是蛛丝马迹，也有可能被对手抓住，成为对手攻击自己的话语把柄，但释放试探性的政治气球，以引导对方上钩的话语策略除外。换言之，攻击对手时既要迎合民意，把自己立在绝对正义、公正的道德制高点，争取民众的支持，又要防止给对手留下反攻的话语漏洞。揭破对方隐私、泄露对方机密要高度隐蔽，以免被对手抓住把柄，陷自己于被动状态。经过清末民初新闻宣传斗争洗礼的国民党党政要人及地方派系领袖深谙此道，当他们陷入权力争斗的漩涡时，也利用这一政治话语斗争艺术来攻击对方。因此，要研究和平时期的国民党派系之间的宣传战，揭示其隐蔽、晦涩的新闻操控艺术，需要将报面资料与档案资料结合起来。《胡汉民往来函电稿》的出版，为研究蒋、胡之间的宣传战提供了可能，因此，本节以《胡汉民往来函电稿》和陈红民教授的《函电里的人际关系与政治：读哈佛—燕京图书馆藏

---

① 《清议之源泉在政府》，《大公报》，1930年10月16日。
② 如1933年的福建事件中，十九路军与两广之间在前后两个月内迅速完成了盟友—政敌—盟友的循环。

"胡汉民往来函电稿"》①为资料来源，研究蒋、胡之间的宣传战，管窥"反蒋"派与"拥蒋"派在权力争夺中的宣传策略与技巧。

南京国民政府成立初，蒋、胡合作，胡凭借孙中山三民主义的最权威解释，力图以党权抑制蒋介石的军权；"约法"之争后，胡汉民被蒋囚禁于汤山，胡失去了三民主义解释权。在西南派系的压力下，胡不久被释放，随之逃离南京，成为西南派系的精神领袖，从事"反蒋、抗日、剿共"，直至1936年去世。其间，胡秘密组建了"新国民党"组织，拉拢地方实力派和张学良、冯玉祥、阎锡山等北方派系领袖。②报刊、通讯社、电台等媒体自然是其"反蒋"的舆论工具，他还以各种宣传策略与技巧力图实现其政治目标。具体而言，其策略主要有以下内容。

1. 创办、资助报刊、通讯社及书局等新闻文化机构

这是地方派系的一贯做法，胡汉民决意反蒋后亦采取这一策略。除了于1933年在广州创办《三民主义月刊》外，还在上海资助和创办《市民报》、《民国英语周刊》、《中兴报》、《南针》等报刊及远东通讯社，以为喉舌，资助上海民智书局，使其成为以出版为掩护的政治场所。③在天津扶植《民风日报》（月经费1600元）、《新路》旬刊（由《新路》、《民风》、《理论》三旬刊合并而成，月经费300元）及两通讯社（月经费共400元），创办秘密电台等。④除了公开发行刊物外，胡汉民还注重发行秘密刊物。他说："鸣宇等所拟宣传预算为三千五百元，属于民兴报者为二千元，弟（笔者注：胡汉民）近阅民兴等报，似无甚精彩，且此时公开办报在津沪一带色彩不能鲜明，否则必遭禁忌，不准发行，即能发行，亦无从与各大报争衡，而态度和平又失我拨款办报之本旨，故弟以为在津宣传工作应注重发行秘密刊物，定期固好，不定期

① 陈红民对此有深入、详尽的阐述。见陈红民：《函电里的人际关系与政治：读哈佛—燕京图书馆藏"胡汉民往来函电稿"》，生活·读书·新知三联书店。下文注释有关胡汉民往来函电稿，均转引该书，不再一一标明，仅在注释后均以转某页的形式加注页码。

② 陈红民对此有深入、详尽的阐述。见陈红民：《函电里的人际关系与政治：读哈佛—燕京图书馆藏"胡汉民往来函电稿"》，生活·读书·新知三联书店，2003，第35页。

③ 见陈红民：《函电里的人际关系与政治：读哈佛—燕京图书馆藏"胡汉民往来函电稿"》，生活·读书·新知三联书店，2003，第182-183页，176页。

④ 见陈红民：《函电里的人际关系与政治：读哈佛—燕京图书馆藏"胡汉民往来函电稿"》，生活·读书·新知三联书店，2003，第162-165页。

尤好，式样务取于玲珑，言论务求犀利，则收效必大。"① 可见胡汉民资助目的是舆论"反蒋"，但也在新闻宣传掩护下从事情报收集、联络各方等工作，② 甚至将之渗透到国民党中宣部。"新国民党"的核心成员刘芦隐，20世纪30年代曾任中宣部部长。此外，胡还不断强化所办报刊的监督与管理，在胡汉民"往来函电稿"中有许多抨击"新国民党"宣传弊端的函电资料及改进的具体措施。宣传方面所资助之报纸为"淫词浪语之平民小公报"。③ 1933年11月，由邹鲁、刘芦隐、林翼中等召开的"中央党务会议"制定的《中国国民党党务进行纲领》规定"新国民党"的宣传工作由"自办宣传刊物"、"联络各地现有之日报杂志及通讯社"、"必要时之特种宣传"三种方式组成。④ 事实上，据陈红民研究，胡汉民秘密组建的"新国民党"，其党务基本停留在宣传上，没有采取强有力的行动，内部也矛盾重重，也没有克服国民党宣传的弊端。⑤

2. 借力外籍媒体扩大对外宣传，攻击政敌，宣扬政绩或寻求国际支持

外籍媒体是国民党权力无法控制的空白区，既有利于冲出南京的新闻封锁，但也可能被外人利用。外籍媒体包括在华外籍报刊、通讯社，华侨在海外创办的各类华人报刊、通讯社及诸如路透社、法新社、美联社等国际性通讯社。胡汉民在西南特设了一家英文通讯社，每日负责将西南的重要消息，拟成英文电文，拍致上海□□社远东分社，如遇重大事项，则随拟随发，并拍致各国通讯社。与西南保持联系的，"除□□社外，有□□社（英国）□□社（美国）及□□社（俄国）□□社（德国）共四家"（原文通讯社名均以"□□"代指，似是为保密——引者）。⑥ 同时，该英文通讯社还将所拍电讯演绎成文，邮寄香港及海内外各报馆。1934年下半年，该社共发电讯稿609件，

① 胡汉民致邹鲁函（1934年1月14日），转陈红民：《函电里的人际关系与政治：读哈佛—燕京图书馆藏"胡汉民往来函电稿"》，第163-164页。（以下转某页，均出自陈红民的《函电里的人际关系与政治：读哈佛—燕京图书馆藏"胡汉民往来函电稿"》一书）

② 陈红民：《函电里的人际关系与政治：读哈佛—燕京图书馆藏"胡汉民往来函电稿"》，生活·读书·新知三联书店，2003，177-182页。

③ 述贤致胡汉民（6月16日），"往来函电稿"，第39册，第41件，转197页。

④ 该纲领呈报胡汉民审阅确定。见《中国国民党党务进行纲领》，"往来函电稿"第28册，第46件，转198页。

⑤ 陈红民著：《函电里的人际关系与政治：读哈佛—燕京图书馆藏"胡汉民往来函电稿"》，生活·读书·新知三联书店，2003，205-206页。

⑥ 西南执行部秘书处编：《西南党务年报》，广东省档案馆藏，转276页。

每天约4件（每件字数3至1000多）。"海内外各报馆经常采用该社之稿件者，据调查所及，已达三十余家之多，其他尚未查及者，为数当属不少。"①胡的一些重要声明如《为蒋日妥协解决中日争端之一法》、《远东问题之解决》，在国内发表时，均交给路透社在海外同时发表。前者刊发在《三民主义月刊》，该文剖析了一部分外国舆论认为中国既不能抗日，则对日屈辱亦为解决中日争端之一法的谬论，认为蒋日妥协即无助于中国的统一又无助于"剿共"进行，希望各友邦人士"不要受日蒋宣传的欺骗"；②后者于1935年用英文先在香港发表，后刊发在《三民主义月刊》上（1935年5月），该文要求各有关国家承担义务，"维持国际间在远东之均势，防止日本独占中国"。③此外，胡汉民及两广还以新闻宣传为手段，与南京争夺海外侨胞。在20世纪20–30年代，对于国内参与政争的各派来说，海外侨胞是一种特殊的、稀缺的资源，除了可以提供人力财力的支持外，他们对各派的认同、判断具有重要的、无可替代的宣传价值与影响力。④与南京国民党高度重视海外华侨一样，胡汉民及两广也非常重视，并与南京展开了争夺战。新闻宣传是双方使用的工具之一。胡汉民秘密组建的"新国民党"积极在海外华侨中发展党员，在海外华侨中开展新闻宣传。胡汉民曾多次指示加强海外华侨的新闻宣传。如1934年1月对赴英留学的胡利锋指示："（一）宣达此间救党救国之主张及我人应付时局之方针，正确在欧同志之认识，并引起同情与维护……。（三）推销三民主义月刊（确定通讯地点及需要数目，当函月刊社照寄）及其他重要宣传品。"⑤同年11月胡氏对任命南洋英属通讯专员林青山也有类似的指示："（四）关于本党刊物之推销事项：1. 推销刊物报刊月刊、日报及临时刊物；2. 推销方法：（甲）定（订）阅月刊、日报者，日刊社及报社方面只收邮费，停刊费用归推销人收入，为日常通讯费用；（乙）各种临时刊物系随时散布，概不收费。"⑥不仅如此，胡氏还遴选得力人才赴南洋、欧洲、美洲等地展开宣传，如派胡利锋

---

① 西南执行部秘书处编：《西南党务年报》，广东省档案馆藏，2003，转276页。

② 陈红民：《胡汉民年表（1931年9月–1936年5月）》（上），《民国档案》，1986年第1期。

③ 胡汉民：《远东问题之解决》，《三民主义月刊》，1935年5月第5卷第5期。

④ 陈红民：《函电里的人际关系与政治：读哈佛—燕京图书馆藏"胡汉民往来函电稿"》，生活·读书·新知三联书店，2003，第209页。

⑤ 胡汉民致胡利锋函（1934年1月10日），"往来函电稿"，第7册，第12件。转第212–213页。

⑥ 胡汉民致林青山函（1934年11月17日），"往来函电稿"，第10册，第61件，转第213–214页。

到英国，派林青山、陈肇琪赴南洋。陈肇琪到南洋后，新加坡方面曾集会欢迎；[①] 胡氏还时常将自己最近发表的重要文件"随函附上"，要求海外同志"广为宣传，使海外同志毋为宁中片面之宣传所惑"；[②] 去信表扬亲近两广的侨胞"以极刻苦之精神，集合同志创办报章，宣传正义，以怯侨胞之惑"。另外，在"往来函电稿"中，常见到胡汉民为海外报纸争取经费的事。[③] 对于海外侨胞的宣传主题依然是胡氏的政治主张："抗日"、"反蒋"、"剿共"。

3. 以政治道义公开谴责对手

从道义上抨击、谴责政敌，置对手于人民幸福、社会稳定、民族发展的对立面，历来是舆论攻击政敌的一贯做法。孙中山等革命派攻击清政府采用这一策略，国民党攻击中共也使用这一策略，胡汉民等"反蒋派"亦不例外。蒋介石消极抗日、与日妥协及"剿共"不力的事实，在20世纪30年代被反蒋派用来作为"反蒋"的宣传弹药。陈红民教授认为，20世纪30年代的政治反对派，大都充分认识到这一点，"抗日"就成为他们反对南京当局，集合反对力量，动员民众时最便捷的口号与武器。[④]"九·一八"事变后，胡汉民在《论中日直接交涉》中反对南京政府依赖国际联盟，主张与日本政府直接交涉，通过外交压力，迫使日本政府来"收束"军人，主张"绝不屈伏于任何暴力之下"，"绝对不能丧失国家之主权领土"。[⑤]"一·二八"事件中，胡氏站在武装抗日的立场上，进行了大量的宣传工作，对全国的抗日运动给予了一定的支持与推动，[⑥] 但把上海抗战失败归罪于南京当局，批评其"勇于对内，怯

---

① 星洲全属各党部常委黄志超等致电胡汉民称，"琪兄（陈肇琪—引者）惠临，宣达盛德，阖埠同志望洋欢舞。大厦将倾，庆夫（蒋介石——引者）未去，正义所托，惟公一人"。见黄志超等致胡汉民电原稿（1933年4月22日），"往来函电稿"，第39册，第25件，转第227—228页。

② 胡汉民致美洲及伦敦各总支部分部函，"往来函电稿"，第10册，第5件，转第227页。

③ 胡汉民函电中提到的海外报纸，包括《醒华报》、《三民晨报》（以上加拿大）；《少年晨报》、《新民国报》、《中华公报》、《中国日报》（以上美国）；《前驱日报》（菲律宾）及《巴城时报》等。胡还曾将自己在香港发表的论文稿再寄往美洲，"俾备转刊"。见胡汉民复美总支部函，"往来函电稿"，第2册，第17件，转228页。

④ 陈红民：《函电里的人际关系与政治：读哈佛—燕京图书馆藏"胡汉民往来函电稿"》，生活·读书·新知三联书店，2003年，第273页。

⑤ 胡汉民：《论中日直接交涉》，《三民主义月刊》，1933年11月第2卷第5期。

⑥ 胡汉民对抗日与民族主义的宣传内容，至为广泛，主要包括抗日与民族复兴，驳斥"抗日亡国论"，反对依赖国联与英美，批驳日本的"大亚细亚主义"，批评南京的对日政策等，见陈红民：《九一八事变后的胡汉民》，《历史研究》，1986年第3期。

于对外"的种种举措，终使十九路军"后援不继"、"无兵可抽"，并将南京当局视为抗日的障碍，称"若现在政策不变，无论何人，均无办法"，[①]并反对与日本签订"淞沪停战协定"，此后，还反对南京军队不战而退出热河，反对"塘沽协定"，反对压制十九路军与察哈尔抗日同盟军的抗日等。对南京当局提出的一系列口号，如"抗日亡国论"、"长期抵抗"、"一面交涉，一面抵抗"等，均结合当局不抵抗之事实，加以驳斥与揭露，指出"此种口号之造作，无一不对国民极巧欺骗之能事"。胡氏更多次指出，"假如政府不抗战，那我们便说，惟有推翻不抗战的政府"。[②]除了大肆宣传抗日倒蒋，胡氏及两广还用实际行动支持抗日，并以"抗日倒蒋"为名于1936年发动"六一事变"起兵反蒋。

历史从来都是诡异的。"往来函电稿"显示，胡氏及两广在"抗日反蒋"的同时也与日本秘密接洽，企图"联日制蒋"。[③]"九·一八"事变后，日本对中国各种势力采取分化瓦解的策略，邹鲁将这一策略形容为"对黄河流域是用'抢'，对长江流域是用'吓'，对珠江流域是用'骗'"。[④]日本的介入，南京政府与日本之间的冲突变成了一种三角关系，日本拉一方压一方，也使南京与两广不得不考虑要抢着拉住日本。这就使反蒋派以"抗日"为标榜的新闻攻击变得更加微妙：既要以此攻击南京，又要防止被南京宣传利用。据此，胡汉民为西南确定对日策略三原则："不可遂失政治之立场一也，不可上当如跛哥（陈铭枢——引者）二也，粤与英密切，不使猜疑三也。"不失"政治之立场"，意思是抗日反蒋，不可上当如陈铭枢，是指福建在与日本联络时，未能保密，结果反被南京宣传利用，陈铭枢等"未食羊肉先惹一身臊"。[⑤]萧佛成再三指出要借鉴"非常会议"的教训，"恐陷非常会议时派刘、陈赴日，被宁方持为抨击口实"。[⑥]有时为了营造两广与日本的秘密协商的气氛，两广

---

① 胡汉民：《淞沪抗战（二）》，（1932年3月3日），《胡汉民先生政论选编》，（二十年十月至二十三年三月），广州先导社，1934，第651页。

② 胡汉民：《什么是我们的生路》，《三民主义月刊》，1933年第1卷第3期。

③ 两广与日本接洽的实际情形，陈红民做了详尽分析，见陈红民著：《函电里的人际关系与政治：读哈佛—燕京图书馆藏"胡汉民往来函电稿"》，生活·读书·新知三联书店，2003，第287–304页。

④ 戴书训：《愈经霜雪愈精神——邹鲁传》，台湾近代中国出版社，1983，第136页。

⑤ 胡汉民致陈融函（16日），"往来函电稿"，第12册，第17件，转288页。

⑥ 1931年，"非常会议"期间，广州国民政府的外交部长陈友仁化名"外友三郎"携刘纪文、甘介侯到日本活动，希望得到日本支持。事情未成反而被南京方面披露，广东方面极为被动。萧佛成致胡汉民函（7月3日），"往来函电稿"，第33册，第26件，转302页。

也曾秘饬新闻检查禁止报刊批评日本。1935年，土肥原肥二访粤之前，西南执行部曾通过决议，"请密饬新闻检查机关，自今日起至日本少将土肥原抵粤之日，凡新闻纸有对于土肥原有任何批评者，一律禁止登载，以省无谓之麻烦"。[①] 有时为了显示抗日的决议，也有意将"抗日"与"反蒋"脱钩。如李宗仁等建设广西的"中心目标"便是准备全面抗战，他于1933年撰写《焦土抗战》一文，讨论抗日战争的战略，传诵一时。[②] 再如，实权人物陈济棠与松井石根密谈时，针对松井石根质疑西南"仍是表示抗日"及陈有与蒋介石妥协的可能，陈明确表示，在舆论上不能不有所掩饰，"西南主张抗日，正是倒门，大家应谅解此意"（重点线系原件有——引者）。[③] 在另一场合下，陈又对日方代表解释其"抗日"主张，"我人对日则精神上最能贯彻，而面子上不妨稍为忽略"。[④]

胡汉民及两广既高调宣传"抗日反蒋"，又秘密"联日制蒋"的悖论，既体现出历史人物与历史本身的复杂性，也再次表明中国近代的民族主义仍处在转型期：在掌握最高权力与维护国家民族利益之间摇摆。

4. 以迂回、隐蔽的宣传技巧攻击对手

这些宣传策略主要有：制造新闻烟幕弹，玩弄词语概念粉饰质疑，释放政治试探气球，利用民营报人攻击对手，严惩所属媒体的失误或错误，泄露对手的"机密"等。下面以笔者能查到的个案为例，逐一介绍。

（1）偷换概念，粉饰质疑。胡汉民下野后曾秘密组建反蒋的政党组织："新国民党"。当1933年底，北平法文政闻报记者生宝堂访问胡汉民时，针对生宝堂的提问："在华北常见报载先生有新国民党之组织，内情如何？"胡汉民的回答是："绝无其事，余感觉以往老党员多能牺牲，富有革命精神，皆抱义务思想，故余惟恐国民党员之不旧，更希望新党员皆有老党员之精神，由

---

① 陈融致胡汉民函（19日），"往来函电稿"，第30册，第8件。
② 李宗仁称：《焦土抗战论》写好后，送胡汉民，希望以胡的名义发表，借重其身份"更可引起国内外的重视"，胡汉民完全赞同之，但认为自己是文人，不便谈兵，建议仍用李之名义发表。李宗仁口述，唐德刚撰写：《李宗仁回忆录》，广西人民出版社，1988，第479页。
③ 陈融致胡汉民函（4日），"往来函电稿"，第20册，第50件，转291页。
④ 陈融致胡汉民函（26日），"往来函电稿"，第40册，第26件，转291页。

此可见新字绝非余之主张也。"① 表面看，胡汉民断然否认了华北等报刊的新闻造谣，仔细推敲，胡是巧妙利用了提问的漏洞，以"老"、"新"党员之别，来掩盖"老"、"新"组织之别。而胡汉民为新组织确定的名称仍是"国民党"，而不是"新国民党"，故他可以说"绝无其事"，但他否认的是没有"新"的国民党，而不是有仍称"国民党"的新组织。

（2）制造"新闻"，迂回攻击对手。如陈融劝告胡汉民不要派胡木兰（笔者注：胡汉民的女儿）以晚辈身份去探蒋介石"病危"消息的虚实，理由是"设兰家（笔者注：胡木兰）再去谒门（蒋介石——引者）问病，恐渠等又借此宣传，而我立场则再受打击，且门亦可以乘此为挑拨之机会。此事当乞胡先生审虑之"。②

（3）对所属媒体的报道失误严厉惩罚，力求其报道的一字一句都绝对"正确"。如1934年正当胡汉民拉拢张学良之际，反映两广立场的《中兴报》在有关报道中，用"张学狼"代指张学良，引起萧佛成的震怒，要报社方面"将主稿人撤去"。③

（4）有意泄露机密，即使不能打击对手，也让对手"未食羊肉先惹一身臊"。1931年，南京泄露广州国民政府的外交部长陈友仁化名"外友三郎"携刘纪文、甘介侯到日本的秘密活动；④1933年，南京泄露陈铭枢与日本秘密谈判的内幕。1934年于右任的参事商立文泄露蒋介石发给汪精卫、于右任"适可而止，不可再起波澜，激成意气"⑤密电给国民党中组部控制下的民

---

① "往来函电稿"，第27册，第42件。此件是"中华共和国"2年1月1日出版的《人权早报》一篇报道的剪报，报道题为："法报记者到港访胡，胡大骂张继糊涂，自承国民党已失国人信仰"。内容为福建事变后胡汉民答记者问。在此剪报旁有胡汉民的亲笔注："生宝堂确曾来过，所记亦大致不差，译文尚少出入，标题则闽报立场也。"足见其对报道的认可程度及此次回答的满意，转148页。

② 陈融致胡汉民函（2日），"往来函电稿"，第31册，第41件，转47页。

③ 陈融致胡汉民函，"往来函电稿"，第31册，第15件，转136页。

④ 陈红民著：《函电里的人际关系与政治：读哈佛—燕京图书馆藏"胡汉民往来函电稿"》，生活·读书·新知三联书店，2003，302页。

⑤ 《致于院长右任请劝各监委对弹劾顾孟余案适可而止电》，见电子书《总统 蒋公思想言论总集——别录》（卷37），第101页。网址：http://www.chungcheng.org.tw/thought/class09/0022/0010.htm。

族社。① 这些泄密常常是以匿名方式，借助"第三者"媒体刊发，只有哪些证据确凿，刊发能彰显自身正义，且不被对手抓住口实的稿件，才在隶属于自己的媒体上刊发。

（5）制造假新闻，污蔑或逼迫对手做正面回应。虚假新闻泛滥成灾是民国媒体备受诟骂的通病。从政治角度看，民国假新闻大致可分为四类：一是粉饰贪污腐化、政治劣迹及军事败北的假新闻。二是瓦解敌人信心的假新闻，国民党制造的"毛匪"炸毙、"朱匪"击毙等新闻均属于此类。三是有意释放政治试探气球或烟幕弹，以迫使对方做出正面回应。胡汉民"往来函电稿"记载了萧佛成为何键掩护，利用中华通讯社放烟幕弹一事。② 1935年底至1936年初，陈立夫秘密访苏，以新闻方式释放了许多烟幕弹③ 等。这类假新闻在民国时期泛滥成灾，被日本军阀及国民党各派系反复利用，以致辟谣、更正亦成为民国新闻的一道风景，"一般国民，固不盲信谣而亦未必轻信辟"，辟谣甚至上升到"安定政局之亟务"。为此《大公报》于1929年3月9日刊发社评《辟谣之道》，④ 同年9月13日又以何应钦报告中提到的"近来造谣最厉害的原因，由于共产党改组派西山会议派反动势力派大联合"为由头刊登社评《论辟谣》，将政谣泛滥归于"过去多年间中国政变演进之离奇同"。⑤ 如国民党造谣胡汉民组建了"新国民党"组织。四是针对舆论质疑，通过玩弄概念制造的半真

---

① 1934年在监察院与行政院围绕弹劾顾孟余贪污案的争斗中，汪精卫以"训政"为借口制定《补订弹劾法》，以"党权"压制"监察权"维护顾孟余；处于劣势的于右任则以舆论向汪精卫施压，鼓动南京报纸大肆报道顾案，致使远在南昌剿匪的蒋介石担忧此案可能导致南京政局分裂，逐于7月15日分别向汪、于拍发了密电，于右任的参事商立文将此密电内容泄露给国民党中组部控制的民族社，向南京报刊发送新闻通稿。此消息于7月20日被《民生报》以《蒋电汪、于勿走极端！》为题在头版醒目位置刊发，后被汪精卫向蒋告密，使蒋下令查封之，制造了轰动一时的《民生报》案。另笔者翻阅1934年7月的南京报刊发现，对于民族社的通稿，除了《民生报》的醒目报道外，当时南京多数报纸未予以报道，只有《新中华报》、《中国日报》、《南京早报》、《新民报》给予淡化报道。
② 在两广与蒋介石争斗时，湖南的何键游移于南京与两广之间，胡汉民阵营的萧佛成在致胡汉民函中就提到"昨日弟特在中华通讯社放一烟幕弹，为史姑娘（笔者注：指何键）掩护，大概为抑杨白之消息，冀门不疑其有别恋，未知港报有登载此项消息否？"见萧佛成致胡汉民函（6月30日），"往来函电稿"，第34册，第30件，转35页。
③ 然而，陈立夫的秘密访苏计划却遭到了何键向日本的告密。见鹿锡俊：《日本对中国的观察语陈立夫访苏计划的泄密——丛日本未刊档案解析历史之谜》，《党的文献》，2001年第1期。
④ 《辟谣之道》，《大公报》，1929年3月9日。
⑤ 《论辟谣》，《大公报》，1929年9月13日。

半假的新闻，如胡汉民对北平法文政闻社记者问及"新国民党"时的解释。

上述策略不仅被胡汉民等反蒋派运用稔熟，也是拥蒋派、在华外籍媒体，尤其是日本媒体经常使用的新闻宣传技巧。当政治新闻被权力完全操控，成为权斗的宣传工具时，政治新闻也就脱离了大众，成为政治角逐者话语厮杀、话语鏖战的战争，虽然双方非常重视对方的新闻宣传，并力求从对方新闻稿的字里行间中读出所需情报，但被谎言、流言、谣传及政官话、套话、废话等政治修饰所包围的干瘪、枯燥的政治新闻，无法在民众中取得信任，发挥动员民众的媒介政治功能。而脱离民众的权力角逐，角逐者均不能在政治上获得全胜，只能凭借武力或政治手腕取得暂时优势。以胡汉民为首的反蒋派，其综合实力均比中共强大，胡汉民、两广、冯玉祥、张学良、阎锡山等地方实力派的综合实力也与蒋介石的实力不相上下，但最终被蒋各个击破，随着胡汉民在1936年的去世及随后"六一事变"的失败，蒋介石也以军权确立了绝对领袖地位。

三、派系争斗对国民党传媒的历史影响

国民党派系斗争对国民党传媒造成了严重戕害，可谓百害而无一利。其表现主要有：①派系争斗客观上打破了国民党为社会划定的社会言说边界，派系斗争使国民党传媒的新闻和报道表现出政治化的逻辑，即国民党传媒表面上是党国喉舌，事实是披着抽象的三民主义外衣的党内外各利益集团的代言人，谁实际掌握党营传媒，党营传媒就是谁的利益代言人，而党营传媒的层层把关者，均有可能将其私利渗透到党营传媒的新闻和言论中去，以使某些新闻和言论表现出与实际控制者不一致的声音与倾向。《中央日报》对"攘外必先安内"政策的报道表明，最高党报《中央日报》并不完全代表国民党及南京政权的共同声音，而更多地代表了蒋介石集团的声音，国民党内其他派系的声音亦渗透其中，如胡汉民亲信刘庐隐曾两度出任中宣部部长，短暂管理包括《中央日报》在内的国民党全国宣传事宜。地方党营传媒亦是如此，其新闻和言论要么被娱乐化，要么被政治化，充当国民党地方某派系、某团体、某人物的代言人，与国民党中央政策、地方政策亦不完全契合。国民党庞大的新闻检查体系亦不能保证言论一致。国民党新闻检查标准不一为国统区公开的秘密，国民党高层亦不避讳。1930年胡汉民曾说，"检查新闻的人，见解不一。去留稿件，往往没有一定的标准，一篇同样的新闻，南京的新闻检

查者，认为可以登载，上海的新闻检查者，却认为不妥，把它扣留了，有时同在上海，这家报馆的检查者认为可登而那家的检查者，却偏偏不许。"①②派系斗争是造成党营传媒非正常态发展的重要因素之一。本书第六章第三节第四部分详细论述了党营传媒曲折、多舛的命运，党营传媒陷入了改组、停刊、续刊、查禁及频繁更换实际控制者的不正常现象，致使党营传媒有数量没质量，传媒信誉度、传播力普遍偏低，无法有效引领社会舆论。③派系斗争消解了国民党传媒政治整合的社会效果，是国民党陷入派系纷争漩涡的一个重要因素。国民党一致强调"党外无党，党内无派"，事实却是党外既有党，党内也有派，且国民党高层党魁之间始终争斗不息。党营传媒本应通过三民主义意识形态塑造、党义教育等强化国民党内部的政治整合，但派系争斗以"事实"消解了国民党传媒党内政治整合的社会效果。如第八章第一节第一部分所述，阎锡山、冯玉祥等地方实力派在军事反蒋的同时，也与蒋介石集团展开了激烈的舆论战，严重损害了国民党是领导国民革命的"革命党"的社会观感；如第八章第一节第二部分所述，提出"党外无党、党内无派"的胡汉民与蒋介石分道扬镳后，秘密组织新国民党，与蒋介石集团展开了数年的舆论宣传战。总之，派系斗争是党营传媒的新闻生态与社会生态恶化的重要因素。

第二节　"剿共"战争："污名化"中共的宣传

孙中山去世后，国共两党因其政治目标、所代表阶级利益、具体政策等巨大分歧而走向分裂。在"清党"共识下，国民党右派聚集南京，组建南京国民政府，中共则在国民党右派武力镇压下转入地下，转向农村，随之其力量不断壮大，组建苏维埃政权，成为威胁国民党统治最大的"内患"。国民党始终将中共视为心头大患，视为无法按期结束"军政"，实行"训政"的主要障碍。为"剿灭"中共，抗战前夕，国民党动用了几乎所有的国家资源、社会资源，连续发动五次大规模的"围剿"战争，并辅以经济压迫、人身迫害、政治攻心、内部分化、舆论攻击等策略、手段，最终将中共逼迫到陕北一隅。

---

① 胡汉民：《谈所谓"言论自由"》，《宣传周报（湖南）》，1930年第7期。

至今，大陆史学界仍多以"第一次国内革命战争时期"概括这一历史时期。

党营传媒仅是国民党"围剿"中共的一枚重要棋子。这枚棋子在国民党"围剿"中共的布局中，基本充当了"污名化"中共的角色。"污名化"是指对某个群体或个人贴上贬低性、侮辱性的话语标签，并将其凝固为社会现实的过程。通过"污名"策略，施污者或群体享有被污者或群体的单向"命名"权，并能从"命名"中廉价骗取被污者或群体的血汗、劳动、物质，乃至身体或精神。这一社会现象古已有之，是原始文字崇拜的一种表现形式，但作为一种社会科学理论却形成于20世纪中叶。德国社会学家埃利亚斯研究胡格诺教徒时，首次发现了"污名化"现象，1963年戈夫曼对"污名"的阐释影响力最大，他把污名一词追溯到古希腊，[①] 使"污名化"理论在20世纪60年代成为显学。[②] 为武力镇压中共，国民党采取了"污名化"中共的策略，其"污名化"策略继承了中国传统的"名分"思想，而非西方的"污名化"理论。本节以《中央日报》为个案，研究国民党蒋介石集团"污名化"中共的根源、过程、表现形式及"污名化"中共失败的原因。

一、"污名化"中共的根源

"污名化"中共源于1924-1927年国共两党不稳定的党际关系。"清党"后，蒋介石集团掌控了党权与政权，仍继续"污名化"中共，主要是出于巩固集权统治、应对内外危机的现实需要。

1924-1927年国共两党关系动态演变的复杂关系，绝非"容共"或"联

---

① 在古希腊，污名意指用身体标志来标明道德上异常的或者坏的东西。戈夫曼将污名化解释为：个人所拥有的、与他人不同的、令人不愉快的特征。在极端的情况下，这种人是十分坏的，危险的或虚弱的。在他看来，被污名化的人就是降格为污点的、被打了折的人。污名的这一特征使其具有普遍的令人耻辱的影响。

② "污名化"理论在20世纪70年代因受到批评呈现衰落气象，80年代它又以一种修正的形式逐渐复苏。近20年来，有关"污名化"的理论研究和经验研究正呈不断上升的趋势。研究群体涵盖了社会学、社会心理学、心理学、新闻传播学等领域，研究主题有个体层面、集体层面、制度层面等。见管健：《污名：研究现状与静态——动态模型构念》(《湖南师范大学教育科学学报》，2007年4期)；唐魁玉、徐华：《污名化理论视野下的人类日常生活》，《黑龙江社会科学》，2007年第5期。

共"等语词所能简单概括。据王奇生考证，① 合作之初，两党即对相互关系的认知与表述不尽一致，共产国际和中共一开始即将两党关系定为"合作"关系，孙中山对此并不认同，只是提出"改共产党员为国民党员"，② 即容纳共产党员。国民党一大也没有通过一个关于两党关系的专门性决议。对中共党员个人加入国民党，政党组织独立于国民党之外的"事实"，国共各有其表述，中共将前者表述为一种"党内合作"关系，将后者称为一种"党外合作"关系；国民党则表述为既是"容共"又是"联共"。"容共"是"容纳共产分子"；"联共"乃"联合共产党"。可见，两党合作之初就对相互关系存在着认知偏差。1923年中共加入国民党时，党员不过400多人，他们却视国民党为"前时代人物"、"落伍者"，加入国民党是要对其努力"扶持"、"诱导"和"掀近"。然在国民党是力求以"党内合作"方式"领导"共产党，并不愿中共"独树一帜而与吾党争衡"，这与共产党的认知和行动发生冲突。由于陈独秀、李大钊、瞿秋白、谭平山等中共精英具有很强的宣传和组织能力，国民党虽号称有20万党员，也借鉴苏联模式改组，却仍是一盘散沙，组织与宣传方面均不是中共精英的对手，以致产生三种结果。①《向导》、《中国青年》等中共刊物强势话语逐渐演变为这一时期一种强势、主流的社会认知：左比右好，宁左勿右，③ 并

① 王奇生：《从"容共"到"容国"——1924-1927年国共党际关系再考察》。该文对1924-1927年国共党际关系的复杂情形，做了深入的考证与分析。史料相当翔实，观点基本建立在史料之上。下面相关论述的引文基本转引此文。

② 孙中山在一大上先后发表过七次演说（包括开会词和闭会词）。但对两党关系的论述仅有一次，他在关于民生主义的一次演说中，专门就共产党员加入国民党一事做出解释，既批评党内"老同志"思想稳健为不及，也批评"新同志"思想猛进为"太过"，强调共产主义与民生主义并无冲突，不过范围有大小而已。声称"新青年"一方已"诚心悦服本党三民主义，改共产党员为国民党"。在孙中山的意识中，中国共产党不过是一班"自认为是"的"中国少年学生"，是"北京一班新青年"的小组织。（见孙中山：《批邓泽如等的上书》（1923年11月29日），《孙中山全集》（第八卷），中华书局，1986，第458页；《中国国民党第一、二次全国代表大会会议史料》（上），江苏古籍出版社，1986年，第21页）（孙）博士曾对国民党人说，中国的共产党完全不值一提，都是些在政治上没有修养的年轻人，不值得重视。见《中共广东区委联席会议记录》1924年10月，引自杨奎松：《孙中山与共产党——基于俄国因素的历史考察》，《近代史研究》，2001年第3期。

③ 中共三大讨论国共合作问题时，张国焘提出反对加入国民党的理由之一，即是"我们宁可保持左，左的错误比右的错误容易改正"（《斯内夫利特笔记》，《共产国际、联共（布）与中国革命文献资料选辑（1917-1925）》，第468页。）1926年元旦中共广东区委在《对中国国民党第二次全国代表大会宣言》中亦声称："左倾政策即最革命的政策，即最合乎革命运动要求的政策。"广东省档案馆等编：《广东区党、团研究史料》，广东人民出版社，1983年，第203页。

征服了五四后新一代受过初等和中等教育的知识青年群体，使之成为国共两党的新生力量，且迅速"左倾化"。① ②在中共强势话语的影响下，国共之间的党际流动由最初的共产党员单方面加入国民党，变成双方党员的双向互动。"左倾化"的知识青年通常是先加入国民党，再由国民党加入共产党，跨党党员、纯粹党员的界限变得模糊。② 到后期，中共党员加入国民党者减少，而国民党青年转入中共者日多。③中共借助国民党改组后急谋发展的机会，很快在国民党地方组织中取得支配地位，也引起戴季陶、西山会议派等对国民党的现实危机感。1926年3月，中共中央在其正式文件中开始使用"联共"一词，③ 同年5月召开的国民党二届二中全会正式承认国共关系为"两党合作"关系。这次会议所通过的《整理党务案》虽对中共有种种限制，如不得怀疑

---

① 综合王奇生等人研究，中共强势话语主要表现，一是孙中山去世后，国民党内无人堪与陈独秀、瞿秋白等在理论上对垒，戴季陶虽公开著书立说，刚一出笼就遭到中共的文字围剿，几乎没有回击便偃旗息鼓。而这一时期，中共在思想战线上的交战对象主要是国家主义派，对西山会议派和其他国民党右派的批判只是其偏锋而已。二是中共精英先于国民党提出了富有号召力的口号，并通过《向导》《中国青年》等期刊凝聚了五四后新一代中小知识青年读者群，使其成为发动民众的主要力量。这些口号主要有：打倒帝国主义、打倒军阀、"联俄、联共、扶助农工"的三大政策，左派、右派、左倾、右倾等苏俄式的新词汇。三是相当程度上影响和控制了国民党的意识形态宣传。中共在孙中山逝世后的宣传纲要中，规定"宣传中山的三民主义，应以一九二四年一月国民党大会的宣言、党纲、政纲为根据"，"切戒拿三民主义与共产主义或社会主义作比较，对于民生主义亦不可多作解释"。

② 国民党一大期间，国民党代表方瑞麟即临时提议，要求在国民党的党章中明文规定"本党党员不得加入他党"，但经李大钊声明、多位代表激烈辩论，大会最后表决，多数代表赞同"党员不得加入他党不必明文规定于章程"。（中国第二历史档案馆编：《中国国民党第一、二次全国代表大会会议史料》（上），江苏古籍出版社，1986，第50—54页）。1924年6、7月间，部分国民党提出弹劾案，再次要求共产党"不得援引本党党员重新加入共产党及为共产党征求党员"，但被陈独秀驳回。1926年5月17日国民党二届二中全会通过《整理党务第二次议案》规定："本党党员未受准予脱党以前，不得加入其它党籍，如既脱本党党籍而加入他党者，不得再入本党。"同年9月，中共曾声明，"今后将不从国民党员中吸收新党员"，但实际并未执行。当时国共两党内流传着这样的说法：国民党是共产党的预备学校。1926年8月上海中共组织的一份问卷中提到："一直到现在，我们学生同志普遍的有个观念，以为国民党是C.Y.的预备学校，C.Y.是C.P.的预备学校。"（《上海法界部委对中央扩大会议决议案的意见书》（1926年8月29日），中央档案馆，上海档案馆编印：《上海革命历史文件汇编，（中共上海区委宣传部组织部等文件）（1925—1927）》，1986，第364页。

③ 1926年3月12日，中共中央在《孙中山先生逝世周年纪念日告中国国民党党员书》中，首次在正式文件中使用"联共"一词。文中涉及孙中山和国民党对共产党的政策时，有8处用"联共"表述，7处用"容纳共产党"表述，1处用"党，内合作"表述。见中央统战部、中央档案馆，《中共中央第一次国内革命战争时期统一战线文件选编》，档案出版社，1991，第174—178页。

和批评孙中山及三民主义；加入国民党的中共党员名册须交国民党中央执行委员会主席保存；在国民党高级党部任职的中共党员人数不得超过1/3，不得充任国民党中央机关之部长等，却首次以大会决议案形式确认了"两党合作"关系。会议不仅在提法上用"两党合作"来表述，[①] 而且决议组织两党联席会议，"审查两党党员妨碍两党合作之行动、言论及两党纠纷问题，并协议两党有连带关系之各种重要事件"。[②]《整理党务案》是蒋介石与苏联顾问鲍罗廷磋商、妥协的产物。[③] 当时对此案攻击最力的不是中共，而是西山会议派，该派看重的是《整理党务案》所承认的"两党合作"的"名分"。约在1926年初到1927年初，"联共"提法开始在国民党报刊上频繁出现，有时"联共"与"容共"交相使用，不分彼此，但呈现"联共"者渐多、"容共"者渐少的趋势。到"四一二"前夕，"联共政策"已是一个"口号常呼着，标语常写着"的词语。[④] 与此同时，随着北伐的进展，中共意识形态的强势倡导和对国民党地方组织和民众运动的日趋"包办"，及中共组织严密与国民党组织散漫的强烈反差，使国民党人感到共产党大有"反客为主"的态势，担心国民党"容共"，将转化为共产党"容国"。这一危机意识促使邵元冲、吴稚晖、蒋梦麟等国民党元老人物，及陈果夫、陈立夫、温建刚等蒋介石手下的高级将领直接推动蒋介石"反共"。蒋介石采取了表面"联共"私下纵容部下借助帮会依靠打、砸、抢的"清党"方式在地方掀起向中共夺权的风潮，这更加促使蒋介石与鲍罗廷及武汉国民党左派矛盾冲突公开化。鲍罗廷及武汉方面则意图通过召开二届三中全会阻止蒋介石掌控党权和政权，迫使蒋不得不考虑夺取上海和南京，与武汉分庭抗礼。在发动"四一二"政变后，蒋介石见武汉方面已不

---

① 在此之前，国民党内已有人将国共关系表述为"合作"关系，如1924年8月21日国民党中央全会上，监察委员李石曾函称："弟非国际共产党，亦非参与两党合作之人，但两党既已合作如前，万不宜分裂于后。"（引自李云汉：《从容共到清党》，台北：台北"中华学术著作奖助委员会"，1966，第329页），但这只是代表个人的言论，国民党官方文件中出现两党"合作"提法，则自《整理党务案》始。

② 据《蒋介石年谱》载，《整理党务案》成形于1926年4月3日向国民党中央提出的《请整军、肃党、准期北伐》建议，成立联席会议一事，亦于此建议书中提出。见中国第二历史档案馆编：《蒋介石年谱初稿》，档案出版社，1992，第554-558页。

③ 蒋介石日记载，《整理党务案》提出前，他曾多次与鲍罗廷磋商"国共妥协条件"。见《蒋介石年谱初稿》，档案出版社，1992，第586-587页。

④ 李焰生：《"容共政策"与"联共政策"》，《现代青年》，1927年4月。

可能来南京开会，遂破釜沉舟独树一帜，另立中央党部和国民政府，以免在"党统"上受制于武汉中央。1928年4月17日蒋介石分别发布"清党"布告和通电，18日蒋介石等人召开中央政治会议，勉强解决了定都南京和成立国民政府等各项法理上的难题，南京政府亦宣告成立。① 由此，蒋介石"合法"地垄断了"革命"话语解释权。在激进主义思潮冲击下的20世纪20-30年代，"革命"具有无可置疑的绝对正当性和合法性，故将与之对立的"反革命"标签贴在不同政见者和政治敌对势力上，即意味着剥夺其存在的合法性。当蒋介石垄断"革命"话语解释权后，即将"反革命"标签贴到中共和武汉国民党左派上，继而赋予中共"叛党谋国"等种种"罪行"，予以合法地"清党"。然而，由于中共党员的身份在国民党内一直是秘密的，《整理党务案》虽要求中共将党员名册提交一份给国民党中央，中共却始终未提交，致使蒋介石的后期"清党"面临谁是共产党员、谁是跨党分子、谁是纯粹党员的甄别问题。对此，蒋介石集团采取依靠新生政权结合群众检举的"清党"办法，受前期清党"打"、"砸"、"冲"的影响，后期"清党"充满了血腥味。结果，"清党""实际上只是基本上解决了以蒋介石为代表的国民党人从共产党及其左派国民党人手中，夺取从中央到地方的各级党政权力的问题，和共产党人以国民党党员的身份大量隐藏在国民党各级组织中的问题"。② "清党"并没有"消灭中国共产党"，也没有清除党内的"土豪劣绅、贪官污吏"，反而使土豪劣绅及贪官污吏大肆侵蚀国民党，衍生出地方权力的多次重新洗牌，内讧、诬

---

① 国民党为何发动"清共"、如何"清共"及"清共"后的后果，是史学界探讨的热点话题。杨奎松、杨天石、王奇生、李云汉、黄金麟等学者的研究最为厚实、出色。杨奎松的《蒋介石从"三二〇"到"四一二"的心路历程》（《史学月刊》，2003年第11-12期）详细分析了鲍罗廷与蒋介石的矛盾关系，认为导致蒋介石发动"四一二"政变的直接原因是鲍罗廷和武汉国民党右派意图阻止蒋介石掌控党权和政权。杨奎松的《一九二七年南京国民党"清党"运动研究》则"深描"了国民党"清党"运动的全过程及各方对"清党"运动的看法。王奇生的《从"容共"到"容国"——1924-1927年国共党际关系再考察》详细分析了1924-1927年国共关系随着两党力量对比的变化而发生演变的情形，以及国共两党对其关系的认知差错。王奇声的《清党以后国民党的组织蜕变》、杨天石的《中华民国史》第2卷第五编（中华书局，1996年），及台湾学者李云汉的《从容共到清党》（台北："中华学术著作奖助委员会"，1966年），黄金麟的《革命与反革命——"清党"再思考》（《新史学》第11卷第1期）等著述的论述也相当深入。但台湾和大陆在有关清党的历史书写中表述截然相反，一方颂之为"护党救国运动"，一方谴之为"反革命政变"。

② 杨奎松：《一九二七年南京国民党"清党"运动研究》，《历史研究》，2005年第6期。

告、陷害、权斗之风在国民党内盛行，出现了党内人才逆淘汰现象。①另外，由于共产党的运动打着国民党旗号，"清党"运动中的血腥、残酷、无规则等因素，致使"清党"疏离了一大批五四后的青年知识阶层，使他们迅速认识到南京国民党领导人"清党"实质是保持对国民党的绝对掌控，继而严重损害了国民党的"革命"形象。

如果说蒋介石和国民党右派将中共贴上"谋党叛国"的政治标签，是出于与武汉中央分庭抗礼，夺取党权和政权的需要，那么，南京国民政府建立后，蒋介石继续"污名化"中共，除了延续既定判断外，更多的则出于维护个人集权、应对国内外危机的现实需要。1927-1938年，"剿共"在蒋介石的战略思维中占有重要位置。①"剿共"迎合了英美仇视共产主义意识形态的心态，能在政治理想、价值观念乃至制度设计上得到他们的认同，进而获取英美"盟友"的物质援助；②"剿共"是执行"攘外必先安内"政策的最好借口，蒋自视凭国力无法与日本决战，对日一直采取隐忍退让政策，以致遭到国内民族主义的猛烈攻击，对此，蒋以"剿共"为由继续采取对日隐忍退让政策，以安抚民族主义情绪。③"剿共"是蒋迟迟不结束"训政"，施行宪政的借口。蒋视"剿共"为推行"训政"的最大前提，除了以此鼓动军队积极"剿匪"外，还以"共匪"的客观存在为由拖延结束"训政"。④"剿共"是其剪除地方派系的一枚棋子。借助"剿共"，蒋向地方派系控制的区域渗透，让地方派系参与"剿共"，借此削弱双方军力，意图坐收渔翁之利。⑤"剿共"也是其紧握军权、扩充军队、提高自身威望、将党政军权集于一身的最好借口。蒋虽认定中日一战不可避免，但中日军事、经济的巨大悬殊，让其采取隐忍拖延战术，这一战术给了地方派系借机反蒋的正当理由，这就危及到了其军权。"剿共"很好地解决了这一难题，它既能借此反击地方派系借机起兵，也能借此让地方派系参与"剿匪"。这样，"剿共"就成了蒋追求个人集权、应对国民党内外危机的思维链条中的关键一环。而日本的步步紧逼、地方派系的"夺权"威胁、国内民族主义情绪的日益高涨及中共势力的逐日壮大，使蒋无法摆脱这一思维牢狱，也就不可能在"国难"当头重新思考国共关系，彻底调整"攘外必先安内"的政策，提出更具号召力的"联合

① 王奇生：《清党以后国民党的组织蜕变》，《近代史研究》，2003年第5期。

抗日"的政治口号，从而凝聚民族精神。由此，在面对张学良、杨虎城等的质疑时，蒋只能以"训斥"方式命令其强迫执行，并导致了福建事变、两广事变、西安事变，最终在张学良"兵谏"下才对其战略思维做了重大调整，接受中共宣言，共同抗日。至此，"污名化"中共的策略才算暂告结束。

二、《中央日报》"污名化"中共的演变历程

蒋介石在"革命"话语层面为中共贴上"谋党叛国"的标签，[①]通过南京国民党中央、国民政府的法理渠道对中共予以制度化"污名"，完全剥夺中共的合法权及中共党员一切人身自由及政治等权利，这仅是完成政治"污名化"不可缺少的关键步骤。要实现"污名"标签社会化、凝固化，使中共成为名副其实的"社会危险集团"，需要新闻媒体的大肆鼓吹。国民党媒体自然是施行妖魔化中共的主力，从《中央日报》到各地直辖党报、各地普通党报及军报均极力渲染中共的"罪恶"、国民党"剿匪"的战绩。1927–1938年，国民党妖魔化中共并非毫无变化，而是受国民党内部派系纷争、中日矛盾的演变、国民党"剿共"的进程及国内爱国民族主义情绪等因素的影响有所调整，"七七事变"发生后，"污名化"中共的策略与实践才有了根本改观。这一变化在其绝对控制的新闻媒体上有淋漓尽致的体现。《中央日报》是国民党控制最严格、扶助最多、发行最广、级别最高、影响较大的机关报，因而该报1928–1938年对中共的报道演变情况最能说明国民党污名化中共的演变历程。

1927–1928年，是蒋介石和国民党右派武力清除共产党及武汉国民党右派及"土豪劣绅"的"清党"时期，这一时期隶属于南京的《中央日报》尚未创刊，国民党报刊的性质、宣传基调也相当复杂多变，中共和武汉国民党左派尚未分裂，且在控制区域内还拥有新闻媒体，故能与蒋介石和国民党右派展开舆论反击战。但随着蒋介石血腥屠杀中共党员、查封中共报刊与国民党左派报刊纷纷改组或关闭，及武汉国民党左派的叛变，中共在主要城市的力量严重削弱，被迫转入地下或转移到农村，失去了国统区公共场域的话语权，被迫任由国民党新闻媒体予以妖魔化。中共虽在上海等主要城市创办一些或

---

① "污名化"中共的最早是反对中共加入国民党的冯自由等国民党老同志，其后有西山会议派等，蒋介石制造"四.一二"政变前后，主要是蒋介石集团和国民党的右派。宁汉合流后，国民党（不包括宋庆龄等国民党少数左派人物）集体认同了中共的"罪名"。

公开或秘密发行的报刊，但这些报刊一经发现即被国民党查封，根本无法与国民党媒体的宣传力量对抗，故1928年后，国统区是国民党媒体一家独大和民营媒体备受挤压的媒介市场，国民党对中共的污名化宣传得以顺利展开。

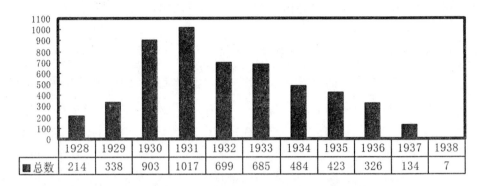

	1928	1929	1930	1931	1932	1933	1934	1935	1936	1937	1938
■总数	214	338	903	1017	699	685	484	423	326	134	7

图 8-1　《中央日报》1928-1938 年对中共"污名化"报道量[1]

从图8-1可见，《中央日报》污名化中共的报道大致分为三个时期。1928-1929年底为污名化的初期，报道量高达552条。这在于中共被暂时"镇压"下去，国民党的党内分歧和权力争夺及地方派系的军事冲突是这一时期国民党的主要问题。1930-1936年为污名化中共的高峰期。6年间，年均报道达648条之多，日均报道达1.78条之多。峰值在1931年达到1071条，以一年365天计算，平均每天有2.93条报道。[2] 峰底在1936年，为326条，平均每天也有

①　（1）此表是根据《中央日报》标题索引（1928-1949）数据库（http://www.ewen.cc/zyrb/），以"共匪"、"匪共"、"赤匪"、"共祸"、"赤祸"、"朱毛"、"毛匪"、"朱匪"、"彭匪"、"中国共产党"、"共产党"、"围剿"、"剿匪"、"剿赤"、"剿共"为关键词，检索每年出现的标题数量，将每年标题数量汇总而制作。（2）《中央日报》并非包括1927年3月22日创刊的武汉《中央日报》，而是指1928年2月1日创刊于上海的《中央日报》及由上海迁移到南京的《中央日报》。（3）表中资料并不与《中央日报》实际报道中共的报道量吻合。主要在于：①不同关键词形成的标题统计重复；②受数据库限制，表中数据的统计对象是《中央日报》的主标题，未考虑关键词没有出现在主标题，而出现在"分标题"中的情况；③所选关键词虽具有代表性，但无法涵盖国民党对中共的各种污蔑性称呼（如《中央日报》常称呼中共党员、红军为某匪某某，如"陈匪所部"；其他还有"闽共"、"赣共"、"匪患"、"匪部"等污名性称呼），也无法统计标题中未污名化中共的报道。但上述三项综合，表中资料能大致反映《中央日报》每年对中共的报道量。

②　统计结果与蔡铭泽的经验判断基本一致。据蔡铭泽不完全统计，1930年12月中原大战结束后，国民党中央政府军开始大规模围剿工农红军，到1932年1月一二·八事变发生的14个月中，《中央日报》要闻版用整版或大半版的篇幅刊登的各类反共"剿赤"文稿共计53篇，其他诸如消息、简讯等则无日不有（九·一八事变期间及其前后曾一度中断），如果加上其他有关"安内"的文稿共94篇。并说《中央日报》的"剿共"宣传在1931年春夏之交达到高峰。见蔡铭泽：《中国国民党党报历史研究（1927-1949）》，团结出版社，1998，150页。

0.89条报道，其密度虽较1931年大幅度降低，污名化的实质却未变。这一时期蒋介石对中共根据地先后发动了五次军事"围剿"，故其报道量高企不下，妖魔化中共弥漫在整个国统区。1930年的报道量位居第二，除了受第一次军事"围剿"（1930年11月至1931年1月）带动外，也有首次发动军事"围剿"的舆论动员的需要。1931年的报道量最高，其因素有三：一是同年5月2日国民党第三届中央执行委员会第一次临时全体会议通过的《全国一致消泯共祸案》的带动。该案出台表明国民党意识到中共根据地的壮大对其政权的严重威胁。决议案第一次将共产党及其所领导的中国工农红军由"共匪"改称为"赤匪"，将中共定义为"倾覆吾国之政制"、"破坏吾国之社会"、"断绝吾国之生计，消灭吾国之人口，危害吾民族之生存"的"全国国民共同之大患"的"赤匪"，"必须全国上下通力合作以破除之"。由此"剿赤"、"赤匪"在《中央日报》上频繁出现。二是蒋介石发动两次军事围剿的推动。第一次军事围剿于1931年1月结束，紧接着蒋介石于同年4-5月发动第二次军事围剿，7-9月发动第三次军事围剿。三是受"攘外必先安内"政策出台的影响。1931年7月22日和23日，蒋介石两次发出通电，正式提出"攘外必先安内"的政策，"安内"基本是"剿赤"问题。1935年、1936年报道量有所下降，原因在于：①蒋第五次军事"围剿"得手，中共和红军已不成为其心腹之患。②1935年、1936年国内抗日舆论达到白热化，国民党内部反日倾向日益增长，1935年11月召开国民党第五次全国代表大会亦集体商讨如何集中国力"救党救国"，"剿共"、"反共"的口号亦在大会宣传中消失。③中共于1935年8月1日发表《为抗日救国告全体同胞书》，公开主张建立抗日民族统一战线，对《中央日报》减少妖魔化中共的报道量也有一定的抑制作用。1937-1938年为污名化中共报道的最后时期，这一时期其报道量急遽减少，1937年尚有134条，到1938年仅剩下7条。另据统计，仅有33条标题含有"共匪"、"匪共"、"赤匪"、"朱毛"、"毛匪"、"彭匪"、"赤祸"等词汇①，且主要集中在1937年1-2月，最后一条是1937年6月28日第4版的消息《招抚投诚赤匪赣省府公布办法》，这一消息是《中央日报》停止妖魔化中共的重大转折点，尚不能确认是《中央日报》

---

① 以计算机检索统计含有"共匪"、"赤匪"等鲜明污名的标题共52条，经检查去掉重复的标题后剩下33条。实际重复为19条，但实际重复条数少于19条，因数据库本身产生的信息冗余所致，即总条数符合，但每页均会重复出现同一标题，疑为商家故意设计为之。

终止污名报道的标志。因为从国民党角度选定的"围剿"、"剿匪"等关键词在1937年仍占96条，而统计最后一条"剿匪"的报道是1938年12月6日第2版的《侯建国剿匪殉职，专署电川省府报告》。[①]而1938年的污名化中共的报道急遽下降为7条，在7条标题中，3条含"围剿"，内容却与中共无涉；1条含"剿匪"有隐射"中共"意味；另有3条含"共产党"，其内容分别是"美共"、"法共"、"捷共"。至于"共匪"、"赤匪"、"共祸"等鲜明贬义的标签已在标题中绝迹。另外，以中共领袖"毛泽东"、"朱德"、"彭德怀"、"刘少奇"、"周恩来"等关键词检索，发现最早对中共客观报道的是1937年9月11日第2版消息《第八路总副指挥朱德彭德怀就职，竭诚拥护蒋委员长，效命疆场誓灭日寇》。此后，含有"毛泽东"、"朱德"、"彭德怀"、"周恩来"及"中国共产党"等关键词在标题中均是客观呈现，报道量却仅有7条。[②]这表明至少在1937年9月11日左右，《中央日报》暂时彻底停止了污名化中共的报道，对中共，该报并没有表现出舆论认同与支持。

三、"污名化"中共报道的主要宣传技巧

国民党媒体"污名化"中共是秉承国民党意志的制度行为、组织行为，在宣传的组织、经费、策略上均有统一部署，除了中宣部，对中共宣传的机构主要是蒋介石的"剿匪"司令部或"剿匪"南昌行营、武昌行营、西安行营、绥靖公署下属的政治训练部（处）及其下属的各级"剿匪"宣传部、处或大队，乃至直属于陆海空军总司令部的"剿匪"宣传处。因此，这一行为不同于当代媒体在赢利诉求下无意间妖魔化弱势群体的做法，而类似于当代敌对国家间的相互妖魔化行为，其宣传技巧亦表现为政治分化、舆论攻心、舆论谴责等。

中共既是国民党、中华民国必须"剿灭"的共同"敌人"，那么对中共的

---

① 以"围剿"为关键词检索的最后一条是1938年12月6日第二版的《湘北我军已逼近岳阳，汉口敌军开上游增援，正阳伪军在我围剿中》。这条消息显然与中共无涉。

② 这七条消息分别是：《第八路总副指挥朱德彭德怀就职，竭诚拥护蒋委员长，效命疆场誓灭日寇》（1937-9-11，2版）、《中国共产党昨发表宣言，为实现三民主义而奋斗，实行取消苏区改编红军》（1937-9-23，3版）、《蒋委员长发表谈话集中力量挽救危亡，由中共宣言可证民族意识胜过一切，实现三民主义尤为唯一之努力方向》（1937-9-24，2版）、《中共在粤设电影检查所》（1938-8-1，3版）、《彭德怀现在华北并未南来》（1938-8-28，3版）、《周恩来返长沙冒火脱险经过》（1938-11-20，2版）、《致毛泽东先生一封公开信》（1938-12-24，3版，作者张君劢），以"刘少奇"为关键词检索的结果是零。

宣传需要解决四个基本问题。①如何使中共的污名化标签社会化，获取"剿共"合法地位；②如何让民国的支撑阶层——中小知识青年群体、民族资产阶级、高级自由知识分子、士绅等认同乃至支持"剿共"，如何让低层民众与中共疏离、憎恶中共，以获取"剿共"的民意支持；③如何鼓舞"剿共"国民党军队的士气，形成与共作战的勇气；④如何以宣传达到离间中共，"三分军事，七分政治"的目的。上述四个基本问题在中宣部拟定并在国民党三届107次中常会（1930年9月4日）通过的《各县肃清匪共宣传办法》、《肃清共匪宣传方略》①两个宣传文件中有充分体现。《肃清匪共宣传方略》②分别"对遭遇共匪蹂躏区域之民众"和"对剿共匪之军队"两类群体的宣传做了详细规定，这些规定深得"泼污水"和"贴标签"的宣传精髓。首先，将"共产党"贴上"共匪"标签，描述其"祸国殃民"的滔天罪状："勾结赤俄"、"组织暴动"、"烧杀抢掠"、"破坏社会治安"、"诱导善良之人民"，"其分子实为地痞流氓故行动荒谬丧心病狂视杀人放火为儿戏"；并揭露"分散钱米"、"无产阶级专政"、"免捐税"的"阴谋"，由此企图激发民众对共产党的恶感，及证明"剿灭"的合法合理合情的正当性。其次，站在"人民"的立场，以"正本清源"的名义"指导人民自动清乡推行保甲运动"，企图构建剿灭"共匪"的民众网络。最后，赋予"剿匪军队""解救匪区人民"的神圣使命，并鼓舞其士气，劝告其谨守军纪，保持"革命军之荣誉"。《各县肃清匪共宣传办法》从组织结构、经费来源、宣传品的编制、宣传内容、特殊时期等方面对县、区党部及县政府及其区公所作了规定：③县党部成立巡回宣传队，于全县内巡

---

① 中国第二历史档案馆：《中国国民党中央执行委员会常务委员会会议录》，（第十二册），广西师范大学出版社，2000，第411页。

② 《肃清匪共宣传方略》的标题如下：甲：对遭遇共匪蹂躏区域之民众应根据各种事实尽量揭发共匪之罪恶及其阴谋，务期民众对共匪咸能深恶痛绝共起而歼灭之。（一）揭发共匪祸国殃民之罪恶，（二）就共匪欺骗农工之行为揭破其阴谋，（三）为正本清源计应指导人民自动清乡推行保甲运动。乙：对剿共匪之军队应鼓舞其剿匪之决心以迅速解救被匪蹂躏之人民。（一）揭发共匪之种种罪恶使士兵对之痛恨以鼓舞其作战之勇气，（二）应详述被共匪蹂躏地区民众之痛苦状况使士兵激愤自悟共匪有泛滥铲除之必要，（三）须劝导各军队谨守军纪以保持革命军之荣誉，（四）使军队明了铲除共匪须城乡两顾（五）开导剿匪各部队须体念中央解救民之■忠诚任事。见中国第二历史档案馆：《中国国民党中央执行委员会常务委员会会议录》，（第十二册），广西师范大学出版社，2000，第435–439页。

③ 《中国国民党中央执行委员会常务委员会会议录》（第十二册），广西师范大学出版社，2000，第435–439页。

回宣传"匪共之罪恶"、"防制办法"与保甲制及"宣告"人民要速报"匪情"；擅长编制宣传品者一律集中县党部，共同编制通俗的宣传品；县政府为宣传队提供经费，县区公所应积极推进乡间保甲，并与县党部一起设法让假期中的学生从事"肃清匪共"的宣传。为辅助宣传，县党部县政府及宣传队须"随时随地侦察匪共之活动，筹划防制之方策以辅助宣传"。"冬防吃紧或遇水旱灾荒"，乡间集会时还应扩大宣传队以防不测等。

在国民党宣传机构的支配下，党营媒体"污名化"中共的主要宣传技巧有：①辱骂法，即给中共贴上各种污蔑性的标签，如称中国共产党为"共匪"、"匪共"、"赤匪"等，用贬义词修饰、形容"中国共产党"[1]，把共产主义按照字面意思解释为"共产共妻"，侮辱中共的政治思想。②光环法，即赋予国民党军队"解救匪区人民"、"维护国家政体"的神圣使命。③恐吓法，即用"共匪"的"烧杀抢掠"的"罪行"恐吓"剿匪区"的民众加入保甲制度。④平民百姓法，即让参与"剿共"的军人、"剿匪区"的民众个体及叛变中共的党员现身说法，佐证中共的"罪恶"。⑤反宣传法，即对中共在国统区散发的各种宣传，一概贴上"左倾"、"共产分子"等污名标签，予以拒绝。⑥理论宣传法，让在民众中拥有威望的，拥护国民党的高级知识分子、国民党党政官员发表论文或演说，从理论上论证之。[2]⑦事实法，即随军报道"剿匪军"的各类事迹，及各地处置中共的个案、事例，制定的"剿共"政策、法规及办法等。⑧第三者法，通过所谓客观中立的第三方以客观手法发表相关文章。国民党常常通过在知识分子中有影响力的《大公报》等民营报纸，及在华外籍报纸发表倾向于国民党的文章。如《中央日报》曾在1930年9月10日-15日第4版连载了《密勒氏评论报论 莫斯科与中国共产党》。

在宣传讯息的流通环节，国民党予以严厉把关，严惩违反宣传纪律者。

---

[1]　如检索《中央日报》标题发现1928年1月1日至1938年12月31日，"中国共产党"共出现20次，但均用否定性动词予以限制。如：《消灭中国共产党问题》（1929年3月5日第十版）、《京市民训会为中俄事件发告民众书，打倒违反协议并破坏和平的苏俄，肃清中国共产党及一切反革命派》（1929年7月26日第七版）《中国共产党之崩溃，与民族革命之开展》（1934年4月29日第三版）等。

[2]　以《中央日报》为例，该报先后发表了《消灭中国共产党问题》（宋漱石，1929年3月5日第10版）、《中国共产党的崩溃，朱宜之君发表之论文》（朱宜之，1933年1月30日至31日第3版）、《对中国共产党最近政治路线之检讨》（沙家鼎，1933年7月28日至29日第6版）、《中国共产党之崩溃，与民族革命之开展》（天铎，1934年4月29日第3版）、《中国共产党崩溃之必然性》（尤亮，1934年6月24日至25日第3版）等理论文章。

在国统区严厉查禁共产党的所有刊物，堵截共产党在国统区的反宣传；在"剿共区"则严密控制随军记者，并对信息予以严厉筛选，剔除不利于国民党的信息，并有意散布中共的各类虚假信息，如炸死、击毙"毛匪"、"朱匪"等中共领袖，散布中共表现"溃败"、"罪恶"等各种宣传材料；对不利于国民党的讯息要么不予以公布，非不得公布时则采取"转移"、"主动撤退"等模糊语言表述。

四、"污名化"的文本表现：以《中央日报》标题为例

文本是落实宣传策略、宣传技巧的最终介质，能直接影响读者，故通过文本分析可管窥国民党污名化中共的语言模式及背后的思维方式。党营媒体污名化中共的报道文本相当浩瀚，雷同度却异常高。下面仍以《中央日报》报道中共的标题为例，分析国民党媒体污名化中共的文本策略。选择《中央日报》标题为分析样本，主要基于三个因素。①标题在民国新闻纸上已占极重要之位置。"每一新闻记事之前，必冠以一行或数行之标题，揭示事件之纲领[①]"已是民国报纸的版面惯例，民国报人相当重视标题，通过制作"惊心动魄"的标题吸引读者亦是民国新闻竞争的基本策略，民国新闻标题以多行题为主流，重大新闻常常采用"主题、附题、分题"，"主题"又分为"大题、小题"[②]，短小消息一般采用主题，标题制作以"提示纲要、引人注意、新闻纸广告、贬恶扬善"为旨趣，以"简明、灵活、忠实、优美"为原则，忌"重复、含糊、一律、呆板、毁誉"。[③]制作刺激性标题以煽动情绪，制造新闻（宣传）

---

① 曹用先：《新闻学》，商务印书馆，1934，第54页。《新闻学》是商务印书馆以"百科小丛书"的名义出版的，且此书叙述通俗简单，故此书的观点能代表民国新闻学的基本常识。作者叙述到："标题在新闻纸上占重要之位置，每一新闻记事之前，必冠以一行或数行之标题，揭示事件之纲领，其目的一以便于阅者，使无暇读报之人，亦得一瞥而知世界大事之纲领。一以引人注意，因标题之形式与地位，常易惹人注目，不啻为新闻之广告，即忙碌之读者，一见其惊心动魄之大字标题，必足诱起其求知欲，而以一睹全豹为快焉。"

② 民国新闻标题的称谓有别于当代，主题类似于当代的主标题，分题类似于当代的提要题，分标题类似于小标题，主题又分大题和小题，分别类似于肩题、副题。这一分类见于燕京大学1935年毕业的本科生柯武韶的毕业论文，可见这一称谓为当时所共同认可。见柯武韶：《中国新闻纸标题之研究》，1935年5月，燕京大学新闻系学生本科毕业论文。

③ 柯武韶：《中国新闻纸标题之研究》，1935年5月，燕京大学新闻系学生本科毕业论文。另据作者自述，作者原选择香港新闻纸之改革，但因香港的报纸屡次受中央检查没收，无法寄来，故与新闻系主任梁士纯商议改为此题，由此也可佐证中央新闻检查的严厉程度。

轰动效应已是民国报纸的常用技巧，以严肃性著称的《中央日报》也不例外。②《中央日报》虽不是"反共"宣传的主阵地（主阵地是国民党军队系统的《扫荡报》），但它一直是反共宣传阵营中的主导者和最坚决的执行者。③《中央日报》的新闻标题已有数据库，为量化分析提供了操作可能。

表8-1　1928-1938 年间《中央日报》污名化中共的"标题"数量统计表 [1]

时间	A	B	C	D	E	F	G	H	I	J	K	L	M	N	O	P	汇总
1928	63	2	0	6	0	0	0	0	0	0	75	2	61	0	5	4	218
1929	56	20	1	6	1	52	2	7	5	2	22	14	133	0	17	10	348
1930	131	169	0	22	0	51	2	4	10	7	27	39	396	0	45	8	911
1931	23	52	344	2	6	27	4	5	6	2	15	43	357	100	31	21	1038
1932	12	8	183	1	3	31	1	2	19	0	11	26	324	63	15	5	704
1933	19	7	114	2	4	19	0	1	6	4	13	28	385	66	17	5	690
1934	17	0	57	0	0	6	2	1	4	0	12	51	307	16	4	10	494
1935	17	0	26	1	1	49	12	1	0	1	7	37	262	6	4	11	434
1936	12	2	17	0	0	0	13	2	0	0	17	24	237	1	1	4	330
1937	5	1	23	0	2	0	2	0	1	1	2	10	86	1	0	0	134
1938	0	0	0	0	0	0	0	0	0	0	3	3	1	0	0	0	7
总数	355	266	765	41	17	235	38	23	48	20	204	277	2549	253	139	78	5308

　　注：A：共匪，B：匪共，C：赤匪，D：共祸，E：赤祸，F：朱毛，G：毛匪，H：朱匪，I：彭匪，J：中国共产党，K：共产党 [2]，L：围剿，M：剿匪，N：剿赤，O：剿共，P：剿灭。

　　由表8-1可知，《中央日报》"污名化"中共的新闻文本主要有三个特点。（1）标题文本中污名中共的标签是动态演变的（见图8-2、图8-3，表8-1）。1928-1930年经常使用的标签是"共匪"、"匪共"，并在1930年达到最高峰，这表明国民党虽剥夺了中共的合法存在，却仍延续"清党"时期对中共的角色定位：政党组织。1931-1935年的污名标签呈现多元化。"赤匪"在1931年迅速飙升为中共的主要代名词。1932-1935年，《中央日报》以"共匪"、"匪

---

　　① 此表根据《中央日报》标题索引（1928-1949）数据库（http：//www.ewen.cc/zyrb/）检索制作。
　　② "共产党"虽是中性词，但笔者浏览发现，修饰共产党的基本是贬义词，故把"共产党"视为"妖魔化"中共的词汇。

共"、"赤祸"、"共祸"等多种污名标签指代中共，总体上仍以"赤匪"为主。另外，也以"朱毛"（朱德、毛泽东）、"毛匪"（毛泽东）、"朱匪"（朱德）、"彭匪"（彭德怀）等侮辱性标签指代中共精英。"赤匪"的飙升在于《全国一致消泯共祸案》（1931年5月2日）首次将中共及其所领导的中国工农红军由"共匪"改为"赤匪"。这至少表明三点：①国民党更换了中共的身份内涵。污名标签的更换，犹如现代品牌名称的更新，以"赤匪"代替"共匪"或"匪共"，隐含国民党剥夺了中共是有组织、有纪律、有政纲的政党身份，而视其为"赤色帝国主义与土匪的结合体"。②以污名标签更新方式强化民众对中共污名认知效果。"赤匪"替代"匪共"，至少能产生三种宣传效果：第一种是"赤匪"在词语上能清除了民众对中共是社会政党的固有认知；第二种是"赤匪"与"共产共妻"谣传更能相互映证，利于获得识字率底的农民认同；第三种是"赤匪"迎合了中国传统文化仇恨"土匪"的社会心理。③《中央日报》标题对"赤匪"的高频率采用，再次表明其贯彻国民党政策的不遗余力。1936-1938年的污名标签急遽减少，"赤匪"、"共匪"的惯用称呼让位给"朱毛"、"朱匪"、"毛匪"等侮辱中共领袖的标签，此类标签呈倒 V 型，并在1937年1-2月间达到一个小高峰，其锋芒却已大大削弱，表明国民党中共政策的再次转向。

（2）标题文本中表现国民党对待中共言行的关键词，充分表现了《中央日报》对国民党行为的高度认同与积极讴歌。从图8-2，图8-3，表8-1可见，1929-1936年，体现国民党对待中共言行的"剿匪"、"剿共"、"剿赤"、"围剿"等关键词总和远高于污名中共的所有关键词总和，[①] 且"剿匪"的出现频率远多于"剿赤"、"剿共"、"围剿"，后三者的累加也远不及"剿匪"。这表明《中央日报》在妖魔化中共的同时，也在奋力讴歌国民党处置中共的各种言行，以此体现国民党对社会、国家的"负责"态度。值得玩味的是，以代表国民党行为结果的"剿灭"出现的频率异常偏低，总数仅有78条，这在事实上表明国民党处置中共行为的失败。

---

① 以"剿"字作关键词，1928年1月1日至1938年12月31日共检索到4838条。而检索到指代中共关键词的总数却只有2012条，这再次表明《中央日报》对国民党"英雄"行为的报道，远高于对中共的污名报道。

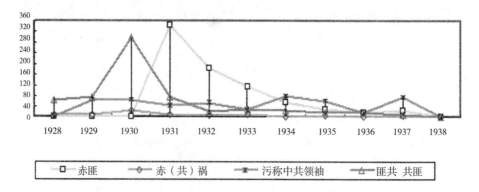

图 8-2 《中央日报》标题中污名中共的关键词出现频率变化曲线

注：此图依据表8-1的数据制作；中共领袖是指"朱毛"、"毛匪"、"朱匪"、"彭匪"。

（3）从检索的标题文本发现，标题中与"共匪"、"赤匪"等污名中共的关键词相匹配的完全是否定中共行为的贬义词，而与"剿匪"、"剿共"等表明国民党处置行为的关键词搭配的是各类中性词或褒义词。修饰、限制"共匪"等的关键词主要有"捕获"、"剿除"、"肃清"、"潜入"、"逃窜"、"枪决"、"勾结"、"荼毒"、"惨酷"、"饿毙"、"溃败"、"煽动"、"揭发"、"挨户劫粮"、"分崩离析"等，而与"剿匪"[①]、"剿共"等词搭配的主要有"慰劳"、"捐款"、"致力"、"总动员"、"专心"、"负责"、"努力"、"捷报"、"大捷"、"胜利"、"庆祝"等，其他未列入关键词，表明国民党处置中共行为的还有"痛剿"、"先剿"、"搜剿"等词。

根据福柯的理论，"传播成为权力认可的仪式，传播的话语规则体现了话语的社会结构，表明了谁可以讲话、可以讲多少、可以讲什么，以及在什么场合讲"。标题文本中完全站在国民党立场，既反映了《中央日报》对国民党中共政策的绝对执行，也显示了国民党通过《中央日报》等党营媒体构造出完全否定中共、赞扬国民党的新闻舆论的文本氛围。[②]

透过上述污名中共的标题文本分析，可见国民党是以绝对的二元对立的方式处置中共，完全置中共于任其宰割、任其言说的"沉默者"角色，也充分表现了国民党处置中共的"合法性"、"正义性"及其"义不容辞"的义务

---

① 翻阅发现，"剿匪"常常与"剿匪军"相联系，从1928年1月1日至1938年12月31日有398条。

② 用文本氛围旨在表明，如仅从报纸文本考察，国民党媒体确实在全社会营造了"污名化"中共、讴歌国民党的舆论氛围。

与"神圣"光环。而《中央日报》的社会化呈现、散播，无疑使国共两党的"阶级斗争"社会化。当"阶级斗争"社会化，其对社会阶层的撕裂并不会因民众对新生政权寄托的求稳定、求秩序的渴望而有所减缓，反而在很大程度上阻遏了民众对新生政权合法性的认同。

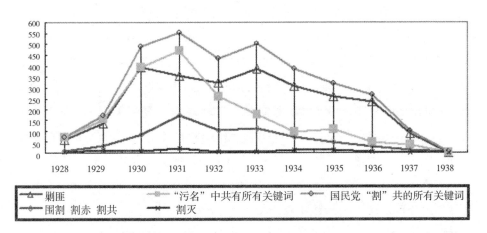

图 8-3　《中央日报》标题中"污名化"中共的主要关键词出现频率变化趋势图

注："污名"中共的所有关键词包括：共匪、匪共、赤匪、共祸、赤祸、朱毛、毛匪、朱匪、彭匪。国民党"剿"共的所有关键词包括：剿匪、围剿、剿赤、剿共、剿灭。

五、"污名化"中共的效果：各方看法及反响

国民党污名中共的系列行动与宣传，遭到中共的严厉痛斥。不仅如此，中共将"背叛孙中山"、"蒋贼"、"帝国主义的工具"、"卖国贼"等"反革命"标签贴在国民党身上，并组织宣传力量从各个层面予以舆论反击和武力对抗，对此，国民党在各个层面予以严厉打击。两党的角逐亦是 20 世纪 20–30 年代历史发展的主线。在国民党宣传力量最弱的农村根据地，国民党"污名化"策略和实践完全失败。"后者（笔者注：中国共产党）以狂风暴雨般的土改政策为革命动力，通过'共产主义意识形态灌输'（列宁语）把乡村农民和城市无产者浇灌成钢铁一般的'工农联盟'。正是依赖人民战线政策，共产党把工农阶级锻造为革命的蓄水池，收放之间生存、发展、壮大，最后在抗战及解放战争中推翻国民党而建造了新中国。"[①]但在 1927–1937 年的国统区，国民党

---

① 王向民：《民国政治与民国政治学》，上海世纪出版集团，2008，第 132 页。

"污名化"中共的策略与实践，其实际效果如何？这是一个相当值得研究的问题，可以肯定的是，国民党"污名化"中共的策略与实践，并没有达到国民党的预期效果。其有力证据有：①《大公报》于1935年7月后陆续刊登25岁青年范长江撰写的西北系列旅游通讯，当时即引起轰动，以此通讯结集为《中国西北角》的新闻著作，从1936年8月首次出版至1937年11月，16个月即被大公报馆连印9版。①1937年2月15日，《大公报》刊发的范长江的《动荡中之西北大局》一文亦轰动上海；1937年10月由英国戈兰茨出版公司在伦敦出版的美国记者埃德加·斯诺1936年6月至10月的陕北苏区之行的报告文学著作：Red Star over China（《红星照耀中国》）几星期内即销售了10万册，至12月已连续出了5版。②这两本新闻类著述对中共在国内外的形象产生了积极、正面、深远的链锁效应，改变了国统区中小知识群体、英美等国的政治精英、新闻记者、知识精英对中共的原有认知，这已是国内外学界的基本共识。这意味着国民党对中共的污蔑化宣传在事实上的破产。③②现有史实表明，范长江在去西北采访之前，并不是共产党员，也没有材料证明，范长江西北采访的动机受到了中共地下党员的影响或"诱导"；埃德加·斯诺的陕北苏区之行，虽是宋庆龄、中共地下组织有意安排，但没有有力材料证明其采访动机是替中共宣传。④另外，1931年后，国统区许多知识青年的"左倾化"及对国民党腐败的不满，也表明国民党对中共的"污名化"宣传并未获得他们的心理认同。③除了范长江，邹韬奋的《生活》系列，影响了国统区的广大青年，《生活》期刊的发行也创造了国统区期刊发行的奇迹，达到20万份。

形成这一结果的原因何在？是台湾学者断定的中共在国统区反宣传、反

---

① 《中国的西北角》的版本问题，新闻史教科书一般均说7版，但据蓝鸿文教授考证，《中国的西北角》一书从1936年8月至1937年11月共出版了9版。见蓝鸿文：《〈中国的西北角〉到底出了多少版？》，《新闻战线》，2006年第8期。

② 方汉奇：《中国新闻事业通史》（第二卷），中国人民大学出版社，1996，第617页。

③ 孙华：《〈西行漫记〉的传播对中共领导的抗日战争及中美关系的影响》（《出版发行研究》，2009年第6期）一文对此有所分析。

④ 有则材料表明，埃德加·斯诺的陕北苏区之行，曾受范长江的《中国的西北角》的影响。爱泼斯坦在《永远怀念长江同志》一文中写道："那是在他的通讯《中国的西北角》发表后不仅，我记得大概是从斯诺那里先听到这些文章，后来又看到了其中译成英文的几篇。当斯诺发表《西行漫记》时，我心里便有这样一个念头：长江的文章是促使斯诺产生去了解和报道中国红军的愿望的原因之一。"见胡愈之　夏衍等著：《不尽长江滚滚来：范长江纪念文集》，群言出版社，2004，第39页。

渗透，还是大陆学者断定的国民党对中共宣传的"假、大、空"（如中共领袖毛泽东、朱德等先后被"炸死"、"击毙"的多次等虚假新闻被国统区报刊大肆宣传），或是宣传之外的国民党执政实践所致。不可否认，这三个因素均有助于消解党营传媒"污名化"中共的宣传效果，均有大量史实予以支撑。中共在国统区的宣传确实有助于消解国民党污名化的报道实践。1927–1937年中共在国统区采取的宣传策略主要有：①秘密发行地下报刊，散发、邮递各类传单、书报；②派党员打入民营报刊或国民党报刊，以中立的民营身份揭露国民党的腐败，借机宣传中共的政治思想；③争取鲁迅等左翼作家的支持，以革命文化的身份从文艺战线上攻击国民党；④创造便利，借助埃德加·斯诺等外国记者之笔宣传；⑤在国民党控制范围外的海外创办《先锋报》、《救国报》、《救国时报》等报刊，公开宣传；⑥以邮寄、散发等形式向国统区各党政军机关公开发表文告；⑦以"九一八"、"一二八"等重大事变为契机，既宣传抗日救国，也宣传反击国民党的"攘外安内"的政策。"九·一八"事变后，中共在根据地各级党组织和民众中举行了广泛的"九一八"宣传，印发了抗日救亡宣传大纲，在举行游行示威，揭露、抨击日寇罪行的同时，要求粉碎蒋介石的"围剿"，"痛击卖国贼！"[①]"一二八"事变的周年纪念，中共中央印发了《中央关于"一二八"周年纪念的通知》（1932年12月31日），通知在要求各地党支部动员广大群众展开反帝运动的同时，继续运用"打倒国民党"的口号，揭露"反动派"的欺骗宣传，做好对十九路军及张学良、汤玉麟、韩复渠等军阀部队的士兵的宣传，及广泛宣传拥护苏联、拥护苏区红军，等等。[②]这些宣传策略，尤其是"抗日民族统一战线"口号的提出，使中共赢得了国内要求"停止内战、一致对外"的爱国知识群体和群众的一致认同，确实消解了国民党污名化中共的传播实践。

然而，根据中国人积淀的实践理性及"事实胜于雄辩"的朴素道理，国民党内部的权力争斗、派系武斗，国民党和国民政府对日的妥协退让，及吏治腐败和军阀的跋扈等"经验事实"，是许多城市中小知识分子群体疏离国民党的根本因素，是消解国民党污名化中共宣传实践的主要根源，但也不能否

---

① 台运行：《大别山红军战歌》，安徽人民出版社，2006，第98页。
② 中央统战部、中央档案馆编：《中共中央抗日民族统一战线文件选编》（上），档案出版社，1984，第58页。

认中共在国统区的"反宣传"行为，对国民党"污名化"中共传播效果的客观消解，国民党传媒的拙劣宣传活动所产生的逆反效果。

第三节　爱国民族主义：应付"日本侵华"的国内外宣传

日本"明治维新"后，迅速走向了对外殖民的扩张道路。吞并中国，建立日本主导的"大东亚"新秩序成为日本的基本国策。二十世纪二三十年代，日本趁中国"内乱"，加紧了侵华步骤，成为中华民族的最大外侮。面对日本频繁挑起事端，蒋介石集团以国力、军力不足以对抗日本为由，确定了"攘外必先安内"应对政策。在"攘外必先安内"政策下，国民党对内"安内"剿共，追求个人集权，加强国防建设，舆论上对日采取"隐忍退让"、"不到万不得已不开战"的应对基调，一面对国内民众采取有限、隐忍、保守的社会动员，力求将民众力量纳入对日交涉、与日对抗的基础；一面积极争取国际舆论支持，力求以国际舆论压力减缓日本侵华步骤，争取"安内"备战的充足时间；一面分化高昂的抗日情绪，压制可能刺激日本采取军事行为的过激的爱国言论，尽量避免武力冲突，力求将中日冲突限定在外交领域，力求将日趋高涨的抗日舆论控制在"攘外必先安内"的政策框架内，掌控住国内抗日舆论的基本走向。

本节以国民党中央常务委员会与宣传有关的档案资料和《中央日报》等党营报刊为主要史料，研究国民党及其党营传媒应对"日本侵华"的宣传策略与实践。由于"攘外必先安内"政策已在第七章第二节做了较为详细的论述，本节不再赘言。

国民党中央常务委员会执行委员会（下简称中常会）是国民党法定的最高权力中枢，在国民党上层权力结构中，其权力长期被移夺，法理上却是国民党各项政策、法规正式出台的一道必不可少的程序，中常会亦有"备案机关"之称。另外，中常会是国民党党务的最高管理机关，宣传工作是国民党党务的重要组成部分。因此，面对日本在华制造的"事端"，中常会及时制订了应对策略，出台了许多文件、方案，以表明态度、指导工作。这些文件主要有：《对于日本出兵山东事件之应付方案》（1928年4月21日，密件）、《反对日本出兵宣传大纲》（1928年4月23日，密件）、《对日经济绝交办法大要》（1928年5月6日）、《五三惨案应付方案》（1928年5月6日，密件）、《五三惨案宣传方略》（1928年5月10日，密件）、《五三惨案宣传大纲》（1928年5月10日，密件）、《五三惨案标语》（1928年5月10日）、《经济绝交标语》（1928年5月10日，）、《中国国民救国会组织纲领》（1929年2月14日）、《国耻纪念办法》（1929年4月29日）、《五卅国耻纪念办法》（1929年5月9日）、《为万宝山事件及在韩华侨惨遭残杀案举行对日运动方式》（1931年7月23日，密件）、《对日经济绝交办法》（1931年9月24日）、《九一八国难周年纪念办法》（1932年9月1日，密件）、《学生义勇军教育纲领》（1931年10月1日）等。上述文件有些公开发表，绝大部分属于"绝对秘密禁止登载报纸"的密件。这些文件是管窥国民党应对"日本侵华"所取宣传策略的宝贵史料。

一、 隐忍、保守、有限的爱国民族主义的社会动员

大敌当前，动员民众是应对外敌入侵的不二法门。外敌威胁、战争前的社会动员，是将潜藏在民族集体意识中的爱国民族主义情绪充分调动起来，民众最广泛地参与，形成共同抵御外侮、挽救民族存亡的社会实践过程。暴露敌人残暴罪行，组织游行示威、聚会、公开演讲声讨敌方罪行，公开或半公开抵制敌方经济活动，引导民众认清当前形势，加紧人力、物力、军力等方面的国防备战等均是战时动员的重要策略、手段。新闻传媒既是社会动员的记录者，也是最强有力的社会动员工具，在社会动员的系统工程中是发挥着信息沟通、舆论声讨、引导舆论、组织活动、凝聚共识等功能。

面对日本在华的挑衅行为，国民党于20世纪30年代发起了"国难"名义下的社会动员。由于国民党是缺乏底层民众基础、组织"涣散松懈"的政党，对蕴藏着社会中的民众力量是"爱恨交织"，既怕将其组织起来，难以掌控，又意识到民众力量是应对外敌入侵的强大力量。因此，"一方面保存其动力（指民众——引者注），一方面又要纳此动力于正轨"[1]是国民党战前社会动员的基本方针。这一方针在济南惨案、"九一八"事变、"一二八"事变、华

---

① 《国民党中常会议定反对日本出兵宣传大纲》（1928年5月10日），中国第二历史档案馆：《中华民国史档案资料汇编》第五辑第一编·外交（一），江苏古籍出版社，1994，第258页。

北事变等众多日本挑衅中国的严重事端中均有明显表现。具体而言，国民党及其党营媒体国内社会动员的主要特点如下。

1. 阐明政府对日政策，议定社会动员的基本方略。1928年，为阻止国民党"二期北伐"，日本出兵山东，制造了济南惨案。济南惨案是南京国民政府成立后，日本在华制造的第一个严重事端，蒋介石对此却定下对日"暂守静默态度"。4月21日、23日、24日，国民党中常会遵照蒋的立场，召开128、129、130次三次临时常会，议定《对于日本出兵山东事件之应付方案》（4月21日），密电各级党部执行，修正通过《对全体党员训令案》（即中央执行委员会训令）、《宣传部制定对日出兵事件宣传大纲案》、《告世界民众书》、《告日本国民书》及《致前敌总司令电》等文件、公告。而《告民众书》经三次中常会临时会议讨论，结果却是"暂后缓议"。济南惨案发生后，国民党中常会于5月5日召开133次会议，5月6日召开134次临时常会、5月7日、10日、14日、17日召开135、136、137、138次常会，议定《五三惨案应对方案》、《对日经济绝交办法》、《对日经济绝交办法大要》等案，密电各级党部执行，通过"为日本军队在山东暴行告友邦民众书案"、及修正通过中央宣传部拟就的《五三惨案宣传方略》、《五三惨案宣传大纲》、《上海民众对五三惨案要求举行演讲案》等。同意上海特别市党务指导委员会提出的《通令全国机关（于六月三日一律）下半旗志哀以励民心案》，议决《派员巡视各地反日运动案》（该案由中央宣传部函送），等等，对于江苏、南京特别党部代表提出的《择日召开民众大会籍谋抵制办法案》，却以"共党耸动时代"为由予以否决，否决了全国学生总工会要求派员宣传"五三"惨案的请求等等。这些决议、文件表明，在济南惨案中，国民党拟定的社会动员方略是：①明确"五三"惨案的性质，将其界定为日本田中内阁为"侵略我国主权，妨碍北伐""刻意制造的一次严重事端，而非日本全面侵华的一个信号；②在内患"（共产党）乘机捣乱），北伐尚未完成的现实下，对日侵略暂取"静默态度"，以外交手段而非军事手段解决；③以经济绝交、抵制日货、提倡国货及舆论压力对抗日本军方的侵略行为；④各级党部负起领导民众动员的责任，其它团体、个人均不得染指；⑤尽可能避免一切激进的民众运动，绝对禁止一切罢工、罢课等游行示威行为，不给共党"趁机煽动，破坏北伐"的机会，诸如演讲、代表集会、下半旗志哀、抵制日货、经济绝交等表达抗日爱国情绪、动员民众的手段均被采取。国民党动员民众的基本方略集中体现在4月21日国民党中常会议定的"对于日本出兵山东事件之应付方案"。该方案共8条，全文如下[①]：

一、民众发表对于本事件之议论，其攻击对象为田中内阁，对日本国民应保持向来希望两国亲善之态度，并应对其国民及民党劝告纠正其内阁之谬举。

二、日本政府侵略之目的为侵略我国主权，妨碍北伐，民众及本党党员在此认识之下更应巩固后方，保持秩序。

三、深虑共产党将乘此时机捣乱，破坏北伐，本党党员及民众应特别注意，勿给予彼等以捣乱之机会。

四、为完成北伐计，应以全力避免不利益之行动，本党认为在此时间一切罢工、罢课均有妨害后方治安之顾虑，故主张绝对制裁。

五、党员对此事件不得有违背中央所指示之标准发表言论或为特别行动。

六、民众在此时期应坚韧慎重，助成北伐。

七、保护外侨生命财产之安全。

八、各团体可各别开会或代表会议发表意见，不必有大规模之联合大会及游行等事，五月各纪念节准此办理。

由上细查可知，国民党爱国民族主义的动员模式的特色是：①以"内患"等借口对日侵略持隐忍妥协态度。②严重不信任民众，忧虑民众被中共趁机利用。③将民众抗日爱国活动完全纳入国民党各级党部指导下，并以规章制度规范党员、民众及新闻媒体在发泄抗日爱国情绪中的一切言行，使民众反日运动在中国有组织、有计划、有目的地展开，使民众力量成为政府对日外交的后盾。这一模式是蒋介石"攘外必先安内"政策在社会动员领域的具体体现。在后来的万宝山事件、中村事件，及更为严重的"九·一八"事件、"一·二八"事变、华北事变中，国民党基本采取了这一隐忍、有限、保守的社会动员模式，不过这一模式也随着日本侵华的严重程度、国内民众抗日爱

---

① 《国民党中常会议议定对于日本出兵山东事件之应付方案》，中国第二历史档案馆：《中华民国史档案资料汇编》第五辑第一编·外交（一），江苏古籍出版社，1994，第256页。

国情绪的激昂程度、"攘外安内"微调程度而有所微调。

2. 将敌人目标锁定为日本军阀，充分暴露其侵华的残暴罪行与阴谋，激起民众的爱国主义热情。锁定敌人目标，充分暴露敌人的阴谋、非人性的残暴罪行，是激发民众爱国主义热情、进行国内舆论动员的不二法宝。对于日本侵华，国民党始终将敌人目标锁定为日本军方，力求维持中日两国人民之间的亲善态度，其"敌人"常常表述为"日本帝国主义"、"日本政府"、"日本军阀"，或者日本某某内阁、某某人等。如《对于日本出兵山东事件之应付方案》第一条规定，"民众发表对本事件之议论，其攻击对象为田中内阁，对日本国民应保持向来希望两国亲善之态度，并应对其国民及民党劝告纠正其内阁制谬举。"[1]这一表述，符合国内动员的一般规律，其目的一是告诫国内民众勿必不要侵犯在华日侨的正当权益，给日本政府动员其国内民众，扩大战争的借口；二是团结最大多数的日本人民，以民间力量离间日本民众与日本军方关系，降低日本政府国内动员民众的效果。

济南惨案后，国民党非常重视搜集展现日本侵华阴谋、残害中国人民的种种残暴罪行的证据，在向社会公布方面却是有选择、有策略的。公布方式基本是"告民众书"、"告日本国民书"等形式的公告，以会议议决的方案、办法等一起向媒体发布，党魁、军队、惨案见证人等面向记者的谈话、发布会，政府机关、党政团体的通电，及秘密向媒体透露日本政府的阴谋等。这实际为新闻媒体暴露日本侵华阴谋、罪行设置了报道议程。如济南惨案后，除公布日本军方在济南残杀军民的残暴罪行外，重点突出了山东外交特派员蔡公时及其随员被日军残杀的典型"个案"；1929年9月，国民党通过CC系的《时事月报》，将日本阴谋侵夺东北及内蒙的秘密计划，即"田中奏折"公布于众，在国内外引起激烈的舆论反响。1932年，面对日本发动"一二八"事变，转移国内民众视线，在东三省组织傀儡政府的阴谋，外交部密电北平绥靖公署、中央宣传委员会，请其密示各省市党部指导各民众团体"切实进行反对东北叛逆组织之宣传，并以各该团体名义电国联力争东省卫我国领土"。[2]

---

[1] 《国民党中常会议议定对于日本出兵山东事件之应付方案》，中国第二历史档案馆：《中华民国史档案资料汇编》第五辑第一编·外交（一），江苏古籍出版社，1994，第256页。

[2] 《外交部关于九一八事变后与日交涉情况的报告》（1931年9月–1932年9月），中国第二历史档案馆：《中华民国史档案资料汇编》第五辑第一编·外交（一），江苏古籍出版社，1994，第406页。

一般而言，当蒋介石策略性地利用民众力量向日本施压，或者国民党军队与日本军方局部交战时，国民党向社会公布的日本侵华罪行的数量较多；反之，当国民党与日妥协，避免刺激日本军方，或迫于日本军方压力时，其数量就锐减。这种有选择、适量公布的策略，既有暴露日本军方的阴谋、罪行，激发民众的爱国热情的考量，又有避免过度"刺激"民众爱国情绪，"为敌人张目"的现实考量。如，1932年7月27日，蒋介石手谕汉口各报，"嗣后关于东北或伪国消息，务宜字斟句酌，切务稍涉大意，为敌人张目"。①

3. 领导、规范民众的抗日爱国情绪，引导民众有序表达抗日爱国情绪，严防"内患"趁机捣乱，分化激进的抗日舆论，确保社会秩序稳定有序。济南惨案期间，国民党中常会拟定的各项应对方案，除公开发表的告示、函电外，基本是密电各级党部执行，并明文规定党员应遵守"只有党的自由，没有党员的自由"的纪律，党员负有领导民众之责，有依据方案纠正民间错误、消除误解的责任等。对于其他社会团体要求向民众宣传的请示，国民党中常会完全予以否决；地方组织的宣传队、抵制"仇货"委员会均要求各级党部负有领导责任。1928年4月23日,《中央执行委员会训令》要求全体党员言论、行动"务须遵照中央所指示之标准，不得稍有违背"。② 同日，国民党中常会议定的"反对日本出兵宣传大纲"中对党员的规定有8条，5月10日中常会议定的"五三"惨案宣传方略，对本党党员明确做了4条规定："一、各党部应依照中央所颁示各原则，各方案加紧工作，扩大宣传；二、各党部应召集各团体有力党员组织党团参加各种运动，实现本党意旨；三、各党部应一面领导民众作反日运动，一面协同军政机关维持秩序，以免政府民众间发生误会；四、各党员应抱为党国牺牲之大无畏精神，持和平镇静之态度，听该党党部指挥，为民众先锋。"③ 目前尚未找到"九一八"事变、"一二八"事变等中的国民党中常会议定的宣传文件，然可推测，国民党依然会明确要求各级党部负起动员民众的领导责任。在"事端"期间，各级党部负有领导责任，在

---

① 《东北消息应慎重登载，蒋手谕汉口各报》,《大公报》（天津版），1932年7月28日第1张第3版。

② 《中央执行委员会训令》（1928年4月23日），中国第二历史档案馆《国民党中央关于"济南惨案"之政策方针文件一组》,《民国档案》，1993年4期。

③ 《国民党中常会议定"五三"惨案宣传方略》（1928年5月10日），中国第二历史档案馆：《中华民国史档案资料汇编》第五辑第一编·外交（一），江苏古籍出版社，1994，第269页。

"事端"结束后的中日关系平静期，面对每年举行的"国难"纪念日，各级党部也负有领导责任。

日本侵华暴行及阴谋行为的公开传播，是激发民众抗日爱国热情的信息源。为防止民众爱国情绪冲击社会秩序，共产党"趁机捣乱"，可能威胁国民党执政的"合法性"，国民党除了规定各级党部负有领导民众运动的职责，对民众抗日爱国情绪的表达也做了详细规定，其总的指导精神是一面激发民众的民族意识和爱国心，一面防止民众反日爱国激情被"内患"所利用，防止激进的反日情绪伤害在华日侨，给日本扩大事端、国内舆论动员制造借口，一面要保存民众实力，充实民众的武力、体力、财力，以其众不屈不饶的精神作为政府对日交涉的后盾。在此指导精神下，国民党：①将民众反日爱国的激情引导到抵制日货、与日经济绝交的方向，在国内掀起了声势浩大的抵制"仇货"的社会运动。对于这场声势浩大、持久的抵制日货的运动，民国各大新闻媒体均予以强有力的舆论支持，使抵制日货运动对日本经济造成了一定的冲击力。②详细规定民众在社会动员中言行。如1928年5月10日议定的"五三"惨案宣传方略规定："一、对于商人应说明其本身所受痛苦是直接、间接受帝国主义，尤其是日本经济压迫所致，并说明经济绝交为解除商人痛苦的唯一方法，使商人自觉其仇货运动之必要，而为一切仇货运动的中心。二、对于工人应说明其本身和生产的关系，应相互协助以谋产业的发展，在此严重时期，不应再有罢工运动，使社会经济受重大影响，并使工人协同农商协会作抵制仇货运动。三、对农人应极力宣传日兵的蛮暴以激起其爱国观念，并说明经济绝交和农人应负的责任。四、对妇女青年应说明和平抵制的意义，不可操之过急，反紊乱进行的步骤，须依本党的计划作一致的进行。五、对士兵应说明北伐和国民革命前途的重大关系，应服从命令，于最短期间完成北伐，且不可违反军纪，作一时气愤之动作。"[①]③多次警告严禁游行示威等大规模的群众运动，以免给共产党、日本浪人"趁机捣乱"制造机会。日本出兵山东后，中常会4月21日议定的《对于日本出兵山东事件之应付方案》第4条规定"为完成北伐计，应以全力避免不利益之行动，本党认为在此

---

① 中国第二历史档案馆：《中国国民党中央执行委员会常务委员会会议录》（第四册），广西师范大学出版社，2000，第267-268页。

时间一切罢工、罢课均有妨害后方治安之顾虑，故主张绝对制裁"；①《反对日本出兵宣传大纲》（4月23日）第三条第4点规定"罢工、游行等容易给共产党以扰乱后方的机会，应竭力避免。"②5月9日，中央执监委、政治会议、国民政府联席会议议决，"由中央党部命令全国学生总会，当此时局严重，不得□□□，不得令学生继续罢课，结队游行及检查商货，□□□□□□"；③同日，谭延闿、于右任、丁惟汾署名"中政会临时会议移送中央命令案"，要求中央执行委员会命令南京特别市党部转知首都各民众团体，切实遵照前令（五月九日联席会议议决案），不准游行或罢课及检查日货。④5月10日中常会议决的《"五三"惨案宣传方略》第一条"宣传之必要原则"第7条规定："各种集会宜多变代表会议之形式，由各代表负责的各团体分别执行，不必作大规模之运动"。⑤5月10日，中央执行委员会训令全国学联、上海特别市党部，为避免"堕入各地挑衅之计"，"嗣后凡在江边聚众演讲或举行示威运动等事，务须避免"。⑥ 在1931年7月"万宝山事件"中，国民党中常会"密令各级党部为防止日本帝国主义趁机捣乱计，避免露天大会及示威游行"。⑦"九一八"事变后，蒋介石于1931年10月将对日"不抵抗"政策调整为"一面抵抗，一面交涉"的政策，对国内公共领域中的反日爱国的群众运动更加警惕，约束更严。1935年6月10日，国民政府出台《敦睦邦交令》，重申对日"务敦睦宜，不得有排斥及挑拨恶感之言论行为"。⑧

---

① 《国民党中常会议议定对于日本出兵山东事件之应付方案》，中国第二历史档案馆：《中华民国史档案资料汇编》第五辑第一编·外交（一），江苏古籍出版社，1994，第256页。

② 《国民党中常会议定反对日本出兵宣传大纲》（1928年4月23日），中国第二历史档案馆：《中华民国史档案资料汇编》第五辑第一编·外交（一），江苏古籍出版社，1994，第258页。

③ 《中央执监委、政治会议、国民政府联席会议议决》（1928年5月9日），中国第二历史档案馆：《国民党中央关于"济南惨案"之政策方针文件一组》，《民国档案》，1993年04期。

④ 《中政会临时会议移送中央命令案》，1928年5月9日，转中国第二历史档案馆：《国民党中央关于"济南惨案"之政策方针文件一组》，《民国档案》，1993年04期。

⑤ 《国民党中常会议定"五三"惨案宣传方略》（1928年5月10日），中国第二历史档案馆：《中华民国史档案资料汇编》第五辑第一编·外交（一），江苏古籍出版社，1994，第267页。

⑥ 《中央执行委员会致全国学联等训令》（1928年5月19日），中国第二历史档案馆：《国民党中央关于"济南惨案"之政策方针文件一组》，《民国档案》，1993年4期。

⑦ 中国第二历史档案馆：《中国国民党中央执行委员会常务委员会会议录》（第十五册），广西师范大学出版社，2000，第364页。

⑧ 《国府重敦睦外交令》，《外部周刊》，1935年第66期。

"九一八"事变后，对于全国民众尤其是青年学生自发的罢课、示威、游行等大规模的反日爱国运动，国民党则采取严密监视、做高姿态、重申政策主张等办法以安抚、分化全国不断高涨的抗日舆论。1931年10月12日，蒋介石公开申明，"到万不得已时，公法与公约，都不能维持的时候，也决不惜任何牺牲"[①]，随后不久做出调兵遣将，准备北上抗日的架势。同月15日《大公报》社评批评道："中国年来，好藉对外宣传，收对内作用，每出大事，辄有通告外人之长篇文字，在国内报纸发表，实际匪特未尝电达域外，公告各国，根本上且未曾译登于中国之外报，一入任何外人之目。"[②]

4. 驳斥日本制造的混淆视听的谣言，减弱日本在华媒体对"事端"的歪曲性宣传的社会效果。为掩盖侵略步步"蚕食"中国的侵略野心，日本在制造每起侵华"事端"前，均借助在华日本媒体释放其"合法性"的烟雾弹，以麻痹中国人民，降低民众的反日心理；或者释放各种"挑拨性"的信息，意图离间国内各派势力之间的矛盾，以渔翁得利。对此，国民党及新闻媒体均尽力以铁的事实予以驳斥，以正视听，尽可能地降低谣言对不明真相的民众的误导。济南惨案事件，国民党以铁的事实严厉驳斥日本"保护日侨"的出兵山东的虚假宣传。万宝山事件中，中常会制定的有关对日运动方式的密件明确规定，"痛斥日报纸不负责任之谬论；于新闻中对日本人所办通讯社电讯特别注意，最好不用如采用时亦须审慎选择，如以删节或加按语"[③]等。日本在华制造谣言，国民党及我国媒体揭破谣言，是抗战全面爆发前中日舆论宣传战的重要内容。

5. 在中日关系平静期间，以"国耻"、"国难"纪念日为契机，对民众做有限的爱国民族主义的"耻感"教育。抗战前夕，国民党的"国耻"纪念日主要有：济南惨案国耻纪念日（5月3日）、二十一条约国耻纪念日（5月9日）、上海惨案国耻纪念日（5月30日）、沙基惨案国耻纪念日（6月23日）、南京合约国耻纪念日（8月29日）、辛丑条约国耻纪念日（9月7日），及九一八国难纪念日（1932年8月25日）、一二八国难纪念日（1933年1月12日）等。

① 《蒋主席在国府纪念周报告》，《中央日报》，1931年10月13日。

② 《国际宣传之效率》，《大公报》1931年10月5日社评。

③ 《为万宝山事件及在韩华侨惨遭残杀案举行对日运动方式》，《中国国民党中央执行委员会常务委员会会议录》（第四册），广西师范大学出版社，2000，第419页。

国民党设立上述国耻纪念日，一是回应爱国舆论的强烈要求，二是欲借助这些纪念日加强对民众爱国民族主义的"耻感"教育，对民众展开长期的社会动员。但为了防止国耻纪念日期间，民众反日爱国情绪"溢出"国民党的控制范围，国民党高层高度重视，每次纪念会均制定了详细的纪念程序，媒体报道的注意事项等。1929年4月29日，国民党中常会制定了《国耻纪念办法》，统一管理国耻纪念日。该办法共5条，由蒋介石"俭电"中常会修正通过，[①]核心是要各级党部领导民众，派代表以内部开会、演讲的形式举行，严禁民众在国耻纪念日期间游行示威、罢课、罢工，甚至要求"应有标语除在会场张贴外不许在外张贴"。再如，1932年9月1日中常会议定的《九一八国难周年纪念办法》（密件），该办法共9条，基本承继了《国耻纪念办法》的精神，规定了各地党部在9月18日举行国难纪念的组织、纪念主题、宣传事项、注意事项及纪念口号。要求各地党部在9月10日前召集各机关团体准备召开纪念大会，规定"举行纪念时会同军警严密维持秩序"；9月18日上午11时静默五分钟以表哀悼，集会或宣传要严防日人或反动分子捣乱；9月18日停止娱乐，各地党部利用娱乐场所放映抗日影片或举行热烈抗日之演讲；9月18日至24日，全国邮政局应自一律加盖"御侮救国誓复失地"的戳记，各地党部领导各界举行御侮救国收复失地宣传周，依照中央宣传委员会所颁"九一八暴日侵占东北周年纪念宣传要点"所示意，采取各种宣传方法进行各项抗日宣传。另外，举行纪念时应一致通过下列方案：①通电全国誓死收复失地抵抗暴日；②电请国联对东北事件从速作公正之解决并望断然采取严厉有效方法制止暴日之侵略；③通电全国军人一致誓死抵抗自卫；④电请中央即行下

---

①　其内容是：（一）凡国耻纪念日各党部各学校各机关各军队各工厂及各团体除照常工作不许放假外并应照下列五款举行纪念。甲、于是日原定工作时间外特定一小时为纪念国耻志讲演时间；乙、讲演前后不得结队游行及举行任何游艺；丙、凡讲演均由各党部各学校各机关各军队各工厂及各团体分别就地在内部举行；丁、讲演之前应一律静默五分钟；戊、应有标语除在会场张贴外不许在外张贴。（二）国耻讲演由各学校各机关各军队主管人须指定专员担任，但各工厂及各团体及各团体应由就地党部负责办理。（三）讲演内容按照中央党部所规定之宣传大纲或宣传要点行之。（四）各级党部应于各国耻纪念日上午六时召集党员公务员及民众团体各学校代表举行纪念七时以后分赴各学校各团体讲演。（五）各团体纪念讲演时间定为上午七时至八时纪念讲演之秩序如下：1. 开会，2. 唱党歌，3. 向党国旗及总理遗像行三鞠躬礼，4. 主席恭读总理遗嘱，5. 静默五分钟，6. 讲演，7. 散会。见中国第二历史档案馆：《中国国民党中央执行委员会常务委员会会议录》（第八册），广西师范大学出版社，2000，第66页；第74-75页。

令讨伐东北叛逆。纪念标语口号有11条，核心是打倒日本、收复失地、团结抗日、拥护国联。如："全国同胞一致起来抵抗暴日"、"打倒日本帝国主义"、"拥护国际正义"等。①

可见，国民党在动员国内民众的政策方面，基本体现了蒋介石"攘外必先安内"政策精神：使民众反日爱国情绪有序发泄，养成仇日心理、民族心理，使民众力量成为国民政府的后盾、中华民族抗击日本入侵的中坚力量，也要尽可能地不给"共党趁机捣乱"，日本借机制造新事端、扩大事端及国内动员提供借口。据此，国民党不得不用尽各种办法、规范民众反日爱国情绪的表达，对激进、刺激日本情绪的游行示威、罢工、罢课等大规模反日爱国群众运动予以坚决取缔，对激昂的抗日爱国舆论，采取安抚、打压、转移等策略予以分流，表现出国民党对民众力量的不信任心态。这一动员策略虽然在一定程度上延缓了抗日战争的全面爆发，但也产生了比较恶劣的社会后果：一是助长了日本浪人在华频繁制造各种"事端"的嚣张气焰，助长了日本政府、军阀藐视中国的心态。1936年10月，日本驻平特务机关长松室孝良在给关东军秘密报告中称，中国官吏"普遍地摄于恐日病"，"全华约十分之七均非常聪明，不愿发动势力违抗帝国意旨，而自取咎戾，而不能精诚团结联合应对，大多采自保主义维护自身之存在，不违帝国主义之原则"，"中国势力派之大部采个人或小集团的繁荣主义，缺乏为国为民的观念"；中国一般民众"爱国不过五分钟，甚且有不知国家为何物者"。② 二是使国内战时动员的效果大打折扣，大大降低了国民党及南京国民政府在民众心目中的社会威信，对其执政合法性造成了强有力的冲击。抗日必将亡国的舆论在社会范围内的一定流行，抗战时期投敌卖国的日伪汉奸的现象，是国民党爱国民族主义动员策略失败的最佳注脚。三是使国民党在与共产党争取反日爱国主义的舆论领导权，争取民心支持上败北，甚至是国民党正面战场不断失利的一个重要因

---

① 《九一八国难周年纪念办法》（1932年9月1日），中国第二历史档案馆：《中国国民党中央执行委员会常务委员会会议录》（第十八册），广西师范大学出版社，2000，第169—192页。

② 《行政院秘书处为日本驻平特务机关长松室孝良上关东军秘密报告的笺函》（1936年10月8日），中国第二历史档案馆：《中华民国史档案资料汇编》第五辑第一编·外交（一），江苏古籍出版社，1994，第250页。

素。[①]中国共产党先于国民党提出"抗日民族统一战线"的口号，并逼迫蒋介石集团最终接受，国民党体制内"抗日反蒋"的呼声与行动不断，是国民党蒋介石集团失去抗战爆发前舆论领导权的最有力表现。

在国民党国内舆论动员的基本路径、策略、方法的政策限制、指引下，党营传媒，尤其是蒋介石集团控制的党营传媒在基本面上充当了国民党国内舆论动员的传声筒、舆论喉舌，采取了隐忍、温和、狭隘的爱国民族主义的新闻宣传策略。这一策略的基本特点是：（1）在中日"争端"期间，根据国民党中央宣传部的指令，跟踪报道日本军阀、政府侵华的残暴行为、罪行、阴谋，批驳日本散布的各种诬蔑性、挑拨性的谣言；暴露、谴责共党"趁机捣乱"、地方派系"勾结"日本的动态、罪行、阴谋。在中日关系平静期，报道日本政坛、军方及社会形势的动态，日本在华的政治、经济、文化活动，警惕日本侵华活动的新动向、新阴谋。（2）报道国内外各级党部、团体、机关、名人的对日态度、言论、行为、活动等，表现出全国上下协调一致共同反日的舆论态势。（3）以社论、国民党高层的讲话、演讲等形式对国民党对日政策做有限的辩护，多方面解释国民党对日政策的现实合理性。（4）转发英美等外国传媒支持中国、抨击日本的报道、评论。（5）对抵制日货经济绝交、提倡国货等国民党支持的民众运动上，其报道体现各级党部的领导，报道重点放在各级党部、各社会团体的活动上，而非民众运动本身上，重点突出国民党中央支持的抵制日货、提倡国货等群众性运动，对国民党禁止的游行示威、罢工、罢课等大规模群众运动不予报道或淡化报道。（6）突出报道国民党高层支持的将领、军人、民间团体反日爱国的各种活动，淡化处理国民党高层不予以支持的反日爱国行为。（7）在新闻话语表述上，除中日"事端"期间，党营媒体在谴责日军暴行方面有激进的话语表现外，在中日关系平静期，与日本相关的报道话语大多有所克制、保守，表现出尽量不刺激日方的话语策略。如图8-4所示，1928-1938年的《中央日报》日本报道的标题中的"日本"关键词倾向性的量化分析显示，中性描述日本（含"日本"）的关键

[①]　例如，抗战即将结束的1944年，日本发动了豫湘桂战役，在横扫黄河以南的河南国民党守军时，当地的农民竟蜂拥而起帮助日本人打驻守河南的国民党军队。原因不为别的，就是因为农民受不了守军的残酷压榨，导致一些地方的农民宁愿接受日本人，也不愿受本国人的统治。杨奎松：《从历史的眼光来看待中国的民族主义问题》，《国际政治研究》，2006年第1期。

词的年度走向均高于"明显攻击日本的关键词"的走向。在日本制造"事端"期间的1928年、1931年、1932年，"明显攻击日本的关键词"的年度走向呈现高企状态，1931年达到了高企的最高点，1934年后"明显攻击日本的关键词"年度走向持续偏低，是国民党在日本"中日提携"的广田外交影响下，与日"睦邻敦交"的外交活动的表现。《外交评论》杂志评论道，"最近中日两国间的空气，似乎从严冬转到温和了。"[①]1935年底国民党五全大会召开，决定抗日，"日本"关键词的各项指标年度走势均持续偏低，很可能是《中央日报》有意营造的舆论假象，也可能是本次统计所选关键词的遗漏所致。

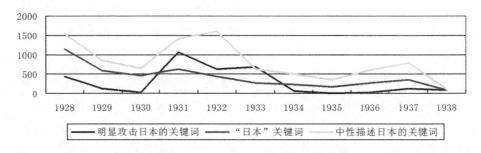

图8-4　《中央日报》报道标题中"日本"关键词倾向的基本走势

注：明显攻击日本的关键词包括："暴日"、"倭寇"、"日寇"、"仇日"、"抗日"、"反日"、"仇货"、"日本帝国主义"；中性描述日本的关键词包括："日本"、"日军"、"日人"。

在谴责、攻击日本方面，民营传媒的顾虑就少得很多，其反日爱国的新闻话语也显得较为多元，《申报》等商业性报刊表现出"热血沸腾、义愤填膺"的激进的爱国民族主义宣传策略，《大公报》等"文人论政"的报刊表现出理性的、民族主义的宣传策略。[②]

---

① 汤中：《中日邦交转变之关键》，《外交评论》，第4卷第2期。
② 理性的民族主义，是从实际情况出发，理性地思考和处理事关中华民族生死存亡的重大问题，不偏不倚，避免情绪化、非理性化的行为和言论，以最大限度地维护中华民族的根本利益，据郑大华根据天津《大公报》社论的研究，九一八事变后的天津《大公报》所持的就是这样一种理性的民族主义，即：反对"与日以战"（即对日宣战），但也不赞成国民党的不抵抗政策，而主张在自卫的前提下坚决抵抗日本的侵略；认识到国联的作用有限，中国不能一味地依赖国联，但不反对国联介入中日争端，更不反对国民政府利用国联和国际舆论与日本进行外交；要求废止一切内战，其中也包括国共之间的内战，不赞成国民党提出的"剿共抗日"口号，主张建立包括各阶级各党派在内的"巩固"的抗日民族"统一战线"。见郑大华：《理性民族主义之一例：九一八事变后的天津〈大公报〉》，《浙江学刊》，2009年第4期。

二、驳斥日本荒谬言论，争取国际舆论同情

弱国以外交手段解决与强国之间的"事端"纠纷，诉求国际舆论，依托国际舆论压力、其他强国的外交施压，是弱国与强国抗衡的通行法则。面对日本"蚕吞"中国的阴谋，面对日本在华制造的各种侵略"事端"，面对日本在国际舆论领域对其侵略行为的掩盖，为配合"攘外必先安内"政策，国民党逐步加强了对外传播力量的建设、组织与管理，采取多种路径、策略、方法，尽可能地向国际社会传播日本侵华的事实真相，力求达到以国际公论制裁残暴、减缓日本侵华步骤的外交目的。自1928年济南惨案后，国民党逐步加强了拉拢欧美列强、制衡日本的国际宣传布局。

1. 国际宣传的机构尚未统一，临时增设的国际宣传机构均短命或停留在纸面。孙中山非常重视国际宣传，争取英美诸国对中国革命的同情、支持，始终是孙中山国际宣传的重心。就目前本书作者掌握的史料而言，孙中山时代，国民党没有成立专门的国际宣传机构，其海外宣传更多地依靠海外党部，依托海外华侨。南京国民政府成立后，国际宣传工作由国民党中央宣传部国际宣传科负责，该科分编撰、译述两股，人员较少。1928年4月19日，谢福生被委任为国际宣传科主任。[①]1928年4月，日本出兵山东，国民党中常会在《应对日本事件之应付方案》尚未提及国际宣传，直到济南惨案发生，日本利用其传媒力量在欧美造谣惑众，掩盖侵略罪行，在朝野要求"扩大国际宣传"的压力下，直到5月10日，国民党中常会议定的《"五三"惨案宣传方略》才提到要"致力于国外宣传及联络，以引起世界各国之同情与援助"，5月24日，经中宣部临时提议，中常会139次会议决定在上海组织国际宣传委员会，[②]并

---

① 中国第二历史档案馆：《中国国民党中央执行委员会常务委员会会议录》（第四册），广西师范大学出版社，2000，第98页。

② 5月16日，《申报》刊登了戊辰社15日南京电，称中央宣传部要在上海设立国际宣传委员会，开办费1千元，罗家伦负责筹备，胡适被在被邀之列。（《中央设立国际宣传委员会》，《申报》，1928年5月16日第2张第8版）5月18日，《申报》报道罗家伦已到上海筹备（《罗家伦来沪筹备国际宣传会》，《申报》1928年5月18日第4张第14版）。可见在5月24日中常会才同意中宣部的临时提议设立国际宣传委员会之前，国际宣传委员会已在筹备中了。

"暂拨五千元实报实销"，①6月30日又下拨6000元活动经费。② 相对于"日本对济案支配宣传费百万元"，③实在少得可怜。中央国际宣传委员会由罗家伦负责筹备，④目前可考的委员有朱增璞⑤、胡适（拟聘），秘书陈昂、朱云光。因经费问题，该委员会的活动最迟于1928年9月26日⑥宣告结束。痛感于国际宣传"不能积极进行"（中宣部），⑦"济案发生一月后，海外方能明了真相"（王正廷）⑧及"中东路事件"国际宣传的"同样的感觉"（钱昌照）⑨，1929年6月3日由中宣部主持的全国宣传会议第五次会议上议决通过了《国际宣传方法案》，该案共18条，首条是"组织中央国际宣传委员会，为本党国际宣传设计与领导的机关"。⑩然而，这个国际宣传委员会却未见其有什么活动。1930年1月，中宣部为扩大国际宣传，将国际科改组为中央国际宣传局。该局"隶属于中政会外交组，并受中宣部之指导"。⑪然而，这个国际宣传局仍有名无实，未见其有什么活动。1931年，万宝山事件发生后，各地党部、反日团体亦纷纷上呈，要求中央设立中央国际宣传局，未果。1934年、1935年，国民党中央又商议设立中央国际宣传设计委员会，积极组织人员及筹集经费等，但这个中央国际设计委员会也未见有什么国际宣传的成效。直到1937年抗日战争全面爆发后，中央国际宣传处于1937年11月成立，才使国际宣传有了较为稳定的组织机构。

由上细查可知，抗战前，国民党中央对国际宣传的重视多"停留在口头上"、"纸面上"，因人才缺乏等因素，国际宣传基本上由中宣部国际科、外交部情报司及海外（特别）党部负责统筹，临时增设的国际宣传委员会、国际

---

① 中国第二历史档案馆：《中国国民党中央执行委员会常务委员会会议录》（第四册），广西师范大学出版社，2000，第295页。

② 中国第二历史档案馆：《中国国民党中央执行委员会常务委员会会议录》（第五册），广西师范大学出版社，2000，第245页。

③ 《日济案宣传费百万》，《申报》，1928年11月24日第3张第9版。

④ 《罗家伦来沪筹备国际宣传会》，《申报》，1928年5月18日第4张第14版。

⑤ 《朱增璞博士由欧回国》，《申报》，1928年6月13日第3张第12版。

⑥ 《广告：中国国民党中央宣传部启事》，《申报》，1928年9月26日第2版。

⑦ 《全国宣传会议中央宣传部报告》，《中央周报》，1929年第54期。

⑧ 《王正廷表示年底引退，在外部纪念周报告》，《申报》，1929年12月4日2张8版。

⑨ 《中央党部与国府纪念周》，《申报》，1929年8月20日10版。

⑩ 《全国宣传会议》，《申报》，1929年6月7日4版。

⑪ 《中宣部筹组国际宣传局》，《申报》，1930年1月16日2张6版。

宣传局、国际宣传设计委员会均短命或停留在纸面上。这表明国民党虽知国际宣传的极端重要性，然而，在中国国际宣传人才、国际传媒、宣传经费缺乏，中国国际宣传力量无法与日本相抗衡，以及对日采取"妥协"、"不抵抗"、"一面交涉、一面抵抗"等隐忍的外交政策的背景下，国民党事实上不能有效地与日本展开国际宣传的舆论战，也缺乏应对日本污蔑化中国的有效、全面的国际宣传应对策略。

2. 多方面加强外宣传媒的建设，增强中国对外传播的实力。面对暴日在国际领域的歪曲、造谣宣传，国民党及朝野均认识到扩大国际宣传，争取国际援助、支持的极端重要性。然在中日国际宣传力量悬殊较大的现实下，加强中国的国际宣传力量，尤其是外宣传媒的建设，成为国民党及朝野人士的基本共识。国民党亦在有限的宣传经费下，从多方面加强了中国外宣传媒的建设工作。

无线电广播是国际宣传的利器。在国际电信被他国操纵，无法利用的现实下，[①] 济南惨案中日本气焰嚣张的"反宣传"，使朝野及国民党意识到筹设国际宣传电台"实在是国民政府刻不容缓之举"。[②] 济南惨案期间，在外交部长黄郛主持下，曾在上海临时装设"一百华德的电力"的无线电台，作国际宣传之用。[③] 济南惨案结束后，国民党加强了无线电广播的建设与管理。

1929年2月18日，国民党第二届198次中常会通过戴季陶、陈果夫、叶楚伧提议的《扩充中央广播无线电台计划》，总预算40万银元。[④] 经两年多建设，1932年11月12日，新的中央广播电台正式开播。总功率达75千瓦，信号覆盖范围"昼间可达4千里，夜里可达1万里"，[⑤] 最远达到伯力、缅甸、印度、澳洲、美加等地的中央广播电台开播。这个号称"东亚第一，世界第

---

① 济南惨案期间，国民政府主席谭延闿（谭组菴）发给美总统的电报，发出后两日，美总统尚未收到。雪坡在《从五三济南惨案想到无线电》一文中以此例佐证中国电信事业滞后，受人管制。见雪坡：《从五三济南惨案想到无线电》，《再造》，1928年8期。

② 雪坡：《从五三济南惨案想到无线电》，《再造》，1928年8期。

③ 雪坡：《从五三济南惨案想到无线电》，《再造》，1928年8期。

④ 中国第二历史档案馆：《中国国民党中央执行委员会常务委员会会议录》（第七册），广西师范大学出版社，2000，第276–277页。

⑤ 邵力子：《十年来的中国新闻事业》，中国文化建设协会编《十年来的中国》（下册），商务印书馆，1937，第495页。

三"的广播电台被日本军方称之为"怪放松"，[1]可见日本对此大功率电台的嫉恨。为增加国际宣传力量，1929年，中央广播电台增设"英语报告"，"每周星期四下午三时半至四时，每月最后一周星期三午后四时至五时"为播音时间，向国际报告党国大事。[2]1932年11月14日开始日语广告，由国民党中央宣传委员会秘书方治的夫人方益女士主持，该节目播出后，遭到日本驻南京领事馆的抗议，日本报纸的恶意攻击。[3]1936年初，中央广播电台装设了主要面向南洋广播的南京短波广播电台（XGOX），该电台发射功率500瓦，除转播中央台节目外，还自办部分节目，用国语、英语、厦门语、马来语播音。此外，有能力的国民党地方广播电台也用英文等外国语播音，以扩大国际宣传。

通讯社、无线电报亦是国际宣传的利器。中央通讯社在壮大过程中，与国际性路透社（1933年12月）、哈瓦斯社（1933年12月）、合众社（1937年1月）签订交换新闻合约。1934年9月，中央社成立英文编译组，专门负责中外新闻的编译工作，向在华英文报纸发送英文稿件；中央社还在东京、日内瓦、新德里、香港建立四处海外办事机构，派遣戈公振等驻外记者，逐步增强中央通讯社的对外传播能力。此外，国民党还：（1）聘请西方人士，在沪主持国际宣传的通讯社。1933年，国民党听从日内瓦主笔威廉·马丹（William Martin）的建议，月费一万五千国币，聘请日内瓦通讯员白克氏（Julius Beeker）在沪主持通讯机构一年，向国外通讯社拍发。白克氏负责"草拟发至外洋之电报，以阐明中国对于时事之见解，撰著关于中国问题之论说或书籍，改进中国政府与在华各外国记者之关系，筹拟改善中国宣传纸计划准备，并分配关涉中国各种消息之材料等"。国民党则月给白克氏月薪国币两千元，并包来华、返欧德旅费六千元。[4]（2）与西方新闻机构合作，促进国际宣传。1935年，外交部与美国纽约马克吕勒新闻联合社协商合作，请该社拟将中国各要人之论文，登载于美国各重要报纸，以资宣传。[5]（3）组织专门从事国际

---

① 温世光：《中国广播电视发展史》，作者自印，1983，第13页。
② 《中央广播电台增加英语报告》，《无线电新报》，1929年1卷第1期。
③ 《一周大事汇述：中央广播电台作日语报告之经过》，《中央周报》1932年第237期。
④ 《中国国民党指导下之政治成绩统计》，1933年第7期。
⑤ 《中国国民党指导下之政治成绩统计》，1935年第10期。

宣传的通讯社。济南惨案后，经中宣部提议，国民党于1928年成立中外通讯社，并逐渐将其扩充。（4）下拨专门的国际无线电报费。1932年9月，经中央宣传委员会函请，国民党中央从"华侨捐款项下借垫"，将每月1万元的国际宣传电报费列入预算。①

报刊方面，国民党除了依托海外（特别）直属党部的党报，给予其资金、人员、情报上的支持外，还资助、津贴华侨、留学生及热心帮助中国的人士所创办的各种报刊、书籍，给予多方支持，以扩大中国的国际宣传力量。如，外交部给予国民党驻德直属支部的德文《新中国》半月刊及中文《中国通讯》周刊予以情报上的便利，资助了"德国唯一非正式宣传机关"——柏林大学汉文讲师林秋生创办的中国文化学社。

此外，在日本挑起"事端"，在国际领域掀起污蔑中国的宣传时，国民党均临时增加国际宣传费，以临时增强中国对日传播力量。济南惨案期间，国民党中央先后下拨10000元给临时成立的国际宣传委员会。日本占领东三省后，国民党中宣部针对日本"淆惑国际视听以掩蔽其暴行，积极向国际间作颠倒是非之宣传"，提议加紧国际宣传，国民党中常会第三届162次会议议决，先拨10万元。②驻日仙台、长崎各直属支部自1931年10月份起每月各增加200元。③为《中华公报》费2200元（含运费）购置5号铅字二幅，以利海外宣传。④

3. 展开"宣传外交"，外交部等部门尽可能地利用传播渠道，多种宣传策略、方法，揭露日本侵华阴谋、荒谬言论，以正国际视听。在敌强我弱的国际传播领域，面对日本掩盖侵略罪行、转嫁战争责任、美化战争行为的种种污蔑化的国际宣传，国民政府外交部、国民党中央宣传委员会等相关部门利用尽可能的传播渠道，向国际社会揭露日本"反宣传"阴谋，以正国际视听。

①　中国第二历史档案馆:《中国国民党中央执行委员会常务委员会会议录》（第十八册），广西师范大学出版社，2000，第296页。

②　中国第二历史档案馆:《中国国民党中央执行委员会常务委员会会议录》（第十六册），广西师范大学出版社，2000，第334页。

③　中国第二历史档案馆:《中国国民党中央执行委员会常务委员会会议录》（第十六册），广西师范大学出版社，2000，第420页。

④　中国第二历史档案馆:《中国国民党中央执行委员会常务委员会会议录》（第十六册），广西师范大学出版社，2000，第421页。

（1）利用无线电广播尤其是短波广播电台向国际社会发送广播新闻，中央广播电台、南京短波广播电台是主阵地。（2）利用会议活动，由我方会议代表参与人员散发。1933年8月英属加拿大举办的太平洋学术讨论会上，外交部专门编印《满洲国如何造成》一书，由我方出席代表习敏谦趁机分散，以资宣传。[①]（3）将外媒揭露日本侵华罪行的文章，由外交部即时照抄原文，令驻外各领事馆传播。如上海《字林西报》登载驻东京通信员的《满洲国之腐化》一文，被外交部当即照抄原文，转发驻外各使领馆传播，俾日本对外之反宣传，不攻自破。[②]（4）外交部编印黄皮书分发中外名人。外交部黄皮书第8种，详述满洲在日本占领下的混乱状态，驳斥了日本将满洲造成"乐国"的恶意宣传。[③]（5）组织或支持中国留学生，借用留学生力量加强反日宣传。日本侵占东北后，旅欧学生组织抗日救国后援会"不下十余处"，他们编写日本侵略中国的各种小册子，分送欧美各报馆，组织演讲，发表宣言，影响欧美舆论对我国表示同情。[④]（6）组织专人赴欧美宣传，这些人员多有留学背景，热心国际宣传，多为前外交官、新闻记者、某国际团体的成员等。报载有前国际联盟会秘书夏奇峰，在济南惨案期间重游欧美，仍负责向国际宣传。[⑤]（7）积极招待来华的国际友人、新闻记者、传教士、外交官，尽力渗透在华外国报纸、通讯社的编辑部，组织国外新闻团体来华参观、采访，对国民党友好的国际友人、新闻记者予以奖励，其稿件也多被外交部照抄、分发传播。对国民党不友好的国际人士、新闻记者则通过外交部向其提供警告，不予以签证或取缔在华采访资格，其发往国际的电讯稿予以检查、删扣。路透社社长兼总经理罗得利克爵士、荷兰记者东陛客和福开森三位外国记者，"屡著论文，主张公道，不独对我中国表同情，且对中国抱有深切之厚望"，1935年外交部呈请国民政府予以表彰。[⑥]同年上半年组织了国际记者江西考察团，外交部热情招待考察团成员，但对考察团记者的所拍发电报均"经外交部招待员检阅，加盖外交部情报司检阅图记"后才予以随时拍发。拍发后的稿件，也令各国

---

① 《中国国民党指导下之政治成绩统计》，1933年第7期。
② 《中国国民党指导下之政治成绩统计》，1934年第11期。
③ 《中国国民党指导下之政治成绩统计》，1933年第8期。
④ 朱偰：《日本强占辽吉在欧美之反响》，《东方杂志》，1931年28卷24号。
⑤ 《夏奇峰昨晨离国，重游欧美仍负责国际宣传》，《申报》，1928年8月12日4张13版。
⑥ 《中国国民党指导下之政治成绩统计》，1935年第3期。

使馆，随时注意，剪呈备考。[①]

在正面揭露日本侵略中国罪行的同时，国民党也使用多种宣传策略，在有限的传播能力下，尽力驳斥日本散播的侵华谣言、荒谬言论。仅由《中国国民党指导下之政治成绩统计》1933-1936年的"国际宣传之推广"栏目涉及对日宣传而言（见表8-2），国民党采用的主要"反驳"日本污蔑宣传的策略有：（1）外交部、中央宣传委员会等机构联合，在国内多方搜集日本侵华的种种罪证，如影片、照片等，并转驻外各领事馆，以备他们向驻地新闻界提供材料，或者著文驳斥。（2）对日本媒体、人士散播的谣言，在予以撰文驳斥，以正国际视听的同时，外交部指示驻地总领事馆派员交涉，要求日本媒体更正、道歉。对于在华的日本新闻媒体，除了著文驳斥外，交通部、邮政部、海关、外交部密切配合，凡散播日本侵华罪行、阴谋的新闻媒体，若不能查封，则多方禁止其出口海外。（3）对欧美媒体刊发的祖护日本的言论，外交部饬令驻地领事馆，或派外交部情报司向欧美领事馆交涉，向其提供材料，令涉事媒体、当事人更正、道歉，劝诫，希望以后此类事件不再发生。（4）借助外人之口，驳斥欧美人士刊发的祖护日本的言论。（5）逐步加强了对外籍新闻记者的日常管理。1933年3月16日，外交部公布的《外籍新闻记者注册证规则》，[②]要求外籍新闻记者在中国境内采访，需获得外交部情报司颁发的记者注册证，拥有记者注册证才可向交通部办理拍发新闻电报的凭证，对外籍记者拍发的新闻电报，予以事前检查。根据此规则，凡"违反我国出版法令行为或对我国有恶意宣传之行为"者，外交部均予以警告，严重警告，取缔注册证、拍发新闻电报的凭证等惩罚。

---

① 《中国国民党指导下之政治成绩统计》，1935年第4期。

② 《法规：外交部颁发外籍新闻记者注册证规则》，《外交部公报》1933年第6卷1期。

表 8-2　《中国国民党指导下之政治成绩统计》（1933-1936）中涉日宣传事件

年份	主要内容	期（页）
1933	上海俄文 Seovo 报刊载《华北之风潮》新闻，纯属无稽，对我国作不利宣传，外交部情报司致函该报，令迅即更正。该消息来源美国联合社驻沪记者 Marshall 所发。	4.42
1933	日本联合社 4 月 14 日奉天电，诬蔑我国华北军事领袖，极尽造谣挑拨之能事。外交部于本月 1 日代电河北省政府于主席嘱予驳斥。	5.49
1933	大阪每日新闻暨东京日日新闻，登载中央军在赣剿匪失利消息，内容无稽，纯属造谣。外交部派员交涉，予以严重警告。该报记者刚野八太郎代表两新闻社道歉、更正。	6.76
1933	本月 1 日东京日日新闻，宣称日本将在华北成立国际中立区域，初步使青岛成为国际城市，并将胶济铁路延长及于西安、兰州等地。外交部向驻华英比使馆询问，得知该报所载各节，纯属虚构。	7.64
1933	外交部编印黄皮书第 8 号，驳斥日本将"满洲"造成"乐国"宣传。	8.61
1933	祖日家范佛勒 M.E.de Veore 在巴黎出版的《满洲摄政法律上的承认及九国公约》一书，一味祖日、言论荒谬。爱斯加拉顾问撰文驳斥。外交部决定将爱顾问的论文付印，分寄国外，以使世人明了中日纠纷真相。	10.67
1933	日文报东京日日新闻暨大阪新闻屡载不符事实，蓄意挑拨，外交部派情报司长向驻华日本公使馆提出口头抗议，请其严重取缔。	11.64-65
1933	比利时交通部秘书长 Castian（加斯提欧）在 Rotaryclub 星期刊发表祖日言论，诋毁我国，外交部向驻比使馆提供材料，饬令著论痛驳，以正国际视听。	12.64
1934	朝鲜东亚日报驻沪特派员申产俊，数月来所发函电，每多于我国不利，外交部屡次警告不改，故特函上海市政府，请就便侦查其言动，并向驻沪日本总领事交涉，予以警告。	2.47-48
1934	日文报上海日日新闻 3 月 8 日、23 日刊载内容完全捏造，旨离间政府精诚团结之精神，及地方与中央之情感，并希图增长内乱，更挑拨中英中法邦交。外交部派情报司长向驻京日使馆代表提出口头抗议，嘱其即日严重警告该报，迅令更正等。	6.43
1934	新加坡星洲日报、南洋商报、及槟榔屿新报等，误信谣啄，对中日华北外交问题，妄肆攻击，外交部饬令驻该地使馆分别予以警告。	7.49
1934	外交部准中宣会函：伦敦泰晤士报登载邹鲁所述之塘沽协定内容，语多失实，请设法纠正。	8.42-43

续表

年份	主要内容	期（页）
1934	日本联合社上海支局所发标题有天津电讯一则，内容荒谬，显系恶意宣传，经外交部派员交涉后，该社上海支局发稿更正。	11.44
1934	上海英人主办之字林西报，登载该报驻东京通信，题为"满洲国之腐化"，其中对伪国各种腐败情形，记载颇为详尽。外交部当即照抄原文，令发驻外各使领馆传播，俾日本对外之反宣传，不攻自破。	11.44
1934	纽约泰晤士报驻华记者 Hallet abend 造作关于剿共之离奇谣言，应严厉予以取缔。外交部以该记者返美，电令驻纽约总使馆向该报交涉，交涉无果前一律不得签证给该记者来华护照。	12.44
1935	外交部训令雪黎总领馆及上海特种宣传室驳斥澳记者 Cutlack（卡脱来）《满洲问题》，为替日片面宣传。	2.46
1936	外交部准浙江省政府咨，上海英文密勒报载温州排日等捏造消息，拟请提出抗议责成更正等因。该部将此事真相函请密勒报更正。	2.40
1936	法国培克氏所著《日本是否将作战》一书，其结论中语多荒谬，经该部训令驻法使馆设法劝诫。	2.40
1936	上海远东时报，系伪"满洲国"顾问美人（George Bronson Ren）主办，攻击政府，内容荒谬，1932 年 12 月 14 日密呈交通部令饬邮局撤销登记，现查仍有直接由日本轮船邮寄，似令饬财政部令饬海关扣留。外交部准咨该报论调迄未改善，自应严禁出口。	8.27

三、应付"日本侵华"宣传的历史评析

抗战前夕，民国朝野上下对国民党应对日本侵华的舆论宣传，无论是国内的民众动员，还是国际领域的对日宣传战，整体上是批评多于赞誉，抱怨、牢骚、建议与对策不时见于报端，督促国民党及国民政府改善国内动员的策略、路线，扩大国际宣传的力量，然而，直到抗日战争全面爆发，国民党虽然在日本制造的一次又一次的"事端"中，不断总结经验，加强舆论宣传的力量，提高舆论宣传的操控水平，却基本没有改变舆论宣传的思维逻辑。即片面地依靠国民党及其国民政府的力量，而不是全民力量，发起应对"日本侵华"的国内外宣传战。其结果是在国内民众动员上处于被动局面，逐渐失去民众动员的主导权；在国际舆论领域处于被日本舆论操纵话语权，被动还

击谣言，澄清真相的尴尬局面。造成这一被动局面，既有诸如"次殖民地"等历史形成的客观因素，更有国民党秉持的保守、狭隘的民族主义在作祟。

近代意义上的民族主义建立在"天赋人权"、"主权在民"的基础上，一种民族存在信念和民族国家理念相结合的"民族国家"的主义，这一主义具有很强的国家意识、疆域意识、主权意识。中国传统的民族主义却是建立在"华夷之辨"、"朕即国家"基础上的一种文化民族主义，其国家意识、主权意识、疆域意识比较淡薄，而掌握国家政权的意识非常强烈。[①]在欧风美雨的文化侵蚀及欧美列强的凌辱下，鸦片战争后，中国传统的民族主义艰难地向近代民族主义转型，经过维新变法、辛亥革命、五四运动等社会运动后，在二十世纪二三十年代，中国近代意义上的民族主义处于形成与发展的重要时期，其主要表现是"操之在我"的国家政权意识依然占据主导地位，但其压倒性的力量有所减缓，与此同时，疆域意识、主权意识、国家意识却急剧增长，力求超越政权意识。"攘外必先安内"政策的出台、演变及破产，抗日民族统一战线的最终形成，是中国正在形成的近代民族主义的生动体现。

在正在形成的近代民族主义的驱动下，在蒋介石集团"攘外必先安内"的基本政策限制下，国民党在国内采取了隐忍、保守、有限的爱国民族主义的民众动员，并企图在国内民众动员过程中，将对日妥协的责任趁机转嫁给中国共产党，或地方实力派、党内反对派。在济南惨案中，这一动员策略尚且有效，能够得到较大多数的城市中小知识分子、小资产阶级及各类社会团体的同情、理解与支持，但随着东北三省的沦丧，伪满洲国成立，及与日签订屈辱性协定的曝光，中共在国统区民众动员活动范围扩大，使国民党"剿匪"的道义性在国统区的逐步丧失；国民党腐败、权斗、官僚、自私的负面形象在社会中逐渐形成，原来"革命"的政党逐渐沦为舆论高压下民众厌恶的新式军阀。在此背景下，国民党在"九一八"、"一二八"事变中，依然坚持原有的国内动员思路，其动员效果却呈锐减状态，分化、安抚日益高昂的国内抗日舆论逐渐压倒了有限、有组织的内部动员。国内呈现各类"事件"不断"井喷"状态，国民党在1935年至1937年上半年再次陷入"多事之秋"

[①] 关于中国近代的民族主义问题是学界讨论的热点话题，各方观点各异，杨奎松对此有清晰的论述，本文采取杨奎松的观点。见杨奎松：《从历史的眼光看待中国的民族主义问题》，《国际政治研究》，2006年第1期。

的统治危机期。在国内抗日舆论的压力下，张学良以"兵谏"方式迫使蒋介石接受了中共提出的抗日民族统一战线的主张。抗日民族统一战线的形成，暂时使国民党摆脱了"多事之秋"的困扰，挽救了蒋介石个人权威日趋下滑的社会形象。这无疑给国民党一次自我整合的历史机遇，然而，在抗日战争中，国民党失去了这一宝贵的历史机遇。抗战胜利后，蒋介石的个人威望虽然达到极点，其内部积累的种种弊病，却在战后接受日伪的过程中大曝光。

对日国际舆论战方面，面对日本强大的国际宣传力量，国民党在依托其政党及政府力量的同时，也曾发动民间社团、留学生及海外华侨和国内的驻华使馆官员、新闻记者、传教士、商学各界人士的力量，在国际领域展开对日舆论反驳战，虽然取得了一定成绩，却备受国内舆论的指责。国内要求扩大国际宣传，建立国际通讯社，改善国际宣传方法的呼声，在抗战前夕一直没有中断。舆论对国民党国际宣传的批评主要有：（1）抨击外交部负责人不懂"宣传外交"。1928年济南惨案发生后，明致在上海《星期》上撰文称，中国外交部长，除陈友仁外，没有懂得国际宣传的效用的，外交部的外交工作存在"临时抱佛脚"、不重视国际宣传的问题。文章认为前外交部长胡汉民、时任外交部长黄郛不重视外交。[①]（2）驻外使馆多成"养老机关"，缺乏经费，无专人负责国际宣传，新设机构"往往成具文"，"纯粹变成长官位置私人之工具"。1934年8月15日《北平晨报》社论开篇抨击道："我国国际宣传久成重大问题，而未闻当局有何切实改进计划"。社论抨击国民政府"驻外使领馆多成养老机关，平时各国对我之言论既未注意考察，而我国实情亦未尽量宣诸各国，致各国对我之观察，悉须依赖其驻在我国使领馆及在华彼邦实业家传教家之报告，以资判断。其观察报告往往错误，不待烦言"。抨击国民政府"设置机关，往往成为具文"，新的宣传机关往往变成"长官位置私人之工具，而当其衝者，亦以吃饭为唯一目的"。政府"临时抱佛脚"，日本压迫中国时，"当局无暇计划。迨事变稍定，当局又置诸脑后"。[②]（3）国际宣传效率低下，形式主义严重，宣传方法不切实际。国民党的宣传方法"大都模仿欧美而来，尤以采用苏俄者为多"，[③]在国内尚能取得一定效果，国际宣传则难以

---

① 明致：《国际宣传与外交》，上海《星期》，1928年5期。

② 《我国与国际宣传》，《北平晨报》8月15日社论，载《新闻通讯》，1934年16期。

③ 廖德珍：《中国之国际宣传》，《国民外交杂志》（南京），1933年1卷4期。

有效。1931年10月5日《大公报》社评抨击国民政府藉"对外宣传，收对内作用"，对外通告"未尝电达域外，公告各国，根本上且未曾译登于中国之外报"。"驻外人员于本国情形，类多隔阂"，难以有如指臂使的效果；国际宣传"标语笼统，口号简单，复易予外人以华人一般的排外之印象"；新闻发布"多取新闻报告形式"，鲜有官方正式"有责任的公表"发布，使外人对中国信源的信誉度降低。[①]（4）宣传经费无法与日匹敌，难以有效应对日本诬蔑化的"反宣传"。这基本是国民党官方和朝野的基本共识，对此，舆论尚能理解，抨击力度不大。

对于如何改进、扩大国际宣传，提高中国的国际宣传效果，舆论给出许多建议。1934年吴天放提出办大规模的通讯社，在外国办报，联络外国新闻界，设置宣传专员，取缔在华的外国报纸，限制外国记者的发电照等6项扩大国际宣传建议。[②]吴天放的建议基本涵盖了国民党官方与朝野扩大国际宣传的建议。北平《晨报》社提出在重要国家设立情报局，或在外交部驻外使馆设置专司宣传事物的参赞。[③]《大公报》提出"忠实负责"的宣传策略。[④]国民党及国民政府也采纳了上述部分建议，但效果依然不佳。不过，国民党在国际宣传中的惨痛失败教训，严重刺激了国民党及民国知识界，抗战爆发前夕，国民党成立国际宣传处，强化了对国际宣传的重视程度，对于抗日战争期间，争取英美盟友的援助大有帮助。抗战爆发后，战时新闻学随之兴盛，其成果对于国内动员民众，国际反击日本谣言，争取盟友起到了重要的历史作用。

---

① 《国际宣传之效率》，《大公报》1931年10月5日社论。

② 吴天放：《中国当前最要的国际宣传问题》，《报学季刊》1934年创刊号。

③ 《我国与国际宣传》，《北平晨报》8月15日社论，载《新闻通讯》1934年16期。

④ 《国际宣传之效率》，《大公报，》1931年10月5日社论。

第九章
国民党新闻事业的历史沉思

作为一种新的媒介形式，近代报刊自登上历史舞台，就逐渐展现出释放、传播社会信息的巨大威力，逐渐改变了传统集权国家的治理模式。在欧美由传统社会向现代社会转型过程中，新闻传媒一面在社会政治、经济、文化、科技等子系统的支撑下，颠覆了传统的社会信息系统，形成了以近代报刊、通讯社、广播电台等为主体的新型社会信息系统，一面向社会系统源源不断地传播新信息，激活、刺激、促进社会其他系统的自我改良与革命。这样，新闻传媒以社会信息系统的主导者身份被纳入现代社会的宏大系统，并与其他子系统构成了彼此自我演化的内在逻辑，共同推动了欧美社会的现代转型。

近代报刊是随着欧风美雨，坚船利炮，声光化电一道传入中国的。与古代邸报不同，近代报刊携带着"颠覆"传统社会信息系统的基因，在社会环境适宜的情况下，它会以传统社会信息系统为生长土壤，在破坏传统社会信息系统的同时，形成以它的体系为主架构的新兴社会信息系统，进而"颠覆"社会其它子系统，直到形成新的社会系统。与欧美不同，中国是以"熟透"的文化国家身份，在内外力的共同推动下开始自己的现代化转型的，在清政府自我改良失败后，孙中山先生开启的效仿欧美，学习苏俄的转型模式，主导了中国近现代社会的发展历史。从历史后视镜看，蒋介石集团"执行"孙中山转型模式20多年后，中国共产党于1949年10月宣告了该模式的彻底失败。

为什么失败？这是困扰史学界的一大历史问题。败退到台湾的蒋介石、国民党人曾深刻反思过，大陆、海外学界曾从国民党组织、政治、军事等层面深入探讨，然鲜有从新闻传播层面深思过。在较为系统地研究抗战前十年国民党新闻事业、国民党"训政"实践的基础上，本书将从国民党党营传媒的社会效果层面，历史地、整体地评价"训政"框架下的国民党新闻业，尝试从"喉舌"与"训政"层面解释国民党败退大陆种下的传播"种子"，总结现代新闻传媒推动后发国家现代转型的内在规律。

第一节　党国传媒的受众认知与传播效果

国民党败退大陆的史实，否定了国民党新闻业的历史效果。这一观点虽源自"成王败寇"史观的逻辑推演，却也有大量史实的支撑。诚然，因缺乏当时国民党党报受众调查的一手史料，无从知晓国民党新闻业历史层面的宣传效果，然而依靠档案、笔记、日记及报刊文章中记载的时人阅读报刊的零碎史料、及民国报刊的发行量、民国公众的教育程度等方面的史料，是可管窥到二十世纪二三十年代党国传媒的受众认知的。受众对传媒的认知程度决定了传媒的宣传效果，尤其是社会动员、社会整合的传播效果。在此基础上，可比较公允、客观地评析国民党新闻业的传播效果。

一、国民党新闻传媒的受众认知

1.20 世纪 30 年代的传媒受众群体的基本特征

深入了解20世纪20-30年代的中国，谁阅读报纸？哪些阅读群体阅读国民党传媒，是研究民国公众认知国民党党营传媒的重要前提。由于民国尚未兴起全国性的受众调查，因此，完全再现民国时期传媒受众的历史面貌，将可能成为永远难以探明的历史黑洞。但若将这一问题转化为民国时期的报刊发行量、覆盖区域，广播电台的覆盖面、收音机的普及程度，及公众阅读报刊的基本前提：报刊购买力与国民识字率的两个问题，则可管窥到1927–1937年传媒受众群体的历史特征。

2.国民党新闻传媒的主要受众群体

阅读报刊的前提是公众能够看到（购买或在公共阅报栏、阅报室）报刊，且有读报的基本能力：即一定的识字率。收听广播的前提是拥有收音机，且该地区有广播信号覆盖。民国时期相关统计数据表明，城市社会的中上层是民国新闻传媒的主要受众群体，城市社会的底层民众，数量庞大的乡民只能是民国新闻传媒的边缘群体，文盲基本被排除在民国新闻传媒受众群体之外。

据统计，民国初年我国约有人口4.3亿，[①] 由表9-1可知，1927-1937年间全国总人口基本维持在4.5亿，1927-1936年全国约增加了2100万人。人口地理分布极不平衡，地理学家胡焕庸曾将东南至西北的人口地理作一划分，以黑龙江瑷珲向西南作一直线，至云南腾冲为界，仅占全国面积36%的东南地区，却生活着4.4亿人，占全国总人口的96%，而占全国面积64%的西北地区，人口却只有1800万人。"多寡之悬殊，有如此者"。[②]

表9-1　1927-1936年间的全国人口总数的估计[③]

年份	口数	调查单位	资料来源
1927	457 787 000	海关	《中国经济年鉴》（1934）
1928	474 787 000	内政部	《内政部年鉴1935》（户政404页）
1929	419 957 000	邓辛未	《中国大陆人口问题》，《东方杂志》（台）1984年7卷9期
1933	444 486 537	统计局	《中华民国统计提要》（1935）
1936	479 084 651	内政部	《中国人口问题之统计》正中书局，1944年

各项统计显示，近现代国人的识字率非常低，文盲始终占人口的绝大多数。有材料表明，清末能识字的人数只有4000万左右。[④] 有人估计，1927年前我国识字人口约为总人口的5%。[⑤] 据一般估计，民国时期的识字率在20%左右。[⑥]1927年，晏阳初在河北定县的调查显示，全县人口40万，文盲27万，识字者6万，文盲约占83%，识字者约占17%。[⑦]20世纪30年代初，卜凯对22个省308个县的87000人的抽样调查显示，已有45.2%的男性和22%的女性曾上过几年学，识字率达到30%左右。[⑧]据立法院统计处陈华寅的《劳工

---

① 费正清主编：《剑桥中华民国史》（第一部）章建刚等译，上海人民出版社，1991，第40页。

② 胡焕庸：《中国人口分布》，《地理学报》，1935年第2期。

③ 据米红、蒋正华提供的《民国时期各年全国人口总数的估计》表制作。见米红、蒋正华：《民国人口统计调查和资料的研究与评价》，《人口研究》，1996年第2期。

④ 章开沅、马敏、朱英主编：《中国近代史上的官绅商学》，湖北人民出版社，2000，第660页。

⑤ 蒋国珍：《中国新闻事业发达史》，上海世界书局，1927，第60页。

⑥ 张生：《中国近代民法法典化研究（1901至1949）》，中国政法大学出版社，2004，第273页。

⑦ 徐秀丽：《中华平民教育促进会扫盲运动的历史考察》，《近代史研究》，2002年第6期。

⑧ J.Lossing Buck, Land Utilization in China, 1929–1933, New York：Paragon Book Reprint Corp, 1964,p.373–375. 转陈德军：《南京政府初期的"青年问题"：从国民识字率角度的一个分析》，《江苏社会科学》，2002年第1期。

家庭之生计调查与人口研究》一文测算，1930年，南京工人家庭的识字率为18%以上，文盲占82%以上。[①]1931年调查显示，南京不识字人数为157353人。[②]1932年7月，济南市街各小学附近1799户10505人的取样调查显示，不识字人数为5312人，不识字人数占50.59%，调查者亦称"若行普遍调查市乡村比率必低"。同年三个月的抽样统计显示，济南市娱乐人数（旧剧、电影、新剧、公园）达到124495人，估计全年达到491980人。[③]娱乐人数是"有闲阶层"，属于新闻媒体的消费人群。1936年河南省统计显示，识字总人数为3059379人，不识字总人数为22382552人，每百人识字率仅为12.02%。[④]另据1947至1948年统计，昆明的文盲率为62%，长沙为58%，北平为43.05%，南京为47.36%。县级人口的文盲率更高。[⑤]另据1935年，上海市农会《告农友说》称"大概在一百个中国人之中。有八十个左右的人是不识字。这许多不识字的中间。农友就占了一大半。"[⑥]可见，理论层面，若以20%的识字率为基点，4.5亿人口为基数，二十世纪二三十年代，全国约有0.9亿的报刊读者群，且大都分布在上海、南京、北京、广州、青岛等中心城市。而事实上的报刊读者群应大大小于这一数字。

教育程度是能够阅读报刊的一个重要指标。小学水平基本达到识字水平，仅能阅读浅显的白话报，故他们不大可能阅读党营报刊；中学水平虽不存在阅读报刊的文字障碍，其政治觉悟尚未完成形成，故他们中只能是少数人阅读党营报刊，更多的人则阅读民营报刊；专科以上水平，因接受过高等教育，故是党营报刊的主要读者群。这一群体在民国初期就已经是相对独立的社会阶层。仅据1922-1923年度统计，全国在校生（含小学、中学、专门及大学）总数达到6819486人，其中专门及大学的在校生34880人，中学生182804人。这一阶层大都经受了五四新文化运动的精神洗礼，1927年后，他们基本属于年龄较长的"后五四青年"。人数至少在百万以上。如表9-2所示，1928-

① 张生：《中国近代民法典化研究（1901至1949）》，中国政法大学出版社，2004，第273-274页。

② 《首都不识字人数统计》，《宣传周报（湖南）》，1931年12期。

③ 《济南市不识字人人数统计表》、《济南市民众娱乐人数统计表》，《济南市市政月刊》，1932年5卷第3期。

④ 《河南人口统计表4：识字语不识字人数》，《河南统计月报》，1936年2卷第7期。

⑤ 李良玉：《民国人口状况概述》，《民国春秋》，1996年6期。

⑥ 《识字宣传周最后一日，今日为农界宣传日》，《申报》，1935年5月7日3张9版。

1936年间，受过高等教育人数约在30万左右，他们中的绝大多数会经常阅读报刊，党营报刊应在其阅读范围内。据此估计，抗战前夕，理论上阅读党营报刊的人数最多在全国不应超过千万。

表9-2　1928-1936年间全国高等教育（专科以上）的人数统计表[①]

年度	1928	1929	1930	1931	1932	1933	1934	1935	1936	总数
在校总数	25198	29123	37566	44167	42710		41700		41923	224587
毕业总数	3153	4164	4583	7034	7311				9158	33383

报纸发行量是阅读报纸的一个重要前提。1928年11月，上海日报公会回应交通部王伯群部长谈话中说，"全国各地每日销行报纸总数，不过七十万。而于出版地点乏销行者，已过三十九万。零寄小卷，送各地者二万五千；汽机未通之地为数七万，已通之地则有十四万三千。"[②]同年有材料称，我国报纸总销数"不出一百万份，以四万万人口计之，每四百人中仅有一人读报"。[③]据1930年前邮局邮递报纸统计，以与人口相比例，则报纸最多之地，每9人可阅一份，而最少之地每3万人只阅一份，全国平均每164人阅一份。[④]据江苏新闻事业委员会统计，1933年全省报纸每日发行总数为191000余份。[⑤]另据许晚成《全国报馆刊社调查录》统计，截至1936年4月，全国报刊期发行量达到551万份，其中，党营传媒为116.3万份，仅占21.1%。有材料说，1937年，国民党党报约有23万的销数，约占全国报纸销量的6.6%。[⑥]以这一时期民国报业的标杆《申报》、《新闻报》的发行量为例，两报发行量在20世纪20年代初，"其销路之旺盛，视平时或增数倍"，然到了30年中后期，基本维持日发

---

① 据《民国以来国内高等教育之趋势》（摘自教部二十一年度全国高等教育统计），（《申报年鉴（民国二十四年）》，上海申报馆）、及《战前全国高等教育统计》（《江西地方教育》。1939年第163期）、《全国高等教育统计，教育部根据二十三年度统计结果》（《冀察调查统计丛刊》，1936年第卷第5期）绘制。

② 《日报工会对王伯群谈话之表示》，《申报》，1928年11月19日4张13版。

③ 《申报交通特刊第十号，昨日第四次大会》，《申报》，1928年8月19日4张15版。

④ 黄天鹏：《中国新闻事业》，黄天鹏编：《新闻学名论集》，上海联合书店，1930，第85页。

⑤ 黄乐民：《江苏新闻事业的现在与将来》，《江苏月报．江苏新闻事业专号》，1934年第1卷第3期。

⑥ 伍尔岗·穆尔（Wolfgang Mohr）：《现代中国报业史》（影印本），韦正光译，中央图书馆藏，51-52页。转王凌霄《中国国民党新闻政策之研究（1928-1945）》，中国国民党中央委员会党史委员会出版，1996，第94页。

行15-20万份之间。可见，这一时期，报纸发行在京沪地区已基本达到了一定程度的饱和状态，阅读群体亦趋于基本固定。而20世纪30年代，上海报纸的发行量占中国报纸发行总量的50%以上。[①]这促使全国报纸发行量增速减缓，报纸期发行量的增加，主要在于通讯社、广播电台及交通设置的改善，促使内地新办报刊的增多，这间接地扩大了报刊的读者群体。由此细察可知。

（1）1927-1937年间的报刊读者群体有所扩大，相对于我国人口总量，其增长速度仍较为缓慢。"黄金十年"经济的发展，国家"形式上统一"，及交通、邮政、电信、造纸、通讯社及广播事业的发展，促进了这一时期报刊总量的增加，一个遍及全国各大中城市、中小县城的全国性报刊发行网形成。民国高等教育规模有所扩大，受过高等教育的人数有所增加，各种识字运动的推广，中小学教育规模的扩大，使这一时期国民识字率水平略有提高。这间接促进了报刊阅读群体的扩大。从各种数据估算看，这一时期能够阅读报刊的总人数估计在一到两千万左右。相对于4.5亿的人口基数，一到两千万的阅读人群，在社会结构中属于社会的中上层，在区域分布上，一到两千万的报刊阅读群主要集中在江浙、沿海等经济较为发达的大中城市。下层民众基本被排除在阅读报刊的范围外，这一数亿群体的新闻获取，基本依托传统的人际、小群体、组织传播，国民党虽建立了覆盖全国的中央广播电台，但收音事业的滞后，限制了数亿的文盲群体与国民党中央的上下"情通"。国民党虽然意识了底层民众的重要性，采取了多种办法，但其投入的人力、物力及其基层的组织管理能力，相对于数亿人口来说，仍是杯水车薪。这给地痞、劣绅鱼肉乡村，压迫农民，中共动员底层民众提供了历史可能性。

（2）根据党营报刊多为公费发行，发行总量低于民营报刊，及重视时政新闻、版面庄重严肃的特点，阅读党营报刊的群体主要是：①国民党党员、国民政府各级公务员、国民党军队中的各级军官等。②关心民国政治的资本家、商人、工厂企业主、从事文化、教育事业的知识分子。③驻华外交官、外国在华的学政商界人士、在华传教士等。1934年1-6月《中央日报》直接订户的统计分析显示，军事机关、学校、法政机关、民教馆、党务机关、通讯社、报社及学术团体、阅报处等团体订户占全部订户的64.52%，个人订户

---

① 王润泽：《中国新闻媒介史（1949年前）》，北京大学出版社，2011，第213页。

仅占27.85%。另有材料称，20世纪30年代中后期，《中央日报》的发行网遍及全国，1/3的订户是政府单位。[①] 由此可推测，国民党党营报刊的阅读群体，绝大多数是受过高等教育的知识阶层、商人阶层、官员阶层等。他们要么是五四运动前接受过高等教育，要么是五四运动后在国民政府各类公私性质的高等院校中接受过高等教育，或者有留学经历等。故这一群体报刊阅读行为具有很强的自主性，具备一定的报刊素养水平，其对报刊内容的自我解读能力远高于一般受众，不会轻易被党营报刊的宣传所迷惑。

（3）广播听众方面，国民党虽在1937年前建立了以中央广播电台为中心的官营广播网，广播声音基本覆盖了全国，但其收音事业相当滞后，这使广播成为民国中产阶层及上层社会独享的"小众传媒"。1937年，中央广播电台管理处处长吴保丰曾说"我国全国各地收音机之数目，不及百万仅为我国人口百分之零·二五"。[②]1944年有文章称，"全国的广播总电力超过十万瓦特，听众约二三百万人，海外的尚不在内。"[③] 当代有学者研究称，20世纪30年代的上海收音机已达10余万具，抗战时广播听众达到60万至72万人，广播、收音机成为上海的一种大众化媒介。[④] 但广播在上海民众中更多的是娱乐媒体，而非新闻媒体，这在一定程度上消解了国民党官方广播的政治宣传的社会效果。

3.民国公众对党营传媒的解读特点

公众解读传媒方式，关系着传媒政治宣传的短期、暂时的社会效果。由上可知，二十世纪二三十年代的传媒读者群主要是城市社会的中上层，他们大都受过专科以上教育，有长期读报习惯，比较关心民国政治，属于五四后的知识精英阶层、城市社会的中产阶层。故他们对党营传媒的解读具有较强的自主性，不是西方子弹理论视野中的被动的受众。中央政治学校新闻系学生黎世芬对《中央日报》做了如下描述。

---

① 根据民国26年出版的英文年鉴，The Council of International Affairs，ed. The Chinese Year Book,1937 Issue（Shanghai: The Commercial Press Limited, 1937），第1098–1099页。.转王凌霄，《中国国民党新闻政策之研究（1928–1945）》，中国国民党中央委员会党史委员会出版，1996，第94页。

② 吴保丰：《十年来的广播事业》，转赵玉明编选：《中国现代广播史料选编》，汕头大学出版社，2007，第133页。

③ 《十五年来我国广播事业之鸟瞰》（1944年4月），《广播通讯》特刊第十期，1944年4月30日，转赵玉明编选：《中国现代广播史料选编》，汕头大学出版社，2007，166页。

④ 汪英：《上海广播与社会生活互动机制研究（1927–1937）》，华东师范大学博士学位论文，2007，第2页。

明白点说，中央日报的主张是站在"党"的立场方面的。党的立场怎样，中央日报亦怎样。党的主张便是中央日报的主张；党所反对所抨击的事情也便是中央日报所反对所抨击的事情。因此，从读者方面来看，中央日报的主张和态度便是"党"的主张和态度。外国驻华每摘录中央日报的社论，拍回本国，可以想见该报社论的地位。中央日报不轻易发表社论也就因为此点。

不仅中央日报的社论，在国际上有地位，即对于某一项新闻的登载或不登载，甚至登载时的地位，都有特殊微妙的意义。在于读报的人，每能藉这种关系对某问题作深一层的了解。读报的一致心理，总以为中央日报登出的消息，是"事实"的最后的承认；反之，别报登出而该报反不着一字而又不否认的消息，却正显示着该问题本身的严重性和复杂性。简单地说，中央日报的新闻是各报的新闻的"试金石"和"弹簧秤"。某一消息的真假和重量都可从比较中央日报一点看出。[①]

青年学生黎世芬的描述表明，受过高等教育的青年学生意识到：①中央日报是代表国民党中央立场的党报，中央日报的主张和态度便是"党"的主张和态度。依次类推，各报纸及通讯社、广播电台均是代表其所有权利益的舆论喉舌。②阅读《中央日报》的社论、新闻要注意"某一项新闻的登载或不登载，甚至登载时的地位，都有特殊微妙的意义"。即要注意从登载不登载，登载的版面位置来解读某一事件的深层意义。③阅读《中央日报》，要对比各报的同类报道。"别报登出而该报反不着一字而又不否认的消息，却正显示着该问题本身的严重性和复杂性。"细查可见，青年读者是以"对抗"或"协商"，而不是"顺从"式解读党营报刊上的信息文本。至于国民党党务人员，国民政府官员，他们更明白党营报刊的宣传本质，更是以"对抗"方式解读其内容从中获取自己所需的时政情报、政治动向，是他们阅读党营报刊主要动机。不仅如此，他们也懂得藉借报纸发表意见，制造舆论，散播烟雾，迷惑政敌。

在谣言、虚假信息、"黄色新闻"、刺激性言论、政治宣传的泛滥的背景

---

① 黎世芬：《中央日报》，《中外月刊》，1936年6月1卷7期。

下，在报纸凌乱的版面编排下，民众也养成了通过媒体寻求信息的质疑心态、猜测心理。[①] 注重传媒的派别、背景、政治立场，注重消息来源，注重报道的客观态度，"事实的反证"及对比地阅读同一类消息，等"阅报技巧"被广泛介绍。如朱秉国建议读者阅报要注意：报纸的派别、客观的态度、消息的来源，时间的经济、事实的反证。[②] 金瑞本提醒读者注意新闻来源、报纸立场。[③] 另外，内忧外患，频繁的人口迁徙等造成的对个体生命的威胁，也迫使中小知识分子注重从报刊上获取有用的信息，他们对报刊阅读更加注重信息的获取。

至于底层民众，在生活所迫下，他们既缺乏购买党营报刊的经济能力，也对"新闻"、政治漠不关心。"社会一般人士，对阅报毫无兴趣，新闻快缓，自所不闻"；[④]"'新闻'二字，在我国人民的脑海中，映像极浅！除了一部分智识阶层中人，平时定一份报纸，和几本杂志阅读外，其余的人，视报纸和杂志，真如秦人之视越人，肥瘠漠不关心"。[⑤]

由上细察可知：作为党国喉舌的国民党新闻传媒，并没有有效发挥整合社会、凝聚中间阶层的作用，反而成为社会各方力量彼此信息博弈、信息内耗的社会平台。这就大大削弱了国民党新闻传媒的短期、预期的政治宣传效果。

二、国民党新闻业的长期、非预期的宣传效果

新闻传媒不仅具有短期、预期的传播效果，也具有长期、非预期的社会效果。在这方面，不能简单地以"失败"、"舆论北上"等词汇简单否定国民党新闻业的政治宣传效果，而应以大历史观的立场，予以客观、公允的评价。从大历史观的视野看，国民党新闻业的政治宣传效果可谓有"得"有"失"，有功有过。

1. 三民主义的"造神"运动，可谓过大于功

"三民主义"、"孙中山"等政治符号是国民党训政的思想基石，各派系

---

① 1936年，马星野撰文批评报纸编排混乱，他讽刺编辑一切都是"让读者在黑暗中摸索去"。这易使读者有"猜谜式的心理状态"。见马星野：《读报问题之商榷》，《申报每周增刊》，1936年1卷39期。

② 朱秉国：《我们读报应该注意的几点》，《一般（上海1926）》，1927年第2卷1期。

③ 金瑞本：《阅读报纸应注意的两件事》，《浙江青年（杭州）》，1934年，第1卷1期。

④ 胡政之讲，王笑西记：《中国新闻事业》，《新闻学刊》，第2卷5期。

⑤ 见涂怀宽：《中国新闻事业》，《学生文艺丛刊》，1926年底3卷第3期。

共同认可的政治旗号，凝聚、动员国民民众的政治旗帜，国民党媒体政治宣传的最高宗旨。在这方面，国民党媒体的新闻宣传，不是本着孙中山政治理念的本意，动员、训育民众，培育民众的政治素养，推动训政向宪政的转变，而是以教条化、神化、形式化的媒介灌输方式，力图强行把僵化的、教条的三民主义植入民众头脑，使民众心甘情愿地接受国民党的一党独裁，承担国民党推动中国现代化建设中的社会成本。如第七章第一节分析，以仪式纪念周等宣传策略，国民党大肆神化、美化、形式化孙中山，其目的是将孙中山的"正统"地位植入民众头脑，确立国民党统治的合法性。另外，国民党通过"新生活运动"等全国性的新闻宣传运动，力图将"礼义廉耻"等传统文化灌输给民众，企图达到用传统文化来消弭、冲淡西方民主、科学精神的政治目的。这一宣传策略，实质是以宣传替代新闻，以愚民替代启蒙，其灌输替代训育，自然与五四新文化运动形成的科学、民主的启蒙精神背道而驰，与孙中山训育、整合民众的"心理建设"的政治目标背道而驰。虽然国民党媒体有强大的"造神"力量，却始终未能达到其理想境地，但不能据此全部否定国民党媒体对"三民主义"、"总理遗教"及民众日常生活的文化改造的历史贡献。对于孙中山深远的历史影响，民国时期的封建迷信以及非科学、非健康的社会习俗的革除，传统的社会风气向现代社会风气的转变等方面，国民党新闻媒体有不可磨灭的历史贡献。

2. 新闻媒体的训育功能、监督功能严重萎缩

训政政治需要发挥媒体的训育、启蒙、教化功能，培育民众的宪政政治素养；需要媒体的新闻监督功能，督促训政政治上正轨，然而这两项功能，国民党新闻媒体却口惠而实不至，在其严厉的新闻统制下严重萎缩，乃至消失。对于前者，涉及国计民生的重要政策，尤其是民生政策，却常常隐而不报。《大公报》将此视为国民党行政上的"重大缺陷"，痛恨"政府对于训政时期应有之宣传，太不尽力是也。"[1]对于后者，国民党媒体虽也有大量的批评报道，但绝大多数是不同派系间、不同权位者之间的宣传攻击，而非正常的新闻舆论监督。前者不仅无助于训政政治上正轨，反而紊乱了新闻监督的正常机制。1934年的南京《民生报》案是宣传攻击阴霾下的典型个案。该报

---

① 《训政与宣传》，《大公报》，1931年1月13日。

1934年5月24日刊登了182个字的《某院处长彭某辞职真相》消息，却因消息中含有对已申请辞职的行政院政务处长彭学沛有贪污嫌疑的新闻暗示，遭到行政院的停刊三日的处分，进而衍生出复杂的"彭成诉案"及汪、于、蒋三派的权力争斗与权力平衡，致使《民生报》永久停刊，成舍我系狱40天。[1]发行量比《中央日报》还多的《民生报》尚且如此，其它报刊可想而知。至于正直的少数报人的新闻批评，出版前深受新闻检查的无理删节，发行后则面临各地党政要人的权力打压与摧残。《中央日报》、中央通讯社、中央广播电台被国民党中央严格控制，批评报道少之又少，且又常常被地方派系、党政官员解读为宣传攻击。至于各省市报纸更是不堪入目。《大公报》满含悲愤的写道："试问各省今日，其报纸有能批评各该省政府施政之得失，及纠弹文武官吏之行动者乎？曰无有也，降一步言，各省政治、官吏行动，除依照官方宣布者登载以外，有自行探访，纪载出入者乎？亦无有也，盖各省报纸现状，岂特对省政府不敢指摘，即于各县黑幕，亦且罔敢揭穿。岂特不敢开罪于军长师长，即团营连长之流，在地方报记者目中，亦依然皆小皇帝也"。[2]

　　3. 国民党媒体的宣传攻击，严重加剧了民国城市社会的撕裂，是其最大的历史罪过。

　　不管国民党媒体的宣传攻击，对于"围剿"中共，剪除地方派系起到怎样的舆论功效，但不同权力主体支配下的宣传攻击，事实上紊乱了社会信息系统，颠覆了国民党媒体的社会信誉，加剧了民国城市社会各阶层之间的进一步撕裂。国民党媒体集体性的围攻中共、妖魔化中共，为国共两党以可能的对话、协商方式解决历史恩怨、双方政治分歧，制造了严重的观念壁垒。不同派系之间，蒋、汪、胡党魁之间的宣传攻击、宣传讥讽，则是国民党内部权力相互猜忌、相互提防的传播根源，并严重削弱了国民党统治集团的执政能力。谣言、流言、虚假信息的盛行，既增加了民众辨别真伪信息的成本，使民众产生"社会一片黑暗"的社会环境认知，也使传统的诡秘政治、阴谋政治，厚黑哲学盛行于社会，成为支配国统区为人处世的实际法则。蒋氏虽极力倡导"礼义廉耻"为内核的"新生活运动"，也不能消弭国民党媒体的宣传攻击对社会、对民众所造成的严重的心理伤害，其失败亦是必然。

---

　　① 见刘继忠：《南京〈民生报〉停刊事件再审视》，《国际新闻界》，2010年第1期。
　　② 《国民会议与言论自由》，《大公报》，1931年5月12日。

4. 爱国民族主义的大肆宣传，是国民党传媒的最大历史功劳

尽管国民党媒体整体上在"攘外必先安内"政策下宣传抗日救国，宣传抵制日货，提倡国货，是一种狭隘的民族主义的爱国宣传，但是也有不少国民党媒体突破"攘外必先安内"的政策边界，大肆宣传日本帝国主义的残酷，极力鼓动社会各阶层联合起来，集体应对国难，抗击日本侵略。尽管国民党迫于日本压力，严厉钳制抗日舆论，制造了不少报案，但仍有不少民营报刊愤然而起，呼吁停止内战，一致对外，致使抗日救国的舆论潮流成为拯救中国免于灭亡的、最强大的民众力量。正是这股力量促成国共两党再次合作，促成各派系暂时停止权斗，形成全民族一致抗战的局面，确保了抗日战争的最后胜利。也正是这股力量挽救了国民党岌岌可危的执政威信，抗战中蒋介石成为威望最高的民族领袖便是铁证。[①] 然抗战结束后，蒋介石政权却利用这一威望开历史倒车，漠视早已厌战的民众对和平、对民主的极度渴望，而轻开战端，盲信凭借武力即能消灭中共。三年丢掉大陆政权，为蒋氏政权不重视舆论、崇拜武力而自饮苦果的铁证。

第二节　国民党败退大陆的种子：新闻传播学的点滴思考[②]

作为中国历史上的第一个党治政权，国民党统治大陆仅有20余年。依照中国传统王朝统治周期而论，执政20余年只能算是一个短命王朝。国民党为什么这么快就趋于衰朽，败退大陆？"这几乎是所有研究国民党史者均难以回避的一个终极问题"。[③] 史学界给出了许多有力且不同的解答，但目前鲜有

---

① 台湾学者、大陆部分学者认为抗日战争给中共提供了喘息机会，致使其在抗日战争中得以壮大，他们常常假设若没有发生西安事变，中共很有可能在抗战前被国民党消灭。这种假设在如何评价张学良上有明显表现。大陆肯定张学良的历史贡献，视其为历史英雄，台湾则视张学良为民国罪人。中共最早正式提出建立抗日民族统一战线，是抗日救国舆论的受惠者。然而蒋介石、国民党亦是抗日舆论的受惠者，亦是不争的历史事实，全国抗日力量最后都统一到蒋介石领导之下，蒋介石也被视为中华民族的救星，就是最大的、不能推翻的铁证。

② 本节内容据刘继忠《国民党败退大陆的传播学思考——以蒋介石传播战略思想为中心》（程曼丽：《北大新闻与传播评论》2015年第十辑，北京大学出版社，2015）一文改写。

③ 王奇生：《党员、党权与党争：1924-1949年中国国民党的组织形态》（修订增补本），华文出版社，2010，第1页。

从新闻传播学角度予以较为全面、系统的诠释。

一个政权的覆灭，绝不是单一因素造成的，而是多种因素构成的多条逻辑链彼此交互作用导致社会秩序出现了结构性的混乱，这个政权的治理理念、资源、方式与执行能力均无法有效应对这一结构性紊乱所致。史学界的研究成果表明，国民党在大陆败北，既在于国民党组织系统的紊乱、腐败与低效，也在于国民政府行政官僚系统的腐败堕落；既在于国民党党内派系纷争，内斗不息，也在于国民党军权的形式统一，各军系之间相互猜疑、防范；既在于蒋介石、胡汉民、汪精卫等党魁之间的明争暗斗，也在于蒋介石缺乏雄才大略，未能为国民党提出切合国情的政治理念，将国民党整合为强有力的现代动员型政党；既在于国民党党国体制设计的内在缺陷，也在于国民党将孙中山三民主义政治理念的教条化、神化；既在于国民党党权、军权、政权的长期内耗，也在于国民党中央与地方之间的彼此博弈；既在于国民党高层始终维护其阶级利益，未能有效解决民生问题，未能维护工农阶层的切身利益，也在于国民党整肃自身的乏力，未能有效解决系统性腐败，未能有效解决基层组织的劣绅化、封建化；既在于国民党应对内忧外患的片面政策，也在于竞争性政党——中国共产党在历史夹缝中不断壮大、自我完善等等。

以新闻传播为主渠道的社会信息系统，在社会政治、经济、文化、军事等其他子系统的日常运转中起到了基础性作用。因此，当这个社会信息系统陷入信息多元博弈的紊乱状态，自身社会粘合度降低时，政治、经济、文化、军事、社会等子系统亦会陷入紊乱。与此同时，政治、经济、文化、军事、社会等子系统的紊乱也必然从"信源"层面紊乱社会信息系统。当社会信息系统、政治系统、经济系统、文化系统、军事系统等社会子系统之间构成恶性循环的逻辑链时，一个社会的解体就为时不晚了。因此，在新闻传播学视野中，一个政权的覆灭在于统治阶层主导的社会信息系统的运行陷入了信息多元博弈为主形态的流通状态，社会信息系统的自我粘合度降低，社会离心问题呈现。其主要表现为：统治阶层内部的各利益集团、利益群体之间，以及统治阶层与其支撑阶层、被治理阶层之间的传播障碍与传播隔阂的巨大程度，使各阶层之间的信息传播陷入多元博弈、相互猜忌状态。统治阶层内部各利益集团之间、各利益群体之间陷入了彼此政治不信任的博弈状态，他们之间的权力斗争及追求各自利益最大化的政治追求，扭曲了社会交往的基本法则，使规范社会行为的规章制度徒具虚文，社会交往在徒具虚文的规章制度下，重新回归到"类原始状态"的实力交往状态，强权、实力（武力）而非社会各阶层集体认可的规章制度，成为社会利益分配的主导性标准。当实力（武力）成为社会利益分配的主导性标准时，支撑阶层——知识阶层、有产者、商人、富农等——虽仍想支持统治阶层，但在各利益集团、利益群体的权力争斗的现实下，他们要么被迫选择站队，成为某一利益集团、利益群体的支持者，要么与被治理阶层联合起来，转向反抗统治阶级的阵营。被治理阶层——广大民众——在统治阶层腐化的行政官僚系统的治理下，以其利益丢失的切身感受彻底解构了来自统治阶层的信息流，并将之视为压迫自己、彻头彻尾的文化霸权。他们在反抗者的"美好生活"的号召下，纷纷被吸纳进反抗统治阶级的阵营，成为将统治者送进历史的主力军。

在列强不平等条约控制下的半殖民地、半封建的中国，在自由主义、共产主义、无政府主义等社会思潮兴起、民营新闻业"先天存在"及国民经济落后、社会各阶层处于"一盘散沙"、北洋政府武夫统治的历史条件下，在国共合作中成长起来的国民党右派及其武装集团，围绕着争夺孙中山去世留下的最高权力问题，在"联合工农"、发动群众运动等问题[①]上与中共、国民党左派发生冲突后，在武力解决中共、排斥国民党左派的基础上，建立了以蒋介石集团为核心的南京国民政府。这使南京政权自诞生起，就有合法性"先天不足"的痼疾：既无法得到国民党左派、一些知识、商业精英的真心拥护，也为其"制造"了包括中国共产党在内的诸多敌对力量。因此，要巩固统治，重建社会秩序，国内既需要武力清除、政治瓦解、经济围剿敌对力量，也需要强化政治吸纳机制，扩大各个阶层的政治参与，巩固执政基础；注重修养生息，加强经济建设，解决民生问题；完善规章制度，降低社会交往的成本。

---

① 陈志让先生认为："1925年孙中山死后，国民党的思想和组织立即呈现出分裂的局面。上层领导人对三民主义新中国的远景有不同的解释，对国民党的组织也有不同的主张。西山派、大元帅府，甚至国民党左派的高级领导人应有用模糊的政纲和私人感情来团结，抑或用党的纪律和训练来团结？统一中国的军政时期应该由高级领袖和军人来进行，抑或是应该发动群众组织群众来进行？发动和组织群众是一个关键性的问题。从左派的立场看了，发动和组织群众是积极民主（participatory democracy）的基础，是中国社会改革的基础，是以党治军的基础。从右派的观点来看，这是暴民政治的起点，是反对循序渐进的建国程序的起点，是篡夺党的领导的起点。群众问题又因联俄容共而更加复杂"。见陈志让：《军绅政权——近代中国的军阀时期》，广西师范大学出版社，2008，第173-174页。

国际上既需修改不平等条约，维护国家安全；也需要争取获得国际社会的承认，为国内建设尽可能地争取宽松的国际环境。这决定了国民党传媒的历史使命主要是社会整合与政治动员，而非欧美新闻理念中的信息交流与沟通。然而，国民党传媒却生在"先天存在"的自由主义弥漫的社会土壤中，这使国民党巩固政权、重建社会秩序所需的实践专制主义的诉求，与形成惯例的自由主义观念与实践发生了结构性矛盾。在孙中山三民主义政治理念的牵制下，国民党吸收了袁世凯封杀报业，制造"癸丑报灾"的历史教训，采取"蚕食"自由主义的策略，统一言论标准，党化新闻界，建立新闻检查体系，挤压民营传媒业，镇压"异端分子"，炮制统制理论是其重要实践。这一"蚕食"自由主义的策略取得一定成效，获得了张季鸾、陈布雷等不少自由主义者的理解与支持，但也给不少自由主义者留下了专制独裁的印象，使其渐渐"政治疏离"国民党，同时也使自由主义渐渐渗透到党营传媒的肌体内，国民党党治下的新闻纸而非政治宣传纸是许多国民党新闻从业者的集体共识。这使国民党在实践操作中不可能做到舆论一律，进而降低了国民党党营传媒的社会整合、政治动员的社会效果。

有效的社会整合、政治动员均是真实、粉饰与虚假信息的混合体，是现实主义与理想主义的杂糅。它要给人们一个美好未来的理想承诺以便人们理解、支持当前的现实困难，支持政府决策，割舍自身利益。而消解社会整合、政治动员效果的最大敌人是个体以其累积性的经验主义意识到理想主义承诺的美好未来完全是不可能实现的政治欺骗。累积性的经验主义包括：个体的生活体验、亲身遭遇，口耳相传的政治丑闻，官方报道的自相矛盾，政治灌输僵化、教条等。个体意识到统治者"劣政"是造成自身苦难的总源头，仅构成了旧政权覆灭的社会心理前提，这时，社会整合只能依靠政治高压维系。在政治高压下，个体要么适应现有体制，利用其规则，鱼肉人民，成为统治者的帮凶；要么厌恶现有体制，愤而成为旧政权的革命者；要么漠视现实政治，以维系生存、解决温饱、延续后代为人生唯一目标；要么在体制反抗者的政治动员下加入推翻旧政权的阵营。当推翻旧政权的新生力量大于旧政权的力量时，旧政权的覆灭就为时不晚了。

南京政权虽有合法性"先天不足"的痼疾，但国家形式上的统一契合了长期战乱造成的国民渴望和平的社会心理，为国民党重新整合"被撕裂的社会"，塑造执政合法性提供了历史机遇。蒋介石集团并未有效地抓住这一历史机遇。其主要表现有以下几点。

（1）因拥有江浙富裕地区、孙中山的三民主义和南京中央等政治资源，蒋在综合实力上均超过阎、冯、张、李等新式军阀，使蒋成为国民党内实力最雄厚的利益集团，成为民国社会最有可能领导中国走向现代化的领导人。然蒋介石未逃脱武力决定权力分配的民国政治逻辑，[①] 他虽获得国民党人的多数支持，有一定的执政基础，却以是否忠诚于领袖，而非忠诚于三民主义信仰为选人、用人依据，以血缘、学缘、亲缘、地缘等个人私谊为路径而非现代政党制度，建构了以蒋、宋、孔、陈家族及黄埔军校、蓝衣社为核心的执政集团。这一方面使蒋介石集团内的 CC 系、黄埔系等派系权斗不息，缺乏凝聚力与战斗力，一方面将非蒋集团外的许多政治精英排斥在核心权力之外，形成国民党党内严重的政治离心问题。进而使蒋无法真正解决党内派系纷争，无法解决国民党政令传播不畅的顽疾，无法解决权力分配的制度化问题，无法真正效仿苏俄将国民党打造成强有力的现代动员型政党。由此，国民党制度层面的"党治"模式在实际操作中变成是掌权力者披着制度外衣的"人治"模式。当权力陷入"你死我活"的零和博弈状态时，卷入其中的任何人均有权力崇拜症，攫取权力，控制权力，极力防止大权旁落的权力膜拜，就成为入局者的不二法门。蒋亦深陷其中，无法超越而成为历史伟人。

（2）传统"人治"模式必然形成依附于"人治"者的官商经济模式，即与掌权者关系密切的人群，极易利用掌权者的权力资本，攫取、控制大部分的社会经济资源，而成为控制国民经济的经济寡头，进而他们与掌权者相互勾结，构成了掌权者"人治"的经济基础。当宋、陈、孔等与蒋关系密切的家族垄断官僚资本主导国民经济时，资本内在的赢利本质，必将抑制中小资本、私人资本的发展，损害中小资产阶级、工商阶层的利益，进而造成国民经济的畸形发展和社会贫富分化的加剧。抗战前十年正是以蒋、宋、孔、陈为代表的官僚资产阶级形成的重要时期，八年抗日战争虽然沉重打击了南京

[①] 陈志让先生深入分析了军阀们的权力心理。"军阀最重要的工作是养兵，兵养的愈多愈好，军阀的权力也就愈大；一旦释了兵权或失了兵权，军阀连自己的生命财产也难以保存。失掉了兵权的军阀的处境比破了产的企业家更危险"。陈志让：《军绅政权——近代中国的军阀时期》，广西师范大学出版社，2008，第7页。

政权主导的国民经济，却使官僚资本加速膨胀，国民经济陷入了临近崩溃的边缘。解放战争的打响，是压倒民国国民经济的最后一根稻草。而国民经济的全面崩溃，是国民党迅速败退大陆的经济因素。

（3）在解决地方实力派及胡汉民、汪精卫等党魁方面，蒋介石固守"武力决定权力分配"的思维惯性，在胸怀、策略、手段等方面均有许多历史败笔，给自己造成了极大的政治被动局面。如，①蒋以编遣裁军形式"削藩"的意图，触动了阎锡山、冯玉祥、李宗仁、陈济棠、张学良等地方实力派的核心利益，引起中央与地方实力派的持续两年多的战争，蒋虽然最终胜利，却已触动了国民党的统治根基，造成中央与地方实力派之间的貌合神离，促使地方实力派展开了持续很久的反蒋活动；②在蒋介石排斥胡汉民、汪精卫等党魁的个人集权的权力斗争中，蒋表现出权力斗争艺术不够娴熟的一面，其重要表现是因"约法问题"囚禁胡汉民，引发了李宗仁、白崇禧等西南派系的政治分裂问题。蒋在凝聚国民党高层中的不成熟或失误，导致了党治体制的制度权威难以建立，国民党高层的权力分配实质是由掌握军权的蒋介石一手操控，军权控制政权、统领党权替代了党治体制规定的党权制衡军权、统领政权的权力序列，进而导致南京中央几度四分五裂，难以真正做到集权。

（4）蒋介石集团从军事、政治、经济、文化方面全力围剿中共、力图绞杀中共时，却未深入思考造成中共崛起的社会根源：工农阶层的现实利益诉求，并采取切实可行的政策、措施解决这一社会问题。国民党采取的诸如新生活运动、保甲制度、"县自治"等措施不仅没有改善工农阶层的民生问题，反而使之加重。土地集中、地方劣绅把持县、乡、村的实权，国民党改善民生的政策、法令成为一纸空文，加之常年的战争对工农阶层的利益剥夺，迫使工农阶层走向了"造反"道路，为中共的崛起源源不断地输入了人力资源，致使国民党失去了工农阶层的支持。揭露问题实质的《"剿匪"与"造匪"》等时评，却遭到蒋介石忌恨，手令"申报禁止邮递"。另外，日本入侵造成的国难危亡给蒋介石提供了借机整合国民党、挽回民心，凝聚民族力量的历史机遇，蒋却采取"攘外必先安内"政策，以狭隘、保守的民族主义策略动员民众，整合社会，致使其在与中共的社会动员竞争中屡次败北，其"攘外必先安内"政策备受舆论抨击，也未早于中共率先提出"抗日民族统一战线"的政治口号，失去了占领引导舆论制高点的历史先机。

上述四点表明，蒋介石集团虽吸纳了西方治国的经验、方法与技巧，其基本思想却是传统中国个人集权下的"人治"治国模式。这一模式的弊端在于权力分配的非制度化；权力高度集中，缺乏有效制衡，致使官吏腐败是其自身难以克服的顽疾。

新闻是维系社会的纽带。在新闻与社会信息的控制方面，国民党建立了以言论控制为旨趣的新闻传播制度，建立了庞大的党营新闻业，力求强化三民主义意识形态。蒋介石亦始终秉持为言论"宜就其利害定一准则"的思维惯性，力求以政治高压逐步收紧民国言论界，做到舆论一律，使民国媒体成为其集权的舆论喉舌。然国民党及南京政权在国家权柄分配的军权化、实力化而非制度化及公共租界的客观存在，客观上造成了国民党言论控制的失败。中共控制区、日本控制区、公共租界的新闻和言论均不在国民党实质控制范围内，国统区的新闻和言论控制呈现出不同权力主体各自圈定社会新闻和言论边界的畸形状态，即在权力主体（A）势力范围内，社会言说可对其敌对的权力主体（B）、（C）任意言说与抨击，对权力主体（A）却只能俯首听命，违者即被禁言，反之亦然。在权力参差格局造成的言论自由"各自为政"的割据格局下，蒋介石集团只能有效控制其实际控制区域内的社会言说的秩序，地方实力派控制区域社会言说秩序常常鞭长莫及。这使：①国民党客观上不可能完全垄断事实，控制真相，实现舆论一律；②不同权力主体之间彼此博弈形成了社会言说的政治化、利益化，进而形成政治舆论的相互攻讦，社会诚信与道德秩序的完全失序，造成社会各个层面的相互猜忌与防范，社会处于"一盘散沙"状态；③"事实"持续的曝光客观上抵消了国民党舆论动员的社会效果，使国民党强力塑造的三民主义意识形态呈现出脆弱性。事实是意识形态的最大杀手。派系之间相互攻讦，媒体的批评报道，在野党的话语攻击、事实曝光，口耳相传的小道消息、官方秘闻，国民党官员的信口开河，国民党传媒的大量失实报道，民众对国民党地方党部、基层官员恶劣行为的亲身感受与口耳相传等客观条件，均有助于民众识破国民党宣传的虚伪性、欺骗性。事实真相逐渐扩散，意味着虚假意识形态的逐渐解体。处在解体中的意识形态，是脆弱，不堪一击的。三民主义意识形态脆弱性的原因亦在于此。

解决三民主义意识形态的脆弱性，解决社会诚信与道德失序，需要恢复社会言说的有序化，哲学层面的对策是言行合一。蒋介石虽然意识到言行合一的重要性，但其披着现代党治外衣、个人集权化的"人治"模式，在权力失序的民国政治格局中，是不可能向社会提供大量治国理政的"新事实"，以解决政治传播中的"塔西佗陷阱"，取信于民，恢复国民党威权政体的社会威信。既然国民党无法以"新政"事实增强民众对国民党党治政体的忠诚度，那就只能依靠控制不利事实，传播有利事实的新闻宣传主义，以政治高压为后盾，发动宣传机器强力向社会灌输三民主义意识形态的逻辑链。孙中山符号化、神化，三民主义宣传的教条化、仪式化，总裁蒋介石的神化均是国民党强力塑造三民主义意识形态的有力证据。然而与国民党政治高压强力塑造三民主义意识形态相对应的却是国民党"训政"劣迹的"事实"在客观形成的畸形言论自由格局中被频繁曝光与扩散，二者形成了不可调和的矛盾。国民党除非壮士断腕，且在相对宽容的国内外环境中才能彻底解决这一矛盾。蒋介石缺乏割骨疗伤的政治勇气，历史也没有给国民党提供相对宽松的国内外环境，供国民党彻底自我革新。国民党败退大陆亦是历史必然。

换言之，披着现代党治外衣的传统"人治"治国模式及其在经济、社会、文化等领域衍生的逻辑链与强力灌输塑造三民主义意识形态逻辑链之间彼此胶合、相互作用，构成了国民党在大陆时期依靠自身无法解决的牢固逻辑链。简言之，国民党"言"与"行"的矛盾运动，国民党训政"事实"与其"宣传"矛盾运动，是国民党败退大陆的内在根源。即蒋介石集团披着现代党治外衣的传统"人治"治国模式及背后的多条逻辑链不断制造出来的"铁的事实"使国民党强力塑造三民主义意识形态的努力化为泡影，三民主义意识形态呈现出脆弱性，国民党始终无法解决执政的合法性问题，始终只能依靠服从和恐惧的政治高压而非民众的忠诚度解决"人心向背"问题。国民党"人治"治国模式及背后的逻辑链主要是指"人治"治国模式形成的官僚科层体系臃肿、成本高效率低；吏治腐化、政令不畅的逻辑链，及由这一逻辑链在经济、社会、文化等领域衍生出来的相应逻辑链：经济领域衍生出"人治者"为中心的官僚资本自我膨胀的逻辑链，导致社会财富聚集在少数人手中，社会贫富差距日趋拉大；社会领域衍生出社会交往的"弱肉强食"的逻辑链，导致"人治者"私权、私欲膨胀，它们频繁破坏社会公平正义，成为群体性事件频繁爆发的重要根源；文化领域衍生出使"公序良俗"解体的逻辑链，真、善、美被假、恶、丑代替，人心不古、道德败坏，世风日下成为社会常态；信息传播领域衍生出以"人治者"为中心、信息向外扩散，层层彼此博弈的逻辑链。而民国自由主义思潮、国民党宣扬的"训政"旗号只是促进国民党败退大陆的重要诱因。西方自由主义在近代中国的扎根、萌生及其中国化，孙中山"训政"、"宪政"口号，均有助于将禁锢在"民可使由之，不可使知之"的封建"顺民"、"愚民"唤醒，增加国民党新闻与言论控制的社会成本，加快了民众对国民党的社会离心的速度。

　　社会信息系统本身具有粘合性。国民党主导的社会信息系统陷入了熵值倍增、互不信任的信息博弈状态，社会粘合性的降低，社会整合失败，社会重新陷入混乱、散沙状态，给中国共产党主导的社会信息系统的粘合性提供了历史机遇。符合国情的政治理念，政治精英组成的领导集团，严密的政党组织、强有力的社会动员及切合实际的路线、方针、政策，自我纠正的能力等，使中共抓住了这一历史机遇，将厌恶国民党的中产阶层、中小知识分子、工商界人士及被压迫的工农阶层凝聚起来，形成了颠覆国民党政权的历史外因。在历史内因与历史外因的共同作用下，国民党南京政权支撑了20余年，于1949年败退大陆。

　　由上可知，后发国家的社会转型，需要威权政体集中社会资源推动社会全方面的现代化。而社会现代化推进意味着威权政体本身需要根据社会现代化推进程度，不断地向社会分权，使集权的威权政治向分权的民主政治平稳转型。这意味着只有道德觉悟高、政治责任强的政治精英领导的现代动员型政党才有可能全面推进社会现代化进程，然而要制衡现代政党滑向独裁专制，防止政治精英的集体性堕落腐化，必须赋予社会和新闻业界较大空间的言论自由度，让源源不断地新闻、事实与言论唤醒民众，以民众力量制衡政治精英的腐化堕落，并将民众觉醒的事实源源不断地"下情上达"于威权阶层，使威权政府的路线、方针、政策契合社会现代化的实际进程，并及时纠正那些"失误"的路线、方针、政策，及时清除党内及威权政体内的腐败分子，保持政党的纯洁性、先进性。当强有力政党的威权"人治"与恰当的言论自由度之间的良性互动累积到一定程度，制度权威才能在"威权人治"与"觉醒民众"的长期博弈中形成全社会的集体共识。制度权威的形成，才真正意味着国家权力分配的规则化的实现，意味着社会利益平衡机制的最终形成。只有建立全社会共同认可的制度权威，才能结束传统"人治"政治的历史循环，真正实现中国政治的现代化转型，真正实现国家治理的现代化。也只有在制度权威形成后，新闻与政治良性互动的规则体系才能真正建立。在社会转型的过渡期，对于政党来说，需要警惕权力的独占性，需要政治胸襟宽广、战略意识强烈、政治艺术高超、全心为公权服务、平凡的政治伟人，需要这样的政治伟人根据现代化进程科学、准确地把握集权与分权的平衡艺术，需要他们坚守"公平正义"，切实推进制度建设等；对于新闻业来说，需要恰当的言论自由空间以唤醒民众，需要"坚守真相"，做好"上""下"有效沟通，需要根据现代化进程科学把握"新闻"与"宣传"的界限，既要警惕宣传的过度渗透，也要警惕客观至上、绝对化的新闻主义，需要在唤醒民众与动员民众之间保持恰当的、动态化的平衡等。如此，在社会转型的过渡期，二者才能达成动态化的良性互动，共同促进传统中国现代化的成功转型，其中，威权政体是否赋予新闻和言论的多大的空间，或者受民众争取到多大程度的新闻和言说空间最为关键，也是最为艰难抉择的现实问题。这也许是国民党党治训政与其"喉舌"角色的新闻业之间长达20余年的"失败互动"留给世人的历史经验。这一历史经验至少表明，国民党党治训政与"喉舌"新闻业的互动的思维、路径与模式，是当代中国不可借鉴、且值得警惕的一种新闻与政治的互动模式。

参考文献

一、民国报纸、期刊、著作类

[1] 《大公报》、《中央日报》、《申报》、《世界日报》、《世界晚报》、《民生报》、《南京晚报》、《国闻周报》、《中央党务月刊》、上海《民国日报》、广东《民国日报》、《中外月刊》、《中国国民党指导下之政治成绩统计》等。

[2] 《江苏月报·江苏新闻事业专号》第 1 卷 3 期，1934 年 1 月 20 日。

[3] 张梓生等：《申报年鉴》（1933 年，1934 年），文海出版社有限公司影印本。

[4] 申报年鉴社：《第四次申报年鉴》，上海：申报馆售书科，1936 年版

[5] 《实报增刊》实报出版社，1929 年 11 月版。

[6] 《世界日报·新闻学周刊》1933 年 12 月。

[7] 《中国国民党中央执行委员会宣传部十七年度部务一览》，国民党中央宣传部编制，1928 年 4 月。

[8] 曹用先：《新闻学》，商务印书馆，1934 年 1 月版。

[9] 陈彬龢：《申报评论选》（第一集），上海申报馆，1932 年 4 月版。

[10] 程其恒主编：《记者经验谈》，天地出版社，1944 年版。

[11] 储玉坤：《现代新闻学概论》（增订本），世界书局，1948 年 4 月版。

[12] 大公报馆：《季鸾文存》：大公报馆承印课，天津，1947 年 4 月第 4 版。

[13] 杜超彬：《新闻政策》，上海复旦大学新闻学会，1931 年版。

[14] 戈公振：《中国报学史》，中国新闻出版社，1985 年版。

[15] 胡道静：《新闻史上的新时代》，上海：世界书局，1946 年 11 月版。

[16] 黄天鹏：《中国新闻事业》，上海联合书店，上海，1930 年版。

[17] 黄天鹏编：《报学月刊》第一卷第二期，光华书局，1929年4月版。

[18] 黄天鹏编：《报学月刊》第一卷第一期，光华书局，1929年3月版。

[19] 黄天鹏编：《新闻学演讲集》，上海现代书局，上海，1931年版。

[20] 季达：《宣传学与新闻记者》，暨南大学文化部，1932年版。

[21] 金仲华：《报章杂志阅读法》，中华书局，1935年10月版。

[22] 李剑农：《最近三十年中国政治史》，上海太平洋书店，1932年。

[23] 梁士纯：《战时的舆论及其统制》，燕京大学新闻学系，1936年版。

[24] 燕京大学新闻学系编：《燕大的报学教育》，北平燕京大学新闻学系，1940年。

[25] 燕京大学新闻学系第五届新闻学讨论会：《新闻事业与国难》，北平：1936年。

[26] 马星野：《新闻自由论》，南京：中央日报社，1948年版版

[27] 内政部年鉴编纂委员会编：《内政年鉴》（C），上海：商务印书馆，1936年4月初版。

[28] 戈公振、周孝庵、李子宽编：《记者周报》，上海新闻记者联合会创办，1930年。

[29] 邵力子等著：《抗战与宣传》，汉口：独立出版社，1938年7月初版。

[30] 申时电讯社编：《申时电讯社创立十周年纪念特刊》，申时电讯社，1934年。

[31] 王瀸如编：《新闻学集》，天津：天津大公报西安分馆，1931年版。

[32] 王文彬编：《报人之路》，三江书店，上海，1938年6月初版。

[33] 许晚成编：《全国报馆刊社调查录》，上海龙文书店，1936年版。

[34] 燕京大学新闻学系：《中国报界交通录》（新闻学研究，第二号）北平：撷华印书局，1932年12月初版。

[35] 余家宏等，《新闻文存》，北京：中国新闻出版社，1987年版。

[36] 袁殊：《新闻法制论》，群力书店，1937年版。

[37] 张静庐：《中国的新闻记者和新闻纸》，现代书局，1932年版。

[38] 张忧虞：《新闻之理论与现象》，太原中外语文学会，1936年版。

[39] 赵君豪：《中国近代之报业》，商务印书馆，1938年版。

[40] 赵占元：《国防新闻事业之统制》，血汗书店，1937年版。

[41] 榛村专一著 袁殊编译：《新闻法制论》，群力书店，上海，1937年2

月初版。

[42] 中国青年记者学会编：《战时新闻工作入门》，重庆，生活书店，1939年3月版。

[43] 中国文化建设协会编：《十年来的中国》，商务印书馆，1937年版。

[44] 中央政治学校新闻学研究会主编：《新闻学季刊》第一卷第二期，中央政治学校印刷所，重庆，1931年12月版。

[45] 施养成：《中国省行政制度》，商务印书馆，1947年版。

[46] 内政部总务司第二科：《内政法规汇编礼俗类》，重庆：商务日报馆，1940年11月版。

[47] 中国国民党浙江省党务指导委员会训练部编印：《总理纪念周详解》，1929年3月版。

[48] 蒋国珍：《中国新闻事业发达史》，上海：上海世界书局，1927年版影印。

[49] 项士元：《浙江新闻史》，杭州：之江日报社，1930年版。

[50] 林语堂：《中国新闻舆论史》，北京：中国人民大学出版社，2008年版。

[51] 《国民周报》社编，《评论选辑》（1-4），台湾文海出版社1985年影印出版。

[52] 《总理纪念周详解》，台北：中国国民党浙江省党务指导委员会训练部编印，1929年版。

[53] 《中国政制概况》，民国周刊出版社，1938年版。

[54] 李剑农：《最近三十年中国政治史》，太平洋书局，1931年版。

[55] 柯武韶，《中国新闻纸标题之研究》，燕京大学新闻系本科学位论文，1935年。

[56] 陈劭先著：《中山文选》，桂林：文化供应社，1948年版。

[57] 周佛海：《往矣集》，上海：古今出版社，1943年版。

[58] 《胡汉民县市演说集》，编者、出版者不详，1926年版。

二、主要数据库

[59] 《中央日报》（1928-1949）标题检索版数据库：http://www.ewen.cc/zyrb/。

[60] 孙中山先生纪念馆：http://szs.chinaspirit.net.cn/。

[61] 蒋介石与近代中国研究中心：http：//www.ch.zju.edu.cn/jjsandchina/index.php。

[62] 国防最高委员会档案目录检索：http：//www.chungcheng.org.tw/html/kmt.htm。

[63] 近代中国双月刊目录检索：http：//www.chungcheng.org.tw/html/cjk.htm。

[64] 总統 蒋公思想言论总辑：http：//www.chungcheng.org.tw/thought/default.htm。

[65] "中正文教基金会"网站（内含 [62]、[63]、[64] 三个数据库）：http：//www.chungcheng.org.tw.

[66] CNKI 中国期刊全文数据库。

[67] CNKI 中国优秀博硕士学位论文全文数据库。

[68] 晚清和民国期刊全文数据库。

[69] 国家哲学社会科学学术期刊数据库（NSSD）。

[70] 大成老旧刊全文数据库。

[71] 瀚堂近代报刊数据库。

[72] TWS 台湾学术期刊在线数据库（原"TAO 台湾学术数据库"）。

[73] 超星读秀学术搜索数据库。

三、档案、文集、回忆录、传记类

[74] 张静庐，1959，《中国现代出版史料》（甲、乙、丙、丁，补编），中华书局。

[75] 郭卫编，1973，《中华民国宪法史料》，文海出版社（台湾）。

[76] 冯志翔，1975，《萧同兹传》，台北：传记文学出版社。

[77] 中国国民党中央委员会党史委员会编，1978，《胡汉民先生文集》（四册），台北：中国国民党中央委员会党史委员会。

[78] 中国国民党中央委员会党史委员会编，1979，《革命文献第 79 辑——中国国民党历届历次中全会重要议决案汇编》，台北：党史委员会。

[79] 张国焘，1980，《我的回忆（第 1 册）》，现代史料编刊社。

[80] 董显光，1981，《董显光自传》，台北：台湾新生报社。

[81] 陈布雷，1981，《陈布雷回忆录》，传纪文学出版社。

[82] 台北市新闻记者公会编印，1981，《中华民国新闻年鉴》。

[83] 王世正、王建今、王润华等编，1981，《国立政治大学》，南京出版有限公司。

[84] [苏]A.B.勃拉戈达托夫，1982，《中国革命纪事（1925—1927年）》，生活·读书·新知三联书店。

[85] 包惠僧，1983，《包惠僧回忆录》，人民出版社。

[86] 广东省档案馆等编，1983，《广东区党、团研究史料》，广东人民出版社。

[87] 戴书训，1983，《愈经霜雪愈精神——邹鲁传》，台湾：近代中国出版社。

[88] 高军 李慎兆 严怀德 王桧林编，1983，《中国现代政治思想史资料选辑》（上、下册），四川人民出版社。

[89] 中国国民党中央委员会党史委员会编，1983，《叶楚伧先生文集》（三册），台北：中国国民党中央委员会党史委员会。

[90] 中国国民党中央委员会党史委员会编，1984，《陈布雷先生文集》，台北：中国国民党中央委员会党史委员会。

[91] 中央统战部，中央档案馆编，1984，《中共中央抗日民族统一战线文件选编》，档案出版社。

[92] 中共中央党校中共党史教研室，1985，《中国国民党党史文献选编：（1894—1949）》，内部发行。

[93] 上海文艺出版社编，1985，《中国新文学大系：史料·索引一（1927—1937）》，上海文艺出版社。

[94] 中国社科院近代史所编，1981—1986，《孙中山全集》（1—11卷），中华书局。

[95] 傅学文编，1985，《邵力子文集》，中华书局。

[96] [苏]A·B·巴库林，1985，《中国大革命武汉见闻录》，中国社会科学出版社。

[97] 李振霞、管培月编，1986，《中国现代哲学史资料选辑（3）》，红旗出版社。

[98] 马之骕，1986，《新闻界三老兵：曾虚白、成舍我、马星野奋斗历程》，台湾，经世书局。

[99] 荣孟源主编，1986，《中国国民党历次代表大会及中央全会资料》（上、下册），光明日报出版社。

[100] 中国第二历史档案馆编，1986，《中国国民党第一、二次全国代表大会会议史料》（上、下），江苏古籍出版社。

[101] 胡汉民，1987，《胡汉民自传》，台北传纪文学出版社。

[102] 何廉著 朱佑慈等译，1988，《何廉回忆录》，中国文史出版社。

[103] 林德海主编，1989，《中国新闻学书目大全（1903-1987）》，新华出版社。

[104] 龚德柏，1989，《龚德柏回忆录》，龙文出版社股份有限公司。

[105] 沈剑虹，1989，《半生犹思：沈剑虹回忆录》，联经出版事业公司。

[106] 张奚若，1989，《张奚若文集》，清华大学出版社。

[107] 邵元冲，1990，《邵元冲日记》，人民出版社。

[108] 中央统战部，中央档案馆编，1991，《中共中央第一次国内革命战争时期统一战线文件选编》（内部发行），档案出版社。

[109] 陈旭麓、郝胜潮主编，1991，《孙中山集外集》，上海人民出版社。

[110] 唐纵，1991，《在蒋介石身边八年——侍从室高级幕僚唐纵日记》，群众出版社。

[111] 黄绍竑，1991，《黄绍竑回忆录》，广西人民出版社。

[112] 徐友春主编，1991，《民国人物大辞典》，河北人民出版社。

[113] 中国第二历史档案馆编，1992，《蒋介石年谱初稿》，档案出版社。

[114] 刘哲民，1992，《近现代出版新闻法规汇编》，学林出版社。

[115] 毕万闻主编，1992，《张学良文集》（一、二册）（内部发行），新华出版社。

[116] 甘惜分，1993，《新闻学大辞典》，河南人民出版社。

[117] 刘国铭主编，1993，《中国国民党九千将领》，中华工商联合出版社。

[118] 郝盛潮主编，1994，《孙中山集外集补编》，上海人民出版社。

[119] 中国第二历史档案馆编，1994，《中华民国史档案资料汇编》第五辑第一编·外交，江苏古籍出版社。

[120] 陈立夫，1994，《成败之鉴：陈立夫回忆录》，台北正中书局。

[121] [美]布赖恩·克罗泽，1995，《蒋介石传》，内蒙古人民出版社。

[122] 刘寿林、万仁元等编，1995，《民国职官年表》，中华书局。

[123] 中共中央宣传部办公厅、中央档案馆编研部，1996，《中国共产党宣传工作文献选编辑》（4册），学习出版社。

[124] 孙中山研究学会，1997，《孙中山文集》（上、下册），团结出版社。

[125] 王泰栋，1998，《陈布雷传》，东方出版社。

[126] 中国第二历史档案馆编，1998，《中华民国史档案资料汇编》第五辑第一编·文化，江苏古籍出版社。

[127] 中国第二历史档案馆编，2000，《中国国民党中央执行委员会常务委员会会议录》（影印本）（1—24册），广西师范大学出版社。

[128] 蔡鸿源主编，1999，《民国法规集成》（33.69卷），黄山书社。

[129] 方汉奇，2000，《中国新闻事业编年史》（三卷本），福建人民出版社。

[130] 邹鲁，2000，《回顾录》，岳麓出版社。

[131] 中央研究院近代史研究所编印，2001，《王子壮日记》（二、三、六册）。台北：中央研究院近代史研究所。

[132] 叶再生，2002，《中国近代现代出版通史》（全四卷），华文出版社。

[133] 胡愈之 夏衍等，2004，《不仅长江滚滚来：范长江纪念文集》，群言出版社。

[134] 陈公博，2004，《现代稀见史料书系. 苦笑录》，东方出版社。

[135] 李宗仁口述 唐德刚 撰，2005，《李宗仁回忆录》，广西师范大学出版社。

[136] 张珊珍，2006，《陈立夫生平与思想评传》，中共中央党校出版社。

[137] 王熙华 朱一冰，2007，《1927—1949禁书刊史料汇编》（全四册），北京图书馆出版社。

[138] 赵玉明编选，2007，《中国现代广播史料选编》，汕头大学出版社。

[139] 王瑾、胡玫编，2007，《胡政之文集》（上、下册），天津人民出版社。

[140] 冯玉祥，2007，《我所认识的蒋介石》，陕西师范大学出版社。

[141] 黄彦编注，2008，《论改组国民党与召开"一大"》，广东人民出版社。

[142] 黄彦编著，2007，《建国方略》，广东人民出版社。

[143] 黄彦编著，2007，《三民主义》，广东人民出版社。

[144] 黄彦编著，2007，《革命方略》，广东人民出版社。

[145] 黄彦编注，2008，《论民治与地方自治》，广东人民出版社。

[146] 方汉奇、王润泽主编，2011，《民国时期新闻史料汇编》（16册）、国家图书馆出版社。

[147] 陈夏红选编，2012，《孙中山答记者问》，中国大百科全书出版社。

[148] 方汉奇、王润泽主编，2012，《中国人民大学新闻学院藏稀见民国

新闻史料汇编》（29 册），国家图书馆出版社。

四、新闻传播类论著

[149] 曾虚白，1966，《中国新闻史》，台湾三民书局。

[150] 李瞻，1966，《世界新闻史》，台湾政治大学新闻研究所。

[151] 赖光临，1968，《中国近代报人与报业》，台湾商务印书。

[152] 吴道一，1968，《中广四十年》，台北中国广播公司。

[153] 李瞻，1972，《新闻学》，台湾三民书局。

[154] 汤承业，1977，《国父革命宣传志略》，中央研究院三民主义研究所。

[155] 赖光临，1978，《中国新闻传播史》，台湾三民书局。

[156] 台湾中华文化基金会，1978，《扫荡二十年——扫荡报的历史记录》，
台湾中华文化基金会出版。

[157] 李瞻，1979，《中国新闻史》，台北：台湾学生书局。

[158] 李瞻主编，1979，《中国新闻史》，台湾学生书局。

[159] [美] 威尔伯·施拉姆等著 中国人民大学新闻系译，1980，《报刊的
四种理论》，新华出版社。

[160] 方汉奇，1981，《中国近代报刊史》，山西人民出版社。

[161] 赖光临，1981，《七十年中国报业史》，台湾中央日报社。

[162] 张友鸾等，1982，《世界日报兴衰史》，重庆出版社。

[163] 张友渔，1982，《报人生涯三十年》，重庆出版社。

[164] 徐咏平，1982，《新闻法规与新闻道德》，台湾世界书局。

[165] [美] 埃德温·埃默里 迈克尔·埃默里著，苏金琥等译，1982，《美
国新闻史》，新华出版社。

[166] 温世光，1983，《中国广播电视发展史》，作者自印。

[167] 王洪钧，1984，《新闻法规》，台北允晨出版社。

[168] [美] 威尔伯·施拉姆 威廉·波特著，1984，《传播学概论》，新华
出版社。

[169] 马起华，1986，《主义与传播》，台湾黎明文化事业公司。

[170] 胡太春，1987，《中国近代新闻思想史》，山西人民出版社。

[171] 胡有瑞主编，1988，《六十年来的中央日报》，台湾中央日报社。

[172] 赫伯特·阿特休尔著 黄煜、裘志康译，1988，《权力的媒介 ————

新闻媒介在人类事务中的作用》，华夏出版社。

[173] [美] 梅尔文·德弗勒 埃弗雷特·丹尼斯著 颜建军等译，1989，《大众传播通论》，华夏出版社。

[174] [美] 威尔伯·施拉姆，1990，《大众传播媒介与社会发展》，华夏出版社。

[175] 姚福申，1990，《中国编辑史》，复旦大学出版社。

[176] 丁淦林编，1990，《中国新闻事业史》，武汉：武汉大学出版社。

[177] 劭培仁，1991，《政治传播学》，江苏人民出版社。

[178] 周雨，1993，《大公报史（1902-1949）》，江苏古籍出版社。

[179] 林子仪，1994，《言论自由与新闻自由》，台湾月旦出版有限公司。

[180] 马光仁，1996，《上海新闻史》，复旦大学出版社。

[181] 方汉奇，1996，《中国新闻事业通史》（第二卷），中国人民大学出版社。

[182] 王凌霄，1996，《中国国民党新闻政策之研究（1928-1945）》，中国国民党中央委员会党史委员会出版。

[183] 蔡铭泽，1998，《中国国民党党报研究（1927-1949）》，团结出版社。

[184] [美] 斯蒂文·小约翰，1999，《传播理论》，中国社会科学院出版社。

[185] 黄瑚，1999，《中国近代新闻法制史论》，复旦大学出版社。

[186] 甄树青，2000，《论表达自由》，社会科学文献出版社。

[187] 森茂芳，2001，《美学传播学》，云南民族出版社。

[188] 丁淦林，2002，《中国新闻事业史》，高等教育出版社。

[189] 张育仁，2002，《自由的历程——中国自由主义新闻思想史》，云南人民出版社。

[190] 吴廷俊，2002，《新记〈大公报〉史稿》，武汉出版社。

[191] 贾晓慧，2002，《大公报新论：20世纪30年代大公报与中国现代化》，天津人民出版社。

[192] 王芝琛 刘自立，2002，《1949年前的〈大公报〉》，山东画报出版社。

[193] 沃特曼·李普曼著 阎克文 江红译，2002，《公众舆论》，上海人民出版社。

[194] 方汉奇，2003，《方汉奇文集》，汕头人民出版社。

[195] 李建新，2003，《中国新闻教育史论》，新华出版社。

[196] 张国良，2003，《20世纪传播学经典文本》，复旦大学出版社。

[197] 张昆，2003，《大众媒介的政治社会化功能》，武汉大学出版社。

[198] [美]拉斯韦尔，2003，《世界大战中的宣传技巧》，中国人民大学出版社。

[199] [英]诺曼.费尔克拉夫著，殷晓蓉译，2003，《话语与社会变迁》，华夏出版社。

[200] 方汉奇，2004，《中国新闻传播史》，中国人民大学出版社。

[201] 方汉奇编，2004，《〈大公报〉百年史》，中国人民大学出版社。

[202] 宁树藩，2004，《宁树藩文集》，汕头大学出版社。

[203] 任桐，2004，《徘徊于民本与民主之间——大公报政治改良言论述评（1927-1937）》，三联书店。

[204] 李秀云，2004，《中国新闻学术史（1834-1949）》，新华出版社。

[205] 张巨岩，2004，《权力的声音：美国的媒体和战争》，生活·读书·新知三联书店。

[206] 丁淦林，2005，《丁淦林文集》，复旦大学出版社。

[207] 李元书，2005，《政治体系中的信息沟通：政治传播学的分析视角》，河南人民出版社。

[208] 周鸿铎，2005，《政治传播学概论》，中国纺织出版社。

[209] 曾庆香，2005，《新闻叙事学》，新华出版社。

[210] [美]W·兰斯·班尼特，2005，《新闻：政治的幻像》，当代中国出版社。

[211] 赵玉明，2006，《中国广播电视通史》，中国传媒大学出版社。

[212] 傅国涌，2006，《笔底波澜：百年中国言论史的一种读法》，广西师范大学出版社。

[213] 李宏、李民等，2006，《传媒政治》，中国传媒大学出版社。

[214] [美]詹姆斯·卡伦著，史安斌 董关鹏译，2006，《媒体与权力》，清华大学出版社。

[215] 方汉奇，2007，《方汉奇自选集》，北京：中国人民大学出版社。

[216] 马光仁，2007，《中国近代新闻法制史》，上海社会科学院出版社。

[217] 杨师群，2007，《中国新闻传播史》，北京大学出版社。

[218] 洪煜，2007，《近代上海小报与市民文化研究（1987-1937）》，上海书店出版社。

[219] 李秀云，2007，《中国现代新闻思想史》，中国社会科学出版社。

[220] [日]山本文雄，2007，《日本大众传媒史》（增补版），广西师范大学出版社。

[221] 周佳荣，2007，《近代日人在华报业活动》，三联书店（香港）有限公司。

[222] 胡春阳，2007，《话语分析：传播研究的新路径》，上海世纪出版集团。

[223] 刘晓红，2007，《西方传播政治经济学研究》，上海人民出版社。

[224] [荷]LVAN ZOONEN，2007，《女性主义媒介研究》，广西师范大学出版社。

[225] 吴廷俊，2008，《中国新闻事业新修》，复旦大学出版社。

[226] 冯悦，2008，《日本在华官方报：英文〈华北正报〉研究（1910-1930）》，新华出版社。

[227] 李金诠主编，2008，《文人论证：知识分子与报刊》，广西师范大学出版社。

[228] [美]马克斯韦尔．麦库姆斯（Maxwell Mccombs）著 郭镇之 徐培喜译，2008，《议程设置：大众媒介与舆论》，北京大学出版社。

[229] 李彬，2009，《中国新闻社会史》（插图本），清华大学出版社。

[230] 王润泽，2010，《北洋政府时期的新闻业及其现代化（1916-1928）》，中国人民大学出版社。

[231] 王润泽，2011，《中国新闻媒介史（1949年前）》，北京大学出版社。

[232] 张梦新等，2011，《杭州新闻史》，中国社会科学出版社。

[233] 贺渊，2011，《新生命研究》，社会科学文献出版社。

[234] 向芬，2012，《国民党新闻传播制度研究》，中国社会科学出版社。

[235] 赵丽华，2012，《民国官营体制与话语空间——〈中央日报〉副刊研究（1928-1949）》，中国传媒大学出版社。

[236] 曹立新，2012，《在统制语自由之间，战时重庆新闻史研究（1937-1945）》，广西师范大学出版社。

[237] 倪延年主编，2014，《民国新闻史研究·2014》，南京师范大学出版社。

五、民国史及一般社科类

[238] 邹鲁编著，1960，《中国国民党史稿》（内部发行），中华书局。

[239] 陈孝威著，1964，《为什么失去大陆》（沈云龙主编近代中国史料丛刊第八十七辑），台湾文海出版社有限公司。

[240] 李云汉，1966，《从容共到清党》，台北中华学术著作奖助委员会出版。

[241] 张其昀，1979，《党史概要》（第三册），台湾中央文物供应社。

[242] [汉] 许慎撰，[清] 段玉裁注，1981，《说文解字·三篇上》，上海古籍出版社。

[243] 国民党文化工作会主编，1984，《中国国民党与文化教育》，台北正中书局。

[244] 史华慈等，1985，《近代中国思想人物论：自由主义》，台北时报文化出版事业有限公司。

[245] J·勒高夫、R·夏蒂埃（主编），1989，《新史学》，上海译文出版社。

[246] 苗建寅主编，1991，《中国国民党史》，西安交通大学出版社。

[247] 徐矛，1992，《中华民国政治制度史》，上海人民出版社。

[248] [美] 易劳逸，1992，《流产的革命——1927-1937年国民党统治下的中国》，中国青年出版社。

[249] [美] 哈罗德·D·拉斯韦尔，1992，《政治学》，商务印书局。

[250] 费正清等编，1994，《剑桥中华民国史》，中国社会科学出版社。

[251] 贺渊，1995，《三民主义与中国政治》，社会科学文献出版社。

[252] 陈万雄，1997，《五四新文化的源流》，生活·读书·新知三联书店。

[253] 谢振民编著 张知本校，2000，《中华民国立法史》，中国政法大学出版社。

[254] 陶东风，1999，《社会转型与当代知识分子》，上海三联书店。

[255] 庚平，2001，《蒋介石研究——解读蒋介石的政治理念》，团结出版社。

[256] 徐复观，2001，《两汉思想史》（卷二），华东师范大学出版社。

[257] 李剑农，2002，《中国近代政治史（1840-1926）》，复旦大学出版社。

[258] 周质平，2002，《胡适与中国现代思潮》，南京大学出版社。

[259] 章开沅、马敏、朱英主编，2000，《中国近代史上的官绅商学》，湖北人民出版社。

[260] 陈红民，2003，《函电里的人际关系与政治：读哈佛—燕京图书馆藏"胡汉民往来函电稿"》，生活·读书·新知三联书店。

[261] 倪伟，2003，《"民族"想象与国家统制——1928-1949年南京政府

的文艺政策及文学运动》，上海教育出版社。

[262] 邓丽兰，2003，《域外观念与本土政制变迁——20世纪二三十年代知识界的政制设计与参政》，中国人民大学出版社。

[263] [美] 吉尔伯特·罗兹曼主编，比较现代化课题组译，2003，《中国的现代化》，江苏人民出版社。

[264] [美] 库恩，2004，《科学革命的结构》，北京大学出版社。

[265] [英] 菲奥纳·鲍伊著，金泽、何其敏 译，2004，《宗教人类学》，中国人民大学出版社。

[266] 陈永森，2004，《告别臣民的尝试——清末民初的公民意识和公民行为》，中国人民大学出版社。

[267] 李泽厚，2004，《中国近代思想史论》，天津社会科学院出版社。

[268] 张生，2004，《中国近代民法法典化研究（1901至1949）》，中国政法大学出版社。

[269] 余英时，2004，《文史传统与文化重建》，生活·读书·新知三联书店。

[270] 钱存训，2004，《中国纸和印刷文化史》，广西师范大学出版社。

[271] 汪兆刚，2004，《国民党训政体制研究》，中国社会科学出版社。

[272] 费约翰著，李恭忠等译，2004，《唤醒中国：国民革命中的政治文化与阶级》，生活·读书·新知三联书店。

[273] 本尼迪克特·安德森，2005，《想象的共同体：民族主义的起源与散布》，上海世纪出版集团。

[274] 李学通，2005，《幻灭的梦——翁文灏与中国早期工业化》，天津古籍出版社。

[275] 茅家琦、徐梁伯等，2005，《中国国民党史》，鹭江出版社。

[276] 孙懿华，2006，《法律语言学》，湖南人民出版社。

[277] 台运行，2006，《大别山红军战歌》，安徽人民出版社。

[278] 田湘波，2006，《中国国民党党政体系剖析》，湖南人民出版社。

[279] 许纪霖、陈达凯主编，2006，《中国现代化史（1800-1949）》（第一卷），学林出版社。

[280] 付春杨，2007，《民国时期政体研究（1925-1947）》，法律出版社。

[281] 崔之清，2007，《国民党政治与社会结构之演变（1905-1049）》（上、中、下），社会科学文献出版。

[282] 徐小群，2007，《民国时期的国家与社会：自由职业团体在上海的兴起（1927-1937）》，新星出版社。

[283] 阎润鱼，2007，《自由主义与近代中国》，新星出版社。

[284] 杨天石，2007，《抗战与战后中国》，中国人民大学出版社。

[285] 杨天石，2007，《晚清史事》，中国人民大学出版社。

[286] 杨天石，2007，《哲人与文士》，中国人民大学出版社。

[287] 杨天石，2007，《中华民国史》（第二卷第五编），中华书局。

[288] 杨天石，2007，《蒋介石与南京国民政府》，中国人民大学出版社。

[289] [日] 佐藤慎一，2008，《近代中国的知识分子与文明》，江苏人民出版社。

[290] 陈志让，2008，《军绅政权：近代中国的军阀时期》，广西师范大学出版社。

[291] 钱端升，2008，《民国政制史》（上、下），上海世纪出版集团。

[292] 王向民，2008，《民国政治与民国政治学：以1930年代为中心》，上海：上海世纪出版集团。

[293] 许纪霖等，2008，《近代中国知识分子的公共交往（1898-1949）》，上海人民出版社。

[294] 王奇生，2009，《党员、党权与党争—1924-1949年中国国民党的组织形态》，上海书店。

[295] 王人博等著，2009，《中国近代宪政史上的关键词》，法律出版社。

[296] 王奇生，2010，《革命与反革命，社会文化视野下的民国政治》，社会科学文献出版社。

[297] 王奇生，2010，《党员、党权与党争—1924-1949年中国国民党的组织形态》（修订增补本），华文出版社。

[298] 李新主编，2011，《中华民国史》（36册），中华书局。

[299] 汪朝光主编，2011，《蒋介石的人际网络》，社会科学文献出版社。

[300] 刘大禹，2012，《蒋介石与中国集权政治研究（1931-1937）》，浙江大学出版社。

六、论文类

硕博论文类

[301] 武伟，1985，《十年内战时期国民党新闻思想和政策初探》，复旦大学新闻系硕士论文。

[302] 黄旦，1998，《"耳目"与"喉舌"的历史性转换：中国百年新闻思想主潮论》，复旦大学博士论文。

[303] 郭达鸿，1991，《中国国民党公众关系政策与执行（民国39年－民国79年）》，台北东海大学公共行政研究所硕士论文。

[304] 高会彬，2004，《南京国民政府"攘外必先安内"政策研究述评》，东北师范大学硕士论文。

[305] 高郁雅，2005，《国民党的新闻宣传与战后中国政局变动（1945-1949）》，台湾大学博士论文。

[306] 陈建新，2006，《〈大公报〉与抗战宣传》，浙江大学博士论文。

[307] 魏永生，2006，《南京国民政府出版政策研究》，山东师范大学硕士论文。

[308] 汪英，2007，《上海广播与社会生活互动机制研究（1927-1937）》，华东师范大学博士论文。

[309] 腾峰丽，2007，《戴季陶的前期思想与三民主义（1909-1928）》，华中师范大学博士论文。

[310] 王静，2007，《国民党统治前期（1927—1938）新闻政策研究》，山东大学硕士论文。

[311] 董家强，2007，《1926-1937年蒋介石国家统一策略研究》，河南大学硕士论文。

[312] 王丽娜，2008，《南京〈民生报〉及其政治主张研究》，南京师范大学硕士论文。

[313] 周广辉，2009，《孙中山与毛泽东新闻思想之比较研究》，兰州大学硕士论文。

[314] 戴小巍，2010，《论孙中山的新闻思想》，华中师范大学硕士论文。

[315] 孙岩，2011，《南京国民政府时期地方党政关系研究—以江苏省为例（1927-1937）》，南京大学博士论文。

[316] 高伟栋，2011，《孙中山新闻宣传思想的系统考察》，湘潭大学硕士论文。

[317] 金寅，2012，《马星野大陆时期新闻思想研究》，湘潭大学硕士论文。

[318] 白庆虹，2013，《萧同兹新闻活动与新闻思想研究》，暨南大学硕士论文。

[319] 李翩，2013，《中国国民党党报新闻伦理思想研究（1927-1949）》，湖南师范大学硕士论文。

1949 年前的报刊文章、论文类

[320] 戴季陶，1925，《孙文主义民生哲学系统表（附表）》，《湖州月刊》第 2 卷第 4 期。

[321] 涂怀宽，1926，《中国新闻事业》，《学生文艺丛刊》，第 3 卷第 3 期。

[322] 秉国，1927，《我们读报应该注意的几点》，《一般（上海 1926）》，第 2 卷 1 期。

[323] 李焰生，1927，《"容共政策"与"联共政策"》，《现代青年》，第 73 期。

[324] 雪坡，1928，《从五三济南惨案想到无线电》，《再造》，第 8 期。

[325] 亚梦，1928，《上海新闻事业（天庐通讯之一）》，《新闻学刊》（增 1）。

[326] 胡汉民，1928，《训政大纲说明书》，《广东建设公报》第 4 期。

[327] 明致，1928，《国际宣传与外交》，《星期》，第 5 期。

[328] 胡政之讲，王笑西记，1928，《中国新闻事业》，《新闻学刊》，第 2 卷 5 期。

[329] 《申报》，1927，《特别市党部消息汇志》，6 月 21 日 4 张 13 版。

[330] 《申报》，1928，《蒋中正发表对时局意见》，8 月 10 日 2 张 9 版。

[331] 《申报》，1928，《中央设立国际宣传委员会》，5 月 16 日 2 张 8 版。

[332] 《申报》，1928，《罗家伦来沪筹备国际宣传会》，5 月 18 日 4 张 14 版。

[333] 《申报》，1928，《日济案宣传费百万》，11 月 24 日 3 张 9 版。

[334] 《申报》，1928，《朱增璞博士由欧回国》，6 月 13 日 3 张 12 版。

[335] 《申报》，1928，《广告：中国国民党中央宣传部启事》，9 月 26 日 2 版。

[336] 《申报》，1928，《日报工会对王伯群谈话之表示》，11 月 19 日 4 张 13 版。

[337] 《申报》，1928，《申报交通特刊第十号，昨日第四次大会》，8 月
　　　 19 日 4 张 15 版。

[338] 《申报》，1928，《夏奇峰昨晨离国，重游欧美仍负责国际宣传》，
　　　 8 月 12 日 4 张 13 版。

[339] 《申报》，1928，《中央党校之毕业式》，6 月 6 日 1 张 4 版。

[340] 《大公报》，1928，《所以纪念孙中山先生之道》，11 月 12 日。

[341] 陈畏垒，1929，《新闻纸之本质与任务》，《报学月刊》，1 卷 1 期。

[342] 赖琏，1929，《请确定新闻政策取缔反动宣传案》，转引自黄天鹏编：
　　　 《报学月刊》，第 1 卷第 2 期。

[343] 邵力子，1929，《舆论与社会》，黄天鹏编：《报学月刊》，1 卷 2 期。

[344] 胡汉民，1929，《党外无政，政外无党》，《中央日报》2 月 20 日。

[345] 胡汉民，1929，《三民主义之认识》，《中央半月刊》第 1 卷 1 期。

[346] 戴季陶，1929，《关于新闻事业经营和编辑的所见》，《报学月刊》
　　　 1 卷 1 期。

[347] 胡适，1929，《人权与约法》，《新月》，第 2 卷第 2 期。

[348] 胡适，1929，《新文化运动与国民党》，《新月》，第 2 卷第 6-7 期。

[349] 蒋介石，1929，《党政须团结一致革命方能成功（十八年二月日在
　　　 浙江代表大会演讲词）》，《中央周报》，第 38 期。

[350] 《大公报》，1929，《中央之宣传品审查条例》，1 月 12 日。

[351] 《大公报》，1929，《辟谣之道》，3 月 9 日。

[352] 《大公报》，1929，《论辟谣》，9 月 13 日。

[353] 《大公报》，1929，《国府当局开放言论之表示》，12 月 29 日。

[354] 《申报》，1929，《中央党部与国府纪念周》，8 月 20 日 3 张 10 版。

[355] 《申报》，1929，《全国宣传会议》，6 月 7 日 1 张 4 版。

[356] 《申报》，1929，《王正廷表示年底引退，在外部纪念周报告》，
　　　 12 月 4 日 2 张 8 版。

[357] 《申报》，1929，《今日蒋主席招待报界》，8 月 31 日 4 张 13 版。

[358] 《华北日报》，1929，《本报重要启事》，2 月 8 日。

[359] 《中央周报》，1929，《全国宣传会议中央宣传部报告》，第 54 期。

[360] 《列宁青年》，1929，《学生运动的现势与我们目前的任务——中
　　　 央通告第六十二号》，第 2 卷第 1 期。

[361] 《无线电新报》，1929，《中央广播电台增加英语报告》，第1卷第1期。

[362] 《中央党务月刊》，1929，《中央宣传部工作经过》，第13期。

[363] 长谷川著，樊仲云译，1930，《舆论与新闻：社会意识之表现形态》，《新生命》，第3卷第4期。

[364] 孙科，1930，《办党的错误和纠正：十九年十二月一日在中央党部总理纪念周讲》，《中央党务月刊》，第29期。

[365] 陆舒展，1930，《民权主义与舆论政治》，《新声》，第2期。

[366] 端木恺，1930，《舆论的意义及其与民治的关系》，《国立劳动大学月刊》1卷2期。

[367] 陆舒农，1930，《民权主义与舆论政治》，《新声》，第5期。

[368] 胡汉民，1930，《谈所谓"言论自由"》，《宣传周报（湖南）》，第7期。

[369] 津庸，1930，《言论自由》，《记者周报》第25号，1930年11月2日。

[370] 《申报》，1930，《浙省代表大会宣选出执监委候选人》，6月6日3张9版

[371] 《申报》，1930，《中央检定党义教师揭晓》，9月6日3张12版。

[372] 《申报》，1930，《中宣部筹组国际宣传局》，1月16日2张6版。

[373] 上海《民国日报》，1930，《市党部监督市政府颁发》，3月5日。

[374] 《大公报》，1930，《清议之源泉在政府》，10月16日。

[375] 《中央党务月刊》，1930，《关于日报及通讯社登记及立案事件请审核由》，第21期。

[376] 《中央党务月刊》，1930，《中央执行委员会宣传部工作报告》，中国国民党三届三次会议特号，4月。

[377] 朱偰，1931，《日本强占辽吉在欧美之反响》，《东方杂志》，第28卷24号。

[378] 《大公报》，1931，《国民会议与言论自由》，5月12日。

[379] 《大公报》，1931，《国际宣传之效率》，《大公报》，10月5日。

[380] 《大公报》，1931，《训政与宣传》，《大公报》，1月13日社论。

[381] 《大公报》，1931，《国际宣传之效率》，10月5日。

[382] 《中央日报》，1931，《蒋主席在国府纪念周报告》，10月13日。

[383] 《申报》，1931，《马伟等今日放洋赴美》，8月18日3张11版。

[384] 《中央党务月刊》，1931，《四全大会议题讨论大纲》，第 37 期。

[385] 《中央党务月刊》，1931，《中国国民党中央执行委员会宣传部组织条例》，第 31 期。

[386] 《宣传周报（湖南）》，1931，《首都不识字人数统计》，第 12 期。

[387] 定荣，1931，《训政时期报纸所负的使命》，载王澹如编：《新闻学集》，天津大公报西安分馆。

[388] 程沧波，1932，《敬告读者》，《中央日报》，5 月 8 日。

[389] 胡适，1932，《宪政问题》，《独立评论》5 月第 1 号。

[390] 《大公报》，1932，《东北消息应慎重登载，蒋手谕汉口各报》，7 月 28 日 1 张 3 版。

[391] 《济南市市政月刊》，1932，《济南市不识字人人数统计表》，第 3 期。

[392] 《济南市市政月刊》，1932，《济南市民众娱乐人数统计表》，第 3 期。

[393] 《中央周报》，1932，《一周大事汇述：中央广播电台作日语报告之经过》，第 237 期。

[394] 胡汉民，1933，《论中日直接交涉》，《三民主义月刊》，第 2 卷第 5 期。

[395] 胡汉民，1933，《什么是我们的生路》，《三民主义月刊》，第 1 卷第 3 期。

[396] 胡汉民，1933，《三民主义的心物观》，《三民主义月刊》第 4 期。

[397] 廖德珍，1933，《中国之国际宣传》，《国民外交杂志（南京）》，第 1 卷 4 期。

[398] 《外交部公报》，1933，《法规：外交部颁发外籍新闻记者注册证规则》，第 6 卷 1 期。

[399] 《北平晨报》，1934，《我国与国际宣传》，8 月 15 日社论。

[400] 吴天放，1934，《中国当前最要的国际宣传问题》，《报学季刊》，创刊号。

[401] 黄乐民，1934，《江苏新闻事业的现在与将来》，《江苏月报·江苏新闻事业专号》，1 卷 3 期。

[402] 马元放，1934，《如何确立本党的新闻政策》，《江苏月报·江苏新闻事业专号》，1 卷 3 期。

[403] 马元放，1934，《江苏新闻事业鸟瞰》，《江苏月报·江苏新闻事业专号》，1 卷 3 期。

[404] 包明树，1934，《如何方不愧为标准的新闻记者》，《江苏月报·江苏新闻事业专号》，1卷3期。

[405] 王振先，1934，《苏报之过去与现在》，《江苏月报·江苏新闻事业专号》，1卷3期。

[406] 《江苏月报·江苏新闻事业专号》，1934，《江苏省各县报纸概况表》，1卷3期。

[407] 《江苏月报·江苏新闻事业号》，1934，《出版法》，1卷3期。

[408] 《江苏月报·江苏新闻事业号》，1934，《出版法施行细则》，1卷3期。

[409] 《江苏月报·江苏新闻事业号》，1934，《新闻检查标准》，1卷3期。

[410] 《申报》，1934，《蒋委员长宴粤港记者团》，5月30日2张8版。

[411] 《世界日报：新闻学周刊》，1934，《新闻史料述评——论南京检查所之"缓登办法无法的根基"》，6月28日第13版。

[412] 吴铁城，1934，《新闻事业与政治社会之关系》，《申时电讯社创立十周年纪念特刊》，申时电讯社。

[413] 黄少谷，1934，《政治改进与新闻宣传》，《申时电讯社创立十周年纪念特刊》，申时电讯社。

[414] 王陆一，1934，《舆论与监察》，《十年：申时电讯社创立十周年纪念特刊》，申时电讯社。

[415] 朱显庄，1934，《舆论之分析研究》，《清华周刊》41卷7期。

[416] 金瑞本，1934，《阅读报纸应注意的两件事》，《浙江青年（杭州）》，第1卷1期。

[417] 张佛泉，1935，《民治"气质"之养成》，《国闻周报》12卷44期。

[418] 钱端升，1935，《对于六中全会的期望》，《独立评论》8月4日第162号。

[419] 马星野，1935，《蒋介石先生会面记》，《国闻周报》第6期。

[420] 马星野，1935，《机械文明中之现代新闻事业》，《中山文化教育馆季刊》，第1-2期。

[421] 马星野，1935，《报纸之杂志化问题》，《中外月刊》，第1卷1期。

[422] 刘觉民，1935，《泰晤士报》，《中外月刊》，第1卷1期。

[423] 龚弘，1935，《申报》，《中外月刊》，第1卷1期。

[424] 刘涛天，1935，《新闻业概况》，《教育与职业》，第165期。

[425] 胡汉民，1935，《远东问题之解决》，《三民主义月刊》，第5卷第5期。

[426] 胡焕庸，1935，《中国人口分布》，《地理学报》，第第2期。

[427] 汤中，1935，《中日邦交转变之关键》，《外交评论》，第4卷第2期。

[428] 《申报》，1935，《识字宣传周最后一日，今日为农界宣传日》，5月7日3张9版。

[429] 《申报》，1935，《中政校等新闻学系联呈请改善检查制度》，12月27日3张9版。

[430] 《申报》，1935，《广告：〈中外月刊〉创刊号》，12月2日1版。

[431] 《申报》，1935，《中政校等新闻学系联呈请改善检查制度》，12月27日3张9版。

[432] 马星野，1936，《世界无线电广播事业之鸟瞰》，《东方杂志》，第33卷第一号元旦特大号

[433] 马星野，1936，《读报问题之商榷》，《申报每周增刊》，第1卷39期。

[434] 马星野，1936，《国际通讯网与国际宣传》，《东方杂志》，第33卷第7号。

[435] 马星野，1936，《战时宣传之应有准备》，《中外月刊》，第1卷第8期。

[436] 马星野，1936，《中国报业前途之障碍》，《申报每周增刊》，第1卷49期。

[437] 马星野，1936，《新闻职业与大学教育》，《报展纪念刊》，1月。

[438] 黎世芬，1936，《新闻报》，《中外月刊》，第1卷3期。

[439] 黎世芬，1936，《漫谈双十节南京的报纸》，《中外月刊》，第1卷10期。

[440] 黎世芬，1936，《中央日报》，《中外月刊》，第1卷7期。

[441] 黎世芬，1936，《字林西报》，《中外月刊》1卷5期。

[442] 黎世芬，1936，《时事新报》，《中外月刊》，第1卷4期。

[443] 龚弘，1936，《侵略性之日本同盟社》，《中外月刊》年1卷6期。

[444] 龚弘，1936，《战争和宣传》，《中外月刊》1卷8期。

[445] 龚宏，1936，《侵略性之日本同盟社》，《中外月刊》1卷6期。

[446] 龚弘，1936，《联合社——美国最大通讯社》，《中外月刊》，第1卷5期。

[447] 龚弘，1936，《略谈社会新闻》，《中外月刊》，第1卷3期。

[448] 龚弘，1936，《中央通讯社巡礼》，《中外月刊》，第 1 卷 4 期。

[449] 凌遇选，1936，《青岛新闻事业概况》，《中外月刊》1 卷 10 期。

[450] 韦夙今，1936，《成都新闻事业之今昔观》，《中外月刊》1 卷 4 期。

[451] 黄寿朋，1936，《德国国社党的宣传方法》，《中外月刊》1 卷 3 期。

[452] 王岐尧，1936，《欧战期中之北岩爵士》，《中外月刊》1 卷 5 期。

[453] 觉民，1936，《纽约时报》，《中外月刊》，第 1 卷 2 期。

[454] 喈喁，1936，《别树一帜的美国〈基督教义劝世报〉》，《中外月刊》，
第 1 卷 6 期。

[455] 王岐尧，1936，《"世界最大报纸"芝加哥论坛报》，《中外月刊》，
第 1 卷 4 期。

[456] 朱鹤宝，1936，《大公报》，《中外月刊》，第 1 卷 2 期。

[457] 纪硕夫，1936，《谈谈新闻纸上广告的技术》，《中外月刊》，第 2
卷 1 期。

[458] 阶青，1936，《胶济日报》，《中外月刊》，第 2 卷 1 期。

[459] 纪玗，1936，《汉口大光报》，《中外月刊》，第 1 卷 8 期。

[460] 茹春浦，1936，《关于研究统制新闻方案的商榷》，《前途·新闻
统制专号》，第 4 卷 9 期。

[461] 王健秋，1936，《我国舆论对于新闻检查的认识》，《前途·新闻
统制专号》，第 4 卷 9 期。

[462] 王岐尧，1936，《欧战期中之北岩爵士》，《中外月刊》，第 1 卷 5 期。

[463] 炳蓼，1936，《关于新闻业中的几个问题》，《前途·新闻统制专号》，
4 卷 9 期。

[464] 胡健中，1936，《新闻的编辑与采访》，《苏衡》半月刊，第 17–18 期。

[465] 蒋介石，1936，《为大公报一万号纪念作》，《大公报一万号》，5
月 22 日 3 版。

[466] 《申报》，1936，《中央政治学校新闻学系概况》，4 月 1 日 3 张 12 版。

[467] 《中外月刊》，1936，《会说话的新闻纸》，第 1 卷 10 期。

[468] 《河南统计月报》，1936，《河南人口统计表 4：识字语不识字人数》，
第 2 卷第 7 期。

[469] 《中央党务月刊》，1936，《中央宣传部宣传工作指导员视察规则》，
第 99 期。

[470] 张振华，1937，《广州新闻事业的现状》，《中外月刊》2卷4期。

[471] 寿朋，1937，《宣传怪杰郭培尔》，《中外月刊》2卷2期。

[472] 印文，1937，《伦敦太晤士报的总编辑》，《中外月刊》，第2卷7期。

[473] 龚弘，1937，《改革今日中国地方报纸的商榷》，《中外月刊》，第2卷2期。

[474] 沙雁，1937，《论无线电与新闻纸》，《中外月刊》，第2卷2期。

[475] 邵力子，1937，《新闻记者须自重方能为人所重》，《中央周报》第473期。

[476] 马星野，1937，《言论自由与政府的新闻政策》，《国闻周报》，第14卷12期。

[477] 马星野，1937，《如何研究国际新闻》，《民力》，第10—11期。

[478] 鲁学瀛，1937，《论党政关系》，《行政研究》，第2卷6期。

[479] 马星野，1939，《三民主义的新闻事业观》，《青年中国》创刊号。

[480] 萧同兹，1941，《我怎样办中央通讯社》，《新闻战线》，第11期。

[481] 陈立夫，1942，《我对于新闻事业之感谢》，《中国新闻学会年刊》，第1期。

[482] 《国民党中央执行委员会文化事业计划委员会组织条例》，见《中华民国史档案资料汇编》第五辑第一编·文化（一），江苏书籍出版社，1994年版。

[483] 汪兆铭迫令〈民生报停刊三日手条〉（5月25日）》，见《中华民国史档案资料汇编》第五辑第一编·文化（一），江苏古籍出版社1998年版。

[484] 《上海法界部委对中央扩大会议决议案的意见书》（1926年8月29日），中央档案馆，上海档案馆编印：《上海革命历史档汇编》，中共上海区委宣传部组织部等文件1925—1927》，1986年版。

[485] 《国民党中场会议议定对于日本出兵山东事件之应付方案》，《中华民国史档案资料汇编》第五辑第一编·外交（一），江苏古籍出版社，1994年版。

[486] 《国民党中场会议议定对于日本出兵山东事件之应付方案》，《中华民国史档案资料汇编》第五辑第一编·外交（一），江苏古籍出版社，1994年版。

[487] 《外交部关于九一八事变后与日交涉情况的报告》(1931年9月-1932年9月),《中华民国史档案资料汇编》第五辑第一编·外交(一),江苏古籍出版社,1994年版。

[488] 《国民党中常会议定"五三"惨案宣传方略》,1928年5月10日,《中华民国史档案资料汇编》第五辑第一编·外交(一),江苏古籍出版社,1994年版。

[489] 《国民党中常会议议定对于日本出兵山东事件之应付方案》,1928年4月21日,《中华民国史档案资料汇编》第五辑第一编·外交(一),江苏古籍出版社,1994年版。

[490] 《国民党中常会议定反对日本出兵宣传大纲》,1928年4月23日,《中华民国史档案资料汇编》第五辑第一编·外交(一),江苏古籍出版社,1994年版。

[491] 《国民党中常会议定"五三"惨案宣传方略》,1928年5月10日,《中华民国史档案资料汇编》第五辑第一编·外交(一),江苏古籍出版社,1994年版。

[492] 《行政院秘书处为日本驻平特务机关长松室孝良上关东军秘密报告的笺函》(1936年10月8日),《中华民国史档案资料汇编》第五辑第一编·外交(一),江苏古籍出版社,1994年版。

1949年后的论文、报刊文章

[493] 程沧波,1957,《我在本报的一个阶段——时代环境及宣传政策》,台湾《中央日报》,3月20日。

[494] 张明炜,1957,《近卅年来北平报业》,台湾《中央日报》3月20日。

[495] 尹述贤,1977,《创设中央社的一段经过》,《自由谈》,第28卷第9期。

[496] 蔡廷锴,1979,《回忆十九路军在闽反蒋失败经过》,转引自全国政协文史资料研究委员会编:《文史资料选辑》第59辑,中华书局。

[497] 马星野,1981,《我从事新闻教育经过》,转引自王世正等编:《国立政治大学》,南京出版有限公司。

[498] 马星野,1981,《蒋校长与政治大学》,转引自王世正等编:《国立政治大学》,南京出版有限公司。

[499] 曹圣芬，1981，《作始也简——母校新闻系创办的回忆》，转引自王世正等编：《国立政治大学》，南京出版有与限公司。

[500] 葛广俊，1987，《解放前和解放初期的宁波广播事业》，《宁波文史资料》，第 5 辑。

[501] 马星野，1983，《蒋公论新闻道德》，转引自《国际新闻传播专辑 新闻学研究》第 30 集，台北国立政治大学新闻研究所。

[502] 放翁，1984，《辛亥革命后孙中山报刊活动的新特点》，《国际政治学院学报（哲学社会科学版）》第 4 期。

[503] 方汉奇，1985，《新闻史是历史的科学》，《新闻纵横》第 3 期。

[504] 陈红民，1986，《九一八事变后的胡汉民》，《历史研究》，第 3 期。

[505] 蒋介石，1986，《中国新闻学会成立大会训词》，转引自李瞻：《国父与总统 蒋公之传播思想》，《新闻学研究》第 37 集。

[506] 文柏，1988，《孙中山革命程序论思想述评》，《社会科学辑刊》第 4 期。

[507] 李瞻，1986，《国父与总统蒋公之传播思想》，[台湾]《新闻学研究》3 月。

[508] 薛恒淦，1986，《孙中山与报刊》，《传媒观察》第 11 期。

[509] 陈红民，1986，《胡汉民年表（1931 年 9 月 –1936 年 5 月）》（上），《民国档案》，第 1 期。

[510] 铁铮，1988，《试论孙中山的报刊活动》，《北京林业大学学报（社会科学版）》，增刊。

[511] 陈立夫，1988，《创造在艰苦之中》，转引自胡有瑞主编，《六十年来的中央日报》，台北中央日报社。

[512] 吴廷俊，1989，《对"耳目喉舌"论的历史回顾与反思》，《新闻研究资料》，第 2 期。

[513] 葛思思，1989，《记早期的政治大学新闻系》，《新闻研究资料》，第 1 期。

[514] 杨天石，1991，《胡适和国民党的一段纠纷》，《中国文化》，第 1 期。

[515] 《马星野先生行述》，1991，《浙江月刊》，第 4 期。

[516] 陈进金，1991，《"电报战"：1930 年中原大战的序曲》，转引自《史学的传承》，台北近代中国出版社。

[517] 耿云志，1993，《孙中山宪法思想刍议》，《历史研究》第 4 期。

[518] 中国第二历史档案馆，1993，《国民党中央关于"济南惨案"之政策方针文件一组》，《民国档案》第 4 期。

[519] 蒋永敬，1993，《南京国民政府初期实施训政的背景及挫折——军权、党权、民权的较量》，《近代史研究》，5 期。

[520] 谢晓鹏，1994，《蒋介石与孙中山训政思想之比较》，《史学月刊》第 8 期。

[521] 薛钰，1995，《蒋介石"攘外必先安内"政策研究综述》，《民国档案》，第 2 期。

[522] 蔡铭泽，1995，《论中国国民党地方党报的建立和发展》，《广州师院学报》（社会科学版），第 1 期。

[523] 李黎明，1995，《胡汉民"训政"思想的形成和特点》，《齐鲁学刊》第 2 期。

[524] 闾小波，1996，《论辛亥前孙中山的舆论活动》，《南京社会科学》第 10 期。

[525] 李良玉，1996，《民国人口状况概述》，《民国春秋》，第 6 期。

[526] 米红、蒋正华，1996，《民国人口统计调查和资料的研究与评价》，《人口研究》，第 2 期。

[527] 俞祖华，1996，《孙中山训政思想的再认识》《中州学刊》第 3 期。

[528] 李云峰、叶扬兵，1996，《蒋介石"安内攘外"理论的两个层次及其关系》，《史学月刊》，3 期。

[529] 陶鹤山，1996，《关于二、三十年代法西斯主义在中国传播的几个问题》，《南京大学学报（哲学·人文·社会科学）》，第 2 期。

[530] 秋宗鼎，1996，《蒋介石的侍从室纪实》，转引自全国政协文史资料委员会编：《中华文史资料文库》第 8 卷，中国文史出版社。

[531] 刘琦生，1997，《中山舰事件亲历记》，《贵州文史天地》第 2 期。

[532] 闾小波，1997，《论孙中山的舆论意识》，《新闻与传播研究》第 3 期。

[533] 蔡铭泽，1998，《论抗日战争时期国民党人的新闻思想》，《新闻与传播研究》，第 2 期。

[534] 高华，1998，《从"再造"国民党到"以党治国"：论 20 年代末至 30 年代初孙科的政治主张》，《民国档案》，第 3 期。

[535] 巴人，1998，《〈东南日报〉小史》，《民国春秋》，第 1 期。

[536] 黄金麟，2000，《革命与反革命——"清党"再思考》，台湾《新史学》，第 11 卷第 1 期。

[537] 谢晓鹏，2000，《孙中山的训政思想述评》，《江西社会科学》第 3 期。

[538] 王兆刚，2000，《"训政时期约法"与孙中山训政思想之比较》，《石油大学学报（社会科学版）》第 6 期。

[539] 黄道炫，2000，《蒋介石"攘外必先安内"方针研究》，《抗日战争研究》，第 2 期。

[540] 阮荣，2000，《民国时期纪念日的确定与变更》，《民国春秋》，第 1 期。

[541] 高华，2000，《论孙科在制订"五五宪草"过程中的思想变化》，《江海学刊》，第 4 期。

[542] 杨天石，2000，《关于孙中山"三大政策"概念的形成及提出》，《近代史研究》第 1 期。

[543] 王永祥、王兆刚，2000，《论孙中山对训政时期的政治设计》，《史学月刊》第 1 期。

[544] 陈进金，2000，《另一个中央：1930 年的扩大会议》，转引自中华民国史专题第五届讨论会秘书处：《中华民国史专题论文集·第五届讨论会》（下册），台北国史馆。

[545] 中国第二历史档案馆：《曾虚白工作日记选》（1-5），《民国档案》2000 年第 2 期至 2001 年第 2 期。

[546] 杨天石，2001，《宋明道学与蒋介石早年的个人修身——读蒋介石未刊日记》，（台北）《传记文学》，5 月号。

[547] 杨奎松，2001，《孙中山与共产党——基于俄国因素的历史考察》，《近代史研究》，第 3 期。

[548] 费成康，2001，《孙中山和〈镜海丛报〉》，《社会科学》第 1 期。

[549] 卢礼阳，2001，《献身报业六十年——马星野年谱简编》，转引自平阳县政协文史学习委员会编，《平阳文史资料》第 20 辑。

[550] 黄道炫，2002，《力行哲学的思想脉络》，《近代史研究》，第 1 期。

[551] 穆纬铭、余列，2002，《试论孙中山的出版实践和思想》，《新闻出版交流》第 1 期。

[552] 罗建军、黄若俊，2002，《孙中山报刊宣传思想论略》，《绵阳师范高等专科学校学报》第 4 期。

[553] 陈德军，2002，《南京政府初期的"青年问题"：从国民识字率角度的一个分析》，《江苏社会科学》，第 1 期。

[554] 王颖吉，2003，《略论孙中山的新闻实践及其新闻理论》，《琼州大学学报》第 10 卷第 1 期。

[555] 王颖吉，2003，《孙中山先生报刊宣传思想的形成及其传统文化特色》，《贵州文史丛刊》第 3 期。

[556] 陈邵桂，2003，《孙中山政治文化传播的三条路径》，《现代传播》第 5 期。

[557] 杨奎松，2003，《蒋介石从"三二〇"到"四一二"的心路历程》，《史学月刊》，第 11-12 期。

[558] 白纯，2003，《简论二十世纪三十年代蒋介石力行哲学》，《南京社会科学》，第 8 期。

[559] 白纯，2003，《蒋介石与法西斯主义在中国的传播（1931-1937）》，《求索》，第 4 期。

[560] 尹韵公，2003，《"喉舌"追考——〈文心雕龙〉之传播思想探讨》，《新闻与传播研究》，第 3 期。

[561] 李秀云，2003，《梁启超的新闻舆论监督思想》，《南开学报》（哲学社会科学版），第 5 期。

[562] 允元，2003，《我所知道的马星野》，转引自温州市政协文史资料委员会编：《温州文史精选集（3）：1946-1952》第 17 辑。

[563] 郑大华，2004，《国民党训政制度对孙中山训政理论的继承与背离》，《史学月刊》第 8 期。

[564] 唐晓童，2005，孙中山传播思想管窥》，《成都大学学报（社科版）》第 3 期。

[565] 韩英军，2005，《中国国民党训政的渊源述评》，《新东方》第 8 期。

[566] 刘秋阳，2005，《孙中山训政及宪政思想评析》，《兰州学刊》第 3 期。

[567] 杨奎松，2005，《一九二七年南京国民党"清党"运动研究》，《历史研究》，第 6 期。

[568] 段妍，2005，《近 20 年来蒋介石"攘外必先安内"政策研究热点述评》，《北京党史》，第 5 期。

[569] 陈蕴茜，2005，《时间、仪式维度中的"总理纪念周"》，《开放时代》，

第 4 期。

[570] 张瑞德，2005，《遥制：蒋介石手令研究》，《近代史研究》，第 5 期。

[571] 李开军，2005，《"无冕之王"一说在中国的出现》，《青年记者》，第 4 期。

[572] 赵金康，2005，《国民党二届五中全会前后的制宪诉求》，《史学月刊》，第 9 期。

[573] 陈红民辑注，2005，《戴季陶 1925-1926 年间致胡汉民等几封信》，《民国档案》第 4 期。

[574] 王杰、张金超，2005，《孙中山晚年重视舆论宣传原因探析——基于苏俄、共产国际因素的考察》，《贵州社会科学》第 6 期。

[575] ［日］深町英夫，2005，《中国革命与外国势力：孙中山的对外宣传》，转引自中国社会科学院近代史研究所编：《近代中国与世界：第二届近代中国与世界学术讨论会论文集》（第三卷），社会科学文献出版社。

[576] 蓝鸿文，2006，《〈中国的西北角〉到底出了多少版？》，《新闻战线》，第 8 期。

[577] 李恭忠，2006，《党葬孙中山—现代中国的仪式与政治》（《清华大学学报》（哲学社会科学版），第 3 期。

[578] 李恭忠，2006，《"总理纪念周"与民国政治文化》，《福建论坛》（人文社会科学版），第 1 期。

[579] 杨奎松，2006，《从历史的眼光看待中国的民族主义问题》，《国际政治研究》，第 1 期。

[580] 李志跃、赵子云，2006，《辛亥革命前孙中山创办的海外报纸》，，《炎黄春秋》第 5 期。

[581] 郭溪士，2006，《略评孙中山的训政思想》，《牡丹江师范学院学报（哲社版）》第 3 期。

[582] 赵京敏，2006，《论孙中山的报刊宣传思想》，《湖南涉外经济学院学报》第 4 期。

[583] 管健，2007，《污名：研究现状与静态——动态模型构念》，《湖南师范大学教育科学学报》，第 4 期。

[584] 唐魁玉、徐华，2007，《污名化理论视野下的人类日常生活》，《黑

龙江社会科学》，第 5 期。

[585] 方汉奇，2007，《1949 年以来大陆的新闻史研究（1）（2）》，《新闻写作》第 1.2 期。

[586] 杨天石，2007，《蒋胡"约法"之争与蒋介石软禁胡汉民事件》，转引自杨天石：《蒋介石与南京国民政府》，中国人民大学出版社。

[587] 杨天石，2007，《从蒋介石日记看他的早年思想》，转引自杨天石：《蒋介石与南京国民政府》，中国人民大学出版社。

[588] 李文海，2008，《孙中山研究领域的拓展与创新》，《广东社会科学》第 3 期。

[589] 方堃，2008，《胡汉民：不应被忽视的三民主义法政人》，《云南大学学报（法学版）》第 4 期。

[590] 李文海，2008，《孙中山研究领域的拓展与创新》，《广东社会科学》第 3 期。

[591] 王丁、刘三平，2008，《试论孙中山的新闻思想及来源》，《东南传播》第 4 期。

[592] 王生智，2008，《孙中山办报实践与宣传思想简论》，《湖南大众传媒职业技术学院学报》第 9 期。

[593] 杜薇薇，2008，《伟人的缺憾——孙中山七年未办报纸的原因探析》，《时代人物》第 4 期。

[594] 陈娜，2008，《跨越新闻史教研的三重门——谈中国新闻史教研的发展路径》，《国际新闻界》第 4 期。

[595] 王奇生，2008，《中政会与国民党最高权力的轮替（1924-1927）》，《历史研究》，第 3 期。

[596] 刘大禹，2008，《"九一八"后国民政府集权政治的舆论支持（1932-1935）——以〈时代公论〉为中心》，《民国档案》，第 2 期。

[597] 白文刚、郭琦，2008，《论孙中山的宣传思想》，《四川理工学院学报（社会科学版）》，第 4 期。

[598] 卢家银，2009，《民初报界抵制报律的深层原因分析——以〈暂行报律〉事件为中心》，《国际新闻界》第 3 期。

[599] 陈烨，2009，《试论孙中山如何利用近代新闻宣传方式开展革命实践》，《肇庆学院学报》第 7 期。

[600] 丁海燕，2009，《法律语言中的隐喻机制》，《河海大学学报（哲学社会科学版）》，第1期。

[601] 孙华，2009，《〈西行漫记〉的传播对中共领导的抗日战争及中美关系的影响》，《出版发行研究》，第6期。

[602] 郑大华，2009，《理性民族主义之一例：九一八事变后的天津〈大公报〉》，《浙江学刊》，第4期。

[603] 田明，2009，《媒体舆论中的"民族主义"——以20世纪30年代前后的朝鲜排华事件为中心》，《民国档案》，第4期。

[604] 潘家庆，2009，《新闻史研究的困境》，《国际新闻界》第4期。

[605] 夏春祥，2009，《新闻与记忆：传播史研究的文化取向》，《国际新闻界》第4期。

[606] 李金铨，2009，《新闻史研究："问题"与"理论"》，《国际新闻界》第4期。

[607] 黄文治，2010，《双重使命与缺陷：孙中山训政设想再探究》，《武汉科技大学学报（社会科学版）》第1期。

[608] 刘继忠，2010，《南京民生报停刊事件再审视》，《国际新闻界》第1期。

[609] 杜瑞，2010，《浅论孙中山的新闻宣传思想》，《新闻世界》第7期。

[610] 李钢、江靓，2011，《试论孙中山的训政思想对儒家传统的继承——纪念辛亥革命一百周年》，《理论月刊》第11期。

[611] 倪延年，2011，《论孙中山先生的新闻民主和法制思想》，《现代传播》第9期。

[612] 王奇生，2011，《蒋介石的阅读史》，《中国图书评论》，第4期。

[613] 黄道炫，2011，《君臣师友之间——"围剿"期间的蒋介石与陈诚》，转引自汪朝光主编：《蒋介石的人际网络》，社会科学文献出版社。

[614] 黄文治，2012，《双重使命与缺陷：孙中山训政设想再探究》，《武汉科技大学学报（社会科学版）》第12卷第1期。

[615] 刘继忠，2012，《政治理念·自由主义·民族主义——孙中山新闻思想再评析》，《国际新闻界》第1期。

[616] 李瞻，2012，《孙中山思想与新闻政策之研究》，《新闻春秋》第1期。

[617] 向芬，2014，《政治文化运动与意识形态传播——以新生活运动为例》，转引自倪延年主编：《民国新闻史研究·2014》，南京师范大学出版社。

[618] 王继先，2014，《论马星野专业主义新闻教育的初试及其意义——以 1934-1937 年中央政校新闻系早期新闻教育为例》，转引自倪延年主编：《民国新闻史研究·2014》，南京师范大学出版社。

[619] 吴廷俊、李秀云，2015，《百尺竿头——中国新闻传播史研究十年（2004-2014）述评》，《新闻春秋》第 1 期。

六 . 外文文献

[620] United States Government Printing Office ,ed., Foreign Relations of the United States Diplomatic Papers, 1929-1945 Washington： United States Government Printing Office , 1943-1969.

[621] Hsu Ting, Lee-Hais, Government Control of the Press in Modern China, 1900-1949. Cambridge, Mass. Harvard University Press, 1974.

[622] kung-chunan Hsiao, Rural China ： Imperial Control in the Nineteenth Century, University of Washington press,1967.

[623] Lin, Yu-tang, A History of the Press and Public Opinion in China, Chicago Hllinois, The University of Chicago Press, 1936.

[624] Maurice.Bloch,1977, The Past and the Present in the Present, Man, New Series,12（2）.Published by： Royal Anthropological Institute of Great Britain and Ireland. Publishers, 1978.

[625] Snow, Edgar，The Ways of the Chinese Censors，Current History，July 1935。

[626] The Council of International Affairs，ed. The Chinese Year Book,1937 Issue（Shanghai：The Commercial Press Limited, 1937。

[627] The Minister in China （Johnson） to the Secretary of State, Foreign Relations of the United States Diplomatic Papers, 1935mVolumn ⅲ（United States, Government Printing Office, Washington： 1953）

[628] Tong, Hollington K, Deteline：China—The Beginning of China's Press Relations with the World. New York, Rockport Press,Inc, 1950.

[629] White ,Theodre H. ,In Search of History：Apersonal Adventure New York： Haper&Row,

[630] Yuezhi zhao, Media Marker, and Democracy in China between the Party Line and the bottom Line, University if Illinois Press Urbana and Chicago, 1998.

[631] Now, Edgar, The Ways of the Chinese Censors, Current History, 1935.

[632] Maurice.Bloch,1977, The Past and the Present in the Present, Man, New Series,12（2）.Published by: Royal Anthropological Institute of Great Britain and Ireland.

附　录

历届中常会会议记录中与新闻业有关议题一览表（1928.3.30–1939.3.9）

中常会会议	与新闻业有关议题
28.3.30（2.124）	1. 宣部秘书兼代部长叶楚伧到部视事。（4.4） 2. 通过叶楚伧提议：陈立夫、周佛海、曾养甫、陈布雷为中宣部设计委员。（4.10–11） 3. 通过《中央日报》经费：缩减每月 5000 元，原初定每月 14366 元。（4.12）
28.4.6（2.125）	1. 通过中宣部提案：北伐宣言。（4.4）
28.4.12（2.126）	1. 前宣部部长丁惟汾呈：于 3 月 16 日交待部务完竣。（4.54–55） 2. 要宣部议定：组织部临时提议的五月的纪念节的纪念办法。（4.61）
28.4.19（2.127）	1. 驻美总支部称：西山派邹鲁等在美鼓吹反对四中全会，组织伪三藩市总支部及盘踞少年报事，致美洲党务纠纷。交组织部宣传部拟办。（4.96） 2. 通过叶楚伧请求：中央日报 4、5、6 三个月的经费酌加至 9 千元。（4.97–98） 3. 通过叶楚伧请求：委任谢福生为国际宣传科主任，朱云光为征集科主任，林君墨为出版科主任，沈君匋为总务科主任，崔唯吾兼代普通宣传科主任。（4.98）
28.4.26（2.131）	通过叶楚伧请求委任征审科主任朱云光兼宣部代秘书。（4.148）
28.5.3（2.132）	1. 宣部呈送该部各科工作计划大纲。（4.160） 2. 纽约、芝加哥等分部电陈：许、邹宣言反对中央。由宣部发表驳正文字。（4.169）
28.5.7（2.135）	1. 组织部函：电三藩市总支部举动及少年报登载反对四次全会事件。交宣部审查。（4.201） 2. 彭学沛函：请拨付中央日报 3 月份补助 9 千元（已领 6000 千），交宣部审查。（4.202–203）
28.5.10（2.136）	通过中宣部拟定的"五三惨案"标语、宣传方略、宣传大纲。（4.319）

28.5.14（2.137）	1. 中宣部呈：浙江省指委会为"五三"事要求六项。（4.239） 2. 中宣部呈：组织部转来胡祖姚建议书，请注意陈公博在《贡献》上发表"国民党的危机和我们的错误"一文。经详细审查党文中所云："一切行动应站在革命的立场而不应站在党的立场"、"我不能断定国民党人人个个能够革命"、"另组织第三党我以为也有相当讨论的价值"、"现在国民党的领域已充满地方主义和割据思想"云云。对于言论的立场和事实的判断均非党员所宜有，拟请中央明令党员以后须站在党的立场立言并函陈公博请其注意案。交各部部长审查。（4.241-242） 3. 经上海指委会要求定6月3日下半旗一天为五三惨案志哀。（4.243） 4. 宣部要求派视察员调查、指导各省反日运动。（4.244） 5. 酌量给全国学生总会津贴（要求1000元）。（4.244-245）
28.5.17（2.138）	1. 通过中宣部拟定5月18日陈英士殉国十二周年纪念办法。（4.268） 2. 通过中宣传部制定的宣传大纲及标语颁发六条。（4.270-271）
28.5.24（2.139）	1. 山东指委会5月6日成立，张不介任宣传部长。（4.290-291） 2. 湖北省省委员会5月11日成立，习文德为宣传部长。（4.291） 3. 暂拨给中宣部5000元组织国际宣传委员会。（4.295） 4. 通过中宣部提议的各级党部按月呈送工作报告案。（4.295） 5. 中宣部提议刊行《党务月刊》，着秘书处办理。（4.296）
28.5.24（2.140）	1. 战地指导委会成立，李锡恩为宣传科主任。（4.299） 2. 广州指导员会5月9日成立，冯超俊为宣传部长。（4.301） 3. 通过宣部提议由该部刊行《中央周报》。（4.304） 4. 要秘书处电令各地党部应付"五三"方案的一项目的是隔离英日联合。（4.304-305）
28.5.28（2.141）	把中央通讯社主笔余维一呈送该社改订预算案交财务委员会审核。（4.321-322）
28.5.31（2.142）	1. 准武汉政治分会把前《中央日报》机件接受留作宣传之用。（4.351） 2.《修正对日经济绝交办法案》由组织宣传两部再行考虑。（4.353） 3. 通过中宣部提议拟编辑《中山全集》。（4.355）
28.6.7（2.144）	1. 把上海指委会的由党部搜罗济案写真摄影案，交宣部委托报办理。（4.431-432） 2. 中宣部提交《审查刊物条例草案》、《设置党报条例草案》、《指导党报条例草案》、《补助党报条例草案》、《指导普通刊物条例草案》。交组织、宣传两部及训练部民众训练委员会及经享颐、白云梯审查。（4.432）
28.6.11（2.145）	柏文蔚函：本署少校副官葛传赋报告昨夜共产党散布"济南惨案告民众书"等传单。同日寿县县长曹运鹏也呈报类似情况，二人请中央确定正本清源之办法。（4.459）
28.6.14（2.146）	1. 针对南京指委会的疑惑，明确检查报纸由市政府办理，取缔由党部决。（5.5） 2. 警告福建《民国日报》及福建总工会《工人日刊》记者违背党纪，前者攻击中央，后者反对指委宣言。（5.5）

	3. 彭学沛呈：《中央日报》补助经费每月九千元，从 7 月延长两月。（5.6）
	4. 准阎锡山电：暂缓北京指委会张贴标语。（5.6）
	5. 丁超五报告：福建现为反动局面，中央标语均未张贴，只见反对中央之标语，有拥护中央者则被市党部搜捕，学校宿舍被焚前后 6 次损失计数十万元，又强迫工人罢工如有不从，则被殴击，查此等举动均是林寿昌等少数人所主使。交政府下令拿办林寿昌。（6.8）
28.6.21（2.148）	1. 准宣部提议：安徽指委会即日停刊并改组安庆《民国日报》，因该报 6 月 18 日刊载 "安徽省总工会等污蔑中央特派调查员周燕孙等代电一件"，实属于违背党章蔑视党纪。（5.49）
	2. 通过中组部、中宣部提交的设置党报条例，指导党报条例。（5.49-50）
	3. 通过中组部、中宣审查的 "修正对日经济绝交办法"。（5.50）
28.6.25（2.149）	1. 克日再议中宣部审查的《暑期学生工作方案》。（5.115）
	2. 令各地党部注意侨日各界及日本大同盟归国代表，因上海指委会称其有 "反动嫌疑"。（5.121）
	3 通过《各省各特别市及各特别区党部党务经费登记概数表》，该表内有规定了办公费含 "党报用费"。（5.139）
28.6.28（2.150）	1. 代宣传部部长兼秘书叶楚伧因受《夹攻》周刊攻击，请求辞职. 慰留。（5.149-150）
	2. 准宣部训令党员学生于暑假中宣传 "反日" 及 "提倡国货" 等。（5.151）
	3. 禁止各级党部，未经中央批准擅自在报纸登载或发通电。（5.152）
	4. 交组织部、监会查办邹鲁及其方棣棠、杨潜。因其主持的三民社捣乱旅法华人反日救国大会。（5.155）
28.7.2（2.151）	1. 叶楚伧被《夹攻》攻击，声明四点，并再次请求辞职。（5.189）
	2. 南京指委会再次请示，检查报纸权限与取缔权限问题。（5.190）
	3. 严行禁止《灯塔周刊》，并让上海指委会秘查发行人上海劳动大学的黄建立。因该刊攻击 "对于中央及国民政府肆意攻击，主张推翻国民政府"。（5.190）
	4. 通过叶楚伧提议：自本年 7 月份起月津贴上海中华电讯社（熊光瑄）1500 元。（5.190）
	5. 通过叶楚伧提议：北平设立中央通讯社分社。（5.191）
28.7.5（2.152）	1. 全国学生总会呈：派遣代表参加世界青年和平大会事。决议 3 项：旅费由国府拨发；人数暂定七人；发言要旨及宣传大纲由训练宣传两部会拟。（5.216-217）
	2. 南京指委会丘河清等提 "对报纸言论应取何种态度"。决议两项：停止检查新闻，交国民政府通令照办；由宣传部通告各报馆，慎重新闻记载。（5.217）
	3. 把首都卫戍司令谷正伦要求明确 "反动刊物" 标准交秘书处审查酌办。（5.218）
	4. 准叶楚伧提议，宣部设置图书室，并拨款 1500 元购置。（5.220）
28.6.30 财（7）	1. 准彭学沛按月拨发 2000 元清还上海商报馆 1 万元欠款（馆址及机件）。（5.238）
	2. 叶楚伧拟在北京设立中央社分社的各类预算。交常务会议。（5.239）
	3. 发给山东指委会 1 万元在全国宣传 "济案" 费（预算 3 万元）。（5.243）
	4. 准宣传部请拨发国际宣传委员会经费洋 6000 元。（5.245）

28.7.9（2.154）	1. 中华留日各团体对日外交后援会代表邹光烈对日提出三事。（5.257-258） 2. 下次讨论叶楚伧转呈南京指委会丘河清的"纪念国耻条例五条"。（5.259-260） 3. 全国学生总会推王开基、程瑞林、李祖祎、楼光县、谢冬仁出席世界青年和平大会。交秘书处斟酌派遣。（5.263）
28.7.12（2.155）	1. 缓议南京指委会丘河清呈的"纪念国耻条例五条"。（5.311） 2. 通过中宣部提议：筹设广播无线电台计画案。开办费34040元，每月经常费1730元。（5.312） 3. 南京指委会仅凭报纸登载，即弹劾吴稚晖在汉对报界谈话，违反纪律、破坏党务，并未奉中央批复分送各报印发弹劾呈文。准中监会决议：此举动为重大错误，应予警告。（5.315） 4. 叶楚伧呈：浙江指委会宣传部称：福州总工会印发"五卅惨案纪念宣言"言论荒谬、用意叵测，请予以警告。宣部审查呈请予以警告。俟闽省政府改组后交省政府查办。（5.315）
28.7.7财（8）	1. 经中宣部函，发给北平指委会临时宣传费五千元（所请1万元）。（5.323-324） 2. 审查中宣部艺术股宣传计划筹备设置幻灯影戏1500元设备费。（5.324）
28.7.16（2.156）	1. 缓议中宣部呈：上海指委会废止旧历遵行国历案。（5.363） 2. 由秘书处详细解释并批驳抗议答复上海党务指委会，抗议第150次中常会议决，禁止各级党部向外发表政治主张及向各地党部征询意见案。
28.7.14财（9）	1. 照发叶楚伧呈：积欠民智书局曰6千元书籍费印刷费。（5.419） 2. 审查南京党务指委会预算书。不续办《国民新闻》，其款移作别种宣传。（5.420）
28.7.23（2.158）	准叶楚伧呈《设置党报办法四项》：（1）于首都、上海、汉口、重庆、广州、天津或北平、广州或开封、太原、西安各地各设一党报，由中央直接管理监督。（2）各省省党部得于其所在地设一党报归各该省省党部负责、经营、指导，惟在已有党报区域，不必另设（三）除（一）项经费须由中央支出，（二）项经费由省党部支出外，其他由党员创办之报，除已经中央核准补助外，非有特殊成绩和必要状况，概予以补助，海外党部及党员创办之报不在此限。（5.430-431）
28.7.26（2.159）	针对全国反日会代表李维章呈：令上海市指委会调查处理全国反日大会出席代表资格问题，令秘书处酌批大会补助费。（5.452）
28.7.14财（2.9）	针对宣部呈：为准组织部转来河北省指委会呈，命河北省政府照发创办河北民国日报预算费。（5.456）
28.7.30（2.160）	无相关议题。
28.7.28财（2.11）	针对中宣部呈请补助广州通讯社（曾集熙）500元经费。交宣传部查具其组织后再议。（6.45）
28.8.23（2.161）	1. 给予方棣棠、杨潜等警告处分，因其三民社捣乱旅法华人及反日救国大会。（6.68） 2. 把大学院院长蔡元培呈令饬音乐院制就"国民革命歌谱"案交宣部研究。（6.69）

28.8.27（2.162）	1. 缓议中宣部提议奖励党义著作案，交二届五中全会。（6.76） 2. 缓议中宣部提议的"最近最大宣传计划并确定经费案。交二届五中全会。（6.76） 3. 缓议：陈嘉祐委员提议的各级党部增办通俗日报案（五次全会交会）。（6.76）
28.8.30（2.163）	1. 针对中宣部向五中全会提议，"最近扩大宣传并确定经费一案"，关系目前切要，拟设立中外通讯社，成立中央印刷所案。决议：中外通讯社应就原有逐渐扩充，中央印刷所应就事实需要缩小规模。（6.91） 2. 外交问题。议决：外交委员会不必改组，国际宣传事务由叶楚伧、孔祥熙、王正廷三委员负责注意随时商议办法。（6.93–94） 3. 通过中央秘书处提议的设置中央短波无线电台案（预算开办费11600元）。（6.95–96）
28.9.3（2.164）	准叶楚伧呈：规定宣部各种宣传大纲及小册子印刷费每月五千元，并实报实销案。（6.109–110）
28.9.6（2.165）	宣部提出"查北平地方重要，党报之设置刻不容缓"并派沈君匋前往筹备。请将"北平旧财部、交部"函送国府就该两部中指拨两架及应需附件；将"旧印铸局及旧农商部税务处房屋"函指拨为党报社址案。决议：交国民政府查酌办理。（6.115–116）
28.8.31 财（2.12）	1. 针对叶楚伧呈：安徽省指委会宣传部长李蔚唐呈送安庆民日报预算案，请核准转饬安徽省政府照发，及该报馆经理余仲谋呈明预算案的临时设备费系为添置机器之用案。交宣传部审查照核办。（6.128–129） 2. 针对叶楚伧呈：吉林省党务指委会请补助长春大东报社开办费及经常费等案，议决：每月补助六百元并发开办费六百元（东三省党务现尚未能完全公开）。（6.129–130） 3. 针对叶楚伧呈：筹备设置幻灯影片案。决议：照发但不可购日货。（6.130） 4. 针对中宣部函：自本年八月份起月拨发广州通讯社津贴五百元。决议：每月补助三百元。（6.130）
28.9.10（2.166）	1. 中宣部呈：南京指委会宣传部所拟标语十条，经审查尚妥，似可酌准张贴，但治安机关对于任何标语均一律撕毁。暂缓张贴。（6.141） 2. 准秘书处提议：成立中央党务月刊编辑处，由文书科蔡寿潜为主任。6.143）
28.9.13（2.167）	1. 由中宣传部召集新疆省指委会审查后即发表宣传《告新疆民众书》。（6.164） 2. 通过北平日报社组织大纲及开办费经常费预算案。开办费定五千元。（6.164–165）
28.9.20（2.168）	无相关议题。
28.9.24（2.169）	通过中宣部提议的"双十节国庆纪念仪式"案（休假一日，悬旗纪念，首都庆祝由宣部负责）。（6.187–188）

28.9.27（2.170）	1. 针对宣传部呈请为南京《国民晚报》（掌牧民）月补助经费1千元，决议一次给300元。（6.198） 2. 交宣部审查南京《新中华报》（于纬文）筹备印机情形在核定一次津贴数千元。（6.198-199）
28.10.1（2.171）	针对中宣部等提议：决议褚民谊主持国庆纪念活动，函国民政府令财政部拨发二万元实报实销。（6.205）
28.10.3（2.172）	主要通过了中华民国国民政府组织法，训政纲领两案，未涉及宣传事宜。
28.10.8（2.173）	1. 通过叶楚伧提议的中执会"为全国统一后之国庆纪念日告民众书"。（6.227） 2. 慰留要求辞职的代理宣传部长叶楚伧，辞职理由是戴季陶已回京。（6.229） 3. 通过叶楚伧临时提议的党旗国旗图案及尺度比例案。（6.233）
28.10.11（2.174）	无相关议题。
28.10.13（2.175）	1. 决议戴季陶、胡汉民、缪斌审查"中华民国教育宗旨案报告书"。（6.262） 2. 通过秘书处会计科编造中央党部每月经费预算表，其中涉及媒体预算。（6.263）
28.10.15（2.176）	通过中宣部提议的把上海《中央日报》移设首都，由宣部负责办理，社长由宣部部长兼任，以便指挥而期完善案。（6.280-281）
28.10.18（2.177）	1. 中央政治会议函：为中执会即日发表第159次政治会议中央宣传部提出，所拟中国国民党关于全国工会及工人告诫书。（6.286-287） 2. 针对中宣部奉发：上海指委会、上海市政府、淞沪警备司令部等衔电，恢复检查新闻案。该案称，报章新闻关系社会视听，若纪载不慎，足以鼓动风潮，妨害治安。上海工潮迭起，未始不由新闻腾播发生影响。兹经上海市第九次党政军联席会议议决，呈请恢复新闻检查办法并拟上海市各机关合组新闻检查委员。查停止检查新闻，第152次常会已有决议。决议：准如所请办理。（6.289-290）
28.10.22（2.178）	准中宣部函：拟总理诞辰纪念日庆祝办法。（6.301）
28.10.6财（2.13）	1. 针对北平指委会请发拨特别宣传费一万元，决议：先电河北省商主席拨两千元由中央发还。（6.315） 2. 准中央广播无线电台主任吴道一所请4000元材料费。（6.316） 3. 准中宣部呈：自1928年10月份起追加中央社社每月无线电费二百元。（6.316-317）
28.11.11（2.179）	通过了下层党部工作案。未涉及相关议题。
28.11.1（2.180）	警告南京指委会，因其下级党部有不尊重中央决议之言论行，有违背中央决议之集会。（6.337-338）
28.11.8（2.181）	1. 通过中宣部拟具的修正《宣传部组织条例草案》，并附说明书及改定组织系统表。（6.348）

	2. 把中宣部提交的中央社月支经费预算、中央印刷所开办费预算书、中央社预算中西文部电报费一项，因外商电报公司须先交押款拟请于成立时预发电报费三月案。交财务委员会核发。（6.347–348）
28.11.15（2.182）	1. 针对中宣部呈：（1）该部审查宣传刊物经过及困难情形，嗣后应如何根本统筹划一标准。（2）速日审查各地各级党部、各级党员言论，发见诋毁中央之印刷品多件，其属于各级党部宣传部者，已由部经函警告。其非本党印行，而有编辑及印发地址可查者，均经胪列审查意见，呈请转知国府令行当地政府严密查禁。决议：着宣传部负责办理，如有所列各种情事发生，即分别警告或提常会交国民政府切实查禁。（6.369） 2. 通过中宣部呈：国府秘书处抄送山东省政府主席孙良诚电，山东国民新闻屡载反动言论，请将该报切实改组案。中宣部查山东国民新闻八九两月言论确属调拨离间，已由部警告该省指委会宣传部令其切实纠正并更换负责编辑人。（6.369–370） 3. 针对中央宣传部提议的党国旗案。决议：关于国旗者由政府规定，关于党旗者由常务委员及宣传部会会同审查修订。（6.370）
28.11.16（2.183）	1. 训令各级党部以后不准攻击中央委员个人，其不接受此项警告命令者，即移付监察委员会惩戒。（6.376） 2. 准中宣部的人事安排：朱云光为秘书，崔唯吾为编撰科主任，张廷休为指导科，谢福生为国际科主任，萧同兹为征集科主任，沈君匋为出版科主任，陆云章为总务科主任。（6.376–377） 3. 中宣部提议恢复各部处联席会议。中央各部处为解决有相互关系之次要事件者得开事务会议，其规则由各部秘书处拟定。（6.377）
28.11.29（2.184）	1. 准中宣部函查禁国家主义派及其印刷品。原因："国家主义派勾结军阀，反对革命，近复在各处分发印刷品（国家主义青年团重庆部为国庆纪念告民众书），捏造谣言煽惑人心"。（由南京市政府宣传股转自邮局）。（6.392） 2. 准戴传贤临时提议：山东国民新闻议论记载时有违背主义、反对中央、中伤中央领袖之处。请中央决定办法。先行交山东省政府查办停止其出版，再赶速由宣传部派员接办案。（6.392–393） 3. 江苏指导委员会请求：（1）请求中央迅速确定区党部经费。（2）请求中央迅予规定补助民众团体经费（3）请求中央讯定肃清共党方略，俾有遵循。（4）请求中央督促江苏省政府严办各县勾结土豪劣绅地痞陷害党员倾覆党部之反动官吏案。（1）（2）两项，俟财务委员会提出报告后核议。（3）项交宣传、组织两部会商办法。（4）项交江苏省政府审查。（6.400–401）
28.11.28 财（2.14）	1. 关于办理中央日报迁宁案。中宣部呈：该报财产项下应受各款，责成彭学沛负责收取；负债项下应还各款，实报实销，并对迁商报费及纸价等共17645.88元，分两期照付。（6.408–408） 2. 对中宣部呈为在平筹设华北日报，因交、财两部所允拨发印刷机，迄未移交，请加拨开办费3000元，即行交该报经理沈君匋案。决议为"存"。（6.409）

	3. 对中央秘书处函为中央通讯社月支预算书、中央印刷所开办预算书、中央通讯社西文部电报费，请于成立时，预发电报费三月案。（1）中央通讯社暂照旧；（2）提交常会，将北平财政部印刷所移南京。（6.409—410）
28.12.6（2.185）	1. 关于废除旧历普用新历法之决议案。中宣部拟具办法三条。决议通过该三条办法，并函复国民政府行政院关于宣传事项，中央可协助办理，但政府应注意准备工作，对于行政院决议第二项，不宜处颁禁令。（6.421—422） 2. 中宣部查：上海北四川路复旦书店批发，并在南京光天书局分售之检阅周刊，对于中央决议，妄事诋谤，并捏造粤、桂、滇、黔、鄂五省联盟等谣言，蓄意反动，妨害治安案。决议：交国民政府令饬严切查究，对于发售此种反动刊物之书店，应予以封闭。（6.422） 3. 南京特别市第一区党部，对于中央训令各级党部，与中央决议案件，不得对中央委员个人妄事攻击一案，提出疑点二端，准中宣部给予解释文。（6.422）
28.12.7（2.186）	临时常会，无相关议题。主要议题是国民党的第三次全代会。
28.12.13（187）	无相关议题，主要讨论国民党的第三次全代会。
28.12.20（2.188）	1. 通过中央宣传部的"中华民国成立纪念日办法"。（6.466—467） 2. 将中宣部的《华北日报》修正的组织大纲和预算书交胡汉民、戴季陶、叶楚伧审查。该组织大纲和预算书经李石曾协商：（1）改经理制为委员制。（2）增设扩充部，另出通俗小报。（3）增加经费为每月9056元，定1929年1月1日出版。（6.467） 3. 将中宣部提议，江苏省指会宣传部呈：本党所规定之直接民权与间接民权，无明显之分别而总理民国十年对国民党办事处之演讲词与十三年第一次全国代表大会宣言又复显有歧异，转请解释案。交由胡汉民、戴传贤、叶楚伧审查。（6.468）
28.12.27（2.189）	1. 中央宣传部呈总理灵榇奉安四项：（1）总理安葬日纪念办法，（2）全国举行总理安葬纪念大会宣传计划，（3）北平送榇沿途及首都迎榇大会宣传计划，（4）迎榇宣传列车计划案。决议：戴传贤、孙科、叶楚伧审查；安葬总理所用哀乐哀谱推蔡元培，孙科于三星期内征集，提出本会审查。（7.9—10） 2. 中央宣传部提议的党徽党旗法，交王宠惠、蔡元培、孙科、叶楚伧审查。（7.10） 3. 戴传贤、叶楚伧临时提议：编辑中国国民党年鉴、国民政府年鉴及蒙藏丛书案。决议：（1）由中央党部组织编辑年报委员会，宣传部组织年报编辑处，还于明年3月底止，将本党过去一切经过及法令规章，地方党部情况并各种统计汇集编成，中国国民党年鉴仅第一卷，并赶于明年六月底以前印成。（2）令国民政府文官处照前项期限编辑国民政府年鉴。（3）由中央宣传部赶速搜集国内外，关于东三省、蒙古新疆青海西藏等地之著作图册等编集蒙藏丛书。（7.10—11） 4. 关于取缔新闻纸任意登载会议中应守秘密事件，或不确实之消息案。决议：（1）嗣后关于会议消息，非由各该处秘书处正式交出发表者，不许登载，由宣传部通令遵照，并召集各新闻记者加以说明。（2）由宣传部拟定出版法草案。

29.1.10（2.190）	1. 准中央宣传部，请给上海世界新闻社津贴 300 元。该社主任陈无我系本党党员，曾办民呼、民铎等报，最后开办世界新闻社，尚能遵守本党主义，致力宣传。(7.31) 2. 通过中宣部拟定的《宣传品审查条例》。
29.1.17（2.191）	修正通过戴传贤、孙科、叶楚伧提出关于宣传部所拟：（1）总理按安葬日纪念办法，（2）全国举行总理安葬纪念大会宣传计划，（3）沿途各地应襚纪念大会宣传计划，（4）南京应襚纪念大会宣传计划，（5）北平送襚大会宣传计划，（6）迎襚宣传列车计划一案。(7.66–67)
29.1.8 财（2.15）	1. 中央广播无线电台呈添购手提增音机，暨钢琴等共需 2000 元。决议：钢琴已买余照发。(7.76)
29.1.24（2.192）	1. 通过中央宣传部提议的各级党部宣传工作方案六种：（1）省级特别市党部宣传工作实施方案，（2）军队特别党部宣传工作实施方案，（3）海员铁路特别党部宣传工作实施方案（4）县市党部宣传工作实施方案，（5）区党部宣传工作实施方案，（6）区分部宣传工作实施方案。(7.112) 2. 戴季陶、叶楚伧提出，华北日报社组织大纲及预算案审查报告案。决议：（1）通过华北日报社组织大纲；（2）核准经费为每月 7056 元，至原预算所列扩充费二千元即以报馆收入抵补。(7.113–114) 3. 通过中央宣传部的请核定中央日报社经常费案：该案拟预算月支 11367 元，经审查后核减新闻及副刊费 200 元，报纸费 500 元，总计减为 10667 元，除以收入 2000 元抵补助外，实需经常费 7676 元。(7.116)
29.1.28（193）	对中宣部报告的审查选定国花案，决定为采用梅花为各种徽饰，至于是否定梅花为国花，交第三次全国代表大会。(7.165–166)
29.1.31（2.194）	1. 中央宣传部提议，总理安葬中央似应有告全国民众一类之文字印为散页之宣传品核案。决议：由宣传部提出本案节目后再议。(7.175) 2 准戴传贤、叶楚伧提议，拨给中华图书馆协会一次补助费 2000 元，以后每月津贴费 100 元。(7.175) 3. 把山东民国日报社的预算书交回宣传部再加修正后提出。该方案中每月经常费 6380 元。(7.176) 4. 准中宣部提议，修正该部组织条例(秘书设二人)，任用沈君匋兼任该部秘书。(7.178)
29.1.23 财（2.16）	1. 准中宣部提议，拨发山东省党部全省宣传会议特别宣传经费 3500 元案。(7.186)
29.2.4（2.195）	1. 修正通过中宣部：拟具的下层工作七项运动进行办法七项案。(7.192) 2. 通过中宣部提议，在汉口设立中央社武汉分社(每月预算 1387 元)。(7.193–194) 3. 对国民外交部王正建审查。(7.194) 4. 准中宣部呈摄制奉安电影，计需经费 6000 元。请由中央、国府、及京市政府各分担 2000 元。(7.194) 5. 叶楚伧临时提议：由宣部购置上海各影片公司摄的总理生前事迹及革命战事等影片，以供迎襚宣传列车北上时演放之用，约需 2600 元。决议：由宣传部核价购置。(7.195)

29.2.7（2.196）	无相关议题。
29.2.14（2.197）	无相关议题。
29.2.18（2.198）	通过戴季陶、陈果夫、叶代楚伦提议：扩充中央广播无线电台案，并指定陈果夫、叶楚伦负责筹备（开办费40万，经常费7500元）。（7.276-277）
29.2.21（2.199）	1. 修正通过央宣传部提出的"总理逝世四周年纪念办法"八条。（7.337） 2. 通过中宣部修正后的山东《民国日报》经费预算书（日出一大张，每月预算3080元）。决议：由宣传部派员负责办理，预算交财务委员会核定。（7.338） 3. 将中央训练部提议的，山东指委会训练部呈的要求拨给该省特别宣传费3500元交中财会。（7.338-339）
29.2.14财（2.17）	无相关议题。
29.2.25（2.200）	无相关议题。
29.2.28（2.201）	叶楚伦提议：对美洲《少年中国晨报》予以津贴2000元，并加以名誉奖励；惩美洲《民国日报》。该报于1927年6月15日创办，在美洲三藩市假冒本党机关报名义创办，反对中央、离间本党与侨胞之感情。给予：（1）由中央通告海外同志，揭破该报等冒名之事实及种种反动罪恶。（2）函国府交外交部，令三藩市总领事向华侨公布上列事实。（7.365-366）
29.3.4（2.202）	通过中宣部提议的"第三次全国代表大会庆祝办法"。（7.394）
29.3.7（2.203）	准中宣部呈：改组北平特市指委会宣传部，撤销许超远的平市指委职务。因该市宣传所印行的《国民周刊》，言论失当，经部予以警告。该刊第24期措词尤属荒谬，且多挑拨离间之语。许超远为该刊主办人。（7.436）
29.3.1财（2.18）	1. 通过中央秘书处转送山东民国日报社经费预算书。（7.439-440） 2. 对中央秘书处转送山东省指委会训练部呈，召集全省训练会议计划书草案，按例拨发特别训练费3500元，予以缓办。
29.3.11（2.204）	1. 对中宣部提议的，海外总支部直属支部、支部、分部级区分部宣传工作实施方案各一种，交萧佛成、孙科、叶楚伦审查。（7.458） 2. 准中宣部提议：北平临时政治分会张继电、胡汉民函，为北平民国日报为黄伯耀创办，拥护中央，竭力反共，成绩极佳，请此照华北日报经费半数，每月津贴国币三千五百元。其数目交财务委员会核定以后并由宣传部严密指导。（7.469） 3. 准中宣部提议：委任中央广播无线电台代理主任吴道一为主任。代理从1928年7月开始。（7.460）
29.4.15（3.2）	1. 通过中宣部的为建都南京二周年纪念办法案。（8.12-13） 2. 修正通过中宣部的五一劳动节纪念办法、陈英士殉国纪念办法、五月革命周纪念办法。（8.13）

29.4.18（3.3）	把中宣部呈惩诫上海《字林西报》案,交国民政府照办。查该报言论记载诋毁本党,造谣惑众,虽经外交部向该国领事交涉,饬令更正,迄无效果,请予以:（1）令全国海关及邮局扣留该报不予递寄;（2）令外交部向美国驻华公使交涉,将该报记者索克司基驱逐出境的处分。（8.29–30）
29.4.22（3.4）	通过中宣部提议任朱云光、张建休两为本部秘书,郎醒石为国际科主任,傅启学为指导科主任,萧同兹为征集科主任,崔唯吾为出版科主任,沈君匋为总务科主任。（8.43）
29.4.25（3.5）	准中宣部提,据海外各级党部及海外归国同志先后报告:共产党国家主义派等近在海外肆行反动宣传,本党新闻记者每因当地政府,无理摧残,无法纠正,请转国民政府饬外交部速与各国商定,不得妨害本党宣传并代缔反动宣传案。（8.54–55）
29.4.29（3.6）	1.修正通过蒋中正俭电 "拟定国耻纪念办法"。（8.66） 2.准对孙科临时提议的关于处分字林西报案,并即通知国民政府。（1）由政府通令:①邮局停止传递,②海关禁止运送,③铁路禁止运送,④政府机关海关邮局铁路省市政府法院地方行政机关及人民团体等停止送刊广告,⑤政府机关及职员停止购阅。以上五项由五月十日起,严厉执行,违者以反革命论。（2）由中央党部通令全国各级党部通告党员停止购阅。（8.66–67）
29.5.6（3.8）	1.把宣传、组织、训练三部会呈的审查 "各种纪念日举行方式"一案,交训练部详加校正,下次提会通过。（8.100） 2.中宣部呈:河南省指委会违背纪律,反对第三次全国代表大会,业经撤职查办;又发现该省非法之78县市联席会议,印发通电肆意诋毁三全大会,显系反动分子,应请严加制止,并函国府令行该省严饬各报馆不得刊载该会一切反动新闻以遏乱萌案。决议:照办并下令解散此种非法组织,在河南省指委未就职以前,由河南省政府执行。（8.103）
29.4.23财（3.1）	中财会准津贴北平《民国日报》每月经费3500元。（8.111）
29.4.30财（3.2）	1.中宣部:据中央日报社呈拨付2000元购置电力案。决议:由中央发电机轮用不必购机。（8.120） 2.下次再议,中宣部提出拨给4000元特别费给华北日报案。（8.120）
29.5.9（3.9）	1.通过中宣部拟具的《五卅国耻纪念办法》四条。（8.139–140） 2.准中宣部,将武汉《中央日报》的机器交曾集熙,负责筹备武汉直辖党报。（8.133） 3.对浙江省执委会呈,浙省政府非法拘禁胡健中（浙省候补监察委员兼该会直辖《民国日报》主笔）、非法搜报馆、勒迫停刊,请求将胡开释,将报复刊。决议:交秘书处起草分别告诫。（8.135）
29.5.10（3.10）	临时常会,无相关议题:主要讨论中组部提出的各级党部经费分配方案。
29.5.13（3.11）	1.原则通过中宣部拟具的《中央图书馆计划书》,并决定由各部各推一人会同组织筹备委员会（预算开办费50万国币,经常费暂定每年5万,面向海内外募捐）。（8.161）

	2. 修正通过中宣部修正的"学校学年学期及休假日期规程及修正各机关及学校放假日期表"，并交国民政府公布施行。（8.161）
29.5.16（3.12）	1. 中宣部呈：中国宪政党及政公党在美国发行《世界日报》、《公论晨报》等诋毁党国肆行反动宣传煽惑侨胞，为害荼烈。准予处分：（1）秘函国府转饬外交部交涉取缔，饬交通部令全国邮局不予递寄；（2）通令海内外各级党部一体查禁，并密函国府通令各省市政府暨驻外各使馆一体协助查禁。（8.188） 2. 中宣部呈：查四川民众社 4 月 25 日通讯载改组派果然在四川设立省党部新闻一则，内有伪中央党部训令伪四川省党部令一件，核其论调，确非伪造，查彼辈在川既有组织，其它各地难保无同样情事，似此借用名义、混淆人心；又宣传部临时提出，近发现有所保护党革命大同盟成立宣言案。决议：令各级党部并函国民政府转饬各省市政府一律查禁。（8.189）
29.5.20（3.13）	中宣部呈：5 月 3 日《民权导报》所载社论新闻均为反动论调，显属共党宣传机关，该报社址设济南后宰门六十三号。准中宣部请转国府电令山东省政府迅予查封，并查明该报主持人。（8.208-209）
29.5.14 财（3）	1. 准中宣部函：因中央发电机轮不能供给《中央日报》电力，查上海泰末洋行现货 22 马力柴油引擎及发电机，请拨 3500 元购买。（8.215-216） 2. 中宣部函：上海晚报社经理沈卓吾请发该社 1928 年度 6 个月津贴（每月 500 元）。决议：自本年五月份起每月津贴 500 元。（8.216）
29.5.23（3.14）	1. 通过中宣部提议，特种宣传费 1 万元实报实销案。（8.228） 2. 讨论冯玉祥谋叛事件之处置案。决议：（1）永远开除冯玉祥党籍并通知监委会。（2）革除冯玉祥中央委员政治会议委员国民政府委员。（3）所有下令讨伐以及关于军事与紧急之政治处置据授国民政府以全权办理。（4）另由宣传部起草告党员告民众书。（8.228-229） 3. 对上海特市执委会呈，据所属第三区党部呈以国家主义派在沪张贴标语暗中活动，指示对于国家主义派处置方法。决议：交宣传部拟定办法。（8.229）
29.6.3（3.15）	修正通过中宣部呈 "总理广州蒙难七周纪念" 办法六条。（5.16）（8.239）
29.6.16（3.16）	未讨论相关议题。通过的第三次全国代表大会未及讨论各案审查报告，却有许多相关议题。
29.6.20（3.17）	1. 将中央宣传部呈拟的 "党报登记条例草案"，交戴传贤、叶楚伧、刘庐隐审查。（8.353） 2. 中宣部呈：天津特市党部宣传荒谬、不守纪律、污蔑中央、掩护冯逆，并将各项披发之反动文件附印平津特种宣传报告之后案，决议将该特别市党部执行委员兼宣传部长周仁齐及宣传部秘书周德伟撤职，并交中央监察委员会议处。（8.361-362）

29.6.24（3.18）	1. 修正通过中宣部拟具的"国民革命军誓师北伐三周年纪念办法"6 条。（8.374） 2. 通过陈果夫、叶楚伧变更扩充中央广播无线电台计划，改用五十基罗瓦特电力，将机械经费增为六十万元案，但仍由陈、叶负责办理。（8.374–375） 3. 照办中宣部呈：前奉编辑蒙藏新疆东三省丛书，因材料缺乏，难以编纂，请指定前理藩院及蒙藏院所存一切档案划归该部整理。（8.375）
29.6.27（3.19）	1. 李文范委员函：整理纪念日奉行仪式及革命纪念日纪念式案，交宣部再加整理。（8.405） 2. 徐永煐、施煌、石佐、黄士俊、郭季贤、蒋希曾、慧慈僧等发行反动刊物攻击本党，查该生等多系清华官费留学生，准中宣部请函教育部取消其公费资格，并将他们一律交国民政府通缉 其系公费留学者，应由教育部即行取消其公费，并着教育部通令各地留学生监督随时注意留学生之言行，具报查考。（8.411）
29.7.1（3.20）	修正通过中宣部提交革命纪念日简明表、革命纪念日纪念式。（8.418）
29.7.4	1. 将训政时期地方党部督促地方自治之工作范围与公众进行方法案 交训练部拟定。（8.459–460） 2. 缪斌临时提议：高统勋等实系共产党员，及江苏省党务状况及共党反动活动情形。决议：交叶楚伧、陈立夫、余井塘三委员审查，由叶召集。（8.464）
29.6.21 财（4）	1. 核发浙省执委会 34395 元会费，其中宣传费（报馆津贴等）预算 4000 元，按月由省政府实数照发。（8.467） 2. 核发湖南省指委会呈 1929 年度预算书每月需 38546 元，其中党报预算 3080 元，按月由省政府实数照发。（8.469） 3. 湖南省指委会呈送《中山日报》预算书，计开办费 2651 元，每月经常费 3080 元案。决议：核准开办费 1000 元，由省政府照发，每月经费预算另案核准。（8.469） 4. 武汉中央直辖党报专员曾集熙电筹备经过，并造具武汉日报社开办经常两费预算书。中宣部拟准于拨发开办费 2000 元实报实销，每月经常费核定为 8997 元，除月入营养费 2000 元外，实由中央月拨 6997 元。决议是月拨 5000 元。（8.472–473） 5. 准中宣部函：呈同新建储室略图，请即雇工按图造，因现有储藏室不敷容纳该部出版刊物。（8.473）
29.7.8（3.22）	1. 孙科函：为招待美国新闻团须留沪一日，请假一天。（8.487） 2. 通过中宣部拟定的查禁各刊物汇列成表，通令各级党部并函国民政府转令各机关饬属一体严密查禁，并令宣传部严密侦查。（8.490）
29.7.11（3.23）	中宣部呈：拟具于辽宁创办东北民国日报，预算开办费 9570 元，每月经常费 7200 元，每月收入以 2000 元计，每月津贴经常费为 5210 元。预算请中央核准拨交国民政府令饬辽吉黑三省政府共同负担，所有主持编辑人员由中央遴派。决议：交财务委员会。（8.501）

29.7.15（3.24）	驻日总支部执行委员王培仁等呈：以该会宣传科所发之五卅惨案四周年宣言，言论荒谬、目无中央。中宣部查该宣言系攻击中央，诋毁党国之辞。请即下令查办该总支部常委周咸同，宣传主任林国珍，或竟改组该总支部。决议：交组织部查明核办。（8.512）
29.7.18（3.25）	山西省执行委员会呈报，陕西省党务主办之中山日报反动，中宣部查确该报确属公然反动。决议：（1）陕西省党务指导委员黄统、宋哲元、张守约、安汉、通之翰、王惠、孙雏栋等七人一律撤职分别查办。（2）令陕西省政府查封陕西中山日报。（9.7-8）
29.7.22（3.26）	通过戴传贤、胡汉民、叶楚伧、陈果夫提出党义党德之标准案，并交宣传训练两部作为宣传训练之准则。（9.13）
29.7.25（3.27）	叶、陈、余井塘报告，审查高统勋案：查前次中央取消其通缉，显有奸人蒙蔽，请严查仍予通缉。决议：交中央监察委员会议处。（9.44-45）
29.7.12财（5）	1.青岛特市指委会造送青岛《民国日报》经常费、开办费预算书，及该会宣部呈报，购买胶东新报旧机器于本月一日筹备出版等情。中宣部审核：购置旧机开办费减为7000元，除由青岛接受专员公署津贴1000元所余6000元应予照发，令该报社实报实销，经费拟准予照发1000元。决议：核准该报社经常费为3425元，中央月补助1000元，余2425元由青岛市政府按月照发，开办费由中央发6000元。（9.55） 2. 平汉路特党部筹委会宣传委员茹馥廷经中宣部 呈财会：原核定该会宣传费资每月650元不敷支用，请变更预算增加宣传费300元。决议：俟正式党部成立后再议。（9.56） 3. 妇女共鸣社请补助该社半月刊经费每月400元，中宣部审查该社刊物立论尚属妥善且为本党妇女主持之唯一妇女运动刊物，决议：补助200元由七月份起。（9.56） 4. 江苏电政管理局函称，中央社自1927年10月份起至本年四月份止共计结欠新闻电费洋234151.15元，未领。现因修理杆线需用巨款，肯将结欠付清嗣后照章付现，否则须先付半数或按月给八千元以维电政。中宣部请中央社预算书电政费项下按月追加1000元。决议：缓议。（9.58） 5. 准中央秘书处呈报：东北《民国日报》的开办费9570元，每月经常费7200元，每月收入以2000元计，每月津贴经常费为5210元，核准拨交国民政府令饬辽吉黑三省政府共同负担，并函国府令辽吉黑政府照办。（9.59）
29.8.1（3.28）	无相关议题。
29.7.24财（6）	1.中宣部为无哈日报亟应革新，请增加该报津贴3000元案。决议：加经费1500元。（9.82） 2.中宣部请，迅予以核发华北日报社添设印机临时费3000元。（9.82） 3.上海特市执委会拟举行反俄大宣传，请拨发特别费1万元。决议：发临时宣传费3000元。（9.83） 4.准中央图书馆筹备会，准予拨发8000元建一临时藏书馆。（9.84-85）

29.8.8（3.29）	1. 中组部调查，驻日总支部执委会常委周咸堂擅发"五卅宣言"诋毁中央案，前据该执委会呈报停止周之常委各职并请开除党籍，准予推荐，并送中监会。又据该部执委王培仁陈述此案系周个人行动。（9.107-108） 2. 中宣部提出出版法条例原则草案，决议送政治会议交立法院。（9.110） 3. 决议：前宣传部草拟党徽党旗法，党国旗使用条例，党国旗制造条例及对党国旗礼节各草案一案。令准叶楚伧、古应芬审查。（9.110-111） 4. 中宣部：呈据福建省指委会呈据建瓯县指委员会，上海天际医室发行肺形草药名滥用党徽为商标，又据各种商品滥用总理遗像及中上为物品名，函请国府转商标局严禁。决议：函国民政府转令商标局遵办。（9.116-117）
29.8.15（3.30）	1. 山西省执行委员会宣传部呈送，在邮局检得陕西省党务指委会民众训练委员会即行之民众半月刊 言论反动诋毁领袖，攻击中央不遗余力。中宣部查陕西省指委会前因主办之中山日报公然反动，经25次常会决议，得该省指委会黄统等七人一律撤职查，但该省党务尚未切实整顿，因之此类反动刊物层出不穷，关系甚为重大，应如何迅速整理，俾使根本取缔案。决议：反动刊物函国民政府查禁，纠正整理交宣传、组织两部办理。（9.126-127） 2. 中国府文官处函，转天津特别市社会局局长鲁荡平呈拟改组河北《民国日报》意见，准宣部审查意见：河北《民国日报》办理不当，从未报告工作来部，曾予警告，仍未改善。当兹河北省执行委员会自动离职之际，宣部更无从负指导之责，请暂时停办，由中央派员接受，另筹设改组计划。（9.127-128） 3. 将中宣部提议拟具全国重要都市邮件检查所组织通则，交叶楚伧、王正建、王伯群三委员审查，由叶召集。（9.128） 4. 通过叶楚伧等9委员报告防止反革命案。（9.136-137）
29.8.29（3.31）	1. 中政会函送修正通过，中宣部所拟出版条例原则草案，并请交立法院。（9.159） 2. 修正通过王正廷、叶楚伧、王伯群的"全国重要都市邮件检查办法审查修正"案。（9.165） 3. 准中宣部审查萧吉珊等呈送纪念丁未黄岗一役殉难烈士办法一案的意见：不必另设委员会主持，甲、丁、戊三项交广东省党部办理，乙、丙两项由国府转令广东省政府查核办理，所有建筑物经费，即由该省政府筹。（9.165-166） 4. 蒋委员中正函：以北平民国日报时有反动言论，请收回北平市党部办理或停止其津贴等，中宣部查该报言论失当，迭经警告在案，准宣部自本月份起即行停止其津贴。（9.166） 5. 准中宣部提议：为推广宣传指导外报便利起见，与上海文汇英文晚报订立契约，按月津贴该报国币2000元。（9.166-167）
29.8.9 财（7）	1. 对上海特市指委会呈：经费困难，民训会预算3155元，监委员1000元，反俄大会7639.76元，请电汇3000元，令生活费津贴无着落。决议：除临时宣传费由宣传部核复外余照前案。（9.179）

	2.山东省党整委会请月增经费 5000 元并造具预算书。决议：（1）胶济路由路局另拨。（2）中央已有党报无庸另设机关，以上两项已□ 4000 余元在案，整理期内仍照前案办理。（9.180） 3.中宣部：据中央日报社呈以奉发清债任积欠款项被曾前任移垫迁移费洋 8117.97 元，决议：所欠起交政治会议核销。（9.186） 4.为装运前武汉图书编印馆印刷机件费用请拨发 7000 元在案，准中宣部请先行拨发 3000 元交该部汇汉，待常委批准后在补发 4000 元一并实报实销。（9.186）
29.8.16 财（8）	1.中宣部为上海日报工会管际安函：美国记者团来华批评中语多系诋毁，恐返美后散布恶言，并经该会决定先将美记者团设□释，登各报加以批评，再由中国评论社发刊专号加以纠正，业蒙蒋主席嘉纳允助经费，拟筹 5000 元请补助。准中宣部请发该部 1000 元以转发之。（9.192） 2.浙江省党委会呈：浙省扣发该会应领经费自由津贴国民新闻社，经呈请训令省府不得越权支配扣发在案，顷准浙省财厅函拨该会四月九日之六月份积欠仍将省府津贴国民新闻社四个月经费 4800 元和除，经呈核示并肯饬令浙江省府将擅扣之经费如数补发案。决议：以前由省政府直接发给不必追溯以免纠纷，以后由省党部发给，省政府不必另拨以免重复。（9.194） 3.中宣部为派员接受武汉图书编印馆印刷机件费用，经呈请先行拨发大洋七千元以资应用，业以领到 3000 元汇汉在案。兹据张秘书廷书迭次电，请续汇款项接济等清，查所称属实，相应函请讯将未发之 4000 元即日拨发。决议：照给 4000 元。（9.195）
29.8.23 财（9）	上海特市执委会于二月举行市民反俄大会，已汇拨 3000 元，不敷之数业已造具决算，电请汇拨 1 万济急各在案，迄今多日未蒙照发，再恳请迅电汇反俄余费 4639.36 元及经费 1 万元。中宣部核对该会呈送市民用回中央收回中东路主权大会，决议拟定办法：（1）由中央加发 1000 元，（2）余由该市府核发，（3）嗣后凡临时用款非经中央核准不得时候请发。决议：照宣传部所拟办法。（9.197—198）
29.9.2（3.32）	无相关议题。
29.9.5（3.33）	1.中宣部提议：查关于对新闻出版之前检查，对于新闻事业之影响极为重大，亦为全国新闻界最感困难之一事，经再四审议，认为此项出版前之检查，应一律停止，并请遍令各级党部，并函国府通饬所属一体遵照案。决议：凡新闻纸之一切检查事宜，除经中央认为有特殊情形之地点及一定时期外，一律停止。（9.235） 2.修正通过中宣部提出的日报登记办法。（9.235）
29.8.30 财（10）	上海特市执委会呈的为收回租界宣传费，至少须 1500 元，决议为在平时宣传费内开支。（9.245—246）

29.9.（3.34）	1. 中财会提议：准陈果夫、叶楚伧提议扩充中央广播无线电台案，经中央 18 次常会通过在案，查机价银约 60 万元可分四期交款，房屋约需十万元亦可陆续交付，现第一期至少需银 20 万元，请筹的款备领，又拟聘总工程师一人，月薪至少需 400 元，其余工务方面人员亦请特予规定，不按中央职员生活费标准支给一案，经第 11 次财务会议决定办法五项：（1）每月在中央经费内提拨 2 万元存储。（2）暂在华侨捐款项下借 20 万元，按月还 2 万元，从第四期欢庆机款后拨换。（3）余俟向承购人商定详细付款等方法后，并案呈常会核准。（4）技术人员薪给照办。（5）三全大会余款及国庆纪念余款，罚金党员印花，浴室盈余，本年六月份及以前之各项利息，概行拨交。决议：第二项改为十五万元余照通过。（9.287–288） 2. 准中监会函：天津特别市党部宣传部长周仁齐及该部秘书周德峰，宣传荒谬，污蔑中央，决议永远开除党籍。（9.290）
29.9.12（3.35）	1. 河南省指委会呈送拟办河南《民国日报》计划书、组织大纲草案及预算案，中宣部认为河南地居中原实有设置党报之必要，核发经常开办费一节请将原预算书送中财会核定确数，函交国民政府转饬河南省政府照发。决议：照办预算书送财务委员会。（9.300） 2. 北宁铁路特别党部筹备委员会呈，拟《北宁日报》计划及开办经常费。中宣部查所请设立北宁日报殊切需要，请将预算交中财会核定后交国府令铁道部转饬北宁路局照发。决议：交回宣传部另行计划。（9.300） 3. 中宣部拟具中央印刷所组织原则及筹备开办费预算表。决议：照办，名称改为中央党部印刷所，预算交财务委员会。（9.300–301）
29.9.6 财（11）	1. 江苏电政管理局函催拨付中央社积欠银费，截止 6 月份止共 258541.265 元。中宣部拟议办法，自本年 7 月份起应按照各处电费 1/10 付给电局，以前给欠应请中央函国府转令交通部准其正项核销。决议：并前案。（9.309–310） 2.《华北日报》社称，该报欠河北电政局报费截止本年 5 月底止 16941.92 元，若不如数拨付，电政声称不负传递责任。中宣部呈请一面函请交通部转饬河北电政局仍准该社继续记账。决议：令照新闻电办。（9.310） 3. 陈果夫、叶楚伧提议筹发扩充中央广播无线电台经费及规定技术人员薪级案；决议：（1）每月在中央经费内提拨 2 万元另行存储。（2）暂在华侨捐款项下借 20 万元按月还 2 万元后第四期付清机款后还返。（3）余俟向承购人定详细付款方法后并案呈请常会核准。（4）技术人员薪给照办。（5）三全大会余款及国庆纪念余款，罚金党员印花，浴室盈余，本年六月份及以前之各项利息，概行拨交。
29.9.19（3.36）	1. 将中宣部提议的让国府通令全国从 19 年 1 月 1 日起，凡商标账目，民间契约及一切文书薄据等，一律通用国历上之日期，并不得附用阴历函交国民政府酌办。（9.329） 2. 中宣部提议：请确定宣传训练两部工作职权案（本案系第 19 次常会会议，交宣传训练两部审查复由戴传贤刘庐隐叶楚伧陈果夫四委员会同研究拟定解决办法）。决议：关于学校用教科图书类之编审事宜定为训练部之主管工作，关于教科图书以外之一切出版品编审事宜定为宣传部之主管工作，如需要共同工作事宜，由两部各就其主管性质彼此通知会同办理。（9.342）

29.9.23（3.37） （临时常会）	1. 中宣部提议请速规定党务工作人员制服，并限用国产材料，通令各级党部一律切实遵行案。决议：原则通过，交法规编审委员会拟定施行办法。（9.383） 2. 准修改中宣部提议，请修改日报登记办法第六条第一项，"须填缴保证书"改为"须填缴志愿书"案。（9.383-384） 3. 中宣部提出首都国庆纪念办法四项，并附在准备中之国庆纪念宣传品名目。决议：（1）由中央党部本京特别市党部召集各级共同负责筹备。（2）由中央拨洋8000元作宣传印刷费，交中央宣传部办理，拨5000元补助筹备处费用。（3）宣传品由中央宣传部编印。（9.384）
29.9.26（3.38）	报告事项：宣传部报告；其它无相关议题，且报告内容也无。
29.9.20 财（3.12）	1. 中央会计科画拨广播无线电台各项收入数目共计45074元。（9.404） 2. 针对中央印刷所预算案。决议：函复宣部关于开始建筑及维持工人生活等费先付3万元余再议。（9.405） 3. 上海特市党部宣传部再请准予照拨收回租界宣传运动费一项1500元，中宣部上呈后决议是"缓议"。（9.405） 4. 中央秘书处函为河南《民国日报》预算经35次常会决送交本会审核。决议：照准饬拨。（9.409） 5. 中央秘书处奉常委批交太原《民国日报》社经费预算书。决议：照准饬拨。（9.409）
29.10.3（3.39）	1. 对中宣部提议规定边远省区之党务，应先集中于宣传工作案。决议：交宣传组织训练三部会同核议。（9.424） 2. 第9次常会通饬各省市县党部筹设图书馆，中宣部拟具各省市党部宣传部图书馆设立办法。提议请通令各省市党部遵照办理，并函国府转令各省市政府照拨开办经常费，俾资成立，再各县党部筹设图书馆事宜，应由各省党部负责筹划案。决议：交财务委员会。（9.425） 3. 通过中宣部提议，规定中央对于政治方面之一切决议，国府概不发表为中□交办之件，省以下之党部，对于地方政治之建议，其同级政府亦同样办理案。（9.427） 4. 中宣部提议调查黄花岗之役烈士之后裔，予以适当补助，决议：交宣部委托革命纪念会详细调查列表具报。（9.427-428）
29.9.27 财（3.13）	1. 浙江省指委会呈：国民新闻社并非党报，浙省政府酌予津贴，并从该会经费项下扣除，要求中常会函以后该社津贴由省党部给一节，预算书中并未列入，请查前卷再令国府直接拨付案。决议：国民新闻社应否继续津贴，可由该省党部斟酌办理。（9.431） 2. 中宣部呈：派遣赵雨苏接受河北民国日报迁津筹备，业已接受完竣，请陈常委函国府转饬津市政府先拨该报筹备费5000元。决议：由市府拨3000元为搬迁及筹备费。（9.434-435） 3. 中组部转据三藩市支部呈请每月另加津贴2000元。决议：津贴特别宣传费2000元自10月份起。（9.435） 4. 准叶楚伧、刘庐隐为邵委员主办之《建国月刊》，请求中央按月酌予补助500元。（9.435）

29.10.7（3.40）临时	中宣部呈报编辑中国国民党年鉴第一卷的经过，拟就征集材料方案，确定编造方案，于一月内编辑完成，再编辑年报委员会负责年鉴最后审定之责，于一月内即组织成立。决议：办法通过，即常务委员会审定，不必另组年报委员会。（9.454）
29.10.4 财（3.14）	中宣部转送浙江党部拟具举行全省宣传会议预算书，请核定转省府照拨案。决议：费用由省拨给，另请秘书处通知各省市，凡此种会议须先呈中央核准。（9.459）
29.10.17（3.41）	针对中央组织、宣传、训练三部 侨务委员会及外交部函第 33 次常会交审查关于外交部拟复海外党务意见一案。决议：（1）海外党部从事党务工作不妨碍当地治安，（2）外交部向各国建议。①承认各地党部为合法机关，在各该地得只有公开办理，对于党员非经法定正当手续，不得妨害其自由及安全。②三民主义书籍及本党各种宣传品，不得加以扣留。（9.470–471）
29.10.11 财（3.15）	准中宣部提请按月津贴《北平导报》3000 元，并从 10 月份起。（9.480）
29.10.21（3.42）	1. 准叶楚伧、刘庐隐提议为北平《民国日报》，经中央第 31 次常会停止津贴后，已努力改善其态度，现值北方多事，本党宣传尚感单薄，拟暂许恢复其原有津贴，同时由宣传部逐日审查其纪载案。（9.506） 2. 中宣部函送天津《民国日报》组织大纲草案，及经常费预算书，请核定并转国府转饬天津特别市政府按月照发案。说明：（1）中宣部前以河北民国日报办理不当，提议请暂令停办，由中央派员接受，另筹改组计划，当经第 30 次常会决议照办，嗣该报拟具接受改组办法四项：①北平已有党报，该报移至天津出版。②遴派赵雨苏赴平接受，并赴津筹备。③电河北省党部转饬该报遵办。④预算俟接受后核实编造送核定后，由天津市政府拨给，经常会批准照办在案。（2）第 13 次财会核定拨给筹备费 3000 元，由天津市政府照发。决议：组织大纲应改为组织简章，由宣传部审定经费预算交财务委员会审核。（9.506–507）
29.10.24（3.43）	报告事项中有宣部报告，但无内容，其它未涉及相关议题。
29.10.28（3.44）	无相关议题。
29.10.25 财（3.16）	1. 湖南省党务指委会为所办《中山日报》曾经呈请增加月支经费 1000 元，开办费准支 2651 元，均未复，特转核示。又国府文官处函湖南省政府呈复湖南《中山日报》开办费实超中央核准预算洋 1651 元。决议：开办费已付者可不还，每月增加者不准。（10.16–17） 2. 中宣部呈：请核发南京特别市执委会特别费 1000 元，整顿首都油漆标语案。决议：由宣部规定必要处所更实预算再议。（10.19）
29.10.31（3.45）	1. 中宣部提议：为海外反动分子到处活动，反动宣传更为猖獗，拟派定海外党务宣传视察员：以期整顿海外宣传工作，并订办法案。决议：原则通过，其派遣方法及公众要领，由中央组织、宣传训练三部会同决定（办法附后）。（10.36） 2. 准中宣部提议：为中国与暹罗因未缔结条约，以致华侨屡被虐待，党务横被压迫，凡驻暹总支部之结社、集会及三民主义之印刷品，均不能在该国自由散布，如被发觉，轻者驱逐，重则监禁。现在侨胞方面企求政府与暹订约之呼声甚为迫切，请函令国府转饬外交部速与暹罗进行订约事宜，以保侨民而利党务案。（10.37）

433

29.11.4（3.46）	1. 对中宣部提议为拟具的"训政时期党义宣传方针与方法"案，决议交回宣传部修正提会审查。该案是本届第2次全体会议《训政时期党务进行计划案》第二项及县以下各级党部之工作，应以集中工作于县自治为原则，而以（1）党义之宣传，（2）社会之调查，（3）地方自治之督促，三种办法行之，关于第一项之方针与方法规定由中央宣传部详细规划，限两个月内颁发之。（10.56-57） 2. 中宣部提议：核定增拨宣传工作活动费每月5000元，按月拨交应用案。决议：交财务委员会。（10.57-58）
29.11.7（3.47）	准中宣部呈为河南党务整理未久，工作未见紧张，拟请即电何应钦就近负责指导，依照中央决议，集中宣传工作，唤起民众，促进讨逆，并分电该省党务指导委员会遵照案。（10.69）
29.11.14（3.48）	1. 中宣部提议：为香港反动报纸异常猖獗，经先后查禁，苦无积极的指导民众之新闻机关，再四筹维，认为设置中央直辖党报实为刻不容缓之图，兹拟具香港设立中央直辖党报办法，并开办费经常费各预算书案。决议：原则通过，其办法及预算，由宣传部会同胡汉民、孙科、吴铁城商定之。（10.77） 2. 中宣部提议为日报登记办法案，业经第33次常会通过，令饬遵行，其外国人在中国境内所办之报纸及通讯社，按之主权法理自应一体遵照，但揆诸目前外交情势，事实上似不无问题，应如何办理，期与主权外交两无窒碍之处案。决议：侯出版法颁布后再议。（10.77）
29.11.8财（3.17）	中宣部函：请核准天津民国日报社经常费支出预算书案。决议：核准每月7000元由市政府照发。（10.85）
29.11.18（3.49）	驻日总支部执委会呈：中国青年党、中国国家主义青年团级改组派在日本大肆活动机器猖獗，应如何取缔案，决议：交组织宣传训练三部长妥议防止消弭及取缔方法呈会，由训练部召集。（10.98）
29.11.21（3.50）	中宣部提议：为准驻日总支部办一周刊，每月由中央拨给500元并责令依照下列方针切实进行：（1）国内政治经济的建设宣传并辩证反动刊物的政治攻击。（2）指出各类反动集团危害党国之阴谋，及其利害冲突之弱点，并说明又有现在的中央能负以党训政，以党建国之责任。（3）觉醒日本民众，反抗其帝国主义的侵略政策，及煽动中国内乱之新闻政策。（4）以丰富的材料发挥三民主义的学理案。决议：经费费项下增加500元，办法照宣传部意见通过。（10.113-114）
29.11.25（3.51）	决议指定陈玉科为云南省指委会宣传部长，彭纶为四川执委会宣传部长。（10.125）
29.11.22财（18）	1. 中宣部函请审核山东民国日报为扩充篇幅增加每月经常费预算书案。决议：所加预算及全部修正为每月5000元改由省政府照拨，经理编辑之组织由党部政府商定扔受中宣部所派社长指导。（10.127） 2. 中宣部转送江苏省党报预算表，请转核实案：决议：暂缓。（10.127） 3. 中宣部函核议鄂省党部特种宣传经费数目并函国府转饬鄂省府照拨案：决议：（1）特种宣传机关无存在之必要，宣传费连已省府拨付不得超过3500元。

	（2）以上两点交宣传部照批。（10.127） 4.中宣部因海外各报馆新闻电讯费由收电人担任，惟照章程在发报之电局先行存款一月，拟请中央垫付拨案。决议：暂行照办，另交宣传部向无线电台接洽，比较经济办法。（10.128） 5.中宣部函请核定闽省指委会宣传部艺术宣传设计委员会经费案。决议：无例可援不发。（10.129）
29.11.28（3.52）	第146次常会议决议：将"训政时期党义宣传方针与方法"案交回宣部重新修正，此次修正完毕再呈。决议：交叶楚伧、刘庐隐详细审查后发表。（10.163）
29.12.2（3.53）	1.针对中组部提议：江苏省党部自成立以来，所属下级党部时有反动情事发生，其执行委员中且有反动主要分子，监察委员未能尽职案。决议：解散江苏省执监委员会，另派张道藩、吴保丰、叶秀峰、祈锡勇、朱坚白、张渊扬、武葆岑七人为该省党务整理委员会，并指定祈锡勇为组织部长，张道藩为宣传部长，吴保丰为训练部长。（10.177） 2.修正通过中宣部提出重新修正该部组织条例。（10.180）
29.11.29财（2.19）	1.中央秘书处函中宣部提议的驻日总支部拟办一周刊，每月由中央拨给500元，经中央第50次常会议决经费项目下增加500元案。决议：加党务经费500元自12月份起（修正预算数为2940元）。（10.187） 2.中宣部函为决定建筑中央印刷所之征用土地之房屋树木等给价数目，并拟就致土地局公函一件，又函请饬所拨中央印刷所未领之7万余元迅速如数拨给等案。决议：先拨给5000元下次再议。（10.188） 3.中宣部提议按月拨给四川民报经费五百元案。决议：由宣传部活动费项下开支。（10.189）
29.12.5（3.54）	1.中央组织宣传训练三部：呈奉45次常会会商海外党务宣传视察员派遣方法及工作要领，会商结果是每区由组织宣传训练三部各派一人。决议：派遣方法修正通过，工作要领照办，预算交财务委员会。（10.208） 2.中央组织宣传训练三部呈会商第51次常会，中国国民党实施党员训练之基本原则一案，决议：交训练部再议。（10.208–209） 3.中宣部呈提议：为据湖南省指委会宣传部长电称，所属中山日报经费原定3080元，因扩充篇幅非增加1000元不敷开支案。决议：通过，送中财会。（10.209） 4.通过中央训练组织宣传三部为第49次常会驻日支部呈请取缔东京各种反动分子活动一案。决议：交三部妥议，防止消弭及取缔方法等因，兹遵由训练部邀同组织宣传两部代表议定，防止消弭及取缔在日反动分子之办法七项案。（10.211）
29.12.9（3.55）	中宣部提议修正各级党部宣传工作实施方案中之区分部及区党部宣传工作实施方案。决议：修正通过。（10.237）
29.12.12（3.56）	香港党报董事罗延年等电称：报纸决于款到10日内出版，暂定资本10万元，先电汇5万元开办，余仍肯陆续汇下，中宣部查所称各节尚属切要，香港为反动渊薮，此项党报尤应积极进行。决议：交财务委员会。（10.272）

29.12.16（3.57）	1. 杨爱源等文电称：到察哈尔并报告相关事项，其中有查禁反动新闻由。（10.278–279） 2. 中宣部提出第 50 次常会交拟之告全体党员书，请核定并报告，同时交拟之告武装同志书，业经常委会核定，先行发表，并请追认案。决议：通过。（10.279–280）
29.12.13 财（20）	1. 中央秘书处函为湖南中山日报经费增加 1000 元（第 45 次常会）。（10.293） 2. 中央秘书处函为准宣传部提议拟具各省市宣传部图书馆设立理由及办法，经常会决议交财会核办。决议：缓议。（10.287） 3. 中宣部呈为据汉口特别市党部临时整委会宣传部呈：奉令筹办邮件检查所，已筹商办法，请拨付 600 元，电汉口市政府照付案。决议：返回汉口市政府接洽。（10.287–288） 4. 中宣部为请饬中央印刷所未领之开办费 73718 元，兹准财委会函知县拨 5000 元急需款案。决议：拨 1 万元由政治会议借用。（10.288）
29.12.19（3.58）	报告事项中有宣传部报告，无相关议题。
29.12.23（3.59）	通过中宣部提议，由中央慰劳蒋中正。因在改组派勾结国内外反动军阀，当东北对俄异常吃紧之际，煽惑叛变，泰豫桂粤，骚然不靖时，赖蒋中正同志奉命讨伐，奋扬武威等。（10.346）
29.12.20 财（21）	中宣部函送南京特别市整理标语预算表。决议：在该市宣传费项下分期支拨。（10.352）
29.12.26（3.60）	修正通过中宣部拟具的民国 19 年元旦举行撤废领事裁判运动办法，及请迅电各省市党部一体遵行并函国府转饬遵照办法案。
29.12.30（3.61）	中宣部提议：请函国府通令禁止本京各机关另设广播无线电台以免扰乱中央播音声调，分散宣传效力，如为学理之探讨，供实验起见，只批准限用七个半瓦特之电力，及 200–550 公尺之波长，暂行试验，仍不得按时放送节目，其已设立之广播无线电机，一律以此标准，概予以取缔案。决议：照办。（10.371）
29.2.27 财（22）	会议讨论了中央所属各部处会每月经费预算，自 1930 年 1 月起实行。其中宣传部预算费 38230 元。（10.375–376）
30.1.6（3.62）	无相关议题。
30.1.9（3.63）	对中宣部提议的 为扩大国际宣传起见，请将该部现有之国际科改组，设立中央国际宣传局，隶属于政治会议外交组，并受中宣部指导，附拟办法案。决议：原则通过，交政治会议讨论。（10.392）
30.1.13（3.64）	无相关议题。
30.1.10 财（23）	无相关议题。
30.1.16 财（65）	无相关议题。
30.1.20（3.66）	无相关议题。
30.1.17 财（23）	1. 中宣部函为中央印刷所收用土地房屋树木花竹价值及草房折迁费共 9458.9 元案。决议：先拨 5000 元余数续付。（10.451–452）

	2.中宣部函请迅予核发中央印刷所所需用经费案。决议：款照付向政治会议借拨。（10.452） 3.中宣部函请转陈核发武汉日报社年底工友双薪补助费1000元与该社本月份经常费同时拨发案。决议：交回宣传部办理。（10.452）
30.1.23（3.67）	此次会议通过了文化团体组织大纲案。
30.1.27（3.68）	中宣部提议：请规定中央派赴各省市党部收音员生活费由中央广播无线电台依照收音员任用规则，达党部干事薪级，随时考核成绩，函知各该但党部，照额增列经常费项下支付，至于工程材料及办公邮电各费仍暂在各项宣传部活动费项下支用，至于应付添派收音员及助理人员之各级党部届时再行增加，以应需案。决议：准照干事支薪由各地宣传部职员生活费项下发给，工程等费仍暂在各该宣传活动费项下支用。（10.490–491）
30.1.24财（3.25）	内有各省市党部拨发经费145917.831元。（10.494–495）
30.1.30（3.69）	1.中宣部提议：嗣后电影审查之权，应以直属中央为原则，所有地方党部负责审查之规定，以及政府机关颁布之检查规则一律废止，另由中央颁布审查条例并于上海天津两地啥呢里审查机关，由宣部直接管辖，以一事权而期实效案。决议：（1）由各地市政府教育局负责。（2）甲地审查后乙地等免检查。（3）检查条例由宣部草拟呈会。（10.502） 2.中宣部呈为该部编撰科主任因郑重物色人选起见，迄今久悬，拟请以方治为该科代理主任。决议：照办。（10.506）
30.2.3（3.70）	中宣部呈报：遵照中央决议派员会同外交部所派人员办理改组英文导报之经过情形，请核备案由。（11.3）
30.26（3.71）	无相关议题。
30.2.10（3.72）	1.陈果夫、叶楚伦呈报：筹备扩充中央广播无线电台办理情形，及选择德商律风根公司承办五十基罗特瓦电力播音机原由案。决议：照办。（11.30） 2.中宣部呈为关于外国人在中国境内所办之报纸及通讯社，应否登记，前经决议俟出版法颁布后再行核办在案。惟查外人在我国创办之日报遍布通商巨埠，大抵造谣侮辱尽其煽惑之能事，亟应加以适当之限制，以减少反动宣传保持国家主权，兹由部商得外交部同意拟就外报登记办法十条，以作管理外报之标准案。决议：交国民政府转饬外交部办理。（11.30–31）
30.2.7财（26）	1.秘书处函：为准中央政治会议秘书处函为重要印刷所建筑费借款18000元奉抄查照。（11.33） 2.对中宣部提案确定各省各特别市各铁路特别党部宣传经费案。决定：下次再议。（11.34–35） 3.中宣部呈：北平指委会宣传部呈，撤废领判权宣传方法七项并肯请补助宣传费。宣部审查后拟准予该指委会原活动费项下增发300元。决议：应由该市指委员会活动费下开支。（11.36）

30.2.13（3.73）	无相关议题。
30.2.17（3.74）	无相关议题。
30.2.14财（3.27）	中宣部提议请确定各省各特别市各铁路特别党部宣传经费案。决议：照审查意见办法。（11.58）
30.2.20（3.75）	无相关议题。
30.2.24（3.76）	无相关议题。
30.2.21财（28）	1. 宣部提议：中常会呈为据北平市指委会宣传部长李远大函称该会每月全部活动费1500元，该部仅分配得150元不敷用以致工作困难，请办理。查各特别市党部活动费分配比例宣传部应得全部三分之一，该部应得503元，今每月仅150元，未与中央规定不符，应请迅饬北平特别指委会自三月份起务必遵中央规定，以利宣传。决议：缓议。（11.87—88） 2. 中宣部呈常会为据天津特市整委会宣传部先后呈电：以该部经费减半工作紧张，请补助经费至少月拨400元，自2月份起，宣部查照天津为反动宣传汇集之地，特请补助400元。决议：缓议。（11.88）
30.2.17（3.77）	中宣部刘副部长庐隐报告：天津民国日报经费原系市政府拨发，现市府延不发给，意在使该报不能照常出版，本部以在此时期津地宣传工作重要，经电汇3000元接济进行，特报请鉴核并予追认。（11.115）
30.3.13（3.78）	无相关议题。
30.2.28财（3.29）	中宣部提议：对阎宣传异常紧张一切进行端赖经费提请拨发特别宣传费5万元归该部随时应用，将来实报实销案。决议：照准。（11.149） 决议：准发短波发报机款1580元。（11.149）
30.3.17（3.79）	1. 中宣部呈送的中国国民党年鉴稿件，决议推陈立夫、邵元冲、刘庐隐审查，由陈召集。（11.156） 2. 叶楚伧呈为近奉国府新命，势难常在首都，中央宣传部长职务，事实上决难兼顾，请即日准予解除，免妨党务进行案。决议：叶委员楚伧既难常在首都，中央宣传部长一职，准由刘副部长庐隐代理。（11.158）
30.3.14财（3.30）	1. 秘书处函常会交下中宣部，总理逝世五周年宣传品印刷费一次拨发6000元国币。决议：照发。（11.162—163） 2. 驻日总支部委员会呈：拨发总理逝世五周年纪念会用费国币500元。决议：照付。（11.163）
30.3.20（3.80）	无相关议题。
30.3.24（3.81）	1. 陈立夫、刘芦隐、邵元冲审查第79次常会交中国国民党年鉴。决议：交党史史料编纂会重编。（11.176）

	2. 中宣部呈关于驻暹罗总支部党务指导委员会呈：以华暹新报停版，本党喉舌中断请指示办法等请。兹拟（1）援美洲少年中国晨报前例，由中央一次补助国币2000元令即继续出版。（2）新闻电由中央通讯社免费拍发。（3）由中央选派干练同志前往任总编辑，是否有当。决议：照办。（11.177） 3. 中宣部呈为第二届第148次常会决议通过之指导党报条例及设置党报条例，施行已久，关于组织管理逐渐发现未尽妥当之处，亟应加以修正，以臻妥善，拟具修正指导党报条例草案，请核议示遵，至原设置党报条例，应即废止案。决议：（1）指导党报条例修正通过。（2）设置党报条例应即废止。（11.177）
30.3.27（3.82）	中宣部呈送电影检查条例案。决议：送政治会议交立法院按左列原则制为法律由政府颁布施行：（1）电影检查事宜，由各特别市政府负责办理，但特别市党部应派员参加指导。（2）甲地检查后乙地等免检查。（3）检查手续应力求简单与迅速。（4）国产影片免收检查费。（11.200–201）
30.4.3（3.83）	1. 陈果夫、叶楚伧报告：签订购扩充中央广播无线电台电力所需机械合同，请鉴核并函政府备案。（11.215） 2. 中监会函：山西省监察委员会呈党员田兆渭言论激烈措施失当，决议予以警告。（11.215） 3. 中监会函：驻南洋英属总支部执行委员会呈，党员余训先宣传反动言论，决议：停止党权三个月，予以警告。（11.216） 4. 中宣部呈：据津浦路特别党部执行委员会呈，请规定六月一日为总理奉安纪念日，并列革命纪念日一览表，决议：不必规定。（11.219） 5. 中监会函：南洋英属总支部执行委员会呈报，党员刘旭光在星洲日报发表攻击党部诋毁党员及破坏党的决议一案，予以永远开除党籍。决议：照办。（11.223） 6. 中监会函：河南省党务指导委员会呈报，开封市党员赵自鸣为该市宣传部长，竟加入改组派，言论反动，请准予开除党籍并饬府明令通缉。决议：照办。（11.224） 7. 中监会函：为准移送驻安南总支部执行委员会呈，以该部民国日报管理委员邓学如、劲壮志勾结改组派把持党报攻击中央，又西堤支部执监委员梁次达等四人与邓等联同一气，自行宣传停止工作，经第二次全越代表大会，第17次常会代决，邓学如、劲壮志、杨荻洲、赵泽华、黄静波六人永远开除党籍。决议：照办。（11.224–225） 8. 中监会函：为准移送驻安南总支部执行委员会呈，以高棉支部党员冯觉愚攻击中央，诋毁三全会，为改组派做宣传，曾根荣与冯狼狈为奸。议决：冯永远开除党籍，曾开出党籍一年。决议：照办。（11.226） 9. 中监会函：首都卫戍司令部特别党部执行委员呈，为党员丁在宽言论乖谬，离间官兵感情，第16次常会决议：永远开除党籍。（11.226–227）
30.4.7（3.84）	1. 湖北省党部某县干事朱蔚武言论荒谬违反纪律，停止党权半年。（11.253） 2. 中宣部呈：为十七年年鉴事。（11.260）

30.3.28 财（3.31）	中央图书馆筹备委员会请拨 5307.3 元购置书架。决议：照准。（11.267）
30.4.10（3.85）	无相关议题，其中多为中监会惩戒党员的报告和议题。
30.4.14（3.86）	中宣部呈为中央津贴海外党部经费用途之分配，前经审定为（甲）小学教育经费，（乙）识字运动费，（丙）国际宣传费。但按之实际殊有变通办理之必要，特拟具办法五项。决议：各级党部经费支配办法，虽对于海外党部之津贴应于三项用途中专办一项，其办法由宣部定之。（11.304）
30.4.11 财（32）	1. 中央秘书处会计科报告：支付中央印刷所经费情形，计付 11.0458.9 元（四月十日止），尚余 9780 元。（11.312） 2. 中宣部函：拨发制印奖慰讨逆军人袖珍日记十万本须国币 6000 元。决议：下次再议。（11.314-315） 3. 中宣部提议：请续拨对阎特别宣传费 5 万元，又函请将北平民国日报英文导报、华北日报、中央通讯社北平分社等每月之津贴费及经费，按月由本部领作特种宣传费用。决议：准备特别宣传费 5 万元。（11.315） 4. 中宣传呈常会为据吉林省龙井村商埠、民声社关俊彦等呈：为该社经费断绝势得停刊，恳请补助等，查该报为本党忠实同志所经营，宣传主义开发人心成绩甚佳，拟每月津贴国币六百元。决议：在津贴各报经费项下移发。（11.316） 5. 决议：中华电讯社津贴自四月份起停发。（11.316）
30.4.17（3.87）	中监会函：准移送前江苏省执委会呈报，太仓县党员朱铁夫主办莫邪报文字措词荒谬，秽亵诋毁县党部，伤害风化，经同级监委会议决，停止党权三个月。（11.326）
30.4.21（3.88）	蒋中正等 12 委员提议：改定注音字母名称为注音符号并拟具推行办法案。决议：通过。（11.346）
30.4.24（3.89）	1. 修正通过中宣部拟具的各县市邮电检查办法。（1.361） 2. 中监会函，中组部移送山东党务整理委员会呈报，滋阳县党部执委董锡璋干事于敦友发表发动言论，又诸城县党部宣传部部长王卓先对于该部出版之党声，言论反动，显系加入改组派，最后决议均开除党籍。（11.362）
30.5.1（3.90）	1. 山西省执行委员会呈，阎锡山于 3 月 22 日派军警包围该省党部及山西民国日报馆大事搜查，擅家封闭之经过，请转国府迅速讨伐以振纪纲。（11.381-382） 2. 中监会函为移送河北省党务整理委员会呈报，唐山市指委会宣传部所发表军事壁报，造谣惑众，助长反动，决议将该市指委会宣传长许文星撤职，并永远开除党籍。（11.386）
30.4.25 财（33）	中宣部呈核发制印奖惩讨逆军人袖珍日记十万本，须经费国币 26000 元，请核发。决议：核定 1 万元。（11.392）
30.5.8（3.91）	中宣部呈为据四川省党务指委会宣传部部长彭纶电，称川省交通不便，反动派极其嚣张，宣传工作至为重要，该部宣传经费可否照边远省区推及，以党部经费三分之一为标准。决议：照准。（11.409-410）

30.5.15（3.92）	1. 代宣传部长刘庐隐 赴沪请假 1 日。（11.437） 2. 中宣部提议为国旗体制问题。（11.439）
30.5.9 财（3.34）	1. 南京特别执委员会呈补助五月份革命纪念经费 2500 元。决议：由该部党部活动费项下支付。（11.452） 2. 汉口特市党部临时整理委员会根据该会宣传部拟具的五月各革命纪念宣传品翻印，等需 2200 元。决议：由该党部活动费项下支付。（11.452） 3. 中宣部提议为驻法总支部印字机一部合价 500 元，决议照付。（11.452） 4. 中宣部函请核定补助新京日报书数目，决议，按月津贴 1000 元，自五月份起。（11.452–453） 5. 中宣部函为本京时事月报社请予每月津贴经费 800 元。决议：按月津贴 500 元，自 5 月份起。（11.453） 6. 中宣部函请将北平英文导报之津贴暂行移作英文周报经费支付该部，以期早日开办。决议：照发。（11.453） 7. 中宣部函请拨发香港党报进犯或确定分歧拨发办法案。决议：发 7000 元余俟筹备就绪后再议。（11.453） 8. 中宣部函为据南洋荷属总支部请接济荷属民国日报经费按。决议：按月津贴 1000 元自 5 月份起。（11.454） 9. 中宣部函据国语统一筹委会驻京办事处请补助国语注音符号无线电话传习会经费。决议：俟中央通盘筹划后再议。（11.454）
30.5.22（3.93）	1. 中宣部呈：为据中央第 20 次常会通过颁布之革命纪念日简明表及革命纪念日纪念仪式，根据施行以来之经验，及各地宣传人员之报告，感觉有亟待修正之必要（1）减少纪念日数，（2）合并性质相类似之纪念日增入革命殉难烈士纪念日，（3）删除影响较小之纪念日，以集中宣传力量增进纪念意义，兹特分别拟具修正草案，请核定后再草拟纪念日史略及宣要点案。决议：推蒋中正、吴敬恒、王宠惠、胡汉民、谭延凯、邓泽如、古应芬、戴传贤、邵元冲、叶楚伧、林森、张继 12 委员审查，由胡汉民召集。（11.486–487） 2. 中宣部呈请慰勉将中正。决议：电文修正通过。 3. 中宣部呈拟任代理编撰科主任方治为编撰科主任。决议：照准任用。（11.488）
30.5.16 财（3.35）	无相关记录。
30.5.29（3.94）	1. 中宣部函：为定于本年七月第一个星期六日——世界合作纪念日——起由各省各特别市党部宣传部会同当地省市政府举行合作运动宣传周，并由各省党部宣传部转饬各县市党部会同，县市政府同时举行，以广宣传，除分别函令外，请查照转陈案。（12.3） 2. 中宣部呈：奉批交克与额恩克巴图两委员请开办蒙汉文合刊日报一案，嘱将组织系统等项拟定，再将预算交财务委员会，核议等因，兹经复加审核拟定办法二项：（1）宜加藏文改日报为周刊。（2）宜定为重要直辖并将蒙藏委员会所办之蒙藏周刊接受归并，至应需经费按照实际需要之最低限度另造预算计每月共洋 3805 元。

	以上各节，如蒙核准，即请：（1）函行政院转饬蒙藏委员会将所办之蒙藏周刊社连同房屋用具等项及职工姓名履历一并造册移交职部接受，其每月津贴该刊之 1600 元仍照旧继续，按月拨发交职部转发。（2）经常费预算除抵扣行政院原津贴 1600 元外，不敷之数，请交由财会核定，按月照发。决议：照办。（12.10–11） 3. 中财会呈：为奉第 90 次常会交调查前军队政治训练处经常额及其分配一案，经派员调查拟具报告案（说明：第 90 次常会据中央宣传部呈，为现值讨逆期间，军队宣传工作至关重要。请（1）修正军队特别党部师执行委员会组织条例，增设宣传科以专责成。（2）增加军队党部干部经费并辅助战时经费等情。经决议：（1）师执行委员会组织条例暂缓修改（2）交财会调查前政治训练处经费额数及分配再由常务委员决定。）决议：交组织宣传训练三部会商办法。（12.12–13） 4. 中监会函：为转送中宣部呈报荷属棉蘭新中华报言论纪载屡见反动，该报经理陈劲倪、编辑洪警民、均系本党党员，应予以处分，决议：二人开除党籍。（12.16）
30.6.5（3.95）	中监会函：中宣部函为奉饬查明安徽民国日报副刊登载迹近共党，宣传文字又登载该省下级党部反对中央圈定之省监委一案。经饬据该省党委会宣传部呈，业经将该报副刊晨光编辑高歌、党务编辑陆善议一并撤职，编辑主任卓卫之予以警告。决议：照办。（12.43）
30.5.30 财（3.36）	1. 中宣部函请核定平汉铁路特别党部讨逆宣传队经费案。决议：在该特别党部活动费项下支。（12.46–47） 2. 照付中宣部函请拨付中央党部印刷所开办费 16467.18 元。（12.47–48） 3. 中宣部函：请转陈核发河南省党部讨逆宣传经费。决议：已发 2000 元在中宣部讨逆宣传费项下核扣。（12.48） 4. 江苏省整委会呈：请补助延巡宣传队经费 3000 元。决议：准予补助函江苏省政府照发。（12.48） 5. 中宣部函为据青岛特别市党部指委会宣传部呈，每月津贴青岛民报经费等。决议：每月津贴 1000 元，由市政府按月核发自六月份起。（12.49）
30.6.12（3.96）	1. 据福建省党务指导委员会呈报：甘漄为宣传部长，康绍周为福建民国日报社社长。（12.68） 2. 准中宣部呈通令各级党部：凡各级党部主办之党报，均应直辖于各级党部宣传部，由宣传部直接负责管理监督指导之，即以前直接隶属于各级党部者，今后亦宜该隶于各级党部宣传部，以符修正指导党报条例而利宣传事业之进行案。（12.70） 3. 中监会函：据中组部函，山西省执行委员会呈报，郭树栋、武肇煦等八人组织小组，散发反动文字。经同级监会议决，除武肇煦一人经中央开除党籍，其余郭树栋等七人永远开除党籍，决议：郭树栋、武德颐、孙培文、贺纪堂、王朋江、王聪之、李树叶均永远开除党籍。（12.72）。
30.6.6 财（3.37）	1. 中宣部呈：据中央日报社为扩充篇幅，请每月加拨经常费 7243 元，并拨发临时费 5150 元，拟准予照发。决议：追加预算及临时费均照准自 7 月份起。（12.80）

	2.中宣部据驻南洋英属总支部呈：添办英文报与马来西报合办，请补助资本。决议：缓议。（12.82） 3.中宣部函请遴选派专员充任本部各附属机关会计。决议：（1）先拟定会计人员任用条例。（2）会计人员服务规则由中央秘书处任用。（12.83）
30.6.19（3.97）	1.中央组织、宣传、训练三部会呈：改组四川党务，决议：交下期常务委员谈话会讨论办法之后再行决定。（12.94-94） 2.中宣部呈召集推行国历经过。决议：交下期党务委员谈话会讨论办法之后再行决定。（12.95） 3.中宣部呈：调查黄花岗之役各烈士后裔，生还烈士合计339人，死难烈士计48人。决议：交抚恤委员会。（12.98）
30.6.26（3.98）	1.中宣部呈报召集推行国历会议经过，并呈送大会决议案。决议：修正为"推行国历办法"六项，交政治会议转送国民政府。（12.122） 2.中央财务、宣传、组织、训练呈：奉94次常会关于增加军队党部平时经常费并补助战时经费一案，拟定办法四项：（1）军队党报平时经费预算根据财会所拟定原则办理。（2）在战时每月增加宣传费400元，行军费600元（特党部内部240元，每团60以六团计算）。（3）前政训处经费全部依归中央专作支付军队党部经费之用。（4）各师党部每月收入所得捐暨党费数目，须按月呈报中央，即在应发之经常费内扣除。决议：交常务委员谈话会讨论。（12.123） 99次常会，议决：暂不规定一般原则，酌量各部队情形随各个决定办法，政训处无专款。（12.155）
30.6.20财（3.38）	1.中宣部函为筹办英文民族周刊，除将北平英文导报每月津贴3000元移拨外，计尚欠2627元。决议：通过预算每月暂照发。（12.127） 2.中宣部函请增拨中央社武汉分社每月经常费159元。决议：由中央通讯社经常费项下拨发。（12.127-128） 3.决议：（1）核发东京直属支部每月经费1200元、宣传费400元，自六月份起。（2）神户支部500元、横滨400、长崎400、仙台300，均是直属支部，均每月自5月份起。（12.128） 4.中宣部请据为文化日报呈请津贴500元。决议：暂缓。（12.128-129） 5.中宣部函：核议河南省特别宣传队经费，自六月份起，每月拨发津贴1000元。决议：自6月份起每月津贴1000元，在中央讨逆宣传费项下。（12.129）
30.7.3（3.99）	通过中央组织、宣传 训练三部呈的审查军队特别党部工作纲要一案。（12.150）
30.6.27财（3.39）	1.十九年度中央党务经费每月预算案（419300元）。决议：（1）预算案暂通过自七月份起实行。（2）中央秘书处不得支付超过预算案之款项。（12.159-160） 2.中宣部函送创办亚细亚半月刊预算表，请按月拨发日金500元；又据驻日总支部所办之海外评论既已停版，该项津贴请予停止案。决议：自7月份起每月津贴国币600元。（12.161）

	3. 中央秘书处函：为据第 94 次常会据宣部拟定开办汉蒙藏周刊，预算每月共洋 3805 元，除接受蒙藏委员会所办之蒙藏周刊，原有津贴每月 1600 元，抵扣外不敷之数交财会。决议：每月津贴 2000 元，6 月自宣部接受之日起补发津贴。（12.161） 4. 中宣部函审送中国文艺社经费预算书，每月经常费 1740 元，活动费 160 元，请予以按月拨发 1 年。决议：暂缓。（12.161-162）
30.7.10（3.100）	中宣部呈：前请修正革命纪念日简明表及革命纪念日仪式一案，经 93 次常会议决推蒋中正胡汉民十委员审查。决议：革命纪念日简明表及革命纪念日史略及宣传要点均修正通过。（12.201）
30.7.17（3.101）	无相关议题。
30.7.4 财（3.40）	1. 中宣部临时提议增加预算案。决议：暂缓。（12.245） 2. 中宣部临时提议拨发讨逆宣传费。决议：由秘书处准备下次报告数目。（12.246）
30.7.24（3.102）	中宣部呈请修正中央印刷所章程第四条条文。决议：通过。（12.270-271）
30.7.18 财（41）	中央 6 月份总收 116991.042，总支 279.852.170；所得捐总收 88570.272，支 25657.435。（12.276-277）
30.8.7（3.104）	1. 决议：由宣部起草的财局宣言，经常务委员核定文字即行发表。（12.340） 2. 中宣部呈为湘赣匪共组织反动宣传队分向民众及军队大肆煽□辞所蔽影响甚钜，中央各部队自政治部取消后，缺乏专责人员主持宣传，兹拟于湘赣各军队中设宣传大队，特拟具各师宣传大队组织大纲暨预算书案。决议：通过预算交常务委员谈话会再加审定（组织大纲附后），函总司令部通令各军队尊重宣传人员以利工作进行。（12.340）
30.8.14（3.105）	无相关议题。
30.8.8 财（3.42）	1. 中宣部提议：拟具讨共宣传大队经费每月预算简表，计每师 2234 元。决议：酌予增加核准每月预算 2794 元，送请常务委员谈话会核定。（12.358-359） 2. 中宣部函：请核发宣传品印刷费 28457 元，抄附预算书。决议：先准备 1 万元。（12.359）
30.8.21（3.106）	无相关议题。
30.8.15 财（43）	1. 秘书处函：为裁兵协会余款实存 85545.65 元，经报告中央第 101 次常会议决：发借中央广播无线电台建筑费，函达查照。（12.388） 2. 准中宣部函：送中国文艺社重造核减预算书，请核准开办费 200 元，按月拨发，经常费 1570 元。（12.390-391） 3. 中宣部函请核议自 7 月份起文汇报停止津贴之 2000 元移拨英文民族周报之不足数案。决议：暂照办，连前核准 3000 元共计 5000 元。（12.391） 4. 浦民柱函：为广州日报经费支绌，日前曾具文呈请中宣部按月补助 3000 元。决议：仍函该省政府照旧补助。（12.391） 5. 中宣部函据江苏省党部宣传部请补助共信月刊经费。决议：不补助。（12.391-392）

30.9.4（3.107）	1. 秘书处报告上上星期一（8月25日）常务委员会谈话会以上海特别市执行委员会擅将呈报改组上海《民国日报》呈文披露于各报，毁坏党报信用，忽视纪律，经决定予以申戒并饬查明负责人员呈报处。（12.405） 2. 中央组织训练宣传三部会拟海外党务工作纲要，请议。决议：保留。（12.411） 3. 通过中宣部呈拟就的肃清匪共宣传办法及肃清匪共宣传方略案。（12.411）
30.8.25 谈话会	1. 中央组织训练宣传三部会拟就海外党务工作纲要，请议。决议：保留。（12.453） 2. 通过中宣部呈拟就各县肃清匪共宣传办法及肃清匪共宣传方略案。（454–455）
30.9.11（3.108）	中监会呈：南京特市执行会呈报该市第八区一、三两分部委员巫宝三、骆继纲言论反动，经江苏省整理委员会函请首都警察厅缉捕在案，现据该区监委员贺知诗提出检举。决议：开除党籍。（12.464–465）
30.9.18（3.109）	无相关议题。
30.9.12 财（44）	1. 驻东京直属支部整委会呈：请增拨该会宣传费国币800元，自8月份起，转饬财会照予拨发。决议：增加宣传费300元连前卫700元自九月份起。（12.477） 2. 上海特市执委会尊令定于8月29日举行铲共讨逆祝捷市民大会，经费1780元，请拨发。决议：应在该会经常费项下开支，所请不准。（12.478） 3. 中宣部函：指山东民国日报暂由山东省整委会接受出版之及经过，并举该会呈请中央拨发经费等。决议：函国府由鲁省照原预算数按月拨发。（12.478） 4. 中国合作学社称：该社二年来工作情形，定于本年十月九日至十三日在杭州举行第二次年会，经济困难请补助合作运动宣传费，每年至少五万元项下拨助1000元。决议：准补助1000元。（12.480–481）
30.9.25（3.110）	何应钦电：关于宣传队组织事，现遵照中央通过之组织大纲先成立第一大队，拟刘广为队长并以中央派来各同志分任各项职务，责令克日组织成立，及归行营直辖，称为武汉行营第一宣传大队，派赴共区不必各师分设，以便统一指导，将来如有必要，再组织第二、第三大队，可否盼复。（12.493）
30.9.19（3.46）	中宣部函：为转呈岭东民国日报预算书及广东省宣传部原呈，请查核办理案。决议：无案可稽。（12.499）
30.10.2（3.111）	中监会函：为据中宣部呈、驻英属□□支部党员盖渭桥主办槟榔屿小报宣传反动，煽惑侨胞，迭予取缔，迄无结果，请给该员开车党籍。决议：照办。（13.5）
30.10.9（3.112）	无相关议题。
30.10.3（3.46）	1. 中宣部函：请自十月份起，恢复华北日报社及中央社北平分社经常费原预算。决议：预备照发。（13.21） 2. 照准中宣部函请：自8月份起拨发新亚细亚月刊每月经费1600元，又英文民族周刊每月不敷经费627元，并核发。决议：（1）新亚细亚月刊准予备案，由革命外交经费移拨；（2）英文民族周刊预算除移拨文汇津贴2000元外不敷数3627元照准。（13.21）

	3.中宣部函：为请将北平英文导报每月津贴3000元自十月份起照旧拨发，至英文民族周刊请照原预算另拨补充案。决议：并第二案。（13.22）
	4.驻东京直属支部整委会呈：为本届国庆纪念节拟印行双十一特刊及在青山会馆举行国庆大庆祝会，请迅电汇日金600元。决议：国庆纪念由各地自行捐资办理。（13.23）
30.10.16（3.113）	1.中央组织宣传训练三部会呈：为遵照第18次常务会谈话会决定，共匪猖獗区域内党务进行办法原则三项，拟具剿共区域党务进行暂行办法、剿共区域党部临时组织条例，请核。决议：交回谈话会再行讨论，并请朱培德、方觉慧参加。（13.56）
30.10.23（3.114）	1.中监会函：据中宣部 函为巴城新及机泗滨新报言论反动、迭予警告、毫无觉悟，查该报总编辑谢佐、舜叶善如均为本党党员，请予以开除党籍。决议：通过。（13.69）
	2.中监会函：为准驻南洋荷属总支部监察委员会呈报，巴达维亚党员黎尚恒等四人假借名义滥发代电攻击该会检举同级执委会常委张公悌等侵占党所基金一案，该执委会宣传部主任徐一球主编该属国民日报副刊□□登载影射鼓动文字，似此法外煽惑，均属违反纪律。决议：蔡尚恒、李菊辉、马建桂、张剑举、徐一球五人予以警告。（13.70－71）
30.11.6（3.115）	1.政治会议函为关于电影检查条例一案，前经交立法院按照四项原则制为法律，兹据函复经第113次会议通过，电影检查法14条，并说明该法第二条之规定与原则第一项标准微有出入，然按诸原则第三项力求简单迅速之旨，似更贯彻等，业经第248次会议通过。（13.78）
	2.中宣部呈：为讨逆军事业告结束，检查新闻已属无此必要，拟请明令停止检查，并肯训令各级党部厉行新闻登记，藉防反动而便指导案。决议：照准，函国民政府并通令各级党部。（13.82－83）
30.10.24财（47）	1.中宣部函：为捐助加拿大醒华日报铅字，经中央印刷所估价为洋1821.6元。决议：准在津贴加拿大总支部款内分期扣付。（13.94）
	2.中宣部函：请补发军人袖珍日记超过核定印刷费2387元。决议：照发。（13.95）
	3.中宣部函：请自十月份起恢复北平民国日报原有津贴案。决议：保留。（13.95）
	4.中宣函：请为文化日报呈请津贴应否予以津贴。决议：缓议。（13.95－96）
	5.中宣部函：拟给俄罗斯研究社每月津贴300元，请核议。决议：照准自11月份起。（13.96）
	6.流露文艺社萧作霖等呈请津贴以便续刊流露月刊案，中宣部拟请月给该刊津贴200元。决议：准每月给200元自11月份起，俟陈立夫审查后再定。（13.96）
	7.中宣部函：请将新亚细亚月刊每月经费160元仍照原预算核准由中央按月拨发。决议：核准每月经费1600元自十月份起。（13.96）
	8.中宣部函：为据陈暑木同志等请给予暹罗晨钟日报津贴，请查照。决议：准在津贴暹罗总支部款内按月拨300元，自10月份起。（13.96－97）
	9.中宣部函：请自本月份起每月拟提拨7000元由该部支配平津各报津贴以宏宣传效力。决议：照准实际支出由宣部随时报告。（13.97）

	10. 中宣部函：为据南洋英属槟榔屿光华日报附刊英文东方向导周刊请求津贴，拟请自本年11月份起，每月津贴该刊物国币500元。决议：暂缓。（13.97）
	11. 中宣部函：为据新西本通讯社呈请每月津贴500元，拟请准予照广州通讯社之例按月津贴。决议：准每月津贴200元，自11月份起。（13.97）
30.11.24（3.116）	1. 叶楚伧提议为身兼别职不能专心任时，请准予辞去中央宣传部部长职务，另推同志专任案。决议：准予辞职，继任人选下次再定。
	2. 秘书处报告：河北省党务整委会等五党部呈送各级党部每月预算表，并经中财会核定。
	3. 决议：暂定华北各省市铁路党部经费预算如左：河北省党部15460元，天津市党部12300元，北平市党部11500元，北宁路特别党部4700元，察哈尔省党部8000元，天津市各下级党部暨民众团体津贴2000元。以上两项均自11月份起发给。（13.107）
30.12.4（3.117）	1. 国民政府文官处函：为第115次常会通饬各地停止检查新闻案，已分令总司令部行政院转饬所属一体遵照。（13.115）
	2. 通过经常务委员谈话会议决的党务经费案。该案系常务委员会于第4次全体会议上提出，并原则通过，实行日期及详细办法有常会研究规定。研究结果是，党费以自给为原则，并明确了党费范围及三项原则，并拟交财会。（1）党部之职员生活费单纯事务费及活动费称为党费；（2）党部之事业费如七项运动宣传刊物报馆津贴等类，其性质乃属于社会教育及文化事业，原文政府应办之事，不过由党代办，其经费仍应由政府供给，但不能列入党费预算；（3）现在中央经费如侨务委员会、党史委员会、广播无线电台、中央政治学校、革命先烈抚恤、派遣党员留学等费，均非单纯之党费应划归政府开支但仍由中央承领转发。（13.119-120）
	3. 中央党部印刷所印刷事务纷繁，常务理事一人不能兼顾，准中宣部提议增加常务理事为三人，并将该所章程第四条常务理事一人修正为三人案。（13.135）
30.11.7 财（3.48）	1. 决议：自11月份起武汉日报经费改由汉口市政府拨发2000元，余由中央发给并函汉市政府不得支付中央未核准之款项。（13.138）
	2. 驻东京直属支部整理委员会呈：为本届国庆纪念大会经费本系由本地各机关团体捐，应担日金300元（合国币510元），因东京支部 驻京总支部历次纪念大会经费均由中央津贴，现有成例，请准拨给双十节纪念经费国币510元以偿欠债。决议：照原案办理。（13.139）
	3. 中宣部函：为伦敦直属支部呈请援例拨给中文铅字一副。决议：缓议。（13.140）
	4. 中宣部函：为广州特别市党部函请补助广州日报经费。决议：不必由中央补助可向省市政府设法。（13.140）
	5. 中宣部：请核议准予增加时事月报每月津贴500元。决议：缓议。（13.140）
30.11.28 财（3.49）	1. 中宣部函送河南省指委会呈中央为河南民国日报案，已续经续出，请照核准预算转饬照发，并请在未拨发以前仍有中央每月补助2000元。决议：由河南省政府拨发。（13.144-145）

	2. 中宣部函：请发给北平民国日报 11 月一个月原额津贴 2300 元，自 12 月份起核减为 1800 元。决议：照准。（13.145） 3. 中宣部为据中央半月刊社函每月酌予该刊津贴千元。决议：每月津贴 1000 元（自 11 月份起）。（13.145）
30.12.11（3.118）	中组部呈：安徽省党务整理委员会委员熊文煦坚辞。决议：安徽省党务整理委员会熊文煦撤职，遗额以陈一郎补充，该省宣传部长职务准宁坤代理。（13.189）
30.12.18（3.119）	中宣部呈：为讨逆军事已告结束，反动分子纷纷逃往海外，难免不捏造种种谣言蛊惑侨胞，兹拟择海外报馆托其代派中央电讯将党国正确翔实消息，传播海外，查中央津贴海外总支部之经费，前经指定专作宣传用途，此项新闻电费，拟即以该项津贴移充，兹特缮具代派中央电讯报馆表，请核准，并通令各该地总支部知照案。决议：交回宣部再议。（13.227-228）
30.12.12 财 （3.50）	1. 决议：新疆党务特派员经费预算除日报社学校经费暂缓外治装费应酌减外核准：（1）旅费治装费 8000 元，（2）生活费、办公费每月共 3000 元。（13.238） 2. 中宣部函：为国府文官处来函，据鲁省府呈复关于山东民国日报经费案，该省经费困难，肯附准减发一案，请转陈等。决议：仍照前案拨发。（13.238） 3. 中宣部函：复转希查日本研究月刊社呈请按月津贴 600 元，暂以一年为期，审查意见认为必要之刊物。决议：缓议再送宣部审查。（13.240） 4. 青岛特市指委会呈：为青岛民报挪借该会图书馆经费前后事实，祈鉴核至中宣部，令准该款 2000 元核销。决议：准予报销。（13.241）
30.12.25（3.120）	1. 中宣部呈：为关于湘赣各军队中附设宣传大队，前经拟具各师宣传大队组织大纲及预算表，经第 104 次常会通过。兹查关于剿匪区之党政事项，均由中央委托蒋总司令指导，其剿匪宣传似应一并划归指挥，以期划一。决议：（1）废止各师宣传大队组织大纲；（2）剿匪各部队宣传事宜统归总司令指挥处理，其应如何组织宣传队亦由总司令部另定办法。（13.286-287） 2. 中宣部呈：该部编撰科主任自方治奉中央派充青岛特别市党务指委会委员，呈请辞职后，党派该科总干事胡天册兼行代理俟有相当人员再行补充，兹查有钟天心堪为充任该科主任。决议：通过。（13.289）
30.12.29（3.121）	仅有两项议题：蒋中正等 14 委员提出国民会议代表选举法草案，其次是推蒋为下星期一中央纪念周报告。
31.1.8（3.122）	1. 中财会呈：为汕头岭东民国日报前经 15 年第二届 11 次常会议决，设立并补助经费 3000 元。现该报颇能独立经营，无庸补助，兹经第 51 次会议议决撤销补助费，除转饬停发外，呈报备案由。（13.339-340） 2. 中监会函：山东省党务整理委员会呈，党员颜学回言论反动，于石唐叛变之际，密赴各县活动，肆意造谣，又淄川县整委翰国桢与颜狼狈为奸，决议：永远开除党籍。（13.354）
30.12.26（51）	1. 中宣部函：送留美党员曹立濂等拟发行定期宣传刊期，请求补助。决议：由宣部指导与在美格党报联合宣传方法，所请补助暂缓。（13.358） 2. 中宣部函：送重印剿共宣传品预算计国币 3450 元。决议：照办。（13.358-359）

	3. 中宣部函：为槟榔屿光华日报附刊之英文东方向导周刊续呈，请求先行核准补助，俾便向外设法复版。决议：准予补助其数目俟刊复版后再议。（13.359）
	4. 中宣部函：拟由苏省府按月津贴新江苏报 500 元。决议：准补助 500 元由省政府照发。（13.359）
	5. 刘卢隐、马超俊、余井塘、陈立夫四委员提议：查汕头岭东民国日报经 13 年 3 月 9 日第 2 届中央第 11 次常会决议设立并补助经费 3000 元，现因该报颇能独立经营，无补助应将前案撤销。决议：准撤销并报告常会。（13.359）
	6. 中宣部函：转中央交下据广东省党部宣传部呈称岭东民国日报社呈复，关于 15 年 3 月 9 日中央第 11 次常会议决创办该报并停止津贴经费案。决议：查前案复。（13.359–360）
	7. 中宣部函：请核发印订三民主义十万本，估洋 20376.91 元。决议：印三民主义军人精神教育合订本 2 万份，其预算下次核定。（13.360）
31.1.15（3.123）	无相关议题。
31.1.8 财（3.52）	1. 中宣部函送印订三民主义及军人精神教育合订本 2 万份，印费 2 角 3 分 8 厘 5 豪（0.2385 元）合约 4800 元。决议：照发。（13.395） 2. 中宣部函送，皖省党整委会宣传部前部长熊文煦向中央请求垫付特别活动费 2000 元之报销。决议：送秘书处特别费项下开支。（13.395）
31.1.22（3.124）	参谋部呈送调查苏俄最近在我国宣传共产之情形及其军队驻我边疆之地点数量说明书及附图。（13.441–442）
31.1.16（3.53）	1. 中宣部函：为委托凌昌炎同志办理北平学生刊物从事党的宣传，此项设计极为必要，切实可行，拟定开办费 300 元，每月经费 1000 元。决议：照准。（13.458） 2. 中宣部函：为据中国晚报社呈请，中央自本年起每月加给津贴 5000 元。决议：准每月加津贴 500 元，自 2 月份起。（13.458） 3. 中宣部函：为据时事月报社再陈该社经费情形，恳请再给津贴 500 元。决议：准每月增加 500 元自 2 月份起。（13.458）
31.1.29（3.125）	通过中宣部呈送的该部组织条例修正草案。（14.14）
31.2.5（3.126）	1. 安徽省党务整理委员会推宁坤为宣传部长。（14.51–52） 2. 中宣部呈为省及特别市党部宣传工作实施方案，自前届第 192 次常会通过，颁行以来已阅两载，根据以往施行之经验，就现在事实之需要殊有修正之必要，特拟具修正草案，请公决。决议：修正通过（14.57） 3. 褚民谊、吴敬恒提议：为电影事业为各种事业宣传之最利工具，其功远在文字语言之上，当兹训政时期，建设伊始，百废待举，欲图办各种事业必须先有相当宣传，兹提议由中央组织中央电影文化宣传委员会及组织草案。决议：交宣部审查。（14.57）
31.1.30 财（3.54）	1. 中宣部函送河南省政府呈复拨发河南民国日报经费，已由财厅按月津贴 1000 元，俟该报扩充业务再为酌加情形请查照。（14.61）

	2. 中宣部函：为本京外交评论社经费支绌，呈请按月津贴 600 元。决议：暂缓。（14.64）
	3. 中宣部函：为据天津市党部宣传部以转据该市民报社呈请，补助该部以党务费迄今未拨定，对该报有维护之心无资助之力，转请核定补助。决议：暂缓。（14.64）
31.2.12（3.127）	修正通过中宣部呈拟的海外总支部及直属支部宣传工作实施方案草案。（14.124）
31.2.19（3.128）	1. 中宣部：青岛特市宣传部秘书吴尊明补方治的青岛党务指导委员的遗缺。方另外任用。（14.175） 2. 通过中央组织宣传两部呈送的处理福建省党务纠纷的五项办法。 3. 中央宣传部呈：为上海民国日报之地位与历史为重要之党报，兹拟请确定该报为中央直辖，并推定张人杰、吴稚晖、于右任、戴传贤、叶楚伧、刘庐隐、陈立夫七委员为董事组织董事会负责整理。决议：通过（14.178-179） 4. 中监会函：为准移送江苏省党务整理委员会呈，据句容县党部执监委员巫蘭溪、胡杰、黄香山、张荣春、纪详麟、王振尧、陈崇七人化名投稿反动机关出版之活力刊物，诋毁本党鼓吹阶级斗争。决议：黄香山、陈棠、王振尧等三人系被诱惑误入歧途，情有可原，各给予开除党籍 1 年，巫蘭溪、胡杰、张荣春、纪详麟等四人反动有据，给予永远开除党籍。（14.182） 5. 中宣部呈为该部修正之组织条例规定设秘书二人至三人，萧秘书同兹已派往北方视察宣传工作，内部办事，殊感繁重，准请任用方治为该部秘书。（14.184）
31.2.13 财（3.55）	1. 中宣部函送中央秘书处转来天津市政府函复，天津民国日报经费已奉令遵办等，请查照。（14.186） 2. 中宣部函：为据察哈尔省党务特派员谷毓杰等请津贴察省民国日报社每月 1500 元。决议：催省政府实数照发，党务经费、日报经费在党务经费内月拨 1000 元。（14.187-188） 3. 准中宣部函为开办中央通讯社开封分社请拨发每月经费 1000 元。（14.190-191） 4. 中宣部函：据哈尔滨滨江时报为拟增加附张宣传主义，请津贴。又准孙科等转来该报函同前清，拟每月津贴四五百元。决议：每月津贴 400 元自 3 月份起。（14.191） 5. 暂缓中宣部函为送第三届中央执监委员录稿本 1 万册，附估价单。（14.191） 6. 中宣部函：转沈阳醒时报扩充计划，拟给扩充费 1 万元，分五个月发给，并补助每月 1000 元，拟津贴复旦通讯社每月 2 百元。决议：醒时报下次再议，准发复旦通讯社津贴 200 元，自 3 月份起。（14.191-192） 7. 中宣部函：为据张君实呈请继续发给民声报津贴，并补发 19 年 5 月至 12 月八个月津贴。决议：准每月津贴 6 百元自三月份起。（14.192）
31.2.26（3.128）	1. 中宣部函：陕西李范一敬电，请接收西安日报改为党报，派员主持，并津贴经费，经已电复决定令该省党部接收，由中央派员主持言论，并拟具预算，呈由中央核发津贴请查照转陈由。（14.227） 2. 甘肃省执行委员会多数委员言论荒谬行为反动，经决议一律撤职，中监会议决苏振甲、骆力学、杨慕时、杨俭荣、李世军、吴至恭等六人永远开除党籍，李環、王定元、王振纲、阎重义、潘镇、王昇荣等六人开除党籍三年，曾三省、何履享免予置议。决议：暂行保留，侯调查实情再议。（14.235）

31.3.2（3.130）	临时常会，通过蒋中正等 12 委员提议制定约法，推吴敬恒等 11 人为起草委员，吴敬恒、王笼惠召集。（14.263–265）
31.3.5（3.131）	1. 准中组部、秘处、宣部、训部：中央指定驻东京直属支部执行委员会各科主任，刘庄为宣传科主任。（14.275） 2. 中宣部函送 19 年份该部经办预约发售书刊数目及收入账款表：19 年 7–8 月至 12 月，预约书刊收入报告，应收：3753.295 元，已收 3186.880 元，未收 566.412 元，应、出（代）售书刊应收 5058.280 元，已收 1515.480 元，未收 354.800 元。（14.283–284） 3. 中央统计处函：经商务印书馆代售，须俟该馆六月底结算特使能报告；又国民政府建都南京后各项革新与建设经时事月报社代售，夹售书价 30.21 元计支出 187.795 元，退回邮费 60.425 元。（14.284） 4. 中组部、宣部函：古巴民声日报电已函中央会计科即发古巴总支部津贴 5000 元，归还民声日报债。（14.285） 5. 中宣部函送中央通讯社新预算书，月支出经费 2606.2 元。决议：预算准追加自 3 月份起实行，嗣后每月电稿收入缴会计科。（14.286） 6. 中宣部：为设置特别编撰员十人，每月需费 3500 元。决议：缓议。（14.286） 7. 中宣部函送拍发海外各报电讯经费预算表，海外党报九处月需 5291 元。核准：3000 元，由宣部重行计划。（14.286） 8. 中宣部函：为谋中央与重要省区之消息灵捷起见，拟在上海、汉口、沈阳设置短波无线电收报机各一座，每座 4300 余元，共需 1200 余元。准先购两架。（14.287） 9. 中宣部函：为国民会议举行期渐届，拟添收音机，其购机费合计洋 12700 元。暂缓。（14.287） 10. 中宣部函送奉中央交下山西省执委会呈送，山西民国日报，拟购三号铅印机一架并铜模等件，需洋 1 万余元，宣部拟核减约 8981 元。决议：准由中央分期拨发。（14.288） 11. 中宣部函复日本研究月刊社请求津贴一案，经审核内容尚佳，可按月津贴该刊三、四百元。决议：准每月津贴 200 元自 3 月份起。（14.288） 12. 中宣部函：为请在国民会议进行期内暂由中央增加天津民国日报每月经费 2000 元。决议：暂照办。（14.288） 13. 中宣部函：为据文化日报来呈重申请准予每月津贴 1500 元。决议：每月津贴 500 元，自 3 月份起。（14.289） 14. 中宣部函：为据檀香山总支部第七次代表大会请求津贴中华公报。决议：准每月津贴国币 1000 元，自 3 月份起以 1 年为限。（14.289） 15. 中宣部函：为据赵素昂等呈拟发行中韩文刊物，请予以补助抄送计划书请核议案。决议：缓议。（14.289） 决议：驻檀香山总支部补助费停发。（14.289） 16. 中宣部函：提请以□满扬君委员清理中央印刷所财产及制定该所一切成本会计账册职务。决议：暂由宣部聘请。（14.290）

31.3.19（3.132）	中宣部函：奉第 126 次常会交审查关于褚民谊、吴敬恒两委员所提组织中央电影文化宣传委员会一案，经审查完竣，认为中央电影文化宣传委员会实有成立之必要，惟原案所拟之组织法有可商榷之处，特乃拟组织条例及进行计划大纲草案各一件。决议：通过。（14.310-311）
31.3.19 财（57）	1. 中宣部函送上海电讯处预算每月需 773 元。决议：照发。（14.315-316） 2. 中宣部函：请核发总理逝世 6 周年纪念宣传丛刊印费 7037.63 元。决议：照发。（14.316） 3. 中宣部函：转沈阳醒时报所送扩充计划，拟给扩充费 1 万元，分五个月发给并每月补助 2000 元。查 35 次会议决，次下再议。决议：先给扩充费 1 万元，分 5 个月发给。（14.316） 4. 中宣部函：送荷属民国日报招股办法，请转陈备案。决议：准予备案。（14.317）
31.3.26（3.133）	贵州省党务指导委员会呈报改组，其中推定贺子济任宣传科主任。（14.246）
31.3.20 财（58）	1. 中宣部为文化日报改名建业日报函达查照。（14.361） 2. 中宣部函：北平导报社呈请自 20 年 1 月起每月增为国币 4000 元。决议：从 4 月份起每月准增加 1 千元。（14.363）
31.4.2（3.134）	陈果夫、叶楚伧报告：扩充中央广播电台筹备概况及建筑工程招标选定华中营业公司，商定建造合同，计价 197601 元，于 2 月 27 日正式开工、请鉴核备案。（14.395-396）
31.3.28 财（59）	1. 中宣部函：为准复以拍发海外电讯经费预算一案，经提出 56 次会议议决准 3000 元由宣部重订计划，函达查照办理，兹经另核计划并附拍发简则函达查照。（14.407-408） 2. 中宣部函：为华北日报社呈请增加经常费每月 1000 元，拟请自 5 月份起如数增发，待金价纸落后即行停止。决议：（1）由中宣部统筹各直辖党报通讯员集中办法，（2）催各直辖党报每月收支报告。（14.409-410） 3. 中宣部函：为据哈尔滨东华日报呈计划。决议：准每月津贴 500 元，自 4 月份起。 4. 天津整委会鲁荡平呈：为创办社会杂志，肯按月赐予津贴 2000 元；准每月津贴 600 元自 4 月份起。（14.410） 5. 中宣部函：詹显哲函请核发订购德译戴委员孙文主义哲学的基础 5 百册，书价约洋 1600 元。决议：发 1000 元。（14.410-411）
1931.4.9（3.135）	无直接相关议题。
31.4.16（3.136）	1. 中宣部呈：为电影检查法暨电影检查法施行规划，电影检查委员会组织章程，业经政府先后公布，所有各级党部所设之电影检查机关，自应一律撤销俾一事权。请察核通令遵办。（14.468） 2. 中宣部呈：为邮件检查原为防止反动宣传品之流传，同时又以不侵犯人民之正当言论为原则，现查各地部检工作，多有未妥，理合缕陈工作困难情形及其弊端，拟具整理计划。决议：交回宣部另拟办法。（14.475-476） 3. 中监会函：中宣部函为暹罗中华民报编辑陈逸民屡登反动言论诋毁本党。决议：永久开除党籍。（14.477）

31.4.23（3.137）	无相关议题，修正通过吴敬恒等 11 委员提出中华民国训政时期约法草案，并决定提临时全体会议。（15.6）
31.4.17 财（60）	1. 秘书处报告：据会计科主任赵隶华呈称中财会第 19、32 次两次决议拨发中宣部讨逆宣传费共 10 万元，嗣由宣部先后领取 145794.89 元，超出之数应如何处置请核示由。（15.8-9） 2. 中宣部函：为摄制国民会议电影照相需国币 4190 元。决议：照发。（15.13） 3. 中宣部函：为山东省整委会呈以胶济路特党部发行胶济日报，每月经费不敷 800 元，请咨铁道部令胶济路管理委员会按月照发一案。决议：照准（15.14） 4. 中宣部函：顾祝同发起西北文化日报，请中央津贴千元。决议：准每月津贴 1000 元，自 5 月份起。（15.14） 5. 中宣部函：请核发华北日报损失费 1181 元案。决议：照发。（15.14-15）
31.4.27（3.138）	中宣部呈：为查近来社会科学之理论书籍，充塞坊间，均多偏重介绍马克思主义与国情不相容。请迅予确定，凡与我国国情不相容之理论论著概予禁止出版，俾审查或审订理论出版品及原稿等工作有所根据。决议：推丁惟汾、于右任、戴传贤、刘庐隐审查，由刘庐隐召集。（15.53）
31.4.30（3.139）	无相关议题。
31.5.4（3.140）	主题是国民会议，无相关议题。
31.5.28（3.141）	剿匪宣传队第 52 师第六分队电：请示遵令后集会恭读总理遗嘱，其中开国民会议一语是否继续仍旧诵读案。决议：不能删改交宣传队拟一说明，由中央通告各级党部。（15.116）
31.5.30（3.142）	无相关议题。
31.6.4（3.143）	陈果夫、叶楚伧提议：为扩充中央广播电台筹备工程，尚需国币洋 121 万元，请函国府令财政部迅行拨付并对各项进口机件概予免税放行，以完成中央特创事业案。决议：通过。（15.155-156）
31.6.8（3.144）	准中宣部临时提出派员赴赣鄂等剿匪区域摄制电影片，以暴露共匪罪恶，预算需经费 4000 元。（15.170）
31.6.11（3.145）	第 1 届 141 次常会让中宣部拟定说明，关于总理遗嘱中开国民会议一语，是否仍旧诵读，通告各级党部，请转陈察核由（说明附后）。（15.173）
31.6.18（3.146）	无相关议题。
31.6.24（3.147）	1. 准中宣部所呈：当兹剿匪宣传工作紧张之时，特编印剿匪宣传品八种，计需洋 8322.323 元。（15.237） 2. 关于增加本会经费预算总额为每月 50 万元，决议：通过，所有财政部积欠中央之款，并请政府饬令尽数付清。（15.242）
31.6.19 财（61）	1. 中央秘书处函：中央常会据中宣部提拟派员赴赣鄂等剿匪区域摄制电影片经费 4000 元案。决议：照办。（15.247）

31.6.19 财（61）	2. 中宣部函：为转请增加神户直属支部每月津贴 1000 元；又中央组织部函请增加神户直属支部每月津贴 200 元，仙台直属支部 100 元案。决议：准每月加神户直属支部津贴 200 元，仙台直属支部津贴 100 元，自 7 月份起。（15.250） 3. 中宣部函：请自五月份起准予增加华北日报经费 1000 元，俟金价低落后即行停止案。决议：由中宣部派员调查后再议。（15.250） 4. 中宣部函送山西省执委会请拨发山西民国日报购置印机不敷款一案。决议：不必购买旧机，按照原预算另行设法购印刷机。（15.250–251） 5. 准中宣部函送中央赠送国议代表、总理遗教及遗像卡片镜框，各 1000 份需费 4986.915 元。（15.251） 6. 中宣部函：拟定购英译孙文学说 5 百册，需洋 1200 元。照付。（15.251） 7. 中宣部请拨给中央台购机费 3000 元以便装设陆海空军总司令部传话等机．向各部队播音训话。决议：照办。（15.251） 8. 决议：发福建省党部特别宣传费 1 万元。（15.252） 9. 中宣部函：拟津贴汉口晨报每月三百元，以一年为限。决议：准每月补助 300 元，自 7 月份起。 10. 中宣部函送河南民国日报社经费支出预算书，每月 5565 元，除由省照发 3865 元外，请由中央津贴 1700 元。决议：由河南省政府照旧预算数拨，另由中央按月补助 1000 元，自 7 月份起。（15.253） 11. 中宣部函送绥远民国日报预算每月 3985 元。决议：每月补助 2000 元，自 7 月份起。（15.253） 12. 中宣部函：为朱居正同志创办纽约中山日报。决议：准每月补助 2000 元，自 7 月份起。（15.253） 13. 蒋中正提议为北平民国日报黄伯耀呈请增加津贴等情，拟每月增加乙千元。决议：准加 500 元自 7 月份起。（15.254） 14. 照办中宣部函：津贴新加坡民国日报每月 500 元，先由 19 年份英属总支部津贴项下拨发。（15.254） 15. 菲律宾总支部代表方钟微呈：以中央津贴积欠八个月，请拨清作为党办公理报基金，嗣后津贴千元划 500 元为该报补助之用。决议：补助 1000 元，划分办法可照准由总支部办理。（15.254） 16. 中宣部函：为郑州日报，请求补助。决议：暂由陇海路特别党部酌量补助。（15.254） 17. 中宣部函：据檀香山中华公报经理呈请增加津贴 1000 元。决议：候中央财政充裕时再行补助。（15.254–255） 18. 中央训练部函：亚洲文化协会请每月津贴 3000 元。决议：仍照原案俟工作有成功时再议预算发还。（15.255）
31.7.2（3.148）	无相关议题，有党国旗的相应讨论。
31.7.8（3.149）	无相关议题。

31.7.16（3.150）	1. 陈果夫、叶楚伧提议：为筹备扩充中央广播无线电台将近完成，特报告进行概况，并草拟中央广播无线电台管理处组织条例草案及组织系统图。决议：中央广播无线电台管理处组织条例及组织系统图修正通过。（15.362-363） 2. 中央组织宣传训练三部会呈：为会同拟具万宝山事件及反日人惨杀在韩华侨案举行反日运动方式草案：决议：（1）方案推孔祥熙、叶楚伧、蔡元培、陈布雷 王正廷、邵力子会同中央三部审查。（2）密令各级党部为防止日本帝国主义趁机捣乱计，避免露天大会及示威游行。（15.364） 3. 中宣部呈：为编撰科主任钟天心辞职，拟请任胡天册同志为编撰科主任。决议：通过。（15.365）
31.7.10 财（62）	1. 中央秘书处函：以中央第 147 次常会决议拨中宣部编印剿匪宣传品计8322.323 元。（15.367-368） 2. 中宣部函：请核议将海外新闻电报费增加为 5300 元案。决议：准增加为 5300元。（15.368） 3. 中宣部函：为据天津民国日报呈，以金贵银贱之秋季报尚未达营业化时期，仍请维持原案由中央月拨经费 2000 元。决议：暂准加 1000 元，自六月份起由宣部派员调查。（15.369） 4. 中宣部函：为山西民国日报请求补助经费案。决议：由省党部会商省政府办理。（15.369） 5. 中宣部：为派员添购修改电影片字幕材料计用 529.26 元，应请予追认以资案。（15.370） 6. 丁作韶呈请补助论文，（题为《中国海关…》）印费 7000 法郎以资国际宣传案。决议：不准。（15.371） 7. 关于增加津贴新加坡民国日报案，据本会秘书签呈本案业经第 61 次财会决议，每月 500 元先由 19 年英属总支部津贴项下拨给，迭据吴士超函称该报困难情形。决议：准照原案每月加发 500 元。（15.371-372） 8. 中宣部函：据武汉日报社请拨特别宣传费 1000 元。决议：准其在经常费项下作正开支实报实销。（15.372） 9. 中宣部函：西北文化日报社社长周中礼呈中央文件为经费不敷，请增加补助乙千元。决议：不准。（15.372） 10. 中宣部函：据安南总支部呈请补助民国日报经费，请一次发拨越币 2 万元，否则每月拨汇越币乙千元。决议：核准每月 1600 元，候特派员呈报中央后决定再发。（15.372） 11. 中宣部函请核议增加荷属民国日报津贴至 2000 元。决议：照准自 7 月份起。（15.372） 12. 中宣部函：转送中央妇女日报请求津贴原呈一件，再本京妇女晨报前请津贴，经批复中央经费困难爱莫能助该报，同为首都妇女界主办之报纸。决议：不准。（15.373） 13. 中宣部函送国华通讯社侯石年等请中央资助该社经费。决议：不准。（15.373）

31.7.23（3.151）	1. 秘书处报告上次常会关于中央三部提出为万宝山事件及日人惨杀在韩华侨案举行反日运动方法一案，当经决议推孔祥熙等六委员会同三部审查，旋准孔委员报告审查结果，将原案标题改为"为万宝山事件及在韩华侨惨遭杀案举行对日运动方式"，并将内容分别删改。其原草案第五章第四项及第六项由中央分电王委员笼惠及驻外使领办理，并附具修正方式一件到会，当以时间关系经陈奉常务委员核定提前颁行，特报告备案。（15.409） 2. 湖北省党部临时整理委员会呈报：遵照新组织条例变更组织，艾毓英为宣传科主任。（15.410） 3. 黑龙江省党部呈报，推于中和为宣传科主任。（15.411）
31.7.30（3.152）	1. 外交部函送：（1）关于万宝山案致日本代办照会底稿。（2）鲜人仇华暴动案与日代办往来照会各二件，请查照转陈由。（15.434–435） 2. 中央宣传组织训练三部函：为关于通俗讲演员检定条例，经第147次常会议决交三部重行研究，遵经会商结果，认为此项条例仍应存在并由中央交国府令教育部另订通俗讲演员奖励办法。决议：交常务委员谈话会。（15.442–443）
31.8.6（3.153）	1. 告海外各级党部书案。决议：通过交宣部发表（全文附后）。（15.489） 2. 中宣部呈为剿赤胜利迭破匪巢前方将士□□□□后方民众应举行庆祝表示慰劳，为此拟具举行庆祝剿赤胜利大会办法，拟令各级党部领导人民举行决议：暂缓。（15.489） 3. 中宣部呈：前据整理蒙藏周报办法，呈奉核准照办法在案，惟该社组织既感纷歧，人事亦复复杂，经考虑协商之结果，似以交还蒙藏委员会管辖为宜，如蒙核准，请将中央月给该社津贴2000元拨交职部作为今后扩充蒙藏党务宣传，罗致蒙藏编撰工作人员之费用，以期对于迭奉中央加紧蒙藏宣传之决议，得以次第实施。决议：交常务委员谈话会。（15.489–490）
31.7.31.财（63）	1. 中央秘书处函：为宣传部添用临时工作人员10人，每月生活费共以800元为限。（15.497） 2. 请修正通过中央党部职员生活费登记表。（15.498） 3. 中宣部函：为据天津民国日报社呈以奉电准加经费1000元，因该社经费万分困难，非维持津贴2000元，原案无法维持进行；又天津民国日报代理社长鲁荡平呈陈，该报奋斗经过及经费困难情形，仍请每月由中央发2000元。决议：准再加1000元，自6月份起有中央发。（15.499） 4. 中宣部函：请转陈核发中央日报社垫付寄赠海外留学党员报纸邮费。（自19年5月10日起至本年6月止，共计洋1977.87元。决议：准其做正开支实报实销。（15.499） 5. 中宣部函：为奉交第九师特别党部呈，以奉命随师出发南昌维经费支绌，按月补助1000元并酌发剿匪特别宣传费。决议：由总司令部统一办理。（15.501） 6. 中宣部函：为奉中央交到陆军第一师特别党部呈，请月拨宣传费1000元以便组织宣传大队。决议：并同前案。（15.501） 7. 中宣部函：为据警卫军特别党部筹委会呈，为组织宣传队，请予以月拨经费1000元。决议：并同前案。（15.501）

	8. 中宣部函，为据天津民国日报呈请核发购置新五号字铜模款 2500 元。决议：暂缓。（15.501）
	9. 蔡元培函，请增加日本研究月刊补助每月 500 元俾可维持，又中宣部函转蔡元培同前由转请核议案。决议：准加 300 元连前为 500 元，自 8 月份起。（15.502）
	10. 中宣部函：为本京国民周刊社请每月补助 500 元。决议：准津贴 200 元，自 7 月份起。（15.502）
	11. 中宣部函：为据缅甸仰光觉民日报总经理黄壬戊同志等请拨款津贴以资维持等，查该报努力海外宣传驳斥反动似宜酌予津贴。决议：准每月津贴 500 元。（15.502–503）
	12. 中宣部函：拟按月给予四川新报津贴 300 元。决议：照准，自 8 月份起。（15.503）
	13. 中宣部函送福建指委会计划铲赤宣传经费预算表（计宣传费共 6000 元）。决议：已由中央发给铲赤宣传经费预算暂存。（15.503）
	14. 军人与政治旬刊社呈：为该社自创办以来发行旬刊已逾七期，请每月津贴 500 元。决议：交宣部审查。（15.503）
	15. 军人小丛书社呈：请津贴 800 元以资补助推广军队党化教育案。决议：并前案。（15.504）
	16. 中宣部函送印制中央赠送海外华侨学校学生纪念品——建国大纲及嘉言钞合订本样本及估价单计，需洋 24957 元。决议：照发，由所得捐项下开支。（15.504）
31.8.31（3.154）	1. 中宣部呈：前据整理蒙藏周报办法，奉核准照办法在案，惟该社组织既感纷岐，人事亦复复杂，经考虑协商之结果，似以交还蒙藏委员会管辖为宜，如蒙核准，请将中央月给该社津贴 2000 元拨交职部作为今后扩充蒙藏党务宣传，罗致蒙藏编撰工作人员之费用，以期对于迭奉中央加紧蒙藏宣传之决议，得以次第实施。决议：（1）蒙藏周报仍交还蒙藏委员会负责办理。（2）该社财产照原日移交清册交还蒙藏委员会，其中中央接办后陆续增加者，仍由中央保留。（3）原有经费 1600 元仍拨给蒙藏委员会领取。（4）中央原给该社津贴 2000 元拨充另办蒙藏文刊物之用，由宣部另拟计划。（16.10–11）
	2. 中宣部呈为在西安设立党报 名曰西北新报 谨斟酌当地情形拟具设立西安党报计划，西北新报社组织大纲及开办费预算、经常费预算。决议：西北新报组织大纲通过，开办及经常费预算交财会审核。（16.11）
	3. 关于南京民治报记载失检言论乖谬之处置案。决议：交中宣部办理。（16.11）
	4. 中央宣传训练 组织三部函关于通俗讲演员检定条例。决议：（一）通俗讲演员检定条例及通俗讲演员检定委员会组织通则军修正通过（全文附后），（二）通俗讲演员奖励办法暂毋庸订。（16.13）
	第四次全国代表大会经费预算表（16.22–24）总数为 445840 元。
31.8.20（3.155）	无相关议题。
财（63）	修正中央党部职员生活费等级表（16.62）无日期，送 3.155 次常会。

31.8.27（3.156）	1. 中宣部函为关于本京邮件检查各项信件类由卫戍司令部所派之员办理，新闻或刊物及包裹类由中央派员办理，已密令邮电检查所遵照，并规定凡用信封寄递者属于信件类，包裹类则仅限于寄递出版品之包裹，以免检查时发生困难，请查照转陈。（16.107-108） 2. 中宣部呈请任张任天为中央宣传部征审科主任案。决议：通过。（16.114）
31.8.24 财（64）	1. 中宣部函为中央通讯社武汉分社请增加预算每月195元。决议：准追加。（16.120） 2. 中宣部函请准予增加赣鄂等剿匪区域摄制影片经费1000元，俾得购置应用材料。决议：照发。（16.120） 3. 照发中宣部函，中央慰劳剿匪将士纪念品"三民主义革命军人精神教育合刊"印制费22310.13元。（16.121） 4. 中宣部函请转函中央秘书处会计科汇发安南民国日报7、8、9三个月津贴案。决议：津贴自8月份起先发两个月。（16.121-122） 5. 中宣部函为据华侨通讯社呈请津贴等情为提倡华侨通讯事业起见，拟月给津贴200元。决议：暂准每月津贴200元自8月份起候宣传部考核成绩再议。（16.122） 6. 中宣部函请核议可否每月津贴中国通讯社南京总社200元。决议：准每月津贴200元自8月份。（16.122） 7. 北平觉今通讯社呈请拨给临时设备费450元，并自8月份起按月津贴800元。决议：暂准每月津贴200元自8月份起。（16.122） 8. 中央组织部函拟请由中央月给印度报及公理报补助费各国币500元。决议：印度报公理报每月各津贴500元自8月份起。（16.122） 9. 中宣部函：拔提书店出版刊物经分别审查，拟定津贴办法，又该书店出版刊物尚多不能一一津贴，应以此次为限。决议：（一）军人小丛书每月津贴200元须送1000本由中央宣传部转发各军队特别党部（二）青春月刊及创作月刊每月各津贴100元均自八月份起。（16.123）
31.9.3（3.157）	无相关议题。
31.9.10（3.158）	中宣部拟具召集第四次全国代表大会暨纪念国庆庆祝办法。决议：国庆纪念典礼照例举行，其他一切娱乐宴会一律停止。（16.205）
31.9.17（3.159）	1. 中宣部呈：为据中央党部印刷所理事会拟修正该所章程第2、80、35、67等条。决议：照修正。（16.238-239） 2. 河南省党务指导委员会呈：请将中央广播无线电台旧播音机拨交该会领用。决议：照广播电台所陈意见，暂后缓议。（16.239-240）
31.9.11 财（65）	1. 中宣部呈：为檀香山总支部以粤多发生，恐该地党报或有劫持之虑，爰将党报中华□报股份中，该总支部所有665股让与该部，现已接受，请转陈备案。（16.243） 2. 山西省政府函：为准函请会商省党部创办民国日报经费一案，经决议该报经费自7月份起按月增加现洋1800元，按二五折发六月以前，亏累准予补助省钞1万元，山西省执行委员会呈同前情由。（16.244）

	3.决议：核定辽宁省党务指导委员会每月经费 15987 元，吉林每月经费 13000 元，黑龙江每月经费 10000 元，热河 12160 元，哈尔滨特派员每月经费 8600 元。（16.244）
	4.中宣部函：请按月增发拍发海外电讯经费 500 元。决议：准加 500 元，连同前共 5800 元，自 9 月份起。（16.246）
	中宣部函：为据武汉日报社呈请将核准之特别宣传费乙千元，另行拨给查所呈各界确属实。决议：仍照前案办理不必另拨。（16.246）
	5.中宣部函：请准拨蒙藏旬刊社每月最少经费 600 元及开办费 500 元。决议：核准开办费 500 元，每月经常费 2600 元，自 9 月份起。（16.247）
	6.中宣部函：为据武汉日报社呈请中央借垫 2000 元案，请查核转函秘书处饬科准（自 21 年 2 月起）分期在该社津贴项下扣还案。决议：核发水灾损失补助费 1000 元，不能预借经费。（16.250）
	7.中宣部函：为上海密勒氏评论报刊印一种建设特刊，拟定购 5 百册应用计需价洋 1000。决议：准发 1000。（16.250）
	8.中宣部函：据中央妇女日报社请求补助案，拟一次津贴 200 元。决议：照发 200 元。（16.250–251）
	9.中宣部函：为青海党务特派员具报筹办党报请求补助。决议：暂缓。（16.251）
	10.日本研究会执行委员会呈：为该会事业扩展，乞准予增加津贴 2150。决议：准加 600 元连前共为 1200 元，自 9 月份起。（16.251）
	11.中宣部函：为暹罗晨钟日报前因经费困难宣告停版，拟请自 9 月份起按月津贴国币 3000 元决议：准加 1700 元连前共为 2000 元，自 9 月份起。（16.251）
	重编第四次全国代表大会经费预算表总数 356672 元，比原预算书少了 89168 元。（16.253）
	中央党部印刷所章程本所资本金为 12 万元。（16.269）
31.8.27（3.160）	临时常会，仅讨论了日军强占沈阳事件之应付案；（1）由常务委员电请蒋主席回京；（2）根据正式报告继续对日方提出抗议，并电令驻外代表向国际间宣布；（3）即日发对各级党部训令；（4）从明日起每日开中央委员谈话会一次。（16.276–277）
31.9.24（3.161）	1.对各级党部训令。（16.278–279） 2.安徽省党务整理委员会遵令恢复 8 月 5 日以前组织，推定宁坤兼宣传部长。（16.283） 3.青岛特市执行委员会呈报：该会第一次会议推刘幼亭为民国日报社社长。（16.284） 4.黄委员培成电告：养午由晋抵平，定漾日回京，并津各界对日军暴行愤慨异常，连日转读甚积极，一切均能秉承中央意旨进行由。（16.284） 5.常务委员提议：第四次全国代表大会延期举行案。决议：第四次全国代表大会展期至 11 月 12 日开会。（16.284–285） 6.中央训练部函：为训政时期需才孔急，中央暨各省市行政机关多有设立训政工作人员养成所等机关，以期应需要，本部为欲明了此类训练机关真实情形，以图改进起见，特制定"调查全国训政工作人员训练机关办法"。决议：通过。（16.288）

	7. 中央训练部呈：为拟具"对日经济绝交办法"。决议：将要点训令各级党部由行动组起草。（16.288）
	8. 中央训练部呈为拟具"学生自强救国运动"方案。决议：推曾养甫、方觉慧、陈果夫、陈肇英、朱家骅、张道藩、陈布雷七委员审查，由曾委员召集。（16.288-289）
	9. 中央训练部呈：为拟具令各学校举行哀悼国难大会，默哀三分钟以志哀悼并演讲国耻痛史，记此次日人强占东三省之经过。决议：并第15案付审。
	10. 秘书处呈为中央各部处秘书联席会议以对日事急，党员须自负捍卫之责，经决议：（1）中央党部工作人员一律须受军事训练。（2）组织中央党部宣传队分区宣传，是否有当。决议：并第15案付审查。（16.289）
	11. 中央训练部呈：为奖励党义著述审查委员会组织规则，拟请修正为本会审查委员会定为5人或9人，除中央宣传部部长训练部部长为当然委员外，余由中央执行委员会任用之。决议：通过。（16.289-290）
31.10.1（3.162）	1. 秘书处报告：上次常会关于对日问题各案：（1）训练部提出学生自强救国运动方案，经曾委员养甫等审查修改为学生义勇军教育纲领，提经第62次谈话会核定颁行。（2）训练部提出令各学校举行哀悼国难大会案，经并前案审查，提经同次谈话会通过。（3）中央党部工作人员受军事训练案，经同次谈话会决定参照义勇军教育纲领办理，并推定褚民谊、方觉慧两委为正副指挥。（4）对日经济绝交办法案，经行动组拟定要点，提经第62此谈话会核定，密令各级党部遵行，特报告备案由（学生义勇军教育纲领附后）。（16.329-330）
	2. 戴传贤临时提议：中央应发表对于满蒙回藏各族同胞之宣言（并译成蒙藏文）案。决议：通过，交宣部起草。（16.334）
	3. 中宣部呈：为日本自蛮横占据东省以来图淆惑国际视听以掩蔽其暴行，积极向国际间作颠倒是非之宣传，我国非加紧国际宣传，不足以某抑制而唤起国际之同情，兹已请宽筹国际宣传经常费及活动费以资应用。决议：先拨10万元。（16.334）
	4. 陈肇英提议：为拟具简明标语，9月19日日军袭击我东三省任意屠杀抢掠我同胞速各奋起团结以雪此耻，请通令全国地方政府暨党部指导人员挨户张贴，全体党员应一律臂缠黑纱，特表哀痛案。决议：原则通过，由常务委员审核办理。（16.335）
	5. 戴传贤等九委员提议：为新亚细亚学会一切举办之事业及其将来之计划于国家民族及本党主义之推进为助甚多，拟请中央一次补助基金5000元。一以为该会设立总会所之用，按月补助500元，以为该会研究边疆地理历史之经常费，用以资奖励等。决议：交财会照发。（16.336）
31.10.8（3.163）	1. 上海市政府呈：据该市公安局呈报，10月1日五区民众与警察发生冲突酿成枪伤命案。详细情形经派秘书长俞鸿钧，会同市党部委员吴开先警备司令部副官长蒋毅彻查，并将该区区长游伯篯停职查办。（16.361）

	2. 张群电: 为日政府籍口排日派大批军舰来沪,上海形势益见紧张,民众运动颇难纳诸轨范,除尽力制止轨外行动,并特别严密保护外侨外。(16.361)
	3. 驻神户直属支部呈报: 奉到效号两电,及中宣部密电二件,一面筹备保护侨民,一面努力宣传,惟各地党部负责同志均被监视,往来信件,亦被检查,转发效电竟被大阪府延令口港通讯处通讯员李亚珠交出,致泄机密,此后仅能用口头宣传。又此次日本出兵多由北海道运来以其耐寒忍苦,日鲁战役之退伍军人激怒被征发无遗,似有久占东省之意,再重要呈文不敢邮寄,值秘鲁支部代表来京之便呈报检核。(16.362)
	4. 对日问题宣传组提议: 请用中国国民党名义发表告日本国民书。决议: 通过,其方式及发表时期推陈布雷、戴传贤商定。(16.370)
	5. 中宣部函: 为据浙江省忺县执行委员会呈,以日军暴行占我东三省,请明定9月18日为国难日等语,查所陈颇有理由,应否即予明定为革命纪念日。决议: 缓议。(16.370)
	6. 政治会议函: 张学良为阎锡山请免除通缉会反复党籍。决议: 交第四次全国代表大会。(16.373)
31.10.15(3.164)	主要是确定四大代表问题,无相关议题。
31.10.9 财(66)	1. 秘书处函: 为筹拨中宣部国际宣传费10万元,除饬科照发外录案查照。(16.415) 2. 中组部函: 为驻暹罗总支部之津贴费,自4月份起,请如数发给,不用扣发300元发给晨钟报。(16.416) 3. 中宣部函: 为据武汉日报呈,以鄂财厅定自7月份起各报社津贴按七五折发给该报社每月将补发500元,转请准予补发或由鄂财厅仍照原额拨发案。决议: 自7月份起由中央按月补发500元。(16.418) 4. 决议: 驻日仙台长崎各直属支部自10月份起每月各增加200元。(16.420) 5. 中国合作社呈: 请补助合作学社出版宣传费3000元及该社年会补助费1000元。决议: 准补助3000元,年会补助1000元。(16.420) 6. 中宣部函: 为黄绍美创办中印青年周报。决议: 暂缓。(16.420–421) 7. 中宣部函: 为拟请每月津贴线路社经费200元,准每月补助200元,自10月份起。(16.421) 8. 中宣部函为据安南特派员请津贴法文报每月乙千元。决议: 暂缓。(16.421) 9. 中央秘书处函: 为162次常会议决一次补助新亚细亚学会5000元。决议: 照办。(16.421) 10. 中宣部函: 为中华公报请购置5号铅字二幅,估计需制价2000元,请核以利海外宣传案。决议: 准赠铜模一连脸运费,以2200元为限。(16.421)
31.10.19(3.165)	临时常会、无相关议题。
31.10.22(3.166)	1. 戴传贤临时提议: 关于外交事件之情报有切实统一之必要,前曾请宣传部与外交部会同组织一特别情报部,现在更感觉此事之迫切。一切涉及外交之情报,拟请有宣传部程天放同志及外交部情报司长切实负责,所有发出通信办法,办事地点及时间,由宣外两部商定如何。决议: 通过。(16.450)

	2.陈布雷、程天放呈：为中央通讯社误发国际消息,引起社会种种误会,审查未周,督率无方,以致发生此项重大错误,谨自行检举,请加以严重处分以严纪律而儆将来案。决议：中宣部副部长陈布雷、程天放应予警告,中央通讯社负责人,交宣传部查明严予处分。（16.450–451） 3.戴传贤临时提议。请电镇江叶楚伧上海张群指导当地最高党部关于抵制日货事件发生骚扰行为,如侵犯国家行政司法权,擅自逮捕拘禁处罚,侵入人家等非法行为,党部政府机关应一致努力,并切实教导同志及人民当此国难正亟之时,必须举动文明,拥护国家法律行政之尊严,方能收政府人民一致对外之效案。决议：通过。（16.451–452）
31.10.29（3.167）	陈布雷、程天放呈：中央通信社误载国际消息予以警告,敬谨接受沈后当格外审慎。至中央社负责人员已查明,系该社总干事刘正华所发,依照中央工作人员服务规程与以记大过之处分,该社主任余惟一失于督察予以严重申诫,谨具报告如上由。（16.467）
31.10.23财（67）	1.中宣部函：送武汉分社水灾后损失临时补助费数目表一份计412.5元。决议：照付。（16.477） 2.中宣部函：为甘肃省党部请津贴甘肃民国日报津贴。决议：准每月由中央津贴1500元,以三个月为限,以后由省政府照中央原核定数拨。（16.477） 3.中宣部函：为驻法总支部电请汇特别宣传费三万元,即除暂先由国际特别□费十万元项下垫发外请查照。决议：照发。（16.478） 4.中宣部函：请按月津贴北平进展月刊社200元。决议：准每月补助200元,自10月份起。（16.478） 5.中宣部函：为董霖同志呈,请补助现代月刊经费840元。决议：准每月补助300元,自10月份起。（16.478） 6.中宣部函：为古巴总支续办民声日报每月津贴1000元并先发6个月。决议：暂缓。（16.478–479） 7.中宣部函：为据秘鲁利马直属支部请津贴民醒日报每月1500元。决议：请宣传部统筹办理。（16.479）
31.11.5（3.168）	无相关议题。
31.12.3（4.2）	无相关议题。
31.12.10（4.3）	无相关议题。
31.11.4财（68）	1.决议：每月发辽吉两省党部负责同志继续工作津贴5000元。（17.27） 2.决议：准每月发广州市广东省党务特派员办事处经费2万元。（17.27） 3.中央秘书处会计科函：以64次财会议决核发中宣部印制三民主义及革命军人精神教育合刊费22310.13元,现已超出原数159.3元请予追认案。决议：准追认。（17.29） 4.中央训练部呈：为京市执委会呈：据首都各界抗日救国会呈送预算,请中央按月津贴2000元,查前案津贴800元。决议：津贴1000元由京市党部颁发。（17.29）

	5. 中宣部函复统筹津贴海外党报经费每月需 2 万元，请核议，又函在 2 万元内每月津贴醒华日报 1000 元，中暹国柱国 500 元。决议：暂缓。（17.29–30）
	6. 中宣部函：请核议按月拨中央通讯社拍发哈尔滨市党部及东华日报新闻电费 200 元。决议：暂缓。（17.30）
	7. 中宣部函：为据朝野通讯社呈请拟每月津贴 200 元。决议：暂缓（17.30–31）
	8. 中宣部函：请按月津贴大陆报 3000 元以资国际宣传案。决议：准每月补助 3000 元，自 12 月份起。（17.31）
	9. 杭州各界及反日救国联合会呈：请准拨前存救国基金 3 万余元，为该会合作准备金。决议：救国基金既经中央指定，用途不得移作别用。（17.33）
31.12.15（4.4）	临时常会，无相关议题：蒋介石辞去国民政府主席、行政院长等职。
31.12.16（4.5）	临时常会：1. 决议：12 月 21 日召集第四届中央执行委员会第一次全体会议。 2. 陈布雷、程天放呈请辞去中央宣传部副部长职务案。决议：慰留。（17.53）
32.5.10（4.19）	中宣委会提议：本会组织条例前经呈奉第 11 次常会议决，大体通过并饬自行整理，兹经将组织条例整理完竣。决议：除第九条暂保留，由宣传委员会再行修正提回外，余照通过。（17.64）
32.5.17（4.20）	中宣会呈：为该会组织条例经第 19 次常会议决，除第 9 条暂保留再行修正外，余照通过在案，兹将第 9 条条文再行修正。第九条：文艺科设文艺电影两股；（1）文艺股：编制及征审各种诗歌小说或戏剧等作品；规划关于联合各文艺团体并扶助其事业之发展；（2）电影股：制作及征审各种电影图画及照片等作品；规划关于联络各电影及艺术团体或个人并扶助其事业之发展。决议：通过。（17.88–89）
32.5.24（4.21）	中央财务委员会呈报：中央经费预算增加为 30 万元，增加数目重新支配一案，经第 1 次会议议决，超过中央常会核定预算之生活费 24586 元，海外党务委员会每月经费预算以 5000 元为定额，在增加之 5 万元内动支。（17.115）
32.5.16 财（4.1）	秘书处函为中央经费预算，经第 17 次常会决定增加为 30 万元，所有增加数目交财会重行支配。决议：超过中央常会核定预算之生活费 24386 元，在增加之五万元内动支。（17.129）
32.5.31（4.22）	1. 修正通过叶楚伧、邵元冲、罗家伦呈为奉第 18 次常会交商拟宣传品审查标准，经会同商定标准三项，计 17 条决。（17.139–140） 2. 汪兆铭临时提议：北平京报为邵飘萍先生所倡办，总理北上，因该报持论公正，曾予津贴，嗣是为本党极力宣传，触当道至忌。十六年间遂以身殉。其夫人秉承遗志茹苦奋斗，数年来北平各报非由党办而能为本党宣传者惟该报一家。决议：从 6 月份起月给 1000 元。（17.141） 3. 中监会函：为准中央宣传部函送南洋英属总支部呈报，叱叻支部党员陈瘦伧勾结共党设霹雳星期日报，实行反动宣传，经当地政府逮捕在案，请予开除党籍。决议：照办。（17.145）

32.6.7（4.23）	1. 中宣会呈报：决定将华北日报改为专任社长制，并委派沈尹默为社长。（17.170） 2. 中央宣传委员会函：为拟定中央宣传委员会直辖报社组织通则。决议：通过。（17.177） 3. 中监会函：准移送中宣部呈报，湖南省党务指导委员会于粤事紧急之际，泄露中央删日密电，致被长沙市民大公两报发表，请予以严重警告一案，经第五次临时常会决议予以警告。决议：照办。（17.181-182）
32.5.27财（4.2）	1. 中宣会函：请中央社职员生活费并入该社经费内以免混合。中央社职员生活费为3559元，中宣会生活费共为19804元，今减上数计共16245元。（17.189） 2. 秘书处函：为检送中央广播电台经费概算表，经第14次常会通过，除职员生活费外，每月经费1万元，函达查照。（17.190） 3. 中央广播无线电台呈：为造送该台管理处职员生活费每月概算表，除处长副处长生活费应请决定后再行填注外，计共16660元。决议：（1）处长生活费照委员例支给，（2）副处长生活费照秘书例支给，（3）暂核支生活费每月以8610元为定额。（17.192） 4. 中宣会函：为转送中央通讯社及北平武汉两分社新预算，仅上海电讯处改设分社新预算。决议：核准增加中央通讯社经费5785元，共为18385元（电报费11000元在内），上海电讯处改设分社增加经费670元，共为1570元，武汉分社增加300元共为1300元，北平分社增加200元共为1100元，除上海分社自5月份起外，余均自6月份起。（17.192-193） 5. 中宣会函送中央通讯社设立南京等七大都市自用无线电台开办经常预算书。决议：核准无线电台七所，开办费共40040元（分5个月筹发），每所每月经常费以500元为限。（17.193） 6. 中宣会函：为据中央社呈称迁移新址拟具临时预算计2500元。决议：准发1500元实报实销。（17.196）
32.6.17（4.24）	1. 推叶委员楚伦起草关于训政宪政告各级党部同志书。（17.199） 2. 推陈立夫、唐有壬两委员起草关于言论自由之方案。（1）政府官吏,（2）党员;（3）党外团体及个人分别规定。要点：（1）对政府官吏不能有与政府相反之言论行动。（2）党员言论行动经中央纠正时，不得违反如有异议可向中央申辩但不得向外发表。（3）对于一般：一、军事新闻非经检查不得登载，二、对于党的主义及政纲不得诋毁，三、对于政府用人行政许其为严正的批评，但不得涉及污蔑及污辱。（5）凡各种团体之函电须有会长署名，如采取委员制者须有主席署名。（6）凡党员参加党外团体各种会议时，必须得党部之许可并须随时报告。（17.199-200） [说明：原文如此，缺少4项。] 3. 中宣会函：为第22次常会通过之宣传品审查标准第三项第二条宣传共党主义，党字系产字之误由。（17.208） 4. 中宣会函：为拟定直辖报社管理规则及各项报告表格，陈察核备案。（17.208）

	5. 中宣会函：为奉第 18 次常会交解释关于浙江省执行委员会转，请解释报纸泄露本党秘密及县党部处置犯法报纸之手续各节，查报纸泄露党的秘密应依据情节之轻重而定。处置办法似不能一概而论。浙江省党部所之例关系颇为重大，倘经报纸宣布，影响实非浅显，应受出版法第 19 条第 2 款之限制，一经违犯，应施以同法所规定之行政处分，至于县党部对于泄露党的秘密之报纸，应函当地主管行政机关办理，自不必直接处理，以明职责而一事权。决议：通过。（17.218–219）
32.6.23（4.25）	1. 中宣会函送：（1）中央津贴新闻机关办法，（2）指导与党有关各报（受中央津贴之各报）办法，鉴核备案。（17.263） 2. 中组会提议：延聘对三民主义及社会科学有深切研究之同志或党外学者编撰三民主义社会科学书籍，并切实奖励此类著述案。决议：送政治会议教育组并案讨论。（17.269）
32.6.13 恤（32）	中宣部函：为据天津民国日报经理赵雨苏呈、为王弢楼于民 15 年入党，18 年奉命北上，在河北民国日报工作。后移天津改称天津民国日报即任会计主任，阎冯之役报馆被封，王同志即担任华北宣传组事务，甚为努力。不意为当局所捕在狱 4 个月，出狱后即卒，请加抚恤案。决议：给四等一次恤金 300 元。（17.276）
32.6.30（4.26）	暂行言论自由保障法，暨党员及公务人员言论自由限制法案。说明：本案系谈话会之决定，推唐有壬、陈立夫两委员起草。决议：（1）暂行言论自由保障法交政治会议。（2）党员及公务人员言论自由之限制，毋庸规定法律，由中央及国府按左列原则分别令党员及公务人员遵照。①党员对于政府之设施或当局之言论行动认为不满时，得经由区分部递级转呈中央陈述其意见，各级党部除能直接指正或答复者外，不得留中不报，如此项意见，未经上项手续而径向外发表者，应受党之处分。②党员之言论行动如经党部检举或中央认为不合而提出纠正时，不得违反，如对与此项检举或纠正不服时，可向党部或上级党部申辩，但不得对外发表，违者应受党之处分。③公务人员对于政府之设施如认为不妥，可用书面函建议于长官不得径向外发表，违者得分别情由之轻重由主管长官交付惩戒。（17.310–313）
32.7.7（3.27）	7 月 9 日北伐逝师纪念，推吴敬恒报告洛阳方面，推李敬齐前往报告。（17.337）
32.6.27（4.3）	1. 秘书处函为第 22 次常会议决，从 6 月份起津贴北平京报 1000 元，函达查照由。（17.339） 2. 南京特市执委会预算 13000 元，决议：准每月加 1000 元连前定法书为 10000 元，自 7 月份起。 3. 中宣会函：拟具津贴海外各党报新预算表，计 9300 元，拟请核定每月 1 万元。决议：核定每月补助海外党部预算 1 万元，自 7 月份起。（17.342） 4. 中宣会函：英文北平时事日报社呈，为国难期间实发 3000 元不敷支出，请恢复原有导报经费每月 4000 元原数等。决议：准加 1000 元，自 7 月份起。（17.342–343）

32.7.14（4.28）	1. 中央海外党务委员会工作大纲案。（17.369-370） 2. 中宣会提议：天津民国日报销路不甚扩大，办理为难，拟移设西安，改名出版。又行都之洛阳日报原系应付一时需要，一俟中央南迁自应结束。将来西安设党报，其经费即以天津民国日报及洛阳日报津贴再增加750元，似亦敷用。天津民国日报结束费必须偿付者缺少3800余元，如津市政府能将欠拨津贴如数拨发可以相抵，倘不能拨发拟请中央核发。又该报移陕开办费共约6000元，应请中央核发。再青海省党务特派员办事处以该省无铅印机，渴望中央核给购置此项机件之津贴，拟即于洛阳日报结束后，将该械件铅字拨给，就近西运，所有运费洛潼间由中央函商免费运输，潼西陆运由该办事处自行负担。决议：通过。（17.371）
32.7.21（4.29）	无相关议题。
32.7.28（4.30）	1. 中宣会函送中央日报社组织规程，察核备案。（17.427） 2. 中宣会函：该会国际科科长罗时宝辞职，准暂派江康黎代理，请察核备案。（17.427）
32.8.4（4.31）	1. 汪兆铭临时提议：上海发生血魂除奸团事件，京沪各报竭力宣扬，影响殊巨应如何处置以免引起意外事变案。决议：（1）由常务委员约上海市党部委员一人来京面询内容。（2）□切密令京沪各报勿得张扬。（3）由中央宣传委员会及民众运动指导委员会即日召开联席会议，商定对于此事之一切办法，密令各级党部进行。（4）推定萧忠贞、余井塘、王柏龄、谷正纲、唐有壬、王陆一、张道藩七委员研究抵货之根本政策，由王陆一召集。（5）函政治会议促日货倾销问题审查会从速开会。（17.451） 2. 中财会呈：为中央经费自4月份起每月预算30万元，实际支出超过五六万元之多。经第4次会议讨论，以中央经费已属节无可节而各种新兴事业又复需款浩繁，自未便以经费短绌影响党务之推进，经决议请常会通过中央21年度每月增加特别费10万元。决议：通过。（17.452）
32.7.29 财（4）	1. 中宣会函：中央积欠华北日报经费19000余元，现该报改组请先发2000元以资应用案。决议：送秘书处核办。（17.470） 2. 中宣会函：中央通讯社呈报函前指定由路透社使用之上海、南京两处无线电台请拨发应付之机器材料价一案，请。决议：准增加电台开办费为3807元（连第二次会议通过之电台开办费合并计算）。（17.470） 3. 中宣会函：天津民国日报不能如期结束，请准发7月份杂支及八月份薪资遣散等共3500元。决议：追认。（17.471） 4. 中央海外党务委员会函：为据印度总支部常委王志远呈，以该党部及党报经费苟窘等，请迅速津贴。决议：查承复海外党务委员会。（17.472） 5. 中宣会函送出版通俗画报计划及预算计开办费400元，每月经费1619.68元。决议：缓议。（17.472） 6. 中宣会函：请资助良交公司照相底片500包，估价2095元，以便编印中国之今日及将来画册藉宏国际宣传案。决议：下次再议。（17.473）

	7. 中宣员会函：为拟按月津贴暹罗曼谷国栏暹文日报 500 元，并由该会前次统筹海外党报津贴，预算一万元，余存 700 元内按月照发。决议：通过。（17，473）
	8. 方觉慧提议：请资助新东方月刊经费每月 2000 元，自 4 月份起。决议：送宣传委员会。（17.473）
	9. 外论编辑社呈：为传译国内外字报及各国报童杂志关于华事一切纪载评论逐日印发通讯请按月酌给补助案。决议：送宣传委员会核办。（17.473–474）
	10. 中宣会函：为据北平进展月刊呈送复刊计划及预算请照预算数按月补助一案，查该刊原津贴 200 元确难敷用，请酌予增加。决议：先由宣传委员会酌给补助俟中央经费充裕时再议。（17.474）
	11. 中央民众运动指导委员会函：为中国合作学社呈请按月津贴 1500 元，又呈以本年 10 月在吴县举行丰会并请援例补助 1000 元。决议：下次再议。（17.474）
32.8.7（4.32）	临时常会，仅一项议题：汪精卫请辞职行政院院长。决议慰留，并请何应钦、居正亲往挽劝。（18.3）
32.8.11（4.33）	通过中央台管理处呈：拟订各地党部设置收音机办法及派往各地党部收音员服务规则。（18.13）
32.8.17（4.34）	两项议题均与蒋介石有关，一是暂停北平绥靖公署，二是任命军事分会委员。
32.8.25（4.35）	1. 中宣会函送海外各地受有中央津贴之党报最近状况一栏表。（18.91） 2. 中宣会密函：为使党的整个文艺运动普及全国深入民间起见，特先提倡通俗文艺运动，使各级党部一致进行，兹拟就通俗文艺之运动计划。决议：修正通过。 3. 中宣会函：拟具九一八国难纪念周年纪念办法。决议：（1）由中央于九一八以前发表一宣言，推叶楚伧起草。（2）是日全国停止娱乐，全体党员公务员及军警各机关各学校工厂各住户应于上午 11 点钟时，停止工作五分钟起立默念国耻并对东北及淞沪殉难同胞致沉痛之哀悼。（18.96） 4. 中央广播电台管理处呈：为拟修改该处组织条例。决议：交秘书处审查如属妥适即予核准。（18.99）
32.9.1（4.36）	通过中宣会和中央民众运动委员会会商拟定的九一八国难纪念办法。（18.158）
32.8.26 财（5）	1. 照发中宣会函：关于派遣内蒙党务宣传员吴熙宪等 8 人共经费预算，本年底止共需 2900 元。（18.162） 2. 中宣会函送中央通讯社上海分社电台预算书每月经费乙千元，又中央通讯社南京无线电台预算每月经费 800 元。决议：上海电台增加 400 元连前为 900 元，自 7 月份起，南京电台增加 200 元连前为 700 元，自 8 月份起。（18.162） 3. 中宣会函送摄制"今日之南京"影片计划及预算表需 3503 元。决议：核准 2500 元，仍请宣传委员会详细审查内容。（18.163） 4. 中宣会函：转张竹平函请按月照发津贴案。决议：准每月津贴 1000 元自 9 月份起。（18.165）

	5. 中宣会函：为良友公司定 8 月底出发摄制中国之今日及将来影片，请补助该公司 2095 元。决议：准补助 2000 元。（18.165） 6. 中宣会函：请核议东北外交研究委员会请求补助经费。决议：经费困难暂难补助。（18.165）
32.9.8（4.37）	通过中组会统一下级党部名称办法四项。（1）凡已经正式成立之党部其执行机关通称某省（县）执行委员会。（2）凡曾经正式成立后复派员改组或整理之党部一律称为某省（县）党务整理委员会；（3）凡从未正式党部或党员人数现尚不足成立正式党部之省或县一律称为某省（县）党务指导委员会；（4）凡派往各地办理党务之人为一人时称为特派员，其机关称为某省（县）党务特派员办事处。（18.181-182）
32.9.15（4.38）	1. 中宣会、中央民众运动指委会报告：关于上海血魂除奸团问题宣传方面已由宣委会拟具办法通令各级党部遵行，指导方面拟俟抵货研究会具体方案核准后再行照令知各级党部遵行。（18.216） 2. 中央广播无线电台管理处呈：请任吴道一兼总务科科长，冯简为总工程师，刘振清为技术科科长兼副总工程师，王劲为传音科科长，范本中为报务室主任案。决议：通过。（18.221） 3. 关于九一八纪念决定之事项案：决议：（1）是日应下半旗一天。（2）是日虽属星期例假，各机关仍应照常办公，各学校照常上课各工厂照常工作。（3）各机关应于是日上午自行集会纪念。（18.221-222）
32.9.22（4.39）	中宣会提议：为关于设立西安党报并将天津民国日报社及洛阳日报社经费合并移用一案，前经 28 次常会议通过在案，有洛阳日报自应早日结束，兹拟就洛阳日报结束办法。决议：通过。（18.251）
32.9.29（4.40）	1. 中宣会呈：拟定本年双十节纪念办法两项：（1）仪式方面依照革命纪念日一览表内之规定举行纪念会，但际此国难期间，不必遇事铺张。（2）宣传方面除遵照本会颁发国庆纪念宣传要点宣传大纲外，并应注意收复东北失地，努力抗日御侮，及国军剿匪胜利之宣传。上项办法因距期甚迫，已电各地党部遵照。（18.290） 2. 通过中宣会呈：为谋各级党部所辖报社管理便利并使其与上级党部关系密切起见，拟定各级党部所辖报社管理规则 11 条，请核议施行并请将三届第 81 次常会修正指导党报条例予以废止，以免重复案。（18.294） 3. 民运指委会提议：拟具修正文化团体组织原则组织大纲施行细则草案。决议：文化团体组织原则修正通过，组织大纲及施行细则由民众运动指导委员会修正整理后再行提会核议。（18.295） 4. 中财会呈：为准中宣会函请规定国际宣传电报费每月 1 万元列入预算。经第 6 次会议议决通过，但以三个月为限，款由常会在捐款项下借垫在案，及究宜制定在何种捐款内暂行借垫。决议：暂由华侨捐款项下借垫，但此项支出 事关外交，仍又财政部于三个月内分期拨付。（18.296）

32.10.6（4.41）	中组会提议：为现在社会舆论对于党治误解滋多，往往混党治与党部制度为一谈，党内少数党员对此根本理论亦认识不清，非有详明之指正，确切解释，不足以纠正舆论，阐明遗教，特拟就以党治国的真义一文，经本会第21次会议通过，请核定俾便分发下级党部遵照。决议：由常务负责先行审查并由各委员签注意见，于下星期一以前送秘书处。（18.336–337）
32.9.23财（4.6）	1. 秘书处函：会计科报告表，截止8月底积欠各处经费津贴为数甚钜及中央近来经费困难情形。（18.354–355） 2. 中宣会函：军人小丛书社等呈请补发津贴（上年12月至本年3月份止），计4个月1600元。（18.355） 3. 中宣会函：请规定以后国际宣传电报费每月1万元列入预算饬科按月支发案。决议：通过，以三个月为限款，由常会在捐款项下借垫。（18.355–356） 4. 中宣会函：中央社拟设西安分社开办费1000元，经常费每月1000元预算书。决议：保留。（18.356） 5. 中宣会函：拟加抗日影片一套需款1000余元。决议：先发500元。（18.357） 6. 中宣会函：中国国民声社发行英文刊物等请按月津贴纸费邮费1000元。决议：不准。（18.359） 7. 中宣会函：据新加坡民国日报呈，以经济枯竭难以维持，请拨发积欠等情，函请特予通融得欠发津贴6000元分期拨付案。决议：案关旧欠不准。（18.359）
32.10.13（4.42）	1. 中宣会密呈：中央查禁之各种反动刊物各地书店仍多售卖以牟利者，亟应举行检查以资取缔，特拟定审查书店办法11条。决议：通过。（18.388） 2. 中央广播无线电台管理处呈：大电台筹备工作将次竣现正式试播音，对于各地收音亟待推广以期尽量利用，普遍宣传，特拟定各地设置收音机办法，设立收音员训练办法，各县市系送学员办法，各县市收音员服务通则等草案。决议：交管理处修改后，由叶楚伧、陈立夫两委员审查，再提会讨论。（18.389）
32.10.20（4.43）	秘书处呈：关于教育文化委员会之组织原则，昨经谈话会决定：（1）委员以有此学问经验兴趣为标准，（2）职员调用支原机关项下生活费（3）无经常费（4）每一计划须有预算及拟定等款方法，（5）先举行一二简单事业。决议：通过。（19.11–12）
32.10.14财（7）	1. 中央秘书处函：为40次常会决议关于贵会第6次会议通过中宣会国际宣传电报费，每月1万元以三个月为限，请在捐款内借垫，准暂由华侨捐款项下借垫，仍由财部于三月内分期拨付。（19.19） 2. 中央广播无线电管理处：中央短波电台划归该处管辖，请追加预算，月增经常费500元，生活费1360元。决议：通过。（19.20） 3. 中宣会函：请续发加印抚日影片1100余元以便早日完成。决议：下次再议。（19.22） 4. 中央秘书处函：为新加坡民国日报呈以经济窘迫情形，请予维持，经中央谈话会决定交财务委员会筹备。决议：（1）准发新加坡币15000元每4个月发三分之一款，由总预算节省各费移拨。（2）由三民晨报及醒华日报津贴移拨6000元。

	（3）先增加 200 元由宣委会津贴海外各报余款拨付。（19.23）
	5. 中宣会函：为暹文国柱日报社请担负暹译三民主义印费 3000 余元，以请补助千元俟印成出书审后再行核给。决议：暂予备案俟书出版后再议。（19.23-24）
	6. 中宣会函：青岛市党部所办岛上通讯社经费预算表。决议：送宣传委员会。（19.24）
32.10.27（4.44）	叶楚伧、陈立夫报告：中央广播无线电台管理处所拟各地设置收音机办法、设置收音员训练班办法、各县市保送学员办法、各县市收音员服务通则等草案，经该处遵照第 42 次常会决议，酌量修改移送审查，认为尚无不妥之处，衡以各县市宣传需要，亦似应从速举办。决议：照修正案通过。（19.72-73）
32.11.3（4.45）	无相关议题。
32.11.10（4.46）	1. 中宣会函为修正中央日报社组织规程，请备案。（19.136） 2. 陈果夫、叶楚伧报告：中央广播大电台定于本月 12 日上午 10 时举行开幕式。（19.136） 3. 关于拟定改进教育方案。决议：由常务委员会商定人选。（19.141）
32.11.17（4.47）	无相关议题。
32.11.9 恤（35）	中宣会函：该会助理唐寿曾于 17 年入党，18 年来宣传部工作，颇多努力，于 21 年 5 月病故。计已满 3 年以上，兹据该员遗族唐啸岳呈请抚恤。决议：准三等，一次抚恤 600 元。
（19.184） 32.11.24（4.48）	中宣会函：关于查禁挑拨民族恶感及侮辱各民族之文字刊物一案，经拟具标准两则，拟分别加入宣传品审查标准（二）、（三）两项内。决议：修正通过如左：（1）谬误的宣传项内加"对法律认可之宗教非从事学理探讨专事诋毁者"一则；（2）反动的宣传项内加"挑拨离间及分化国族间各部份者"一则。（19.223-244）
32.12.1（4.49）	1. 中宣会依照第 19 次谈话会决定拟具关于电影之标准两种：（1）国产影片应鼓励其制造者之标准。（2）我国所需外国影片之标准。说明：本案经谈话会讨论决定由常务委员整理提会，兹经常务委员决议：通过，交宣传委员会。（19.238-239） 2. 中财会核准第三次全体会议经费预算 73400 元。决议：通过，函国府饬财政部照拨。（19.239）
	1. 中宣会函：军人小丛书社九月份应送书籍已据送会，该社 9 月份津贴已函请秘书处饬科照发。（19.243） 2. 决议：①中央总预算内洛阳本部预算数每月 7000 元，自 12 月份起停止。②中央总预算内民众运动指导委员会生活费项系调往童子军总会之职员生活费 1870 元应停止支给。③修正中央职员生活费折发目表。（19.246） 3. 秘书处函：中宣会函请出版科发行股代寄海外党部中央日报，计每月需邮费 1218 元。决议：照办。（19.246） 4. 中宣会函：中央社西安分社开办费经常费预算：准发开办费 500 元，核准每月经费预算 500 元。（19.247）

	5. 中宣会函：武汉日报社请拨发积欠共 11500 元，自 10 月份起，由中央每月加发 1500 元。决议：①准由中央另案发给维持费 5000 元。②前由湖北省政府每月拨发之 2000 元改由汉口市政府自 11 月份起每月减拨为 1500 元。（19.249）
	6. 秘书处函：拟具四届三中全会经费预算，计需 73400 元。决议：核准 73400 元呈常会。（19.250）
	7. 中宣会函：据中央通讯社呈送，北平分社修理房屋估价单，由该社节余项下照给 270 元。照给。（19.250）
	8. 中宣会函：拟在津贴各报及通讯社预算积余内移拨华北日报、武汉日报购机费共 10300。决议：停发天津民国日报、洛阳日报经费及四川新报、新西北通讯社、和平通讯社、中央月刊登津贴。截止本年份 12 月止之预算数。除另案拨用外仍积存 16390 元准拨给华北日报购置机器费及临时费共 5000 元，武汉日报购置机器费 8000 元由会计科分期拨发。（19.250）
	9. 中宣会函：为拟具接受香港东方日报办法及按月津贴数目。决议：（1）停发之英文民族周刊原预算每月 3000 元自本年 4 月至 11 月 8 个月积存共 24000 元拨 19000 元作接受香港东方日报归中央直辖之用，拨 5000 元补发武汉日报本年 1 月至 3 月三个月维持费。（2）自本年 12 月份起每月津贴香港东方日报社 2500 元在原有英文民族周刊预算内移拨。（19.251–252）
32.11.25 财（4.8）	10. 中宣会函为停发和平通讯社津贴，减发北平、甘肃民国日报津贴，请追认案。决议：追认：自 10 月份起停发和平通讯社津贴（每月 500 元）减发北平民国日报社津贴为 500 元（原额 800 元），甘肃民国日报津贴为 500 元（原额 900 元）。（19.252）
	11. 中宣会函：拟就停发各报纸、通讯社津贴 2200 元拨 2180 元津贴新民等报社。决议：自 22 年 1 月份起停止四川新报（每月 300 元）、新西北通讯社（每月 200 元）、中央月刊（每月 500 元）各津贴连同已停止之和平通讯社津贴及减发北平、甘肃与民国日报津贴，共积存预算每月 2200 元。以 2180 元津贴下列各报社刊物亦自 22 年 1 月份起照发：新民报 500 元，南京晚报 100 元，新南京报 80 元，北京日报 500 元，大亚画报 100 元，中国日日新闻社 200 元，申时电讯社 300 元，新大华电讯社 300 元，青年生活旬刊 100 元。（19.252–253）
	12. 中宣会函：澳洲民报请求津贴拟由海外报纸津贴预算内现已停发之三民晨报项下移发 300 元。决议：照发。（19.253–254）
	13. 中宣会函：为和记者东陆客君态度公正，为我国国际宣传之助，拟每月津贴 500 元。决议：暂由宣传委员会每月津贴 200 元。（19.254）
	14. 中宣会函：为遄译三民主义经已出版，特检送原书请核议津贴。决议：准一次补助 1000 元。（19.254）
	15. 中宣会函：社会杂志社社长鲁荡平请恢复每月津贴 600 元自 10 月份起。决议：准每月津贴 400 元，自 11 月份起（19.254）
32.12.8（4.50）	无相关议题。
32.12.2 财（4.9）	1. 中宣会函：中央通讯社发报机添购材料估单计需 2944 元。决议：加发电台设备费 2944 元。（19.292）

471

	2. 中宣会函：新疆党务特派员请发给国难影片全份以便携往放映。查国难影片共抵一套，拟加印一套计，需经费 800 元。决议：发 600 元。（19.293） 3. 中宣会函：据北平京报呈，请增加特别补助费每月 1500 元一年为限。决议：不准。（19.294）
32.12.29（4.51）	第三次全体会议关于孙委员科提整理本党实施方案案，其中有宣传六点极为切实。（19.347-348）
33.1.5（4.52）	无相关议题。
33.1.12（4.53）	中宣会提议：为拟具航空救国宣传周办法，并附一二八纪念办法。决议：一二八纪念可举行各界代表纪念会，并自 23 日起至 28 日止举行航空救国宣传周。（20.19-20）
33.1.6 财（4.10）	1. 中宣会函：铁道部函复输运前天津民国日报机件须付半价运费，现全查西京日报开办费并未列入运输费除函请记帐外，请备案。又函此案已函复铁道部照半价付讫。（20.23） 2. 中宣会函：拟再加印国难影片一套，由李福林带往南洋宣传，请发印费 620 元。决议：准发 600 元。（20.27） 3. 中宣会函：为拟具豫鄂皖三省党报维持及整理办法。决议：核准安庆皖报补助费 2000 元，河南民国日报补助费 2000 元，武汉日报补助费 1500 元，函三省总司令部转令皖豫鄂省政府，自 1 月份起按月照发。（20.28-29）
33.1.19（4.54）	1. 中宣会密函：中央通讯社与苏联塔斯社订定合作办法五项，请备案。（20.46） 2. 中宣会提议：拟具重要都市新闻检查办法及新闻检查标准：检查办法修正通过，检查标准照通过。（20.51） 3. 中央民众运动指导委员会提议：为榆关失陷北方形势严重，谨请决定北方工作方针与在北方组织中央各会联合机关应变应付。决议：交组织、宣传、民众运动三委员会商办法，由组织委员会召集。（20.52） 4. 中监会函：据中宣会函仰光兴商日报多挑拨言论，对于国民会议办法肆行攻击尤为反动，该报经理林葆华系党员请开除党籍，经查该员平日绝少反动言论对于兴商日报所为反动言论非其职权所能主持，决议给予警告。决议：照办。（20.56）
33.1.26（4.55）	1. 叶楚伧等报告：奉交审查王委员祺等提议积极准备抗日案，经与 1 月 21 日开会审查，其原案第一项关于从速编练各级地方保卫团一节，经详加研究拟具办法三项，秘书处注：本案已有常务委员决定将审查结果交政治会议讨论。（20.83-84） 2. 通过叶楚伧审查、王祺等提议，积极准备抗日案中的第三项第一款，一致提倡国货一节。（20.86）
33.1.20 财（4.11）	1. 中宣会函送中央直辖报社会计规程请备查。（20.111） 2. 中组会提议：请按月增加活动费 2000 元为调查共产党经费案。决议：准在 2000 元以内由中央活动费项下定支。（20.112）

	3. 中宣会函：内蒙古党务宣传员期限已满，现日人侵热该地宣传不能停顿，兹另拟办法所有旅费及宣传费仍希核办议案。决议：准发 2950 元（分三期）。（20.114） 4. 中宣会函：西京日报经常费核准每月津贴 5000 元并发开办费 6000 元，拟请自 1 月份起照发津贴，又函请追加开办费 4990.75 元。决议：由 1 月份起拨发津贴开办费不必追加。（20.117） 5. 中宣会函：杭州民国日报呈请拨助购置卷筒机费 47000 元并请自本年 1 月份起按月津贴 1000 元。决议：准每月补助 1000 元，自 1 月份起。（20.117） 6. 中宣会函：河洛日报支出预算书，请查照并拟自 1 月份起按月给予津贴 500 元，以利宣传。决议：准每月补助 300 元，自 2 月份起。（20.117） 7. 中宣会函：为抄送北婆罗洲砂胜越新民日报呈请津贴案，拟将已停之三民晨报津贴内，按月拨出 300 元津贴新民日报。决议：照准。（20.117-118） 8. 中宣会函：驻美特种宣传员徐伯园呈，请增加邮费津贴每月美金 1 百元，拟增加国币 400 元。决议：由宣传委员会酌办。（20.118）
33.2.2（4.56）	关于北方工作方针。（20.133-134）
33.2.9（4.57）	1. 中宣会提议：照片新闻在新闻事业中与文字新闻具有同等之重要地位，有时更能超过文字以上，该会文艺科电影股因兼顾电影绘画等工作对于摄影新闻工作，自难办理完善，兹拟就原有机械加以扩充，在首都组织一摄影新闻社. 社址设党部之外，委专人负责办理，拟具组织计划及预算。决议：交财会。（20.168-169） 2. 中央党史料编纂委员会、中宣会呈：为拟定参加芝加哥博览会陈列史料目录及经费概算，又总理遗教及宣传品印刷费概算各一份。决议: 交财会。（20.169）
33.2.16（4.58）	无相关议题。
33.2.23（4.59）	无相关议题。
33.2.23（4.60）	无相关议题。
33.4.27（4.68）	1. 吴敬恒、褚民谊、朱家骅、陈果夫提议：关于教育部内设立国立救国教育电影局，拟具组织法草案及经费筹集办法大纲。决议：关于电影事业处专设机关办理，由原提案人另提原则送政治会议。（20.373-374） 2. 中央民众运动指导委员会函：为查中央奖励党义著述审查委员会曾经上届常会通过组织规则，并先后推定委员在案，嗣屡次召集均以人数过少流会以致工作从未着手，自中央组织变更该会无所管属，外间请示奖励办法者有之，请求发还稿件者有之，似应将该会组织条例略加修正，推委员继续进行或成立专处指定处会兼理其事。决议：审查委员会撤销，由宣传、民运两委员会主任负责办理。（20.375-376）
33.4.22 财（16）	1. 中宣会函：拟加印"还我热河"影片一套需洋 500 元。决议：准照发。（20.383） 2. 中宣会函：绥远蒙文周刊预算计开办费 340 元，每月经费 500 元。决议：每月补助 300 元，自 5 月份起。（20.384）

	3. 中宣会函：请停发上海日本研究会津贴自 3 月份起，移作南京日本评论社出小丛书之用，三月以前该研究社未领津贴并请保留案。决议：（1）日本研究社津贴停止。（2）准补助日本评论社小丛书每月 250 元自 3 月份起。（20.384-285） 4. 中宣会函：鲁荡平呈将社会杂志津贴 400 元移作北辰报补助。决议：照准。（20.385） 5. 中宣会函：香港东方日报积亏甚钜，抄附收支统计表，请自 3 月份增加津贴 1000 元。决议：准每月增加津贴 1000 元自 4 月份起由补助平津各报预算项下移发。（20.385） 6. 中宣会函：模里斯中央日报请求津贴拟在停发之三民晨报津贴内按月津贴 300 元。决议：照准。（20.385） 7. 中国地政学会理事萧铮等呈：为发行地政月刊，阐扬本党土地政策，请酌予按月补助案。决议：准每月补助 300 元，自 5 月份起。（20.385-386）
36.2.20（5.6）	中央文化事业计划委员会呈报于 2 月 1 日开始工作启用会章。（21.2）
36.1.30 财（5.2）	1. 中央秘书处财务处报告：文艺俱乐部自（24 年）6 月份起每月准增加费 100 元请备案（连前共 600 元）。（21.78） 2. 中央秘书处财务处报告：东方日报汇水亏耗补助费，奉批发 2400 元。该款内除 1000 元已由该报清理费，余款划抵外，其余 1400 元应于新闻事业奖励金项下支付。（21.78） 3. 中央秘书处财务处报告：香港午报一次补助费 1000 元等因已于新闻奖励项下照发。（21.78） 4. 前中宣会报告：24 年各月份发给各报社奖励金数目暂定按月发给者（24 年 7 月份起）。7-8 月份每月共 12500 元，9 月份 2160 元，10、11、12 月每月均为 2240 元，9、10、11、12 月暂定按月照发 22500 元，另有路透社每月津贴 1 万元仍照原预算按月发给。10 月份照原津贴照发者共 15 家，总数 6200 元，变更者两家共减发 400 元。（21.80-86） 5. 前中宣会函：中央通讯社各分社经收稿费数目：共 4427 元。（21.86） 6. 中央广播电台管理处报告：无线电杂志及广播周报经费（24 年 1 月至 6 月收支）：收入。上届结存 5564.085 元，现金 3857.410 元，暂记 1706.675 元，本届收入 16768.260 元，现金 4774.640 元，暂记 4222.210 元，转帐 7771.410 元。支出：本届支出：16403.460 元，结存 5928.885 元。（21.86-87） 7. 中央各部会每月经费支出预算案。（21.89-90）
36.2.13 财（5.3）	1. 中央秘书处财务处报告：在新闻事业奖励金节余项下发给北平京报一次补助费 500 元。（21.97） 2. 中宣部缮送本年 1 月份发给各报社奖励金一览表，合计 2240 元；又本月份暂定按月发给各报社奖励金，仍照暂定数共发 22500 元。（21.97-98） 3. 中宣部函送：中央通讯社各分社收入稿费册数处款数表。（21.98） 4. 中宣部函：请增加电影剧本审查委员会经费案。决议：由宣传部自行撙节开支。（21.99）

36.2.13财（5.3）	5.中宣部函：拟设立国际宣传处驻沪办事处缮具预算书，计经常费1419元，开办费1050元。决议：暂缓议。（21.99） 6.中宣部函：筹办南京英文时报开办费及营业损益预算书。决议：准一次发开办费1000元。（21.100） 7.中宣部函：中央日报建筑委员会呈请增拨建物购机经费48700元。自行樽节开支不必增加。（21.100-101） 8.中宣部函：东方日报24年6至12月津贴汇水亏耗合国币3000元，请准由中央补发：不准。（21.101）
36.3.5（5.7）	1.中央文化事业计划委员会呈拟具本会组织条例。决议：修正通过。（21.160） 2.叶楚伧、陈立夫提议：中央广播事业管理处筹设短波电台订购机件即将签订合同应付马可尼公司第一期款英金11250磅约合国币187800余元，拟暂由华侨捐款项下挪移拨给。决议：（1）短波电台全部建筑费应由国库支付，（2）第一期款暂由华侨捐款项下垫付。（21.161）
主席批办案件报告第2号	1.中央文化事业计划委员会呈送该会各研究会组织规程，批：准予备案（全文附后）。（21.197） 2.中央广播事业管理处吴保丰呈报签订短波广播电台机械合同情形，请免除进口护照及免费运输。批：准办。（21.182）
36.9.3（5.19）	1.中央海外党务计划委员会提议：拟具整理海外党务计划草案：修正通过分交主管部妥议办理。（21.209） 2.中央广播事业管理处呈：为西安广播电台现已筹备就绪，于8月1日正式播音，拟请任用原兼该台筹备主任王劲同志兼任该台台长案。决议：通过。（21.210）
主席批办案件报告第10号	中华文化事业计划委员会呈：为本会组织条例所列职掌对于科学一项未曾明白规定，经第4次会议决增设科学研究所请备案。决议：准予备案。（21.250）
37.4.15（5.41）	1.中宣部函：查三中全会确定今后宣传纲领案，关于扩充中央社通讯网一项，前经中央第38次常会决交中央通讯社切实筹划在案。兹据该社拟具国内外新闻通讯网初步计划草案呈复来部，经查核尚属扼要，所列预算除第四项系非常时期准备外，其余均系从实拟计特抄同原呈及计划。决议：通过，交中央政治委员会。（21.276） 2.中宣部函：查本部设置中央周报编辑室以来，工作进行及指导均感便利，兹拟请修正本部组织条例于第14条之下增加一条文，为第15条，本部得于宣传指导处之下设中央周报编辑室，设编辑三人至五人，并指定一人为编辑主任专司中央周报编辑事宜，其办事细则另定之，请转陈鉴核修正案。决议：通过。（21.276-277） 3.中宣部函：本部宣传指导处文艺科科长倪炯声同志业经另有任用，所遗之文艺科科长一缺，拟调新闻事业处征审科科长朱宇爽同志接充，递遗征审科科长一缺，拟派宣传指导处编审科总干事孙义慈同志接充，请转陈察核任用案。决议：通过。（21.277）

37.6.17（5.46）	1.中宣部文化事业计划委员会函：奉中央常会交下审查中央戏剧事业指导委员会组织规程一案，业经会同审查将原拟组织规程酌量修正，相应抄送修正草案。决议：通过。（21.316） 2.中央广播事业处密呈：查世界各国广播事业突飞猛进，已视为国防利器之一。现中央广播电台原有典礼，已不足抵抗地方音波之压迫，请迅拨巨款速扩充电力达三百千万以资巩固我国播音壁垒条陈办法两项。决议：于首部附近另择安全地点，建设三百千万电台一座，所需经费交政治委员会筹划。（21.317） 3.中宣部函，查本部国际宣传处外事科科长李炳瑞同志已在粤另就他职，应即停职，遗缺派该科代总干事廖世勤同志代理。决议：通过。（21.319）
37.7.7（5.47）	1.中政会函：组织部请拨海外党部事业费，民训部请增活动费，宣传部请拨中央通讯社扩充业务费案，经汇交财政专门委员会审查，兹据报告称，以26年度党务经费已多有增加，现在总概算甫经通过，即提请增加预算而三部请增经费核计共达119万2千元，其中中央通讯社扩充计划内关于非常时期准备之临时费80余万元尚不在内，为数似觉过钜。26年度海外党部事业费拟酌定为6万元，由组织部酌拟支配，择要补助，民训部活动费拟自26年7月起月增5000元年计6万元，至中央通讯社扩充业务再24年度内增准增加经费18万元有案。26年度扩充经费拟仍准列18万元，内以12万元为派遣驻外记者之用，其余6万元，由总社酌拟支配，择要举办，三项经费共拟定30万元，均在26年度普通总预算第二预算费项下动支，经提出本会第48次会议决议，照审查意见通过，除函政府照拨外，录案复查由。（21.408—410） 2.中宣部函：依据确定今后宣传工作纲要案第三项第二款关于举办新闻记者登记之规定，拟定新闻记者登记办法草案，函请转院核议，送行政院公布案。决议：由常务委员三部部长及内政部会同审查。（21.412） 3.中宣会函：据上海市书业同业公会中国文艺协会呈，为拟具修正著作权法意见，请鉴核提交立法院商讨，修正公布等情，查所拟意见尚属切要，为保障著作权利辅助出版事业发展起见。决议：送立法院参考。（21.412） 4.中央文化事业委员会呈：查美术事业乃文化之重要质素，民族精神胥赖策励，特拟具推进美术事业计划。决议：通过，交国民政府令各主管机关办理。（21.413） 5.中宣部函：柳亚子呈请辞去本部宣传委员兼职，拟请照准，遗缺并以陶百川扩充。决议：通过。（21.415—416） 6.中宣部函：为本部电影事业处长张北海呈请辞职，拟请照准，遗缺以罗学濂扩充。决议：通过。（21.416）
37.7.22（5.48）	无相关议题。
37.8.5（5.49）	1.中政会秘书处函：准国府文官处函：查立法院修正之出版法案及行政院呈复拟具修正出版法施行细则及关系书证程式，暨中央政治委员会对于出版法另行决议办法四项之办理经过情形，经奉批分别公布备案在案，特函查准将陈登由，查对于出版法另行决议四项，前经由会报请中央常会通过有案，兹准前由除报告本会第49次会议外，相应函达查照。（22.4）

	2. 中宣部函：奉蒋委员长代电转送冯副委员长改革民间图画意见一见，遵经邀集有关机关共商进行办法，当经决议设立一民间图画改良委员会并拟具该会组织规程。决议：准予备案。（22.7） 3. 中央广播事业管理处呈：为拟将本处中央重庆新旧两台予以充实组织及宽筹经费特拟具修正本会组织条例草案，中央广播电台组织条例草案，中央短波广播电台组织条例草案及预算书各一份，请鉴核备案并将预算三件转饬财务委员会核议案。决议：通过。（22.8）
37.8.12（5.50）	1. 中宣部函：为拟请将新闻检查标准第一项关于军事新闻检查标准酌予修正。决议：通过。（22.92） 2. 中宣部提议拟具战时电影事业统制办法。决议：通过。（22.92） 3. 中宣部函：为求彻底禁绝反动刊物销售计，拟将中央颁行之密查书店办法及内政部所订之取缔发售业，经查禁出版品办法合并修正，订为检查书店发售违禁出版品办法，以期统一而便施行，并经拟就草案征得内政部同意，特抄同办法草案：决议：（1）检查书店发售违禁出版品办法通过；（2）关于检查反检查等事宜由宣传部与内政部组织会议决定之，有异议时以宣传部意见为主。（3）决议查禁之出版品，由宣传部、内政部同时通知各省市党部及政府。（22.92–93）
37.8.27（5.51）	无相关议题。
37.9.2（5.52）	无相关议题。
37.9.14（5.53）	无相关议题。
37.9.18（5.54）	中宣部函：为拟具中央宣传工作视察团组织纲要及该团每月经费预算。决议：通过，以方治为视察团团长，经费在总活动费项下动支。（22.165）
37.9.27（5.55）	1. 中央广播事业管理处呈：关于筹设重庆 35 千瓦短波广播无线电台一案，现以有关国防赶速完成，原有预算深感不敷，恳请追加国币 373000 元拟具追加预算及说明书。决议：通过。（22.176） 2. 中宣部转送吴铁城、余汉琼电：广东省前以建设厅名义向美商中国电气公司订购五万瓦特无线电播音台机件全副，价共 36000 磅已付 6000 磅，现以本省财政困难无力付款，拟请由中央承购运赴汉口装设，似于毕事通讯国防宣传。决议：通过。（22.176–177）
37.10.2（5.56）	无相关记录。
38.3.22	无会议次数，无相关议题，主要讨论临时全国代表大会。
38.4.21（5.74）	无相关议题。
38.4.27（5.75）	1. 中宣部部长周佛海呈：为宣传部工作人员多由更动，开工作人员名单，呈请核准任用。决议：通过。 2. 修正中央执行委员会宣传部组织条例。（22.272–281）

38.5.5（5.76）	1. 中宣部代理部长周佛海卸任，部长邵例子会报于 4 月 30 日交接清楚，请察核备案由。（22.320） 2. 中央社社长萧同兹呈：去岁南京总社被炸，为谋工作安全计，曾奉核准建筑地下防空室，迄去岁各机关西迁，该项工程大部完竣，费用什九付出，除由中央领到 5 万元外，并在本社经常费内挪用 37387.71 元，刻因支出浩繁亟待发送归垫，谨缕陈最近半年一般工作及经费支出详情，请补发前项垫款。决议：照发。（22.321）
38.5.12（5.77）	修正中央执行委员会宣传部组织条例。（22.363–371）
38.5.26（5.78）	中宣部提议：查本部编印中央周报以指导时事宣传，自抗战军兴，经费减略，该刊逐亦停止编印，兹为适应事实上之需要，该报复刊，自应刻不容缓，惟过去系由本部编印，中央秘书处印刷发行□□交办颇感不便，此后拟统由本部办理，须预算每月经费 2600 元。决议：通过。（22.395）
临时全国代表大会第四次全体会议交下各案之审查意见	1. 六代表匡文登提议：统一革命理论肃清政治斗争之意识案。审查意见：本案经大会决议，原则通过交中央执行委员会妥善办理在案，查自抗战一还 各种宣传刊物多至不可胜数，不特思想庞杂动摇统一之意志即以印刷纸张消耗而言，亦非爱物力之道，原案所提办法四点：（1）由中央宣传部审查本党容纳各党各派之立场并制定中心抗战宣传纲领。（2）请国府通令各地军政机关与该地统计宣传机关密切联络。（3）由各地党部举行大规模之宣传周以民族斗争之意识泯灭政治斗争之意识。（4）健全各级党部之宣传机关均属切要之图，拟由宣传部与军事委员会政治部妥议办法，依据大会通过之抗战建国纲领对于合法之言论出版集会结社予以充分之保障，其有违反三民主义及法令者以严厉之取缔。（22.400–401） 2. 王代委员昌周等提：中央应成立思想指导委员会训练党员与民众以健全本党基础案。审查意见，本案经大会决议：（1）解释三民主义之权属于中央，其机构由中央核定。（2）将现存此种类似之机构切实加以调整在案，查第一项关于思想之指导主义之解释与阐扬，可由宣传部与训练委员会秉承中央切实办理，似无另立机关之必要，关于第二项拟：①由宣传部就专门委员中指定若干委员成立小组审议关于党义解答之事项。②由宣传部拟具关于党义著作出版计划，召集由党办及与党有关之研究及出版机关负责人商定联系办法，并请中央与必要时拨款补助其发展。③由宣传部随时约集对于党义有研究之作家举行座谈以求宣传方针之一致，并策动和名学者定期举办党义讲习会，对于主义作积极研究与阐扬。④提前实施三中全会通过之设置总理纪念奖金，由秘书处邀集宣传部教育部及有关研究机关拟具实施办法。（22.401–402） 3. 陈委员果夫等提议确定文化政策案。审查意见。本案经大会决议，交中央执行委员会分别采择施行，本案包括颇多，多属原则之提示，拟交宣传部及内政教育两部分别采纳施行。（22.407）
28.5.31（5.79）	无相关议题。

38.6.9（5.80）	中宣部函：为本部国际宣传处于去年11月间改组由本部副部长董显光负责指导，先后派定该处职员，兹遵照规定开具名单请转陈中央常会分别正式任用以资信守；又该处组织□□军事委员会前第五部级前宣□□□□成所需经费业经总裁批准，仍由军事委员会拨付。报请起用各级职员之职权均系暂依军事机关之编制□部组织略有不同，敬请准予权宜办理案。决议：通过（名单附后）。（22.491）
38.6.16（5.81）	1. 中宣部函：奉交临时大会关于加紧国际宣传案，查原案与本部国际宣传处目前进行之工作颇多相同，至组设国际宣传局一节，目前国际宣传机构已足数运用，似可暂从缓议，请转陈鉴核由。（23.3） 2. 中组部呈：西康省党部常务委员骆美轮签呈，为宣达中央德威宣传抗战意义及融治民族感情起见，拟在西康省会设立广播电台一座，经商准中央广播事业管理处以拨广播机器运康装置，惟关于建筑电台房屋经费，无法筹措，请中央特予补助建筑费3000元。决议：照发3000元，并由中央广播事业处妥拟办法。（23.12） 3. 中宣部函：据中央广播事业管理处呈：以接办广东五十千瓦广播电台移设昆明一案，除购机价款51万元业经中央常会通过外，关于购地建屋运输装置等项费用，经实地勘察交通运输情形及现时物价拟定预算共需769000元，祈察核将呈并请先拨30万元备付地价等项，余于27年度开支分八个月均领等请，相应检同预算书函请转呈核办。决议：通过交政治委员会核发。（23.12-13） 4. 中宣部函：为推进宣传指导工作，经先后遴派徐弘士、朱子爽、高荫祖、王平陵、温广彝、朱宜风、张宓公、项德言、陈志明、王持华、段子骏、刘德荣、胡天册、杨祖诒等14同志为宣传指导员，请转陈核准任用案。秘书处注：查刘德荣同志于去年11月因病离职，经宣传部呈奉常务委员批，准予停薪留职在案，依照常委谈话规定应不许再行回部工作，合并陈明。决议：除刘德荣外均照准。（23.14-15）
38.6.23（5.82）	中宣部函为香港东方日报业务不振，亟待改革，兹拟就整理该报计划纲要。决议：应饬停办照宣传部原拟结束办法办理。附注：原拟结束办法除一部分负债由资产项下清理补偿外，其不敷之数，由中央拨发港币5000元，该报原有津贴预算仍予保存，此项结束费即逐月在预算内扣除。（23.55）
38.6.30（5.83）	1. 中宣部函：本部为适应现时环境起见，亟应回渝工作，并酌留职员驻汉办公，在湖南街天钦二号设立本部驻汉办事处，请查照转陈。（23.114） 2. 中宣部函：去年七月卢沟桥事变，我国在领袖决策直辖开始抗战建国，拟请中央常会确定每年七月七日为抗战建国纪念日，送国民政府明令公布定为国定纪念日并转如教育部列入历书，至本年纪念办法已会同政治部拟定呈奉，总裁批准照办合并送请陈由。决议：定七月七日为抗战建国纪念日，至本年纪念办法由宣传部再行斟酌修改。（23.116-117）

	3. 中宣部函：关于战时新闻禁载标准 经由军事委员会办公厅邀集有关机关会商修正并增加第六条，关于公路桥梁被炸毁之详细情形，及第八条 关于敌军之部队□□兵□编制部队长官姓名等项两条，应缮具全文。决议：准予备案。（23.117） 4. 关于福建省筹建永安广播电台，请拨该省抗敌后援会捐款 3 万元案。秘书处注：查此案据中央广播事业处函称，福建省府已迁永安、福州广播电台为防万一起见，拟于永安筹设一电台，经商省府陈主席同意，由闽社省抗敌后援会捐款内拨付费用 3 万元等语。 复准陈肇英来电，此抗敌会捐款经议决专作慰劳费，挪作别用恐难通过等语，按抗敌后援会捐款自以仍作慰劳前方将士之用为宜，究应如何办理，请核议。决议：不应拨省抗敌捐款由省府另筹。（23.118）
38.7.8（5.84）	中宣部呈请中央日报社长程中行兼任本部宣传委员案。决议：通过。（23.151）
38.7.13（5.85）	中宣部函：中央社每月应付路透社之稿费 1 万元及哈瓦斯社稿费 3000 元，因合同关系事实上无法折减，请转陈函请政府对路透、哈瓦斯两通讯社稿费自 7 月份起，仍照原案安月十足饬拨案。决议：通过，送政治委员会照拨。（23.191-192）
38.7.21（5.86）	中宣部函：草拟战时图书杂志原稿审查办法及修正抗战期间图书杂志审查标准，并经数度召集政治部内政、部及教育部代表详加研讨修正，请转陈核议施行案。决议：审查办法通过，审查标准修正通过。（23.241）
38.7.28（5.87）	中宣部呈：为本部宣传委员彭镇寰呈请辞职，拟予照准，遗缺以汪宝暄接任。决议：通过。（23.290-291）
38.8.11（5.88）	无相关议题。
38.8.18（5.89）	无相关议题。
38.8.25（5.90）	1. 中宣部函：拟具中央图书杂志审查委员会组织大纲及地方图书杂志审查委员会组织通则，请备案。（23.391） 2. 中宣部函：据驻海防直属支部呈，以总理逝世革命先烈及国耻等纪念日，照规定下半旗志哀，外国人每多误会，可否依照国际惯例不下半旗。秘书处注：前据万隆直属支部呈以海外□□特殊，五九国耻纪念，请免下半旗，经奉批准予变通办理在案。兹查各项革命纪念日自归并举行后，照规定应下半旗纪念者计有总理逝世纪念、革命先烈纪念、国耻纪念三日，应否准予一并变通办法。决议：关于下半旗三规定，在海外可变通办理。（23.395） 3. 中宣部提议：为强化本党言论领导技能起见，拟组设党报社论委员会，拟具该会组织规程草案。决议：组织规程修正通过，并推叶委员楚伧为主任委员。（23.395） 4. 中宣部函：为中央图书杂志审查委员会系由本部会同政治部内政部教育部所组织呈报中央核准在案，兹准中央社会部函以该部专管民众组织社会运动诸事宜，且有专科负文化事业责任，请提请中央准予加入该会组织。决议：通过。（23.395-396）

	5.中宣部呈:本部秘书阮毅成另有任用,遗缺拟从以陈天鸥充任,本部总务处事务科科长叶敬持拟调任宣传指导员,遗缺调新闻事业处登记科科长蒋子孝充任,遗登记科科长之缺以总干事詹洁悟充任。决议:通过。(23.397)
38.9.1(5.91)	中宣部函:照中央广播事业管理处呈,接办广东省五十千瓦广播电台移设昆明与中国电气公司签订核定经过,请备案。(23.419)
38.9.8(5.92)	无相关议题。
38.9.15(5.93)	1.中宣部提议:中央图书杂志审查委员会业经由本部及社会部、政治部、内政部、教育部派员组成成立,该会每月经常费至少需3680元,本部及各机关均无法筹集,谨开其预算请核定专款按月照付。决议:预算交党务委员会财务组审查,本年度三个月经费在中央经费内设法垫付,列入下年度预算。(23.474) 2.党务委员会报告:中央广播事业管理处函,西康省党部拟拨用重庆市广播电台旧机,于西康设立广播电台,请拨建屋辅助本处妥拟办法,自当遵办。惟西康山岭崇峻,重庆台电力过小,拟先筹设一千瓦电台一座,购置材料自行配置,计建筑运输及全部机件设备等费共计6万元,拟请由国库项下一次支拨案。经财务组审议认为应暂维现状,所拟扩充计划列入下年度预算案。决议:照审查意见通过。(23.474-475) 3.党务委员会报告:中央广播事业管理处函,贵阳为西南重镇,前奉宣传部饬即筹设广播电台,遵将储存运出材料,自行配置10千瓦电力电台,并派员赴筑勘赁房屋,先行筹设,现已初步完成,先将500瓦特级试验播音,一面勘定适宜地址,办理征收,从事建筑,所有挪垫及待用之运输、装设、购地、建筑等项筹备费款,及尚须另购抵补材料配置供给他处应用之费款,估计约需249000元,除事竣造具报销外,请转陈核转政府照发一案,经财务组审议,认为暂仍挪垫,所请经费列入下年度预算。决议:照审查意见通过。(23.475-476) 4.党务委员会报告:中央广播事业管理处函,中央广播事业指导委员会之播音计划原拟定于兰州设立区台,华北沦陷后,亟应设立10千瓦电台一座,即仿长沙贵阳电台例,购置材料,自行配置,全部机件与重要货及运输建筑设备等费共需国币283000元,请由国库项下一次支拨一案,经财务组审议,列入下年度预算。决议:照审查意见通过。(23.476)
国防最高会议常务委员第89次会议	财政专门委员会报告:审查昆明广播电台建设费概算一案,结果拟如数核定为769000元,列入27年度概算。决议:照审查意见通过。(23.482)
国防最高会议常务委员第91次会议	主席提议:据中央通讯社呈报该社新事业计划情形,请顷发经常费每月3万元,设备费3万元,即准备费3万元。查所请增发经费多属适应当前需要,惟请拨准备费5万元或分两次拨发或一次核发3万元,请核定。决议:增拨经常费及设备费照原案通过,准备费准一次拨给3万元。(23.493)
国防最高会议常务委员第92次会议	财政专门委员会报告:审查中央执行委员会秘书处函,为路透社、哈瓦斯两通讯社稿费自27年7月份起免予折扣一案,结果拟照办。决议:照审查意见通过。(23.497)

38.9（5.94）	1. 党务委员会报告：中宣部函，节省物力财力起见，对于报社通讯社之声请登记或变更登记，有稍加限制之必要，拟具抗战时期报社通讯社申请登记及变更登记暂行办法四项，请转陈核议一案，经审查将办法加以修正。决议：修正通过。（24.6） 2. 党务委员会报告：奉交审议中宣部提议拨付中央图书杂志审查委员会经费预算每月3680元，经财务组审议，拟将总额减为3000元。决议：核定为每月3000元。（24.7） 3. 通过中宣部呈：西京日报社社长于定另有任用，胡天册继任遗缺，任陈乐三同志为本部宣传指导员。（24.8） 4. 抗战时期报社通讯社声请登记及变更登记暂行办法。（24.11）
38.（5.95）	无具体月日，无相关议题。
38.10.6（5.96）	中宣部呈：拟就国庆日告同胞书稿，请鉴核。（24.60）
38.10.13（5.97）	无相关议题。
38.10.27（5.98）	无相关议题。
38.11.3（5.99）	无相关议题。
38.11.10(5.100)	党务委员会报告：中宣部函，近来交通不便文化用品运输困难，爰联合教育部正中书局等商定筹组文化用品联合运输委员会，购置车辆自行采运，共需资本5万元，分别□存、计、本部摊任15000元，本部经费支绌，请核准拨发一案，经财务组审议通过。决议：通过，由中央暂行核发。（24.189）
38.11.17(5.101)	中宣部函：查戏剧与电影同为实施社教之良好工具亦即发扬文化之重要部门，惟本部对于整个戏剧运动之指导尚乏专司，而民间戏剧及剧本之供应与审查，仍有待于统筹策动，拟就本部电影事业处加入戏剧部分改为电影戏剧处原有编审指导两科，则改为电影戏剧两可，工作范围仍个别为指导与编审两方面，以期统筹发展而利宣传。决议：通过。（24.215）
38.11.24(5.102)	1. 中宣部先后函：拟具抗战期间杂志刊物奖励办法及抗战期间新闻事业奖励办法，请备案。决议：准予备案。（24.234-235） 2. 中宣部函：关于浙江省执行委员会代电，建议礼遇抗战将士一案，经商得政治部同意，拟请规定，凡遇抗战军队列队开赴战地，或由战地调回后方时，沿途民众应致敬礼。决议：通过。（24.235）
38.12.1（5.103）	1. 关于国民财政会建议，撤销图书杂志原稿审查办法案。决议：遵照 总裁指示，不予采纳。（24.266） 2. 中宣部函：本部电影事业处已奉核准改为电影戏剧处，兹将本部组织条例第五条、第九条第16条有关该处部分加以修正，并拟该处名称改为电影戏剧事业处缮同修改条文。决议：通过。（24.270）

38.12.1（5.103）	3.中央广播事业管理处函：本会之组成，系由中央指定中央广播事业管理处等机关，各派代表一人组织，现代表机关中中央文化事业计划委员会业经取消，本会组织大纲第二条应即修正，又查中央社会部海外部所负使命，均有与本会相关紧之处，似应指定加入本会以收众擎易举之效，相应拟具修好条文。 修正条文如左：第二条：中央广播事业指导委员会由中央执行委员会指定主任委员副主任委员各一人，并由中央广播事业管理处、中央宣传部、中央社会部、中央海外部、军事委员会、交通部、内政部、外交部、教育部各推代表一人组织之。 决议：通过。（24.270–271） 4.准中宣部函：本部宣传指导处指导科科长牟震西呈请辞职，拟予照准，遗缺以吴企云充任。（24.271）
38.（5.104）无具体日期	1.中宣部函：抄送武汉日报、广州中山日报及中央日报长沙版先后撤退，公私财物损失情形。（24.285） 2.中宣部周代部长佛海呈报：拟定于本月五日赴昆明视察宣传工作。（24.285）
38（5.105）无具体日期	党务委员会报告中宣部函为据中央图书杂志审查委员会呈报，遵照中央核定经费数目重造预算，请转陈备案一案，经财务组审议核准予以备案。（24.313–314）
38.12.24(5.106)	决议：战时图书杂志原稿审查办法照审议，意见修正并复国防最高会议。（24.331）
38.12.29（5.107）	无相关议题。
39.1.1（5.108）	临时常会，仅讨论关于王兆铭违反纪律危害党国案。
39.1.5（5.109）	代理宣传部长周佛海呈以因事出国，拟请准予辞去宣传部副部长代理部长职务。 决议：照准，宣传部事宜暂由叶委员楚伧负责办理。（24.378–379）
39.2.9（5.113）	无具体日期，无相关议题。 中宣部叶部长楚伧函2月1日到部视事。（24.413）
39.2.16（5.114）	中宣部函报，新旧任接受清楚情形，请查照转陈鉴核备案。（24.430）
39.2.16（5.114）（注：有两个114次常会）	1.党务委员会报告：中央宣传部转送中央图书杂志审查委员会所拟印刷所印刷不送审查图书杂志原稿取缔办法。查此项办法，原与审查原稿办法相辅而行，用意甚善，惟事关人民营业，由行政机关办理较为妥宜，经决议将原拟办法修正通过，请核送国防最高委员会办理案（办法印附）决议。（24.434） 中宣部函：为中国回民救国会呈，请组织中国回民南洋访问团并附具工作计划，查南洋一带回民众多，如能利用宗教情绪，宣传联络必可获得伟大效果，决议无。（24.435） 2.秘书处呈：中央宣传部副部长周佛海同志离职已久，经总裁核定以潘公展同志为宣传部副部长。（24.435） 3.中宣部函：为该部宣传专员陈乐之因病辞职，业以照准，遗缺以袁晓国补充，决议无。
39.2.23（5.115）	无相关议题。

39.3.9（5.116）	1. 中央国际宣传委员会组织大纲及公众计划案：说明：本案系中宣部依据五中全会决议而拟制经党务委员会审议修正通过，并议定寡欲驻外使领馆宣传部及外交部负责拨□□中央通讯社派遣驻美特派员及设置新加坡分社开办费与经常费，曾经国防最高会议通过应饬请财政部照发。（24.453-454） 2. 中宣部提出：宣传指导处指导科科长吴企云呈请辞职，拟予照准，遗缺以于定补充。宣传指导员张宓公久不在渝拟予停止，遗缺以魏绍征充任案。附履历： 于定：43岁，江苏金坛人，日本明治大学政治经济科毕业，曾任西京日报社社长。 魏绍征，31岁，浙江人中央军事政治学校武汉分校毕业，曾任湖北省党部总干事等职。（24.459）

注：为节省空间，年月份、会议名称、出处采用了缩写形式。"中常会会议"栏中的"28.3.30"是1928年3月30日的缩写。"（3.117）"是中国国民党第三届中央执行委员会第117次常务会议的缩写。"30.12.4（3.117）"意指1930年12月4日中国国民党第三届中央执行委员会第117次常务会议。"财（3.16）"是第三届中央财务委员会第16次会议。"29.10.25财（3.16）"意指1929年10月25日第三届中央财务委员会会议记录提交给中央执行委员会常务会议备案。"与新闻业有关议题"栏中的"（4.432）"是《中国国民党中央执行委员会常务委员会议录》第四册第432页的缩写。其它缩写的含义均如此。"宣部"、"中宣部"均是国民党中央宣传部的缩写，"中宣会"是"国民党中央宣传委员会"的缩写，"中组部"是"国民党中央组织部"的缩写。

后　记

　　2011年，到南京师范大学新闻与传播学院工作的第一个年头，我幸运申请到了教育部社科基金青年项目：《喉舌与训政：国民党新闻事业研究（1927-1937）》。这个选题源自我的博士论文，是博士论文《国统区新闻事业研究》主体部分的纵深扩展。当时心想，有博士论文做底子，该项目可按时结项，顺利出版。不料，前前后后却拖延了八年，承蒙光明日报出版社厚爱，项目最终结项成果将于2019年由该社出版发行。校对完样稿，感慨万千，一语难以道尽，竟一时短路，看着电脑屏幕，不知该在这个"后记"中写点什么，但感谢的话是要说的，给读者交代这本书的来龙去脉，也有必要，然从何说起是好呢？

　　看了当年申报书所设定的宏大目标，又浏览一遍书稿清样，脑际中盘旋着的问题却是：被历史判了"死刑"的国民党为何有这么大魅力吸引着我驻足了这么长时间？是来自教科书灌输的"反人民"、"罪恶滔天"等描述的叛逆？还是来自被社会空气所抑制而形成的某种"学术空白"所产生的一种诱惑？抑或二者都有。仰望星空，信步校园，脑际中存留的仍是国民党为何败退台湾。这个问题诱惑了我，一晃已有十年。我想，这个问题吸引了众多读者，他们和我一样，也想知道，国民党为什么会败退台湾？台湾的读者，尤其是台湾的国民党人，更想知道这个问题的答案。我想知道这个答案，绝不是感慨现实，惋惜国民党，而仅仅是想解答自己读书过程中生成的一个谜而已。我想，绝大多数读者也是这个心理，他们探究历

485

史的真相，仅仅是想知道答案而已，并没有影射现实的想法。当然，关于这个问题的答案，已有许多版本，却缺一个新闻传播学视角的解释。这本书就是我从新闻传播学视野解答心中一个谜的结晶，也许解答的不甚圆满，但我已尽力了。

感谢我的导师方汉奇先生，先生德高望重、平和睿智，引我进入新闻史的学术殿堂，直接启发了我对这个问题的思考。先生对我的提携与教导之恩，融入血液，相伴终生。感谢吴廷俊先生，吴老气度恢弘，平易近人，学富五车，是我走向学术道路的重要引路人，谢谢吴老为院长时期的华中科技大学新闻与信息传播学院所有教师的启蒙之恩。感谢程曼丽、陈昌凤、王润泽、艾红红、邓绍根等"方门"大家庭的所有成员，感谢倪延年教授为首席专家的"中华民国新闻史"课题组所有成员，是您们的提携、提醒与材料的无私奉献，使本书增色许多。感谢南京师范大学新闻与传播学院的方晓红、顾理平、张晓峰、骆正林、顾永林等前人及现任领导，是您们的支持与帮助，才使我有更多的时间思考这个问题，尤其感谢张晓峰院长为本书提供了相应的出版资金。感谢马丽丽女士，她给我带来了两个可爱的宝宝，并默默无闻地承担了许多家务，使我有较多时间从事本书的写作。感谢我的父母在颐养天年之际还在帮我"带孩子"，对此我时有愧疚，唯愿父母永远健康、幸福！要感谢的人还有很多，不在一一列举。您们的名字虽没有出现在这个"后记"里，但你们对我的提携、帮助，对本书的贡献，我却不会忘却，您们永远是我前行中的引路人，如切如磋的朋友。祝福您们！

刘继忠谨记

南京师范大学敬文图书馆第三借阅室

2018年12月18日